DIE THEOLOGIE MARTIN LUTHERS

마르틴 루터의 신학

DIE THEOLOGIE MARTIN LUTHERS

마르틴 루터의 신학

파울 알트하우스 지음 │ 이형기 옮김

SINCE 1984
크리스천
다이제스트

독일어판 서문

이 책은 저자가 1920년대 초반 이래 로스톡(Rostock) 대학과 에를랑겐 (Erlangen) 대학에서 정기적으로 열어온, 루터 신학에 대한 강의와 세미나에서 비롯되었다. 이러한 루터 강의와 루터에 대한 글들을 준비하면서 이루어진 많은 연구들, 특히 지난 수 십 년 동안 루터 협회(Luther-Gesellschaft)의 모임에서 제출된 연구들이 크게 달라짐 없이 이 책의 일부가 되었다.

이 책의 목적은 강의에서와 동일하게, 루터의 신학적 작업의 기본적 요소에 대해 포괄적 개관을 제시하는 것이다. 그러나 나는 "루터 연구"의 결과들을 총괄하거나 내 자신의 특별한 연구 결과를 제시하는 것을 통해 루터 연구에 공헌해 보려고 하지는 않았다. 단지 이따금씩만 이 연구의 결과에 대한 명백한 논의에 들어갔을 뿐이다. 루터 신학에 대한 계속 늘어나는 로마 가톨릭 신학자들의 연구뿐만 아니라 개신교 신학자들에 의한 수많은 연구들을 추적하고 평가를 내린다는 것은 ─ 비록 내가 내 자신이 이 연구들 중에 가장 중요한 것들을 잘 알고 있다고 생각하더라도 ─ 나로서는 불가능했다. 그 결과 각 장의 참고문헌 인용은 아주 간단하고 불완전하게 되었다.

나는 현재 나 자신의 자료 연구에 기초해서 루터 신학의 살아있는 상을 보여주려 하였고, 이것은 신학적 연구에 유익을 주고, 그럼으로써 또한 우리 시대의 복음 선포에 유익을 줄 수 있을 것이다. 이 책은 전문가들을 위해 쓰여진 책이 아니라, 광범위한 영역의 신학생과 목사들, 더 나아가 말씀의 사역에 종사하고 있고, 루터에게서 배운 것을 그들의 교역에서 활용하고자 하는 모든 사람들을 대상으로 하고 있다.

그리하여 나는 루터 사상의 발전을 역사적으로 기술하지는 않았다. 루터 신학의 형성기는, 이와 관련된 모든 중요한 문제와 함께, 고려되지 않았다. 초기부터 후기에 이르기까지 루터 사상의 발전은 몇 가지 중요한 점에서만 논의되었다. 이와 달리, 그의 신학은 그의 모든 발전 단계 동안 내내 아주 중요하고 결정적인 내용에서 통일성 있고 일관성 있는 것으로 이해되었다. 스콜라주의 신학과 로마 가톨릭 교회에 대한 루터의 논박은 대부분 암시적으로만, 즉 그의 입장의 본질을 이해하는 데 필수적인 반명제들 안에서만 표현되었다.

나의 의도는 이 책이 루터의 가르침을 조직적으로 보여주고 해석하는 것이다. 내가 바라기는, 루터 당시의 상황을 반영하고 우리는 사용할 수 없는, 그의 신학 안에 있는 모든 것에도 불구하고, 이러한 의도가 독자에게 루터의 복음 이해가 여전히 살아있는 실재라는 것을 볼 수 있도록 하여 주기를 원한다. 만일 우리가 우리의 복음 이해를 심화하고 갱신하고 또 교회 일치를 위해 준비하고자 한다면, 루터의 신학은 루터교뿐만 아니라, 기독교 전체의 현재와 미래에 아주 중요한 의미를 갖게 될 것이다.

이 책은 현 상황에 도움이 될, 루터 신학의 연구의 종류를 좀더 용이하게 하려고 하였기 때문에, 나는 가능한 한 루터 자신이 직접 말하도록 하였다. 각주는 자료를 나타낼 뿐만 아니라, 아주 종종 해당 구절의 본문을 논의 아래 포함하고 있다.[1] 그것들은 제시하는 입장을 지지할 뿐만 아니라, 독자들이 루터 자신의 목소리를 듣도록 의도되었다. 루터 신학에 대한 어떤 저술도, 그의 저작과 설교의 무궁무진한 풍요로움에 비교할 때, 루터 자신의 저술보다 늘 더 추상적이 되고 덜 구체적으로 되는 것임에 틀림없다. 루터 자신의 말을 빈번하게 인용한 것은 이것에 대해 하나의 균형을 제공한다.

이와 같은 포괄적 서술마저도 루터 신학의 모든 영역뿐만 아니라 개별 주제들의 범위에 대해서 불완전한 선집일 수 있다. 루터 신학은 사고하는 양식이다. 그러므로 완전함은 추구될 수도 얻어질 수도 없다. 이것은 참고된 저술의 숫자 뿐만 아니라, 논의된 주제의 다양함에도 해당된다. 핵심적인 점들을 강조하고 제한을 설정하는 것이 필요했다. 루터의 후기 논쟁은 가끔씩 전체적으로 온전히 사용되었다. 그것은 오직 적당한 일이다. 이 논쟁에서, 그리고 그 논쟁을 위해 기록된 주장에서, 루터는 자기 자신을 아주 간결하고 강력하게 표현할 뿐만 아니라, 아주 직접적이고 생명력 있는 방식으로 가장 중요한 신학적 주제를 논의한다.[2]

루터의 입장을 서술할 때, 나는 특별히 성서적 근거를 거듭 참조함으로써 그 성서적 토대를 강조했다. 이런 방식으로만 우리는 그의 신학의 독특한 성격을 제대로 밝힐 수 있다. 루터는 끊임없이 성서 구절을 해석하고 참조함으로써 그의 신학적 입장을 발전시켰다. 그리고 이 글은 그 사실을 적절하게 반영하려고 시도하고 있다. 나는 루터와 사도 바울의 관계를 특별히 반복하여 강조했고, 그들의 개별 신학에서 일치점뿐만 아니라 차이점도 고려했다.

이 비교가 독자들에게 논의되는 주제에 대해 스스로 생각하는 데 도움을 주려고

---

1) 영역자의 말을 보라.
2) 나는 나의 책, *Die Ethik Martin Luthers* (Gütersloh: Mohr, 1965)에서 루터의 윤리학을 논의했는데, 이제 영역본이 준비되었다.

의도된 것과 같이, 이 글 전체의 서술은 ― 비록 이것이 명백하게 진술되지 않은 곳에서도 ― 복음의 진리에 대한 질문에 의해 규정되어 있다. 가끔씩 이것은 우리로 하여금 신학자 루터에 대한 비판적 질문을 하도록 인도한다. 그것은 또한 이 책의 "조직적" 의도의 일부이다.

이 책의 여러 장들은 오직 부분적으로만 기독교 신앙의 조직적 서술에 일치한다. 그들 중 일부는 특별한 주제에 초점을 두고 있다. 다른 것들, 예를 들어 5장과 19장은 특별한 차원에서 좀더 넓은 영역의 신학을 개관하고 있다. 이러한 상황 아래서 일부 자료와 루터의 저술에 대한 일부 참조를 반복하는 것은 부적절한 것이 아니다.

루터의 저술에 대한 참고는 고립된 증거 구절로 의도된 것이 아니다. 대부분의 경우, 특별한 진술의 의미는 그 전과 그 후에 나온 자료에 대해 알고 있을 것을 요구한다. 일련의 참고 인용에서, 최초의 참고 인용은 본문 안에 있는 인용에 적용된다. 더 많은 참고 인용은 독자들에게 병행 구절을 참고하게 한다.

나는 내가 얼마나 많이 과거의 위대한 루터 해석가들로부터 그리고 우리 시대의 동시대인들로부터 배웠는지 표현하기 위해 많은 말을 사용할 필요가 없다.[3] 그들의 작품을 연구할 때, 하나의 과정은 과거의 자료를 현재의 상황을 위해 아주 의미 있는 방식으로 제시하는 모든 시도, 즉 신학자 루터를 저자 자신의 신학의 지지자로 제시하려는 모든 시도에 나타나는 위험 신호를 인정하는 것이다. 그러나 어떤 사람이 이 어려움을 알고 있다면, 그는 의식적으로 그것에 대해 경계할 수 있다. 이 책 전체와 개별적인 세세한 부분에서 균형과 강조뿐만 아니라 주제의 선택은 현재의 상황과 저자 자신의 신학적 견해를 반영하고 있다. 그러나 나는 내가 부단히 노력하여 루터를 내 자신의 교의학적 준거틀에 잡아 넣는 유혹에 저항하려고, 다시 말해서 일부 현대 신학 학파의 언어로 루터의 사상을 제시하지 않으려고 노력했다고 고백한다. 그러나 이러한 루터 서술이 여러 중요한 내용에서 나의 교의학에 아주 가깝고 이러한 혐의가 있다고 발견한다면, 그는 또한 이성은 내가 나 자신의 연구를 위해 루터에게서 아주 많이 배운 것일 가능성이 있다는 것을 고려해야 한다.

에를랑겐,
대강절, 1961.

---

3) 내가 그들의 작품을 평가한 것을 보기 위해서는 다음의 나의 책을 보라. "Die Bedeutung der Theologie Luthers für die theologische Arbeit," *Luther-Jahrbuch* (1961), pp. 13 ff.

미국판 서문

나는 이 책이 번역되어 영어권 동료 그리스도인이 이용할 수 있게 된 데 대해 아주 기쁘게 생각한다. 특히 그의 능력있고 정확한 번역으로 인해, 이 과제에 마땅한 자격을 갖춘 번역자에게 특별히 감사드린다.

이 책이 많은 사람들로 하여금 루터 자신의 저술에 대한 좀더 밀도있는 연구로 인도하기를 바란다. 루터 신학에 대한 집중적 연구는 신학적 갱신을 가져오는 역동적 과정이 되어 왔고, 또 앞으로도 그러할 것이다.

에를랑겐,
1966년 4월.

영역자의 말

번역 과정에서, 일부 몇몇 변화가 각주에서 이루어졌다. 내가 할 수 있는 한, 나는 알트하우스의 비평판 루터 전집(WA)에 대한 알트하우스의 참고 인용과 우리에게 이용 가능한 현대 번역 사이에서 이중 참고 인용을 제공하려고 했다. 영어 번역에 대한 그러한 참고 인용은 WA 참고 인용 후 세미콜론(;)에 의해 표시되었다. 영어 번역이 특별하게 참조된 본문과 다른 판에 근거해 있을 때, 번역은 참고(cf) 표시를 하고 시작하였다.

알트하우스는 자주 루터의 라틴 저작에서 따온 인용에 괄호를 치고, 라틴 본문을 각주 안에 제공하고 있다. 이 경우 나는 보통 각주에서 라틴 본문을 생략하고, WA 본문만 제공했다. 이 변화는 각주의 구조 변경을 설명한다. 거의 루터의 라틴어 저작에 근거를 두고 있는 부분에서, 각주에서 다른 부분보다 상대적으로 더 적은 인용이 있다.

루터 저작에서 따온 인용을 번역할 때, 나는 감사하게도 이용할 수 있는 현대역들을 사용하였다. 이것은 소망스럽게도 독자들이 이 번역들을 참고할 때 더 편리하게 해 줄 것이다. 내가 바라기는, 그것은 또한 문맥에서 짧은 구절을 번역할 때 일어나는 일부 왜곡을 피할 수 있게 해 줄 것이다. 나는 알트하우스의 강조점을 보존하기 위해, 인용 본문이 사고 흐름에 적합하게 하기 위해, 이 책을 위해 채택된 기본적 편집 정책에 일치시키기 위해 필요한 모든 변화를 잠잠히 시도했다. 나는 긴 인용을 사용하도록 허락해 준 「루터 전집」(LW)의 공동 출판사인 컨콜디아 출판사와 포트레스 출판사에 감사드린다. 번역에서 상응 구절을 찾는 과정에서, 나는 루터의 저작을 번역에서 이용할 수 있게 하기 위해 수고하는 모든 사람들에 대해 새삼스럽게 존경하게 되었다. 그들의 이름을 전부 거론할 수는 없다. 그러나 그들의 번역에 대한 이중 참고 인용이 이 책의 독자들이 그들의 책을 활용하고 거기서 유익을 얻는 데 더 쉽게 되는 것이 나의 소망이다.

이 책의 많은 부분이 그 근거를 두고 있는 강의를 내가 들은 것은 학생으로서 나의 특권이었다. 나는 그 강의를 번역해서 이용 가능하게 만드는 데 참여하는 기회를 갖게 되어 아주 기쁘다. 이것은 내가 저자에게 그가 개인적으로 나에게 보여준 정중함과 친절에 대해 감사의 표시를 하려고 갈망했기 때문이기도 하고, 또한 내가 나 자신의 교역에서 이 책이 제공할 수 있는 자극과 통찰력을 체험했기 때문이기도 하다. 내가 이 번역을 준비하는 동안 봉사했던 나의 교회 회중들은 이 노력에서 유익을 얻었다. 그리고 나는 목회자뿐만 아니라 평신도에게도 사용될 수 있는, 루터의 신학을 소개하려는 저자의 의도를 실행에 옮기려 노력하였다.

차례

제2부
하나님의 사역

약어표

BC — *The Book of Concord,* translated and edited by Theodore G. Tappert, *et. al.* (Philadelphia, 1959).

BOW — Martin Luther, *The Bondage of the Will,* translated by J. I. Packer and O. R. Johnston (Westwood, N. J.: Fleming H. Revell, 1957).

CW — Paul Althaus, *Die Christliche Wahrheit,* 3rd edition (Gütersloh: Bertelsmann, 1952).

GA — Karl Holl, *Gesammelte Aufsätze zur Kirchengeschichte* (3 vols.; Tübingen: Mohr, 1932), vol. 1, 6th ed., vol. 3, 2nd ed., vol. 3, ed. Hans Lietzmann.

LCC — *Library of Christian Classics,* John T. McNeill and Henry P. van Dusen, General Editors (Philadelphia: Westminster, 1953-   ).

LCC 15 — Martin Luther, *Lectures on Romans,* translated and edited by Wilhelm Pauck. *LCC,* vol. 15 (1961).

LCC 18 — *Luther: Letters of Spiritual Counsel,* translated and edited by Theodore G. Tappert. *LCC,* vol. 18 (1955).

LT — Theodosius Harnack, *Luthers Theologie,* 2 vols. 1st edition (Erlangen: Blaesing, 1862-1886). 2nd edition (Munich: Kaiser, 1927). Page numbers are ordinarily those of the 1st edition. Vol. 2 of the 2nd edition gives the page numbers of the 1st edition in the margin.

LW — American Edition of Luther's Works (Philadelphia and St. Louis, 1955-   ).

PE — *Works of Martin Luther,* 6 vols., (Philadelphia, 1915-1943).

MPL — *Patrologia, Series Latina,* 221 vols. in 222, edited by J. P. Migne (Paris, 1844-1904).

RW — *Reformation Writings,* translated by Bertram Lee Woolf (New York: Philosophical Library, 1953-   ).

S-J — *Luther's Correspondence,* 2 vols., edited by Preserved Smith and Charles M. Jacobs (Philadelphia: United Lutheran Publication House, 1913-1918).

WA — *D. Martin Luthers Werke.* Kritische Gesamtausgabe (Weimar, 1883-   ).

WA, Br — *D. Martin Luthers Werke.* Briefwechsel (Weimar, 1930-1948).

WA, DB — *D. Martin Luthers Werke.* Deutsche Bibel (Weimar, 1906-   ).

WA, TR — *D. Martin Luthers Werke.* Tischreden (Weimar, 1912-1921).

서 론

19

제1장

성경의 권위와 신조의 권위

루터의 신학은 독창적이기 때문에 그의 신학을 자세하게 연구하는 것은 매우 가치있는 일이다. 우리에게 들리는 루터의 목소리는 분명히 그 자신의 것이다. 그러나 루터는 특별히 독창적인 것을 말하려고 의도하지 않았다. 그는 성경과 정통 교회의 교리에 담겨 있는 진리를 올바로 설명하는 것만이 자신에게 위임된 일이라고 생각했다. 그러므로 그의 모든 신학 작업은 성경의 권위와 여기서 파생된 교회의 참된 전통의 권위를 전제로 하고 있다.

우리는 이 점에서 출발할 것이다. 즉 루터의 모든 신학적 사고는 성경의 권위를 전제로 하고 있다는 것이다. 그의 신학은 성경을 해석하는 하나의 시도에 불과하다. 그것의 형태는 근본적으로 주석이다. 그는 스콜라주의적 의미의 "조직신학자"도 아니고, 거대한 중세적 체계의 의미이든 현대 신학적 의미이든 교의학자도 아니다. 그는 교의학이나 윤리학을 쓴 것도 아니고, 「신학대전」(Summa)을 쓴 것도 아니었다. 그는 결코 멜랑히톤의 개별적인 「신학요론」(loci theologici)이나, 칼빈의 「기독교강요」 같은 작품을 저술하지 않았다.

루터는 비텐베르크 대학의 성서 주석 담당 교수였다. 따라서 그의 대부분의 작품은 구약과 신약의 주석 강의였는데, 일부는 그가 직접 편집하였고, 일부는 다른 사람이 편집한 것이다. 이런 강의들 이외에 또한 설교문도 있다. 마찬가지로 그 중에서 얼마는 루터 자신이 출판하기 위하여 준비한 것이고, 다른 일부는 그의 학생들이 필기하여 출판한 것이다. 이런 설교문에서 다시 한번 루터가 성경 본문 자료를 잘 해석하는 소리를 들을 수 있다. 또한 주제별로 쓴 그의 크고 작은 저술 역시 성경 인용으로 가득 차 있고, 대부분 주석적인 것이 그 특징이다. 루터는 또한 신학 박사 학위 시험의 일부였던 공개 토론회에서 학생들이 답변하도록 논제를 준비하였다. 그는 비록 이것을 가능한 한 예리하고 간단한 신학적 형태로 구성하고자 했지만, 끊임없이 그의 라틴어 성경인 불가타를 사용해서, 성서 본문을 명시적으로 혹은 암시적으로 인용하였다.

　　루터 작품의 이런 측면들과 스콜라주의의 위대한 신학 작품들을 비교해 보면, 그의 신학 방법을 결정짓는 새롭고 특징적인 요점이 나타난다. 루터는 주석가로서 그리고 설교가로서 전례 없이 성경과의 부단한 대화를 통해 사고하였다. 그의 신학의 각 단계들은 대부분 성경에서 그 기초와 방향성을 얻었다. 물론 그 역시 교부들을 인용하였고, 때로는 ―「노예의지론」과 같이 ― 신학적인 논제를 위한 이차적 증빙 자료로 철학이나 자연이성을 사용하기도 했지만, 대체적으로 루터의 신학을 볼 때, 그것은 그의 방법에서 이차적이거나 주변적인 첨가에 불과하였다.[1]

　　이 점에서 루터와 토마스 아퀴나스를 비교해 보는 것이 유익할 것이다. 물론 토마스 아퀴나스 또한 성경을 인용하고 있으나, 이것 외에도 우리는 아리스토텔레스와 토마스 자신의 철학적, 존재론적 숙고에 대한 언급을 발견하게 된다. 이와 대조적으로 루터는 항상 우선적으로 성경에 그리고 종종 오직 성경에만 정향되어 있었다. 그러나 이렇게 말할 때, 이것이 루터에게 끼친 오캄주의의 영향을 부인하는 것은 아니다. 우리가 여기서 관심을 갖는 것은 그의 신학적 방법의 의식적인 의도이다. 그는 그가 성경에 근거하여 말할 수 있는 것을 자신의 신학적 의견과 구별하였다. 후자는 성경에서 입증될 수 없는 것이기 때문에, 루터는 다른 사람이 그것을 꼭 받아들여야

---

1) *WA* 8, 120; *LW* 32, 248 f.을 보라. 원칙적으로 루터는 신학적 질문들을 논의할 때, 철학적 개념과 논증을 사용하는 것에 대해 자신 없어 했고, 확신하지 못했다. "나는 신학에서 그것들을 조금도 사용하고 싶지 않다." *WA* 39 I, 228; cf. ibid., p. 227. 철학은 "신학에 해롭고 불리한 결과를 가져왔고, 지금도 여전히 가지고 있다." *WA* 39ᴵ, 228. "철학은 본성상 이성에게 아첨한다. 반면에 신학은 모든 인간적 이해를 훨씬 넘어서 있는 것이다." *WA* 39ᴵ, 229. 이것이 루터가 그의 학생들에게, 가능하다면 신학에서 철학적 개념을 피하라고 한 이유이다. 그럼에도 만일 그들이 계속 철학적 개념을 사용하고자 한다면, 그것들을 먼저 신학적 용도로 사용하기 위해 "정화시켜야" 한다고 한다. "먼저 그것들을 목욕시켜라!" *WA* 39ᴵ, 229; cf.ibid. p. 231. Cf. *WA*, TR 5, 5245.
2) 이 점이 루터가 연옥을 다룰 때 취한 방법이다. *WA* 7, 450; *LW* 32, 95. "만일 당신이 이 문제를 논의하길 원한다면, 내가 하듯이 의견이 불확실할 수 있고, 차이가 있을 수 있다는 여지를 남겨 두어야 한다. 당신 자신의 생각을 신앙의 조항으로 만들지는 말아라." *WA* 7, 455; *LW* 32, 98.

할 구속력이 없다고 보았다.[2] 이런 이유로 그는 스콜라주의 학자들보다, 때로는 초
대 교부들보다 성경을 더 잘 이해했고, 또한 다른 사람들이 성경을 더 잘 이해하도
록 가르쳤다고 주장했다.[3]

여기서는 루터가 얼마나 일방적으로 또는 무리하게 성서 해석을 했는가 하는 문
제는 논의하지 않는다. 우리는 그의 정경에 대한 비판에 대해서도 말하지 않을 것이
다. 이 문제들은 루터가 ― 성경을 비평할 때조차도 ― 오로지 성경에 대한 온순한
청종자와 학생이 되기를 원했다는 사실을 바꾸지 못한다.

이 점에서 루터는 교회 안에서 성경의 권위에 대한, 자신의 가르침의 완벽한 본
보기였다. 성경은 그리스도에 대한 사도적 증언의 기록이고, 그 자체로 교회에서 결
정적 권위를 갖는 것이었다. 사도들이 교회의 터전이기 때문에, 그들의 권위가 기초
가 된다. 다른 어떤 권위도 사도들의 권위와 동등할 수 없다.[4] 교회 안의 다른 모든
권위들은 사도들의 가르침을 따르는 데서 나오고, 사도들의 가르침에 일치함으로써
유효하다.[5] 이것은 성경만이 신앙의 조항을 세울 수 있고, 구체화할 수 있다는 것을
의미한다. 성경은 구원에 필요한 모든 것을 제공한다. 그리스도인들은 구원을 위해
서 성경에 선포된 것 이상의 다른 진리가 필요하지 않다. 이것은 윤리적 교훈뿐만
아니라, 신앙의 조항에도 적용된다. 후대의 교의학자들이 주장했듯이, 성경은 "충분
한" 것이다.[6]

이미 성경에 포함되지 않은 어떤 교회의 교리나 규정도 구원에 필수적인 것이

3) "나는 하나님의 은혜로 내가 모든 궤변론자(sophist)들과 교황주의자들보다 더 많이
성경에 박식하다는 것을 알고 있고, 또한 확신하고 있다." *WA* 15, 216; *LW* 40,
55. "비록 우리가 초기 교부들보다 더 뛰어나다고 자랑하고 싶지는 않지만. … 그럼에
도 우리가 하나님의 은혜로 그들보다는, 성경의 많은 부분들에 대해 더 분명한 통찰력
을 가지고 있다고 고백해야 하고 부인할 수는 없다." *WA* 19, 50. "나는 성경을 더욱
잘 이해한다(비록 아주 조금이긴 하지만)." *WA* 53, 256.
4) "그리스도 이후에 어떤 권위도 사도들이나 예언자들과 동등하지는 못하다. … 신앙의
조항을 전해 준 사람들만이 교회의 기초로 불려야 한다." *WA* 39 I, 184. "하나님의
분명한 명령에 의해 우리들에게 보냄 받은 사도들은 전혀 오류가 없는 선생들이다."
WA 39ᴵ, 48.
5) "그들이 가르치고 제정하고자 하는 것이 무엇이든지 간에, 사도들의 권위를 따라야 하
고 받아들여야 한다." *WA* 39ᴵ, 185.
6) "모든 항목의 조항들은 성경 안에서 충분히 확증되었다. 그래서 이것들 이외의 것을 확
증하는 것은 불필요하다. 선행에 대한 모든 계명은 성경에 충분히 언급되어 있어서,
더 이상의 것을 공식화할 필요는 없다." *WA* 30ᴵᴵ, 420. Cf. *WA* 39ᴵ, 47; *LW* 34,
111. "신앙이나 도덕에 관한 그 어떤 것도, 성경이 가르치고 있는 것 이외에, 구원에
필요한 것으로 입증되지는 못한다." *WA* 39ᴵᴵ, 43. "아무도 성경에 기초하는 것 이상
의 더 많은 것을 꼭 믿어야 할 필요는 없다." *WA* 7, 453; *LW* 32, 96.

아니다.

그러므로 교회도 교회의 대표자들도, 심지어 공의회조차도, 새로운 신앙 조항이나 새 계명을 수립할 권위를 가지지 못한다.[7] 이것은 교회 교부들이나, 그들의 신학 작업과 가르침이 무시되고 거부되어야 한다는 것을 의미하지 않는다. 그러나 그들의 타당성은 성경에 대한 적합성 여부에 달려 있다.[8] 그들은 성경으로 자신들의 진술을 구체화해야 하고, 성경에 근거하여 판단받거나 비판받을 수 있다. 왜냐하면 "성경만이 이 땅 위에서 모든 문서와 교리의 참된 주인이자 지배자"이기 때문이다.[9] 오직 성경만이 교리 논쟁에서 결정할 수 있는 권위이다.[10] 더구나 교회의 선생과 교부들의 진술은 신앙 조항과 같은 수준에 놓이지 않는다.[11] 왜냐하면 그들은 양심이 필요로 하는 바, 하나님의 말씀인 성경이 주는 절대적 확신을 제공하지 않기 때문이다. 우리는 오직 하나님의 말씀만 무조건적으로 신뢰할 수 있고, 교부들의 가르침은 그렇게 할 수 없다. 왜냐하면 교회의 스승들은 오류를 범할 수 있고, 실제로 오류를 범했기 때문이다. 성경은 절대로 오류를 범할 수 없다.[12] 그러므로 성경만이 절대적 권위를 가진다. 교회 신학자들의 권위는 상대적이고 조건적이다. 성경 말씀의 권위

---

7) "하나님의 교회는 어떤 신앙 조항의 항목도 확립할 권위가 없고, 또한 확립하지도 않았고, 확립하려고 하지도 않을 것이다. 하나님의 교회는 선행을 명령할 권위가 없고, 또한 명령하지도 않았고, 명령하지도 않을 것이다." *WA* 30^{II}, 420. "이것은 하나님의 말씀이 신앙 조항을 확립할 것이고, 그밖의 아무도 심지어는 천사도 신앙 조항을 확립하지는 않을 것을 의미한다." *WA* 50, 206; *BC*, 295. "성령이 공의회와 함께함에도 불구하고, 공의회는 새로운 신앙 항목을 확립할 권위를 가지고 있지 않다." *WA* 50, 607; *PE* 5, 243. "교회에서 법규는 다음과 같다. 하나님의 말씀은 영원하시고, 우리는 말씀으로 판단해야 하며, 새롭거나 다른 종류의 하나님의 말씀을 구하려고 하거나, 새롭거나 다른 종류의 신앙 항목을 확립하려고 해서도 안된다." *WA* 50, 617; *PE* 5, 254 f. "아무 것도 성서의 전례가 없이는 신앙 문제에서 주장될 수 없다." *WA* 8, 108; *LW* 32, 230.

8) "따라서 그들의(교부들의) 권위는, 그 권위가 분명하게 성경을 지지할 때 가장 가치가 있는 것이다." *WA* 8, 79; *LW* 32, 189. Cf. *WA* 18, 656; *BOW*, 130.

9) "그러므로 필연적으로 우리들이 모든 선생들의 글을 가지고 성경으로 달려가, 그것들에 대한 성경의 판단과 비판을 손에 넣어야만 한다."〔여기에서 본문은 각주를 인용하고 있다.〕 *WA* 7, 317; *LW* 32, 11. Cf. *WA* 8, 99; *LW* 32, 217.

10) *WA* 7, 97.

11) "왜냐하면 성경이나 증명된 계시가 없이 주장되는 것은 하나의 의견으로는 주장될 수는 있지만, 믿을 필요는 없기 때문이다." *WA* 6 ,508; *LW* 36, 29. "말씀이 없이 하나님의 교회에서 가르치는 것은 그 어떤 것이라도, 신앙심없는 불경한 것이다. 그리고 그것이 신앙 조항이라고 주장하는 것은 신성모독이고 이단이다." *WA* 54, 425. "거룩한 교부들의 말이나 작품에서 신앙 조항을 정하지 않아도 된다." *WA* 50, 206; *BC*, 295. Cf. *WA* 8, 108; *LW* 32, 231.

가 없이는, 아무도 교회에서 교의의 확고한 진술을 확립할 수 없을 것이다.[13]

그러나 성경에 근거한 것으로 입증된 교회의 전통은, 비록 그것이 파생된 권위이긴 하지만, 역시 권위를 가진다. 이것이 소위 고대 교회의 세 가지 에큐메니칼 공의회의 신조에 대한 루터의 입장이다. 루터가 이 에큐메니칼 신조들을 받아들인 것은 그 신조들이 에큐메니칼 공의회에서 채택되었기 때문이 아니라(그것이 그 신조의 정통성을 보증하는 것은 아니다), 그 신조들이 성경을 따르고 있다고 확신했기 때문이다.[14] 그러므로 루터는 그 신조들을 분명하게 받아들였고, 특히 반(反)삼위일체주의자들에 대한 반대로 그 신조들을 강조하였다. 1533년에 시작된 이래, 비텐베르크에서는 박사 학위를 받는 학생들에게, 이 세 신조에 대한 동의를 포함하여, 서약을 요구하였다. 루터는 1538년 자신의 주석과 함께 그것들을 출판하였다. 1528년 그는 그 신조들의 내용에 대한 자신의 동의를 명백하게 공표하였다.[15] 10년 후, 루터는 "다시 한번 자신이, 그 때까지 이 신조들 혹은 신앙고백문을 간직해 온 참된 그리스도교 교회를 지지한다는 점을 증거하기를" 원했다.[16] 그는 사도신경을 "모든 신앙 조항 중에서 최고인, 신앙 조항의 간결하면서도 참된 요약"이라고 찬양하였다. 또한

---

12) "그러나 참으로 누구나, 한때 그들이(교부들이) 인간들이 그렇듯, 잘못하였다는 것을 알고 있다. 그러므로 나는 그들이 결코 오류가 없는 성경에서 그들의 견해를 가져왔다고 입증될 때만 그들을 신뢰할 준비가 되어 있다." *WA* 7, 315; *LW* 32, 11. Cf. *WA* 18, 656; *BOW*, 130. "아무도 하나님의 말씀 외에는 어떤 위로도 만들거나 찾으려고 하지 않을 것이다. … 그러므로 당신은 경건한 교부들의 가르침을 마치 당신의 양심이 신뢰할 수 있고, 그 안에서 위로를 찾을 수 있는 것처럼, 받아들여서는 안된다." *WA* 12, 413. "성경과 하나님의 말씀을 붙들어라. 그러면 진리와 평안함 ─ 확신과 완전하고, 순수하고, 충분하고, 영속적인 신앙을 발견할 수 있을 것이다." *WA* 7, 455; *LW* 32, 98.

13) *WA* 8, 97; *LW* 32, 215.

14) 삼위일체 공식에 대한 루터의 용인에 대해서는 *WA* 50, 283; *LW* 34, 229를 참고하시오.

15) 하나님의 위엄에 대한 장엄한 항목, 즉 삼위일체에 대해 루터는 다음과 같이 말하였다. "이 모든 것은 지금까지 로마 교회나 전세계에 걸쳐 있는 그리스도 교회가 간직해 온 것이다." *WA* 26, 499; *LW* 37, 361 (p.362 이하 참고). 전체 신조와 관련해서, 그는 다음과 같이 말했다. "이것은 나의 신앙이다. 왜냐하면 모든 참된 그리스도인들이 믿고 있고, 성경이 우리에게 가르치는 바이기 때문이다." *WA* 26, 509; *LW* 37, 372. 루터는 동정녀 탄생 교리를 받아들이는 것 때문에 비난받고 있는 한 그리스도인에게 이렇게 충고하였다. "여기에 나는 신조라고 불리는 작은 책자를 가지고 있다. 이것은 그 교리를 담고 있다. 이것은 나의 성경인데, 반증을 받지 않고 오랫동안 지탱해 왔고 지탱하고 있다. 나는 이 신조에 따라 서 있다. 나는 이 신앙으로 세례받았고, 그것에 따라 살고 죽을 것이다." *WA* 37, 55.

16) *WA* 50, 262; *LW* 34, 201.

그는 아타나시우스 신조를 "사도신경을 보호해 주는 신조"라고 평가하였다.

이런 신조들과 함께, 루터는 삼위일체 하나님과 그리스도의 인격에 대한 초대 교회의 기본 교리들을 받아들였다. 그는 또한 교회가 이단을 거부하는 점에서, 교회와 의견이 일치했다.[17]

그러나 개별적인 점들에 대하여는, 자주 교리의 용어들을 비판하였다. 그는 그 용어들을 스스로 보존했고, 교리의 본질적 내용이 보존된다면, 다른 사람에게 그 용어들을 사용하지 않을 자유를 인정했다.[18]

우리가 성경과 신조 안에서 대면하는, 이 하나님의 말씀의 권위는 체험을 통해 우리의 영과 가슴에서 확립된다. 물론 루터 역시 체험을 넘어서는 그래서 단순히 "믿어야만"하는 기독교적 진리의 요소가 있다는 점을 인식하였다. 그러나 그것이 죄와 은혜의 메시지인 복음의 핵심과 중심의 문제일 때, 루터는 성경과 교회의 합의뿐만 아니라 영적 문제에 대한 자신의 체험에도 호소하였다.[19] 아마도 체험이 그의 신학 원리 중의 하나라는 것에는 의심의 여지가 있을 수 없다. 물론 체험은 그 자체로 지식의 근원이 아니고, 분명히 그것을 통하여 지식이 받아들여지는 매체이다. 신학적 지식은 그것을 체험함으로써 얻어진다.

이것이 루터의 신학이 서 있는 토대이다. 그는 성경과 교리의 오래된 진리들을 어둠에서 빛으로 가져오려고 하였고, 그 진정한 의미를 드러내려 하였다. 그의 신학의 의도는 주해, 즉 성경과 신조들의 공인된 본문을 해석하는 것이었다. 이 주해의 과정에서, 오래된 진리는 명백히 새로운 진리가 된다. 왜냐하면 이것이 자신들의 신학적 관심과 준거틀(frame of reference)이 중세 신학에 의해 결정되는 사람들에 의해 새로운 상황 안에서 받아들여졌기 때문이다. 그리고 루터는 그런 상황을 직접 알았다. 그는 체험을 통해 그렇게 심오한 질문을 하는 고뇌를 알았고, 또한 그 대답을 발견한 사람의 자유도 알았다. 우리가 앞으로 살펴보겠지만, 루터의 새로운

---

17) *WA* 26, 500; *LW* 37, 361. *WA* 50, 267 f. ; *LW* 34, 207 ff. Cf. *WA* 10ᴵ, 1, 191.
18) "우리는 본질적인 것을 보존해야 하지만, 우리는 당신이 원하는 용어를 기꺼이 사용할 것이다." *WA* 39 II, 305. "비록 내 영혼이 이 단어 — homoousios(동일본질)을 싫어하고, 사용하기를 거절한다 하더라도, 그럼에도 나는 이단은 아니다. 왜냐하면, 내가 만일 성경에 기초하는 공의회가 규정한 사실을 지지한다면, 누가 나로 하여금 이 단어를 억지로 사용하도록 하겠는가?" *WA* 8, 117; *LW* 32, 244.
19) *WA* 8, 110; *LW* 32, 234. "나는 적어도 어느 정도는 성서에 관하여 배웠다. 게다가 체험을 통해 이런 영적인 문제들을 어느 정도 확인하였다." *WA* 8, 127; *LW* 32, 258. 죄에 대한 지식에서, 성경과 체험의 관계에 대한 논의는 p. 163를 참고하라.

해석은 특히 성경에 대한 그의 태도에 관련하여 그 자체의 긴장과 모순을 동반하고 있다. 그러나 루터는 권위의 근본적인 타당성에 대해서는 어떤 의심도 던지지 않는다.

제2장

신학의 주제

루터는 신학의 주요한 문제를 아주 조심스럽게 숙고하였다. 신학은 하나님 인식
과 인간 인식에 관한 것이다. 따라서 그것은 좁은 의미의 신학이자 — 신에 대
한 교리 — 동시에 인간학이다. 이 둘은 분리할 수 없게 결합되어 있다. 하나님은
사람과의 관계를 통해서만 올바로 인식될 수 있다. 그리고 인간도 하나님과의 관계
를 통해서만 올바로 파악될 수 있다. 따라서 신학은 하나님에 관한 어떤 객관적인
교리에 관한 것도 아니고, 하나님과의 관계를 포함하는 것을 제외한, 인간에 대한
다른 질문을 하는 인간학에 관한 것도 아니다. 이러한 관계의 양 측면은 인간이 범
죄하고 버림받은 죄인이고, 하나님이 이러한 인간의 칭의자이자 구속자라는 사실에
의해 규정된다. 이러한 인간의 죄책과 구속이라는 매우 실존적인 이중적 주제가 바
로 신학의 주제이다. "신학에서 이것에서 벗어나 추구하는 모든 것은 오류이고 공허
한 잡담이다."[1]

이것은 하나님과 인간에 대한 신학적 지식이 "상관적" 지식이라는 사실을 의미
한다. 그도 그럴 것이 각각이 다른 하나에 의해서만 인식될 수 있는 바, 이같은 관
계는 인격적일 뿐만 아니라 존재론적이기 때문이다. 이것이 루터가 "그리스도는 신
학의 최고의 주제(subject matter)이다"라고 말할 때 그가 의도하는 것이다.[2]

---

1) WA 40^{II}, 327; cf. LW 12, 310 f. Cf. WA, TR 5, 5757
2) WA, TR 2, 1868 그리고 빈번히; WA, TR 6의 목록을 참고.

이것이 신학의 철학에 대한 관계에 대해 갖는 의미는 무엇인가?[3] 철학 역시 인간 즉 합리적인 존재이고 모든 문화의 원천이 되는 이성의 담지자로서 인간에 관계하고 있다. 그러나 철학은 "신학적" 인간으로서의 인간, 즉 하나님과의 관계 안에 있는 인간에 관계하지 않는다. 철학은 인간을 내재적인 범주로 생각한다. 따라서 신학과 비교해 볼 때, 철학은 인간에 대해 거의 아무 것도 알지 못한다.[4] 철학은 인간이 어디서 왔는지, 그가 왜 여기에 존재하는지, 그리고 어디로 갈 것인지 알지 못한다. 철학은 질서 정연한 사회의 관점에서만 인간의 존재 목적을 서술할 수 있다. 여기서 루터는 아리스토텔레스 철학을 생각하고 있었다. 따라서 결정적인 점에서, 철학은 인간의 본질적 본성에 대해 아는 것이 없다. 이것은 아주 당연하다. 우리 인간들은 우리 자신을 우리의 근원에서 즉 하나님 안에서 바라볼 때만 우리의 본성에 대해 알 수 있기 때문이다.[5] 그 때 우리는 개별적인 인간과 모든 인류를 볼 때, 하나님이 창조한 그대로의 최초의 완전한 인간, 타락한 인간, 사망과 마귀의 세력 아래 있고, 또한 그리스도에 의해 해방된 존재로서의 인간, 다시 말해서 범죄하고 용서받은 사람으로 본다. 동시에 신학은 인간을 종말론적으로, 하나님이 원래 인간을 창조하시고 또 장차 하나님의 형상을 회복하고 완성시킴으로써 인간에게 주시려고 하였던 그 삶의 관점에서 보여준다.[6]

그러나 철학은 인간을 종말론적으로 보지 않는다. 오직 신학만이 완전하고 철저하게 인간의 본질을 묘사할 수 있다. 신학은 성경의 근거 위에서 그렇게 할 수 있는 것이다.[7] 분명히 철학 또한 하나님에 관하여 말한다.[8] 그 하나님은 형이상학에서 추론적인 사유의 대상으로 나타난다. 여기서 인간은 하나님에 대해, 그의 섭리에 대해, 세상에 대한 그의 지배력에 대해 어느 정도 알 수 있다. 그렇지만 이 모든 것은 "객관적인" 것으로 남아 있다. 개별적인 인간으로서 나를 대하시는 하나님의 태도와 접근에 대한 결정적 질문에는 여전히 대답이 없다. 이런 토대 위에서, 인간은 인생

---

3) 「인간에 관한 논쟁」(*The Disputation Concerning Man*)을 보라, *WA* 39ᴵ, 175 ff. ; *LW* 34, 137-144. 또한 *WA* 40ᴵᴵ, 327; *LW* 12, 310 f를 참고하라.
4) *WA* 39ᴵ, 175; *LW* 34, 137 f.
5) *WA* 39ᴵ, 175; *LW* 34, 138.
6) *WA* 39ᴵ, 177; *LW* 34, 139 f.
7) "신학은 … 그 지혜의 충만함으로, 인간을 완전하고 정확하게 정의를 내렸다." *WA* 39ᴵ, 176; *LW* 34, 138. "철학과 아리스토텔레스는 신학적인 인간이 무엇인지 이해하거나 규정할 수 없다. 그러나 하나님의 은혜로, 우리는 성경이 있기 때문에 그것을 할 수 있다." *WA* 39ᴵ, 179; *LW* 34, 142.
8) *LW* 40ᴵᴵ, 78 f. Cf. *LW* 44, 591.

에 대한 종교적 견해를 가질 수는 있지만, 인격이신 하나님에 대해 또 인간과 개인적 관계를 맺으시는 하나님에 대해 확신할 수 없다. "플라톤은 하나님이 우리를 돌보신다거나 그가 궁핍한 사람들의 소리를 들으시고 그들을 도우신다고 주장할 수 없었다. 그는 형이상학적 사고의 한계 안에 머물러 있다."[9]

그러나 그것은 하나님에 대한 진정한 지식이 아니다. 이것은 철학에만 해당되는 사실이 아니다. 루터는 스콜라주의 신학과 예컨대 이슬람교 같은 비기독교적 종교들도 동일한 방식으로 제한되어 있다고 주장하였다. 이들은 신성의 본질에 대해, 심지어 신성의 인격적 존재에 대해 많은 것을 말할 수 있다. 그러나 이 모든 것 중에서 가장 중요한 문제는 우리를 향한 하나님의 태도와 그가 우리들에게 하고자 의도하시는 것인데, 그것이 그들에게 여전히 미지의 것으로 남아 있다. 그런 지식은 이성의 능력 밖에 있고, 이 문제에서는 오직 하나님의 말씀만이 확실함을 준다.[10]

철학은 인간 이성의 제한된 내용만을 표현할 수 있을 뿐이다.

---

9) 본문에서 인용은 계속된다: " … 새로운 문 입구에서 응시하고 있는 암소처럼" *LW* 44, 591.
10) *LW* 40[II], 78.

제1부

하나님에 대한 지식

하나님의 말씀과 신앙

제3장

하나님에 대한
일반적 지식과 고유한 지식

하나님은 성서의 계시 즉 말씀과 신앙이 알려지지 않은 곳에서도 어느 정도 인식될 수 있다. 루터에서, 성경의 증거는 의심의 여지 없이 이것을 확립한다. 그리고 루터의 종교 관찰도 이것을 확증하였다. 루터는 고대 고전 작가, 특히 키케로의 종교에 대한 견해를 인용하여 이 입장을 뒷받침하였다.

루터는 하나님은 항상 그의 창조 행위를 통하여 알려졌다는 바울의 주장(롬 1:20)을 다음과 같이 주석하며 재확인하고 다듬었다. 즉 우상을 숭배하는 이방 종교들이 여러 다양한 신을 섬기는 것은 인간이 자기 안에 신이나 거룩한 존재에 대한 개념을 가지고 있다는 점을 전제로 한다는 것이다. 그것이 없다면, 그들이 그 우상들을 "신"이라고 부르고 우상들에게 신적인 속성을 부여하고 우상들에게 경배하고 기도하는 것은 불가능할 것이다. 그러나 바울이 말한 대로, 사람들은 바로 하나님이 존재하시기 때문에 이런 하나님 개념을 갖는다.[1] 이와 같이 하나님은 인간에게 자신에 관한 지식을 주셨다. 이 지식은 인간의 마음에서 없앨 수 없다. "이런 빛과 지식은 모든 인간의 마음에 존재하고 있고, 억눌려지거나 쫓아버릴 수 없다"[2] 에피쿠로

---

1) *LW* 56, 179; *LCC* 15, 23. *LW* 40 I, 607; *LW* 26, 399. *LW* 40 I, 608; *LW* 26, 400. *LW* 19, 205.
2) *LW* 19, 205.

스 학파나 다른 무신론자들은 그것을 부정하려고 했지만, 스스로를 왜곡시킴으로써
만 그렇게 할 수 있었다. 양심의 비밀스런 음성은 무신론에 반대한다.[3]

모든 인간들은 전지전능과 같은 하나님의 형이상학적 속성뿐만 아니라,[4] 윤리적
속성에 대한 일반적 지식도 가지고 있다. 이런 지식은 하나님이 모든 선의 시여자이
시고 또 하나님이 친절하고 은혜를 베풀고 또한 위태할 때 그를 부르는 인간을 기꺼
이 도우시는 분이라는 의식을 포함하고 있다.[5] "자연 이성(natural reason)은 모든
선이 하나님으로부터 온다는 점을 인정하고 있음에 틀림없다." "자연 이성의 빛은
강력해서, 하나님을 선하고 관대하고 자비롭고 너그러운 분으로 여긴다. 그것은 강
력한 빛이다." 그러나 이러한 하나님 지식은 이중적 한계를 갖고 있다. 첫째, 비록
이성이 하나님에 대한 이 모든 것을 안다고 하더라도, 그것은 하나님이 진정으로 나
를 돕기를 원하신다는 확신을 제공할 수 없다. 삶의 체험을 통해 우리는 거듭 이러
한 가능성과 반대되는 현실을 본다. 그리고 하나님에 대한 단순한 생각은 이러한 삶
의 체험에 반대되는 주장을 펼수는 없기 때문에, 인간의 실제 상황은 항상 의심의
상황인 것이다. 인간은 사실 하나님이 다른 사람을 도울 준비가 되어 있다고 믿을
수는 있지만, 하나님이 자신을 도울 것이라고는 감히 믿지 못한다.[6]

둘째, 이성은 하나님에 대한 개념을 가진다 해도, 하나님에 대한 실제적 체험을

---

3) "쾌락주의자들, 플리니(Pliny), 그리고 자신들의 입으로〔하나님이 계시다는 것을〕부
   인하는 그런 사람들이 있다. 그러나 그들은 억지로 그렇게 하는 것이다. 마음 속의 빛
   을 끄려고 함으로써, 그들은 귀를 틀어막고, 눈을 가려서 볼 수 없고 들을 수 없는 사
   람들처럼 행동한다. 그러나 이것은 그들의 문제를 해결해 주지 못한다. 왜냐하면 그들
   의 양심은 뭔가 다른 것을 말하고 있기 때문이다." LW 19, 206. "이런 기본적이고 신
   학적인 '양심의 통찰'은 모든 사람의 마음에 있고, 흐려질 수 없는 것이다." LW
   56, 177; LCC 15, 24
4) 그러므로 루터는, 하나님이 모든 것 안에서 모든 것을 움직이시고, 일어날 모든 일을
   알고 계신다는 자신의 주장을 지지하기 위해, 이런 지식에 호소할 수 있었다.
   LW18, 709, 718, 719; BOW, 203, 216, 218
5) 루터는 하나님의 자비를("그를 찾는 자에게 호의적인"), 모든 사람이 알고 있는 속성
   중의 하나로 목록에 올렸다. WA 56, 177; LCC 15, 23. 이것은 특히 WA 19, 207ff.
   에서 분명한데, 여기에서 루터는, 비록 요나 이야기에 등장하는 선원들이 이방인들이긴
   하지만, 그들이 "각자의 신을 큰소리로 불렀다"고 언급하였다(요나 1:5).
6) "그것은(이성), 정말로 하나님이 이것을 할 수 있고, 무엇을 해야 할지, 어떻게 도와야
   할지, 어떻게 주어야 할지를 알고 있다고 믿는다. 그러나 이성은 하나님이 실제로 이것
   을 나를 위해 하고자 한다는 것은 믿을 수 없다. 그 태도는 일관성이 없다. 이성은 하
   나님이 도울만한 힘이 있다고는 믿지만, 하나님이 돕기를 원하신다는 것은 의심한다.
   왜냐하면 어려울 때에, 이성은 그 반대가 되는 것이 옳다고 느끼기 때문이다. 〔요나 이
   야기의 선원들조차도〕하나님이 다른 사람들을 돕기를 원한다고는 믿었지만, 이것은 그
   들이 갈 수 있고, 이것을 벗어날 수 없는 한에 있어서이다." WA 19, 296

갖고 있지 못한다. 이성은 하나님이 존재하신다는 사실(that)은 알고 있지만, 하나님이 누구(who)인지 알지 못한다. 반대로 이성은 항상 하나님 개념을 전혀 하나님이 아닌 어떤 것에 적용한다. 그것은 "하나님과 술래 잡기 놀이(blindman's buff)를 하고," 하나님을 잡으려고 손을 뻗지만 놓치고 말고, 진정한 하나님이 아니라 우상들, 사탄이나 인간의 영혼의 성취를 희망하는 꿈을 붙잡는다. 그러한 꿈 또한 사탄에게서 온 것이지만 말이다. 인간의 이성은 참된 하나님이 누구인지 모른다. 그런 지식은 오직 성령님에 의해서만 가르침 받는다.[7]

앞에서 말한 것은 요나서에 대한 루터의 주석에 근거하고 있다. 그러나 로마서 1:23 이하에 대한 루터의 강의도 동일한 생각을 표현하고 있다. 이방 종교도 하나님 개념을 가지고 있고, 이런 한도 안에서 하나님에 대해 알고 있다. 그러나 이방 종교는 오류를 범하기 시작했다. 이것은 이방 종교가 자신이 본래 알고 있던 하나님을 그의 "벌거벗음" 안에 계속하여 머물게 하고 그 자체로 그를 경배하게 하지 않았기 때문이 아니다. 반대로, 이방 종교는 자기의 소원에 따라 하나님을 멋대로 구체적으로 만들었고, 그래서 하나님을 인간이 필요로 하고 원하는 것과 같은 우상과 동일시하였다. "모든 사람은 자신을 만족시키는 것 안에서 하나님을 찾기를 원한다." 이와 함께 원래의 하나님 인식은 부패하였고, 바울이 지적한 대로, 하나님의 진리를 거짓으로 바꾸었다(롬 1:25).[8] 이와 같은 하나님의 우상화는 심한 우상 숭배에서만 일어나는 것이 아니라, '영적이고 교묘한' 형태의 우상숭배에서, 예를 들면 진정한 하나님이 인간 자신의 도덕주의적 행위의 의의 패턴에 맞추어질 때 일어난다.[9] 루터는 기독교의 도덕주의를 이교의 우상 숭배와 동일한 범주에 두었다. 양자의 본질은 우

---

7) "이성은 하나님이 계시다는 것을 알고 있다. 하지만 참된 하나님이 누구신지 그리고 그 본성이 어떠한지를 모른다 … 이성은 하나님과 술래잡기 놀이를 하고, 하나님을 붙잡으려고 갖은 시도를 하지만, 늘 성공하지는 못한다. 이성은 항상 하나님을 놓친다. 이런 이유로 그것은 늘 하나님 아닌 것을 하나님과 동일시하고, 참 하나님이 하나님이라는 것을 부인한다. 만일 이성이 하나님이 계시다는 것을 알지 못한다면 또는 하나님이 어떤 분이시고 그 본성이 어떤지를 알았다면, 이런 일은 하지 않을 것이다. 그러므로 이성은 단지 뛰어올라, 신적인 칭호와 영광을 하나님이라고 생각하는 것에 주어버렸다. 반면 실제로는 참 하나님과 마주치지 못했고, 항상 사탄이나 사탄에 의해 조정되는 자신의 생각과 마주친다. 그래서 하나님이 계시다는 것을 아는 것과 그가 어떤 분이고 그 본성이 어떤지를 아는 것은 다른 것이다. 자연은 전자를 알고 있고, 모든 사람의 마음 속에 새겨져 있다. 그러나 후자는 성령만이 가르쳐 주시는 것이다." *WA* 19, 206f.

8) *WA* 56, 177; *LCC* 15, 23. 루터의 「대요리문답」(*Large Catechism*)에 있는 제1계명에 대한 해설을 참고하라. *WA* 30', 135; *BC*, 367.

9) *WA* 56, 179; *LCC* 15, 26

상 숭배라는 것이다.

다른 곳에서, 루터는 하나님에 대한 일반적(generalis) 지식과 고유한 (propria) 지식을 분명하게 구별하였다. 전자는 하나님이 존재하고, 이 세상을 창조 하셨고, 의로우시며 심판하신다는 것을 알고 있다. 그러나 그것은 하나님이 우리에 게 무슨 생각을 하시는지에 대해서, 죄인된 우리를 구원하기 위한 그의 의도에 대해 서 확신이 없다. 이러한 것들이야말로 바로 하나님에 대한 참되고 고유한 지식을 구 성하는 것들이다. [10]

루터는 또한 모든 사람에게 주어진 지식과 하나님의 말씀과 성령을 통하여 드러 나는 지식 사이의 차이를, 하나님에 대한 "피상적"(von aussen) 지식과 "내면적" (von innen) 지식의 차이로 설명하였다. [11] 피상적 지식은 이성이 ─ 세상의 현실에 대한 관찰, 세상이 계속되어 온 실존, 세상이 통치되는 외관상 현명한 방식에 근거 하여 ─ 인과응보적인 정의로 세상을 다스리시는 한 분 하나님의 존재를 추론할 때, 획득된다. 물론 루터는 그런 우주론적이고 목적론적인 추론이 "부족"하고 "빈약"하 다는 것을 인정한다. [12] 그러나 이런 종류의 추론을 통해서도, 인간은 여전히 하나님 이 인간에게 무엇을 의도하고 계시는지 알지 못한다. 이성은 이런 "내면적" 지식을 가질 수 없다. 내면적 지식은 이성을 넘어서는 것이기 때문에, 이성은 그것을 가질 수 없다. 이런 지식은 오직 아들의 성육신을 통해서 하나님이 자신의 자비를 쏟아 붓고 그렇게 우리에게 그 마음을 펼쳐 보이실 때만, 우리에게 주어진다.

성경만이 우리에게 그 지식을 나누어 준다. 이것이 바로 루터가 하나님에 대한 표면적 지식이 삼위일체론이 아니라 일신론으로 인도한다고 말했을 때, 그가 말하려 는 것이다. [13] 삼위일체는 하나님의 "내면"(inside)이다. 일견 루터는 "내면적 지식"

10) *WA* 40[I], 607; *LW* 26, 399.
11) "인간은 천지가 매우 현명하게 통치되는 것을 보고는, 이런 외적인 통치와 창조의 본 성에 기초해서, 한 분 하나님이 계시다는 빈약한 결론을 이끌어 내었다…. 그런 하나 님에 대한 지식은 ─ 땅이 아무 일 없이 그대로 있고, 하늘이 무너지지 않는다는 단순 한 사실에 기초하는데 ─ 빈약하고 피상적이다." *WA* 45, 90 (뢰러Rörer의 각주) "그가 생각하시는 것과 의도하시는 것을 우리가 알 수 있고, 계시를 통해서 그의 마음 을 볼 정도로, 하나님은 당신의 자비하심을 부어 주셨으니 그의 생각이 얼마나 심원하 고 관대한가." *WA* 45, 93; cf. Ibid., pp. 90, 92. 또한 크루치거(Cruciger)의 「여름 설교집」(*Sommerpostille*)에 나오는 뢰러의 각주에 기초한 판에 있는 같은 설교. *WA* 21, 509f.
12) *WA* 39[II], 346. 이런 점에서, 루터는 키케로(Cicero) 같은 이교도가 하나님의 통치하 시는 행위를 보고, 하나님이 세상을 다스리심을 인정했다고 말하였다. 그러나 그들은 하나님이 무로부터 세상을 창조하셨다는 것을 알지 못하기 때문에, 하나님의 창조 행 위에 대한 가장 중요한 점을 알지 못하는 것이다.

("삼위일체 하나님 자체내에서 일어나는 것")이란 용어를[14] 몇 가지 서로 다른 의미
로 사용하고 있는 것으로 생각될 수 있다. 한번은 죄인된 인간을 향하신 하나님의
마음의 태도에 관해 사용하였고, 다른 한번은 하나님의 삼위일체론적 본성에 관하여
사용하였다. 그러나 루터에서, 이 둘은 각각 서로 안에 포함되어 있다. 삼위일체에
대한 지식은 제2위격의 성육신에 대한 지식을 포함하고 있고, 하나님이 그 마음 속
에서 우리에 대해 어떻게 느끼고 계신지를 가르쳐 주는 것은 바로 이 성육신에 대한
지식이기 때문이다.

그렇다면 이것은 하나님에 대한 일반적 혹은 자연적 지식이 율법의 한계 안에
머물러 있어서, 복음이 그것으로부터 감추어져 있고 그것에 알려져 있지 않다는 것
을 의미한다. 율법적 경건도 하나님의 선하심을 말할 수 있지만, 이것은 하나님이
자비로우시고 죄인들을 받아주신다는 것을 아는 것과 다른 것이다. "이교도들은 고
작 하나님은 선한 자를 들으시지만, 불경건한 사람들은 듣지 않으신다고 말할 수 있
을 뿐이다. 그들은 이것을 넘어설 수 없다."[15] 하나님에 대한 지식의 두 형태가 있는
데, 그것은 율법적 지식과 복음적 지식이다. 전자는 율법에서 왔고, 후자는 복음에
서 왔다. 이성은 ― 철학도 마찬가지인데 ― 율법적 지식에 도달할 수 있지만, 율법
에 제한되어 있기 때문에, 복음적 지식에는 도달할 수 없다. 율법적 지식은 하나님
의 "왼손"을, 복음적 지식은 하나님의 "오른손"을 안다.[16]

진정으로 하나님을 알기 위해서는 그의 오른손을 붙잡아야 한다. 그럴 때에만,
하나님이 우리에게 무슨 생각을 하고 계시고, 우리를 향한 그의 뜻이 무엇인지 알
수 있다. 우리가 율법을 통해 알게 된 하나님은 우리에게 그분의 등을 보여 주신다
(출 33:18-20). 그러나 우리가 하나님의 얼굴을 바로 볼 수 있게 되는 것은 바로 복
음을 통해서 즉 그리스도를 통해서 보게 된다.[17]

---

13) 이 하나님에 대한 "내면적인" 지식과 삼위일체의 관계에 대해서는, *WA* 45,90f.;
WA 21,509를 보라. "하나님께서 자기 자신 안에 계시다는 것"이란 구절의 사용을
참고하라. *WA* 49,238f.
14) *WA* 45,92f. 논의는, 루터에게 하나님이 무엇을 생각하시는가에 대한 질문의 대답이
바로 삼위일체에 대한 지식과 아들의 성육신과 사역을 통해서 우리에게 주시는 것이
라는 점을 보여준다.
15) *WA* 39 ᴵᴵ,278
16) *WA* 46,667ff.,672; *LW* 22,147,150,156f."이성은 율법에서 기인하는 첫번째 형
태의 하나님 지식에 제한된다. 그리고 그것은 모호한 말을 한다…. 이성은 '하나님에
대한 율법적인 지식'에 도달할 수 있다. 그것은 하나님의 율법에 관련되어 있고, 옳
고 그름을 구분할 수 있다. 철학자들 역시 이런 하나님 지식을 가지고 있었다"를 참
조하라. *WA* 46,667f; *LW* 22,150f.
17) *WA* 46,669,672; *LW* 22,153,157.

제4장

하나님 자신과
자기 계시 안의 하나님

루터에게는, 인간 스스로 하나님을 찾고 알고자 하는 인간의 시도와 하나님이 그의 말씀을 통해 주시는 지식과 만남 사이의 대조가 있는데, 이 대조는 결정적으로 중요하다. 이 주제는 루터의 전 신학과 그 발전 단계마다 관통하고 있고, 루터는 반복하여 그것을 논의하고 있다. [1]

---

1) 이 장에 나오는 다음의 논의는, 여기에 인용된 구절들 — 몇 가지 점들을 예증하는 — 에 기초하고 있다.

"어떤 사람들은 사색을 통해서 하늘로 올라가고, 창조자인 하나님 등에 대해 사색한다. 이런 하나님과 더불어 혼란에 빠지지 마라. 누구든지 구원받고자 하는 사람은, 다만 위엄만이 있는 하나님은 떠나야 한다 — 왜냐하면 하나님과 피조물인 인간은 적대자이기 때문이다. 오히려 다윗이 붙잡았던(시편 51편) 그런 하나님을 붙잡아라. 그는 그의 약속으로 옷입으신 하나님이시다 — 그리스도 안에 있는 대로의 하나님 … . 이 분이 당신에게 필요한 하나님이다 … . 우리는 다름 아닌 약속으로 옷입으신 하나님을 안다. 만일 그가 위엄 중에 나에게 말씀하신다면, 유대인들이 그랬던 것처럼 나 역시 달아나야 할 것이다. 하지만 그가 사람의 목소리로 옷입고, 자신을 우리의 이해력에 맞출때, 나는 그에게 다가갈 수 있게 된다." *WA* 40ᴵᴵ, 329f. ; *LW* 12, 312f. 를 참조하라.

"성경의 모든 말은 계시된 하나님으로부터 온다. 우리는, 그가 말씀으로 묶여 있는 구체적인 장소에서 그를 붙잡을 수 있다. 따라서 이스라엘의 자녀들의 하나님은 예루살렘의 성전에, 약속에, 특정한 표징에 계신다. 같은 식으로 우리는 이제 유랑하시고 하나님에 대한 철학적, 스콜라주의 신학적 사색은 또한 하나님에 대한 인간의 자율적 추구의 범주에 속한다. 그러한 사색은 하나님을 하나님 자신 안에서, 그의 영광 안에서 — 하늘에 있는 모습 그대로 — 인식하고자 한다. 그러나 죄인된 인간

〔vanum=vagum(?)〕벌거벗으신 하나님이 아니라, 오히려 〔어떤 구체적인〕장소에서 명확한 표징으로 〔옷입으신〕하나님을 논의한다." WA 40^{II}, 386. 같은 구절이 좀더 확장된 판에 있는 것으로는 WA 40^{II}, 386; LW 12, 352. 을 참조하라,

"하나님은 자신의 사역과 말씀을 통하지 않고는 자신을 드러내지 않으신다. 왜냐하면 이것들의 의미는 어느 정도는 이해될 수 있기 때문이다. 그밖에 본질적으로 신성에 속하는 모든 것은, 붙잡을 수 있거나 이해될 수 없다." WA 42, 9; LW 1, 11.

"시간 밖과 시간 이전의 하나님에 대해 더 많이 논하는 것은 어리석은 일이다. 왜냐하면 그것은 벌거벗은 신성을 이해하려는 것이기 때문이다. 이것이 불가능하기 때문에, 오늘날 하나님이 세례와 사면(赦免)으로 감싸듯이, 자신을 그 사역과 어떤 형태에 감추신다." WA 42, 10; LW 1, 11.

"그러므로 말씀이나 어떠한 덮개가 없는 하나님에 대해 그리고 신성에 대해 논의하는 것은 어리석은 짓이다… 그런 중대한 문제를 다룰 때, 누구든지 구원받고자하고 안전하게 되고자 하는 사람은, 하나님의 말씀과 그의 행위와 같은 하나님의 형태와 표징과 덮개를 단지 붙잡도록 해야 한다. 왜냐하면 그의 말씀과 그의 행위에서 하나님은 자신을 우리에게 보이시기 때문이다." WA 42, 11; LW 1, 13. 〔루터는 백성들을 구속하시는 하나님의 역사적인 '행위'를 언급하고 있다.〕

"그러나 이런 덮개와는 별개로 하나님께 닿으려는 사람들은 사다리 없이(즉 말씀없이) 하늘로 오르려고 수고하는 것이다. 덮개없이 이해하려고 한 사람들은 하나님의 위엄에 압도되어, 파멸되고 만다." WA 42, 11; LW 1, 14.

"우리의 부패한 본성이 신성을 절대로 붙잡을 수 없고, 있는 그대로의 하나님의 모습을 담지할 수 없기 때문에, 하나님께서는 사단의 독으로 부패하고 더럽혀진 우리의 본성을 취하시기로 결정하시고(성육신: 역자주), 그것을 외적인 표현과 성찬에 포함시키셔서, 우리가 그를 붙잡을 수 있도록 하신다." WA 39^{I}, 217.

성령의 사역에 대해서 루터는 다음과 같이 말했다. "그의 사역이 완전히 외적이고 우리 감각이 충분히 닿을 수 있는 종말이 온다면, 성령을 있는 모습 그대로 얼굴을 맞대고 볼 수 있다.〔고전 13:12〕 그렇지만 현재로는 성령을 비둘기와 불의 혀와 세례와 인간의 음성을 통해서 보고 또한 듣는다." WA 39^{I}, 217. "성령은 우리 안에 참으로 거하시고, 말씀과 성례전을 통해서 우리 안에서 역사하신다. 그는 자신을 베일과 의복으로 덮으셔서, 우리의 약하고, 병들고, 불결한 본성이 그를 파악하고 알도록 하신다. 만일 그가 위엄 중에 우리 안에 오신다면, 우리는 그를 이해할 수도 없을 것이고 밝게 빛나는 빛도 증거하지 못할 것이다. 그래서 그는 예언자를 통해서 우리에게 오시는 것이고, 진리 가운데 육체적으로 본질적으로 현존하시고, 말씀과 성례전을 통해서 우리 안에서 역사하신다." WA 39^{I}, 244.

그 외에 WA 39^{I}, 246; WA 50, 647 (PE 5, 292f.) 와 WA 40^{III}, 52ff. 를 참고하라. 시편 121편을 해석하면서 루터는 다음과 같이 말하였다. "하나님은 그가 선택하신 곳에서, 우리가 그에게 경배드리기를 바라신다. 그는 그렇게 함으로써 모든 자율적인 종교와 예배를 금하고자 하신다." WA 40^{III}, 52. "그는 외적인 장소들에서 (external places) 위험을 없애주신다 … 〔우리가 예배드리는〕 장소는 예수 그리스도

의 부패한 본성은 이렇게 할 수 없다. 만일 인간이 이렇게 할 수 있다면, 그가 직면하는 것은 있는 그대로 드러난, 절대적인 위엄이기 때문이다. 그러나 죄인된 인간은 그런 신성을 대할 수 없다. 따라서 자신의 생각으로 직접 하늘로 날아 오르려는 인간마다 "떨어지게 되고, 그가 벌거벗음 가운데 잡아 보려는 그 위엄에 의해 압도당한다." 하나님이 위엄으로 나타날 때, 그는 우리를 만나실 수 없다. 만일 그렇게 하나님이 오신다면, 우리는 그를 붙잡을 수 없을 것이고, 그의 영광의 찬란함이 너무나 위대해서 견딜 수 없을 것이다.

인간과 자신의 위엄 가운데 계신 하나님은 대적자이다. 영원 이전, 우리는 신성, 위엄, 영광 가운데 계신 하나님을 얼굴을 맞대고 볼 수 없을 것이다. 이생에서, 하나님은 그런 식으로 우리를 만나고자 하시지 않고, 우리가 그렇게 하나님께 접근하려는 것을 원하지 않으신다. 오히려 그는 그를 이해할 수 있는 우리의 인간적인 능력에 자신을 맞추신다. 따라서 하나님은 우리에게 자신을 가리지 않은 채 나타나시는 것이 아니라, 우리가 그를 감당하고 붙잡을 수 있도록, 가면으로 자신을 가리거나 옷 입으신다. 그러므로 하나님은 "안개와 그림자"에 감추인 채 우리에게 다가오셔서, 우리를 은혜롭게 하신다.[2]

이것은 또한 하나님이 우리를 위해 자신을 구체화하고 인간화하고 성육신하셨다는 의미이다. 하나님은 우리가 그를 찾다가, 우연히 발견하도록 하지 않으신다. 그는 유랑자도 아니고, 여기저기 돌아다니는 하나님도 아니고, 분명하게 구체적인 특정 장소에 제한되고 묶여 있다. 이스라엘의 경우에 그런 장소는 장막, 언약궤의 속

인데, 왜냐하면 하나님께서 이 사람(예수 그리스도)을 통하지 않고는 다른 어떤 곳에서도 들으시지 않기로 정하셨기 때문이다. 그리스도 밖에서는 기도하고, 바라고, 신앙심이 깊어지고, 살아갈 수 있는 데 기초가 되는 것은 없다." *WA* 40ᴵᴵᴵ, 53. "따라서 당신은 그리스도 안에서 하나님을 찾을 수 있고, 그리스도 밖에서는 심지어 하늘나라에서도 하나님을 찾을 수 없다." *WA* 40ᴵᴵᴵ, 56; ibid., p. 54를 참고하라.
시편 130편에 대한 루터의 해석, *WA* 40ᴵᴵᴵ, 335ff., 을 참고하라. "유대인들은 하나님의 자비의 장소인 성전에 포함되어 있는 ― 내가 들은 대로는 ― 저희들의 하나님을 가졌다 … 따라서 오늘날 우리는 우리의 자비의 장소를 제외하고는, 즉 우리의 자비의 장소가 되시는 그리스도를 제외하고는 하나님에 대해 말할 수도 없고, 하나님과 말할 수도 없다." *WA* 40ᴵᴵᴵ, 336. "예수 밖에서 하나님을 구하는 것은 사탄의 [일]이다. 만일 양심의 불안이 다가온다면, 절망이 따를 것이다. 그리고 만일 무의미한 종교가 커 간다면, 교만이 따를 것이다." *WA* 40ᴵᴵᴵ, 337. "하나님은 … 우리가 우리의 사고를 통해서 자신을 찾도록 하지는 않으신다. 만일 우리가 그렇게 할 수 있다면, 우리는 하나님이 필요하지 않았을 것이다. 그러나 우리는 하나님이 필요하기 때문에, 그는 자신이 어디에서 그리고 어떻게 발견되어야 하는지를 보여주는 장소와 위격을 지정한다." *WA* 40ᴵᴵᴵ, 338. *WA* 37, 43. 을 참고하라.
2) *WA* 39ᴵ, 245

죄소, 성전, 예루살렘 등이다. 그는 하늘이 아니라, 이런 곳에서 자신을 찾거나 구하도록 하신다. 천지의 주인되시는 무한하신 창조주가 한계를 용납하신 것이다. 그는 실제 행동과 표지를 통한 구체적인 역사 가운데서, 예언자들 가운데서, 그리고 성취 가능한 특별한 약속 가운데서 이스라엘과 대면하신다. 이 모든 것들은 하나님이 가면으로 가리시고 가장하시고 입으시는 옷들이다.

구약의 사람들과 달리, 우리 그리스도인들은 이제 더 이상 지리적 위치에 묶여 있지 않다. 이전에 예루살렘과 성전이 그들에게 가졌던 의미를, 이제는 그리스도가 우리에게 동일한 의미를 갖는다. 그리스도의 인간됨은 하나님이 우리를 오라고 부르시는 곳이다. 그리스도만이 성소이고 신약성경의 속죄소(은혜의 보좌)이다. 하나님은 이 곳에서만 우리와 함께하신다. 우리가 하나님과 말해야 하는 곳도 바로 이 곳이다. 왜냐하면 오직 그리스도 안에서만 하나님은 우리 소리를 들으시기 때문이다. 만약 하나님을 그리스도 밖에서 찾으려 한다면, 우리는 비록 하늘에 계신 그리스도를 찾는다 하더라도, 그를 발견하지 못할 것이다.

그리스도는 아주 세상적인 방법으로 자신을 우리에게 나타내신다. 계시의 역사가 있는 모든 곳에서, 하나님은 자신을 구체적으로 나타내신다. 그의 영은 비둘기의 형태로, 오순절의 불 같은 혀의 형태로 우리에게 오셨다. 그리고 하나님은 여전히 우리를 위해 자신의 모습을 형태로 보이신다. 성령은 말씀과 인간의 소리와 성례라는 외적이고 물질적이고 감각적인 수단을 통해서 우리에게 오시고 또 그리스도를 우리에게 데려다 주신다. 이 모든 말씀과 성례들은 그의 베일이고 의복이고 가면이다. 그런데 이것들은 그리스도를 덮어서 우리가 확인하고 이해할 수 있도록 해 준다.[3] 오직 영원 안에서만 이런 성령의 사역, 즉 덮음과 외적 수단이 불필요하게 될 것이다.

루터는 하나님에 대한 인간의 사색뿐만 아니라 하나님을 찾는 데에 주도권을 쥐려는 인간의 모든 시도에 반대하기 위해, 이것을 주장하였다. 따라서 이것은 다른 종교뿐만 아니라, 자신의 사고에 기초해서 자율적으로 하나님의 형상을 구성하려는 그리스도인의 모든 시도에도 해당되는 사실이다. 이와 관련하여, 그는 종종 유대인, 이슬람교도 그리고 이교도들을 같은 범주에 포함시켰다. 루터는 그들 모두에게서 하나님이 정해 주신 장소에서 하나님을 정중하게 만나기보다는 오히려 자기 자신의 생각에 기초해서 하나님을 다루려고 하는 인간의 독자성과 자의성을 발견할 뿐이었

---

3) *WA* 17^{II}, 262f.
4) *WA* 40^{III}, 335

다.[4] 어떤 특정한 곳에서만 하나님을 찾을 수 있다고 말하는 것은 충분치 않다. 우리는 하나님이 다른 곳이 아니라 하나의 특정한 곳에서만 발견될 수 있다는 것을 기억해야 한다. 루터는 이 점에 대해 아주 신중하였다. 그는 누구든지 그리스도 밖에서 하나님을 구하는 자마다 사탄을 발견할 것이라고 말했다. 그러한 자율적 시도는 모든 경우에 사탄에 의해 만들어지고, 하나님께 완전히 반대되는 것으로 귀착된다는 의미이다. 따라서 만약 인간이 양심의 불안을 체험하고 또 그리스도 안에서 하나님을 찾으려 하지 않는다면, 그는 절망으로 끝날 것이다. 그리고 만일 그 동일한 사람이 그리스도가 없기 때문에 무의미한 종교에 자신을 맡긴다면, 그는 그 안에서 평화는 발견하겠지만 거만해질 것이다. 이런 거만함과 절망은 사탄의 활동이다. "신을 소유하고 있지만 그의 말씀이 없는 모든 사람은 어떤 신도 소유하지 못한 사람이다."[5]

루터는 다음과 같이 서로 대립적인 하나님을 전달하기 위해 다양한 표현들을 사용하였다:

하나님 자신	자기 계시 안의 하나님
절대적 하나님	조상들의 하나님
(절대적인) 위엄의 하나님	이스라엘의 자녀들의 하나님
벌거벗은 하나님	(약속으로) 옷입으신 하나님
	(가면에 의해, 유혹받고 우리에게 순응된 순응된 인간으로서) 가려진 하나님
	감추어진 하나님
말씀과 약속 바깥에 있는 하나님	말씀에 묶여 있는 하나님
	그의 말씀에 의해 계시된 하나님
하늘에 계신 하나님	인간 그리스도 안에 계신 하나님
사변적으로 생각해낸 하나님	명백하게 나타난 하나님
유랑자(vagus) 하나님	말씀과 특정한 표징을 통해 특정한 장소에 자신을 국한시키는, 인지할 수 있는 (sigillatus) 하나님

5) *WA* 30[III], 213

제5장

십자가의 신학

1518년 「하이델베르크 논쟁」에서, 루터는 진정한 신학의 본질을 십자가의 신학(theologia crucis)으로 서술하였다. 이것의 반대는 영광의 신학(theologia gloria)이다.[1]

십자가의 신학에 대한 루터의 기본적 진술은, 이 두 가지 형태의 신학이 가지는 현저한 차이점을 보여준다. "하나님에 대한 비가시적 일들을 마치 실제 일어난 일들 가운데서 명백하게 인식할 수 있는 것인 양 생각하는 사람은 신학자로 인정될 자격이 없다. 그러나 고난과 십자가를 통하여 보인, 하나님의 가시적이고 명백한 일들을 파악하는 사람은 신학자라고 인정될 자격이 있다."[2]

이 명제를 이해하기 위해서, 우리는 출애굽기 33:18 이하와 로마서 1:20 이하의 말씀에 유의해야 한다. 루터의 개념들은 이 두 구절에서 얻은 것이기 때문이다. 출애굽기 33장에서, 모세는 "주의 영광을 내게 보이소서" 하고 요청한다. 그러나 하나님은 "네가 나의 얼굴을 보지 못하리니 나를 보고 살 자가 없음이라"고 대답한다. 이리하여 하나님은 모세를 갈라진 바위 틈에 두어서, 그의 영광이 지나갈 때까지 그의 손으로 모세를 덮으신다. 그 다음 하나님은 손을 치우셨고, 모세는 영광으로 가득한 하나님의 얼굴이 아니라, 하나님의 등을 보게 된다.

---

1) 발터 폰 뢰베니히(Walter von Loewenich)의 「루터의 십자가 신학」(*Luthers Theologia Crucis*)(4th ed; Munich:Kaiser, 1954)을 참조하라.
2) *WA* 1, 361f; *LW* 31, 52. 하이델베르크 논쟁의 명제 19와 20.

루터는 로마서 1:20을 이용해서 거짓 신학의 특성을 설명하고 있다.[3] 그는 이 구절에서 묘사된 종류의 신학에서 돌이켜야 한다고 주장한다. 그러면서 루터는 고린도전서 1:21 이하의 바울의 말씀을 인용한다. "하나님의 지혜에 있어서는 이 세상이 자기 지혜로 하나님을 알지 못하는고로, 하나님께서 전도(설교:역주)의 미련한 것으로 믿는 자들을 구원하시기를 기뻐하셨도다." 로마서 1:20에서 묘사된 신학은 사람이 처음 창조되었을 때는 가능했다. 그러나 사람은 그것을 오용하였다. 이제 그것은 더 이상 사람들을 경건하게 하는 것이 아니라 오히려 어리석게 한다. 그러므로 하나님은 이제 다른 방법을 사용하신다. 이제 중요한 것은 그의 사역 가운데 나타나는 하나님의 보이지 않는 본성에 대한 지식이 아니라, 고난을 통해 보이는 그의 등 뒤에 대한 지식이다. 하나님의 보이지 않는 본성은 보이는 본성과 대립한다. 그의 등은 그의 얼굴의 영광과 대립된다. 그의 보이지 않는 본성은 그의 장엄한 속성으로 묘사된다(참고 로마서 1:20). 그리고 그의 보이는 등은 비하, 약함, 어리석음으로 묘사된다(참고 고전 1:25). 더구나 그의 창조 사역에서 오는 하나님에 대한 지식과 그의 고난으로부터 오는 하나님에 대한 지식은 서로 대립된다.

"인간이 창조사역을 통한 하나님에 대한 지식을 오용했기 때문에, 하나님은 다시 고난 가운데서 인식되고, 보이는 것들에 대한 지혜를 수단으로 하여 추구하는 보이지 않는 것들에 대한 지혜를 정죄하기를 원했고, 그럼으로써 그의 창조사역에 나타난 대로 하나님께 영광을 돌리지 않는 사람들이 그의 고난에 감추어진 바대로 그에게 영광을 돌리게 하셨다 … 이제 누구든지 십자가의 비하와 부끄러움 가운데서 하나님을 인식하지 않는다면, 영광과 장엄함 가운데서 하나님을 인식하는 것은 그에게 충분한 것도 아니고 좋은 것도 못된다."[4]

따라서 하나님의 계시와 그의 고난 속의 은폐는 — 이 은폐를 위해 루터는 이사야 45:15을 언급한다 — 서로가 대립되는 것이다. 다시 말하면, 간접적으로든 직접적으로든, 하나님에 대한 지식은 역설적이다. 영광의 신학은 "아버지를 우리에게 보여주소서" 하는 요한복음 14:8의 빌립의 질문과 일치한다. 그러나 예수님은 다른 곳에서 하나님을 찾는 이 사람에게 이렇게 말씀하신다. "나를 본 자는 아버지를 보았느니라." 이런 이유로 참된 신학과 참된 하나님에 대한 지식은 십자가에 달린 그리

---

3) 롬 1:20의 불가타(Vulgate) 본문, "Invisibilia enim ipsius … .per ea quae facta sunt; intellecta conspiciuntur." 가 루터의 명제에서도 되풀이된다.
4) *WA* 1, 362, *LW* 31, 52f.
5) "그리스도를 알지 못하는 자는 고난 중에 감추인 하나님을 알지 못한다." *WA* 1, 362; *LW* 31, 53.

스도에게서만 발견될 수 있다.[5]

영광의 신학은 하나님의 창조사역을 통해 하나님을 안다. 반면 십자가의 신학은 고난을 통해서 하나님을 안다. 로마서 1:20과 고린도전서 1:21 이하에 대한 루터의 언급과 논의 속에 나타나는 이런 진술들의 맥락은, 그가 "행위"(works)를 하나님의 창조 사역을 묘사하는 데 사용하고, "고난"을 그리스도의 십자가를 묘사하는 데 사용하고 있다는 점을 분명하게 드러낸다. 그러나 다른 한편으로 그는 이런 표현들의 의미를 좀더 심화시켰다. 즉 루터는 "행위"를 하나님의 행위라는 의미뿐만 아니라 인간의 행위라는 의미에서도 사용하였다. 그리고 "고난"도 그리스도의 고난을 가리키는 것뿐만 아니라 인간의 고난을 가리키는 것으로도 사용하였다. 루터는 마치 그 것이 자명한 것처럼, 전자에서 후자로 옮겨간다. 이것은 그의 사고의 모호성이나 논리적 혼란이 아니라 정당한 주장이고, 그 정당성은 논의되고 있는 자료에 깊이 뿌리를 두고 있다. 루터에서, 하나님에 대한 참된 지식에 대한 관심과 또 올바른 윤리적 태도에 대한 관심은 서로 분리되거나 구별된 것이 아니고, 궁극적으로 동일한 것이다.

영광의 신학과 십자가의 신학은 각각 서로에게 함축 의미를 갖고 있다. 창조 사역을 통해서 하나님을 알고자 하는, 자연 신학과 사색적 형이상학은 도덕주의자들의 행위의 의와 동일한 범주에 있다. 양자는 둘 다 인간이 자신을 하나님의 수준으로 올리는 방식이다. 그러므로 그 두 길은 사람을 교만으로 이끌거나 아니면 이미 그 자체가 그런 교만의 표현이다. 그리고 그것들은 둘 다 인간의 자아를 부풀게 하고,[6] 하나님에 대해 그리고 하나님에 대한 인간의 관계에 대해 동일한 기준을 사용한다. 그것은 영광과 능력이다. 이와 관련하여, 루터는 하나님의 영광뿐만 아니라 인간 자신의 행위의 영광과 매력을 향한 인간의 사랑에 대해 말한다.

그러나 하나님은 다른 기준에 따라 인식되고 영광받기를 원한다. 십자가는 두 가지 의미, 즉 그리스도의 십자가와 그리스도인의 십자가라는 의미에서, 영광의 신학의 두 요소와 대립한다. 십자가의 신학은 영광의 신학의 기준과 정반대되는 기준으로 일하고, 그것을 하나님에 관한 인간의 지식과 인간의 자기 이해 및 하나님과 인간의 관계 이해에 적용시킨다. 이 기준은 바로 십자가이다. 이것은 다음과 같은 의미이다. 즉 영광의 신학은 하나님의 분명한 신적 능력, 지혜, 영광을 통하여 직접

---

6) 루터는, 인간의 자만이 자신의 행위에 대한 지식뿐 아니라 하나님의 보이지 않는 본성에 대한 지식으로 인해 과장되었다고 말했다. "사람이 자신의 선행에도 우쭐대지 않는 것은 불가능하다 … 인간이 인식하는 행위에서, 보이지 않는 하나님의 본성을 깨닫는 지혜는 완전히 우쭐되고, 눈 멀고, 무감각해진다." *WA* 1, 362; *LW* 31, 53.

하나님을 알고자 하고, 반면에 십자가의 신학은 바로 하나님이 자신을 감추시는 곳에서, 그의 고난 가운데서, 영광의 신학이 약하고 어리석다고 간주하는 모든 곳에서 역설적으로 하나님을 인식한다. 영광의 신학은 사람들이 하나님 앞에 서도록 이끌고, 율법을 성취할 때 자신의 윤리적 성취에 기초하여 흥정을 벌이지만, 반면에 십자가의 신학은 인간을 고난받기 위하여 부름받은 자로 간주한다. 인간의 십자가는 "인간의 자기 확신을 부수고," 그래서 자신이 뭔가를 하려고 하는 대신에, 하나님께서 자신 안에서 모든 것을 하시도록 허락한다. 그러한 사람은 도덕주의적 행위주의로부터 순수한 영접으로 인도된다.[7]

　　루터는 종교적 지성주의와 도덕주의의 내적 관계와 심지어 양자의 일치를 인식한다. 그는 이 두 가지가 십자가에 반대된다는 것을 보여준다. 이 둘이 십자가에 반대된다는 것은 루터 신학의 가장 중요한 통찰력에 속한다. 십자가는 자연 신학과 인간의 본성적 정신(ethos)에 대한 자아의식을 파괴한다. "하나님은 오직 고난을 통해서 인식된다"는 루터의 명제는 모호한 진술이거나, 아니면 — 좀더 정확하게는 — 그 안에서 하나님이 자신을 알리시는 바, 고난당하는 그리스도와 하나님과 사귐에 들어갈 수 있는 유일한 인간인, 고난당하는 인간 사이의 깊은 상호 관계를 가리킨다.

　　루터가 그리스도의 십자가에서 그리스도인의 고난으로 옮겨간 것과 그리스도 안에 있는 하나님의 연약함에서 인간의 도덕주의적 자기 신뢰의 파괴로 옮겨간 것은 그 이상의 의미가 있다. 그것은 하나님에 대한 지식은 이론적 지식이 아니라 오히려 전 인간 실존의 문제라는 의미이다. 우리는 동시에 우리 자신이 그리스도와 함께 십자가에 못 박힌 것을 알지 못하고는, 십자가를 그리스도 안에 있는 객관적 실재로 알 수 없다. 그러므로 십자가는 다음과 같은 것을 의미한다. 즉 하나님은 죽음 곧 그리스도의 죽음에서 우리를 만나시지만, 오직 우리가 그리스도의 죽음을 우리 자신의 죽음으로 경험할 때 만나신다는 것이다. 그리스도의 죽음은 오직 그것이 우리의 죽음이 될 때, 우리를 하나님과의 만남으로 인도한다. 그리스도의 죽음을 숙고하는 것은 반드시 그와 함께 죽는 것을 말한다.

　　요약해 보면, 루터의 십자가의 신학은 십자가가 하나님을 숨기고, 그럼으로써

---

7) "하지만 고난을 통해 자신을 비운 그는, 더 이상 일(work)하지 않고, 하나님이 일하시고 자기 안에서 모든 일을 하신다는 것을 알게 된다. 이런 이유로 하나님이 일하시든 안하시든 간에, 그것은 그에게 상관없는 것이다. 그는 선행을 했어도 자랑하지 않고, 하나님이 자신을 통해 선행을 하시지 않더라도 혼란되지 않는다. 만일 더욱 더 부서지기 위해 고난을 당하고 십자가에 의해 낮은 대로 처해질지라도 그것으로 충분하다는 것을, 그는 안다." WA 1, 362f. ; LW 3, 55

자기 확신적인 이성 편에서 행하는 하나님에 관한 모든 사색의 종언을 나타내는 것을 의미한다. 십자가는 인간에 대한 심판의 상징이고, 따라서 자기 확신적 도덕주의적 인간 편에서 하나님과 교제를 이루려는 모든 시도의 종언을 나타낸다. 십자가는 경험으로만 이해될 수 있다. 좀더 정확하게 말하면, 이 십자가는 그리스도를 통해, 그리스도와 함께 우리를 위해 하나님에 의해 예비된, 하나님의 고난의 표현이다.

「하이델베르크 논쟁」의 논제 20에 대한 해설에서, 루터는 "행위"(works)를 명백하게 하나님의 창조 행위로 다루고 있다. 그는 로마서 1:20을 언급하기도 한다.[8] 그러나 논제 21의 논의를 시작할 때, 그 내용은 그렇게 분명하지 않다. 루터는 거기서 영광의 신학은 "고난보다는 행위를, 십자가보다는 영광을 더 좋아한다"고 말하였다.[9] 이 진술에 선행하는 것을 근거로 하여, 다시 한번 하나님의 행위를 생각해 볼 수 있다. 그러나 이 문장은 모호하고, 다음 문장은 의심의 여지 없이 인간의 행위를 가리키고 있다. 루터는 "영광의 신학자들"을 "그리스도의 십자가의 대적자들"로 언급하였는데, 이는 그들이 십자가와 고난을 싫어하고 오직 행위와 행위의 영광만을 사랑하기 때문이다. 그들은 십자가를 악한 것으로 간주한다. 그러나 "십자가의 친구들"은 십자가를 선한 것으로 간주한다. 왜냐하면 "십자가를 통해서 행위는 쫓겨나고, 특히 행위에 의해 세워진 옛 아담이 십자가에 못 박히기 때문이다. 루터는 더 이상 하나님의 행위에 대해 말하지 않고, 자신들을 세우고 자신들의 주장을 할 수 있도록 해주는 인간의 행위에 대해 말했다. 루터는 계속 이렇게 말한다. "만일 인간이 먼저, 자기 자신이 무가치하고 그의 행위는 그의 것이 아니라 하나님의 것이라는 것을 알 때까지, 고난과 악에 의해 움츠려 들고 파괴되지 않는다면, 그가 자신의 선행에 의해 우쭐대는 마음이 들지 않는 것은 불가능하다."

같은 방식으로, 루터는 하나님이 알려지기를 원하시지만 숨겨져 있는 바, 그리스도의 고난에 대한 개념으로부터 인간의 고난의 개념으로 옮겨 간다. 인간의 고난은 — 논제 21의 대한 루터의 논의의 마지막 부분에 인용된 구절에 의해 지적된 대로 — 인간의 행위나 자신의 윤리적 활동에 근거하여 주장하는 그런 요구에 대조된다. 그리스도의 십자가의 대적자들은 또한 그들 자신의 십자가의 대적자들이다. 그들은 고난의 길을 가려고 하지 않는다. "고난"과 "행위" 개념의 모호성과 그들의 용례상의 변화는 — 논제 21 전체에 걸쳐 인간의 행위에 대해 말한 후, 루터는 다시 한번 논제 22에서 하나님의 행위에 대해 말한다 — 전체 구절을 아주 이해하기 어렵

8) *WA* 1, 362; *LW* 31, 52f.
9) Ibid.

게 한다. 어떤 이들이 두 개념을 동일한 의미로 해석함으로써 어려움을 피해보려 한 것은 이해할 만한다. 이것이 칼 슈탕게(Carl Stange)가 "행위"를 오직 사람의 선행 를 의미하는 것이지 하나님의 행위를 의미하는 것이 아니라고 해석했을 때,[10] 그가 의도한 것이다. 그러나 그 부분에 대한 이런 이해는 본문이 명확하기 때문에 유지될 수 없고, 그러한 이해는 루터의 사상에서 참 깊이와 대담성을 제거해 버리고 만다.

십자가의 신학은 모든 루터의 신학 사고에 스며들어 퍼져있다. 모든 참된 신학 은 "십자가의 지혜"이다.[11] 이것은 그리스도의 십자가가 모든 참된 신학적 지식을 판 단하는 기준이고 하나님의 실재성, 은혜, 구원, 그리스도인의 삶, 그리스도의 교회 를 평가하는 기준이라는 의미이다. 십자가는 이런 모든 실재들이 숨겨져 있음을 의 미한다. 십자가는 하나님을 숨긴다. 왜냐하면 십자가는 하나님의 능력을 드러내는 것이 아니라, 하나님의 무력함을 드러내기 때문이다. 하나님의 능력은 무력함과 비 천함을 통해서 직접적이 아니라 역설적으로 나타난다. 따라서 그의 분노 아래 숨겨 진 것은 하나님의 은혜이고, 그의 은혜와 선물은 "십자가 아래 숨겨져 있다." 다시 말하면 "괴로움과 불행" 아래 숨겨져 있는 것이다.[12]

세상은 오직 분노와 괴로움만 본다. 우리와 우리의 마음은 그런 세상의 일부분

---

10) *Die ältesten ethischen Disputationen Luthers* (Leipzig: A. Deichert, 1904), p. 67
11) *WA* 5, 42, 45; *LW* 14, 305, 309.
12) "하나님의 은사들(gifts and benefits)은 십자가 아래 감추어져 있어서, 믿지 않는 사람들은 그것들을 볼 수도 없고 인식할 수도 없고, 오히려 괴로움과 고난으로 간주한 다." *WA* 31¹, 51; cf. *LW* 14, 58
"따라서 하나님이 이 작은 그룹에 주신 호의는 세상으로부터 완전히 감추어져 있고, 단지 하나님으로부터의 영원한 분노, 형벌, 고통으로 보인다." *WA* 31¹, 91; *LW* 14, 58.
"외견상 그의 은총은 단지 분노로 보여서, 두겹의 두꺼운 가죽이나 살가죽에 아주 깊 이 묻혀 있다. 우리의 대적들과 세상은 그것을 하나님의 분노로 인한 천벌인 것처럼 비난하고 피한다. 우리 역시 그것에 대해 그들과 많이 다르게는 생각하지 않는다."
"베드로는, 말씀은 어두운 곳에서 빛나는 등불과 같다고 말하였다(벧후 1:19). 대부 분 분명히 그것은 어두운 곳이다! 하나님의 신실하심과 진리는 항상 먼저 위대한 거짓 말이 되었고, 그 다음에 진리가 되었다. 세상은 이 진리를 이단이라고 불렀다. 우리들 역시, 계속해서 하나님께서 우리를 버리셨고, 그가 말씀을 지키지 않을 것이라고 믿도 록 유혹받는다. 그리고 우리 마음에서 그가 거짓말쟁이라고 생각하기 시작한다. 간단 히 말해서, 하나님은, 먼저 마귀가 되지 않고는 하나님이 될 수 없다. 우리는 먼저 지 옥에 가보지 않고서는 하늘나라에 갈 수 없고, 먼저 마귀의 자녀가 되지 않고는 하나 님의 자녀가 될 수 없다. 하나님이 말씀하시고 행하시는 모든 것을 마귀가 먼저 말하 고 행한다. 우리의 육체는 동의한다. 그러므로 우리를 말씀 안에서 믿도록 계몽시키고 가르치는 것은 실제로 성령님이시다. 동일한 증거에 의해 이 세상의 거짓말은 먼저 진

이기 때문에, 우리 역시 분노와 괴로움만 느낀다. 따라서 하나님의 현실은 세상의 기준과 완전히 모순되고 있다. 우리들의 눈 역시 동일하지만, 세상의 눈으로 볼 때, 하나님의 진리는 거짓인 것 같고, 세상의 거짓이 진리인 것처럼 보인다. 그리스도인들이 속해 있는 이 세상은 자신이 행한 것을 근거로 하여 하나님을 판단하고, 그가 사탄이라고 결론내린다.[13] 그래서 사탄이 하나님처럼 보이고, 세상의 주인처럼 보인다. 이것이 이 세상의 현실이 주는 무서운 인상이다. 그리스도인들을 포함해서 모든 사람들은 신앙의 기적이 일어나기 전까지 견뎌야 한다. 믿는 사람은 계속해서 이런 경험에서 은혜와 진리, 그리고 반대되는 것에 감추어진 하나님의 신실성의 현실을 인식하는 신앙으로 나아가야 한다.

루터는 그리스도의 왕국이 숨겨져 있다는 점에 대해 논의할 때도 같은 주장을 하였다. 이교도들이나 유대인들에게는 십자가에 달리신 이가 왕이라는 주장이 걸림돌이었다. 그것은 그들의 이성이나 경험에 모순되는 것이었다.[14] 이 왕이 자신의 백성에게 가져온 구원은 모든 사람이 왕이신 하나님으로부터 얻기를 바라는 것과 분명히 반대되는 것이었다. 즉 십자가, 죽음, 세상의 증오, 그리고 이와 같은 것들이다.[15] 따라서 하나님의 자녀는 세상으로부터 숨겨져 있고, 심지어는 그들 자신으로부터도 숨겨져 있다.[16]

그들이나 세상은 왜 그들이 하나님 앞에 있는지 깨닫지 못한다. 시편 1편은 의

리가 되지 않고는 거짓말이 될 수 없다. 불경건한 사람들은 먼저 하늘에 올라가지 않고는 지옥에 갈 수 없다. 그들은 먼저 하나님의 자녀가 되지 않고는 사탄의 자녀가 되지 않는다." "요약하면 마귀는 먼저 하나님이 되지 않고는 마귀가 될 수 없다. 마귀는 먼저 빛이 되지 않고는 어두움의 천사가 될 수 없다(고후 11:14) … '나는 하나님의 말씀이 진리가 되기 전에 나에게도 먼저 커다란 거짓말이 되어야만 한다는 것을 잘 알고 있다. 나는 마귀의 말이 거짓말이 되기 전에 하나님의 진리가 먼저 되어야 한다는 것 또한 알고 있다. 나는 마귀에게 한 시간 동안 신성을 허락해야 하며, 우리의 하나님에게 악마성을 돌려야 한다. 그러나 이것이 전체 이야기는 아니다. 최종적인 말은 다음과 같다. "그의 신실하심과 진리가 영원하시다." *WA* 31¹, 249; *LW* 14, 31f.

13) "그는(하나님은) 자신을 마귀처럼 보이게 하신다." *WA* 41, 675.

14) "그처럼 절망적이고 모욕적인 죽음으로 사라진 그 사람을 왕이라 인정하는 것은 무엇보다도 어려운 일일 것이다. 감성은 강하게 반항하고, 이성은 질색하고 경험은 부정하고, 전례는 부족하다. 만일 당신이 이것 위로 정신을 올리지 않는다면, 분명히 이것은 이방인들에게는 어리석고 유대인들에게는 걸림돌이 될 것이다(고전 1:23)." *WA* 5, 68; *LW* 14, 342.

15) "이 왕의 통치 아래에서, 당신이 율법에서 바라던 그 모든 것이 저주받을 만하며, 당신이 두려워한 모든 것이 사랑받을 만하다. 그는 십자가와 죽음을 제공한다 … . 만일 당신이 이 왕 밑에서 살고자 한다면 당신은 죽어야 한다. 당신은 십자가와 온 세상의 증오를 져야 한다." *WA* 5, 69; *LW* 14, 342.

로운 사람들을 "복 있는" 자라고 하였다. 그러나 이런 이름의 복은 성령 즉 하나님 안에 숨겨져 있어서, 신앙이나 경험을 통하지 않고는 인식될 수 없다 … 여기서 예언자가 복이 있다고 말한 사람은, 바로 세상이 한 목소리로 그 누구보다도 가장 비참하다고 말한 사람이다. 이것은 이사야가 누구보다도 가장 비천한 자라고 부른 바, 축복받은 자의 머리와 모델로서 그리스도를 바라본 것과 동일하다(사 53:3).[17]

이 십자가의 신학은 또한 루터의 교회관에도 결정적 영향을 끼쳤다. 그리스도의 참된 교회는 스스로를 교회라고 부른 역사적 제도와 일치될 수 없고, 그것의 오류, 범죄, 분열, 이단들과 동일시될 수 없다. 오히려 참된 교회는 이런 경험적인 실재 아래 감추어져 있다. 우리는 루터의 교회론을 논의할 때, 이 점으로 되돌아 올 것이다. 교회의 지상적 외양은 걸림돌이다. "마귀는 걸림돌과 분열로 그것을 덮을 수 있다. 그러므로 당신은 그것에 분노해야 한다. 하나님 역시 그것을 온갖 종류의 잘못과 결점 뒤에 숨길 수 있고, 따라서 당신은 불가피하게 바보가 되고, 그것에 잘못된 판단을 내린다. 기독교는 외양에 의해 알려지는 것이 아니라, 신앙에 의해서 알려진다. 신앙은 보이지 않는 것과 관계가 있다."[18]

또한 십자가의 신학은 루터의 칭의 이해를 규정하였다. 하나님이 다루시는 인간은 죄인인데, 그는 하나님의 분노 외에는 아무 것도 경험하거나 느끼지 못한다. 하지만 감히 복음의 말씀을 믿도록 기대되는 사람도 바로 이 사람이고, 자신을 의롭다고 생각하고 하나님을 기쁘게 해드린다고 생각하는 사람도 바로 이 사람이다. 그에게 하시는 하나님의 "긍정"(yes)은 엄한 "부정"(no) 아래 감추어져 있다. 그러나 신앙은 반대되는 것에서 하나님을 이해하는 기술이고, 하나님의 말씀을 굳게 신뢰함으로써 "부정"의 아래와 위에 깊이 감추어진 "긍정"을 단단하게 붙잡는 기술이다.[19]

이 모든 것은, 십자가의 신학이 소위 "현실"(reality)에 대한 새로운 이해를 가

---

16) "그러나 이것은 십자가의 지혜이므로 하나님만이 의인의 길을 알고 있다. 심지어 그 길은 의인들에게조차 숨겨져 있다. 왜냐하면 하나님의 오른손은 그들을 감성의 길도 아니고 이성의 길도 아닌, 오직 어두움과 보이지 않는 것 속에서 볼 수 있는 신앙의 길이라는 놀라운 길로 이끈다." WA 5, 45; LW 14, 309.

17) WA 5, 36; LW 14, 298. 같은 맥락에서 루터는 자신이 즐겨 사용하는 시편 4편 3절을 인용한다. "따라서 하나님은 성도들을 높이신다.〔mirificavit Dominius Sanctum suum … 〕 불행의 높이가 행운의 높이가 된다." WA 5, 41; LW 14, 304. 루터는 이 구절을 "dass der Herr seine Heiligen wunderlich führet"로 번역하였다. 또한 루터는 같은 절을 칭의론과 연결시켜서 인용하였다. 이것 역시 죄인의 칭의가 십자가 신학에서 서술된 바 있는 하나님의 행위의 특별한 부분이라는 사실의 증거이다. Cf. p. 256.

18) WA, DB 7, 418; LW 35, 410.

져왔다는 점을 분명히 해준다. 참된 현실은 세상과 이성이 생각하는 것이 아니다. 하나님과 그의 구원의 참된 현실은 "역설적"이고, 반대되는 것에 감추어져 있다. 이성은 그것을 이해할 수도 없고, 경험할 수도 없다. 이성과 경험의 기준, 즉 세상의 기준으로 판단하건대, 참된 현실은 실재하지 않고, 정확하게 그 반대되는 것이 실재한다. 신앙만이 그런 참되고 역설적인 현실을 이해할 수 있다. 결과적으로 루터의 신학 전체를 통하여, 이성과 감각과 경험과 세상의 관점은 신앙의 관점과 반대되는 것으로 나타난다.[20]

이것은 신앙이 본성상 늘 현실과 ─ 세상과 우리의 이성과 세상에 대한 경험이 볼 수 있는 현실과 ─ 갈등한다는 것을 의미한다. 그리스도인은 계속해서 시험을 받는다. 그리스도인 실존의 본질적 특징으로서 루터의 영적 시련(Anfechtung)에 대한 이해는,[21] 십자가 신학의 일부분이다. 그리스도인의 존재는 위험에 처해 있는데, 이는 그것이 이성과 합리적 경험이 주는 현실의 인상 아래 그 한가운데 서 있기 때문이다. 믿는다는 것은 경험적 현실과 계속적인 모순 아래에서 사는 것이고, 자신에게 감추어져 있는 것을 신뢰하는 것이다. 신앙은 현실과 경험에 모순되는 상태를 견뎌 내야 하고, 시각을 약속의 말씀에 고정시킴으로써 이 세상의 현실을 극복해야 한다.

이것은 신앙이 사람이 서 있는 자리가 아니라, 끊임없이 움직이는 새로운 운동이라는 것을 전제한다. 인간 존재와 세상에 대한 경험적 현실과 괴로움, 진노, 죽음에 대한 경험은 중단될 수도 없고, 피할 수도 없다. 그리스도인은 신앙의 말씀을 단단히 붙잡음으로써 계속 그것을 극복할 수 있을 뿐이다. 그리스도인은 항상 현실의 인상으로 인해 하나님의 진리를 의심하도록 유혹받고, 하나님의 진리를 거짓으로 보도록 시험을 받는다. 그는 하나님의 은혜를 의심하고 심지어 절망할 때 일어나는 바 끊임없이 지옥에 떨어지는 체험이 없이는, 하나님과 교제하는 천국을 소유할 수 없다.[22] 따라서 신앙은 계속해서 투쟁하는 것이다. 그리고 신앙은 이성에 영향받기 쉬운 현실을 극복할 때만 생명으로 올 수 있다. 이 사실은 많은 기독교의 진리를 역설적 문장으로 나타낼 필요가 있는 신학적 표현을 발견한다. 하나님의 진노에 대한 루터의 생각에서 우리들은 이것에 대한 좀더 구체적인 예를 볼 수 있다. 조직신학적

---

19) *WA* 17[II], 203
20) 신앙과 경험에 대한 논의는 p. 73를 참고.
21) 〔이 단어는 여러가지로 즉 trials, temptations, assault, perplexity, doubt 로 번역될 수 있다. - 영역자 주〕
22) Cf. *WA* 31[I], 249; *LW* 14, 31f. (이 장의 n. 15를 보라)

제시는 신앙의 관점뿐만 아니라, 신앙이 생겨나고 신앙이 항상 관련되는 시험과 의심도 표현해야 한다. 그럴 때에만, 그것은 신앙이 이성에 유용한 준거 틀을 깨뜨리는 것을 기술할 수 있다.

십자가 신학은 신앙의 신학이다. 하지만 신앙의 신학은 영적 시련의 신학 (Theologie der Anfechtung)이고, 또 그렇게 존속할 것이다. 신학적인 사고와 신학적 언급의 표현은 의심과 시험, 시험을 극복하는 신앙과 따로 떨어져서 일어날 수 없다. 오히려 그것은 이 과정에 있는 사고, 즉 영적 시련의 준거 틀에 있는 사고이고, 또 그렇게 존속할 것이다.

루터는 인간의 타락 이후 참된 신학은 십자가의 신학으로서만 가능하다고 생각하였다. 루터에서, 바울처럼(고전 1:21), 십자가의 신학은 원래 유일한 가능성은 아니었다. 루터는 사람들로 하여금 하나님의 창조사역으로 하나님을 알게 하는 지혜가 하나님의 율법만큼 훌륭하다고 말했다. 그러나 모든 좋은 선물처럼, 이것은 죄인이 자신을 높이는 데 사용되었다. 그래서 이제는 십자가의 신학만이 참된 하나님 지식으로 인도한다.[23]

루터가 십자가의 신학과 인간의 죄성 사이에 확립한 밀접한 관계로 인해, 십자가의 신학이 하나님의 하나님됨(God's being God)에 대한 루터의 이해와 긴밀한 관계가 있고 이것을 표현한다는 사실이 무효화되지 않는다. 십자가의 신학은 역설적으로 마치 하나님이 반대되는 것을 행하고 있는 것처럼 보이도록 그의 행위를 위장하면서, 하나님이 자신을 그의 구원 행위 안에 감추신다는 것과 그가 역설적으로 행동하시고 창조하신다는 것을 의미한다. 이 점에서 루터는 하나님이 스스로를 영화롭게 하신다고 생각하였다.

하나님은 무에서 창조할 수 있는 능력이 있다. 그는 심지어 하나님과 반대되는 것에서도 뭔가를 창조하실 수 있다. 이것은 모든 지상의 기준과 관계의 전복에 의해 입증된다. 하나님은 바로 약함 중에서 강하시고, 비천함 중에서 영화로우시고, 죽음 가운데서 살아 계시어 생명을 주신다는 사실에서, 자신이 하나님이심을 보이신다. 루터의 사고에는, 이렇게 십자가의 신학과 하나님의 하나님되심이 가장 밀접하게 관련되어 있다.

루터가 십자가의 신학에서 바울을 따르고 있다는 것은 덧붙일 필요가 거의 없다. 그는 죽음 가운데서 하나님의 생명이 역사하고 그의 힘이 무력함 속에서 역사하

---

23) 하이델베르크 논쟁의 24명제. "그러나 그 지혜는 저절로 악한 것도 아니고, 율법을 회피하는 것도 아니다. 그러나 십자가 신학이 없이는, 인간은 최악의 방법으로 최선을 오용한다." WA 1, 363: LW 31, 55

는 것에 대한, 고린도전서 1:18 이하와 고린도후서의 바울의 글에 새로운 힘과 능력을 제공한다. 바울은 십자가를 하나님에 대한 지식과 인간의 자기 이해를 위한 타당한 기준으로 이해한 점에서, 루터의 선배였다.

제6장

하나님의 말씀과 하나님의 영

하나님은 오직 스스로 옷 입고 자신이 지정한 곳에서 발견되도록 하는 방법으로만 인간을 만나시고, 이 인간을 구원하신다.[1] 이 특정한 장소는 바로 그리스도이다. 그러나 어디서 그리스도를 발견할 수 있는가? 어떻게 그리스도가 우리와 함께 하시고, 우리에게 자신을 알리시는가? "누구도 하나님의 말씀 외에는 그 어디서도 그리스도를 발견할 수 없다."[2] 그리스도는 복음을 통해서만 우리에게 오시는데, 그 복음은 그리스도를 증거한다. 이 증거는 구약과 신약이 — 루터의 표현을 사용하자면 — "그리스도를 추구하는"(Christum treiben) 한에서 성경을 통해 주어진다.[3] 이 복음은 교회의 선포를 통해서 끊임없이 우리에게 다가온다. 이 복음은 또한 그리

---

1) pp. 38이하를 보라.
2) "그렇다면 어떻게 그리스도를 소유하겠는가? 결국 그는 하나님 아버지의 우편에 앉아 계신다. 그는 우리의 집으로 내려오시지는 않을 것이다. 결코 그렇게 하지는 않을 것이다. 그렇다면 어떻게 내가 그를 가질 수 있겠는가? 아! 당신은 복음 이외에서는 그를 가질 수 없다 ···. 그리스도가 복음을 통해서 우리 마음으로 왔기 때문에, 그는 먼저 마음으로 받아들여야만 한다. 이제 내가 그리스도께서 복음 안에 계신다고 믿기 때문에, 이미 그를 영접하고 소유하고 있는 것이다." WA 10^{III}, 349; LW 51, 114. "그리스도는 말씀을 통하지 않고는 알 수 없다. 이 말씀이 없이는, 그리스도의 육체는 비록 오늘 나에게 온다 하더라도 나에게 아무 소용이 없다." WA 10^{III}, 210. Cf. WA 12, 414.
3) 〔좀더 문자적으로 그렇지만 아마도 구어체로 Christum treiben을 번역하면 "그리스도를 몰고간다(push)"가 될 것이다. 세일즈맨의 은어에 대비되는 이 말은 "그리스도를 가르치다"가 주지 않는 어떤 의미를 준다. — 영역자 역주〕

스도인들이 서로 이야기하고 특히 말씀의 사역자들이 자기들에게 맡겨진 사람들에게 말함으로써 권위를 받게 되는, 그런 약속의 말씀 안에서 다가온다. 교회가 선포하는 말씀은 성서의 말씀과 분리되는 한, 기독교적인 것으로 생각될 수 없다. 그러나 우리는 오늘날의 살아있는 선포 즉 — 루터가 복음의 본질적 형태일 뿐만 아니라 원래적 형태라고 생각했던 — '외쳐진 말씀'이 없이는 성서의 말씀을 생각할 수 없다.[4]

그러나 성경이나 선포된 말씀은 둘 다 외적인 말씀이다. 그것들은 원래 하나님의 영으로부터 인간의 영으로 오는 직접적, 신비적 교통이 아니라, 외부로부터 인간에게 들어오고 다른 사람에 의해 전달되고 중개된 말씀이다. 이것은 그의 인간성 즉 역사성 안에 있는 그리스도가 우리와 함께 하는 하나님이라는 사실과 밀접한 관련이 있다. 그리스도가 육체적으로 인간이 되었듯이, 그는 또한 "외적 말씀"이라는 인간적, 역사적 수단을 통해서 인간에게 오신다. 그리스도에 대한 이러한 인간적 증거를 통해서, 그리스도는 친히 구원을 가지고 인간에게 오신다. 그가 우리와 함께, 우리를 위해 있고, 우리가 그와 함께 있는 곳은 바로 이 곳이다.[5] 따라서 인간의 설교는 "하나님의 말씀"이다.

그러나 결코 하나님의 말씀은 단지 사람의 입이 말하고, 사람의 귀에 들리는 외적 말씀만은 아니다. 반대로 이 말씀이 언급되는 것과 동시에 하나님은 진리를 우리의 마음에 말씀하시고, 그 결과 인간은 그것을 외적으로뿐만 아니라 내면적으로 받아들여 믿게 된다. 이것은 성령의 사역이다. "나의 쓰라린 고뇌 가운데, 그는 당신의 영원한 말씀과 성령을 통해서 나에게 오셨다."[6] 우리는 이제 외적인 말씀과 하나님이 우리 마음에 말씀하시는 내적인 말씀 사이의 관계에 대해 질문해야 한다. 루터에서, 이 둘은 매우 밀접하게 관련되어 있다. 이 점에 대한 루터의 설명은 다음 두 문장으로 요약될 수 있다. (1) 성령은 말씀 없이는 말하지 않으신다. (2) 성령은 말씀을 통해서 그리고 말씀 안에서 말씀하신다.

---

4) *WA* 40^{II}, 410f; *LW* 12, 369. *WA* 50, 240; *BC*, 310.
5) "우리가 복음을 담고 있는 책을 펴서, 그리스도가 어떻게 여기나 저기에 오시는지를 혹은 누군가가 어떻게 그에게 가게 되는지를 읽고 들을 때, 당신은 그 안에서 설교나 복음 — 이를 통해 그리스도가 당신에게 가고, 혹은 당신이 그에게 가게 되는데 — 을 파악해야 한다. 왜냐하면 복음을 설교하는 것은 바로 그리스도가 우리에게 오시는 것이요, 우리가 그에게 가게 되는 것이기 때문이다." *WA* 10^{I}, 1, 13; *LW* 35, 121. "그리스도는 우리 안에서 다스리시지만, 우리는 그를 느끼거나 파악할 수 없고, 오직 말씀만을 이해할 수 있을 뿐이다. 그래서 그가 오셔서 신앙을 불붙이는 것이다." *WA* 9, 632.
6) *WA* 31^{I}, 99; *LW* 14, 62. "말씀이 사람의 마음에 비춰 들어올 때 … " *WA* 32, 343; *LW* 21, 55.

첫째, 하나님은 외적 말씀이 선행(先行)한 다음에 성령을 주신다. 따라서 그는 성령을 "수단 없이" 직접적으로 주는 것이 아니라, 오히려 수단을 통해 주신다.[7] 계속해서 루터는 이 점을 당시의 신령파들(spiritualist)이나 열광주의자들에 반대해서 주장하였다.[8] "신앙은 성령의 사역을 통해서만 온다. 그리고 이것은 외적 말씀을 통해서만 일어난다. 그러므로 일부 사람들이 생각하는 것과 달리, 먼저 이 외적 말씀을 들어야 하고 무시해서는 안된다. 왜냐하면 하나님은 당신의 은밀한 공간으로 오셔서, 그 곳에서 말씀하시지 않을 것이기 때문이다. 따라서 그는 외적 말씀이 설교되고 먼저 선행(先行)하게 조처하시고, 그 결과 귀로 말씀을 듣고 마음으로 그것을 파악한 후에, 진정한 선생인 성령이 오셔서 마음이 그것을 붙잡도록 말씀에 능력을 부여하신다.[9] "분파주의자들이 하는 대로, 하나님이 직접, 말씀 없이, 우리를 위로 하신다고 생각하지 말아야 한다."[10] 그러므로 마음 속의 성령의 역사는 항상 '외적 말씀'을 미리 듣는 것에 달려 있다. 이것은 또한 성령이 외적 말씀으로만 말씀하신다는 의미이기도 하다.

새로운 계시가 존재하는 것이 아니다. 성령은 우리 안에서 외적 말씀을 능력 있게 하신다. 그는 외적 말씀이 인간의 마음과 부딪치도록 능력을 부여한다. 그러므로 성령이 말씀하시는 내용은 완전히 말씀에 묶여 있다. 보통 신령파들이 생각하는 대로, 만일 하나님이 수단 없이 말씀하시고, 성령이 말씀으로부터 자유롭다면, 성령은 인간이 생각할 수 있는 모든 것에 영감을 줄 것이다. 그러나 그것은 예수 그리스도의 복음 이외에 다른 구원의 길이 열렸다는 것과 말씀이 증거하는 예수의 인간성과 역사성을 통하는 것 이외에 다른 방법으로 하나님이 죄인된 인간과 대면하신다는 것을 의미할 것이다. 성령이 말씀에 묶여 있다는 것은 곧 우리의 구원이 예수 그리스

---

7) 왜 하나님이 말씀 없이 사람 안에서 당신의 사역을 수행하시지 않는지를 설명하면서, 루터는, 비록 하나님이 말씀이 없이 행하실 수 있지만, 하나님은 그렇게 하시기를 원하지 않으신다고 말하였다. "말씀없이 성령을 주는 것은 하나님을 기쁘게 하지 못하고, 말씀을 통해서 성령을 주시는 것이 하나님을 기쁘게 한다. 하나님은 그 분 자신이 안에서 홀로 불어 넣는 것을 우리가 밖에서 울려나게 함으로써 우리를 그의 동역자로 삼으신다." WA 18, 695; BOW, 184.

8) 슈말칼트 조항에 있는 열광주의에 대한 유명한 진술을 참고하라. "외적 말씀과 말해진 말씀에 관계되는 이런 문제들에서, 우리는 하나님이 먼저 오시는 영원한 말씀을 통하거나 그와 함께 하지 않고는, 아무에게도 성령이나 은혜를 주시지 않는다고 확신해야 한다. 따라서 우리는 열광주의자들을 그리고 말씀이 없이 그리고 말씀 이전에 성령을 가지고 있다고 자랑하는 신령주의자들을 막아야 한다." WA 50, 245; BC, 312.

9) WA 17[II], 459f.

10) WA 31[I], 99; LW 14, 62.

도의 인간적 생애에 묶여 있다는 뜻이다. 성령이 말씀을 통해서만 일하신다는 사실은 율법과 복음에 대한 하나님 말씀의 분명한 의미를 보전하였다. "수단 없이" 영적으로 말하는 것은 여러 가지를 의미할 수 있다. 그러나 말씀은 모호한 것이 없다.

둘째, 말씀에 적용되는 이 모든 것은 말씀 그 자체가 영적으로 강력하다는 것을 의미한다. 말씀은 듣는 사람 바깥에 머무르는 것이 아니라 그 안으로 들어간다. 외적 말씀 그 자체는 내적 말씀이 된다. 그것은 마음 안에서 일하고, 그럼으로써 그것이 하나님의 말씀이라는 사실을 입증시킨다. 성령은 말씀 없이 홀로 일하는 것이 아니라, 오히려 말씀 안에서 그리고 말씀을 통해서 일하신다.[11] 그것은 그리스도를 우리의 마음에 모시고 오는 능력을 가지고 있다. 그것은 "사람의 마음에 만족을 주고 사람을 통제함으로써, 자신이 성령에 의해 붙들렸다고 느끼게 하고 성령이 참되고 올바르다고 인정하게 한다."[12]

말씀은 우리 영이 그 진리를 확신케 하는 신적 능력, 즉 다시 말하면 그것이 하나님의 말씀이라고 확신시키는 신적 능력이 있다. 그러므로 복음은 교회와 같은 다른 권위에 의해 권위를 부여받거나 보증받을 필요가 없다. 아무도 나에게 하나님의 말씀, 즉 복음이 있는 곳을 말할 필요가 없다. 우리는 그것을 단지 느낄 뿐이다. 말씀은 우리를 포로로 해서, 그것이 하나님의 말씀이라고 직접 입증한다. 이런 것이 마음에 역사하는 성령의 증거이다.[13] 루터는 이것을 말씀의 자기 증거와 성령의 증거로서, 인간이 복음을 확신케 되는 내적 사건으로 서술하였다. 왜냐하면 이 둘은 동일한 것이기 때문이다.

그러므로 말씀과 성령은 함께 속할 뿐만 아니라, 확고한 일치를 이룬다. 루터는 이것을 자연과 인간의 말을 예를 들어 설명하였다. 말씀과 성령은, 마치 태양이 항상 함께 만들어내는 빛과 열처럼 혹은 말할 때의 목소리와 호흡처럼, 서로에게 연관되어 있다. "호흡으로부터 목소리를 분리해내는 것은 불가능하다. 누구든지 목소리 듣기를 거부하는 사람은, 마찬가지로 호흡으로부터 아무 것도 얻지 못할 것이다."[14]

루터가 이런 실례를 가지고 펼치는 첫번째 논지는 우리는 말씀 없이 성령을 소유할 수 없다는 것이다. 그렇다면 그것은 성령은 항상 말씀이 있는 곳에 현존한다는

11) WA 9,632f.
12) WA 10', 1.130.
13) "그러므로 우리는 교회가 복음을 인정했기 때문에 복음을 믿어서는 안되고, 오히려 그것이 하나님의 말씀이라고 느끼기 때문에 믿어야 한다 … 모든 사람들은 자신의 인격에 그것이 복음이라고 성령이 증거하실 때, 복음을 확신하게 된다." WA 30ⁱ,687f.
14) WA 9,633. Cf.ibid., p.632.

것을 의미하는가? 우리가 보았듯이, 루터는 말씀이 마음의 주인이라는 것을 강조한
다. 그러나 동시에 그는 성령의 역사와 말씀을 듣는 것을 구별하였다. 그러므로 외
적 말씀이 마음 안으로 들어가서 압도한다는 것은 말씀이 원래 가지고 있는 고유한
역동성의 결과는 아니다. 반대로 항상 말씀을 통해서 일어나는 성령의 활동이 먼저
설교와 외적 말씀을 듣는 것에 추가되어야 한다. 그리고 그것은 항상 즉시로 추가되
는 것은 아니다. 그것은 말씀을 설교하고 말씀을 듣는 것과 함께, 두번째 요인으로
존재한다. [15] "누군가가 나에게 말씀을 설교하는 것은 아주 쉬운 일이지만, 오직 하나
님만이 말씀을 내 마음에 집어 넣으실 수 있다. 하나님은 내 마음 속에서 말씀하시
는데, 그렇지 않으면 말씀으로부터 아무 것도 나올 수 없다. 만일 하나님이 침묵하
신다면, 아무 것도 언급되지 않게 된다. [16]

하나님이 말씀을 통해서 성령과 함께 일하신다는 사실은 틀림없다. 그렇지만 그
는 성령의 능력을 말씀에 위임한 것이 아니라, 오히려 특정한 상황에 적당한 방법으
로 말씀을 통하여 자유롭게 활동하신다. 하나님은 설교자에게 성령에 대한 통제권을
부여하지 않는다. 때때로 설교와 설교를 듣는 것은 성령을 기다려야 한다. 우리는
말씀에 수반되는 성령의 은사를 간구해야 한다. 설교자는 율법과 복음을 전할 수 있
다. 그러나 그들은 사람들에게 충격을 주고 개심시키는 방법에 대한 통제권을 갖지
못한다. 하나님 자신이 그것을 조절하신다. 그래서 하나님의 영은 설교와 함께 일하
신다. 사람들을 개심시키는 분은 하나님이다. 하나님의 활동을 통하여, 성령은 그가
선택하는 사람마다, 그가 정한 시간마다 말씀을 역사하게 하신다. [17]

---

15) *WA* 9,632와 *WA* 17[II],460.의 "뒤에, 나중에(darnach)"의 사용법을 비교해보라.
     이 "뒤에, 나중에"가 시간적인 순서를 말하는 것이 아니라, 오히려 성령의 활동이 본
     질적으로 말씀에 묶여 있다는 사실을 말하고 있다는 것이 분명하다. 루터는 또한 말씀
     이 선포되자마자 성령이 온다고 강조하였다. "따라서 사도행전에서 베드로는[2:14]
     바로 다름아닌 말씀을 가르쳤다. 더구나 그가 말씀을 하자마자, 성령이 오셨고, 그들
     을 [그의 말을 듣던 사람들] 비추셔서, 그 마음 속에 믿음을 불러 일으키셨다. 그들이
     한 일이라고는 그냥 앉아있는 것뿐이었다." *WA* 9,633. 그러나 성령은 항상 즉각적
     으로 오시는 것은 아니다.
16) *WA* 10[III],260. *WA* 17[II],174.
17) 각주 5를 보라. "하나님은 우리가 율법을 가르치기를 바라신다. 우리가 이것을 행할
     때, 하나님은 누가 그것에 의해서 개심할지를 아실 것이다. 하나님은 분명히 자신이
     원하실 때마다, 회개하기를 원하는 사람에게로 향하실 것이다. … 복음은 모두에게 속
     한 것이나 모든 사람이 믿는 것은 아니고, 율법은 모두에게 속한 것이나 모든 사람이
     율법의 능력과 중요성을 느끼는 것은 아니다. 따라서 하나님께서 율법과 복음으로 나
     를 치실 때 회개하는 것이다. 때와 시간에 대해서는 말할 수 없지만 하나님 자신이 언
     제 나를 회개시키려고 하는지 알고 계신다." *WA* 39[I], 369.

'누구에게나'와 '시간마다'는 중요한 의미를 갖는다. '시간마다'라고 하는 것은, 우리가 성령을 기다려야 한다는 것을 의미한다. 그리고 때때로 하나님은, 말씀이 마음에 역사하기 전에 잠시 기다리신다. 성령은 마음이 10년 전에 들었을 말씀을 생각나게 하고 그 말씀에 새로운 힘을 주는 방법을 아주 잘 알고 있다. 이것은 말씀이 종종 활동 없이 마음에 수년간 그대로 있을 수 있다는 의미이기도 하다. 수년 후 하나님의 영은 오셔서, 이전에 들었던 말씀을 역사하게 하신다.[18] 그러나 하나님은 자유롭게 '때'와 '대상'을 정하신다.[19] 율법과 복음이 많은 사람들에게 전해진다. 그러나 그들은 성령을 받아들이지 않기 때문에, 구원의 말씀을 받아들이지 않는다. 하나님이 이런 일을 하시는 이유는 비밀이다. 하나님이 우리에게 밝히시지 않기 때문에, 우리는 그것을 하나님의 판단에 맡겨야 한다.[20] 이것은 예를 들어 바로의 경우처럼,[21] 하나님이 인간으로 하여금 반항토록 하는 율법과 외적 말씀을 사용하시는 경우에 더욱 필요하다.

원하실 때마다 그리고 원하심에 따라 자유롭게 외적 말씀에 그의 성령을 부으시는 하나님에 대한 강조는 성령이 말씀에 묶여 있다는 점을 변화시키지 못한다. 하나님의 영을 받아들이면서, 인간은 항상 외적 말씀에 전적으로 의존하게 된다. 인간은 하나님이 어쨌든 말씀을 통해서만 인간을 대하시고 멀지 않아 그의 영을 주실 것이라는 확신 속에서, 외적 말씀과 함께 멈춰서서 인내하고 기다려야 한다. 이 하나님의 약속은 말씀을 전하고 듣는 모든 사람들에게 유효하다. 또한 그것은 하나님이 그의 영을 주시는 것을 거부할 수 있다는 가능성에 의해서 취소되지 않는다. 하나님의 이름으로 말하는 자와 듣는 자는 둘 다 이 약속을 단단히 붙들어야 한다. 즉 그들은 설교와 듣는 것에 충실해야 한다. 아무도 정확히 언제 하나님이 성령을 통해서 마음에 말씀하실지 알지 못하기 때문에, 계속해서 말씀을 듣는 것이 필요하다. "설교자

---

18) "위로(comfort)는 말씀없이 오시지는 않는데, 비록 10년 전에 들었다 하더라도 성령은 우리 마음 안에서 그것을 불러일으키신다." *WA* 31¹, 100; *LW* 14, 62. Cf. "그리고 시간과 필요에 따라 당신은 위로 하늘로부터의 도움과 구원을 받을 것이고, 혹은 형제가 다가와서 외적 말씀을 말하거나 혹은 성령이 직접 당신의 마음 속에서 일하시고, 그런 외적 말씀을 기억토록 할 것이다." *WA* 38, 205. Cf. *WA* 40ᴵᴵ, 410; *LW* 12, 369.

19) "〔하나님은〕 원하실 때마다 믿음을 주시고, 성령을 주시기 위해서 동일한 〔복음을〕 사용하신다." *WA* 30ᴵᴵᴵ, 180.

20) "그러나 성령은 회개하는 모든 사람에게 주어지는 것은 아니다. 왜 성령은 어떤 사람들에게는 주어지고, 어떤 사람들에게는 주어지지 않는가? 나는 이것이 우리에게 계시된 것이 아니라, 오히려 하나님의 판단에 맡겨져야 한다고 생각한다." *WA* 39ᴵ, 578.

21) *WA* 18, 711; *BOW*, 207.

는 하나님의 동역자라는 직분과 명칭과 영광을 가지고 있다. 그러므로 어떤 사람도 대수롭지 않은 설교를 무시하거나 듣지 않아도 될 만큼 박식하거나 거룩하다고 생각해서는 안된다. 이것은 특히 그런 사람이 하나님이 그 안에서 설교자를 통하여 역사하시는 때가 언제 올지 모르기 때문에 옳은 사실이다."[22]

루터는 신령주의적 열광주의자들에 반대해서 이 모든 것을 계속 열정적으로 강조했다. 그는 하나님의 말씀하심이 항상 마음을 영적으로, 내면적으로 움직이는 것이고, 항상 바로 그 순간에 마음에 닿아 감동시키는 문제라는 것을 아주 잘 알고 있었다. 그러나 이런 내면적 영성이 사람에 의해 설교되고 들리는 외적 말씀에 완전히 묶여 있다는 것은 바로 하나님의 뜻에 의해서 된 것이다. 하나님은 오직 외적 말씀을 통해서 마음에 직접 말씀하신다. 그리고 이런 직접적인 의사소통 안에서 그는 다름 아닌 바로 외적 말씀이 말하는 것을 말씀하는 것이다. 이런 직접적 의사소통으로 인해 말씀은 그 내용을 마음에 단단히 각인시키는 능력을 갖게 된다. 성령은 말씀을 통해서 이런 식으로 인간을 지배하는 능력을 획득함으로써 일하신다.

루터 역시 성령이 직접, "어떤 수단 없이" 일하실 수 있다는 것을 알고 있었고, 열광주의자들 역시 성령이 수단을 통해서 일한다고 주장한다. 그러나 각각 이것을 다른 지점에서, 다른 방식으로 일어나는 것으로 생각한다. 열광주의자들은 성령을 받아들이기 위해 자신들을 준비시키는 방법을 가르치고 실행한다. 루터는 영혼을 가르치는 그런 기술을 거부하였다. "하나님의 말씀은 내 쪽에서 하는 어떤 준비나 도움 없이 우리에게 다가온다."[23] 유일한 한 가지 참된 준비가 있다. 그것은 말씀을 설교하고 듣고 읽는 것이다. 그렇게 함으로써 — 열광주의자들이 자신들의 방법으로 그렇게 하듯이 — 내 자신의 능력이나 활동에 의존하는 것이 아니라, 내 자신을 말씀 안에 있는 하나님의 영적 능력에만 맡기는 것이다.[24]

그렇게 말씀을 듣는 것을 불필요하게 하는, 하나님의 직접적인 사역은 없다. 열광주의자들은 인간적 준비가 하나님의 자유를 제한하기 때문에 주장되어서는 안되는 바로 그 곳에서도, 수단 즉 인간적인 준비를 통한 하나님의 역사하심을 가르쳤다. 또한 열광주의자들은 하나님께서 그리스도인들을 은혜의 수단에 의존하도록 하는 바로 그 곳에서, 하나님이 수단 없이 일하신다고 가르친다. 루터는 자신의 칭의 이해

---

22) *WA* 17^{II}, 179.
23) *WA* 12, 497.
24) "나는 이렇게 충분히 할 수 있다. 말씀으로 가서 듣고 읽고 설교할 수 있다. 그러면 말씀이 나의 마음으로 들어온다. 이것은 인간의 힘이나 능력이 아니라, 하나님의 능력에 놓여 있는 참된 준비이다." Ibid.

때문에 두 가지 점에서 열광주의자들의 입장을 거절하였다. 루터는 하나님이 자신을 말씀에 제한시킨다는 것과 하나님이 여전히 자유롭다는 사실을 둘 다 보전하고 있다.

성령의 손 안에 있는 하나님의 말씀은 인간의 영혼(soul)과 정신(spirit)에 정말로 절대 없어서는 안되는 것이다. 영혼은 말씀을 위하여 창조되었고, 그러므로 하나님의 말씀이 없이는 살 수 없다. 영혼은 다른 모든 것이 없이도 지낼 수 있지만, 말씀 없이는 살아갈 수 없다. 그리고 영혼이 말씀을 가질 때, 다른 것이 필요하지 않다. 왜냐하면 말씀 안에서 그것은 모든 선함의 본질을 발견하고 그리하여 충만한 만족을 찾기 때문이다.[25] 따라서 말씀은 말씀에 대한 유일한 절대적 권위이다. 영혼은 하나님의 말씀에 의해서만 결정되고 지배되지, 다른 어떤 지상의 권위에 의해서도 그렇게 되지 않는다. 하나님의 말씀은 영원하다. 그것은 이 세상의 모든 것을 초월한다. 그것은 말씀의 존엄함이요 말씀의 자유이다.[26]

---

25) "영혼은 하나님의 말씀 외에는 다른 모든 것이 없어도 지낼 수 있지만, 말씀 없이 영혼은 어떤 것으로도 도움받지 못할 것이다. 그러나 영혼이 말씀을 가진다면, 영혼은 더 이상 다른 어떤 것도 필요하지 않으며, 간단히 말해 음식, 기쁨, 평화, 빛, 능력, 의, 진리, 지혜, 자유, 그리고 모든 선을 넘치도록 가지게 된다." WA 7,22; LW 1,358; cf. LW 31;345.
26) "인간의 영혼은 영원하고 모든 시간적인 범주를 초월한다. 그러므로 영혼은 영원한 말씀을 통해서만 접근될 수 있고, 다스릴 수 있다." WA 11,409; PE 4,76. "왜냐하면 하나님은 영혼에 대한 지배를 자신 외에는 그 누구에게도 허락하시지도 않고, 그렇게 할 수도 없기 때문이다." WA 11,262; LW 45,105.

제7장

신앙

우리가 루터 신학을 연구하는 이 곳에서, 신앙의 모든 국면을 다 고려할 수는 없다. 신앙의 내용과 구원이 얼마나 신앙에 의존하는지를 논의하기 전에, 우리는 먼저 하나님의 말씀과 이 말씀의 두 가지 형태인 율법과 복음을 고려해야 한다. 예수 그리스도에 대한 신앙의 의미는 오직 칭의의 교리와 그리스도의 인격과 사역(the person and work of Christ)의 교리의 맥락 안에서 분명해질 수 있다. 여기서는 신앙의 본질적 구조, 즉 신앙의 하나님 말씀에 대한 관계, 신앙의 인격적 특성, 경험과 이성에 대한 관계에 대해 서술하고자 한다.

신앙과 하나님의 말씀

신앙의 대상은 말씀 안에 있는 하나님이다

하나님의 말씀을 언급하지 않고는 루터가 신앙을 어떻게 이해했는지 논의할 수 없다. 양자는 서로 밀접한 관계가 있다. 따라서 우리는 신앙을 언급하지 않고는 루터가 하나님의 말씀을 어떻게 이해했는지 논의할 수 없다. 왜냐하면 우리를 신앙으로 부르고, 우리 안에서 신앙을 일으키는 것이 하나님 말씀의 본성이기 때문이다. 그러나 신앙은 말씀을 지향하는 데 그 특징이 있다. 하나님의 말씀과 신앙은 본성상 상호 관계에 있다.

루터의 신앙 개념은 "적극적 사고" 같은, 우리 스스로의 노력으로 우리 안에 능력과 용기를 만들어 내려는 어떤 시도와도 관계가 없다. 뿐만 아니라, 그의 신앙 개념은 신뢰하는 대상이 없이도 존재하거나, 인격적 관계와 별도로 존재할 수 있는 확신이라는 심리학적 상태와도 관련이 없다. 신앙은 하나님의 말씀에 대한 응답으로서만 존재한다. 말씀만이 신앙에게 그 기초와 내용을 부여한다. 이 말씀은 "약속"의 말씀 즉 복음의 말씀이다. 하나님의 율법은 모든 사람의 마음에 기록되어 있다. 모든 사람은 적어도 율법이 자신에게 선포되기 전에, 어느 정도 율법에 대해 알고 있다. 그러므로 율법은 신앙의 대상이 아니고, 적어도 복음이 신앙의 대상인 것과 동일한 의미로 신앙의 대상은 아니다. "신앙은 하나님의 말씀에 의해서만 양육된다 … 하나님의 약속이 없는 곳에는 신앙도 없다."[1] (루터는 로마서 4:13 이하에 나오는 바울의 주장 즉 신앙과 하나님의 약속은 하나라는 주장을 받아들였다.) 따라서 루터와 바울이 재차 강조했듯이(롬 10:14; 갈 3:2), 말씀을 듣는 것이 신앙에 선행한다. "믿음은 들음에서 즉 복음의 선포를 들음으로써 온다."[2] 그렇다면 루터에게서 신앙은 마음으로부터 하나님의 약속을 받아들이는 것이고, 하나님의 약속에 의지하는 것이다. 신앙은 의지의 행동인데, 이것과 더불어 사람이 약속의 말씀에 "붙들려 있는" 것이다.[3] "믿음 안에서, 마음에서 하나님의 말씀을 제외한 모든 것을 뽑아버려야 한다 … 믿음은 말씀에만 그리고 단지 말씀에만 의존하고, 결코 말씀의 모습을 놓치지 않고, 말씀 이외의 어떤 것도 보지 않는다."[4]

말씀은 신앙의 대상이고, 이것은 신앙이 하나님이나 그리스도를 신뢰한다는 것을 의미한다. 왜냐하면 하나님과 그리스도는 말씀 안에서 스스로 우리에게 나타내시기 때문이다.[5] 그러므로 "말씀을 믿는 것"은 "말씀을 통하여 하나님을" 믿는 것과 동일한 의미이다.[6]

따라서 믿음은 직접 하나님께 맡기는 것이다. 내가 믿는 약속의 말씀은 ― 마치

1) *WA* 6, 363 f, *LW* 35, 92. "약속은 신앙으로 수용된다." *WA* 39^{II}, 207
2) *WA* 17^{II}, 73, 176 f
3) "의지가 보이지 않는 기쁨, 도움, 보호를 제공하는 말씀에 붙들려 있는 것이 믿음의 본성이다." WA 40^{III}, 50
4) *WA* 10^{III}, 423.
5) "당신이 내 말을 소유하고 말을 통해서 나 자신을 소유한다는 사실에 감사하라." *WA* 31^{I}, 456; *LW* 14,134. 다른 표현들: "말씀은 … 하나님 자신이다." *WA* 8,49; *LW* 32,146. "하나님의 말씀이 가르쳐질 때 … 그때에 하나님이 임재하신다." *WA* 8,50; *LW* 32,147.
6) *WA* 10^{I},1, 129

그것이 그 자체의 타당성을 보여주는 보편적으로 타당한 신뢰인 것처럼 — 그 자체 안에 권위를 갖고 있는 것이 아니다. 오히려 그것은 말씀 안에서 나에게 말씀하시는 나의 하나님과 주님의 인격적 권위를 갖고 있다. 따라서 그것은 완전히 객관적 진리를 전달하는 것이 아니라, 오히려 하나님이 개인적으로 나에게 말씀하시는, 용납과 요청의 말씀, 약속과 명령의 말씀이다. 그러므로 신앙은 항상 하나님과 그리스도와 직접적인 관계를 가진다. 믿는다는 것은 말씀 안에서 하나님을 참되다고 인정하는 것을 의미하고, 따라서 그를 하나님으로 인정하고 높여드리는 것이다. 신앙은 말씀의 하나님을 무조건적으로 신뢰한다. 신앙만이 인간이 하나님에게 줄 수 있는 최고의 경의의 표현인데, 이는 신앙이 진정으로 하나님을 하나님되게 받아들이기 때문이다. 불신앙은 하나님이 하나님이라는 사실을 부인한다. 신앙이 하나님께 영광을 돌리고 제1계명을 충족시킨다고 하는 통찰은 루터의 신앙 이해의 뚜렷한 특징이다.

루터는 신앙을 인간이 구원받고 영생을 얻는 유일한 길이라고 인간 중심적으로 볼 뿐만 아니라, 신 중심적으로 본다. 신앙은 하나님의 명예에 관한 문제이다. "영혼이 굳게 하나님의 말씀을 믿을 때, 그것은 하나님을 진실하고 선하고 의롭다고 여기는 것이다. 이로써 영혼은 가능한 최고의 명예를 그에게 표시한다. 영혼은 하나님이 참되다는 것을 인정하고, 이 사실을 논박하지 않는다. 따라서 영혼은 그의 이름을 경배한다. 그러므로 이것은 우리가 하나님을 믿지 않는 것이 하나님에게 가장 큰 수치가 된다는 것을 의미한다."[7] 「대요리문답」에서, 유명한 루터의 글을 인용해 보면, "신앙과 하나님은 함께 결합되어 있다."[8] 그 둘은 두 가지 면에서 서로 연관되어 있다. 첫째, 참된 신앙은 하나님 외의 다른 대상을 가질 수 없는데, 이는 하나님만이 절대적으로 신뢰할 수 있기 때문이다.[9] 둘째, 하나님을 무조건적으로 신뢰할 수 있는 그런 신앙만이 실제로 하나님을 하나님으로 간주한다. 신앙은 하나님과 이런 관계성을 갖는다. 그리고 하나님은 우리가 믿을 수 있고 믿어야 하는 단 한 분이다. 만약 우리가 신앙이 무엇인지 표현하고자 한다면, 우리는 하나님에 대해 말해야 한다. 그리고 하나님이 누구인지 말하고자 한다면 우리는 신앙에 대해 말해야 한다.

인간의 신앙은 하나님의 신성에 마땅한 영광을 하나님께 드린다. 루터는 이를

---

7) *WA* 7, 25; *RW* 1, 362f; cf. *LW* 31,350f
8) *WA* 30 I, 133; *BC*, 365
9) "인간은 그 누구도 신뢰의 대상이 되어서는 안된다는 사실을 이성 그 자체도 가르치고 성경도 이 사실을 확인한다. 이것은 참된 하나님께만 속하는 것인데, 왜냐하면 그만이 영원하시고 불멸하시며, 그 외에도 또한 전능하셔서, 원하시는 모든 것을 하실 수 있기 때문이다." *WA* 37,42.

"신앙은 신성을 창조한다"는 대담한 주장으로 요약하였다. 포이에르바하는 이 루터
의 진술을, 신 개념은 인간학적으로 인간이 자기 존재를 대상화한 것에서 유래한다
는 자신의 논제를 설명하는 데 인용하였다(사람이 자기 자신의 형상 안에서 하나님
을 창조해 냈다는 것이다). 칼 바르트는 포이에르바하가 루터에 호소한 것이 전적으
로 부당한 것이 아니라고 생각하고, 또 루터에서 그러한 진술이 루터가 하나님과 인
간 사이의 전도될 수 없는 관계를 적절하게 방어하는 것과 그 관계에서 하나님의 무
조건적 우위성과 주도권을 주장하는 데 실패한 것을 가리키지 않았는가 하고 질문한
다.[10]

　　그러나 문제는 포이에르바하가 자신의 입장을 입증하기 위해 루터를 인용하는
데에 오류를 범했다는 것이다. 그리고 바르트의 관심은 근거 없는 것이다. 루터와
포이에르바하를 연결하는 어떠한 발전의 끈도 없다. 왜냐하면 루터가 "신앙은 신성
을 창조한다"고 말했을 때, 그는 즉시 "(하나님의) 인격이 아니라, 우리 인격 안에
서"라고 덧붙였기 때문이다.[11] 말할 필요도 없이, 하나님은 우리 없이도 그리고 우리
가 믿기 전에도 진실로 하나님으로 존재하신다. 그러나 그는 또한 "우리 안에서" 하
나님이 되기를 바라신다. 우리가 그를 신앙 안에서 우리의 하나님이 되게 할 때, 그
는 "우리 안에서" 하나님이 되신다. 따라서 하나님이 우리가 믿기를 기다리고, 우리
가 믿기를 명하시는 것은 그의 신성을 위한 것이다. 그리고 다음과 같은 루터의 다
른 대담한 진술도 이런 의미로 이해될 수 있다. "신앙과 분리되어 있으면, 하나님은
자신의 의, 영광, 부요함 등을 상실한다. 신앙이 없는 곳에는 어떤 위엄이나 신성도
없다."[12] 이것은 「소요리문답」의 첫번째 간구의 해설이 의미하는 바와 같다. 그 해설
은 다음과 같다. "분명히 하나님의 이름은 그 자체로 거룩하지만, 우리는 이 기도
가운데서 그가 우리 안에서도 거룩하게 되기를 간구한다."[13]

　　하나님의 우위성과 하나님과 인간 사이의 전복될 수 없는 관계는 신앙은 말씀을
만들어내는 것이 아니라 오히려 말씀을 듣고 받아들인다는 사실을 통해서 타당성을
지닌다. 그리고 말씀 안에서 우리에게 제공되는 은혜는 신앙을 통해서 붙잡혀져야

10) 「개신교 사상」(Protestant Thought) : 루소에서 리츨까지」 (뉴욕;하퍼, 1959),
　　p. 359
11) WA 40^i, 360; cf. LW 26, 227
12) 이렇게 말한 다음에 즉시 다음과 같이 역설하였다. "내가 그를 하나님으로 삼는 것 이
　　상으로 하나님은 나에게 더 많은 것을 요구하시지는 않는다. 만일 그의 신성이 전체
　　적이고 손상되지 않았다면, 하나님은 내가 그에게 줄 수 있는 모든 것을 가지고 계신
　　다." WA 40^i, 360; cf. LW 26, 227.
13) WA 30^i, 251; BC, 346

한다. 은총은 그 때까지는 우리에게 실재하는 것이 아니다. 우리 자신의 사고, 태도, 신앙, 불신앙은 오직 이런 의미에서만 우리에게 실재가 된다. 우리가 갖고 있는 하나님에 대한 사고, 하나님에 대한 신앙, 하나님에 대한 불신앙 등은 단지 실재에 대한 의미와 중요성이 없는 종속적인 요인이 아니다. 오히려 그것은 우리에 대한 하나님의 초월적 관계를 결정한다.[14]

"당신이 생각하는 대로, 그것이 일어난다." "만일 하나님이 너의 아버지, 재판관, 하나님이라고 믿는다면, 이것은 하나님의 실제 모습이다." "만일 당신이 하나님을 노하시는 분이라고 생각하면, 그는 그러하시다. 따라서 그의 행동은 우리의 사고에 맞추어진다."[15] 그런 진술은 루터의 독창적인 신학적 자기 표현이 아니라, "네 믿음대로 될지어다"라는 예수의 말씀에 대한 설명일 뿐이다.[16]

약속을 붙잡음으로써 신앙은 실제로 약속을 받아들인다. 왜냐하면 약속을 붙잡음으로써 신앙은 하나님께 매달리고, 또 그럼으로써 구원을 완성하기 때문이다. 그러므로 신앙은 영생 안으로 돌입한다(breakthrough). "신앙이 있는 곳마다 이미 영생이 시작되었다."[17] 신앙은 비록 우리가 이 세상에서 살아간다 하더라도, 지상의 삶을 초월하고 하나님 안에서 그리고 구원의 완성 안에서 살아가는 길이다.

하나님은 그의 말씀으로 신앙을 일으키신다

비록 신앙이 약속의 말씀으로 정향된 인간의 행위라 하더라도, 그것은 인간이 혼자 힘으로 만들어 내거나 만들 수 있는 행위가 아니다. 오히려 신앙은 하나님이 말씀을 통해서 창조하시는 것이다. 성령 하나님은 말씀을 설교하심으로써 사람 안에서 신앙을 일으킨다. "신앙은 … 하나님의 말씀 혹은 복음을 통해서만 온다."[18] 이로써 루터는 두 가지 점을 주장하게 된다. 첫째, 신앙을 일으키는 것은 내가 아니라 바로 말씀이다. 둘째, 하나님의 말씀을 제외한 어떠한 권위도 내 신앙의 기초를 제공하지 못한다.

첫째, 신앙은 인간의 노력의 결과가 아니다. 신앙은 인간의 산물이 아니라, 오히려 인간 안에서 이루시는 하나님의 놀라운 창조물이다. 계속해서 루터는 인간의

14) *WA* 40 II, 343; cf. *LW* 12, 322
15) *WA* 8,8; *LW* 13,6. *WA* 40ᴵᴵ, 342 f.; cf. *LW* 12, 322 f. "네가 하나님에 대해 생각하는 대로, 하나님은 그런 분이 된다." *WA* 37, 589
16) 마 8:13. 시편 51편에 대한 루터 강의(파이트 디트리히 판)에 따르면, 루터 자신은 이 본문을 인용하고 있다. *WA* 40ᴵᴵ, 342; *LW* 12, 322.
17) *WA* 31ᴵ, 156; *LW* 14,88.
18) *WA*, DB 7,7; *LW* 35, 368. *WA* 39ᴵ, 83; *LW* 34,153

진정한 믿음과 인간이 스스로 만든 믿음을 확실하게 구별해야 한다고 강조한다. 물론 사람이 복음을 들을 때, 그는 지적으로나 의지적으로 응답할 수 있다. 그의 이러한 동의하는 "행위"를 행할 수 있다. 그러나 그렇게 동의하는 신앙은 참된 신앙과 관계가 없다. 그것은 오직 상상의 산물이고, 인간이 스스로 내부에 말할 수 있는 "인간적 상상"일 뿐이다. 그러나 "마음의 깊이"는 이러한 신앙을 전혀 알지 못한다. 즉 전인(全人)이 관여되지 않은 것인데, 이는 그가 복음의 진리에 의해 완전히 붙잡히지 않았기 때문이다. 그러므로 그러한 신앙은 인간 존재를 변화시키지 못한다. 루터는 이것을 「로마서 서문」(1522)에서 다음과 같이 설명하였다. "신앙은 인간적 개념이나 꿈이 아니다. 어떤 사람들은 이것을 신앙으로 부르지만 말이다 … 복음을 들을 때, 그들은 바쁘게 되고 그들의 마음 속에서 '나는 믿는다'고 말하며 그들 자신의 힘으로 신앙의 개념을 창조한다. 그 다음 그들은 이것이 참된 신앙이라고 여긴다. 그러나 이것은 인간의 마음의 심연에 도달할 수 없는 인간적인 허구나 인간적 개념이기 때문에, 그 어떤 것도 행하지 못하며 아무런 개선도 뒤따르지 않는다."[19]

인간이 의도적으로 만들어 낼 수 있는, 이러한 "스스로 만들어 믿는 신앙," "인간의 행위," "망상"은 특별히 죽음에서 부적절하다. 인생의 위기의 순간, 죄, 죽음, 지옥 등에서 그러한 신앙은 실패한다.[20] 그러나 하나님이 마음에서 일으키시는 신앙은 죄, 죽음, 지옥에 강력하게 대항한다. 하나님이 말씀을 통해서 신앙을 만드셨기 때문에, 신앙은 말씀과, 아니 하나님 자신과 동일한 능력을 가지고 있다. 왜냐하면 하나님은 그의 말씀에 참으로 현존하시기 때문이다. 말씀처럼, 이 신앙은 "어떤 피조물보다 심지어 전 세계보다 더 강력하다. 인간의 구원을 위협하는 어떤 것도 충분히 압도할 수 있을 만큼 강력하다. 왜냐하면 이런 신앙이 말씀, 그리고 하나님 자신이 인간 안에 현존하는 방법이기 때문이다. 신앙은 하나님의 능력이지, 인간의 능력

---

19) WA, DB 7,9; LW 35,370. 스스로 만드는(do-it-yourself) 신앙과 하나님이 창조하시는 신앙간의 대조는 지혜로운 처녀와 어리석은 처녀에 대한 루터의 설교에서도 논의된다. 그 설교는 1522년 10월 21일 에르푸르트에서 설교되었는데, 그는 거기에서 다음과 같이 말하였다. "이런 신앙은 인간의 창조물이다. 그러므로 그것은 물거품이나 더러운 맥주의 찌끼처럼 쓸모없는 것이다." WA 10^{III}, 355.

20) WA 10^{III}, 356 f.

21) WA 10^{III}, 214 "고난이 그리스도인에게 온다. 그래서 옛 아담은 정말로 죽게 된다. 이것은 말씀과 신앙의 능력을 보여주는 것이다. 그리고 이것은 신앙이 다른 모든 피조물보다 더 강력하다는 것을 확신케하는데, 왜냐하면 신앙은 하나님의 능력에 의해 존재하는 것이지, 인간적인 능력에 의해 존재하는 것이 아니기 때문이다." WA 17^{I}, 73. 여기에서 루터가 말씀의 능력을 동시에 신앙의 능력, 하나님의 능력으로 부르고 있는 것에 주의하라.

이 아니다. 신앙 안에서 인간은 하나님의 능력을 공유한다. "마치 하나님이 전능하신 것처럼, 신앙도 전능하다."[21] 이것은 하나님 자신이 말씀으로 마음 안에서 신앙을 일으키시는 정도까지만, 참된 신앙이다. 만들어진 신앙은 "아무 것도 아니다." 그런 신앙은 무력하다. "하나님은 그런 망상과 아무런 관계가 없다."[22]

루터는 그런 스스로 조작하여 믿는 신앙을 경고한다. 그러나 이것은 단지 그것이 삶의 위기때 실패하고 무력하기 때문에 그런 것은 아니다. 게다가 루터는 자기 자신 위에 신앙을 만들려는 시도를, 하나님께 대항하는 터무니 없는 주제넘은 행동으로 간주한다. 왜냐하면 그것에 의해서 사람은 오직 하나님의 창조 능력에 속해 있는 것을 일으킨다고 가정하기 때문이다. 인간은 하나님의 행동을 기다려야 한다. 만약 그렇지 않으면, 인간은 유일한 창조자인 하나님의 영광을 공격하는 것이다. 그러므로 자신의 힘으로 믿으려는 인간의 시도는, 잘못된 생각일 뿐만 아니라 하나님께 대한 범죄이다.[23]

둘째, 오직 말씀만이 신앙을 일으키고, 말씀은 인간에게 말씀의 정당성을 깨닫게 함으로써 그렇게 한다. 말씀의 권위 즉 말씀에 있는 하나님의 권위를 제외한, 다른 어떤 권위도 신앙의 기초가 될 수 없다. 이것이 "인간적" 신앙과 "신적" 신앙 사이에 커다란 차이를 만든다. 인간적 신앙은 말씀을 말하는 인간의 인격에 의존한다. 그 신앙은 화자의 인격과 권위 때문에 ─ 예를 들어 교회, 목회자, 교권 제도, (교회의 공의회 같은) 조직의 권위 때문에 ─ 말씀을 믿는다. 한편 신적인 신앙은 전적으로 "하나님 자신"인 말씀에 의존한다.[24]

그런 신앙은 말씀의 진리를 확신시키기 위해서 이 세상의 어떤 권위도 필요로 하지 않고, 오직 말씀만을 필요로 한다. 인간은 '말씀은 너무나 확실하게 사실이어서, 아무도 그를 그 말씀에서 떼어 놓을 수 없다'고 생각한다. 루터는 이것을 요한복음 4:42에 나오는 사마리아인들을 인용해서 설명한다. 처음에 그들은 여자가 자신들에게 말한 것 때문에 믿는다. 그러나 그 다음 그들은 그리스도가 어떤 분인지 스스로 깨닫는다. 예수의 지상적 인격과 기적 같은 것들도 말씀에 대한 신앙의 궁극적인 근거가 되지 못한다. 오히려 "인격"에 대한 고려 없이 말씀 그 자체가 마음을 확

---

22) *WA* 10^{III}, 356
23) "어느 누구도 감히 자신의 능력으로 신앙을 가진다고 해서는 안된다. 많은 이들이 신앙에 관해 들을 때, 행하는 바와 같이 그들은 신앙이라고 하는 것을 자신의 역량을 동원해서 얻으려고 애쓰는 것이다. 따라서 오로지 하나님께만 속하는 일을 떠맡는데, 왜냐하면 올바른 신앙을 가지는 일은 실제로 신적인 행위이기 때문이다." *WA* 12, 422f.
24) *WA* 10^{I},1 , 129 f.

신시키는 것이 분명하고, 그를 확신시키고 이해시켜서 즉시 모든 세계, 모든 천사들, 지옥의 모든 군주들이 동의하지 않음에도 불구하고 그것이 참되고 올바르다고 인정하도록 느끼게 하는 것이 분명하다. 그렇다. 하나님이 직접 달리 말씀하지 않았을지라도 그러하다."[25] (루터는 여기서 하나님이 우리를 공격하고 정죄하는 자로서 우리에게 자신을 드러내는 그러한 영적 시련에 대해 생각하고 있다.) 참으로 말씀은 지상적 증거와 권위를 통해서, 교회를 통해서, 교회의 기관들을 통해서 우리에게 다가온다. 그리고 사마리아인들의 경우처럼, 내가 다른 권위에 의해서 믿게 되는 전 단계가 있다. 그러나 궁극적으로 말씀을 나에게 보증하는 것은 그들이 아니라 말씀 자체인 것이다. "참된 신앙은 말씀에만 의존하고, 다른 어떤 인격에 의해서도 영향받지 않는다."[26]

그 자체의 진리의 능력으로 말씀은 모든 인간적 권위에 의존하지 않는다. 루터가 말씀의 자기 확증의 배타적 본성과 더불어, 하나님의 말씀을 수학적 공리들과 — 이것들은 인간적인 모든 권위와는 상관 없고, 즉각적으로 인간의 마음에 분명한 것으로 여겨지는데 — 같은 범주에 두었을 때, 그는 이 점을 강조하였다. 그것들은 매우 자명해서, 어떠한 인간적 권위도 그것들을 반박할 수 없다.[27]

루터는 진리에 다른 어떤 권위가 필요하지 않고 그 자체의 힘으로 확신을 주는 한도에서, 하나님의 말씀의 증거와 수학적 공리의 증거를 동등하게 생각할 수 있었다. 만약 그렇지 않으면 그것들의 자기 확증은 전혀 다른 것이다. 왜냐하면 내용적으로 볼 때, 말씀은 수학 법칙의 공리적 성격을 지니고 있지 않기 때문이다. 그러므로 말씀은 그 자체의 능력으로 모든 사람을 이해시키는 것이 아니라, 오직 하나님

---

25) *WA* 10^{I}, 1, 130.

26) *WA* 10^{I}, 1, 131

27) "그러므로 아무도 하나님이 나에게 가르치시는 말씀에서 나를 쫓아버릴 수 없다. 예를 들어 2 더하기 3은 5라는 것은 확실하고 분명한 사실이다. 만일 모든 공의회가 다르게 결의한다 하더라도 나는 그들이 거짓말하고 있다는 것을 알 것이다. 1야드가 2분의 1야드보다 더 긴데, 만일 전 세계가 동의하지 않는다면 그것이 틀리다는 것을 알수 있다. 누가 나에게 그것을 장담하겠는가? 어떤 인간 존재도 못하고 오직 확실한 진리만이 할 수 있다." *WA* 10^{III}, 260f. 여기에서 루터는 어거스틴의 진술, "만일 보편 교회(가톨릭 교회)의 권위가 나를 그렇게 하도록 움직이지 않았다면, 나는 복음을 믿지 않았을 것이다"에 대한 전통적인 로마의 이해를 거부한다. *MPL* 42, 176. 루터는 다음과 같이 말한다. "왜냐하면 그것은 거짓되고 비기독교적이기 때문이다. 모든 사람은 오직 그것이 하나님의 말씀이고, 그 마음속에 그것이 진리라고 확신하기 때문에 믿어야 하는 것이다." *WA* 10^{II}, 90; *LW* 35, 151. Cf. *WA* 39^{I}, 191. 루터는 여기에서 어거스틴의 말을 해석하면서, 사람들이 순종하고 믿는 "교회"를 사도라고 해석하였다.

자신이 말씀을 통하여 사람의 마음과 양심에 말씀하실 때 발생한다(p. 56를 참고하라). 자기 확증은 말씀의 "속성"이 아니라, 오히려 항상 말씀을 통한 하나님의 현존과 말씀하심을 통해서만 존재한다. 그러므로 하나님의 말씀이 진리라는 확신은 다른 공리적 확실성이나 선험적 확실성과 전적으로 다르다. 이성의 자기 확실성, 이성적 진리들의 자명성은 "성령의 증거"와 구별된다.

신앙에 대한 루터의 가장 핵심적, 특징적 사상은 신앙이 발생하는 것은 하나님의 살아있는 음성이 말씀을 통해 사람에게 말함으로써 내적으로나 영적으로 확신하게 될 때라는 것이다. 신앙의 내용은 다음과 같이 결정된다. 말씀이 인간들을 구원하시기 위해 그들을 다루시는 하나님과 동일하듯이, 이 동일한 하나님의 구원하시는 행위가 신앙의 내용이자 목적이다. 그러나 우리는 루터가 또한 매우 다른 용어로 신앙을 말했다는 점을 숨기지 말아야 할 것이다. 때때로 그는 신앙 개념을 당시의 신학이 일반적으로 생각하던 것과 똑같이 다루었다. 신앙에 대한 이런 견해는, 비록 루터가 몇 가지 개별적인 부분에서는 성경을 비판하기는 했지만, 그럼에도 불구하고 당시의 전통을 따랐고, 성경을 본질적으로 오류가 없는 책으로, 전체 내용이 성령에 의해 영감받은 책으로 기본적으로 받아들였다는 사실과 일치한다. 그러므로 성경은 그것이 우리에게 율법과 복음에 대해 말함으로써 우리의 마음과 양심으로 하여금 죄를 깨닫게 할 때뿐만 아니라 ― 이것은 원칙적인 문제인데 ― 그것이 말하는 모든 경우에도, 하나님의 말씀이다. 전체적으로 성경의 역사적 기술, 세계관, 모든 기적 기사들은 성령이 준 "하나님의 말씀"이다. 그러므로 그것들은 모두 의심할 수 없는 확실한 진리이고, 성경에 담겨 있기 때문에 꼭 믿어야 하는 것이다.

여기서 우리는 분명히, 지금까지 루터의 개념으로 소개되어 우리가 만난 것과는 매우 다른 "하나님의 말씀" 개념과 대면하게 되고, 따라서 다른 신앙 개념과 만나게 된다. 만일 하나님의 말씀이 이런 식으로 이해된다면 즉 역사적이고 우주론적 자료를 포함하여 성경의 전체 내용과 동일시되는 것으로 이해된다면 우리는 더 이상 말씀이 그 자체의 능력으로 인간의 영혼을 확신시키고 또한 스스로를 타당하게 한다고 말할 수 없고, "말씀"이 하나님이 우리에게 말씀하시는 것을 묘사할 때 우리가 말할 수 있는 것처럼 말할 수 없을 것이다. 그러므로 성경 전체를 대상으로 갖는 그런 신앙은 루터가 그밖의 여러 곳에서 묘사한 "조작된 신앙"과 거의 동일한 신앙에 불과하다. 이런 신앙은 믿도록 강요하고, 기록된 말씀 그 자체에 겸손하게 복종하도록 강요한다. 신앙에 대한 이런 이해는, 그것이 하나님께 합당한 영광을 드리는 한에서, 우리가 지금까지 루터의 중심되는 개념으로 설명한 신앙과 유사하다. 이런 신앙 이해에 따르면, 하나님은 마치 자신이 저자인 것처럼, 우리가 성경의 전체 내용을 믿도록 명령하고, 또 그의 말씀 안에서 이 경우에는 성경 안에서 우리에게 이 모든 것을 말씀하신 분이 바로 하나님이라는 사실을 고려하여, 우리가 이성 및 이성이 제기하는 질문과 의심들을 버리라고 주장한다.[28]

　　이러한 유일한 비교 내용에서, 모든 유사점은 그치고 만다. 이런 전통적 말씀과 신앙 개념이, 루터의 종교개혁을 창출한 말씀과 신앙 이해와 모순되는 것은 회피할 수 없다. 그것들을 이용할 때, 루터는 타율적이고 모순되는 요소들이 하나님 말씀의 권위와 신앙에 대한 신율적 이해 안으로 침투하게 했고, 따라서 또한 신앙과 이성 사이의 관계 안으로 침투하게 했다. 그 문제는 또한 루터 신학에서 가장 근본적인 것, 즉 율법과 복음 사이의 명확한 구분을 위해 함축 의미를 갖고 있었다. 하나님의 영의 주권적 능력에 의해 스스로를 증거하고 입증한 말씀이 바로 복음이다. 이 말씀에 의해 확신되는 신앙이 참으로 복음적 신앙이다. 그러나 단지 성경에 쓰여져 있기 때문에 내가 믿어야 하는 것은 율법이고, 그것에 상응하는 신앙은 율법적 신앙이다. 이 곳이 루터의 종교개혁적 통찰의 명료성이 그 한계에 달하는 지점이다. 왜냐하면 바로 여기서, 그 모든 것에도 불구하고 루터 자신이 17세기 정통주의로 가는 길을 예비했고, 그렇게 함으로써 다루기 힘들고 위험한 위기를 일으키는 데 일조를 했기 때문이다. 그런데 이 위기는 신학이 잘못 이해되고 잘못 주장한 성경의 권위에 반대해서, 계몽주의의 새로운 과학이 일어났을 때 나타난 것이다.

　　신학이 이 성경의 그릇된 율법주의적 권위를, 하나님의 살아있는 말씀의 담지자로서 성경의 진정한 권위에 너무 밀접하게 연결시켰기 때문에, 전자 곧 성경의 그릇된 율법주의적 권위의 파괴는 또한 후자 곧 성경의 진정한 권위에게도 손상을 주었다. 똑같은 일이 신앙 개념의 모호한 성격에 대해서도 발생하였다. 신학은 과거에 많은 문제를 가지고 있었고 지금도 여러 면에서 그러하여, 참된 의미의 "하나님 말씀"과 잘못된 성서주의를 구분함으로써, 그리고 참으로 신앙의 본질을 신앙의 율법주의적 왜곡으로부터 구별함으로써 이 손상을 회복하려고 하였다. 게다가 우리가 본 대로, 루터 자신 안에서도 당시 역사적 상황과 전통을 반영하는 신학과 마땅히 종교개혁에 속하는 신학을 구별하는 것이 필요하다.

　　또한 루터는 기독론과 삼위일체론에 대한 접근에서 〔중세적〕교회의 신앙 개념을 계속해서 사용하였다. 그렇지만 그의 접근법은 이런 도그마들이 주로 교회의 권위가 아니라, 성경의 권위에 의해 ("하나님 자신이 말씀하시는 것과 가르치시는

---

28) "하나님이 그렇게 말씀하셨기 때문에, 나는 그렇다고 믿겠다. 나는 말씀을 따를 것이고, 내 생각과 견해를 무익한 것으로 간주할 것이다." *WA* 37, 39. Cf. ibid., p. 40.

것") 확립되었다는 점에서 다르다. 이와 관련하여 루터는 "이것은 믿어야 한다. 믿지 않는 자는 누구나 이교도이다"라고 말하였다.[29] 그러므로 이것들은 반드시 믿어야 하는(credenda) 조항들이다. 루터는 우리를 신앙으로 부르고, 마음과 영혼을 확신시킴으로써 그런 신앙을 일으키는 복음 그 자체와 신학적 숙고가 이 복음에 대한 신앙에서 발전시킨 교리 형식(doctrinal form) 사이에서 어떤 구분도 하지 않았다. 이런 교리 형태는 다시 신앙의 대상이 될 수 없고, 여전히 항상 복음에 대한 신앙에 근거한 신학적 숙고와 통찰의 산물로 남아 있다. 우리는 오늘날 이 구분을 당연하게 받아들인다. 그러나 그것은 루터가 한 구분은 아니다. 그는 사람들에게 "하나님의 말씀" 즉 복음을 믿도록 요구한 것과 같은 의미로 사람들에게 신학적으로 형식화된 교회의 교리를 믿도록 요구하였다.

나는 믿는다: 신앙 확신의 인격적 본성

말씀은 말씀 자신을 나에게 확증시킨다. 이것이 지금까지 우리가 듣던 것이다. 그러나 이제 우리는 또한 루터처럼, 말씀이 말씀 자신을 나에게 확증시킨다고 강조해야 한다. 그러므로 인간 내부에는 말씀이 그것이 하나님의 말씀이라고 증거하는 그 어떤 대상이 존재한다. 말씀은 인간의 내적 삶과 다른 것이다. 그것은 그 사람과 맞서 있고, 밖으로부터 그 사람에게 말한다. 그것은 반드시 들려야 하고, 아무도 그

---

29) 기독론("하나님과 인간이 하나의 인격이라는")과 삼위일체론에 대해 말하자면, 루터는 다음과 같이 말했다. "하나님은 우리들이 그것을 지배하거나 함께 맞추기를 바라시는 것이 아니라, 그것을 믿기를 바라신다. 또한 하나님은, 우리가 그 분만이 지혜로우시다고 인정해드리는 영광과 말씀으로 우리들을 인도하신다는 영광을 받기를 원하신다 … 이것은 단지 모자를 벗고, 그것이 '맞다'고 말하고 참되다고 인정하는 것을 의미한다." WA 37,44. Cf. ibid., p.45. "이성이 그것이 어떻게 일어나는지를 이해하지 못한다 하더라도, 이성은 이 말씀 아래에 자신을 사로잡히게 내어 주어야 하고, 그것을 믿어야 한다." (루터가 보통 하나님의 말씀이 인간을 사로잡는다고 말하지만, 여기에서는 이성이 스스로를 사로잡히게 내어주어야 한다고 말하고 있는 것에 주의하라) WA 10^i,1,152. Cf. WA^i,1,186,191. Cf. WA 50,273; LW 34,216. "여기에서 사람들은 침묵하고 다음과 같이 말해야 한다. 하나님이 그것을 말씀하시고 나는 한분 하나님과 세 위격이 있음을 듣는다. 그러나 이것이 어떻게 가능한지는 알 수 없다." WA 39^{II},364. Cf. ibid.,384. 삼위일체론에 대해서 루터는 다음과 같이 말했다. "따라서 우리는 감추어져 있는 것들조차 믿어야만 한다 … " WA 39^{II},279. Cf.ibid.,280. 또한 루터는 그런 신앙을 "말씀을 믿는 것"이라고 말할 수 있었다. ibid., 279. 여기에서 "말씀"은 약속일 뿐만 아니라, 하나님께서 성경에서 "가르치시는" 모든 것이다. 신앙은 "속이거나 거짓말하지 않는 성경에 붙들려 있다." WA 10^i,1,191. 동정녀 탄생에 대해 루터는 다음과 같이 말했다. "그러므로 우리는 그런 모든 유혹과 억측에 반대해서 신앙에 대한 말씀을 붙들어야 한다." WA 37,55.

것을 자신에게 말할 수 없다. 그러나 그 말씀이 들릴 때, 말씀은 그의 가장 깊은 존재를 움직이고 확신시키고 죄를 깨닫게 하고, 그렇게 함으로써 그 말씀이 하나님 자신의 진리라고 입증하는, 그런 방법으로 사람 안으로 들어간다. 루터는 말씀이 증언하고 확신시키는 인간 속의 그 실체를 성경의 용어를 따라 "마음"(heart) 또는 "양심"이라고 부른다. 여기에 바로 신앙의 확신이 존재한다.

그러나 나는 하나의 개인, 즉 완전히 독자적이고 대체 불가능한 인격적 존재로서 "마음" 또는 "양심"이다. 하나님의 말씀은 개인으로서 나에게 말씀하신다. 그리고 나를 하나님과 직접 관계를 맺는 개인이 되게 하신다. 다른 어떤 누구나 어떤 집단도 우리 사이에 들어올 수 없다. 하나님 앞에 나 혼자만이 그리고 혼자 힘으로 서 있다는 점에서, 어느 누구도 내 자리를 대신할 수 없고, 간섭하거나 은혜와 고유한 책임을 빼앗을 수 없다. 하나님의 말씀과 대체할 수 없는 "나-자신"(I-myself)은 일체를 이룬다. 말씀은 절대적 독특성과 자신의 고독 속에서 나를 하나님 앞에 서도록 하고, 완전히 나의 것인, 진정하고 확신하는 신앙으로 나를 부른다. 이런 의미에서 신앙은 절대적으로 개인적 행위이다.

이것이 모두 동일한 루터가 말한 것인데, 그는 그리스도인 공동체의 현실, 신앙 공동체의 현실, 조상과 형제들의 신앙이 영향을 주어 내 자신의 신앙을 강화하는 현실을 아주 잘 알고 있다. "교회의 신앙은 내가 불확실성을 극복하도록 돕는다."[30] 그러나 이 모든 것에서, 한 가지 분명한 것이 있다. 다른 사람의 신앙은 나로 하여금 혼자 힘으로 믿도록 도울 수 있을 뿐이라는 것이다. 아무도 그의 신앙이 마치 다른 사람의 매우 개인적 신앙을 대체하는 것처럼, 다른 누군가를 대신해서 믿을 수 없다.[31] 우리들 각자는 혼자 힘으로만 믿어야 한다.[32]

"그리스도인은 자기 자신의 권리를 가진 사람이다. 그는 자기 자신을 위해서 믿는 것이지, 다른 사람을 위해서 믿는 것이 아니다."[33] 이 세상에 있는 모든 기독교 공동체와 그밖의 다른 사람들을 위한 우리의 대리적 중보 기도는 이러한 궁극적 고독을 제거할 수 없다. 반대로 이러한 것은 우리가 그 고독을 성취하도록 도울 뿐이

---

30) *WA* 6, 131; *PE* 1, 165
31) *WA* 10^{III}, 306. 308. "내 신앙은 당신이 혼자 힘으로 믿을 수 있도록 격려하고 도울 수 있을 뿐이다. 따라서 … 모든 것은 당신 자신의 신앙에 달려 있다. 신앙이 강할수록, 그것은 더 많이 받아들이고 소유할 것이다. 그리고 신앙이 약할수록 그것은 다른 사람의 신앙과 중보기도를 더욱 많이 필요로 할 것이고, 그렇게 함으로써 신앙이 강해질 것이다." *WA* 10^{II}, 90; *LW* 35, 151
32) *WA* 10^{II}, 90; *LW* 35, 151
33) *WA* 19, 648; *PE* 5, 59

다. 루터는 죽음을 언급함으로써, 신앙의 고독을 입증하였다. 죽을 때 우리 모두는
완전히 혼자이고, 또한 자기 자신의 죽음을 맞아야 한다. 다른 누구도 당신을 대신
할 수 없다. 죽음이라는 커다란 시련과 어려움의 때에 어느 누구도 당신을 위해서
싸워 줄 수 없다. 다시 말해, 아무도 신앙의 싸움을 대신 싸워줄 수 없다. 그 때 만
일 내 신앙이 굳건히 서 있다면, 그것은 전적으로 나 자신의 개인적 신앙이고, 가장
개인적인 확신임에 틀림없다. 이런 최종적 위기에서 세속적 권위들의 모든 판단은
나에게 아무 소용이 없다. 나는 완전히 그리고 개인적으로 나 혼자 힘으로 확신해야
한다. 그러므로 신앙은 매우 중대한 문제이다. 만일 내가 죽을 때, 개인적으로 하나
님의 말씀을, 내 존재를 확신하는 만큼 확신하지 못한다면, 나는 버림받은 자이다.
그런 확신을 통해서만 양심은 평안을 얻게 된다.[34]

따라서 우리는 루터가 믿음의 확신에 대한 질문을 가장 진지한 질문으로 간주하
고 있는 것을 알 수 있다. 그에게 구원은 분명하게 개인적인 현실이고, 하나님과의
교제이기 때문이다. 그러나 그 교제는 인간의 존재 그 자체에서만 그리고 신앙의
"주관성" 안에서만 실현된다. 결과적으로 구원에 대한 루터의 질문은 필연적으로 신
앙의 확신에 대한 질문이라는 형태를 띠게 된다. 이런 신앙의 확신은 인간의 순전히
주관적인 조건 이상의 것이다. 즉 이 확신을 소유한다는 것은 구원받는 것과 동일한

---

34) 이 점은 특히 1522년 3월의 사순절 설교의 유명한 서두부에서 명백하다. "죽음은 우
리 모두를 부르고, 어느 누구도 다른 사람을 대신해서 죽을 수 없다. 모든 사람은 죽
음과 사탄과의 싸움을 혼자 힘으로 싸우기 위해서 병기와 투구를 반드시 준비해야 한
다, 홀로 … . 나는 그때에 당신과 함께 있지 못할 것이고, 당신 역시 나와 함께 하지
못할 것이다." WA 10^{III}, 1ff.: LW 51, 70. Cf. WA 10^{II}, 23, LW 36, 248. "내가
죽어야 할 때에, 당신은 (교황) 나를 위해 싸우지도, 답변하지도 않을 것이고, 오히려
나 스스로 찾아야 할 것이다. 모든 사람이 심지어 천사들까지도 함께 와서 이 점에 동
의한다 하더라도, 더구나 당신은 당신 스스로 판단할 수 없고 이런 결론에 이를 수 없
다면, 당신은 잃어버린 자이다 … . 왜냐하면 만일 당신이 죽음의 침상에서, '교황이
그것을 말했어, 공의회들이 그것을 결정했어, 그리고 거룩한 교부들이 … 그것에 동의
했어'라고 말하려고 한다면, 마귀가 즉각 당신의 논법에 구멍을 내어 '만일 그것이 진
실이 아니라면 어떡하지?' '그들은 오류를 범할 수 없었는가?'라고 질문함으로써 뚫
고 들어올 것이다. 그때에 당신은 이미 지고 만 것이다. 그러므로 당신의 지식은 어떤
의심의 그림자도 넘어서서 당신이 '이것이 하나님의 말씀이고 나는 그것 위에 서 있
어'라고 말할 수 있게 되어야만 한다." WA 10^{III}, 259. "자 그들이 결의하고 원하는
것을 말하게 하라. 그러나 당신은 그것에 당신의 신뢰를 둘 수도 없을 것이고, 당신의
양심을 그것으로 위로하지도 못할 것이다. 중요한 것은 당신의 목과 당신의 생명인데,
그러므로 하나님은 당신의 마음에 '이것이 하나님의 말씀이다'라고 말씀하셔야 한다.
— 그렇지 않으면 그것은 확실하지 않은 것이다. 따라서 당신은 모든 사람들을 제쳐두
고 당신 자신 속에, 당신 자신을 확신시켜야 한다." WA 10^{III}, 260.

것이다.

신앙과 체험

대립 가운데 있는 신앙과 체험 : 신앙의 시련과 영적 시험

여기서 우리는 루터의 십자가의 신학으로 되돌아 가는데, 왜냐하면 신앙의 의미는 이 준거 틀 안에서만 완전히 이해될 수 있기 때문이다.

신앙은 약속의 말씀을 향해 있고, 처음에는 단지 이 말씀만 가지고 있다. 말씀은 감추어 있어 볼 수 없는 실재를 제공한다.[35] 그러므로 이 실재는 "경험"의 대상이 아니고, 말씀에 대한 신앙을 통해서만 파악될 수 있는 것이다. 따라서 신앙은 우리의 경험과 우리가 "보는 것"에 대립되는 것이다. 신앙은 보는 것과 경험하는 것과 다른 방법으로 실재를 이해한다. 루터는 계속해서 "믿음은 보지 못하는 것들의 증거"라는 히브리서 11:1을 인용한다. 후에 루터는 번역하기를, "사람이 보지 않는 것을 의심하지 않는 것"이라고 하였다. 하나님 자신이 숨겨져 있기 때문에, 우리는 오직 말씀을 믿음으로써 하나님과 그의 말씀이 약속하는 것을 소유하게 된다.[36] 따라서 하나님의 숨어 계심과 인간의 신앙은 일체를 이룬다. 그렇다. 루터는 하나님이 우리를 부르시는 신앙을 위한 공간을 내주기 위해서, 자신과 그의 구원하시는 의지를 감추신다고 말하기까지 하였다. 만일 신앙이 본질적으로 감추어진 현실에 관계한다면, "믿어야 하는 모든 것이 감추어져 있고, 그래서 신앙을 위한 자리가 있어야 한다는 것은 불가피하다고 할 수 있을 것이다." 루터는 계속 다음과 같이 말한다. "신앙은 우리가 보고 느끼고 경험하는 것과 정확하게 반대로 보일 때 가장 깊이 감추어져 있다."[37]

따라서 하나님과 그의 계시는 반대되는 것에 감추어져 있는 것이다. 자연적인 눈으로는 하나님은 자신이 궁극적으로 원하는 것과 반대되는 것을 행하시는 것처럼 보인다. 그는 그의 대적자인 사탄의 가면 아래 자신을 숨기신다. 신앙은 체험이 필요할 뿐만 아니라, 심지어 자신에게 반대되는 체험을 가지기도 하고, 체험에 반대해

---

35) "그의 천상의(heavenly) 말씀은 우리에게 보이지 않는 도움을 주시겠다고 약속해 주셨다." *WA* 40^{III}, 56, cf. ibid., p. 46

36) "그러나 이것은 신앙을 필요로 한다. 왜냐하면 아버지, 심판자, 하나님[cf. 시편 68, 6]은 계시지만 그러나 볼 수는 없기 때문이다. 그가 거하는 곳은 거룩하다. 즉 다시 말하면, 그 곳은 따로 떨어져 있고, 신앙의 눈으로만 볼 수 있다. 만일 그가 당신의 아버지, 심판자, 하나님이라고 믿는다면, 그런 것이다." *WA* 8,8; *LW* 13, 7.

37) *WA* 18, 633; *BOW*, 101. *WA* 8, 22; *LW* 13, 22f.

서 자신을 고집하고 주장해야 한다.[38] 이런 이유로, 신자는 감각의 경험적 증거 때문에 일생 동안 시험받고 괴로움을 당한다. 따라서 신자는 항상 의심과 싸운다. 신자의 삶에서 시험과 영적 시련은 예외적인 것이 아니라 늘상 있는 것이다.

루터는 특히 이생의 슬픔과 고난을 그리고 이것들이 우리를 빠지게 하는 절망으로 향하는 커다란 영적 시련을 언급함으로써, 신앙과 경험의 대립을 묘사하였다. 우리의 마음은 호된 고난의 현실에 의해 괴로움을 당한다. 약속의 말씀은 미래에 놓여 있고, 현재에도 여전히 감추어진 구원을 말한다. 우리는 이 감추어진 미래를 볼 수 없기 때문에, 역시 현존하는 고난의 결과를 볼 수 없다. 시작만 볼 수 있고, 끝은 볼 수 없다. 우리의 시각은 너무나 약하고 근시안적이어서, 볼 수 없는 감추어진 구원을 이해하는 것은 불가능하다. 그렇지만 하나님은 우리의 고난의 마지막 끝을 보신다. 우리에게 약속의 말씀을 하시는 분은 바로 하나님이시다. 이런 이유로, 우리는 우리 자신의 근시안적 마음보다는 하나님이 말씀하시는 것에 더 주의를 기울여야 한다.[39]

일시적 환난은 하나님의 시각에서 볼 때, 우리들에게 보이는 것과 아주 다르게 보인다. (루터는 고린도후서 4:17의 바울의 진술, "잠시 받는 환난의 경한 것"과 이사야 54:7 "내가 잠시 너를 버렸으나"를 인용한다.)[40] 하나님은 "너의 환난은 나에게 한 점, 한 순간, 한 방울, 한 불꽃에 불과하다."고 말씀하신다. 그러나 이성은 수학적인 한 점을 무한한 선으로 변화시키는데, 이는 이성이 고난의 끝을 보지 못하기 때문이다.[41] 그러나 주님은 "나는 너보다 더 잘 본다"고 말씀하신다. 이성은 지상의 모든 환난이 한낱 순간이고 수학적인 한 점이라고 하는 "신성한 하늘의 수학"을 잘 알지 못한다. 믿는다는 것은 이성의 관점과 우리 마음의 관점을 버리는 것을 의미하고, 하나님 말씀과 그의 시각에 맡기는 것을 의미한다.[42] 신앙은 하나님의 시각으로 고난의 현실을 본다. 그러고 나면, 보통 사람의 눈에는 아주 굉장하고 심각하게 보

---

38) "그러나 그런 모순되는 경험 안에 굳게 서라. 그럼에도 불구하고 계속해서 믿어라. 왜냐하면 당신은 볼 수 없는 것을 기다리기 때문이다." *WA* 40[III], 55.
39) *WA* 40[III], 59. 또한 뢰러(Rörer)의 노트를 기초로 해서 파이트 디트리히(Veit Dietrich)가 준비한 인쇄본을 참조하라. "그러므로 우리는 약속을 바라고 우리 자신을 의지하지 말아야 한다." Ibid., p. 61.
40) *WA* 40[III], 60, 63
41) *WA* 40[III], 60ff.
42) "신앙은 이성에 반대해서, 이성의 감정과 그 직관에 반대해서 그리고 경험적인 것의 타당성을 파악하고 승인하는 이해력에 반대해서 믿어야 한다." pp. 67f. *WA* 40[III], 61을 참조하라. (인용은 각주. 38에서)

이는 괴로움과 근심과 불안이 아주 미미해지고, 참으로 아무 것도 아닌 것이 된다.[43] 하나님과 비교되고 그리스도 안에 있는 그의 영원하신 은혜의 현실에 비교되는 그것들은 무엇인가?[44] 이것이 "신성한 하늘의 수학"이 우리에게 가르치는 내용이다.

나의 삶에 대한 하나님의 목적을 감추고 그것을 의심케 하는 이 세상의 괴로움과 곤경은 이 사탄과 세상의 '부정'(No)일 뿐만 아니라, 내게 주시는 하나님의 '부정'이라고 결론내리고, 또 나의 운명을 하나님의 율법의 빛 아래에서 보도록 강요당하는 지점에서, 의심과 시험은 가장 심각하다. 루터는 수로보니게 여인 이야기를 할 때, 이 상황을 인상 깊게 명확하게 드러내었다. 이런 특별한 시련을 그렇게 중대하게 만드는 것은 예수 그리스도가 우리의 마음이 난국과 의심의 순간에 그에게 취하는 것과 동일한 태도를 우리에게 취한다는 사실이다. 그는 '아니오'라고 말씀하시고, 우리 마음은 이 '아니오'를 무조건 최종적인 것으로 여긴다. 그러나 실제로 상황은 그렇지 않다. "그러므로 마음은 그런 감정을 버려야 하고, 하나님의 말씀에 대한 강한 신앙으로 '부정' 아래 있고 또 '부정' 위에 있는 심원하고 비밀스런 '긍정'을 붙잡아야 한다. 이것이 그리스도와 수로보니게 여인의 만남이 우리에게 가르쳐주는 내용이다. 이 이야기는 교훈을 주기 위해, 우리 모두를 위로하기 위해 쓰여졌고, 그 결과 우리는 하나님이 얼마나 깊이 자신의 은혜를 감추시는지를 알게 되고, 우리 자신의 감정과 반응에 따라 하나님을 생각하는 것이 아니라 그의 말씀에 따라 하나님을 생각하게 된다.[45]

이 모든 것은, 하나님의 첫번째 '부정'이 하나님의 율법에 의해 직접 우리에게 말할 때, 그 정점에 이른다. 우리 마음과 양심은 율법과 우리에 대한 율법의 고발을 인정해야 한다. 하나님이 분노 가운데 우리를 정죄하시고 저주하실 때 그는 정당하

---

43) "사탄과 이 세상이 지나가도록 그냥 두어라. 왜냐하면 여기에는 하나님이 계시고, 여기에는 주께서 말씀하시기 때문이다. 이것은 내 마음 속에 있는 모든 두려움을 아주 작게 만들고 그래서 한 마리의 이(louse)만큼 아무 것도 아니게 한다." *WA* 40^{III}, 63

44) *WA* 40^{III}, 64

45) 수로보니게 여인에 대한 예수의 첫번째 대답에 대해, 루터는 다음과 같이 말했다. "그 말씀은 거의 '부정'에 가깝게 들린다. 실제로는 '긍정'만이 그 안에 있는데, 그렇지만 '긍정'은 깊이 감추어져 있어서 단지 '부정'으로 보인다. 이것이 시련과 유혹의 순간에 있는 우리의 마음의 모습을 보여준다. 여기에서 그리스도는 우리 마음이 그가 취한다고 느끼는 태도를 취한다. 우리의 마음은 거기에는 오직 '부정'만이 있다고 느끼지만 사실은 그렇지가 않다." *WA* 17^{II}, 203 … 〔여기에서는 위의 본문에 있는 인용을 따른다.〕 루터는 가나 혼인잔치에서의 예수와 마리아의 대화도 같은 방식으로 다룬다.

시다.[46] 그러나 그 때도 마음은 약속의 하나님을, 곧 하나님이 의인이 아니라 죄인을 용납하신다는 말씀을 붙들어야 한다. 가장 깊은 의심과 시험은 하나님의 뜻과 말씀이 율법과 복음이라는 두 가지 형태로 우리에게 다가온다는 사실에서 발생한다. 신앙은 율법과 복음의 긴장 가운데 존재한다. 율법과 복음은 서로에게 반대되는 것이기 때문에, 우리는 복음을 믿을 때마다 우리의 마음과 양심에 반대되게 믿어야 하는데, 이 우리의 마음과 양심은 율법에 의해 규정됨으로써 우리의 율법 의식은 우리에게 하나님의 은혜를 의심하고 절망하게 한다.[47] 여기서 신앙은 하나님의 말씀과 모순되는 지상의 현실을 단지 깨뜨리는 것을 훨씬 능가하는 그 이상의 것을 행해야 한다. 신앙은 하나님의 율법의 말씀을 극복해야 하고, 율법에 표현된 분노를 극복해야 한다.[48] 신자들은 또한 자기 양심이 가지는 감정과 정죄함을 버려야 하고, 오직 복음을 향해야 한다. 우리는 양심과 싸워야 하고, 우리의 양심을 믿기보다 죄를 용서하시는 그리스도와 복음을 믿어야 한다.[49]

율법에 의해 복음을 믿지 않도록 시험 받는 것은 일생 동안 그리스도인의 경험의 일부분이다. 의심은 항상 있는 것은 아니지만, 거듭 되돌아 온다. 성령이 복음을 통해 제공하는 확신과, 율법이 일으키는 의심은 일생 동안 서로 싸운다. 신앙의 확신이 항상 하나님의 영의 도움으로 이긴다는 것은 사실이다. 그러나 미래의 삶에 이르러서야 의심이 완전히 종말을 고하고, 확신이 온전히 지배할 것이다.[50] 이와 같이 신앙은 항상 위험을 무릅쓰고, 신자는 항상 영웅이다. "그리스도인은 항상 절대적으로 불가능한 것을 다루는 일종의 영웅이다."[51] 그러나 신앙의 영웅적 행위는 늘 의심

---

46) WA 6, 208; PE 1, 192
47) "믿을 때마다 하나님은 나를 율법에 반대해서 구원해 주신다." WA 39[I], 219. 하나님의 이런 행위에 함축된 율법에 대한 반대는, 신앙이 복음을 믿는 것에 함축된 율법에 대한 반대와 대조를 이룬다.
48) "하나님께 이르는 것은, 마치 사람들이 가시와 창과 그리고 칼의 단단한 벽(wall)을 뚫고 지나가듯이 그 분의 진노와 벌 그리고 불쾌함을 뚫고 나가야만 하는 그런 엄청난 일이다." WA 19, 224. WA 6, 208, 249; PE 1, 192f., 249. f를 참조하라.
49) "그래서 이제는 양심과 감각에서 돌아서서, 속일 수 없으신 그리스도에게로 향해야만 한다. 그러나 내 마음과 나를 죄로 향하게 하는 사탄은 거짓말쟁이들이다. … 당신은 죄인들을 받아주시는 주님이 당신에게 설교하시는 말씀보다 당신의 양심과 감정을 믿어서는 안된다. … 그러므로 당신은 '너는 거짓말을 하지만, 그리스도는 진리를 말씀하시고 너는 그렇지 않다'라고 말함으로써 당신의 양심과 싸울 수 있다." WA 27, 223.
50) 1542년의 한 논박에 나오는 진술을 참조하라. WA 39[II], 163. "따라서 항상 복음의 약속은 율법의 의심과 싸운다. 의심이 실제로 약속과의 싸움에 참여한다 하더라도 결국에는 약속이 그 싸움터를 차지하게 될 것이다." WA 39[II], 200; LW 34, 318.
51) WA 27, 276

과 시험의 고통에 묶여 있다. 이것이 신앙이 행사되는 상황이다.[52] 옛 사람이 죽고, 신앙이 하나님 말씀의 충만한 능력을 체험하고, 그래서 그 온전한 능력에 도달하는 것은 바로 시험과 싸울 때이다. 그리스도의 고통스런 죽음과 십자가에 달리신 이의 심각한 의심과 유혹을 고찰하는 것이, 신앙을 도와서 마지막 끝에 도달하게 하고, 절망에 굴하지 않고 최악의 고난과 불안을 견디도록 해 준다. 그리스도가 우리와 함께 하신다면, 우리는 절망에 빠지지 않고 최악의 고난과 불안이라도 견딜 수 있을 것이다.[53]

신앙 안의 체험

신앙은 항상 자연적 체험의 반대와 씨름한다. 그러나 신앙과 체험은 단순히 서로 절대적 반대와 갈등 속에 있는 것이 아니다. 왜냐하면 믿음 자체에 의해 일어나는 체험도 있기 때문이다. 그것은 보통의 경험적인 종류의 체험과 다른, 새로운 차원의 체험이다.

무엇보다도 신앙은 그 자체를 체험한다. 인간 행위로서, 신앙은 단지 '나는 내 생명을 말씀에 건다.'고 위험을 무릅쓰고 맡기는 것이다. 믿을 수 있는 능력은 너무 세밀하고 복잡해서, 신앙이 항상 자기 존재를 의식하는 것은 아니다. 루터는 자신이 믿는다고 확신하는 어떤 사람이 전혀 믿지 않을 수 있고, 반면 의심과 절망 가운데 완전히 빠진 것 같은 사람이 실제로 아주 확실하게 신앙할 수 있다고 말하기까지 하였다.[54] 믿는다는 것은 하나님의 말씀을 확신하는 것이다. 그러나 이것은 신앙이 신앙으로서 자신의 존재를 확신한다는 것을 포함하지 않는다. 그럼에도 불구하고 신앙역시 체험이다. 나는 강력한 하나님의 말씀을 체험하였고, 이미 본 것처럼, 하나님의 말씀은 나에게 확신을 주고 나를 붙잡아서, 나를 포로로 하고 놓아 주지 않는다. 이런 요소는 어쨌든 맹목적으로 말씀에 모든 것을 거는 다른 요소와 관련하여 고려되어야 한다. 내 자신의 행위로서, 신앙은 두려움과 떨림으로 위험을 무릅쓰게 될 수 있지만, 그러나 이것도 내가 하나님의 말씀과 성령에 의해 할 수 없이 해야 하는 것이다.

루터가 스스로 만든 거짓된 신앙과 참된 신앙을 구별했던 것을 기억하라. 참된

---

52) *WA* 17^I, 73
53) Ibid.
54) "왜냐하면 종종 믿는다고 주장하는 사람이 전혀 믿지 않으며, 다른 한편 자신이 믿지 않는다고 생각하는 사람이 절망 가운데서 커다란 믿음을 가지는 일이 발생하는데, 이는 신앙의 특징적인 면이다." *WA* 26, 155; *LW* 40. 241.

신앙은 말씀을 통해서 성령에 의해 만들어진다는 점에서, '스스로 믿는 신앙'과 뚜렷하게 구별된다. 신앙 역시 이것을 알고 있고, 이것을 느낀다. 어떤 사람은 자기 자신의 신앙에 대해 말하는 것을 명백히 바라지도 않고 말할 수도 없을 것이다. 그는 자신이 신앙이 없다고 느낄 수 있다. 하지만 그는 그를 놓아주지 않고 계속해서 그의 의심을 극복하는 진리의 말씀의 능력을 증거할 수 있다. 루터는 신앙에 대한 이런 체험의 요소를 기술하기 위해 다음과 같은 표현들을 사용하였다. 말씀은 마음을 "납득시키고," "확신시키고," "붙잡고," "포로로 한다."[55] 마음은 말씀이 어떻게 참된 것이고, 올바른 것인지 느낀다. 마음은 "알고 있고," "느끼고," "맛보아야" 한다. (sapere — 루터는 '직접적 자각'을 나타내는 이 고대적 표현을 쓴다.)[56] 따라서 신앙은 단지 말씀에 붙들려 있기 때문에, 자기 자신 안에 있는, 자기 자신의 체험이다. 신앙은 거듭해서 자신이 말씀에 근거해 있다는 것을 알고 있다는 점에서, 성령을 통해 말씀의 능력을 체험한다.

분명히 이런 신앙 체험은 항구적인 것이 아니다. 고통이 압박해 오면, 그것은 사라져버릴 수 있다. 십자가 위의 그리스도가 더 이상 자신의 신성을 느끼지 않았듯이, 겉 사람에 따라 그리스도인은 더 이상 자신이 하나님의 자녀라는 신앙을 느끼지 않을 수 있다. 그 때 신앙은 "기어서 도망쳐 숨고 만다."[57] 그리고 나면 신앙이 주는 기쁨은 그치고 만다. 신앙은 체험 없이 완전히 홀로 서 있다. 십자가 위의 그리스도를 바라보는 것 외에는 아무 것도 남아 있지 않다. 그러나 항상 그런 식으로 되는 것은 아니다. 루터는 신앙이 때때로 그런 괴로움의 순간들을 체험해야 하고, 그렇지만 또한 그 순간들이 지나고 나면 신앙이 주는 기쁨을 체험하게 된다는 점을 알고 있다.

신앙은 그 자체를 체험할 뿐만 아니라, 또한 삶을 체험한다. 그리스도인들이 말씀을 믿을 때, 그는 죄, 사탄, 죽음의 두려움을 이기신 능력의 그리스도가 실제로 자신에게 나타나는 것을 체험한다. 분명히 신앙은 이전의 경험에 근거를 두고 있지

---

55) p. 65의 인용문과 비교해 보라.
56) "만일 성령으로부터 그런 이해를 직접 받지 않았다면, 아무도 하나님이나 그의 말씀을 올바로 이해할 수는 없다. 그러나 아무도 그것을 체험하거나, 입증하거나, 느끼지 않고 성령으로부터 그것을 받을 수는 없다." WA 7, 546; LW 21, 299. WA 10 III, 261.를 참조하라. "당신은 스스로 의식하는 가운데 그리스도를 느껴야만 한다. 비록 전 세계가 논박한다 하더라도, 그것이 하나님의 말씀이라고 확고하게 체험해야 한다. 당신이 이 감정을 가지지 않는 한, 하나님의 말씀을 분명하게 맛볼 수는 없다." WA 10I', 23; LW 36, 248.
57) WA 17', 72

않다. 올바른 순서는 신앙이 항상 체험에 선행하는 것이고, 이 순서는 유지되어야
한다. 우리는 심지어 말씀이 약속해 주는 것과 반대되는 것을 체험한다 하더라도 말
씀을 믿어야 한다. 과거의 체험이 없을 때도, 말씀과 모순되는 것을 체험할 때도 믿
어야 한다. 그러나 한편 우리가 믿는 것은 우리의 체험의 대상이다.[58] 신앙과 체험은
별개의 것이다. 그러나 체험에 반대되는 것을 믿어야 하고 또 믿고 있는 이 신앙은,
믿을 때 자기가 믿는 것을 체험하게 된다고 느낀다. 처음에 그리스도인은 말씀을 듣
고, 예수 그리스도의 구원의 능력을 믿는다. 그리고 나서 그는 자신의 마음 속에 능
력을 체험한다.[59] 그는 말씀으로 받은 은총의 윤리적 능력을 체험한다. 은총은 감추
어져 있어서 믿어야 한다. 그러나 그 영향은 감추어져 있는 것이 아니라, 오히려 분
명한 것이고 그 자체로서 은총이 현존하는 신호이다.[60] 그런 체험을 통해서, 신앙은
스스로를 "행사하고," "강화한다". 그 안에서 신앙은 그리스도를 통해서 구속의 현
실을 체험한다. 이러므로 그리스도인들은 벧후 1:10에 기록되어 있듯이, 올바른 행
동을 하도록 부름받았고 또 이미 믿고 있는 대로 자신들이 구원받았다는 확증을 얻
었다.

　　루터는 신앙과 체험의 관계를 마가복음 16:1-8을 본문으로 한 부활절 설교에

---

58) *WA* 40[III], 370
59) "여기에서 체험은 일어나고, 그리스도인이 다음과 같이 말할 수 있게 해야 한다. '지
　　금까지 나는 그리스도가 나의 구세주이고 죄와 죽음을 정복하셨다고 들어왔다. 또한
　　나는 이것을 믿는다. 이제 내 체험은 이것을 증거한다. 왜냐하면 나는 종종 죽음의
　　불안과 사탄의 올가미에 있었지만, 그분이 나를 구해주시고 자신을 나타내 보여주셨
　　기 때문이다. 이제 나는 그가 나를 사랑하신다는 것과 내가 믿는 것이 참되다는 것을
　　보고 알고 있다. (크루치거(Cruciger)의 재구성)" *WA* 45, 599; *LW* 24, 151. "체험
　　으로 많은 사람들이 참으로 믿는 것을 그 마음 속에 명확하게 확증하였다. 우리는 이
　　하나님의 전능하신 능력의 말씀에 우리 생명과 몸을 걸어야 하고, 죽음과 죄 한가운
　　데서 말씀이 참되다는 체험을 해야 한다. 아무리 위대한 성인이라 하더라도 이 체험
　　을 견디기는 힘들 것이다." *WA* 19, 220.
60) "하나님의 은총은 크고, 강력하며, 능력있고, 활동적이다. 은총은 몽상의 설교자가 상
　　상하는 바와 같이, 영혼 속에서 잠자거나 색칠된 판자가 그 색상을 지니듯이 자신을
　　지닐 수 있는 것은 아니다. 그렇다. 절대로 그런 것은 아니다. 오히려 하나님의 은총
　　은 우리 안에서 모든 것을 지니며, 인도하고, 자극하고, 인식하고, 변화하며, 역사한
　　다. 그래서 그것은 정말로 느껴질 수 있고, 체험될 수 있다. 그러나 은총은 감추어져
　　있으나, 그 사역은 감추어져 있지 않고, 사역과 그 말씀은 은총이 어디에 있는지를
　　보여준다." *WA* 10[I], 1, 114f. 로마서 서문에서, 루터가 신앙을 "살아있고, 일하고,
　　능력있고, 활동적인 것"으로 부를 때, 신앙에 대해 비슷하게 말했다. *WA*, DB
　　7, 11; *LW* 35, 370.

서도 설명하였다. 이 설교는 슈테판 로트(Stephen Roth)가 1526년 「여름설교집」
(*Sommerpostille*)으로 우리에게 전해 준 것이다. [61] 우리는 이 설교들을 사용할 때
주의해야 하는데, 왜냐하면 로트가 종종 자유롭게 루터의 노트를 고친 것이 입증되
었기 때문이다. [62] 그렇지만 루터가 이 설교에서 보여주는 신앙과 체험에 대한 사고
는 그의 신학의 특징을 잘 보여준다.

　　이 글에서 루터는 신앙과 체험의 상반되는 관계를 아주 분명하게 표현하고 있
다. (루터는 "체험"과 "감정"을 의미하는 단어인 "empfinden"을 사용한다.) "이전
에 나는 종종 체험과 신앙이 서로 다른 별개의 것이라고 말했다. 체험을 구하지 않
고, 오히려 이성을 제쳐두고 그 눈을 감기고 단지 말씀에 맡기는 것이 바로 신앙의
특징이다. 신앙은 죽든지 살든지 말씀을 따른다. 체험은 이성과 마음이 파악할 수
있는, 즉 우리가 외부 감각을 통해서 보고 듣고 느끼고 인식할 수 있는 것에 제한되
어 있다. 이런 이유로 체험은 신앙에 반대되고, 신앙은 체험에 반대된다." [63]

　　나의 "체험"에 따르면, 내 죄는 여전히 십자가에 못 박히고 부활하신 그리스도
의 복음에 반대되는 여기에 있다. 이것에 대해서, 나는 "체험을 내 뒤에 두고, 내 귀
를 말씀으로 채우고, 내 마음을 말씀으로 채우고, 말씀에 붙들려야 한다." 비록 죄
의 존재를 여전히 느끼기 때문에 내 죄가 제거된 것 같지 않아 보여도, 이런 감정에
유념하지 말아야 한다. 그 대신 비록 내가 여전히 죽음과 죄와 지옥에 빠져 있다고
느낄지라도, 계속 죽음, 죄, 지옥이 정복되었다고 주장해야 한다. 무엇보다도 우리
로 하여금 믿게 하는 것은 바로 이 느낌이다. [64]

　　따라서 신앙과 "체험"은 서로 투쟁한다. "이렇게 하여 체험이 성령과 신앙에
대해 싸우고, 반면 성령과 신앙이 체험과 싸우는 전투가 시작된다." 이 싸움에서
"신앙이 많을수록 체험은 적어지거나 혹은 그 반대"가 되는 법칙이 적용될 수 있다.
그러나 이것은 하나님의 뜻에 의한 것이다. 죄성은 우리 안에 계속 남아서, 믿음을
행하고 매일 자랄 수 있는 기회를 제공해 준다. 이렇게 신앙이 자랄 때, 체험은 줄
어든다. 즉 그리스도인 안에 남아있는 죄와 죽음에 묶이는 속박은 점점 더 작은 짐
과 시련이 된다.

　　루터는 우리가 그 때 "다른 통찰력, 다른 경험"을 받을 수 있다고 말하였다. 이
것은 우리가 죽을 때, 그리고 완전히 옛 아담을 벗어버릴 때 비로소 온전하게 일어

61) *WA* 10^I, 2, 218ff.
62) 부흐발트(Buchwald)의 주석을 참고하라, *WA* 21, pp. IX ff.
63) *WA* 10^I, 2, 222
64) Ibid.

날 것이다. 이성의 체험은 영원 안에서만 완전히 그친다. 그러나 신앙은 자기가 믿는 구원의 비전에 대해 이성과 싸우는 싸움에서 나온다. "따라서 신앙은 매우 조용하게 죄와 사망과 지옥을 통하여, 모든 체험과 이성이 이해하는 모든 것에 반대되게 우리를 인도한다. 그 후 우리 눈 앞에서 구원을 볼 수 있을 것이다. 그 때 우리는 완전히 우리가 믿는 것, 즉 죽음과 모든 고통이 극복된 것을 알게 될 것이다."[65]

이 모든 것은, 신앙과 체험 사이의 긴장이 일생 동안 계속된다는 것을 의미한다. 그러나 그것은 항상 동일하게 격렬한 것은 아니다. 그 대신 신앙은 체험으로부터 계속 더 많은 땅을 획득한다. 그렇지만 긴장은 종말론적으로, 즉 믿는 것이 하나님의 새 땅과 새하늘을 보는 것이 될 때, 비로소 해결될 것이다. "그 때까지 하나님이 선하시고 은혜로우신 것을 믿음으로써 하나님께 영광을 돌리는 것은 남아있는 모든 것이 하나님의 선하심에 대한 신앙이고, 느낌이 없이 신앙만 있게 될 때까지, 우리의 느낌은 죽음에 처하고 우리 안의 옛 사람을 정복한다."[66]

---

65) *WA* 10^{I}, 2. 223f.
66) *WA* 17^{II}, 66.

제8장

이성

루터는 이성을 정의하거나 이성의 다양한 형태와 능력을 구분하지 않고, "이성"을 말하였다.[1] 그는 항상 이성을 하나의 전체로서 말하였다. 그러나 루터의 진술들을 해석할 때, 우리는 몇 가지를 구분해야 한다. 한편으로, 세속적인 영역 안에 있는 이성 및 인간과 하나님의 관계 안에 있는 이성을 구별해야 한다. 이 외에도 우리는 인간이 처음 창조될 때 창조주 하나님이 인간에게 주신 선물로서의 이성, 죄로 인해 타락한 후 인간에게서 발견되는 이성, 중생한 그리스도인의 삶에 나타나는 이성을 구분해야 한다.

이성은 하나님의 선물이고, 창조주가 인간에게 준 재능(dowry)이다. 하나님은 나에게 "내 이성과 내 마음의 모든 능력을 주셨다."[2] 루터는 이 하나님의 선물과 그 영광에 대해 매우 강한 어조로 말하였다. 이성은 본질적이고 중요한, 세상 속에서의 축복이고, 무엇보다 "최고이자 어떤 의미에서는 신적인" 것으로서 이 세상의 다른 모든 보배를 능가한다. 사람과 그밖의 다른 모든 피조물 사이의 본질적 차이를 제공하는 것은 바로 이 이성이다. 이성을 통해, 인간은 창세기 1:28에 나타나는, 자신에게 주어진 땅에 대한 주권을 행사한다. 이성은 하나의 빛을 우리에게 제공하는데, 우리는 그 빛을 통해 이 세상사를 볼 수 있고, 또한 관리하고 다스릴 수 있다. 이성

---

1) 베른하르트 로제(Bernhard Lohse), *Ratio und Fides* (괴팅겐:Vandenhoeck & Ruprecht, 1958).
2) *WA* 30^i, 248; *BC*, 345

은 모든 문화의 근원이자 담당자이고, 모든 예술, 과학, 의학, 법률을 발견하고 집행한다. 이성은 이 세상에서 인간들 중에 나타나는 지혜, 권력, 산업, 명예가 있는 곳이면 어디서나 자기의 존재를 드러낸다.[3] 이것들 중 어느 것도 무시되어서는 안된다. 오히려 하나님의 고귀한 선물로 여겨지고 칭송되어야 한다. 따라서 루터는 인문주의자들과 같이 그러나 스콜라주의자들과는 달리, 당대의 과학의 발전을 환영하였다. 예를 들어, 루터는 인쇄술의 새로운 기술에 대해 대단히 만족하였고, 이 세상이 끝나기 전 하나님이 주시는 최고의 마지막 선물이라고 찬양하였다.[4] 이 모든 것은 하나님에 의해 창조와 함께 설정되었고, 창조 안에 포함된 것이다. 창조주 하나님은 이것들을 원래 인간 안에 심어 주고 만들어 줌으로써, 인간에게 이 모든 것들을 할 수 있는 능력을 주었다. 이것은 하나님의 형상 안에 있는 인간 창조의 한 부분이고, 그 결과 인간은 세상을 다스릴 수 있게 되었다.[5]

이성의 훌륭한 기능을 평가하면서, 루터는 자신이 이성의 위엄이라 부르는 것, 즉 지상의 삶에 이바지하는 점을 강조하였다.[6] 이성은 현세를 질서 있게 하고, 계발시키는 임무를 가지고 있다. 이와 함께 이성의 한계 역시 지적되어야 한다. 그러나 이 영역, 즉 "세상 왕국" 안에서는 루터가 그 용어를 사용할 수 있는 가장 넓은 의미로, 이성만이 궁극적 권위이다. 이성은 그 자체 안에, 경제나 정치 같은 지상의 문제를 적절하게 조절하고 운영, 관리하는 것을 판단하고 결정할 토대를 갖고 있다. 이런 문제들에 대해 성경, 그리스도인의 설교, 신학은 아무 말도 하지 못한다. 성경과 복음은 어떻게 법률을 바르게 하고, 어떻게 국정을 운영해야 할지 가르쳐 주지 않는다. 이 모든 것이 그 자체로 원래 창조주가 인간에게 주신 인간 이성의 문제이다. 이것은 법률이나 정치뿐만 아니라, 다른 모든 기술에서도 사실이다. 이런 영역

---

3) 「인간에 대한 논쟁」(*The Disputation Concerning Man*), *WA* 39^I, 175; *LW* 34, 137. "모든 법률은 인간의 지혜와 이성에서 나온 것이다 … . 마치 우리에게 있는 다른 모든 기술들이 인간의 재능과 이성에서 나오는 것처럼, 인간의 지혜나 이성은 법률을 만들어 내고, 무엇이 옳은지를 결정하였다." *WA* 40^{III}, 221.

4) "이제는 모든 그림 예술(pictorial arts)이 한창이다(flourish)" *WA*, TR 4, 4697. "모든 예술이 어떻게 똑같이 빛으로 돌아가는지를 보는 것은 놀라운 일이다." *WA*, TR 2, 2772.

5) 창 1:27을 인용하면서, 루터는 다음과 같이 말하였다. "여기에 모든 법률, 과학, 경제, 그리고 의학이 심겨져 있고, 만들어져 있다 … 이것들은 낙원에 심겨진 지혜의 힘과 부요함이다. 그러므로 성경은, 이미 확증된 법률과 발견된 기술때문에 괴롭힘을 받는 것이 아니라, 오히려 법률과 기술을 승인한다." *WA* 40^{III}, 222

6) "이 세상에서 이런 것들을 집행하도록 정해진 태양과 일종의 신이다." *WA* 39^I, 175; *LW* 34, 137. 〔여기에 루터의 "위엄"에 대한 언급이 뒤따른다.〕

에서, 신학은 이성에게 제 위치를 허락하고, 이성이 그것을 인식하고, 이성이 하나님의 창조물이라는 점을 증거하는 임무를 갖는다. 곧 살펴보겠지만, 타락한 인간의 이성은 특히 이런 하나님의 창조의 긍정이 필요하다.[7]

타락 이후 인간은 세상을 이해하고, 조절하고, 형성하는 합리적 능력을 상실하지 않았다.[8] 하나님은 이성이 가졌던 다스리던 지위를 박탈하지 않으셨다.[9] 그러나 타락한 인간은 두 가지 면에서 이성과 이성의 정당한 성과를 오용하였다. 인간은 자신이 이성을 소유하고 있다는 것과 이 이성으로 위대한 일을 할 수 있다는 것을 의식한 후, 자신에게 모든 은사와 솜씨를 주신 하나님을 잊어버리고 만다. 그는 — 이것이 옳은 일인데 — "이것은 내가 받은 것이다"라고 감사하는 마음으로 겸손하게 고백하지 않고, "이것은 내가 한 것이다"라며 자신의 성취에 대해 자랑한다.[10] 인간은 창조자이자 시여자이신 하나님의 영광을 빼앗아 버리는 자기 의식과 자기 확신뿐만 아니라, 자기 자신의 자율적 행위와 자기 영화를 통해 스스로를 높인다. 인간은 자기 자신의 욕망과 갈망을 따름으로써 세상을 돌보라고 하나님이 주신 역할을 왜곡시켜 버렸다. 그는 당신의 땅에 하나님이 가지는 의도보다는 자기 자신의 만족, 이익, 명예에 더 많은 관심을 둔다. 창조주의 뜻에 순종하기보다 자기 마음대로 피조 세계를 다룬다.[11] 논리적, 기술적, 문화적 능력을 가진 이성은 타락에 의해 파괴된 것이 아니라, 오히려 타락한 인간의 죄된 자기 의식과 자기 영화에 봉사하게 되었다. 여기서 하나님과 인간 사이의 관계에서 이성의 역할이 명백해진다.

---

7) *WA* 40ᴵᴵᴵ, 221 f.

8) *WA* 39ᴵᴵ, 375

9) "아담이 타락한 이후에, 하나님은 이성의 위엄을 가져가버린 것은 아니고, 오히려 그것을 확증하였다." *WA* 39ᴵ, 175; *LW* 34, 137. 루터는 그것이 하나님과 노아의 계약에서 확증되었다는 것을 발견하였다. (창 9:1 이하)

10) 타락한 본성에 대해 루터는 다음과 같이 말하였다. "아담의 타락 이후에 우리는 매우 부패되었기 때문에 이런 것들을 선물(gifts)로 생각할 수조차 없다. 법률가는 스스로 자신이 능력이 있다고 생각하고 … 근원을 생각하지 않고 하나님을 영화롭게도 하지 않고, 오히려 '내가 이 일을 했다'고 말한다." *WA* 40ᴵᴵᴵ, 222. "이것이 인간 본성의 악이다: 이런 것들을 피조물이나 선물로 여기는 것이 아니라, 오히려 '이것은 내가 한 일이다'라고 말한다. 대신에 다음과 같이 말해야만 한다. '내가 한 것이 아니라, 나는 받았고, 하나님께서 주셨다.'" *WA* 40ᴵᴵᴵ, 223. Cf. 파이트 디트리히(Veit Dietrich) 판, ibid., p.222f. 인간이 자신의 공로에 대해 '내가 이것을 했다'고 하는 것은, 아담과 하와 이후로 자신의 죄를 변명하고 죄가 실재한다는 것을 인정하지 않으려 하면서 '내가 그것을 하지 않았다'는 것과 대조된다. *WA* 39 II, 276.

11) "그러나 본성은 이런 은사에 순종할 수 없다. 대신에 본성은 이렇게 말한다. "나는 통치할 것이다. 나는 내 목표를 달성할 것이다. 나는 즐거움, 영광, 그리고 편리함을 구할 것이다." *WA* 40ᴵᴵᴵ, 223

타락한 인간의 이성은 "육적"(fleshly)이다. [12] 루터는 "육체"(flesh), "육과 혈" (flesh and blood), 인간의 "본성", "자연 이성," "감각," "자유 의지," 심지어 "전 (全) 세상"에 대해 이성에 대해 말한 것과 동일하게 말했다. [13] 이 모든 것은 함께 결합된 것들이고, 거의 동의어들이다. [14] 루터는 자신의 찬송가, "나의 자유 의지는 하나님의 심판을 싫어할 것이다"에서 말할 때, 이런 다른 개념들 중 어떤 것도 "자유 의지"를 대신할 수 있었다. [15] 사실 그것들 모두는 눈이 멀어 있고, 하나님과 인간의 실제 본성과 상황과 죄를 볼 수 없다. [16]

하나님과 인간의 관계에서, 이성은 또한 윤리적, 종교적 지식을 부여받았다. 항상 루터는 인간의 이성은 자연법을 소유하고 있다고 강조하였다. 만일 율법이 마음에 쓰여져 있지 않다면, 하나님의 뜻을 선포하는 것이나 또는 모세에게 준 율법을 선포하는 것은 인간에게 아무 의미도 없을 것이다. 마찬가지로 이성은 하나님에 대한 일반적 지식과 인간이 하나님에게 은혜를 입고 있는 바 그것에 대한 일반 지식을 가지고 있다. "이성은 하나님이 존재한다는 사실을 알고 있다." [17] 그러나 인간이 이런 윤리적, 종교적 유산을 이용하는 방식은 이성이 인간의 타락에 참여했다는 것, 즉 이성이 "육적"이고 마귀에 의해 점유당했다는 것을 보여준다. 하나님과 인간의 관계가 시작될 때, 하나님이 말씀으로 자신을 알리시기 때문에, 이성은 곧 참 하나님과 반대되는 자리에 서게 된다.

이성은 이 세상의 한계에 속해 있는 것이다. [18] 이 세상의 실재성과 가능성들은 이성의 궁극적 판단 기준이고, 이성은 이것에서 자유로울 수 없다. 이성은 이 기준에 따르지 않는 모든 것을 거부하고, 현실의 평가에 적합한 것만 인정한다. [19] 그러므로 이성은 하나님의 말씀과 신앙을 배척한다. 왜냐하면 말씀은 하나님의 감추어진

---

12) E.g., *WA* 18, 676, 688; *BOW*, 158, 174
13) *WA* 37, 46
14) " … 이성 혹은 자유 의지" *WA* 18,766; *BOW*, 287. 이성은 인간의 지성뿐만 아니라, 자신의 의지에도 관련된다.
15) *WA* 35, 423; *LW* 53, 219
16) Cf., e.g., *WA* 18,673f.,677,766; *BOW*, 152f.,158,286. *WA* 39^i,82; *LW* 34, 151.
17) *WA* 19, 206.
18) "이성은 자신을 보이지 않는 것에 적용할 수 없다." *WA* 40^III, 51
19) "이성은 외적인 모습에 기초해서 판단한다." *WA* 17^i,68. "우리는 그런 교리들이 〔 … . 자연 이성에 동의하는 … 〕 사탄의 화살이라고 판단할 수 있다. 왜냐하면 그 교리들은 아주 명백해서 육체의 지혜와 의로움에 일치하기 때문이다." *WA* 40^III,35 (편집된 판)

구원을 선포하기 때문이다. 말씀이 약속하는 것은 믿기 어렵고 불가능하고 불합리해 보인다. 그것은 모든 가능한 경험, 모든 이해력, 모든 이성을 넘어서는 것이다. 그리고 신앙은 바로 이런 불가능성들에만 관계한다. "그것은 미래에 가능하게 될 불가능한 일들을 다룬다."[20] 신앙은 이성을 초월할 뿐만 아니라, "육체"에 반대하고 "자기 자신의 마음"에 반대하고, 또한 "자기 자신의 감정과 경험"에 반대해서 말함으로써,[21] 이성에 반대해서 믿는다. 하나님의 말씀과 이성은 — 신앙과 이성 또한 그러한데 — 서로 날카롭게 대립한다. 말씀이 현실이라고 설교하고, 신앙이 고백하는 것을 이성은 비현실적인 넌센스라고 주장한다.[22] 이성은 말씀과 말씀을 받아들이는 신앙에 반대되는 것이 분명하다. 이성은 저절로 신앙을 만들어 낼 수 없다. 하나님만이 신앙을 줄 수 있고, 이성과 자연에 반대해서 그렇게 할 수 있다.[23]

이성을 이 세상의 일에 국한시키는 것은 동시에 이성을 인간 자신의 지성과 의의 개념과 요청에 제한시키는 인문주의적 제한이다. 따라서 이성은 하나님이 인간적인 의의 개념에 따라 행동할 것을 요구한다. 이성은 만일 하나님이 하나님으로 남아 있으려면, 하나님이 행해야 하는 것을 규정하려고 시도한다.[24] 그러므로 이성은 하나님의 경이로운 행위, 하나님의 의의 초인간적 차원, 하나님의 행동과 다스림의 변증법, 하나님이 자신의 의와 선함을 그 반대되는 것에 깊이 감추시는 역설 등을 볼 수도, 들을 수도, 이해할 수도 없다.[25] 이것은 이성이 이해할 수 있는 능력을 넘어서

---

20) *WA* 27,275. "따라서 자연인은 가능한 일들을 다룬다. 그렇지만 불가능한 일 — 미래에는 가능하게 될 — 을 다루는 것이 그리스도인의 임무이고 기술이다." *WA* 27, 275.

21) *WA* 40[III],54,59f. Cf. *WA* 17[II],66.

22) "그러나 신앙은 희망하지만 보이지는 않는 일에 대한 지식이다. 〔히브리서 11:1〕; 이런 지식은, 파악하거나 느낄 수 없음에도 불구하고, 하나님의 약속과 말씀으로 이루어져 있다. 약속은〔고전 2:9의〕 — 어떤 눈도 하나님의 마음을 확인할 수 없는 — 우리들에게 불합리하고, 믿기지 않고, 불가능한 것을 약속한다 … 본성은 볼 수 있는 것에 관계한다." *WA* 40[III],46. Cf. *WA* 40[III],34,51. 루터는 그리스도의 통치를 묘사한다: "그는 이성으로 다스리거나 가르치지 않는다. 왜냐하면 자신의 은혜, 은사, 자비가 알려져야 한다고 원하기 때문이다." *WA* 41,675.

23) "육과 이성은 … 신앙과 말씀에 반대해서 우리의 지체들과 싸운다.〔롬 7:23〕" *WA* 40[III],46. "이성은 신앙을 멸시한다." *WA* 39[i],90; *LW* 34,160. "본성에 반대되는 신앙과 이성에 반대되는 믿을 수 있는 능력을 주는 것은 하나님만이 할 수 있다." *WA* 39[i],91; *LW* 34,160.

24) "율법에 따라 하나님을 이해하려고 하고, 하나님을 측정하려고 하는 것이 이성의 본성이다." *WA* 16,140. *WA* 18,729; *BOW*, 232

25) *WA* 41, 737.

26) *WA* 18, 707f; *BOW*, 201f.

는 것이고, 또한 이성은 그것에 화를 낸다.[26]성육신의 신비, 그리스도의 신성의 신비, 삼위일체의 신비도 역시 이성의 이해 능력을 초월해 있다. 이성은 하나님의 통일성을 이해할 수 있지만, 단일한 인격의 삼위일체성은 이해할 수 없다. 교리사에서 기독론적이고 삼위일체론적 이단이, "자연 이성"을 사용하였다고 비난받는 것은 바로 이런 이유 때문이다.[27]

이성의 인문주의적 한계는, 이성이 도덕주의의 함정에 빠진다는 점에서 더욱 분명하다. 이성은 구원의 길에 대해, 법률적 용어로 생각한다. 죄인의 이성은 부패했고 타락으로 인해 눈이 멀게 되었고, 그 결과 이성은 행위의 의의 길 말고는 다른 칭의의 길을 생각할 수 없게 되었다.[28] 이성은 얼마나 성취했는가를 보여줌으로써, 계속해서 무언가를 하나님께 가져 오려고 한다.[29]

이성은 어느 정도 율법을 이해한다.[30] 그러나 이성은 복음을 이해할 수 없고, 복음을 싫어한다. 이성은 하나님의 자비의 능력과 크기가 선례가 없을 정도라는 것을 조금도 알지도 못하고 이해하지도 못하는데, 하나님은 그 자비에 의해 계속 죄인으로 남아 있는 죄인들을 의롭다고 용납하신다.[31] 루터의 "의인이며 동시에 죄인"(simul justus et pecator)이라는 명제는, 이해하는 이성의 능력 또는 믿는 이성의 능력을 넘어서는 것이고, 참으로 불쾌한 것이다. 하나님의 자비의 능력에 해당되는

27) *WA* 10¹, 1.191ff. *WA* 37, 39, 42ff.
28) "왜냐하면 원죄에 의해 타락하고 눈먼 인간의 본성은, 행위 이상의 어떤 칭의도 상상하거나 인식할 수 없기 때문이다." *WA* 39¹, 82; *LW* 34, 151.
29) *WA* 40ᴵᴵ, 452, 15; Cf. *LW* 12, 397. *WA* 17ᴵᴵ, 174
30) 율법의 판단과 이성의 판단은 일치한다. 따라서 루터는 다음과 같이 말할 수 있었다. " … 율법과 우리의 이성에 따라" *WA* 39¹, 82; *LW* 34, 152. 그러나 이것은 율법을 표면적으로 이해할 때만 해당되는 것이다. 인간의 마음에 대한 율법의 깊이는 "자연 이성을 훨씬 넘어서 비교할 수 없을 정도로 나아간다." "그러므로 당신은 율법이 자연 이성을 어떻게 초월하는지를, 그리고 끝이 없을 정도로 얼마나 죄가 깊은지를 알 수 있다." *WA* 8, 105; *LW* 32, 226.
31) "왜냐하면 이성은 하나님의 자비의 크기와 그것이 얼마나 중요하고, 신앙이 어떻게 효과가 있는지를 알지도 못하고 이해하지도 못한다 … 왜냐하면 그것들은 모든 자비보다 뛰어난 하나님의 능력과 자비가 얼마나 큰지를 믿을 수 없기 때문이다. 의로운 사람은 이 점을 기꺼이 인정하려고 하나, 의롭지 않은 사람은 스스로를 의롭다고 간주하려고 한다." *WA* 39¹, 97; *LW* 34, 166f. 루터는, 인간이 의로우며 동시에 의롭지 않다는 사실에 대해 논의하였다. "하나님의 사건과 행위에 대해 모든 것을 알고자 하는 이성이 여전히 동의하지 않음에도 불구하고, 동일한 주제에 대해 두개의 대립적인 것이 있다는 사실을 유의하라." *WA* 39¹, 515. "시편 51편의 기자와 같이 인간이 하나님의 진노를 느끼면서 동시에 자신의 기도를 오직 하나님의 자비를 향해서만 돌릴 수 있다는 사실은 이성의 신학이 아니라, 초자연적 신학이다." *WA* 40ᴵᴵ, 342.

것은 또한 구원을 이루는 신앙의 능력에도 해당되는 것이다. 그것은 궁극적으로 동일한 것이다. 그러므로 구원 문제에서, "육체의 지혜"인 이성은 미련함, 죽음, 어두움 이외에 아무 것도 아니다.[32] 이성은 복음을 믿을 수 있기 전에 반드시 놀랍도록 새로워져야 한다.

이 모든 것이, 루터가 이성을 "창녀" 또는 "매춘부," "미스 훌다"(Frau Hulda), 역설적으로 "마담 이성"(Madam Reason)이라고 불렀을 때, 그가 의미하는 바이다.[33] 루터는 철학,[34] 스콜라주의 신학, 열광주의자들, 이교도들에게서 이런 이성을 발견하였다.[35]

그러나 하나님의 말씀과 이성 사이의 충돌 혹은 신앙과 이성 사이의 충돌은 최종적 말은 아니다. 분명히 이성은 그 죄악된 허영심으로 인해서 타락했다. 그러나 인간은 인간 자신 안에서와 마찬가지로, 이성 안에서 하나님이 창조하신 본질과 그 본질의 왜곡을 구분해야 한다. 참으로 우리는 그 둘을 구분해야 할 뿐만 아니라, 그것들을 서로 분리해야 한다. 자연인은 이것을 할 수 없다. 인간이 먼저 성령에 의해 깨어지고 자유롭게 되었을 때, 즉 그가 말씀을 믿게 되었을 때, 그 일이 가능해진다.[36] 그리고 나서 그는 왜곡을 거부한다. 구속받지 못한 사람의 왜곡된 이성은 죽을 수밖에 없다. 그렇지만 동시에 하나님께서 주시는 이성의 본질은 생명으로 보냄받고, 말씀을 통하여 새 생명을 얻게 된다. 이런 과정에서 내가 동일한 사람으로 남아 있는 것처럼, 이성은 동일한 이성으로 남아 있다. 그러나 그럼에도 불구하고 그것은 전적으로 새로운 것이 된다. 마치 내 혀가 중생한 후에도 없어지는 것이 아니라 회

---

32) *WA* 39^I, 180; *LW* 34, 144. *WA*, TR 3, 2938
33) *WA* 10^I, 1, 326; *WA* 18, 164, 182; *LW* 40, 174, 192. "마귀는 가장 커다란 매춘부를 가지고 있다 … " *WA* 51, 126; *LW* 51, 374. *WA*, TR 6, 6889. *WA* 18, 674, 729; *BOW*, 154, 232.
34) "철학은 하나님께 적의를 가진 육의 실제적인 지혜이다." *WA* 39^I, 180; *LW* 34, 144
35) "이교들은 말씀에서 벗어나 있고, 이성에 동의하는 것 같아 보이는 것들을 주장한다." *WA* 40^{III}, 34. (편집된 판)
36) "그러나 신앙은 실체(substance)와 허영(vanity)을 구별한다. 매춘부의 몸은 귀부인의 몸과 똑같이 하나님의 창조물이다. 그러므로 허영과 어리석음을 하나님이 창조하시고 부여해 주신 피조물의 본질(essence)과 실체와 구별해야만 한다." *WA*, TR 3, 2938. "실체는 남아 있지만, 이성이 성령에 의해서 조명되는 한에서 허영은 파괴된다." *WA*, TR 1, 439.
37) "그것은 죽게 되고 다시 살아난다. 내 혀는 이제는 이전의 혀와는 다른 것이다. 이제는 교화된 것이다. 그리고 이것이, 말씀이 사람(person)과 그 지체 안으로 흘러 들어올 때에, 말씀이 가져오는 중생이다." *WA*, TR 3, 2938.

심하는 것이고, 제거되는 것이 아니라 교정되는 것처럼 말이다.[37]

이성은 이전에는 말씀과 신앙에 반대되고 적대적이었지만, 이제는 성령에 의해 깨어져서 말씀과 신앙의 결정에 자신을 맡기게 된다. "이성은 말씀으로부터 자기의 모든 생각을 취한다." 이성은 이제 훌륭한 도구로서 신앙을 섬기고, 반성의 도구 혹은 감동적인 선포의 도구로서 유용하게 된다. 심지어 이성은 신학적으로 되고, 또 신앙을 도와서 성경을 적절하게 이해하고 해설하도록 한다.[38] 루터의 신학은 이것이 일어날 수 있다는 것을 예증하고 입증하고 있다.

38) "우리가 하나님에 대한 신앙과 하나님에 대한 지식에 다가가기 전에, 우리의 이성은 어두웠다. 그러나 신자들 중에서는 그것이 가장 유용한 도구였다. … 그때에 신앙은 이성과 수사학과 언어로부터 도움을 받았는데, 이것들은 [우리가] 신앙을 [갖기] 이전에 가장 커다란 장애물이었다. 신앙과 결합된 교화된 이성은 신앙으로부터 은사를 받는다 … . 믿음이 깊은 자의 이성은 다른 것인데, 왜냐하면 그것은 신앙과 싸우기보다는 오히려 신앙을 돕기 때문이다." WA, TR 3, 2938. "성령에 의해서 교화된 이성은 우리가 성경을 이해하도록 돕는다 … . 그것이 교화되는 한, 이성은 무언가에 대한 사고에서 신앙을 섬긴다 … . 교화된 이성은 말씀으로부터 자기의 모든 사고를 받아들인다." WA, TR 1, 439. 루터는 "신학적 이성"과 "인간의 이성"을 구별하였다. WA 39[i], 180; LW 34, 144.

제9장

성경

말씀에서 성경으로

하나님이 우리를 만나시는 수단은 말씀이다. 루터에서, 말씀은 대체로 구전 말
씀, 즉 어떤 특정 상황 속에서 발생한 살아있는 선포다. 그러나 동시에 이 살
아있는 말씀은 제한된 말씀인데, 이는 그 내용이 사도적 말씀이기 때문이다. 그리스
도는 사도들에게 자신이 구세주라는 소식을 전파하고, 자신이 세상에 가져온 구원을
선포하라고 위임하셨다. 이 목적을 위해서 그리스도는 그들에게 성령을 약속하고 주
셨다. 그러므로 사도들은 정통성 있는, 그리스도에 대한 선포에서 무오한 기독교 세
계의 선생들이다.[1] 모든 기독교의 선포는 오직 이러한 사도적 말씀을 전달하고 설명
할 수 있을 뿐이다. 사도들의 설교는 교회가 선포하는 말씀의 근원이고 불변의 표준
이다.

사도들의 선포 역시 원래는 구전 말씀이었다. 이것은 복음의 본성과 일치하는
데, 왜냐하면 복음은 단지 읽는 것을 통해서 배우게 되는 그런 진리의 전달이 아니
기 때문이다. 오히려 복음은 인간을 초청하시는 부르심이다. 이런 이유로 복음의 원

---

1) Cf. 제1장 각주 4. 루터는 바울에 대해 다음과 같이 말한다. "그는 시저나 그밖의 다른
   사람과 같을 뿐 아니라, 하나님이 예정하시고 선택하신 사람이다." 루터는 사도들에 대
   해 "우리는 하나님의 사도들이고, 성령을 가지고 있기 때문에, 이 문제에 대해 권위와
   능력을 가지고 있다"라고 서술하였다. *WA* 39^{i}, 296f.

형태는 구전의 선포였다. 구전 말씀은 성경이나 기록된 말씀에 대한 불충분한 예비 형태가 아니고, 또 성경과 기록된 말씀은 살아있는 말씀을 넘어서지 않는다. 구전 말씀은 항상 복음의 근본적 형태로 남아 있다. 성경은 구전 말씀의 근원을 갖고 있으며, 또 구두 선포를 위하여 존재한다. 성경은 오직 말씀 선포에 절대로 필요한 도움을 주기 때문에 꼭 있어야 하는 것으로서, 구전 말씀의 근원과 선포 사이에 들어선다. 기록된 성경이 필요한 것은 사도들의 규범적 메시지가 잊혀지면 설교가 이단적으로 왜곡될 수 있는 위험이 있기 때문이다. 그래서 기독교는 "성경" 즉 사도적 설교를 지속적으로 기억시켜 주는 성경을 글로 된 형태로 가질 필요가 있었다. 이것은 또한 회중들로 하여금 그 선생들로부터 좀더 독립적이 되도록 한다. 왜냐하면 선생들 역시 잘못할 수 있고, 거짓 선생들이 될 수 있기 때문이다. 따라서 회중들이 전적으로 선생들에게 의존하는 것이 아니라, 선생들을 비판하고 교정시킬 수 있는 표준이 필요한데, 성경이 바로 이 표준을 제공한다.[2]

　　루터에게는, 구약성경과 문자 그리고 신약성경과 살아있는 소리가 함께 결합되어 있다. 이제 신구약성경은 분명히 기록된 성경이지만, 그것이 신구약성경이 기록된 의미에서 다음과 같은 근본적 차이를 제거하지는 않는다. 구약성경은 본래 근본적으로 기록된 자료이고, 신약성경은 오직 파생된 의미에서만 기록된 것이라는 것이다. 신약성경이 기록된 것은 신약성경의 근본적 성격에 본질적인 것이 아니다.[3]

---

2) "신약시대에는 기독교 교리에 대한 책을 쓰는 것이 실제로 적절하지가 않았다. 그보다는 오히려 어느 곳에서나 훌륭하고, 학식있고, 영적이고, 부지런한 선생들이 있었고, 그들이 다른 책이 필요없이, 구약에서 살아있는 말씀을 끌어낼 수 있었고, 사도들이 했던 것처럼 계속해서 그것을 사람들에게 선포할 수 있었다. 왜냐하면 그들이 책을 쓰기 전에, 자신들의 목소리로 사람들에게 설교해서 그들을 개종시켰기 때문이다. 이것이 그들에게는 적절한 사도적이고 신약적인 사역이었다. 책을 쓰는 것이 필요하게 되었다는 것은, 이미 성령이 커다란 손상과 피해를 입었다는 점을 알려주는 것이다. 따라서 책들이 필연적으로 쓰여진 것은 아니며, 또는 신약 성경의 특성 때문에 쓰여진 것도 아니다. 경건한 설교자 대신에, 이단자들, 거짓 교사들, 그리고 갖가지 종류의 잘못된 사람들(errorists)이 일어나 그리스도의 양떼들에게 해독을 끼쳤다. 이것 때문에 할 수 있는 모든 일들이 시도되었고, 그래서 몇몇 양들은 늑대들로부터 구원받을 수 있었다. 그때에 사도들은 글을 쓰기 시작했는데, 쓰는 것이 가능한 한 그들은 그리스도의 양떼를 성경으로 인도했다. 그래서 목자들이 양들을 먹이지 못하거나 아니면 늑대로 변할 때에, 양들 스스로 먹거나 늑대들로부터 스스로를 보호할 수 있도록 했다." *WA* 10[1]1, 625ff.

3) "그러나 복음은 다름 아닌 바로 하나님의 자비와 은혜 ─ 이것은 예수 그리스도가 자신의 죽음을 통하여 우리를 위해서 획득한 것인데 ─ 를 설교하고 선포하는 것이다. 그것은 마땅히 책에 문자로 기록된 것이 아니라, 구두(oral) 선포이고 살아있는 말씀이다. 전 세계로 울려퍼지고 공개적으로 선포되어 우리가 어느 곳에서나 들을 수 있는

그리스도는 성경의 유일한 내용이다.

루터는 성경의 다양성을 무시하지 않는다. 그는 사도들이 여러 가지 다른 문체로 썼다는 사실과 또한 그들이 여러 가지 다른 방법으로 가르쳤다는 것에 유념하였다. 루터는 성경의 풍부한 내용 안에 율법, 역사적 기술, 기도, 선포, 예언 등이 포함된 것을 알고 있다. 그렇지만 신학적으로 고려해 볼 때, 그리고 성경의 본질적인 테마에 관하여, 루터는 성경을 위대한 통일체로 보았다. 성경은 오직 하나의 내용, 곧 그리스도를 갖고 있다. "분명히 모든 성경은 그리스도만을 가리키고 있다."[4] "그리스도를 성경에서 빼어 보라. 그리하면 성경에서 무엇을 더 찾을 수 있겠는가?"[5] "성경은 어디서나 그리스도를 다루고 있다."[6] 그리스도는 성육신하신 하나님의 말씀이다. 그러므로 그리스도가 성경의 유일하고 완전한 내용이 될 때만, 성경은 하나님의 말씀이 될 수 있다.

이것은 성경이 오직 복음만을 가지고 있다는 의미는 아니다. 루터에 의하면 성경의 내용에는 율법도 있고 복음도 있다. 그리고 그리스도 역시 율법의 해석자이다. 성경이 율법을 제시할 때, 율법은 사람들이 구원자되신 그리스도께 향하도록 한다. 왜냐하면 율법은 그리스도를 예비하는 것으로 주어졌고, 사람들을 그리스도에게로 인도하기 때문이다. 따라서 율법과 복음으로서 성경은, 직접적으로든 간접적으로든 그리스도를 증거한다. 이런 의미에서 그리스도는 성경의 유일하면서도 전체적인 내

목소리이다." *WA* 12, 259. "따라서 모세5경과 예언서들 역시 복음인데, 왜냐하면 이것들은, 후에 사도들이 설교하고 기록했던 그리스도를 선포하고 그에 대해 기록하고 있기 때문이다. 그러나 그 둘 간에는 차이점이 있다. 왜냐하면 양쪽이 다 종이에 글자로 기록된 것이긴 하지만, 복음 혹은 신약성경은 꼭 기록된 것이 아니라, 오히려 울려퍼지고 전 세계 어디에서나 들을 수 있는 살아있는 말씀에 포함되어 있기 때문이다. 그러므로 반드시 기록되어야 한다는 것이 꼭 필요한 것은 아니다. 그러나 구약성경은 문서로만 접할 수 있고, 따라서 '문자(letter)'로 불려지는 것이다. 사도들 역시 그것을 '성경(Scripture)'이라고 불렀는데, 왜냐하면 그것이 다가올 그리스도만을 가리키고 있기 때문이다." *WA* 12, 275. 이 마지막 구절로 인해 파울 쉡프(Paul Schempp)의 견해에 쉽게 동의할 수 없다는 점을 알게 된다. 그는 *Luthers Stellung zur Heiligen Schrift* (Munich: Kaiser, 1929), pp. 33f에서 다음과 같이 말하였다. "루터에게 한편으로는 율법과 문자가, 다른 한편으로는 복음과 말씀의 선포가 매우 밀접한 관계로 각각 서 있다." 이 구절에서 루터는 구약성경 역시 복음이고 동시에 "문자"라고 분명하게 말하였다. 이것은 문자와 율법을 쉽게 동일시 할 수 없다는 것을 의미한다. 그렇지만 어쨌든 문자는 복음의 부적절하고 일시적인 형태이고, 반면에 율법을 표현하는데 적절한 형태이다.

4) *WA* 10^{II}, 73; *LW* 35, 132.
5) *WA* 18, 606; *BOW*, 71.
6) *WA* 46, 414.

용이다. 이런 식으로 이해하면 성경은 통일성이 있다. 성경에 있는 모든 것이 복음이라는 말이 아니라, 모든 부분에 걸쳐서 복음을 포함하고 있다는 것이다. 그리고 성경이 율법인 곳에서, 그것은 여전히 사람들을 복음으로 인도한다.[7]

성경은 스스로를 확증한다.

성경은 이 내용을 통해서 자기 스스로를 신빙성있게 한다. 이것은 그리스도가 성경의 내용이기 때문에, 그리스도가 성령 안에서 사람들에게 자신이 진리임을 확증하고, 이로써 성경을 확증한다는 의미이다. 루터는 오직 교회가 정경을 확립했고 이로써 실제적으로 성경의 권위를 보증했다는 로마 가톨릭의 주장에 반대하기 위해, 성경의 자기 증거 능력과 그 자체로 신앙을 일으키는 능력을 사용한다. 가톨릭 견해에 의하면, 정경은 교회의 결정에 의해 정해졌고, 그래서 교회가 성경보다 우월하다는 것이다. 루터는 그것은 마치 세례 요한이 손가락으로 그리스도를 가리킴으로써 그리스도를 증거했기 때문에, 그가 그리스도보다 더 우월하다고 말하는 것과 같은 의미라고 대답하였다. 아니, 상황은 정확하게 그 반대이다. (루터는 여기서 갈라디아서 1:9의 바울의 말을 자기 주장의 근거로 삼고 있다.)

성경은 분명히 모든 것을 다스리는 여왕이고, 모든 것이 복종하고 순종해야 하는 여왕이다. 그 누구도 성경의 주인이나 판단자가 될 수 없고, 오히려 성경의 증인, 제자, 고백자가 되어야 한다.[8] 이 점은 아무도 성경의 정당성을 증명하는 자리에 설 수 없다는 뜻이다. 성경은 자기 스스로를 신빙성있게 한다. 성경에 대해 할 수 있는 교회의 증거는, 성경이 스스로 하나님의 말씀으로 신빙성있게 하는 증거를 순순히 인정하는 것 이상일 수 없다. 교회의 결정은 결코 하나님의 말씀보다 더 우

---

7) 루터는 "네 복음서"에 관해 언급하고, 그것들과 서신서들을 구분하는 것을 위험스러운 관례라고 걱정하였다. 마치 네 복음서와 서신서들 안에 그리고 참으로 예언자들에 의해서 선포된 하나의 복음 이외에 다른 것이 또 있거나 한 것처럼 말이다. "한 그리스도 이외에 다른 아무 것도 없듯이, 한 복음 외에는 다른 아무것도 더 있을 수 없다. 우리가 막 서술한 식으로 베드로와 바울이 그리스도만을 설교했기 때문에, 그들의 서신들 역시 다름아닌 복음인 것이다. 예언자들의 가르침조차도, 그들이 그리스도를 말하는 곳에서는, 마치 누가나 마태가 그것을 기록했던 바와 같이, 참되고, 순수하고, 올바른 복음 이외에 다른 아무 것도 아니다." *WA*[i], 1, 10; *LW* 35, 118. Cf. *WA* 12, 259f.

8) *WA* 40[i], 119; *LW* 26, 57 "이 여왕은 지배하고, 다른 사람들은 모두 복종해야 하며, 종속되어야 한다. 교황, 루터, 어거스틴, 바울, 심지어 하늘의 천사까지도 — 모두 주인이나 심판자 혹은 재판장이 되어서는 안되고, 오직 성경의 증인, 제자, 고백자가 되어야 한다." *WA* 40[i], 120; *LW* 26, 58. Cf. *WA* 30[II], 420.

9) *WA* 30[II], 420.

월한 권위일 수 없고, 말씀 아래 있을 뿐이다. [9] 성경에 권위를 부여한 것은 교회가 아니라, 오히려 그 반대로 성경이 교회에게 타당성을 부여한다. [10] 이것은 사람들에게 성경의 진리를 확신시키는 것이 바로 하나님의 말씀인 한에서, 성경에 해당되는 사실이다. "복음은 교회가 확증했기 때문에 믿어지는 것이 아니라, 하나님의 말씀이기 때문에 사람들이 인정하는 것이다."[11] 그러나 우리가 뒤에서 살펴보는 대로, 루터에서 하나님의 말씀은 전통적인 형태의 정경과 동일시될 수 없다. 정경 그 자체의 권위에 대해서는 어떠한가? 루터는 여기서도 확증하는 권위로서 교회를 인정하지 않고, 오직 하나님의 말씀 자체만을 자신을 신빙성 있게 하는 권위로 인정한다. 어떤 저술이 정경에 속하는지 여부를 올바르게 결정하는 것은 바로 말씀이다(p. 99 이하를 참고하라.)

성경의 자기 해석은 성경이 자기를 신빙성있게 하는 것에 상응한다. [12]

성경은 그 자신의 해석자

루터는 모든 책이 저자의 정신에 따라 해석되어야 한다는 규칙을 준수한다. [13] 저자의 정신은 어디서도 그의 저술에서 직접적으로, 생생하게 인식될 수 없기 때문에, 이것은 하나의 저술은 스스로 자신을 해석해야 한다는 것을 의미한다. [14] 이것이 모든 책에 해당되는 사실이라면, 그것은 특별히 성경에도 해당될 것이다. 왜냐하면 성경은 최종 권위이고, 최고의 재판관이기 때문이다. 그 자체 안에 근거하고 있고, 그 자체가 증거하는 최종 권위로서 성경의 특징은, 성경의 해석 기준이 성경 외부로부터 올 수 있다는 가능성을 배제한다. 또한 그것은 성경이 스스로 해석한다는 사실을 포함하고 있다. [15] 만일 어떤 다른 권위가 성경을 설명하고자 한다면, 그것은 또한 성경을 신빙성있게 하려고 할 것이다. 그러나 그 때문에 성경은 최종 권위라는 특성을 잃게 될 것이다. 성경은 그 자체가 자기를 신빙성있게 한다고 하는 사실은 반드

10) Ibid.
11) WA 30[II], 687. Ibid, p. 688 를 참고하라.
12) 성경의 역사적 신빙성 문제 때문에, 이런 성경의 자기 확증의 교리가 로마 가톨릭의 반대 논제에 대해 충분하지 않다는 사실에 대해서는, CW, p. 166을 참조하라. 〔알트하우스는 신학이, 정경이 확증될 당시의, 교회 결정의 역사적 근거와 타당성을 검토해야 한다고 지적하고 있다. — 영어판의 역주〕
13) 게르하르트 에벨링(Gerhard Ebeling), Evangelische Evangelienauslegung: Eine Untersuchung zu Luthers Hermeneutik (München: Kaiser, 1942).
14) WA 7, 97.
15) Ibid.
16) WA 10[III], 238.

시 성경의 자기 해석을 포함한다. "그러므로 성경은 자기 자신의 빛을 갖고 있다. 이것은 성경이 스스로를 해석할 때, 중대한 것이다."[16] 루터는 성경의 자기 해석과 성령을 통한 해석을 한 쌍의 동의적 표현으로 사용한다.

루터는 성경이 스스로를 해석한다는 기본 원리를 로마 가톨릭과 열광주의자들에 반대해서 주장하였다. 이 반대자들은 성경 자체 이외에 다른 것이 성경의 해석을 신 빙성있게 한다고 주장하였다. 로마 가톨릭은 성령이 교회에 약속한 교도권이 성경 해석을 확증하고, 열광주의자들은 성경과 별도로 개인들에게 주어지는 성령의 특별 한 은사가 성경 해석을 확증한다고 한다. 루터 역시 하나님의 영에 의해 감동받은 사람만이 성경을 해석할 수 있다는 점을 알고 있다.[17] 그러나 그들이 성경을 해석할 수 있도록 해 주는 성령은 성경 그 자체를 통해서 그들에게 다가온다. 만일 누군가 가 성경 이외의 다른 것으로부터 성령이 오기를 바라고, 그 영에 대해 신뢰한다면 (credit), 그것은 성경 위에 자신을 두고, 자신의 일시적 생각에 따라 성경을 해석하 고, 성경을 자신의 영에 종속시키는 결과를 피할 수 없을 것이다.[18] 명백하게 루터는 이 점에서 로마와 열광주의자들이 둘 다 "열광주의자들"이었다는 점을 인정한다.[19] 그들은 모두 성경을 낯선 법에 종속시켰던 것이다.

성경이 스스로를 해석한다는 원리는 성경이 그 단순한 문자적 의미에 따라 해석 되어야 한다는 원칙을 포함하고 있다. 본문이 비유적 해석을 해야 할 경우에만 이 원리를 벗어날 수 있다. 그러나 소위 모든 "영적 해석"에서, 모든 사람들은 자신의 정신을 글에 집어 넣어 읽을 수 있다. 성경은 그 과정에서 분명한 의미를 상실한다. 어디서나 성경은 동일하고 단순한 의미를 가지고 있다.[20]

성경의 자기 해석은 성경이 그 자체로 명료하다는 점을 전제로 한다.[21] 로마 가 톨릭은 성경이 교회의 교도권에 의해 해석되어야 한다고 주장하였는데, 이 주장은

---

17) "그래서 이제 성령으로 말씀하시는 예언자들에게 귀를 기울이라." *WA* 5, 42; *LW* 14, 305.

18) 루터는 "성경을 자신들의 영의 해석에 종속시키는 열광주의자들과 … 〔다음과 같이 말 한 교황주의자들〕 '성경은 불명료하고 애매하다. 그래서 로마 교황권으로부터 해석하 는 영을 구해야만 한다.' " 이 둘 다 반대하였다. 그는 이런 식으로 인간이 성경 위에 스스로 올라섰다고 말했다. *WA* 18, 653; *BOW*, 124.

19) 각주 17와 슈말칼트 조항의 유명한 구절들을 참고하라. *WA* 50, 245; *BC*, 312.

20) *WA* 7, 711. *WA* 18, 700f. *BOW*, 191f.

21) 루터는 성경의 명료성을 특히 「노예 의지론」에서 논의하였다. *WA* 18, 609, 653ff; *BOW*, 71, 123-132. Cf. *WA* 8, 99; *LW* 32, 217. *WA* 10^{III}, 236. 을 참조하라. 루 터는 성경의 "단순성"과 "순수성"을 같은 의미로 말하였다. *WA* 8, 112; *LW* 32, 236.

성경이 명료하지 않다는 전제에 근거를 두고 있다. 루터는 분명하게 이 주장에 동의하지 않는다. 루터는 성경은 명료하고 그 자체가 모호하지 않다는 점에 근거하여 자신의 주장을 펼쳤다. 그의 성서론을 살펴보면, 이것이 가능한 단 하나의 길이다. 성경이 스스로를 신빙성있게 한다는 것과 마찬가지로 성경은 그 명료성을 증거할 수 있다. 그러므로 루터는 성경 자체로부터 나오는 성경의 명료성을 입증하였다. 예를 들어 예수와 사도들이 성경에 근거해서 말했기 때문에, 성경은 확실히 명료한 것이다. 그 외에도 루터는 성경의 많은 구절들, 예를 들어 베드로후서 1:19을 ─ 이것은 예언의 말을 "어두운 곳에서 빛나는 빛"으로 부르고 있다 ─ 언급하였다. 그러므로 루터에서, 성경의 명료성은 루터의 권위에 의해 그가 세운 가정도 아니고, 또한 경험에 의해 증명되는 것도 아니다. 경험의 목소리는 항상 성경의 명료성을 대변하는 것이 아니다. 많은 사람들에게, 성경은 전혀 명료하지 않다. 그들은 성경을 전혀 이해할 수도 없고, 잘못 이해할 뿐이다. 그 이유를 루터는 다음과 같이 설명한다. 그것은 믿지 않는 자들은 사탄에게 포로로 잡혀 있고, 하나님은 심지어 믿음이 깊은 자들도 잠시 동안 잘못을 범하게 묵인하고, 그 결과 당신만이 그들을 깨우칠 수 있다는 사실을 보여 주기 위함이라는 것이다.[22]

물론 성경의 명료성에 관한 루터의 주장은 말씀과 성령의 관계에 대한 그의 이해에도 변함 없이 해당된다. 이 점은 그가 성경의 "외적" 명료성과 "내적" 명료성,[23] 즉 객관적 명료성과 주관적 명료성을 구분한 것으로도 설명될 수 있다. 성경 그 자체는 명료하다. 성경이 설교되는 어느 곳에서나, 성경은 밝은 빛으로 모든 것을 설명하고, 어떤 것도 어둠에 두지 않으며, 오해의 소지를 남기지 않는다. 그러나 "그것이 놓여 있는 바 성경 자체 안에서" 가지는 명료성은 ─ 유스투스 요나스 (Justus Jonas)가 루터의 「노예의지론」에서 해당 구절의 해석으로 구분했듯이 ─ "내적인 마음 속의" 명료성과 구분되어야 한다. 후자의 명료성은 먼저 마음에 하나님의 영을 받음으로써 주어진다. 만일 하나님의 영이 그들에게서 떠난다면, 모든 사람은 어두워진 마음을 가지고, "성경의 단 하나의 획(iota)"조차 볼 수 없을 것이다. "왜냐하면 성경의 모든 부분뿐만 아니라, 성경 전체를 이해하기 위해서는 성령이 반드시 필요하기 때문이다."[24]

---

22) *WA* 18, 659; *BOW*, 133. 이 점에 관하여 오늘날까지 질문되는 문제들과 루터에게 제기되는 문제들에 대해서는 헤르만(R. Hermann)의 *Von der Klarheit der Heiligen Schrift* (Berlin: Evang. Verlagsanstalt, 1958)를 참조하라.
23) *WA* 18, 609, 653; *BOW*, 73f., 125.
24) *WA* 18, 609; *BOW*, 74.
25) 이 표현은 *WA* 40¹, 458; *LW* 26, 295. 에서 볼 수 있다.

그리스도는 성경의 주인이자 왕이다.[25]

루터에게서, 성경이 성경 안에서 말씀하시는 성령을 통해서 스스로를 해석한다는 것은 그리스도를 중심으로 해서, 즉 그리스도 중심적으로 성경을 해석한다는 것을 의미한다. 이런 생각 자체는 교회에서 새로운 것이 아니다. 전통적 신학 역시 그리스도가 성경의 중심인 것을 알았다. 에라스무스 역시 성경이 그리스도 중심으로 해석되어야 한다는 원칙에 동의하였다. 여기서 실제로 문제가 되는 것은 이 원칙의 의미이다. 에라스무스나 중세 후기의 급진주의자들은 그리스도를 도덕 선생이나 윤리적 예언자 혹은 율법 수여자로 이해하였다. 루터에게서 그리스도는 거기에 인간의 구원이 의존해 있는 바, 이 그리스도 안에 있는 하나님의 거저 주는 자비의 복음을 의미한다. 루터는 사도 바울이 이것을 가장 분명하게 이해하고 표현했다고 생각하였다. 따라서 루터에게서 바울은 신구약의 의미를 푸는 열쇠가 되었다. 로마서는 "성경 전체를 설명하는 데 아주 충분하고 밝은 빛", 다시 말해서 성경 전체를 명백하게 하는 것"이라고 하였다.[26] 루터에서, "그리스도"는 하나로 통일된 사도적 선포의 그리스도, 특히 바울과 요한의 그리스도를 의미한다. 구약성경 역시 이 사도적 그리스도를 증거한다.[27]

그는 성경 전체의 전개가 성경 자체를 위한 것이고, 그가 성경에 대한 생소한 해석 원리를 강요하지 않고, 오히려 성경 자체가 제공하는 해석 원리를 따랐다고 확신한다. 따라서 루터의 원리를 공식화하면 다음과 같다. 성경은 항상 성경의 유비에 따라 해석되어야 한다는 것이다. 이것이 다름 아닌 바로 복음의 유비이다. 따라서 루터에게서 그리스도 중심적 해석은 믿음에 의해서만 의롭게 되는 복음에 의해 이해되는, 복음 중심적 해석을 의미한다.

이런 입장에 기초해서, 루터는 복음에 뿌리박은 성경 이해에 반대해서 개별적인 성경 본문이나 구절들을 강력하게 주장하는 성경 사용법을 반대하였다. 이것에 반대하면서 루터는 다음과 같이 단언하였다. "그리스도는 주인이지 종이 아니다. 그는 안식일과 율법과 모든 것의 주인이다. 성경은 그리스도를 위해 이해되어야지, 그를 거역하는 것으로 이해되어서는 안된다. 이런 이유로 성경의 모든 부분은 그와 관계

26) *WA*, DB 7,2; *LW* 35,365f. "바울에 따르면 죄 이해가 성경 전체를 드러내 준다." *WA* 8,107; *LW* 32,229f.
27) "그러므로 비록 다른 사람이 하는 것과는 다른 방식과 다른 말로 복음에 대해 말한다 하더라도, 그리스도에 관해 설교하는 모든 것은 복음이다. 그리스도가 우리의 구세주라는 것을 알고, 우리 자신의 행위에 의해서가 아니라, 그에 대한 믿음을 통해 복받고, 구원받고, 의롭게 될 때, 거기에는 단 하나의 말씀과 단 하나의 복음이 있는 것이다." *WA* 12,260.

되어야 하고, 그렇지 않으면 참된 성경으로 간주되지 말아야 한다. 그러므로 만일 우리의 적대자들이 그리스도에 대항하여 성경을 사용하고자 한다면, 우리는 성경에 대항하여 그리스도의 권위를 주장해야 한다"[28] 이와 같은 유명한 1535년의 주장과 이와 관련된 진술들은 다음과 같은 사상을 담고 있다. 모든 성경은 복음의 관점에서 보면, 명백한 의미를 가지고 있다는 것이다. 개별적인 본문의 해석은 이것에 종속되어야 한다. 루터는 항상 성경은 그 머리되시는 그리스도, 즉 복음과 충돌할 수 없다는 해석학적 원리로 시작한다. 오직 눈 먼자들과 무지한 자들만이 모순된다고 본다.[29]

해석자는 성경의 모든 부분을, 그것들이 성경의 명백한 중심인 복음에 일치할 정도로 그리스도 중심적으로, 복음 중심적으로 해석할 권리가 있다. 예를 들어 만일 적대자들이 성경의 윤리적 명령들을 언급하고, 도덕주의적으로 복음의 '오직 신앙'의 원리에 반대한다고 주장한다면, 루터는 다음과 같이 대답할 것이다. 이 명령들은 먼저 그리스도로부터 의미를 받았다. 그것들은 절대적인 것으로 여겨져서는 안되고, 오히려 상대적인 것으로, 그리스도에 관련된 것으로 여겨져야 한다고 말이다. "너는 이것을 해야 한다," "너는 저것을 해야 한다"고 하는 것은 "그리스도 안에서" 또는 "그리스도에 대한 신앙으로"라고 덧붙여서 읽어야 한다. 그것들은 율법이 아니라, 복음으로 해석되어야 한다. 왜냐하면 그리스도는 성경의 주인이자 왕이시며, 성경의 개별적인 구절들은 그의 종이기 때문이다. 그는 머리이시고, 성경 구절들은 그의 지체들이다. 우리는 종이 아니라 주인에게 충성해야 하고, 지체가 아니라 머리에게 복

---

28) *WA* 39¹, 47; *LW* 34, 112.
29) "당신이 600개의 구절을 만들어냈다 할지라도 … . 나는 성경의 기자(記者)와 주인을 가졌고, 또한 나는 당신을 믿기보다는 성경의 기자와 주인의 편에 서기를 원한다. 그럼에도 불구하고 성경에 무지하고 눈먼 사람들의 손을 제외하고는 성경이 그 자체와 모순된다는 것은 불가능하다. 만일 당신이 성경을 조화시킬 수 없고, 더구나 성경을 강조할 수 없다면, … 나는 주님, 내 구원의 상이 되시는 성경의 왕을 강조할 것이다. 나는 거기에 머무를 것이다. 거기에서 당신의 마음은 그리스도라 불리는 신앙의 대상에 고정된 채 있으므로 당신은 안전하다." *WA* 40¹, 458; *LW* 26, 295f. 를 참조하라.
30) "우리는 주님을, 그들은 종을 가지고 있다. 우리는 머리를, 그들은 사지나 지체를 가지고 있는데, 반드시 머리가 그들을 지배하고 그들보다 우월하다." *WA* 39¹, 47; *LW* 34, 112. 루터의 동일한 이미지의 사용은 다른 곳에서는 성경이 "종"이라고 하는 점을 명백하게 해준다. "당신은 종을 즉 성경을 강조하고 있는데, 성경 전체나 가장 능력있는 부분을 강조하는 것이 아니라, 행위에 관한 몇 구절만을 강조한다. 나는 이 종을 당신에게 그냥 둔다. 나는 성경의 왕이신 주님을 강조한다." *WA* 40¹, 459; *LW* 26, 295.

종해야 한다.[30]

만일 성경의 어떤 특정한 구절이 그 복음적 해석에 반대되고, 성경의 나머지 모든 부분의 증거와 일치할 수 없다면, 그것은 하나님의 말씀의 권위를 갖지 못한다. 이 점이 루터가 야고보서 2:21 이하에 대해 칭의론을 적용시켰던 원리이다. 그는 이전에는 야고보서를 자주 성경의 나머지 부분의 의미에 따라 해석했다고 설명한다. 왜냐하면 아무도 모든 성경의 분명한 의미와 상충되는 구절들로부터 어떤 신학적 진술을 끌어낼 수 없기 때문이다. 그렇지만 어떤 사람들은 이 본문에 대한 루터의 해석의 타당성을 인정할 수 없었기 때문에, 그는 "야고보는 가라"고 간단히 말했다. "그의 권위는 내가 칭의론을 버릴 만큼 크지도 않고, 다른 사도들과 성경 전체의 권위로부터 벗어나게 할 만큼 크지도 않다."[31]

따라서 만일 성경의 본문이, 루터가 주장하는 복음 중심적 해석과 반대된다면, 그의 해석은 성경에 대한 복음 중심적 비평이 될 것이다. 성경이 자신의 해석자라는 진술과 함께, 우리는 루터를 따라 또 다른 진술을 — 루터 자신은 이와 같은 표현을 하지는 않았다고 일반적으로 인정되지만 — 할 수 있다. 즉 성경은 그 자신의 비판자라고 말이다.

성경은 그 자신의 비판자이다.

때때로 루터는 성서적 전통 내용을 분석하는 데 있어서 예를 들면 모순이나 부정확을 언급함으로써 역사적 비판을 감행한다.[32] 그러나 이로 인해 루터가 역사 비평의 선구자 중의 하나로 간주될 만한 이유가 되는 것은 아니다. 왜냐하면 그는 그런 비판적 언급을 아주 가끔 했을 뿐이고, 그것들에 큰 비중을 두지 않았기 때문이다. 그에게 결정적인 것은, 우리가 "성경에 대한 바른 이해와 신앙에 대한 진정한

---

31) 루터는 1543년에 이렇게 썼다. *WA* 39[II], 219. 1542년에는 그는 다음과 같이 썼다. "이제까지 나는 그것을 나머지 성경의 의미에 따라 해석하고 다루곤 했다. 왜냐하면 당신들은 그것의 어떤 것도 명료한 성경에 반대되는 것을 제기해서는 안된다고 판단할 것이기 때문이다. 따라서 만일 그들이 내 해석에 동의하지 않는다면, 나는 그 서신을 깨뜨려버릴 것이다. 나는 칼렌베르크의 그 목사가 했듯이 야고보를 아궁이에 던져 버리고 싶어질 것이다." *WA* 39[II], 199; *LW* 34, 317. (칼렌베르크의 목사는 공작부인이 방문할 때에, 사도들의 목상(木像)을 난로에 사용하였다.) "칭의를 행위들에 돌리는 것은(야고보서는) 성 바울과 성경의 다른 모든 부분에 반대된다." *WA*, DB 7, 384. ibid., 386; *LW* 35, 396f.를 참조하라.
32) *GA*1, 1574ff.와 프리드리히 루프스(Friedrich Loofs)의 *Leitfaden zum Studium der Dogmengeschichte* (4판; Halle: M. Niemeyer, 1906), pp. 45f.를 참고하라.

조항을 갖는 것이다." 이와 비교해서 역사 비평의 문제는 별로 중요하지 않다. 남아 있는 문제들, 예를 들어 예수의 성전 정화 사건의 시기에 대해 마태와 요한이 보이는 모순 같은 문제들은 그대로 내버려 둘 수 있다. [33]

루터는 정경의 각 부분들에 대한 신학적 비판을 특히 정경 내에서 하였다. 이런 비평의 기준은 그의 해석 원리, 즉 그리스도, 대가 없이 주시는 은혜의 복음, 오직 믿음에 의한 칭의 등이다. [34] 이것이 "기준은 사도적이다"라고 말할 때, 루터의 의도 이다. 루터의 사도성 개념은 역사적 요소 즉 그리스도 자신이 부르고 흩어 보낸 일단의 증인들에만 근거를 두고 있는 것이 아니다. 오히려 그것은 책의 내용에 의해 결정된다. 사도는 그리스도가 구세주라는 사실을 명백하고 순수하게 설교함으로써 자신이 사도라는 것을 보여준다. "이제 그리스도의 고난과 부활과 그의 직무를 설교 하는 것이 참된 사도의 임무이다." [35] 이것은 사도가 성령에 의해 영감을 받는다는 점을 보여준다. 그리고 이것은 그에게 권위와 무오류성을 제공한다. 사도적 권위가 그자체의 모습을 사도들의 복음 안에서 나타냈기 때문에, 교회는 성경의 권위가 사도들의 인격에 기초하는 것이 아니라, 하나님의 말씀 혹은 스스로를 증거하는 복음에 기초한다는 것을 인정하는 것이다. 신약성경 기자의 사도적 성격은, 그의 글의 내용과 그리스도에 대한 분명한 증거 안에서 그 자체의 모습을 드러낸다.

루터는 이 기준 혹은 표준을 정경에 적용하였다. "올바른 책은 모두 그리스도를 추구하는(treiben) 점에서 일치한다." 그는 정경을 고대 교회가 확정한 대로 두었다. 그러나 그는 정경 안에서 구분을 하였다. 그것이 얼마나 사도적 내용인가 하는 기준에 따라 책들을 평가하였다. "이것은 모든 책들이 그리스도를 설교하고 있는지 여부를 알고자 할 때, 모든 책들에 해당되는 기준이다. 왜냐하면 성경은 우리들에게 그리스도를 보여주고(롬 3:21), 바울은 그리스도 외에는 아무 것도 알지 않기로 작정했기(고전 2:2) 때문이다. 그리스도를 가르치지 않는 것은, 비록 베드로나 바울이 가르친다 하더라도 명백히 사도적이지 않다. 또한 그리스도를 설교하는 것은 비록 유다, 아나니아, 심지어 헤롯이 설교한 것이라 하더라도 사도적이다." [36] 만일 이 특

---

33) *WA* 46, 726; *LW* 22, 218f.

34) *WA* 12, 260.

35) *WA*, DB 7, 384; *LW* 35, 396.

36) Ibid., 루터가 베드로전서를 "참되고 순수한 복음"이라고 평가한 것을 참조하라. "이 것으로부터[즉 베드로전서가 바울과 모든 복음서 기자들에 일치해서 가르치는 것으로 부터] 당신은 이제 모든 책과 선생들의 견해를 구성할 수 있고, 복음인 것과 복음이 아닌 것을 판단할 수 있다." *WA* 12, 260.

37) *WA*, DB7, 384; *LW* 35, 396

징이 어떤 정경 문서에 없거나 불충분하다면 — 예를 들어 현재 있는 바대로 야고보서처럼 — 저자는 사도일 리가 없다.[37] 루터에게서 그리스도를 "설교하는 것"은 십자가에 달리시고 부활하신 그리스도가 구세주라는 사실을 선포하는 것이고, 또한 그리스도가 가져온 구원이 믿음을 통해서만 얻을 수 있다는 사실을 선포하는 것이다. 루터는 성경의 해석뿐만 아니라, 이 점을 확신하고 있었기 때문에, 자신이 자의적이고 자율적으로 선택된 표준으로 정경에 접근하는 것이 아니라, 성경 그 자체의 중심적 선포에서("사도 바울과 모든 복음 전도자들") 제공하는 기준을 가지고 정경에 접근한다고 생각한다. 루터는 이런 기준을 다름 아닌 성경에서 얻었다. 그런 면에서 정경을 비판하는 것은 성경 그 자체이다.

1522년의 「신약성경 서문」(*Preface to the New Teatament*)에서 루터는 이런 기준을 어느 것이 "신약에서 가장 참되고 고귀한 책인가를 결정하는 데 적용하였다.[38] 그는 복음서, 요한일서, 바울 서신, 특히 로마서와 갈라디아서와 에베소서, 베드로전서를 그런 책으로 보았다. 이 책들은 "모든 책 중에서 중심이 되고 핵심적인 책들이다 … 왜냐하면 이 책들은 그리스도의 많은 지상 사역의 행위들이나 기적을 기술하는 것이 아니라, 오히려 그리스도에 대한 신앙이 어떻게 죄와 죽음과 지옥을 극복하고, 생명과 의로움과 행복을 가져다 주는지를 능숙하게 보여 주었기 때문이다. 그렇지만 「신약성경 서문」의 이 부분은 1534년 이후에는 생략되었다. 그리스도인들은 예수의 역사적 기적에 대한 보고보다는 신앙과 이 신앙의 구원하는 능력을 만들어내는 말씀에 대한 증거에 더 많은 관심을 기울인다.[39] 이런 이유로 그리스도의 말씀은 많이 기록하고 기적에 대해서는 적게 기록한 요한복음이 "참된 최고의 복음서이고, 다른 세 복음서보다 더 선호되어야 하고 더 좋게 평가되어야 한다." 왜냐하면 나머지 세 복음서는 요한복음과 달리 그리스도의 말씀보다는 기적을 더 많이 기록하고 있기 때문이다. 1522년과 1543년의 야고보서 서문에서 루터는 "정말로 중요한 책"에 대해 언급한다. 그는 야고보서를 그 범주에 포함시킬 수 없었는데, 이는 야고보서가 복음 대신에 율법을 설교하기 때문이었다. 루터는 서신의 의도는 훌륭했지만, 야고보서는 그 역할을 감당하지 못했다고 생각하였다. 야고보서는 "행위 없이 믿음에만 의존하는 사람들을 경계하려고 하였으나, 그 책무를 충분히 감당하지 못했

---

38) *WA*, DB 6, 10; *LW* 35, 361.
39) *WA* 12, 260. 을 참고하라.
40) *WA*, DB 7, 386; *LW* 35, 397. *WA* 39', 237, 에서 루터는 바울과 야고보가 각기 복음의 다른 측면을 변호했다고 설명하였다. 성경을 해석할 때에, 우리는 항상 그 특정한 상황들과 본문이 의도하는 청중들을 고려해야만 한다.

다. 그는 율법을 강조함으로써 그것을 해내려고 한 반면, 사도들은 사람들에게 사랑을 권함으로써 그렇게 하려고 했다."[40]

히브리서를 논의하면서, 루터는 이 서신이 사도들의 서신들보다 후대의 것이라고 강조하였다. 그리고 히브리서를 높게 평가했는데, 히브리서가 그리스도의 사제직을 증거하고 구약을 해석했기 때문이었다. 비록 "나무들과 짚과 건초들이 금과 은과 보석들과 ― 이 편지를 사도적 기초위에 근거시키는(고전 3:12) ― 섞여 있긴 하지만 말이다.[41] 1522년 루터는 요한계시록이 성령에 의해 쓰여진 즉 성령에 의해 영감받았다는 어떤 증거도 찾을 수 없다고 썼다. 그는 그 책을 에스드라 제2서와 같은 범주에 두었다.[42] 이에 따라 루터는 또한 신약 책의 전통적 순서를 바꾸었는데, 방금 언급된 책들을 유다서와 함께 그의 성경의 마지막에 두었다. "그것들은 고대부터 상이한 평판을 들었고, 신약의 참되고 확실하고 주요한 책에 속하지 않는다."[43]

루터는 누구에게도 자신의 판단을 받아들이도록 요구하지는 않았고, 단지 이런 개별적인 책들에 대해 느끼는 감정을 표현하려고 했을 뿐이었다.[44] 이 점은 1522년의 서문에 이미 분명하게 표현되어 있다. 1530년 이후에는 「야고보서 서문」에서 신랄한 구절들을 생략하였다. (예를 들어 "그러므로 나는 그것을(야고보서) 내 성경에 가지고 싶지 않다" 같은 것 말이다.) 그러므로 루터는 공동체가 이런 판단들을 계속해서 읽어야 한다고 원하지 않았다. 그는 자기 자신을 위해서나 신학생들 앞에서 말할 때, 그 이후에도 야고보서에 대한 자신의 판단을 고수하였다. 그러나 이 경우에 루터는 서신 그 자체보다, 로마 적대자들이 종교개혁적 복음에 반대하는 논의로 계속해서 야고보서를 사용하지 못하도록 하는 것에 더 관심을 가졌다. 1530년 그는 매우 부정적인 1522년의 「요한계시록 서문」을, 교회사 입장에서 계시록을 해석하고 또 교회를 위한 그 영속적 가치를 보여 주는, 다른 서문으로 대체하였다.[45] 그러나 나머지 여생 동안, 그는 계속해서 "주요한 책들"보다는 자신의 성경의 마지막에 함께 놓았던 책들에 대해 상이한 평가를 하였다.[46]

우리는 신약의 마지막 책들에 대한 루터의 개인적 견해를 무조건 높이지 않을 것이다. 그러나 그 견해들은 중요한데, 이는 그가 하나님의 말씀 또는 본질적인 의

41) *WA*, DB 7,344; *LW* 35,395.
42) *WA*, DB 404; *LW* 35,400.
43) *WA*, DB 7,344; *LW* 35,394.
44) *WA*, DB 7,384,404; *LW* 35,395-400.
45) *WA*, DB 7,406ff; *LW* 35,401-409.
46) 이 용어, *Hauptbüchern*는 1522년의 히브리서 서문에서부터, 1530년 이후에까지 계속 남아있었다. *WA*, DB 7,344; *LW* 35,394.

미에서의 성경을 정경에서 구분하고, 정경에 대해 신학적 비판을 표시했기 때문이다. 이것은 (하나님의 율법에 대한 관계를 포함해서) 말씀과 복음을 위한 것이었다. 그렇게 함으로써 루터는 정경에 대한 고대 교회의 정경형성과 그것의 한계가 예외 없이 재검토되어야 한다는 원칙을 확립하였다. 동시에 그렇게 함으로써 그는 마치 그것이 모든 부분에 똑같이 묶여 있는 율법적 문서인 것처럼, 성경을 다루는 방법을 넘어선다. 정경 그 자체 내부에서, 루터는 성경의 중심에서 얼마나 근접하고 얼마나 먼가에 따라 책들을 평가하였다. 이런 것들이 복음의 명료성에 대한 구별이기 때문에, 그것들은 또한 교회에 대해 책이 가지는 상대적 권위와 중요성에 대한 구별을 포함한다. 이러한 만큼, 정경은 마치 오직 상대적으로만 닫혀 있는 것처럼, 상대적 통일체일 뿐이다. 이와 함께 루터는 원칙적으로 성경의 권위에 대한 모든 공식적 접근을 포기하였다. 루터의 서문들이 결국은 더 이상 독일어 성경에 인쇄되지 않는다는 것은 분명히 납득할 만하다. 그렇지만 그것들을 생략함으로써 그리스도인들이 성서 이해와 사용에 대해 올바른 자유를 행사하도록 훈련시키는 일에 부정적 효과를 끼친 결과는 불행한 일이다. 만일 루터의 서문들이 여전히 성경에 인쇄되거나 아니면 그 서문들이 루터의 정신으로 성경의 올바른 사용으로 가는 안내로 대신되었다면, 율법주의적 성서관이 루터교에 그렇게 깊이 침투하지는 않았을 것이다.

　이 모든 것에서, 우리는 루터가 단지 성경에 의해 선포된 복음의 이름으로만 정경 내부에서 신학적 비판을 표현했다는 것을 간과하지 말아야 한다. 그는 이성, 과학적인 세계관, 근대의 실존 이해의 이름으로 비판하지 않았다. 루터는 복음이 모호해지는 것을 발견할 때에만 성경이 하나님의 말씀이라는 것에 의문을 제기하였다. "그리스도를 선포하는 것"이 위태롭지 않는 한, 성경은 항상 루터가 전수받은 전통 안에 있고, 성령에 의해 쓰여진 책으로 남아있었다. 그 자체로서 성경은 모든 사람들이 복종해야 하는 권위를 가지고 있고, 그 앞에서 모두가 이성의 모든 반론을 포

---

47) 나의 논문인 *Theologische Aufsätze* I(1929)의 "Gehorsam und Freiheit in Luthers Stellung zur Bibel," 140 이하를 참조하라. 예를 들면; 루터는 다음과 같이 말했다. 창세기 1장에서 성령은 "6일"에 대해 말했고, 우리는 그 권능에 머리를 숙여야 한다; "성령에게 그가 당신보다 더 박식하다고 영광을 돌려라." *WA* 12,440. 요나가 3일 밤낮을 물고기 뱃속에 보낸 것을 말하면서, 루터는 다음과 같이 말했다 "만일 그것이 성경에 있지 않았다면 누가 그것을 믿겠으며 또한 그것을 거짓말과 우화로 여기지 않겠느냐?" *WA* 19,219. 시편은 성령에 의해서 쓰여진 것이다. *WA* 40ᴵᴵᴵ,16. 루터는 로마서 11:25 말씀 때문에 괴로웠는데, 그 말씀은 모든 이스라엘의 궁극적인 구원을 말하고 있다. "그렇지만 나는 성령에게 ― 나 역시 알고 있는 것이 사실인데 ― 그가 나보다 더 박식하다고 말함으로써 영광을 돌릴 것이다." *WA, TR* 2,1610.

기해야 하는 무오한 권위를 가지고 있다.[47] 그러므로 루터의 비판은 엄격하게 제한되어 있다. 계몽주의 시대 이래로 매우 중요하게 된 문제인 성경과 자연과학, 역사, 인간론, 철학 사이의 관계는 아직 그에게 나타나지 않고 있다.

구약과 신약

루터 신학에서 구약의 위치는 특별하게 다루어져야 한다.

구약과 신약의 관계는 통일성과 다양성이 그 특징이다.[48] 루터에게 하나님 말씀의 결정적 구분은 율법과 복음의 구분이다. 그러나 구약과 신약의 차이는 이 구분과 단순하게 일치하지는 않는다. 오히려 율법과 복음의 구분은 구약과 신약 전체에 걸쳐 있다. 복음은 구약 즉 약속에서도 발견된다. 그리고 율법 역시 신약에서 발견되는데, 예를 들어 산상 수훈에 나오는, 예수의 율법 해석 같은 것이다. 그렇지만 구약에는 율법이 더 많고, 신약에는 복음이 더 많다. 구약의 내용은 주로, "율법을 가르치고, 죄를 고발하고, 선행을 요구하는 것이다." 신약의 내용은 주로 "그리스도 안에서 죄 용서로 인한 은총과 평안"이다.[49] 그러므로 구약은 율법서, 신약은 복음으로 불릴 수 있다.[50] 이것이 구약과 신약이 서로 다르고, 그 둘 사이에 긴장이 존재하는 것을 가리키는 첫번째 사항이다. 구약이 또한 복음을 포함하는 한, 성경의 두 부분 사이에는 기본적으로 통일성이 있다. 유일한 차이는 구약이 그리스도와 구원을 약속한 반면, 신약은 그 약속이 성취되었다는 것을 증거하고 있다는 점이다. 따라서 신구약은 약속과 성취라는 점에서 서로 연관되어 있다.[51]

그렇지만 좀더 언급해야 할 것이 있다. 신구약이 다 복음을 담고 있는 한, 이 둘의 관계에 대한 루터의 이해는 다음 두 가지로 나타낼 수 있다. (1) 복음의 전체 진리는 이미 구약에 나타나 있고, 이 때문에 신약은 구약에 기초하고 있다. (2) 이 진리는 존재하지만 감추어져 있고, 그러므로 먼저 알려져야 하고 계시되어야 한다.

---

48) 하인리히 보른캄(Heinrich Bornkamm)의 *Luther und das alte Testament* (Tübingen: Mohr, 1948), pp. 69 이하를 참조하라.
49) *WA*, DB 8, 12; *LW* 35, 237. "구약이 본래 율법과 위협으로 이루어져 있듯이, 신약은 본래 약속과 권고로 이루어져 있다." *WA* 18, 692; *BOW*, 180. (다음 진술은 루터가, 신약의 이런 "권고(exhortations)"를 이미 의롭게 된 사람들을 향한 권고적 훈령들로 이해했다는 것을 보여준다.)
50) *WA* 10 I, 2, 159.
51) "그리고 신약은, 구약에 있는 말씀들을 통해서 발표되고 그리스도를 통해서 성취된 그리스도에 관한 공개 설교와 선포 이외에 다른 무엇이겠는가?" *WA*, DB 8, 11; *LW* 35, 236.

그래서 신약의 말씀을 통해서 구약이 알려지고 계시된다.

먼저 루터가 말한 것을 보면, 그는 이렇게 말했다. "모세는 모든 지혜와 지식의 기초이고, 그것에서 예언자들이 알고 있고, 말한 모든 것이 흘러 나왔다. 더구나 신약은 구약에서 흘러 나오고, 구약에 기초를 두고 있다."[52] 혹은 "사도들은 가르치고 기록한 모든 것을 구약에서 이끌어 냈다. 왜냐하면 구약은 그리스도가 장래에 선포하고 설교할 모든 것을 선포하고 있기 때문이다. 그들이 모든 설교를 구약에 근거를 두고 있고, 신약에는 이전에 선포된 구약에 소급하지 않는 언급이 없는 것은 바로 이런 이유 때문이다.[53] 루터는 "창세기 1장은 성경 전체를 담고 있다"고까지 말하였다.[54] 같은 방식으로 루터는 복음 전체가 제1계명의 도입부 즉 약속에 ― "나는 너의 하나님 야훼이다" ― 포함되어 있다고 생각하였다. 이것은 예언자들의 메시지의 근원이고,[55] 아들됨에 대한 신약 진술의 근원이며,[56] 참으로 사도신경 셋째 조항의 전체 내용의 근원이다.[57]

하지만 ― 이제 두번째 요점에 도달했는데 ― 구약과 제1계명의 이런 의미는 먼저 계시되어야 한다. 신약을 우리에게 열어 보여 주시는 분은 그리스도이다. 먼저 그의 말씀은(마 22:32) 하나님이 산 자의 하나님이지 죽은 자의 하나님이 아니라고 밝히고, 제1계명이 죽은 자의 부활을 증거한다고 밝힌다.[58] 루터는 신약이 다름 아닌 기본적으로 구약을 열어보이는 역할을 하고, 그래서 그 안에 감추어진 복음을 계시한다고 말하였다.[59] 신약의 선포는 본질적으로 구약을 해석한 것이다. 이런 점에서 루터는 이것이 예수가 글을 전혀 쓰지 않았고, 사도들 역시 거의 쓰지 않았음을 나타낸다고 생각한다. 그들은 이미 구약의 형태로 그들이 사용할 수 있었던, "성경"

---

52) *WA*, DB 8, 29; *LW* 35, 247. *WA* 54, 2. 를 참조하라.
53) *WA* 10¹, 1, 181. "우리는 신약을 구약에 기초해서 근거짓는 것을 배워야한다 ··· . 그러므로 구약을 멸시하고, 구약에서만 우리 신앙의 기초를 끌어내었기 때문에 구약이 더 이상 필요없다고 말하는 무용한 수다쟁이들을 무시해야만 한다." *WA* 12, 274.
54) *WA*, TR 3, 3043.
55) *WA* 14, 640; *LW* 9, 112. "그러나 우리는 여기에서 시편과 예언서에서 최고의 것이 '나는 너의 하나님 야훼다' 라는 제1계명의 약속으로부터 흘러나오는 것을 본다." (이것은 파이트 디트리히 판에만 있고, 뢰러의 판에는 없다.) *WA* 40ᴵᴵᴵ, 165
56) *WA* 40ᴵᴵᴵ, 161f.
57) *WA* 31¹, 1654; *LW* 14, 87.
58) *WA* 40ᴵᴵᴵ, 494f. ; *LW* 13, 83ff를 참조하라.
59) "신약은 구약의 계시 이상의 것은 아니다." *WA* 10, 181. 바울은 로마서에서 "전 구약에 이르는 입문을 준비하고자" 했다 ··· . 이 서신을 그 마음 속에 잘 지니는 사람은 누구이든지 구약의 빛과 능력을 그 안에 가지는 것이다." *WA*, DB 7, 27; *LW* 35, 380.

을 인용하였고, 성경에 근거하여 말하였다. 마치 천사들이 목자들을 구유와 강보로 향하게 하듯이, 그들은 우리로 하여금 이 구약으로 향하게 했다.[60] 구약과 신약의 관계에 대한 루터의 입장을 나타내면 다음과 같이 말할 수 있다. 신약은 온전히 구약에 기초하고 있고, 심지어 포함되어 있다. 그리고 구약은 신약으로 풀어야 하며, 신약을 통하지 않고는 이해할 수 없다.

구약이 복음을 담고 있고, 그리스도를 논하고 있다는 점에서, 이 모든 것은 구약에도 해당된다. 그러나 그것은 그 내용을 남김없이 나타내는 것은 아니다. 구약은 또한 이스라엘의 책이다. 구약은 이스라엘에게 주어진 율법과 이스라엘의 역사를 보여준다. 우리는 이스라엘의 책과 그리스도의 책, 둘 다 다루어야 한다. 구약은 한 책 안에 두 가지를 모두 가지고 있다.[61] 그러나 완전히 상이한 두 개의 연관된 관점이 있고, 따라서 구약에 대한 루터의 태도 역시 상이하다.

이스라엘의 책인 구약

우리는 먼저 이스라엘의 율법에 대해 말할 것이다.[62] 루터는 상이한 관점으로 율법을 고찰하였다. 구약에 포함되어 있는 바와 같이, 무엇보다도 율법은 하나님이 이스라엘에게 주신 민족의 율법이고, 이스라엘을 한데 묶고, 이스라엘에게만 타당한 민족의 율법이다.[63] 또한 율법은 유대 민족의 관습법이다. 그 자체로서 구약은 그리

---

60) "여기에서 [구약에서] 당신은 그리스도께서 누워있고, 천사가 목자들에게 가리키는 구유와 강보를 발견할 것이다. 이것들은 단순하고 보잘 것 없는 천에 불과하지만, 그 안에 누워있는 그리스도 즉 보배는 귀한 것이다." WA, DB8,12; LW 35,236. "예언서는 복음에 의해서 우리들에게 열렸다 … . 왜냐하면 신약에서 말씀은 살아있는 음성으로 공적으로 설교되어야 하고, 따라서 전에는 문자와 비밀스런 환상에 감추어져 있던 것을 말하고 듣도록 하고 있기 때문이다. 이것은 특히 신약이 바로 구약을 열어주고 계시하기 때문에 사실이다." WA 10', 1,625f. 기록한 사도들은 "우리들을 구약으로 향하라고 한 것, 외에는 다른 아무 것도 하지 않았다." WA 10', 1,625. WA 10', 1,15; LW 35,122. 를 참조하라.
61) 구약의 사람들은 모세의 율법 아래 있었다. 그러나 아브라함과 이삭과 같이 그들 중 많은 사람들은 또한 그리스도에 대한 선포를 가졌다. WA 39ᴵᴵ, 203; LW 34,321.
62) 기본적인 자료들은 다음과 같다. 열광주의자들에 반대해서 쓰여진 출애굽기 19장과 20장의 주해, 그리스도인들은 모세를 어떻게 보아야 하는가. WA 16, 363-393; LW 35,161-174. 형상과 성례에 관해서 천상의 예언자들을 반대해서. WA 18,75-214; LW 40,79-223. Wider die Sabbather 「안식일파에 반대해서」(Against the Sabbatarians). WA 50, 312ff. 하인리히 보른캄의 자세한 분석을 참조하시오, op., cit., pp.104ff. 그리고 게오르그 메르츠(Georg Merz)의 "Gesetz, Gottes und Volksnomos in Martin Luther," Luther-Jahrbuch, 1934, pp. 51ff. 도 참조하라.
63) WA 16,378; LW 35,167. WA 18,81; LW 40,98.

스도인과 관계가 없고, 그리스도인들을 한데 묶지도 못한다. 이런 점에서 루터는 결국 이 모세의 법이 하나님의 말씀이라는 이유에서 구약의 법규에 자신들의 입장의 기초를 세운 열광주의자들과 재세례파들을 강력하게 반대하였다. 루터는 대답한다. "만일 그것이 하나님의 말씀이라 해도, 그것이 어떻다는 것이냐? 이 하나님의 말씀이 누구에게 말한 것인가 알아 보고, 주의해야 한다."[64] "이것이 하나님의 말씀인지, 하나님이 그것을 말씀하셨는지 여부를 단지 살펴보고 인정하는 것만으로는 충분하지 않다. 오히려 우리는 그것을 누구에게 말했는지, 그리고 당신에게 말했는지 여부를 고찰하고 인정해야 한다."[65] 이 율법에서, 하나님은 이스라엘에게 말씀하셨지, 그리스도인들에게 말씀하시지 않았다. "모세는 유대 민족에게만 주어졌고, 우리 이방인과 그리스도인들에게는 관계하지 않았다."[66] 이것은 모세의 의식법과 법전에 해당될 뿐만 아니라, 또한 ― 상당히 일반적인 구분에 반해서 ― 십계명에도 해당된다. 왜냐하면 십계명은 이스라엘의 다른 모든 율법의 원천이자 중심이기 때문이다. 예배 의식과 법전 또한 "그것에 의존하고 있고, 속해 있다." 십계명에 있는 형상 금지와 안식일을 지키라는 명령은 "신약에 의해 폐지된 잠정적인 의식"이다. 예수 그리스도는 이 율법의 마지막이다.

그러나 구약의 율법은 이스라엘에게만 주어진 모세의 법 그 이상이다. 그것은 동시에 모든 사람의 마음에 새겨진 자연법의 특별한 표현이다. 즉 하나님을 경배하고 이웃을 사랑하라는 명령의 표현, 루터에 따르면 마태복음 7:12의 규칙에 나타난 표현이다.[67] 모세의 법이 이 자연법에 일치하는 한, 그것은 우리 비유대인들에게도

---

64) *WA* 16, 384; *LW* 35, 170. 열광주의자들에게 말하면서 루터는 다음과 같이 말했다. "그들은 모세의 율법에 정치적인 검을 포함시키고자 하고, 커다란 확신으로 외쳤다. '여기에 하나님의 말씀, 하나님의 말씀, 하나님의 말씀이 계신다.' 하나님의 말씀이 거기에 있고, 그 말씀을 들은 사람들과 우리 사이의 차이를 고려할 필요성이 없는 것으로 충분하거나 하듯이 … 그러므로 우리는 그것이 하나님의 말씀인지 아닌지를 묻기보다는 오히려 말씀이 우리에게 선포되었는지 아닌지를 물어야 하고 그리고나서 그 말씀을 받아들이거나 안받아들이거나 해야 한다." *WA* 19, 195.

65) *WA* 16, 385; *LW* 35, 170.

66) *WA* 18, 76; *LW* 40, 92. *WA* 31I, 238; *LW* 14, 20.

67) "자연(본성)은 ― 사랑이 가르치는 것처럼 ― 나에게 행해주기를 바라는 대로, 내가 행해야 한다고 가르친다." *WA* 11, 279; *LW* 45, 128.

68) "따라서 나는 모세가 계명을 주었기 때문이 아니라, 그 계명들이 본래 나에게 심겨졌고, 모세가 자연(본성)에 정확하게 일치했기 때문에 모세가 준 십계명을 지키는 것이다." *WA* 16, 380; *LW* 35, 168. *WA* 39¹, 540f. 루터는 모세의 율법 안에서 우리 모두와 관계하시는 하나님의 율법에 대해 논의하였고, 다음과 같이 말하였다. "나는 진심으로 확실히 하나님께 빚지고 있다고 생각하는데, 그것은 십계명이 우리에게 전해져서 우리를 위해 기록되었기 때문이 아니라, 우리가 우리 안에서 이 율법들을 알고, 이 세상에서 그것을 만들었기 때문이다." Ibid., p. 540.

타당하고 구속력이 있다. 그러나 그것이 모세의 법이기 때문이 아니라, 우리 마음에
존재함으로써 우리의 양심을 한데 묶기 때문에, 우리를 묶는 것이다.[68] 모세는 모든
사람의 마음에 새겨져 있는 그런 법을 만든 사람이 아니라, 해석자일 뿐이다.[69] 그럼
에도 불구하고 만일 기독교가 계속 모세의 법, 즉 십계명을 가르친다면, 그것은 "자
연법이 다른 어느 곳에서보다 모세에게서 아주 분명하고 질서 있게 표현되었기 때
문"이다. 그러므로 모세의 실례를 따르는 것은 정당한 것이다.[70] 그러나 다시 한번
강조되어야 할 것은 이것이 그 역사적 형태에서는 십계명 전체에 해당되는 것이 아
니고, 반대로 십계명에서 구속력 없는 것과 구속력 있는 것을 구분해야 한다는 것이
다. 더욱이 십계명이 자연법의 훌륭한 표현이라는 사실을 넘어 그것이 무엇을 담고
있는가에 대해서는, 십계명이 예배 의식과 법전으로 간주되어야 한다는 사실만 말할
수 있다. "그러므로 모세의 법이 유대 관습법이 되게 하고, 우리들 이교도를 그것으
로 혼란케 하지 말라. 마치 프랑스가 색슨족의 관습법에 상관하지 않지만 자연법에
서는 분명히 일치하듯이 말이다."[71]

　　그리스도인에게 구속력 있는 것으로서 모세의 법과 구속력 없는 것으로서 모세
의 법 사이의 분명한 구분은, 모세의 법에 있는 어떤 점들이 다른 민족에게 구속력
은 없으나 그들 민족에게도 본보기가 될 수 있다는 가능성을 배제하지 않는다. 루터
는 십일조, "땅의 안식일"(레25:8 이하), "희년"(레 25:2 이하), "이혼법"(신 24:1
이하)을 분명하게 예로 든다.[72] 루터는 모세법의 이런저런 규례들이 세속적인 일에
도 받아들여져야 한다고 생각한다. 마치 사람이 하나님의 명령에 의해 이 모든 것을
강제로 하는 것이 아니라, 합리적 통찰력을 통해 자유롭게 하는 것처럼, 때때로 어
떤 한 나라가 다른 나라의 법을, 그 법이 훌륭하다고 생각해서 채택하는 일이 역사
안에서 발생하듯이 말이다.[73]

　　구약의 율법은 비유대인들에게도 의미있고, 귀중하다. 이것은 구약에 기술된 이
스라엘의 역사에도 해당된다. 이 점에서 구약이 루터에게 의미하는 바와 그가 구약

---

69) *WA* 39[i], 454.
70) *WA* 18, 81; *LW* 40, 98.
71) Ibid.
72) *WA* 18, 81; *LW* 40, 98. *WA* 16, 376f. ; *LW* 35, 167. *WA* 31I, 238; *LW* 14, 20.
73) "그러므로 사람들이 받아들여야 하고, 사용해야 하고, 실행해야 할 예외적인, 모세의
　　훌륭한 규례들이 있다. 사람들이 그것들에 의해 강요하거나 강요되는 일없이, 그러나
　　… . 황제는 여기에서 모세에게 기초해 좋은 정부를 세우기 위해 한 예를 취할 수 있었
　　다." *WA* 16, 377; *LW* 35, 167. "마치 로마가 그리스로부터 12조문(Twelve
　　Tables)을 취했듯이, 한 나라가 다른 나라의 법으로부터 예를 따를 때, 이런 일이 일
　　어난다." *WA* 18, 81; *LW* 40, 98.

에서 배우고 가르친 바를 간단히 체계화시키는 것은 쉬운 일이 아니다. 하인리히 보른캄(Heinrich Bornkamm)은, 구약이 루터에게 "인생의 거울, 정치적인 혹은 세속적인 일들의 거울"이라고 하였다.[74] 우리의 목적은 이것에 대한 자세한 토론을 요구하는 것이 아니다. 우리는 루터가 구약 역사를 분명하게 신학적으로 평가한 것에만 관심이 있다. 루터에게 중심되는 점은, 구약은 사람들이 하나님의 율법을 순종하고 불순종하고, 하나님이 얼마나 은총과 분노로 이것에 대응하셨는지에 대한 실례들이 있는 책이라는 것이다.[75] 기독교 역시 이 점에 관심을 둔다. 인간 생활에서 중요한 요소는 언제나 동일하다. 하나님과의 관계에 의해, 인간은 항상 동일하거나 아니면 적어도 연관된 질문과 결정에 관심을 둔다. 이런 이유로, 이스라엘 민족의 역사는 다른 민족에게도 본이 되는 의미가 있다. 우리는 다음 장에서 이 점을 다시 한번 다룰 것이다.

그리스도에 대한 책인 구약

구약은 두 가지 의미에서 그리스도를 증거한다. 첫째, 율법으로서 구약은 그리스도께 향해 있다. 둘째, 그리스도와 그의 교회를 위한 약속과 표상으로서, 구약은 그리스도로 충만해 있다. 따라서 구약은 그 안에 담고 있는 율법과 복음을 통하여 그리스도를 증거한다.

모세는 백성들이 그들의 질병과 하나님의 율법에 대한 반감을 깨닫게 할 뿐만 아니라, 은총을 사모하도록 율법을 설교하였다. 모세는 "죄와 죽음의 교역 직분"을 행사하였다. 그런 교역이 없다면 인간의 이성은 인간의 죄와 비참함을 깨닫지 못하기 때문에, 이것은 절대 필요한 것이다. "모세의 교역은 이 무지와 완강하게 회개하지 않는 뻔뻔함을 없애는 데 절대로 필요한 것이다." 이것이 모세가 율법을 가르쳐야 했던 이유이다. "자연(본성)은 하나님의 선한 율법을 통하여 악함을 인식하고 느끼고, 그리스도의 도움을 바라게 된다."[76] 이것이 "모세의 진정한 교역이다." 루터는 이런 식으로 모세의 교역을 묘사할 수 있었는데, 이는 그가 구약의 율법을 예수가 해석한 대로 철저하게 이해했기 때문이다. 이 모든 것을 볼 때, 루터는 하나님의 구원 계획 안에 있는 율법의 의미에 대한 사도 바울의 사고를 새롭게 했을 뿐이다.

율법을 설교함으로써, 모세는 사람들을 그리스도에게 인도한다. 예언자들 역시

---

74) Op., cit., pp. 9-37.
75) *WA*, DB 6, 2; *LW* 35, 358. *WA* 12, 275를 참조하라.
76) 이 단락 전체에 대해서는 루터의 「구약서문」을 보라. *WA*, DB 8, 10ff.; *LW* 35, 235-251. 여기에 인용된 본문은 *WA*, DB 8, 20ff; *LW* 35, 241f 에 있다.

모세가 했던 대로 한다. 루터는 그들이 약속뿐만 아니라, 율법도 선포했다고 인정하였다. 역사서 역시 마찬가지이다. "그들은 모두 모세의 직분을 완수하였다 … 그들은 모두 모세가 했듯이, 사람들에게 자신들이 하잘 것 없다는 것을 깨닫게 하고 그리스도께 가도록 하기 위해, 율법의 올바른 이해를 사용하는 공통된 목적이 있었다. … 따라서 예언자들은 율법을 통해 모든 사람을 그리스도에게 데려오면서, 모세와 그의 직분의 집행자이자 증인이었다.[77] 예언자들은 우리들에게, "하나님이 얼마나 엄격하고 호되게 첫번째 계명을 확실히 하시는지 보여주는 본보기"를 제공한다.[78] 이런 이유로, 예언자들이 모세의 직분을 완수할 때도, 그들의 설교는 그리스도 중심적으로 이해되어야 한다.

그러나 이 모든 것은 단지 구약의 한쪽 면에 불과하다. 구약은 사람들을 그리스도께로 인도하려고 할 뿐 아니라, 그 자체가 이미 그리스도로 충만해 있다. 이것은 먼저 그리스도가 항상 구약의 하나님 안에, 그의 행위와 약속 안에, 경건한 사람들과의 관계 안에 현존하기 때문에 사실이다. 왜냐하면 구약의 사람들은 이 세상과 떨어져 있는 하나님과 만나는 것이 아니라, 자신을 특정한 장소에서, 특정한 상징 아래 발견되도록 하고, 자신의 백성에게 약속을 주시는 그런 특정한 "조상들의 하나님"과 만나기 때문이다. 이런 약속들은 궁극적으로 모두 그리스도의 약속들이다. 약속을 말씀하시는 하나님은 이미 그것들을 성취하시고 그리스도를 통해 세상을 구원하시는 하나님이다.[79] 이런 기초 위에서 우리는 그리스도에 대한 약속의 직접적 의미와 그리스도의 예표를 구분할 수 있다.[80]

그리스도는 예언서, 시편, 역사서의 유명한 메시야 본문들뿐만 아니라, 그 외의 많은 곳에서도 약속되어 있다. 예언자들은 당대에 관심을 갖고 있기 때문에, 비록 그들이 다가오는 많은 역사적 사건들을 예언했고, 그리고 가끔은 그 예언들이 틀리기도 했지만 말이다.[81] 그들의 선포의 결정적 의미와 내용은 예수 그리스도와 그의

---

77) *WA*, DB 8, 29; *LW* 35, 246f. "예언자들은 모세에게 의존했고, 그가 기록한 것을 취해서 그것을 명료하게 하고 더 쉬운 말로 확대하였다." *WA* 12, 275. *WA* 8, 105; *LW* 32, 225를 참조하라.

78) 「예언서 서문」 *WA*, DB 11¹, 5; *LW* 35, 266.

79) 비록 다윗이 시편 51편에서 그리스도를 언급하고 있지는 않지만, "그는 족장들의 하나님과 함께 말하고, 그리스도를 포함하는 약속하시는 하나님과 말하는 것이다." *WA* 40ᴵᴵ, 329; LW 12, 312f.를 참조하라. "그는 자신을 외적인 상징과 장소에서 보여주시고, 그리스도의 약속을 포함하는 약속하시는 하나님에 대해 말한다." 따라서 그리스도는 제외되지 않는다. *WA* 40ᴵᴵ, 387; *LW* 12, 352를 참조하라.

80) 다음은 하나의 개략적인 내용이다. 좀더 자세한 논의를 위해서는 하인리히 보른캄, op., cit., pp. 86ff. 126ff를 보라.

나라의 도래를 알리는 것이다.[82] 그들은 유대 민족이 다가오는 그의 나라를 기다리
는 것을 돕는 데 관심을 기울였다. 예언서처럼 시편도 그리스도, 그의 인격, 그의
고난, 그의 죽음과 부활, 왕된 그의 통치, 복음, 나라, 그리고 기독교 또는 교회에
대한 예언으로 가득 차 있다.[83] 하지만 시편뿐만 아니라, 구약의 역사적 기술과 모세
의 책의 많은 부분도 기독론적이고 예언적인 의미로 해석되어야 한다. 모세에게는
그가 율법의 역할을 행사하는 것 이상의 것이 있다. 이와 함께 그는 "강력하게 우리
주 예수 그리스도를 예언한다."[84] 따라서 모세는 율법뿐만 아니라 복음도 설교한다.

구약성경은 말씀에 표현된 분명하면서도 숨겨진 약속 외에 그리스도와 그의 교
회의 표상을 제공한다. 루터는 이것을 특히 레위기 율법과 제사장직, 희생제사와 군
주제 정치에서 발견하였다. 여기서 그는 히브리서의 유형론을 따랐다. "만일 당신이
올바르고 확실한 해석을 원한다면, 항상 그리스도 앞에 서라. 왜냐하면 그는 이 모
든 것이 적용되는 사람이기 때문이다."[85] 대제사장, 희생제사 등은 모두 그리스도를
의미하는 "표상"들이다. "구약성경은 그리스도를 가리키고 있다. 그러나 이제 신약

---

81) *WA* 17[II], 39.
82) "모든 예언자들은 동일한 것을 말한다. 그들은 모두 동일한 관심을 가지는데, 장래의
그리스도나 그의 왕국을 바라보는 것이다. 그들의 모든 예언은 이것에 중심하고 있으
며 그밖의 다른 것에 의해서는 이해될 수 없다. 비록 그들이 때때로 현재적인 사건이
나 장래의 사건들에 대한 기사들을 섞기는 하지만, 그러나 그것들 전부는 다가오는
그리스도의 왕국을 선포하기에 적합하다." *WA* 13, 88.
83) 하인리히 보른캄, op. cit., p. 90을 참조하라. 보른캄은 루터가 예언적 시편으로 해석
한 27편 남짓한 시편을 열거하였다. 그러나 다른 형태의 시편들 역시 예언으로 가득
차 있다. 루터 역시 시편기자들이 이 세상의 고난과 죽음의 운명에 직면해서 하나님
께로 향하는 그런 시편들에서, 그리스도와 그의 구원에 대한 감추어진 선포를 발견하
였다. "여기에서 우리는, 시편집과 성경에서 성도들이 그들의 곤경에서 위로와 도움
에 관하여 하나님을 다룰 때마다, 영생과 죽은 자들의 부활이 수반된다는 규칙을 배
워야만 한다. 그런 본문들 전부는 부활과 영생의 교리에, 즉 성령과 거룩한 기독교
교회와 죄 용서와 부활과 영생의 교리와 함께 사도신조의 세번째 항목 전체에 속한
다. 그리고 이 모든 것은 하나님이 '나는 너의 하나님이다' (출 20:20)라고 말하는 첫
번째 계명으로부터 나온다. 사도신조의 세번째 항목은 이를 강조한다. 그리스도인들
은 자신들이 이 세상에서 고난당하고 죽는다는 사실을 한탄하는 반면에, 그들은 이
세상보다는 저 세상으로 즉 이 세상을 벗어나 계신 하나님 자신으로 위로를 삼는다.
그들이 전적으로 죽고 영원에서 다시 살지 못하지는 않기 때문이다." *WA* 31[I], 154;
LW 14, 87.
84) *WA* 54, 95.
85) 구약 서문에서. *WA*, DB 8, 29; *LW* 35, 247.
86) *WA* 12, 275. "표상"이라는 개념은 히브리서에서 왔다. 불가타는 그리스어
hypodeigma나 antitypa를 figurae로 번역하였다. 루터는 "형상(pictures)", "예
증(examples)", "표상(image)"으로 번역하였다(히 9, 23; 벧전 3:21 참조).

성경은 구약의 "표상"을 통해 이전에 우리에게 약속되고 상징화되었던 것을 준다."[86] 그러나 그리스도는 이미 "표상" 안에 나타나 있다.[87] 그러므로 구약의 율법과 삶의 방식은 두 가지 면으로 이해되어야 한다. 한편, 그것은 자신을 넘어서서 그리스도를 가리키는 모델이다. 그러나 동시에 그것은 그리스도 안에서 폐기되어 더 이상 그리스도인들에게는 구속력이 없는 것이다.[88]

루터는 그런 구약의 해석을 "영적 해석"이라고 하였다.[89] 그는 "영적 해석"과 오리겐, 제롬, 그밖에 다른 사람들이 했던 전통적인 알레고리적 해석을 분명히 구분하였다. 그들은 말씀의 문자적 의미와 이스라엘의 실제 역사를 무시하는 잘못을 범하였다. 따라서 그들이 발견한 영적 의미는 항상 본문에 완전히 낯선 것이었다.[90] 루터가 행한 "영적 해석"은 구원의 역사에 근거한다는 점에서, 본문과 그리스도의 관계에 따라 본문을 해석한다는 점에서 그러한 알레고리적 해석과 구분된다. 알레고리적 해석자는 그것이 고도의 영적 기독교에 서 있지 않은 사실을 부끄러워 하기 때문에, 본문의 문자적 의미를 넘어간다. 그 결과 그는 그러한 본문이 본문 안에 묘사된 상황과 완전히 다르고 이것과 관련 없는 것을 표현하기 위해 사용된 비밀 부호라는 것을 가정하는 것 이외의 어떤 다른 방법을 알지 못한다. 이와 대조적으로, 루터의 "영적 해석"은 특정한 역사적 상황 안에 있는 예언의 의미를 논의한다. 구약의 역사와 제도가 그 자체를 넘어 그리스도를 — 즉 그리스도 안에서 구약의 역사가 하나님이 구약을 위해 설정한 목표에 실제 도달하는 바 — 가리킬 수 있게 하는 것은 바로이 예언의 능력이다. 알레고리적 해석은 본문에 의해 묘사된 역사적 상황 안에서 실제로 일어난 일에 별로 관심이 없다. 하지만 루터의 영적 해석은 특히 단어의 의미에 관심을 기울였다. 그 단어들이 기술한 역사가 예언이기 때문이다. 따라서 루터는 본래의 문자적 의미와 영적 해석을 나란히 두었고, "표징" 또는 "유형"을 통하여 이 것들을 서로 생생하게 관련시켰다.

예를 들면, 그리스도인들은 거룩한 성만찬을 위해, 감사의 시편으로서 시편 111편을 기도해야 한다. 그러나 동시에 유월절 노래로서 그것의 이전의 본래의 의미를 잊어서는 안된다. "그러나 조상과 예언자들이 사용했던 대로, 이 시편의 고대의

---

87) *WA* 8,87; *LW* 32,200f.
88) 이런 이유로 표상은 이제 폐지되었다. 왜냐하면 표상들은 이제는 완성되고 확립되고 성취된 약속에 맞는 것이기 때문이다." *WA* 12,275.
89) *WA*,DB 8,28; *LW* 35,247.
90) "그들은 구약에서 오직 영적인 의미만을 구해야 한다고 주장하였다." *WA*,DB 8,1; *LW* 35,235.

원 해석 안에 이 시편을 두는 것이 좋다." 따라서 루터는 먼저 시편에 대한 "역사적" 해석을 한 후, 그 시편을 신약 교회의 시편으로 해석하였다. 구약의 유월절은 궁극적으로 우리가 지키는 부활절 축제의 상징이다. 이스라엘이 당시에 하나님께 감사했던 것을 이제는 빼앗겼기 때문에, 이스라엘은 이제 더 이상 이 시편을 노래할 수 없다. 오직 그리스도인만이 이 시편을 노래하는데, 이는 그들이 그런 축복을 받았을 뿐만 아니라(터키인과 타타르인들처럼), 그 축복들을 인간의 성취보다는 하나님의 축복으로 고백했기 때문이다. 이 감사의 시편은 이제 그리스도인들이 함께 모여 성찬을 축하하는 어느 곳이든지, 자유롭게 전 세계에 미칠 수 있다. 그것은 더 이상 조그마한 가나안 땅에 제한되어 있지 않고, 세계의 작은 구석에 한정되어 있지도 않다. 이제 그것은 훨씬 더 커졌고, 그 소리는 훨씬 더 먼 곳까지 울려 퍼진다.[91]

　　루터는 자신의 영적 해석을 혁신의 의도로 시도하지 않았다. 그는 단지 주님과 사도들이 성경을 사용했던 대로 자신도 그렇게 하고 있다는 사실을 의식하고 있었다.[92] 요한복음 3:14("모세가 광야에서 뱀을 든 것 같이 인자도 들려야 하리니")에 대한 해석에서, 그는 다음과 같이 말했다. "이런 식으로 주님은 모세와 모든 예언자들을 해석하는 올바른 방법을 보여 주셨다. 주님은 모세가 자신의 모든 이야기와 실례를 통해서 그리스도를 가리키고 언급하고 있다고 가르쳐 주셨다. 그의 목적은, 그에게 맞추어진 원(圓) 내부의 모든 눈을 그리스도에게 고정하고 그리스도가 원의 핵심이고 중심이라는 것을 보이는 것이다. 그의 눈을 그리스도에게 돌리는 사람은 누구나 그리스도가 중심인 이 원 안에서 그의 적당한 자리를 발견한다.

　　제대로 보았다면, 성경의 모든 이야기는 그리스도를 향하고 있다."[93] 이것은 궁극적으로 그리스도라는 단 하나의 희망만이 있다는 것을 의미한다. 성경이 희망을 말하는 모든 곳에서, 그리스도는 이 희망의 궁극적 내용이다. 죄와 사망에 대한 단 하나의 실재적인 도움이 존재하는 바, 그것은 그리스도이다. 만일 구약에서 어떤 사람이 하나님의 도움을 간구한다면, 그는 궁극적으로 그리스도의 도래를 간구하는 것이다.[94] 시편 102편 해설에서, 루터는 다음과 같이 말한다. "이것은 율법과 범죄와 사망에 지친 고대 조상들이 전심으로 탄식하고 또 그리스도 안에서 우리에게 약속된

---

91) 시편 111편에 대한 해석은 *WA* 31 I, 393ff. 에 있다. 위에서 인용된 부분은 *WA* 31¹, 404; *LW* 13, 363. 에 있다.
92) e.g., *WA* 10¹¹, 15; *LW* 35, 122. 를 참조하라.
93) *WA* 47, 66; *LW* 22, 339.
94) *WA* 38, 49.
95) *WA* 38, 52.

은총의 나라를 구하며 외쳤던 기도의 시편이다."[95] 아담에게 쏟아진 저주의 극복이라는 단 하나의 축복이 있다. 성경에 약속된 모든 축복은 궁극적으로 그리스도를 말하고 있다. "왜냐하면 그리스도가 현존하지 않는 곳에서는 아담이 범죄한 후 그와 그의 자녀에게 퍼부어진 저주가 존속하기 때문이고, 모든 것이 완전히 죄와 사망과 지옥에 종속되고, 이것들의 지배를 받기 때문이다."[96]

이 모든 그리스도의 약속과 표상에서, 그리스도 자신은 이미 구약에 나타나 있다. 그러나 만일 그가 현존해 있다면, 신앙 또한 거기에 있는 것이다. 왜냐하면 하나님의 약속이 알려지는 곳마다, 그 약속은 신앙을 일으키기 때문이다. 따라서 루터는 구약성경이 아담과 함께 시작하는 조상들 안에서 "신앙과 사랑과 십자가의 아름다운 모범들"로 가득 차 있다고 본다.[97] 이런 점에서 루터는 로마서 4장에서 아브라함을 참된 신앙의 위대한 모범으로 제시한 바울을 따르고 있다. 그리고 루터와 바울에게서, 조상들의 이런 신앙은 본질적으로 다른 기독교 이전의 신앙이 아니라, 그리스도가 이미 구약의 약속의 말씀 안에 나타나 있기 때문에, 그리스도에 대한 참된 신앙이다. 이것은 오늘의 교회가 가지고 있는 신앙과 동일한 신앙이다. 이것은 그 시제에 의해서만 구분된다. 즉 그것은 역사 안에 성육신하신 그리스도에 대한 시간적 관계의 관점에서 차이가 있다.

조상들에게서, 그것은 약속된 그리스도에 대한 신앙이었다. 우리들에게 그것은 이미 나타난 그리스도에 대한 신앙이다. 그렇다면 그것은 약속에 대한 신앙이었고, 이제는 성취된 약속에 대한 신앙이다.[98] 하지만 그리스도에 대한 신앙은 그리스도의 역사적 출현 이후 뿐만 아니라, 그 이전에도 의롭게 하는 신앙이다. 따라서 세상의 시작 이래, 칭의 곧 그리스도를 믿는 신앙을 통한 칭의는 계속 발생해 왔다.[99] 구약

---

96) *WA*, DB 6, 7; *LW* 35, 359.
97) *WA* 16, 391: *LW* 35, 173. 논제1 이하 *WA* 39[II], 187을 참조하라. 반대로 아담의 타락에서 그리스도의 약속이 있기 때문에, 모든 죄는 처음부터 그리스도에 대한 불신앙과 무지이다. *WA* 39[I], 404.
98) "그리스도 탄생 이전에 모든 성도들은 동일한 신적인 약속을 믿었고, 따라서 장차 올 그리스도에 대한 그런 신앙을 통하여 보존되고 구원받았다 … 그리고 비록 이 신앙이 그리스도 이후보다는 오히려 이전에 왔음에도 불구하고, 이 신앙은 그리스도 자신에 대한 신앙과 동일한 것이다. 왜냐하면 그 두 신앙은 아브라함의 후손에 대한 신뢰이기 때문이다. 즉 한 사람은 그의 오심 이전에, 다른 한 사람은 그의 오심 이후에." *WA* 10 I, 2, 4f.
99) "이전에 약속되었고, 이제는 확증된 그리스도에 대한 신앙만으로 전 교회는 세상의 처음부터 끝까지 의롭게 된다." *WA* 39[II], 188; *LW* 34, 304. *WA* 39[II], 197; *LW* 34, 313. 를 참조하라.

의 조상의 하나님은 다름 아닌 그리스도 예수의 아버지이고 기독교의 하나님이시다. 그는 동일한 하나님이다.[100] 또한 이것은 세상의 시작 이래 항상 교회가 존재해 왔다는 의미이다. 교회는 신자들 속에 존재했다.

루터는 여기서 진지하게 그리스도의 초월적 임재와 믿는 자들에 대한 구원의 초월적 임재를 받아들이고, 또한 구원사의 실제 역사적 성격과 그리스도가 육체로 오심에 의해 시작된 시기를 진지하게 받아들이려고 한다. 그는 그리스도 전후의 모든 신자들이 실제로 역사의 상이한 시기에 살고 있다는 사실뿐만 아니라 그들의 본질적 동시대성을 진지하게 받아들였다.

따라서 교회가 세상이 시작된 이래 존재해 왔고 따라서 구약에서도 존재했다는 주장은 교회가 구약 안에 ─ 그리스도가 그러하듯이 ─ 예표되어 있다는 병행적 주장에 의해 함께 제기된다. 루터는 이것을 ─ 특히 시편에 표현되어 있는 ─ 신자들의 운명 안에서 본다. 그러나 그는 또한 그것을 이스라엘 백성의 역사, 특히 이스라엘의 원수들에 의한 고난과 압제 안에서 발견한다. 그는 시편을 무엇보다도 그들의 역사적 감각 안에서 이스라엘 백성과 그 신자들의 찬송으로 이해한다. 그러나 그들과 하나님의 관계와 그들의 운명은 다시 한번 유형론적 의미를 갖는다. "분명하게도 이전에 이스라엘 백성이 원수들과 주위의 이웃들에게서 육체적으로 고난받은 모든 것은 이제 그리스도의 교회가 그 원수들과 이웃들에게서 즉 거짓 형제들과 거짓 교사와 이단들에게서 받는 고난들을 상징하고 있다. 그래서 이 시편들과 기도들은 우리들에게도 동일한 제목과 이름으로 남아있다. 그들이 자신들의 원수들에 대해 기도했던 것처럼 우리 역시 우리의 원수들에 대해 기도할 수 있는 것이다."[101]

---

100) "세상의 처음부터 동일하신 하나님은 여러가지 방식으로 동일한 그리스도에 대한 신앙으로 경배받으셨다." *WA* 39[II], 187; *LW* 34, 303. "다른 방식으로"는 또한 다른 의미로로도 사용된다. *WA* 10[I], 2, 6. "동일한 기도와 신앙이 항상 있어왔으나 시대는 같지 않았고, 따라서 여러 가지 다른 의례과 예식이 있어왔다." *WA* 39[II], 270.

101) *WA* 31[I], 29. "경건한 사람들이 이런 위기 때에 사용할 수 있는, 성령에 의해 규정된 말씀을 가지는 것은 커다란 은혜이다." *WA* 40[III], 16. 시편 기자들과 비슷한 곤경에 직면한 그리스도인들은, 성령이 그들의 기도 본문으로 미리 만드신 시편을 사용할 수 있다."

102) 다음과 같은 것들이 있다. "깊은 고난에서 당신께 외칩니다."(시편 130편), *WA* 35, 419f.; *LW* 53, 223f. "오 하나님께서 하늘에서 내려다 보신다."(시편 12편), *WA* 35, 415ff; *LW* 53, 227f. "비록 우둔한 자의 입이 말하지만"(시편 14편), *WA* 35, 441ff; *LW* 53, 230f. "하나님께서 우리에게 은총을 베푸시기를"(시편 67편), *WA* 35, 418f; *LW* 53, 234. "하나님께서 이 때에 우리와 함께 하시지 않으셨다면"(시편 124편), *WA* 35, 440f; *LW* 53, 245. "복있는 사람은 하나님에 대한 두려움 가운데 거하지 아니하도다"(시편 128), *WA* 35, 437f; *LW* 53, 243f.

이러한 근거 위에서, 루터는 적절하게 시인의 원수들을 다루고 있는 구약의 시편들을, 오늘날 교회의 투쟁에 적용하였다. 그는 시편의 시적 편집을 통해 그들의 말을 그리스도 공동체의 입에 두었다.[102] 그래서 루터는 시편을 "지상의 성도들의 모범이 되는 책"으로 생각한다. 시편에서 자기 자신과 그의 경험을 인식하는 사람은 누구나 "그가 모든 성도들이 그와 동일한 노래를 부르고 있기 때문에, 성도들의 공통체 안에 있고, 또 그들이 그가 경험한 것을 체험하였다는 것"을 확신해도 좋다. 이것이 사실인 것은 특히 그가 또한 그들이 했던 것과 같이, 하나님께 이 말들을 할 수 있기 때문이다. 이것은 신앙 안에서만 이루어질 수 있는데, 이는 그 말들이 불경건한 사람들의 기호와 맞지 않기 때문이다.[103] 그리스도인들은 시편에서 성도들뿐만 아니라 ― "고난과 부활로 모든 성도들의 머리되시는" ― 예수 그리스도를 또한 찾을 수 있다.[104] (시편 22편과 시편 69편 같은 시편에서는, 십자가에 달리신 그리스도 자신이 말씀하고 있다.)[105] 하나님의 분노와 그의 은혜에 대한 경험이 이 책에서 말하고 있다. 이런 이유로, 시편은 그리스도인들에게 자기 시대의 책이고, 그리스도인 자신의 모습을 보여준다.[106]

여기서도 루터의 해석은 자의적이지 않고 기본적인 신학적 사고에 뿌리박고 있다. 결국 모든 역사는 항상 동일하다. 시대와의 관계성과 인물과 형태의 모든 변화와 다양성에도 불구하고, 믿을 것인가, 믿지 않을 것인가 하는 동일하고 중대한 결정을 내려야 한다는 점에서, 사람은 항상 동일하다. 그들은 항상 믿도록 요청된다. 이런 요청은 그리스도의 오심을 통해서 먼저 일어나는 것이 아니라, 아담과 아브라함과 그 외의 족장들에게 주어진 그리스도께서 오심의 약속을 통해서 일어난다. 신앙과 불신앙은 본질적으로 모든 시대에 동일하다. 세상 시작 때부터 마지막까지 그리스도의 몸의 모든 지체 안에 거하는, 신앙의 영은 동일한 성령이다. 이로 인해 교회의 모든 세대들에게 성경에 나오는 사람들의 고백을 받아들이게 하고 스스로 적용하는 것이 가능해진다.[107]

---

103) *WA*, DB 10', 98ff; *LW* 35, 253, 256. *WA* 31', 57. *LW* 14, 79f를 참조하라.
104) *WA*, DB 10', 98; *LW* 35, 254. 시편 22편의 해석에서 루터는 다음과 같이 말했다. "그것은 그리스도의 수난과 부활 그리고 복음에 관한 예언이다 ··· 그리고 그것은 다른 어떤 성경보다도 명백하게 십자가 상에서의 그리스도의 고통을 해석한다." *WA* 38, 25.
105) *WA* 8, 86; *LW* 32, 200.
106) *WA*, DB 10', 102; *LW* 35, 256f.
107) 비록 시간이 지남에 따라 관습과 사람들과 장소와 관례가 다양하다 할지라도, 경건한 사람들과 불경건한 사람들은 어느 세대에나 동일하게 존재한다." *WA* 5, 29f; *LW* 14, 290f.

구약에 대한 이러한 이해는, 루터의 번역 방법을 결정한다. 그가 성경을 독일어로 옮긴 것은 "번역" 이상의 것이다. 그것은 그리스도와 기독교의 선포에 근거를 두고, 성서를 하나의 입장에서 해석한 해석이다. 그는 복음을 믿는 사람으로서 번역하고 있다. 이것이 그가 구약 본문을 재현할 때 사용한 기준이다. 어떤 구절이 한 가지 이상으로 해석될 수 있다면, 루터는 조심스럽게 "신약성경에 일치하는" 해석과 번역을 선택한다. [108]

오늘날 우리가 루터의 구약 해석의 실제적인 세부 내용을 반복할 수 없는 것은, 우리가 초대 교회의 해석을 반복할 수 없는 것과 같다. 역사적으로 우리와 루터 사이에는 주석의 발전이 있었고, 그래서 마치 그런 발전이 없었던 것처럼, 루터에게 단순하게 돌아갈 수는 없다. 이런 이유로, 우리는 예언서를 기독론적으로 해석하지 못한다. 우리는 예언서들의 실제 역사적 의미를 이해하게 되었고, 이 의미가 그리스도 예수에게서 성취되지 않았다는 것을 인정하게 되었다. 그렇다면 구약과 그리스도의 관계와 구약과 신약의 관계는 루터보다 우리에게서 더욱 커다란 긴장으로 남게 된다. 하지만 루터와 함께 우리도 또한 이 책이 — 이스라엘의 역사처럼 — 그리스도 예수를 향하고 있다고 고백한다. 그렇게 하는 만큼, 우리도 또한 구약을 그리스도에 관련하여, 그리스도 중심으로 해석하려고 시도하는 것이다. [109]

---

108) *WA*, TR 5, 5533. 엠마누엘 히르쉬(Emanuel Hirsch)는 다음과 같이 말했다. "루터의 구약 번역은 어떠한 종교적으로 결정적인 구절에서도, 말씀이 그리스도인의 마음을 관통했다는 것을 부인하지 않는다." 히르쉬는 루터의 해석을 "신약에 대해 열려있다 … 루터는 구약이 복음을 향하게 번역하였다"고 말하였다. *Luthers deutsche Bibel* (Munich: Kaiser, 1928), pp. 46-49. 히르쉬는 또한 루터의 작품에 대한 개별적인 참고 문헌을 제시하였다. 보른캄, op., cit., pp. 185ff.도 참조하라.

109) *CW*, pp. 205ff; 보른캄, op., cit., pp. 104, 224; 헤르만, op., cit., p. 38을 참조하라.

제2부

하나님의 사역

제10장

하나님은 하나님이시다

루터의 신학을 제시하기 위한 제목으로 "하나님은 하나님이시다"[하나님의 신성, Gottes Gottheit]라는 표현을 사용할 때, 우리는 루터 자신이 빈번하게 사용하는 하나의 개념을 사용하는 것이다.[1]

창조주는 모든 것을 행하신다

루터에게서, 하나님 되심과 창조하심은 동일한 것이다. 하나님은 하나님이시다. 왜냐하면 그가 그리고 오직 그만이 창조하시기 때문이다.[2]

하나님은 모든 것을 창조하시고 보존하신다. 하나님의 활동이 없이는 어떤 것도

---

1) 루터는 성서에서, 특히 롬 1:20과 골 2:9에서 그 개념을 발견한다. 그 외에도 그는 고전 2:10에 있는 바울의 "하나님의 깊은 것"[theou]을 "신성의 깊은 것"[Gottheit]으로 번역한다. 이 장(章)이 사용한 인용들은 이 개념이 루터에게서 얼마나 빈번하게 나타나는가를 보여줄 것이다. Cf. *WA* 31¹, 126; *LW* 14, 74 여기에서 루터는 이렇게 말한다. "그가 그의 신성을 잃어버리는 것은 불가능하다." [나는 이 용어를 번역하기 위해 "하나님은 하나님이시다"의 다양한 유형들을 사용해 왔다. 루터 신학에 대한 Philip Watson의 저서의 제목, *Let God Be God* (Philadelphia: Muhlenberg, 1948)과의 유사성은 명백하다. Althaus는 그의 논문의 제목, "루터의 칭의론의 의미로서 하나님의 신성" (in *Luther-Jahrbuch* XIII, 1931, 1-28.)에서 루터의 용어를 사용했다. *Let God Be God*의 독일어 번역, "Um Gottes Gottheit"도 그 제목에서 같은 용어를 사용하고 있다. 영역자 註.]

2) David Löfgren, *Die Theologie der Schöpfung bei Luther* (Göttingen: Van denhoek & Ruprecht, 1960).

존재하지 않으며, 그 존재를 지속하지 못한다. "모든 것은 하나님의 것임에 틀림없다. 왜냐하면 그가 존재하도록 하시지 않는다면, 어떤 것도 존재하거나 생성될 수 없기 때문이다. 그리고 그가 멈출 때, 어떤 것도 존재를 계속할 수 없다." 하나님이 세계에 대해 가지는 관계는 인간이 자신의 일에 대해 가지는 관계와 완전히 다르다. 일단 실행되면, 인간의 일은 그것을 생산한 인간으로부터 독립적으로 존재한다. 따라서 인간의 일은 그것을 생산한 인간 없이도 계속 존재한다. 그러나 세계는 다르다. 하나님이 그것을 유지시키지 않는다면, 세계는 한 순간도 존재할 수 없다. 하나님은 언제나 일하신다. 그리고 실재 세계는 하나님의 지속적이고 방해받지 않는 활동에 의존한다. "그는 마치 목수의 경우처럼 세상을 창조한 것이 아니다. 목수는 집을 짓는 일을 마치면 즉시 떠날 수 있고, 그 집의 모습 그대로 유지되게 할 수 있다. 그러나 반대로 하나님은 그가 지으신 모든 것과 함께 머무르며, 그리고 그것들을 보존하신다. 그렇지 않다면, 그가 지으신 모든 것이 지탱되지도 않을 것이고, 유지되지도 않을 것이다."[3] 공간과 시간의 모든 지점에서 하나님의 창조의 계속적인 보존은 또한 새로운 창조의 계속적인 행위이다.[4]

루터는 그의 설교들에서 삶으로부터 구체적인 예(例)들을 사용하여 이것을 설명한다. 그리고 우리는 하나님의 계속적인 창조와 보존이 모든 실재 세계의 근거라는 사실을 루터가 얼마나 확실성있게 받아들이고 있는가를 주목해야 한다. "따라서 하나님은 한 순간에 모든 인간을 지으실 수도 있지만, 매일매일 세계 전체에 걸쳐서 창조하신다."[5] 하나님은 한 순간에 모든 것을 창조하지 않고, 조금씩조금씩, 쉬지 않고 창조하신다. 그의 창조는 한 순간의 활동이 아니라 계속적인 활동이다.

하나님은 모든 실재 안에서 능동적으로 현존하시고, 일하시고, 그리고 창조하시고 있다. 루터는 제단의 성례전에 관한 그의 저서 *That These Words of Christ, "This Is My Body," … Still Stand Firm …* (1527)에서 모든 실재 안에서의 하나님의 창조적인 현존을 특별히 강하게 서술하였다. 위의 저서에서 루터는 츠빙글리와 그의 추종자들의 견해에 반대하여 "하나님의 우편"에 대한 그의 이해를 발전시킨다. 하나님의 우편은 "하나의 구체적인 장소"가 아니다. 오히려 그것은 "하나님의

---

3) *WA* 21, 521. *WA* 46, 558; *LW* 22, 26.
4) "매일같이 우리는 전에는 존재하지 않았던 어린 아이들, 즉 새로운 인간들이 이 세계에 탄생하는 것을 볼 수 있다. 또한 우리는 지상에서 새로운 나무들과 새로운 동물들을, 물 속에서 새로운 고기들을, 그리고 공중에서 새로운 새들을 본다. 그리고 그러한 창조와 보존은 마지막 날까지 계속될 것이다." *WA* 46, 559; *LW* 22, 27.
5) *WA* 12, 441.

전능하신 권세"이다. 그 권세는 한 순간에 한 곳에 국한되어 존재할 수 없으며, 동시에 모든 곳에 존재해야 한다 … 그것은 본질적으로 모든 곳에 현존해 있음이 틀림없다. 심지어 지극히 작은 나뭇잎에도 현존하고 있음이 틀림없다. 그 이유는 이렇다. 우리의 사도신경이 고백하는 바와 같이, 바로 하나님이 그의 전능하신 권세와 오른팔을 통해 모든 것들을 창조하고 영향을 주고 그리고 보존하시기 때문이다. 왜냐하면 하나님은 그가 어떤 것을 창조하거나 보존하실 때, 관리들이나 천사들을 파견하지 않으시며, 이 모든 것이 그의 신적 권세 자체의 일이기 때문이다. 그러나 만일 그가 그것을 창조하거나 보존하고자 하면, 그는 현존해야 하고, 그리고 그의 가장 내적 측면들과 가장 외적 측면들 모두에서 그의 창조를 이루어야 하고 보존해야 한다. 그러므로 사실상 그는 가장 내적이고 가장 외적인 존재로서 모든 개별적인 피조물 안에, 모든 측면에서, 철저히, 아래와 위로, 앞 뒤로 현존해야 한다. 그러므로 모든 피조물들 안에서 그의 권세를 가진 하나님 자신보다 더 진실로 현존할 수 있는 존재란 있을 수 없다."[6] 모든 사물들 안에 있는 하나님의 창조적 권세는 또한 그의 가장 직접적이고 포괄적이며 내적으로 침투해 들어가는 현존이다.

비록 하나님의 권세가 모든 사물 속에 능동적으로 현존해 있고, 그들 안으로 완전히 들어간다 할지라도, 그것은 여전히 세계의 실재 안에서 그 힘이 다하지는 않는다. 루터는 이것을, 그의 성만찬에 대한 저서의 같은 곳에서, 그리고 그가 하나님은 모든 실재 안에서 창조적으로 현존하신다고 선포하는 동일한 호흡으로 말한다. 하나님의 전능하신 권세는 반드시 모든 장소에 임재하시지만, 그러나 동시에 그것은 어떤 단일의 주어진 장소에 임재할 필요는 없다. "하나님의 권세는 그렇게 결정되고 측정될 수 없다. 왜냐하면 그것은 제한받지 않고 측량될 수 없으며, 존재하거나 혹은 존재할 수 있는 모든 것을 초월해 있기 때문이다."[7]

"하나님 자신의 신적 본성은 모든 피조물 안에, 그리고 모든 단일의 개별 존재 안에 완전하고 철저하게, 피조물이 그 자신에 대해 가지는 관계보다 더욱 깊이, 더욱 내적으로 임재할 수 있다. 그러나 다른 한편으로 그것은 어느 곳으로도, 그리고 어느 존재로도 제한될 수 없다. 그것은 그가 실제적으로 모든 것을 포함하며, 모든 것 안에 있기 위해서다. 그러나 어떤 존재도 그를 제한하거나 그 안에 있지 못한다."[8] 하나님은 이 피조물들 안에 있으며 또한 그것들을 초월하여 계신다. "어떤 것도 그만큼 작지는 않다. 그러나 하나님은 훨씬 더 작다. 어떤 것도 그토록 크지는

6) *WA* 23, 133; *LW* 37, 57f.
7) *WA* 23, 133; *LW* 37, 57.
8) *WA* 23, 137; *LW* 37, 60.

않다. 그러나 하나님은 훨씬 더 크다. 어떤 것도 그만큼 짧지는 않다. 그러나 하나님은 훨씬 더 짧다. 어떤 것도 그토록 넓지는 않다. 그러나 하나님은 훨씬 더 넓다. 어떤 것도 그만큼 좁지는 않다. 그러나 하나님은 훨씬 더 좁다. 그는 서술되거나 상상될 수 있는 모든 것을 초월해 있는, 표현될 수 없는 존재이다"[9] 따라서 하나님의 권세는 그것이 그것 자신의 모든 측정들 밖에 있으며, 크고 작은 것 등의 모든 차이들을 초월해 있다는 의미에서 초월적이다. 하나님의 권세는 그 자신의 고유한 차원을 가진다. 하나님의 권세는 모든 것 안에 있으며, 동시에 모든 것 밖에 있다.

하나님의 이러한 살아계신 편재의 행동하심은 모든 실재의 신비이다. 모든 것들의 원인이 되시는 하나님은 또한 유일한 원인자이시다. 왜냐하면 정말로 모든 것 안에서 일하시는 행동자는 하나님이시며, 우리가 원인들이라고 생각하는 세계의 인격적 권세들과 비인격적 권세들이 아니기 때문이다. 하나님은 제1원인, 또는 으뜸가는 원인이다. 그리고 모든 다른 것들은 단지 제2의 원인들, 또는 도구적 원인들에 불과하다.[10] 그것들은 단지 그가 그 자신의 자율적이고 자유로우며 독점적인 활동을 위해 사용하는 도구들이다. 다시 말해서 그것들은 그가 그의 활동을 위장하는 데 사용하는 가면들이다.

"모든 피조물들은 하나님의 가면들이다. 하나님은 그들의 협력없이도 창조하실 수 있고 창조하시지만 그들이 그와 함께 일하며, 그가 모든 종류의 사물들을 창조하는 일을 돕도록 허락하신다."[11] 하나님은 지상의 대리인들을 필요로 하지 않으신다. 그 자신의 자유로운 결정으로 하나님은 그들을 부르시고 그들을 사용하셔서 그와 함께 일하게 하신다. 그는 우리에게 열정을 가지고 우리의 과제들을 수행하며, 삶 속에서 우리의 직업과 지위가 우리에게 부과하는 요구들을 성취하도록 명령하신다. 우리는 이것을 해야 한다. 왜냐하면 하나님이 그것을 명령하셨기 때문이며, 그리고 하

9) *WA* 26, 339; *LW* 37, 228.
10) *WA* 40[III], 210 f, 215.
11) *WA* 17[II], 192. " … 세계의 과정, 그리고 특별히 그의 성도들의 행위는 하나님의 가면이다. 그 가면 아래 하나님은 자신을 감추시고, 매우 놀랍도록 지배를 행사하시며, 세계에 무질서를 가져온다 [세계 안에서 매우 경이롭게 다스리시고 혼란을 일으키신다]. 이것은 또한 복음의 설교자들에게도 마찬가지다. "현재 복음을 선포하는 사람들은 그것을 정말로 행하는 사람들은 아니다. 그들은 단지 가면이며, 가장 행렬이다. 하나님은 그것을 통해 자신의 사역과 의지를 실행하신다. 하나님은 이렇게 말씀하신다. 너희는 고기잡는 사람들이 아니다. 그물은 나 스스로 잡아당기느니라." *WA* 17[II], 262f. "피조물들은 단지 하나님이 그것들을 통해 모든 축복을 수여하시는 손들이고, 통로들이며, 그리고 수단들이다." *WA* 30[I], 136; *BC*, 368. Cf. *WA* 40[I], 175; *LW* 26, 95.

나님이 우리가 일하지 않으면 그의 축복을 우리에게 주시지 않을 것이기 때문이다. 그러나 우리는 우리가 진정한 원인들이라고 생각해서는 안되며, 또한 마치 모든 일들을 일어나게 하는 사람들이 우리인 것처럼 우리 자신의 일에 의존해서는 안된다. 성공과 결과는 하나님의 행동하심이며, 하나님의 행동하심으로 남아 있다.

　우리의 일은 결과와 축복을 일어나게 하지 않으며, 단지 하나님이 우리에게 필요한 것들을 주시고자 원하실 만한 상황만을 일어나게 하는 것이다. 루터는 어린 아이들을 예로 들어 이 점을 분명하게 한다. 어린 아이들은 아기 그리스도나 성 니콜라스가 그들에게 선물을 주시도록 금식하고 기도하며 밤에 그들의 옷들을 걸어 놓는다. 그들의 행동은 선물들이 오도록 만드는 것은 아니라, 단지 선물들을 요구하는 어린아이다운 방법이며, 그것들을 받고 싶어하는 의지의 표현이다. "하나님을 향한 우리의 모든 행위도 역시 들에서, 정원에서, 도시에서, 집에서, 전쟁터에서, 또는 정부에서도, 단지 그러한 어린 아이의 행위와 다르지 않다. 그 행위를 통해 하나님은 들에서, 집에서, 그리고 그밖의 다른 모든 곳에서 그의 선물을 주기를 원하신다. 하나님의 가면들이 존재하며, 그것들 뒤에서 하나님은 은폐되어 있으면서 모든 것들을 하기를 원하신다."[12] 우리가 행하는 것과 그것에 뒤따르는 결과들 사이에 어떤 내적 관계나 인과적 필연성도 존재하지 않는다. 일과 축복은 오직 하나님의 명령과 약속을 통해 서로 밀접하게 관련되어 있다. 하나님은 우리의 일을 축복하실 것을 약속하신다. 그는 우리가 일할 때까지 기다리기를 원하신다. 그러나 일하는 사람은 자기 편에서 기다려야 하며 그의 선함에 대한 선물들을 요구해야 한다. 우리는 우리의 일에 의지해서는 안되며, 그에게 의지해야 한다. 여기에서 또한, 우리 자신의 행위들에서도 사실상 그것들을 성취하심에 대한 영광은 오직 그에게만 돌려져야 한다.[13]

---

12) *WA* 31¹, 436; *LW* 14, 114.
13) "인간은 일해야 하고 일하는 것이 마땅하다. 그러나 그의 생명 유지와 그의 집의 풍요를 그 자신의 수고의 탓으로 돌리지 말고 오직 하나님의 선하심과 축복의 탓으로 돌려야 한다 … . 하나님은 홀로 성장을 주시는 분으로서 영광을 받으시기를 원하신다 … 당신은 마땅히 일해야 한다. 그러나 당신의 생명 유지와 당신의 가정의 유지는 오직 하나님께 속한 것이다 … . 하나님은 인간이 일하기를 원하신다. 만일 인간이 일하지 않는다면, 하나님은 그에게 아무것도 주지 않으실 것이다. 반대로 하나님은 인간의 수고의 대가로는 그에게 어떤 것도 주지 않으실 것이다. 만일 하나님이 인간에게 무엇을 주신다면, 그것은 오직 그의 선하심과 축복으로부터 오는 것이다." *WA* 15, 336f. ; *LW* 45, 324ff. "그러므로 우리는 우리의 모든 수고가 하나님의 선물들을 발견하고 모으는 일 외에 다른 어떤 것도 아니라는 것을 발견한다. 다시 말해서, 그것은 어떤 것도 창조하거나 보존할 수 없는 것이다." *WA* 15, 369; *LW* 45, 327. 루터는 시 147:13 ["저가 네 문 빗장을 견고히 하시고 … "]에 대한 해석에서,

따라서 인간의 활동은 창조주에 대한 신앙의 상황 안에서 필요하지만 동시에 제한적인 그 자리를, 그것의 가치를, 그리고 그것의 비천한 성격을 가진다. 그것은 하나님의 창조적 의지에 의해 세워지고, 동시에 제한받는다. 모든 인간의 활동은 하나님의 선물들을 받아들이고자 준비하는 형태에 불과하다. 이러한 능동적인 준비가 없이는 하나님은 주시지 않을 것이다. 그러나 일 속에서 표현된 준비가 선물을 가져오는 것은 아니다. 이 점에서 하나님은 언제나 자유롭게 주실 준비가 되어 있다.

하나님은 그의 말씀을 통해 모든 것의 원인이 되신다. 루터는 창조 이야기와 전체 구약성서로부터, 그리고 롬 4:17의 "하나님은 없는 것을 있는 것같이 부르시는 이시니라"는 말씀으로부터 이것이 사실이라는 것을 알고 있다. "하나님의 명령 또는 말씀하심은 창조에 해당한다." 그의 말씀이 자연 안에서, 그리고 역사 안에서 지배하신다. 이 모든 것 안에서 루터가 보고 있는 것은 모든 일의 자연적 원인들을 설명하는 자연법에 의해 지배되는 과정들이 아니라 단지 "하나님의 위대하고 놀라운 행위들이다."[14] 하나님의 기적들은 단지 특별한 사건들에서보다는 오히려 자연의 일반적인 과정의 모든 곳에서 행해진다. 하나님은 정치적, 사회학적 구조들에서 그리고

이렇게 말하고 있다. "당신은 빗장을 고안하여 만들고, 도시의 방비를 강화하고 스스로를 무장시켜야 하며, 특히 할 수 있는 대로 최선을 다해 질서와 법을 세워야 한다. 그러나 일단 당신이 이 일을 한 후에는, 당신은 그것에 의존하지 않도록 해야 한다 … . 당신이 밭을 갈고 식물을 재배하지 않더라도 하나님이 쉽게 당신에게 곡식과 식물을 줄 수 있다. 그러나 그는 그렇게 하는 것을 원하지 않으신다. 또한 그는 당신에게 단지 곡식과 식물을 주기 위하여 우리가 밭을 갈고 식물을 재배하기를 원하는 것도 아니다. 그보다는 당신이 밭을 갈고 식물을 재배해야 하며, 그런 다음에 그의 축복을 구하고 이렇게 기도해야 한다. '이제 하나님께 맡깁니다. 자비의 하나님, 이제 저희에게 곡식과 식물을 허락하소서. 저희들이 밭을 갈고 식물을 재배하는 것만으로는 아무 것도 이룰 수 없음을 아오며, 그것이 당신의 선물인 것을 아나이다.' … 하나님은 남자와 여자 없이도 아이들을 세상에 보내실 수 있다. 그러나 그는 이렇게 하기를 원치 않으신다. 오히려 그는 남자와 여자를 연합하게 하셔서 그것이 남자와 여자의 일로 나타나게 하신다. 그러나 그는 그것을 그러한 가면들의 덮개 아래 두신다 … . 당신은 일해야 한다. 그렇게 함으로써 하나님께 선한 명분과 가면을 제공해야 한다." WA 31¹, 435; LW 14, 114 f. "통치하라, 그리고 축복은 그에게 맡겨라. 싸우라, 그리고 승리는 그에게 맡겨라. 설교하라, 그리고 심령들을 얻는 일은 그에게 맡겨라. 남편이나 아내를 맞이하라, 그리고 자녀를 출산하는 것은 그에게 맡겨라. 먹고 마시라. 그리고 강건해지는 것은 그에게 맡겨라. 모든 일에서 그렇게 되어야 한다. 우리가 무엇을 하든지 그가 우리를 통해서 일하신다. 그리고 오직 그만이 그것으로부터 영광을 받으실 것이다 … . 나태하거나 게으르지 말라. 그러나 오직 당신 자신의 일에 의존하지도 말라. 분주하게 일하라. 그리고 오직 하나님으로부터 모든 것을 기대하라." WA 31¹, 436 f. ; LW 14, 115. 일하는 것과 하나님의 축복을 간구하는 것과의 관계에 대하여, cf. WA 40ᴵᴵᴵ, 213, 216.
14) WA 31¹, 445, 450; LW 14, 124, 128 f.

역사적 발전들에서 더욱 더 능동적이다. 하나님 자신이 국가들을 지배한다. 하나님은 왕의 명령들이 그들의 신하들 가운데서 권위를 가지며, 그들의 신하들이 순종적으로 그러한 권위에 복종하도록 하신다. 그의 말씀을 통해서 하나님은 통치자들에게 효과적인 권위를 주시며, 그들의 신하들 가운데 경외감과 순종을 불러 일으키신다. 따라서 하나님은 그의 말씀을 통해 인간의 삶에 질서를 부여하는 구조들의 효율성을 유지시키신다.[15] 이 일을 행하는 말씀은 복음의 말씀이 아니라, 하나님의 비밀스럽고 창조하시며 보존하시는 말씀이다.

단지 잠재적인 것이 아니라 계속적으로 일하시는 것으로서 하나님의 전능에 대한 루터의 이해는 하나님의 창조성에 대한 위의 견해에 일치한다. 하나님의 전능은 그가 실제적으로 하지 않는 것을 행하실 수 있는 능력을 가졌다는 데 있지 않고, 그가 모든 것 안에서 모든 것을 행하시는 끊임없는 활동에 그 본질이 있다.[16] 전능은 하나님이 존재하는 모든 것 안에서 모든 것을 행하신다는 것을 의미한다. 루터에서, "그것은 하나님에게 자유롭게 통용되는 무한한 능력이 아니라 존재하는 세계를 형성하는 데에 능동적인 무한한 권세이다."[17]

하나님이, 그리고 오직 하나님만이 모든 것을 행하신다는 것을 아는 것은 신앙에 대해 직접적인 중요성을 가진다. 하나님의 목적의 불변성과 지속성, 뿐만 아니라 그의 약속들(그리고 위협들)의 신실성은 오직 그의 모든 것 안에서 모든 것을 행하시는 인격에 기초한다. 그는 그의 전능하신 일하심으로 모든 것을 결정하시기 때문에, 나는 어떤 것도 그리고 어떤 사람도 그의 의지에 거역하거나 그의 생각을 바꾸거나 그의 활동을 제한할 수 없다는 것을 안다. 그러므로 의심할 여지 없이 하나님

---

15) "지배자의 명령에 힘을 주고, 신하들에게 존경과 순종을 불러일으키기 위하여 그의 말씀이 더해져야 한다." *WA* 31^I, 445; *LW* 14, 124. "여기에서 왕들과 군주들은, 그리고 뿐만 아니라 신하들도, 지상의 정부와 백성들의 순종은 하나님의 선물인 것을 알아야 한다 — 그것은 오직 그의 순수한 선하심으로부터 주어진 선물인 것이다." *WA* 31^I, 79; *LW* 14, 52. Cf. *WA* 31^I, 81f.; *LW* 14, 53 f.

16) 루터는 눅 1:49 〔강력하신 그〕을 다음과 같이 해석한다. "그러므로 '강력하신'이란 단어는 마치 우리가 현세의 왕에 대해서 그가 가만히 앉아있고 아무것도 행하지 않음에도 불구하고 그를 강력하다고 말하는 것처럼, 움직이지 않는 권세를 나타내는 것이 아니다. 오히려 그것은 정력적인 권세, 쉬지 않고 일하고 실행하는 계속적인 활동을 나타낸다." *WA* 7, 574; *LW* 21, 328. "하나님의 전능하심으로 내가 의미하는 것은 그가 할 수 있는 많은 것을 하기를 빠뜨리는 권세가 아니라, 그가 모든 것 안에서 모든 것을 강력하게 행하시는 능동적인 권세를 가리킨다." *WA* 18, 718; *BOW*, 217. "모든 것 안에서 모든 것을 행하신다"는 표현은 고전 12:6에서 온 것이다.

17) *GA* 1, 45.

은 그의 사랑의 영원한 약속들을 그것들이 그의 약속들 안에서 나에게 알려진 그대로 성취하실 수 있다. [18]

하나님은 모든 곳에서 모든 것을 행하시기 때문에 우리는 언제나 그의 손에 있다. 우리가 어디로 가든지 결국 우리가 떨어지는 곳은 하나님의 손 안이다. "하나님을 희망하는 인간이 자기 자신의 무(無) 안에서가 아니라면 어디에서 끝나겠는가? 그러나 인간은 언제 무(無)로 들어가는가? 인간은 자기가 온 곳으로 다시 돌아가는 것이 아닌가? 인간은 하나님으로부터, 그리고 그 자신의 비(非)존재로부터 오기 때문에, 그가 무(無)로 돌아갈 때 그가 돌아가는 곳은 하나님이다. 실로 한 인간이 그 자신으로부터, 그리고 모든 피조물로부터 떨어진다 할지라도 그가 하나님의 손으로부터 떨어지는 것은 불가능하다. 왜냐하면 모든 피조물은 하나님의 손에 의해 둘러싸여 있기 때문이다. 세상을 가로질러 달려보라. 그러나 당신은 어디로 달려가고 있는가? 우리는 항상 하나님의 손과 무릎으로 달려가고 있다."[19]

존재하는 모든 것 안에 있는 하나님의 이러한 피할 수 없는 살아있는 현존은 인간에게 가장 축복된 실재이거나 아니면 가장 두려운 실재이다. 그것은 그가 자신에 대한 하나님의 관계를 어떤 것으로 알고 있느냐 하는 것에 따라 달라진다. 그것은 결코 중립적이지 않다. 그것은 언제나 구원하는 것이거나 저주하시는 것이다. 우리는 여기서 복음과 율법으로 인간을 상대하시는 하나님의 양면적 성격에 직면하게 된다. 복음을 믿는 것을 통해 하나님과 평화를 가지는 사람은 가장 두려운 실재 한가운데서도 믿음을 굳게 가질 수 있다. 왜냐하면 하나님은 그러한 상황 속에서도 임재하셔서, 그것이 죽음이든지, 지옥이든지, 또는 적대적인 세상 권세들이든지, 그것을 그의 전능하신 손으로 붙드시기 때문이다. "그는 모든 곳에, 심지어 죽음에서도, 지옥에서도, 그의 적들 가운데에서도, 바로 그 적들의 가슴 속에서도 임재하신다. 왜냐하면 하나님은 모든 것을 지으셨고, 그들이 자신의 뜻을 행해야 하도록 다스리시기 때문이다."[20] 그러므로 우리는 하나님을 두려워해야 하고 하나님만을 신뢰해야 한다. 그리고 우리는 어떤 것도 우리를 파멸시킬 수 없다는 것을 가장 확신있게 믿어야 한다. 왜냐하면 하나님은 우리를 위협하는 모든 권세들의 주(主)이기 때문이

18) WA 18, 619, 716; BOW, 84, 214.
19) WA 5, 168.
20) WA 19, 219. Cf. WA 18, 623; BOW, 88.
21) "그러므로 그런 신자는 사랑과 기쁨으로 충만해 있기 때문에 자신이 어떤 피조물에 의해 위협받는 것을 허락하지 않으며, 자신이 모든 것들을 다스린다. 그는 오직 하나님만을, 하늘에 계신 그의 주(主)만을 두려워한다. — 그 이외에 그에게 일어나는 어떤 것이든지 그는 두려워하지 않는다." WA 12, 442.

다. 어떤 일이 일어나든지 우리는 그의 은혜로운 손 안에 있다. 이것은 신자의 영광스런 자유이며 기쁨이다.[21] 궁극적으로 그는 항상 하나님 자신을 상대하고 있는 것이지, 피조물을 상대하고 있는 것이 아니다. 그리고 그는 자신이 어떻게 하나님과 함께 서 있는지 알고 있다.[22]

인간이 하나님을 믿지 않고 하나님과 갈등 관계에 처해 있을 때, 상황은 참으로 정반대이다. 그 때 그의 죄악된 양심은 모든 피조물 안에서 하나님의 효과적인 임재를 공포스러운 현실로, 즉 뒤쫓아 오시는 하나님의 분노의 바퀴 속으로 전환시킨다.[23] 만일 모든 피조물을 통제하시는 하나님이 그에게 적대적으로 향하여 선다면, 그때 그는 또한 모든 피조물들이 그의 적들이라는 것을 경험한다. 그는 그들 모두를 두려워 해야 한다. 심지어 나무에서 떨어지는 소리나는 나뭇잎 하나라도 그를 두렵게 한다(레 26:36).[24] 이것은 하나님의 손으로부터 나온 피조물이 변질되었다는 것을 의미하는 것은 아니다. 그것은 선하고 선한 상태로 남아 있다. 그것이 우리의 적이라는 인상은 그 피조물 자체로부터 오는 것이 아니라 우리 자신들로부터 온다. 그리고 우리로 하여금 하나님을 두려워하게 하고 그로부터 도망하도록 하는 것은 우리 자신이다. 이것이 하나님의 창조의 세계를 우리에게 증오와 불안의 세계로 전환시키는 죄악된 양심이다.[25] 믿는 신자들에게는 하늘을 보여주는, 모든 피조물들 안에 있는 하나님의 바로 그와 같은 임재와 결정적인 활동하심은 불경건한 사람들에게는 지옥을 의미한다.[26]

---

22) "그들은 어떤 것도 두려워하지 않는다. 왜냐하면 그들은 하나님이 그들의 편에 계시다는 것을 알기 때문이다." WA 12, 443.

23) WA 5, 213. "만일 당신에게 신앙이 없다면, 당신은 당신이 피해 달아나는 그 하나님이 모든 피조물 안에 현존하시는 것을 본다." WA 14, 101. Cf. WA 19, 226. "악한 양심은 우리를 대적하여 모든 피조물들을 무장시킨다." WA 44, 546.

24) WA 12, 443. WA 17^1, 72. WA 19, 226. WA 44, 500.

25) WA 44, 546.

26) WA 12, 443. "그러나 만일 그가, 그의 손으로 모든 것을 지으셨고 모든 것을 행하실 수 있는 그가 진노하신다면, 무엇이 피난처가 될 수 있겠는가?" WA 40^{III}, 512; LW 13, 93.

27) "이것, 즉 (하나님은 모든 것 안에서 모든 것을 행하신다)는 것을 아는 사람은 누구든지 하나님이 그것을 일어나게 하지 않으면 조금도 움직일 수도 없고 생각할 수도 없다는 것을 곧 알게 된다. 말하자면, 그의 삶은 완전히 그 자신의 손 안에 있는 것이 아니라, 오직 그리고 완전히 하나님의 손 안에 있는 것이다. 왜냐하면, 만일 내가 그가 무로부터 전세계를 지으셨고 그것을 오직 그의 말씀과 명령으로 존재케 하셨다는 것을 믿는다면, 그 때 나는 나 또한 세계와 그의 창조의 한 부분임을 고백해야 하기 때문이다. 결과적으로 하나님이 내 안에서 일하시고 모든 것을 행하시지 않는다면, 나는 손 하나도 내 자의대로 움직일 수 없는 것이다." WA 12, 442.

그의 전능하신 활동 때문에 하나님은 또한 각 사람을 완전히 그의 손 안에 두고 계신다. 자신 또한 한 부분으로 되어 있는 전체 피조물과 마찬가지로 각 사람은 하나님의 모든 것을 실행하시는 손에 의해 둘러싸여 있고 침투되어 있다.[27] 하나님은 자신 안에서 모든 것을 실행하신다. 그러므로 루터는 심지어 하나님과의 관련 속에서 인간의 의지의 자유를 말할 수 없다. 하나님은 또한 인간의 의지를 실행하신다. 그러므로 그들의 의지는 자유롭지 못하다. 루터는 특히 「노예의지론」(*The Bondage of the Will*)에서 에라스무스에 반대하여 이 점을 주장한다. 자유로운 의지는 신적 특성이며, 그리고 오직 하나님의 위엄에만 적절하게 적용된다.[28] 그러나 이러한 사실 위에, 그리고 이러한 사실을 넘어서 하나님이 인간 안에서 모든 것을 실행하신다는 사실은 인간이 언제나 모든 것을 의지(意志)해야 하고 행해야 한다는 것을 의미한다. 왜냐하면 하나님은 끊임없이 일하시며, 결코 쉬지 않으시기 때문이다. 따라서 하나님은 그의 모든 피조물들 안에서 지속적인 운동자며 추진력이다. 그는 어떤 피조물도 쉬도록 허락하지 않으신다. 왜냐하면 그는 그 자신의 역동적인 에너지로 그들을 추진시키기 때문이다.[29]

이제 모든 것 안에서 모든 것을 실행하시는 하나님의 활동은 인간에게 가장 축복받은 현실인 동시에 가장 두려운 현실이다. 그 현실은 하나님에 대한 그의 관계에 달려 있다. 신자에게 하나님 자신이 그 안에서 믿음을 일으키신다는 사실은 커다란 위로이다. 이것은 구원을 그 자신의 손으로부터 탈취해가는 결과를 가져오고, 따라서 사탄의 올무에 떨어지려고 하는 인간의 연약함과 성향으로 인해 그의 신앙의 흔들릴 수 없는 기초가 무너질 필요가 없게 된다. 하나님이 나의 마음 안에서 모든 것을 행하신다는 사실, 즉 나의 의지가 묶여 있다는 사실은 나로 하여금 구원을 확신하게 한다.[30] 그러나 경건치 않은 자들에게 마음 속에서 행하시는 하나님의 전능하신 활동은 두려운 현실이다. 하나님은 심지어 사탄 안에서도 일하시며, 경건치 않은 자들 안에서도 일하신다. 그들도 역시 — 그들의 모습 그대로 — 모든 것 안에서 모

---

28) *WA* 18, 636; *BOW*, 105. "그러므로 하나님의 예견(豫見)과 전능은 우리의 '자유-의지'와 정반대로 대립되어 있다." *WA* 18, 718; *BOW*, 217. Cf. *WA* 18, 638, 662, 781; *BOW*, 107, 137, 310.

29) "하나님이 그의 모든 피조물들 안에서 얼마나 끊임없이 능동적으로 일하시는지, 그들 중 누구에게도 휴식을 허락하지 않으신다 … . 그 전능하신 행위자가 (그의 피조물들의 나머지에게 하시는 것처럼) 그 자신의 피할 수 없는 움직임으로써 피조물로 하여금 행동하도록 하실 때, 피조물은 능동적으로 무엇인가를 의지(意志)해야 할 필요가 있다." *WA* 18, 711; *BOW*, 206f.

30) *WA* 18, 783; *BOW*, 314.

든 것을 행하시는 하나님의 활동의 힘에 의해 움직여지고 추진되고 이끌린다.

하나님은 절름발이 말을 타고 달리는 기수와 비교될 수 있고, 날이 고르지 않고 무딘 도끼를 사용하는 목수와 비교될 수 있다. 하나님은 또한 끊임없이 악한 사람들, 그의 나쁜 도구들을 움직이게 하신다. 따라서 경건치 않은 자는 죄 짓는 일을 피할 수 없다. 왜냐하면 하나님은 그 안에서 일하시며, "그는 게으른 상태로 머물러 있을 수 없기 때문이다 … 〔오히려 그는〕 그의 본성에 따라 의지(意志)하며 열망하고 행동한다."[31] 따라서 하나님은 경건치 않은 자를 그의 반역적인 의지에 묶으시며, 끊임없이 그로 하여금 하나님을 대적하여 죄를 범하도록 하신다. 게다가 하나님은 심지어 악한 사람을 더 악하게 하실 수도 있다. 그는 그를 강퍅하게 하며 완고하게 하실 수 있다. 루터는 특히 바로의 예를 사용하여 이 점을 설명했다.[32] 하나님의 끊임없는 움직임과 경건치 않은 자들을 강퍅케 함은 그의 분노의 한 수단이며 시사이다. 그러나 여기에서 분노 역시 그 자체가 목적이 아니다. 왜냐하면 그의 지혜 안에서 하나님은 심지어 그의 나쁜 도구조차 "매우 잘 사용하심으로써 그것이 그의 영광과 우리의 구원을 위해 일하게 하신기 때문이다."[33] 이것은 또한 바로의 경우에도 해당된다. 루터는 출 9:16과 롬 9:17을 언급한다. 하나님은 그의 표적을 위한 여지를 남겨두기 위해, 그의 권세를 나타내기 위해, 그리고 그렇게 함으로써 그의 백성의 신앙을 견고케 하기 위해 바로를 강퍅하게 하셔서 그의 마음의 완고함을 사용하신다.[34] 그러므로 궁극적으로 그와 같이 마음을 완강하게 하는 것조차도 하나님의 구원의 계획을 위해 봉사한다.

하나님이 모든 것 안에서 모든 것을 행하신다는 루터의 교리를 숙고하는 데에, 감히 잊어서는 안되는 것은, 이것이 하나님과 사람의 관계에 대해 루터가 말하는 전

---

31) 루터는 지적하기를, "불경건한 자들과 사탄 안에 있는 본성의 남은 것"은 하나님의 피조물이고, 하나님의 피조물로 남아 있으며, 그러므로 "신적 전능과 행위"에 종속되어 있다. 그러나 하나님은 "그가 그것들을 발견하시는 대로 사용하신다 … 그들은 악하고 왜곡된 자신들이기 때문에 … 그들은 오직 왜곡되고 악한 것만을 행한다." *WA* 18, 709; *BOW*, 204. 루터는 이 논의에서 rapere와 raptus를 반복해서 사용한다. *WA* 18, 709, 711; *BOW*, 204ff. Raptus는 "충동시키는 힘"으로 번역될 수 있다.

32) *WA* 18, 710ff.; *BOW*, 204ff., 207ff.

33) *WA* 18, 711; *BOW*, 206.

34) 루터는 다음과 같이 하나님을 인용한다. "바로(Pharaoh)의 마음의 완강함을 두려워 말지니, 내가 친히 바로의 마음을 완강하게 하였고, 너를 구원하는 내가 그것을 나의 통제 아래 두었음이다. 나는 다만 많은 표징을 행하고 나의 위엄을 선포하기 위하여, 신앙을 돕기 위하여, 바로의 마음이 완강한 것을 사용할 것이다." *WA* 18, 714; *BOW*, 21¹.

부는 아니라는 사실이다. 완전히 하나님의 손 안에 있으며 매 순간마다 하나님에 의
해 움직여지는 사람은 동시에 또한 책임있고 죄 많고 하나님의 심판 아래 있는 존재
로서 하나님 앞에서 있다는 것을 루터는 알고 있다. 그렇게 함으로써 루터는 하나님
이 모든 것 안에서 모든 것을 행하신다는 관념에 하나의 한계를 설정한다. 그것은
결코 위반되어서는 안될 경계이다. 루터는 모든 것을 포함하는 하나님의 활동을 절
대적인 것으로 제시하지 않는다. 오히려 그에 따르는 모든 논리적인 결론들을 이끌
어내는 것을 경계한다. 이것은 곧 하나님이 심지어 사탄과 경건치 않은 자들 안에서
도 일하신다는 그의 주장에도 불구하고, 루터는 인간의 죄를 하나님의 의지와 일하
심의 탓으로 돌리지 않는다는 사실로부터 분명해진다.

　「노예의지론」(The Bondage of the Will)에서, 루터는 하나님이 불경건한 사
람들 안에서 일하심으로 그 결과 그들이 틀림없이 끊임없이 그들의 인격 그대로 있
게 되는 사실을, 그 불경건한 자들이 그들의 인격 그대로 있는 사실로부터 예리하게
구별한다. 하나님은 그들을 그들의 본래 인격으로 만들지 않으신다. 오히려 하나님
은 그들이 항상 있는 대로, 그리고 그가 이미 그들을 발견한 그대로 움직이신다. 따
라서 루터는 하나님은 모든 것 안에서 모든 것을 행하신다는 그의 기본적인 관념으
로부터 논리적으로 귀결되는 결론을 이끌어내기를 거절한다. 그렇게 함으로써 그는
매일같이 새로운 죄를 범하는 우리 죄인들에게 하나님이 죄를 의지(意志)하고 죄를
일어나게 하신다는 결론을 이끌어낼 권리가 없다는 사실을 증거하는 것이다. 그러한
결론은 죄를 상대화시킬 것이고, 따라서 심판과 용서 안에서 하나님 앞에 있는 인간
의 입장의 절대적인 심각성을 상대화시키고 말 것이다.

　따라서 루터는 하나님은 모든 것 안에서 모든 것을 행하신다는 생각과 인간은
자신의 죄에 대해 책임이 있다는 생각 사이의 모순을 그대로 남겨둔다. 모든 엄격하
게 논리적인 신학에 반대하여, 루터는 하나님의 신비와 그를 통해 존재하는, 그리고
모든 인간의 지식, 심지어 인간의 신학적 지식을 초월해 있는 하나님의 심판 아래
있는 우리의 실존을 증거한다. 이러한 이유로, 우리는 하나님이 죄를 실존 속으로
가져왔다고 선언하는 슐라이에르마허가 루터보다 우월하다고 생각할 수 없다. 슐라
이에르마허는 마치 그가 하나님이 서 있는 자리에 있는 것처럼 죄에 대한 하나님의
관계를 객관적으로 말하고 있다. 그러나 루터는 결정적인 순간이 오면, 죄악되고 용
서받은 인간이 서 있는 자리에 있는 존재로서 주관적으로 말하고 있다.[35] 슐라이에
르마허가 생각하는 대로 생각하기 위해서, 우리는 우리 죄에 관하여 객관적으로 생
각하기 위해 그것 위에 있어야 한다. 그러나 바로 그것이 루터가 불가능하다고 말하
는 것이다. 우리는 오직 하나님의 놀라운 용서를 통해서만 비로소 죄 위에 올라설

수 있으며, 하나님이 죄를 존재하게 했다는 이론을 통해서는 죄 위에 올라설 수 없다. 이 점에서 신학적 사고는 결코 잘못된 길로 인도되어서는 안된다.

공급하시는 사랑

인간과의 관계에서 볼 때, 하나님의 창조적인 활동은 순수한 공급하심이며 도우심이다. 따라서 하나님은 그의 신적 능력을 보여주실 뿐만 아니라, 그가 선과 사랑이며, 끊임없이 베풀어 주는 일에 몰두해 있다는 것을 보여준다. 그의 "본성"이라는 의미에서 하나님을 하나님으로 서술하기를 원하는 사람이라면, 누구든지 그를 단지 유일하고 지속적인 창조주로만 말할 수는 없으며, 그를 사랑으로 말해야만 한다. 하나님은 그의 존재의 깊이에서, 사랑 이외의 어떤 다른 것이 아니다. 그리고 사랑은 신적이다. 왜냐하면 사랑은 하나님 자신이기 때문이다.[36] "하나님의 본성은 오직 '선'을 행하는 것이다." 이것이 그의 영광이다. 즉, 그것은 받는 것이 아니라 끊임없이 주는 것이며, 자유롭게 감사를 기대하지 않는 것이며, 자신에 대한 인간의 태도에 결코 좌우되지 않는 것이다. 그러므로 그것은 자연적 인간이 선을 행하는 것과는

---

35) *WA* 18, 709, 711; *BOW*, 204, 206. Cf. above n. 31. 홀(Karl Holl)은 루터가 하나님이 악을 생산한다는 결론을 이끌어 내지 못한 것이 그의 신학에서 약점이라고 분명하게 생각하고 있다. 이 결론을 최초로 이끌어 낸 사람은 슐라이에르마허(Friedrich Schleiermacher)였다. (*The Christian Faith*, ed. and trans., H. R. Mackintosh, J. S. Stewart, et. al. [Edinburgh: T. & T. Clark, 1928], §83, pp. 341-345) 그는 "결국 드러나는 유일하게 진지한 결론은 하나님이 악을 낳으신다는 것이며, 왜냐하면 만일 선과 악이 나란히 서 있지 않다면 어떤 결단이나 양심도 불가능할 것이기 때문이다"라고 생각했다. See the note at *GA* 3, 55.

36) "만일 내가 하나님에 대한 어떤 묘사를 해야 한다면, 나는 그의 신적 본질의 깊이에서 사람들을 향한 사랑으로 불리는 저 불과 열정 이외의 어떤 다른 것도 존재하지 않는 것으로 그를 묘사할 것이다. 따라서 사랑은 인간적인 것도 아니고, 천사적인 것도 아니다. 오히려 그것은 신적인 것이며, 심지어 하나님 자신이다." *WA* 36, 424.

37) *WA* 31¹, 182; *LW* 14, 106. "이것이 하나님이라는 것이 의미하는 바다. 즉, 그 것은 선한 것들을 취하는 것이 아니라 주는 것이며, 악에 대하여 선으로 갚는 것 이다." *WA* 4, 269. "우리에 대해 은인이 되는 것이 그의 영광이다." *WA* 56, 520; *LCC* 15, 411. "하나님의 위엄은 모든 인간에게 수여하시는, 그리고 모든 불안과 궁핍에서 도우시는 그런 것이다. 만일 내가 그것을 인정한다면, 나는 내가 나 스스로를 도울 수 없다는 것을 이해한다." *WA* 17¹, 233; *LW* 12, 187. "왜냐하면 하나님은 그의 선물들을 모든 사람에게 자유롭게 나누어 주시는 분이시다. 그리고 이것이 그 자신의 신성에 대한 그의 칭송이다." *WA* 40¹, 244; *LW* 26, 127. "그는 사랑하시는, 은혜로운, 선한, 그리고 긍휼히 여기시는 하나님으로서, 끊임없이 선을 행하며 그의 선하심을 우리에게 풍부하기 부어주신다." *WA* 31¹, 68; *LW* 14, 47.

완전히 다른 것이다. 따라서 하나님의 선은 "진정으로 본성적인 선"이다. 그것은 "감사하지 않는 사람에게 베푼 그 선한 행위를 기꺼이 상실해 버린다."[37]

　하나님은 이 사랑을 다양한 방법들과 여러 단계들로 보여준다.[38] 첫째, 하나님은 우리에게 생명을 주시고 그것을 보존하신다. 루터는 이 점에 대하여 사도신경의 제1항에 대한 설명에서 말하고 있고, 그의 설교들에서 매우 감동적이고 유창하게 묘사하고 있다. 하나님은 자연의 선물들을 통해 생명을 양육하고 소생시키신다. 하나님은 모든 피조물들이 우리를 섬기도록 허락하시고, "순수하게 아버지다운 신적 선과 자비로부터 이 모든 것을 행하신다."[39] 이 점에서 우리는 이미 하나님을 "오직 불타는 사랑으로, 그리고 타오르는 사랑의 충만으로" 경험한다.[40] 이 모든 현세적인 선물들 외에도 하나님은 사람들에게 영원한 선물들, 그의 아들, 그리고 그 모든 것과 함께 그 자신을 주신다. "그는 우리에게 현세적인 선물들과 동시에 영원한 선물들을, 그리고 이와 함께 자기 자신의 존재를 부어주셨다. 그리고 그는 죄인들이며 무가치한 대적들이고 사탄의 종들인 우리를 위해 그의 존재와 그의 행위의 모든 것과 함께 그 자신을 부어 주셨다. 이것이 그가 우리를 위해 할 수 있는 최상의 일이며, 우리를 위해 줄 수 있는 최상의 선물이다."[41]

　그러므로 그리스도와 그가 "우리를 위해" 존재하신다는 사실이 하나님의 사랑의 가장 위대한 선물이다. 이 선물에서 하나님은 자신을 주신다. 그러나 하나님이 현세의 선물들을 제공하는 것은 그가 선한 창조주이기 때문만이 아니라 하나님이 그리스도 안에서 죄인을 향해 자비롭게 다가서는 그 자비 때문이다. 루터는 하나님이 인간들의 모든 반역과 다른 죄악에도 불구하고, 말하자면 용서하시는 선하심으로 현세의 선물들을 부여하신다는 것을 계속적으로 강조한다. 그러므로 "어떤 악에도 불구하고 선을 행하기를 지치거나 쉬지 않는다는 사실이 하나님의 선이며, 하나님의 선이라 불릴 가치가 있다."[42] 이러한 의미에서, 하나님은 이미 그의 현세적 선물들 안에서 자신과 그의 영원한 선을 수여하신다.

　하나님은 "그 자신의 존재를 우리에게 부어주신다." 그는 우리에게 있는 그대로

---

38) "그가 어떻게 우리를 사랑하셨는가? 지상에 있는 모든 불경건한 자들과 함께 우리 무가치한 사람들을 잠정적으로 보존하시고 먹이시는 보통의 방법으로 뿐만 아니라, … 우리를 위해 그의 아들을 내어 주시는 특별한 방법으로도 사랑하셨다." WA 17^{II}, 205.
39) Cf. WA 31^{I}, 69, 77; LW 14, 47 f., 51.
40) WA 36, 425.
41) WA 17^{II}, 205 f.
42) WA 31^{I}, 77; LW 14, 51.

의 그의 존재를 주신다. 루터에게 하나님이 자신을 나누어 주신다는 것은 하나님이 하나님이라는 사실의 최고 표현이다. 그것은 하나님의 특성들이 그 본성상 창조적이고, 그 자신의 것이며 그 자신 안에 머물러 있을 뿐만 아니라 또한 사람들과 함께 공유되고 있다는 것을 의미한다. 루터는 이 점이 하나님의 모든 특성들에 해당된다고 느낀다. 루터는 먼저 하나님의 의에 대한 성서의 개념에서 이것을 의식하였다. 처음에 루터는 성서가 그 의(義)를 은혜에 대한 동의어로 사용한다는 것을 발견할 때까지 그것을 하나님의 심판하고 벌하시는 의(義)로 이해했다. 그다음 루터는 그것을 하나님께서 그의 자비 안에서 인간들을 신앙을 통해 의롭게 만드는, 즉 그 자신의 의를 인간들과 함께 나누는 의(義)로 인정했다.[43] 여기서 출발하여, 그는 이것에 비교될 수 있는 어떤 것이 하나님의 존재를 묘사하기 위해 사용되는 다른 개념들에 대해서도 참되다는 것을 인식했다. 예를 들어, 이것은 그의 힘에 대해서도 사실이다. 왜냐하면 그는 그것으로 우리를 강하게 만드시기 때문이다. 또 그의 지혜에 대해서도 사실이다. 왜냐하면 그는 그것으로 우리를 지혜롭게 하시기 때문이다. 그리고 그의 축복과 영광에 대해서도 사실이다. 왜냐하면 그는 그것들에서 우리의 몫을

---

43) Cf. the famous passage Luther's *Preface to the Complete Edition of Luther's Writings*. "마침내, 낮과 밤을 중개하시는 하나님의 은혜로, 나는 말씀의 상황, 즉, '[믿음으로 의롭게 된 자는 살리라]고 기록된 대로 그것 안에 하나님의 의가 계시되었다'는 것에 주의하였다. 거기에서 나는 하나님의 의에 기초하여 의로운 자들이 하나님의 선물로, 즉 믿음으로 산다는 것을 이해하기 시작했다. 그리고 그 의미는 바로 이것이다. 즉, 하나님의 의는 자비로운 하나님이, '믿음으로 의롭게 된 자는 살리라'고 기록된 대로 믿음으로 우리를 의롭게 하는 그 수동적인 의에 의해 계시되었다는 것이다. 여기에서 나는 전적으로 다시 태어났으며, 열린 문들을 통해 낙원 자체로 들어갔다고 느꼈다. 거기에서 전체 성서의 전적으로 다른 면이 내게 그 참 모습을 드러낸 것이다." *WA* 54, 186; *LW* 34, 337. "하나님의 의는 그가 (그것에 의해) 그 자신만으로 의로운 그것으로 이해되어서는 안되며, 우리가 (그것에 의해) 그에 의해 의롭게 되는 그것으로 이해되어야 한다." *WA* 56, 172; *LCC* 15, 18. Cf. *WA* 31¹, 331.

44) "나는 다른 용어들에서 하나의 유비를 발견했다. 하나님의 사역, 즉 하나님이 우리 안에서 행하시는 것, 그것으로 그가 우리를 강하게 하시는 하나님의 권세, 그것으로 그가 우리를 지혜롭게 하시는 하나님의 지혜, 하나님의 힘, 하나님의 구원, 하나님의 영광이 그것이다." *WA* 54, 186; *LW* 34, 337. "주지되어야 하는 바는, 이 본문, (롬 1:16)에서 virtus Dei는 '능력' 또는 '힘'으로 이해되어야 한다는 것이다. 그것은 그것으로 말미암아 그가 그 자신 안에서 강한 그러한 힘을 의미하는 것이 아니라 그것으로 말미암아 그가 우리를 강하고 권세있게 만드는 그러한 힘을 의미한다." *WA* 56, 169; *LCC* 15, 15f. "하나님의 지혜와 권세는 복음에 따르는 삶이며, 기독교적 삶의 참 규범이다. 그것으로 하나님은 우리들을 그 앞에서 지혜롭고 강하게 하신다." *WA* 56, 173; *LCC* 15, 20.

나누어 주시기 때문이다.[44] 그러므로 하나님의 모든 특성들은 하나님이 하나님 자신을 사람들과 함께 나누며, 그들로 하여금 그의 존재에 참여하도록 허락하는 활동을 설명한다. 하나님은 그리스도 안에서 이러한 일을 일어나게 한다. 하나님의 의에 대해서 참된 것은 또한 그리스도의 의에 대해서도 참되다. 그들은 하나이며, 동일한 것이다. 그의 주되심은 그가 그에게 속한 사람들을 자신을 닮도록 만든다는 사실에 있다.[45]

칭의는 하나님이 하나님이심을 의미한다

하나님은 유일하신 창조주이다. 그러므로 그는 간단 명료하게, 그리고 자유롭게 주신다. 이것은 이미 우리가 앞의 단락에서 살펴본 바와 같이, 사도신경 제1항에서 토의된 것처럼 인간의 자연적 실존에 대해서 참될 뿐만 아니라 또한 제2항과 제3항에서 토의된 것처럼 인간의 신학적 실존, 하나님 앞에서의 그의 상황과 가치에 대한 엄격한 의미에서도 참되다. 철저하게 인간 자신에 대해, 특히 그의 지상의 삶뿐만 아니라 그의 구원에 대해 그 이해를 결정하는 것이 창조주 하나님에 대한 신앙이다. 이러한 이유 때문에 루터는 창조주 하나님에 대한 신앙을 궁극적으로 결정적인 진리로 특징지을 수 있다. 1523년의 한 설교에서 루터는 이렇게 말하고 있다. "'나는 하나님 아버지, 전능자, 하늘과 땅의 창조주를 믿는다'는 것이야말로 의심할 여지없이 우리의 신앙을 보여주는 최상의 표현이다. 진정으로 이것을 믿는 사람은 누구든지 이미 도움을 받아왔고, 다시 한번 바로 세워졌으며, 그리고 아담이 타락하기 이전의 자리에 이른 것이다. 그가 만물을 창조하고 만드시는 하나님이라고 완전히 믿는 지점에까지 이르는 사람은 많지 않다. 왜냐하면 그러한 사람은 모든 것에 대해, 선과

45) "시 9:8 ("그는 의로 세상을 심판하신다. 그는 공평으로 민족들을 심판하신다")을 논하면서, 루터는 이렇게 말한다. 그러나 우리는 '의'와 '공평'을 그가 자신을 의롭고 공평하게 하는 바 그리스도 안에 있는 것으로 이해할 뿐만 아니라, 그의 행위들 안에 있으면서 그가 그것으로 민족들을 의롭게 하는 것으로, 그리고 그의 은혜 안에 있으면서 그가 그것으로 정의와 공평을 그들에게 나누어 주는 것으로 이해해야 한다 … . 따라서 그리스도의 나라는 진리와, 의와, 공평과, 평화와, 지혜로 이루어져 있다. 그것은 그 자신이 이러한 것들이기 때문이며, 뿐만 아니라 그를 믿는 자들이 그를 통해 진실되고, 의롭고, 공평하고, 평화를 만들며, 그리고 지혜롭게 되었기 때문이다 … . 정의와 공평 … 하나님의 자비와 심판의 사역 이외의 어떤 다른 것도 아니다." *WA* 5, 301.
46) *WA* 24, 18. 이 인용은 각주의 기초 위에 준비된, 1527년 Cruciger 판에서 온 것이다. 1524년 특별 설교판에 근거를 둔, 좀더 짧은 개정판은 *WA* 12, 439 안에서 발견되었다.

악에 대해, 죽음과 생명에 대해, 지옥과 하늘에 대해 죽었어야 하기 때문이며, 그의 중심으로부터 그가 그 자신의 힘으로는 아무것도 할 수 없다는 것을 고백해야 하기 때문이다."[46] 따라서 창조주에 대한 신앙을 고백하는 일은 자기 자신의 무능력을 고백하는 것을 의미하며, 그가 오직 하나님으로부터만 모든 것을 기대한다는 것을 의미한다.

여기서 하나님의 창조적인 활동의 두 가지 요소들이 강조되어야 한다. 첫째, 창조한다는 것은 '무로부터의 창조'를 의미한다. 루터는 제2 마카비 7:28과 롬 4:17의 ex nihilo에 기초한 이 "무로부터의" 창조를 강조하면서 이 신학적 전통을 따르고 있다. 1529년의 루터의 불가타 개정판에서 롬 4:17은 이렇게 기록되어 있다. "그는 존재하지 않는 모든 것을 존재 안으로 부르신다"〔vocat ea quae non sunt, ut sint〕. 루터에게서, 이것은 세계의 기원에 관한 주장 이상의 것이다. 그것은 하나님의 창조하심과 사역 하심의 모든 것을 포함하는 특징이다.[47] 그와 같이 그것은 또한 하나님이 인간의 구원을 실행하시는 방법에서도 드러난다. 이 점에서 또한 하나님은 모든 것을 무로부터 창조하신다. 그는 자기 앞에 있는 아무것도 아닌 인간을 취하셔서 의로운 인간의 가치로 옷입혀 주신다.

하나님의 창조적인 활동의 두번째 특징으로, 루터는 하나님이 그가 만드시는 것을 가면 아래에서 또는 그것의 반대의 형태로, 그러므로 결과적으로 그것의 반대로부터 만드신다는 것을 강조한다. 그렇다. 그는 죽음의 형태 아래서, 죽음을 통해 생명을 창조하신다. 그가 한 인간을 높이고자 하실 때, 그는 먼저 그를 낮추신다. 그가 우리에게 그의 선물들을 주고자 하실 때, 그는 무엇보다도 먼저 우리와 우리가

47) "무(無)로부터 모든 것을 창조하는 것은 그의 본성이다. 그리고 그가 존재하지 않는 것들을 존재 안으로 부르는 것은 그 자신의 가장 적절한 본성이다." WA 40ᴵᴵᴵ, 154. "그는 하나님이기 때문에, 만물을 무(無)로부터 창조하는 것은 그의(그리스도의) 가장 적절한 직무이다." WA 40ᴵᴵᴵ, 90. Cf. WA, TR 6, 6515. "우리 주 하나님이 사용하시는 재료는 무(無)이며, 모든 것이다." WA 39ᴵ, 470.
48) "그가 우리에게 그 자신의 것을 주시기 전에 먼저 우리 안에 있는 무엇이든 멸하고 무(無)로 만드는 것이 하나님의 본성이다 … . (여기서 루터는 삼상 2:6,7을 언급한다. 이러한 그의 가장 복된 권고에 의해, 그는 우리를 그의 선물들과 그의 행위들을 받아들일 수 있게 한다." WA 56, 375; LCC 15, 240. "왜냐하면 하나님의 일하심은 은폐되어야 하기 때문이며, 우리는 그것의 길을 이해할 수 없기 때문이다. 왜냐하면 그것은 은폐되어서 우리의 생각들이 파악할 수 있는 것과는 모순되는 것처럼 보이기 때문이다." WA 56, 376; LCC 15, 242. "그 자신이 모든 것으로부터 무(無)를 만드시고, 무(無)로부터 모든 것을 만드신다. 이러한 것들은 창조주의 사역들이며, 우리 자신의 것이 아니다 … . 하나님은 모든 것을 멸하시고, 무(無)로부터 한 인간을 만드시며, 그런 다음 그를 의롭다고 칭하신다." WA 39ᴵ, 470. Cf. WA 8, 22; LW 13, 22.

가진 바를 파괴하신다. 그렇게 함으로써 그의 선물을 받을 수 있는 여분의 공간을 만드신다. 루터는 여기에서 하나의 기도(삼상 2:6 ff.)를 언급한다. "여호와는 죽이기도 하시고 살리기도 하시며 음부로 내리기도 하시고 올리기도 하시는도다"[48] 그가 그와 같이 역설적으로 처분하신다는 사실이, 그리고 그의 사역을 그것의 반대되는 것 아래 숨기신다는 사실이 또한 하나님의 "본성"이다. "당신은 우리를 낮추실 때, 우리를 높이신다. 당신은 우리를 죄인들로 만드실 때, 우리를 의롭게 하신다. 당신은 우리를 음부로 던지실 때, 우리를 하늘로 인도하신다. 당신은 우리를 패배하도록 만드실 때, 우리에게 승리를 부여하신다. 당신은 우리를 죽도록 내버려 두실 때, 우리에게 생명을 주신다."[49] 사 28:21의 용어를 사용하여 루터는 또한 하나님이 그 자신의 고유한 사역(opus proprium)에 이르기 위하여 낯선 사역(opus alienum)을 행하신다고 말함으로써 하나님이 행동하시는 방법을 설명한다.[50] 그렇게 함으로써 하나님은 그가 하나님이시라는 것을 보여 주며, 어떤 인간의 사역과도 비교될 수 없는 그의 창조하시는 사역의 위엄을 보여 준다.

루터의 칭의 교리는 하나님의 창조성의 이러한 특징들의 상황에서 이해되어야 한다. 하나님이 무(無)로부터 만물을 창조하신다는 사실과 그가 정반대의 형태 아래에서 일하신다는 사실은 둘다 여기에 적용될 수 있다. 루터는 칭의를 하나님의 역설적인 창조적 활동의 하나로 분명하게 포함시킨다.[51] 경건치 않은 자들을 의롭다 칭하는 것은 하나님이 일들을 행하시는 방법의 한 특별한 예로 나타난다. 이신칭의에 대한 루터의 이해를 위한 결정적인 기초는 창조에 대한 그의 이해에 있다.

왜 인간은 자신의 "행위들"로, 즉 하나님의 율법을 이행함을 통해서 하나님 앞에서 의롭지 못한가? 그 질문에 대한 첫번째 대답은 분명히 이것이다. 즉 세계의 시작으로부터 그 종말에 이르기까지, 어떤 인간도 심지어 그리스도인이라 할지라도, 하나님의 율법을 완전하게 이행하지 못한다.[52] 인간의 순종은 언제나 불완전하며 결점 투성이다.

---

49) WA 31ᴵ, 171; LW 14, 95.
50) WA 5, 63; LW 14, 335와 여러 다른 곳.
51) "하나님은 어둠으로부터 빛을 가져오고 무(無)로부터 만물을 가져오는 것 등을 즐기신다. 그래서 그는 만물을 지으셨고, 또한 그래서 포기된 자들을 도우신다. 그는 죄인들을 의롭게 칭하시고, 죽은 자들에게 생명을 주시며, 그리고 저주받은 자들을 구원하신다." WA 40ᴵᴵᴵ, 154.
52) WA 39ᴵ, 51; LW 34, 117.
53) 그것도 바울의 대답보다 더한 것은 아니다. 바울도 역시 말하기를, 인간은 율법의 행위들을 통해 의를 성취할 수도 없고 성취해서도 안된다고 한다.

그러나 1531년부터 1533년에 이르는 기간 동안 주로 발표된 일련의 모든 진술들에서 분명히 보이는 것처럼, 이것이 루터의 완전하고 최종적인 대답은 아니다.[53] 루터는 갈 2:16("우리는 … 인간이 율법의 행위들로 의롭게 되지 않는다는 것을 알고 있다")에 대한 주석에서 그와 같이 설명하고 있다. 인간이 사랑의 이중 명령을 충족시킴으로써 율법의 기본적인 명령들을 충족시켰다 하더라도, 여전히 그는 그렇게 함으로써 하나님 앞에서 의롭게 되는 것은 아닐 것이다. 왜냐하면 하나님은 율법을 충족시키는 일을 의롭게 되는 길로 간단하게 인정하시지 않기 때문이다.[54] 인간이 그 자신의 능력들로 하나님의 법을 충족시키고자 시도하는가, 아니면 하나님의 권세의 도움으로 율법의 의를 성취하는가는 결정적으로 중요한 문제는 아니다. 루터는 1531년 거의 같은 시점에 행해진 논쟁적인 진술에서 그가 갈라디아서 주석에서 행했던 것보다 훨씬 더 날카롭게 이 점을 표현한다.

루터는 여기서 어거스틴의 의견, 즉 그 자신의 자연적 능력들로 율법을 충족시키려는 인간의 시도가 칭의를 가져오지는 못한다 하더라도 성령의 도움으로 율법을 충족시키는 것은 칭의를 가져올 것이라는 생각을 다룬다. 루터는 문제가 되는 것은 사실상 이 후자의 의의 타당성이라고 설명한다. 루터는 다음과 같이 말함으로써 그것의 타당성을 거부한다. "만일 인간이 성령의 능력으로 완전하게 그리고 절대적으로 율법을 충족시키고자 한다면, 그는 여전히 하나님의 자비에 호소해야 할 것이다. 왜냐하면 하나님은 그가 율법을 통해서가 아니라 그리스도를 통해서 사람들을 구원

---

54) "그러므로 심지어 당신이 '너희는 사랑하라 등등'의 계명에 따라 율법의 행위를 한다 하더라도, 당신은 여전히 이것으로 의롭다고 칭함받지는 못할 것이다." *WA* 40^I, 218; *LW* 26, 122. "그러므로 '너는 온 마음을 다하여 네 하나님 여호와를 사랑하라'는 계명을 이행하는 것이 될 행위를 하는 것이 가능하다 하더라도, 여전히 당신은 이러한 이유 때문에 하나님 앞에서 의롭지는 못할 것이다 … . 왜냐하면 율법은 완전히 수행되고 이행된다 하더라도 그것이 의롭게 하지는 못하기 때문이다(그러나 인간 본성이 그것을 이행하는 것은 불가능하다)." *WA*, TR 6, 6720. 하나님은 행위들을 그와 화해되기 위한 수단으로 명령하신 것이 아니라 우리들의 이웃을 섬기기 위한 길로 명령하신 것이기 때문에, 하나님과 화해하려는 의도로 행위들을 행하는 것은 무익할 뿐만 아니라 하나님께 대한 대한 모욕이다. "그 행위들은 하나님을 기쁘시게 하지 못할 뿐만 아니라 심지어 화나게 한다." *WA* 40^{II}, 452; *LW* 12, 397.

55) "이성의 힘들로 이행된 율법은 의롭게 하지 못하며, 그래서 도덕적 행위들은 이교도들은 의롭게 하지 못하는데, 만일 성령이 더하여지면 율법의 행위들이 의롭게 한다는 것이 어거스틴의 견해였다. 그러나 문제는 율법이나 이성의 행위들이 의롭게 하느냐 못하느냐가 아니라, 성령 안에서 행해진 율법이 의롭게 하느냐 하는 것이다. 우리는 그것이 그렇게 하지 못한다고 대답한다. 그리고 … [여기에서 본문에 각주가 달린 인용문이 뒤따르고 있다]." *WA*, TR 1, 85.

하시기로 작정하셨기 때문이다."[55] 율법이 계속해서 어떤 중요성을 갖든지간에, 그
것은 칭의와 구원에 이르는 수단으로 사용되도록 의도되지 않았다.[56] 이것은 하나님
이 어떤 상황 아래서든지 자신과 인간들 사이의 관계가 율법에 의해 결정되는 것이
아니라 오직 그리고 절대적으로 신앙을 통해 받아들여지는 그의 자유로운 은혜에 의
해 결정되기를 바라신다는 것을 의미한다. 인간은 사실상 하나님 앞에서 공로를 쌓
을 수 없다. 뿐만 아니라 또한 인간은 원칙적으로 그렇게 할 수 없다. 모든 경우에
인간은 그의 구원을 위해 하나님의 말할 수 없는 자비에 의존한다.

그러므로 성령이 율법을 충족시키고, 따라서 공로를 얻을 수 있는 초자연적인
능력을 만들어낸다는 사실에서 성령의 은혜의 의미를 보는 모든 은혜론과 성령론은
하나님의 의지의 의미를 상실하고 있는 것이다. 왜냐하면 이러한 은혜론은 여전히
인간으로 하여금 자신의 행위들과 — 물론 이러한 것들 또한 은혜의 도움으로 수행
된다고 하더라도 — 윤리적 업적의 가치에 주목하도록 하기 때문이다. 오직 그리스
도를 통해, 즉 자유롭게 그리고 오직 신앙을 통해서만 칭의가 존재한다는 사실은 죄
인이 율법을 충족시킬 수 없다는 사실과 상관없이 참되다. 그러므로 그것은 또한 은
혜의 초자연적 능력들로 율법을 충족시킬 수 있을지도 모를 사람, 즉 그리스도인에
게도 타당하다. 율법을 충족시키는 것은 그것을 충족시키지 못하는 것만큼 하나님
앞에서의 칭의에 중요하지 않은 문제이다. 하나님은 단지 이런 방법으로 사람들을

56) "어떤 사람이 율법을 이행한다 하더라도, 그럼에도 불구하고 그는 그렇게 함으로써 의
롭게 되는 것은 아니다. 왜냐하면 율법의 목적은 칭의와는 다른 어떤 것이기 때문이
다." *WA* 39¹, 213.
57) "'그러나 사유하심이 당신에게 있나이다'(시 130:4). 당신은 그가 은혜를 바라지 않
는다면 누구도 당신께 와서는 안된다고 결정하셨다 … . 우리의 생각은 다음과 같아
야 한다. '주여, 당신의 자비와 은총이 우리를 이끌게 하옵소서. 왜냐하면 아무것도
도움이 되지 않으며, 나는 다만 두려워 해야 하기 때문입니다.' … 그는 그의 말씀
안에서 두려움과 칭송의 대상이기만을 원하신다. 그밖에 다른 어떤 것도 원치 않으신
다." *WA* 15, 415. Cf. ibid., p. 482. 비슷한 견해의 루터의 찬송가, "깊은 고뇌
에서 당신께 부르짖나이다"의 둘째 절에 표현되어 있다.
당신과 함께 하면 당신의 은총 이외에는 아무것도 쓸데없습니다
우리의 모든 실패를 덮으시는 은총이여
그 유사성은 그 찬송이 이 설교와 대략 같은 시기, 즉, 1523년 후반이나 또는 1524
년 초에 쓰여졌기 때문인 것처럼 보인다. Cf. W. Lucke's discussion of the
dating of this hymn, *WA* 35, 101; [cf. a similar discussion by Ulrich S.
Leupold, *LW* 53, 221. — Trans.] "With thee counts nothing but thy
grace"는 설교로부터의 인용에 있는, "You have decided"와 일치하며, 그리고 설
교의 "because I am holy and accepted nothing would help and I ought
only to fear"는 찬송가의 아래 구절들에서 다시 나타난다.

다루시기를 원하지 않으신다. [57]

하나님의 이러한 의지는 바로 그의 본성에, 그리고 그가 하나님으로서 인간들에 대해 가지는 주된 관계에 기초하고 있다. 이 하나님의 신성은 그가 창조주이며 시여자 (giver)라는 사실에 있다. "행위들"을 하나님 앞에서의 업적들로 가져가려는 열망은 시여자요 창조주이신 하나님을 불명예스럽게 하는 거짓에 해당한다. 첫째, 인간은 하나님 자신으로부터 그가 가져올 수 있는 모든 것을 받았기 때문이다. 그러므로 도덕적 혹은 종교적 업적들을 기초로 하여 하나님 앞에 서는 것은 하나님의 하나님되심을 잊어버리는 것, 즉 창조주의 영광을 잊어버리는 것을 의미한다. 모든 순간마다, 인간이 존재하는 바의 모든 것과 소유하는 모든 것은 오직 하나님이 그것들을 주시기 때문에 그의 것이다. 그러므로 그러한 시도를 하는 데에 인간은 하나님의 주심에 대한 그의 총체적이고 지속적인 의존을 부인하려고 할 것이다. 따라서 그는 마치 하나님이 인간에게 무엇을 주고 인간이 하나님께 무엇을 주는 것처럼, 하나님을 동등한 파트너로 대하는 잘못된 위치에 자신을 두려 할 것이다. 그러나 그러한 상호관계는 하나님이 더 이상 하나님이 아니라는 것을 의미할 것이다. 그러한 삶은 하나님으로서의 하나님에 대한 공격이 될 것이다. 왜냐하면 그것은 모든 순간에 있어서

"최선의 생애도 경기에서 승리할 수 없고,
선행은 공허하나이다.
당신 앞에서 그 누구도 영광을 받을 수 없고,
그래서 모든 사람은 떨고,
오직 당신의 은혜로 인해 살아야 하나이다."

따라서 이 찬송은 우리가 다른 본문들에서 발견하는 것과 같은 생각을 표현하는 것처럼 보인다. 즉, 그 생각이란, 비록 인간들이 최선의 삶을 성취하고 율법을 완전히 이행한다 하더라도, 그것이 가능하다는 전제 하에, 하나님은 오직 은혜와 자비를 기초로 하여 인간들을 상대하기로 결정하셨다는 것이다. 따라서 하나님의 은혜의 질서는 죄인들에게 적용될 뿐만 아니라 의인들에게도 해당된다. "행위들을 행하는 인간은, 그가 거룩하거나 지혜롭거나 정의롭거나 또는 그가 무엇을 의지하든지 간에, 만일 신앙이 결여되어 있다면, 그는 여전히 진노 아래 있고 저주받은 자이다." WA 39[1], 48; LW 34, 113. "왜냐하면 하나님은 우리에게 생명과 의를 주시기를 의지(意志)하시며, 자비로부터 떠나지 않으시기를 의지하시기 때문이다." WA 39[1], 236. "하나님은 어떤 행위들도 받아들이지 않으시며, 다만 그리스도 안에 약속된 자비를 이해하는 신앙만을 받아들이신다. 그러므로 그는 어느 때든지 어떤 행위들 때문에 영원한 생명을 주시지도 않았고 주기를 원하시지도 않았다. 그 행위들이 아무리 영화롭고 위대하다 할지라도, 그리고 그것들이 아무리 하나님의 율법에 일치한다 할지라도 마찬가지였다. 그가 영원한 생명을 허락하셨던 것은 오직 그의 말로 표현할 수 없는 자비로 인한 것이었다. 그러므로 누군가 말하기를, '오, 하나님, 나의 모습을 보소서. 나는 마땅히 가치있는 삶을 살고 있나이다'라고 한다면, 그것은 결코 안심할 만한 말도, 지혜로운 말도 아니다." WA 39[1], 238. 〔이것은 루터의 학생 가운데 한 사람의 말일지도 모른다.〕 Cf. WA 6, 210f.; PE 1, 195.

하나님으로부터 받아들여진 삶으로 이해되지도 살아지지도 않기 때문이다.

"이성이란 참으로 어리석다. 그것은 이미 하나님으로부터 선물로 받은 것을 다시 하나님에게 드림으로써 어떤 위대한 일을 이루고자 시도한다." 분명히 인간은 하나님이 그에게 주신 것을 하나님께 가져가야 한다. 그러나 마치 그것이 하나님의 선물이며 재산이 아닌 것처럼, 그것이 그 자신의 재산이며 업적인 것처럼 인간이 그것을 하나님께 가져간다면, 그것은 넌센스이다. 이런 식으로 모든 선물과 모든 권세의 창조주 앞에 업적들을 가져가는 것은 하나님께 대한 모욕이다. 하나님 앞에서는 오직 한 가지 일만이 있을 수 있다. 그것은 다름 아닌 감사이다. 그러므로 우리가 그분에게 무엇을 가져가든지 오직 감사의 표현으로 이해될 수 있다.[58] 그렇게 함으로써 그것은 잘못된 의도를 제거하게 된다. 그러나 만일 인간이 하나님 앞에 그 자신의 공로들을 가져가고자 노력한다면, 감사의 요소는 상실되고 만다.[59]

이러한 맥락에서 볼 때, 어느 누구도 자기 자신의 힘으로는 모든 선한 것들의 시여자에게 감사하지 못한다는 사실이 망각되어서는 안된다. 오히려 이것 또한 우리를 향한 하나님의 선물이다. 하나님은 우리에게 우리가 감사해야 할 그 선물들을 주실 뿐만 아니라 그는 또한 우리에게 감사의 마음을 주신다.[60] 인간이 용서가 아닌 어

---

58) "너희는 오직 감사하고, 찬양하며, 그리고 나를 영화롭게 하는 것 외에는 어떤 것도 내게 되돌려 줄 수 없다." WA 16, 444. "그러나 내 안에 무엇이 있는가? 그것은 그의 선물이 아닌가? … 만물은 하나님으로부터 왔다 … . 하나님께 감사드리는 것 외에 우리가 해야 할 남은 일은 아무 것도 없다. 우리의 존재와 우리의 소유의 모든 것, 심지어 우리의 생명 자체도 하나님의 선물이다. '누가 주께 먼저 드려서 갚으심을 받겠느뇨?'(롬 11:35). 선물들을 받고 무엇인가 큰 것으로 되돌려 드리고자 하는 것은 분명 인간의 이성이 가진 분명한 어리석음이다. 당신은 이전에 그의 것이 아닌 어떤 것을 하나님께 드릴 수는 없다 … . 만일 당신이 하나님으로부터 모든 것을 취하고 무엇인가 큰 것으로 되돌려 드리고자 한다면, 그때 당신의 이성은 하나님을 강도로 정죄하고 있는 것이다." (Rörer's notes) WA 40[II], 452; cf. LW 12, 397. "그러나 우리는 이미 그의 것이 아닌, 그리고 그에게 속하지 않은 어떤 것을 하나님께 되돌려 드릴 수는 없다." WA 40[II], 433 (in Veit Dietrich's edition of Rörer's notes).

59) "이 행위의 제사들은 그것들과 나란히 존재할 수 없는 감사의 제사들의 제거라는 결과를 초래한다." WA 31[I], 252; LW 14, 34. Cf. WA 6, 237; PE 1, 233, 여기에서 루터는 하나님의 자비를 원하지 않는 불신자들에 대하여 말하기를, 그들은 "그(하나님)가 모든 사람에게 주시며 어떤 것으로도 되돌려 받지 않으시는 하나님이기를 허락하지 않는다"고 주장한다. 그의 칭의론에서 루터가 무(無)로부터(ex nihilo) 창조하시는 창조주로서의 하나님의 영광에 대해 얼마나 궁극적으로 관심을 두고 있는가에 대한 또 다른 예(例)는 다음과 같은 곳에서 발견된다. WA 40[I], 131; cf. LW 26, 66: "우리는 모든 의를 인간들로부터 취하여 무(無)로부터 창조하시는 창조주에게 그것을 돌려드린다."

떤 다른 것을 기초로 하여 하나님 앞에서 살아가고자 할 때마다 하나님에 대한 어떤 진실한 두려움도 남아있지 않게 된다. 그러나 하나님은 이렇게 말씀하신다. "나는 하나님으로 남아 있고자 한다. 나는 사랑받고자 하고 존경받고자 하고 사람들 앞에 두려움의 대상이기를 원한다!" 그리고 그가 하나님으로 남아 있고, 두려움의 대상이기 위해서, 그는 인간을 용서하고 인간에게 오직 이러한 용서를 기초로 하여 살아갈 것을 명령한다. 그러므로 하나님으로서의 하나님을 두려워하는 것이 의미하는 바는 바로 이것이다. 즉 그를 아무 대가없이 모든 것을 우리에게 주시며 주시기를 원하는 분으로, 또한 우리가 그에게 이러한 주심을 계속하시도록 허용하는 것 이외에 어떤

60) *WA* 40^{II}, 453; cf, *LW* 12, 397.
61) 시 130편에 대한 그의 강의에서, 루터는 이렇게 말한다. "그러므로 당신의 의가 당신의 용서하시고 참으시는 자비에 있다는 것은 좋은 일입니다. 왜냐하면 따라서 당신은 하나님으로 남아있을 것이기 때문입니다. 그렇지 않으면, 당신은 당신의 신성을 잃어 버릴 것이며, 전혀 중요하지 않은 존재가 되어 버릴 것입니다 … . 만일 하나님이 상실되고, 그의 보좌에 앉아 카르투지오 수도회원들(the Carthusians)이 생각하는 유(類)의 생각들을 하는 새로운 존재가 피조된다면. 결코 그러한 일이 일어나게 해서는 안된다. 왜냐하면 율법의 의로부터 뒤따라 오는 것은 진짜 우상숭배 이외의 어떤 다른 것도 아니다. 그리고 행위들의 의는 우상숭배 자체이다. 왜냐하면 그것은 또다른 하나님을 창조하기 때문이다. 이것을 행하는 데에 나는 오직 나 자신을 숭배하며, 카르투지오 수도회원들과 모든 행위-의를 말하는 사람들의 말처럼, 이렇게 말할 것이다. '나는 설교해 왔고 많은 고난을 받았다.' 그렇다면 무엇인가? 내가 나 자신의 행위들로 자신을 숭앙할 때, 나는 우상숭배자이다. 왜냐하면 나는 하나님이 그것들을 고려하신다고 생각하기 때문이다. 그러한 상상은 나의 마음의 우상이다. 그러므로 행위-의를 말하는 사람은 우상숭배자이다. 왜냐하면 그는 하나님을 배제하고 하나님은 자기의 신성을 상실하기 때문이다. 그러므로 거기에는 오직 한 가지 결과만이 있다. 그것은, 하나님이 행위들을 통해 그 자신의 존재, 이름, 영예, 위엄, 그리고 위대한 선을 상실한다는 것이다. 그래서 하나님은 말씀하신다. '나는 하나님이기를 원한다. 나는 사랑받고, 존경받으며, 그리고 두려움의 대상이기를 원한다. 그리고 너희에 관해서는, 너희는 은혜로써 의롭게 되어야 하며 나를 내려다 보거나 교만한 가운데 내 위에 너희들을 올려 놓아서는 안된다.' 하나님은 다만 선언하시기를, 용서, 죄, 은혜, 그리고 대속에 대한 교리가 계속해서 서 있지 않는다면, 우상숭배가 지배할 것이라고 하였다. '그러나 사유하심이 주께 있음은 주를 경외케 하심이니이다' (시 130:4)라고 말하는 것과 같다." *WA* 40^{III}, 356. "그렇지 않으면 우리는 간단히 하나님을 소유할 수 없다. 하나님을 소유하는 것과 율법을 통해 의롭게 되는 것을 결합하는 것은 불가능하다. 왜냐하면 한편으로 하나님을 두려워하고 영화롭게 하면서, 다른 한편으로는 율법을 통해 의롭게 되기를 원하는 것은 물과 불보다, 사탄과 하나님보다 더욱 적대적인 관계에 있는 것이기 때문이다 … . 용서가 없는 곳에 하나님도 없으며, 다만 순진하고 단순한 우상숭배만이 있다. 행위들의 의는 본질적으로 가장 순진한 우상숭배이다 … . 그러나 그리스도인들의 주된 특성은 용서는 하나님께 있고, 그것은 모든 세계로 퍼져 나갔으며, 그래서 우리가 하나님이 구원하시고 용서하시는 하나님이라는 것을 믿으면 하나님만이 진실로 남아 있게 된다는 것을 아는 것이다." *WA*

다른 것도 우리에게 요구하지 않는 분으로 인정하는 것이다.[61] 아무런 대가 없이 하나님의 자유로운 은혜의 선물들을 받아들이지 않으려는 사람은 누구든지 하나님이 하나님되시는 영광을 물리치는 것이다.[62] "하나님께, 마치 그것이 당신 자신의 것인 양, 당신이 하나님으로부터 받은 것을 가져가는 것은 교만한 일이다. 이것은 모든 죄 중에서 가장 나쁜 죄이다."[63]

자신의 윤리적인 공로를 통해 하나님 앞에서 의롭고자 원하는 사람은 누구든지 창조주의 자리를 차지하는 것이다. 의(義)를 이루는 일, 죄를 멸하는 일, 그리고 생명을 주시는 일, 이러한 일들은 모두 오직 창조주만이 하실 수 있는 일이다. "우리를 지은 것은 그분이며, 우리 자신이 아니다." 시편 100편에 기록된 이 말은 첫번째 창조에서 세상 삶의 선물에 대해서도 참될 뿐만 아니라, 두번째 창조에서 영원한 삶으로의 중생에 대해서도 참되다. 이러한 이유로, 모든 신인협동론적 교리는 완전히 왜곡된 신 이해이며, 우리의 활동이 의미할 수 있고 의미해야 하는 바에 대한 완전히 왜곡된 이해이다.

우리가 우리 자신의 업적을 통해 하나님과의 교제를 구해야 하고 구할 수 있으며, 따라서 영원한 삶을 얻어야 하고 얻을 수 있다는 생각은 어리석은 생각이다. 왜냐하면 우리는 죄인들로서 그것을 할 수 없기 때문이다. 뿐만 아니라 그러한 생각은 또한, 루터가 표현하는 대로, 불경건이며 신성모독이다. 왜냐하면 그렇게 함으로써 우리는 하나님으로서의 하나님의 지위를 공격하는 것이기 때문이다. 하나님과의 관계에서 자신의 지위를 확보하는 그 무엇을 하나님 앞에 가져갔다는 인간의 주장은 다름아닌 그가 자신을 하나님의 자리에 두었으며, 자신을 그 자신의 하나님과 창조

40[III], 358. Cf. 다음 진술들은 Veit Dietrich's edition of Luther's lecture에서 인용된 것이다: "왜냐하면 선지자가 은혜를 제거하는 것은 또한 하나님에 대한 두려움을 제거하는 것이기 때문이다(시 130:4). 하나님을 예배하고 경배하는 것과 그의 유익이 무엇이고 그에게 어떻게 순종해야 할지를 아는 것 외에, 하나님을 두려워 하는 것은 무엇을 의미하겠는가?" WA 40[III], 358.

62) "왜냐하면 하나님은 모든 사람들에게 그의 선물들을 자유롭게 분배하시는 분이시기 때문이며, 그리고 이것은 그 자신의 신성에 대한 그의 찬양이다. 그러나 그는 그로부터 자유롭게 은혜와 영생을 받아들이고자 하지 않고 그들 자신의 행위들로 그것을 얻기를 원하는 스스로를 의롭게 여기는 사람들을 상대하면서 자신의 신성을 주장할 수는 없다. 그들은 단지 그에게서 그의 신성의 영광을 빼앗기를 원한다." WA 40[I], 224; LW 26, 127 (Rörer's edition). "모든 사람들에게 주시며, 모든 사람들을 돕는 것은 하나님의 본성이다. 만일 내가 이것을 안다면, 나는 참 하나님을 가진 것이다. 그러나 만일 내가 어떤 것을 나 자신에게 돌린다면, 그때 나는 하나님에게서 그의 영광을 빼앗는 것이다." WA 17[I], 233.

63) WA 9, 462f.

주로 만들고 있다는 것을 의미한다. 왜냐하면 그는 그렇게 함으로써 하나님이 오직
그 자신만을 위해 남겨둔 일, 즉 의와 생명을 창조하는 일을 감히 행하고 있기 때문
이다. 우리 자신의 행위로 의롭게 되려는 열망은 성서적 언어와 선포를 뒤집은 말,
즉 "우리를 지으신 자는 하나님이 아니라 바로 우리 자신이다"라는 말과 같은 것이
다. 이 모두가 동일하게 신성모독적이다.[64]

　　도덕주의에 대한 루터의 비판은 그러므로 그것의 신 중심성(theocentricity)에
의해 특징지어져 있다. 그것의 표준은 하나님이 정말로 하나님이라는 사실이다. 도
덕주의는 우상숭배와 신성모독으로 간주된다. "행위-의는 실제적으로 그리고 본질적

---

64) *WA* 40[II], 466. Cf. Veit Dietrich's edition of this: "매우 위로가 되는 것은,
하나님은 희생제물들을 원하지 않으시며, 만일 이러한 최상의 예배 행위가 하나님의
진노를 돌이키고 우리를 의롭게 만들려는 목적으로 행해진다면 그는 그것을 정죄하고
거절하신다는 것이다. 여기에서 하나님의 자비가 우리에게 천거되고 있으며, 자유롭
게 죄를 용서하고 우리를 의롭게 하고 있다. 그들 자신의 행위들로 의를 구하는 자들
은 오직 그들 자신의 조물주 혹은 창조주가 되려고 애쓴다 … . 그러므로 하나님이
우리의 행위들로 기뻐하셔서 결과적으로 우리에게 영생 혹은 의를 주신다고 주장하는
것은 잘못된 생각일 뿐만 아니라 악한 생각이다." *WA* 40[II], 456-57; *LW* 12, 402.
"그러나 그들은 이 점을 전혀 알지 못했다. 그들은 우리를 살인자들보다 열 배나 더
악한 자들로 만들었다. 왜냐하면 그들은 하나님의 사역을 나의 공로로 돌렸기 때문이
다. 그러나 오직 그만이 죄를 멸하시고, 의롭게 하시며, 그리고 생명을 주신다. 그것
이 창조하심이다. 그러나 그들은 나에게 그것을 하도록 말하고 있다. 그렇게 함으로
써 그들은 나를 하나님의 자리에 두며 나로부터 하나의 우상을 만들어 내고 있다. 왜
냐하면 그들은 하나님 자신의 사역들을 나에게 주기 때문이다." *WA* 40[I], 442; cf.
LW 26, 283. "이것은 불경스럽고 터무니없게도 하나님의 은혜의 자리에 그리고 그
것의 위에 우리 자신의 행위들을 올려놓는 것이 아닌가?〔다음 문장은 영어 번역에는
발견되지 않는다.〕 이것은 그리스도로부터 하나님의 신성을 탈취하고 그를 부인하는
것과 같지 않은가?" *WA* 31[I], 244; *LW* 14, 26. 성서에서 의로운 자들은 새로운 피
조물로 불린다는 사실에 비추어서, 루터는 이렇게 말한다. "우리의 행위들이 우리를
낳는다는, 또는 우리가 우리의 행위들의 피조물이라는 이러한 신성 모독을 누가 참을
수 있겠는가? … 그런 경우에 선지자와는 정반대로 이렇게 말할 수 있을는지도 모른
다. '우리가 우리 자신들을 지었으며, 하나님이 우리를 창조하지 않았다.' (시 100:3)
… 따라서 인간이 그 자신의 신이고, 창조주이며, 또는 생산자라고 말하는 것이 신성
모독인것 만큼, 그가 그 자신의 행위들에 의해 의롭게 된다고 말하는 것도 신성모독
이다." *WA* 39[L], 48; *LW* 34, 114. "당신은 자신을 신뢰할 만한 존재로 보지만, 하
나님을 그렇게 보지 않는다. 그것은 하나님에 대한 신성모독이다." *WA* 17[I], 233;
cf. *LW* 12, 187.
65) "우리가 하나님께 드리거나 혹은 공로를 세우거나 혹은 그에게 우리 자신의 행위들로
갚고자 할 때, 은혜는 그것을 참을 수가 없다. 이것이 가장 큰 신성모독이며 우상숭
배이다. 그리고 하나님에 대한 가장 큰 부인이며, 조소이다." *WA* 31[I], 252; *LW*
14, 34.

으로 우상숭배이다."[65] 인간은 하나님의 진정한 실재를 포기하고 그것의 자리에 그가 자기 자신을 위해 만든 우상을 둔다. 그는 자기 자신의 도덕적 공허에 상응하는,[66] 그러나 하나님이 정말로 원하시는 것과 아무 관계도 없는 하나님의 본성과 의지에 대한 하나의 형상을 세운다. 그것은 하나의 우상의 형상이다. 참된 하나님은 예수 그리스도를 통해 나타난 화해의 하나님이다. 오직 그 하나님만이 시여하시고 창조하신다.

도덕주의의 길은 무엇보다도 윤리적인 허상이다. 왜냐하면 어떤 인간도 명령들을 다 준수할 수 없기 때문이다. 뿐만 아니라, 그것은 종교적인 허구이다. 왜냐하면 인간이 도덕적으로 다루고 있는 그 하나님은 인간 자신의 마음으로부터 나온 상상력의 단편에 불과하기 때문이다. 그렇게 될 때, 하나님은 자신의 참된 신성을 상실하고, 그럼으로써 하나님으로서의 자리에서 밀려난다. 또한 윤리적인 인간은 그가 하나님 안에서 그의 궁극적인 안정을 발견하지 않고, 자기 자신과 자신의 공로 안에서 그의 궁극적인 안정을 발견하고자 하는 한, 우상숭배자와 다를 바 없다. 적어도 그의 눈에는 그러한 공로들이 하나님이 고려해야만 하는 무조건적인 가치를 가지는 것처럼 보인다. 그러므로 윤리적인 인간은 자신과 그의 공로들을 동시에 숭배하고 있다. 그는 그 자신의 우상이다. 그러므로 도덕주의와 하나님에 대한 참된 두려움은 서로를 배제한다. "율법의 의에 대한 열망과 하나님을 모시는 것이 서로 결합되는 것은 불가능하다. 하나님을 두려워하는 것, 또는 하나님을 경외하는 것과 율법에 따라 의롭게 되고자 하는 것 사이에는 물과 불, 또는 사탄과 하나님 사이에 있는 모순보다 더 큰 모순이 존재한다." 이것이 루터가 시편 130:4, 즉 "그러나 사유(赦宥)하심이 주께 있음은 주를 경외케 하심이니이다"를 이해하는 방법이다.[67] 시편의 이 구절은 루터로 하여금 계속해서 칭의의 신 중심적인 의미를 의식하게 했다. 이 구절은 루터의 결정적인 성서적 기초이다. 윤리적 교만은 하나님에 대한 두려움의 상실과 아울러 하나님이 하나님이라는 것에 대한 부인을 시사한다.

이러한 부인은 그러한 주장에 상응한다. 도덕주의에 대한 루터의 비판뿐만 아니라 신앙에 대한 그의 평가 또한 신 중심적으로 결정되어있다. 도덕주의가 우상숭배인 것처럼, 또한 예수 그리스도 안에 있는 하나님의 약속에 대한 신앙은 하나님에 대한 참된 예배이다. 신앙은 하나님에게 관련되는 적절한 길이다. 그것은 인간이 행

---

66) *WA* 40[II], 466.
67) *WA* 40[III], 360. "만일 내가 당신이 나를 용서하신다는 것을 안다면, 그 때 당신은 내게 머물러 있다. 그러나 만일 내가 모른다면, 그 때 나는 참 하나님을 상실한 것이다." Ibid.

위의 길을 가다 파멸하기 때문에 현재에도 그러하거니와, 뿐만 아니라 하나님의 존재 자체 때문에 처음부터 그러하다. "아무도 당신 앞에서 자랑할 수 없습니다." 모든 사람이 죄인이기 때문만이 아니라 하나님은 하나님이시고 인간은 인간이기 때문에 이것은 참되다. 어떤 다른 것도 죄인들에게 남아 있지 않기 때문만이 아니라 하나님은 하나님이고 인간은 믿는 것을 통하지 않고 다른 방법으로는 그를 하나님으로 존경할 수 없기 때문에, 우리는 믿어야 한다. 왜냐하면 신앙은 제1계명의 완성이기 때문이다. [68] 신앙은 하나님의 본성, 즉 하나님의 신성에 상응하는 인간의 유일한 태도이다. 하나님의 참된 신성은 그가 창조주이시며 무(無)로부터, 심지어 그것의 대립으로부터 창조하신다는 사실에 있다. 신앙은 정확히 이것에 일치한다. 신앙은 아무것도 발견될 수 없는 그 곳에서 무엇을 기대한다. 다시 말해서 신앙은 모든 현상에도 불구하고 기대하면서 기다린다. 하나님의 신성과 인간의 신앙은 일치한다. 신앙은 완전히 하나님으로서의 하나님을 향해 정향되어 있다. 그럴 때에만 인간은 완전히 본질적으로 하나님인 그 분을 믿을 수 있고 신뢰할 수 있다. [69] 다시 말하면, 우리는 오직 신앙의 방법이 아닌 어떤 다른 방법으로도 하나님을 하나님으로 인식할 수 없고 인정할 수 없으며 존경할 수 없다. 신앙만이 참으로 하나님을 그분 그대로 순종하고 예배한다. 이러한 신 중심적인 성격이, 이것은, 바울과 마찬가지로, 루터가 신앙을 하나님에 대한 순종과 예배라는 차원에서 이해하는 바, 칭의론의 하나님 중심적 특징이다. 그것이 하나님을 기쁘시게 하는 유일한 예배 형태이다. 신앙만이 하나님에 대한 참된 두려움이다. [70]

청의와 신앙에 대한 이러한 신 중심적인 이해는 루터가 참 종교와 거짓 종교를 구별하기 위해 사용하는 결정적인 기준이다. 그에게 알려진 종교는 두 가지 기본적인 범주들로 나누어진다. 하나의 범주는 복음의 바깥에 있는 모든 종교들을 포함한다. 거기에는 복음에 대한 로마 가톨릭의 왜곡과 심지어 유대인들이 이해하는 바, 하나님이 명령한 희생제사 제도도 포함된다. 다른 하나의 범주는 오직 복음, 즉 신앙의 종교만을 포함한다. 첫번째 유형에 해당하는 아무리 많은 종교들이 서로 다르다고 할지라도, 그들은 모두 인간은 하나님께 무엇인가를 가져가야 하며, 또한 인간

---

68) "신앙은 참된 예배이며, 제1계명의 주된 사역이다." *WA* 5, 394. Cf. *WA* 6, 516.
69) *WA* 37, 42.
70) "우리는 하나님을 신뢰하고 희망하는 것 외에 그에게 어떤 다른 것도 희생제물로 드려서는 안된다." 그런 다음 루터는 무로부터 창조하시는 분으로서의 하나님의 "본성"을 논하고 다음과 같이 결론짓는다. "그러므로 이러한 본성에 동의하고 그것을 따르고자 하는 사람은 누구든지 옳은 사람이다. 심지어 그가 보지 못한다 하더라도 그는 보고 희망한다." *WA* 40^{III}, 154.

은 무조건적인 화해와 칭의를 감히 신뢰해서는 안된다는데 동의하고 있다. 루터는
유대교, 이슬람교, 교황제도, 수도원주의, 열광주의자들과 모든 스위스 급진주의자
들을, 뻔뻔스러운 인간의 교만과 우상숭배를 부추기고 하나님에 대한 진정한 두려움
에 모순되는 것으로서 같은 범주에 두고 있다 (시 130:4의 의미에서). 하나님은 이러
한 종류의 잘못된 예배를 원치 않으신다. 하나님에 대한 무조건적인 신앙의 종교는
하나님을 참으로 예배하기 위한 유일한 가능성이다. 따라서 루터의 신 중심적인 관
점은 세계의 모든 종교들을 구분하는 선을 긋고 있다.[71]

루터는 그의 교리가 가진 신 중심적인 성격은 그것의 진리 여부를 판단하는 기
준이라고 명백하게 주장한다. 그의 교리는 그것이 하나님을 하나님되게 하고, 하나
님의 이름을 찬미하며, 인간이 아니라 오직 그에게 영광을 돌린다는 사실로써 참된
것으로 증명되었다.[72] 루터는 이 기준을 바울이 갈 1:10에서 말하고 있는 것에서 발
견한다. 루터는 다음과 같이 번역하고 있다. "이제 내가 사람들에게 좋게 설교하랴,

---

71) "모세가 거룩하게 제정하였고 선지자들과 족장들이 승인한 하나님께 대한 희생 제사는
아무런 가치도 가지지 못한다 … . 그러므로 세상의 모든 종교들로부터 그리스도를
구별하라. 그리스도는 모세 위에 놓여져야 한다. 죄의 용서와 은혜는 전 세계의 예배
행위보다 더 위대하다." *WA* 40[II], 451; cf. *LW* 12, 396 f.
   "교황주의, 마호멧교, 수도원주의, 가장 최근의 이단, 츠빙글리, 그리고 오이콜람
파드(Oecolampad) 등 모두가 우상숭배이다." 이것은 Rörer의 노트의 순서이다.
Dietrich 판에 따르면, 루터는 유대교를 그 목록에 포함시키고 있다. *WA* 40[III],
359. "인간이 그리스도를 상실하고 그 유일하신 구세주가 그의 마음 속에 있지 않을
때, 그 때 모든 신앙은 하나의 신앙이 된다 (*da wird aus allem Glauben ein
Glaube*). 왜냐하면 그들이 참 신앙을 가지고 있지 않으며 어떤 다른 기초 위에 건물
을 세우고 있다는 이 한 가지 사실에 그들 모두가 일치하고 있기 때문이다." *WA*
37, 59.
72) "나는 '따라서 나의 가르침은 유효하며, 그리고 그것은 옳다.' 그것은 좋은 가르침이
다. 이것은 그것이 주 그리스도를 기초로 하고 있고, 그것이 하나님을 하나님되게 하
며, 그리고 그것이 하나님께 영광을 돌리고 있다는 사실로부터 명백하다. 이 가르침
은 옳으며, 그리고 그것은 그릇될 수 없다." *WA* 17 I, 32; *LW* 12, 187.
73) 갈1:10에 대한 그의 주석에서 루터는 다음과 같이 말한다. "따라서 나는 내가 나의
설교로써 구하는 바는 사람들의 칭찬이 아니라 하나님의 은혜와 영광이며 하나님과
화해케 하는 것이라는 점을 명백히 한다." *WA* 40 I, 121; *LW* 26, 58. 또한 이 인
용문 이하의 절들을 보라. "나는 여전히 이것을 확실하다고 알고 있다. 즉, 내가 가
르치는 것은 인간으로부터 오지 않고 하나님으로부터 온다. 즉, 나는 모든 것에 대한
공로를 오직 하나님께 돌리며, 결코 어떤 것도 사람의 탓으로 돌리지 않는다 … . 그
리고 복음의 가르침이 모든 영광, 지혜, 의 등을 사람들로부터 배제시키며, 그것을
오직 무로부터 만물을 창조하시는 하나님께 돌리는 것이 사실이다. 게다가 사람들의
탓으로 돌리는 것보다 하나님의 탓으로 돌리는 것이 훨씬 더 안전하다." *WA* 40[I],
131 f.; *LW* 26, 66. Cf. *WA* 40[I], 589; *LW* 26, 387.

아니면 하나님께 좋게 설교 하라?" 루터는 그 자신의 신학을 정당화하기 위해 어떤 신학의 진리에 대해 이 기준을 사용한다. 그의 신학은 하나님을 높이고 인간을 높이지 않는다.[73]

루터의 오직 신앙으로만 의롭게 된다는 교리는 따라서 완전히 하나님만이 창조주라는 그의 원리에 기초해 있다. 칭의에 대한 오직 이러한 이해만이 루터가 그것이 요구한다고 느끼는 만큼의 충분한 진지함으로 인간의 피조성을 다룬다.[74] 경건치 않은 자들의 칭의는 하나님이 무로부터, 그리고 반대되는 형태 아래에서 창조하시는 방식의 모든 구체적인 예들 가운데 가장 탁월한 것이다.

---

74) "나는 어디에서 왔는가? 당신은 어디에서 왔는가? 우리는 분명히 우리 자신들을 만들지 않았다. 왜냐하면 우리는 심지어 존재하지 않았기 때문이다. 누군가 우리를 지으신 분이 있음에 틀림없다. 그리고 이제 우리는 우리 주 하나님께로 가서 그와 매매계약을 성립시키기를 원하고 있다. 그러면 우리는 그가 우리에게 하늘나라를 허락하는 조건으로 그에게 우리의 행위를 팔 것인가? 피조물이 자신을 너무 높이 치켜 올려서 그가 자신의 창조주와 담판을 지을 수 있다고 생각하는 것은 부끄러운 일이 아닌가? 그리고 이 모든 것이 가능한 것은 우리가 하나님이 우리의 창조주라는 것을 믿지 않기 때문이다. 만일 우리가 그가 창조주라는 것을 믿는다면, 우리는 완전히 다른 길로 진행해 갈 것이다. 그러나 우리의 양심이 우리에게 하나님이 우리 모두의 창조주라는 사실을 확신시킴에도 불구하고 아무도 그가 창조주라는 것을 믿지 않는다. (비록 사람들이 그렇게 믿는다고 말할지라도 그렇다.) 이제 만일 우리가 또다른 하나님에 의해 창조되었다면, 우리가 하나님 앞에 서서 이렇게 말하는 것도 가능할 것이다. '주 하나님, 나의 행위로 인해 나를 받아 주십시오. 왜냐하면 나는 어떤 다른 이로부터 비롯되었으며, 당신은 나를 지으시지 않았기 때문입니다.'" *WA, TR* 5, 5492.

제11장

인간을 위한 하나님의 뜻

이 부분의 제목은 또한 "하나님의 율법"일 수도 있다. 그러나 죄의 시각에서 율법과 복음 사이의 관계에 대한 우리의 토의를 위해서 이 제목을 그대로 사용하는 것이 더 유익하다. 인간을 위한 하나님의 뜻은, 비록 십계명으로 표현되어 있을지라도, 율법과 복음 사이의 구분에 다리를 놓는다. 구원으로의 초대로서 그것은 동시에 복음이며 율법이다.

하나님의 뜻은 십계명에서 인간들을 대면한다. 가장 중요하고 결정적인 것은 제1계명이다. 루터는 제1계명을 복음이 우리들에게 다가오는 형식들의 하나로 간주했다. 그는 복음이 즉시 또한 하나님의 한 계명의 형식으로 우리를 대면하는 것이 매우 중요하다고 생각했다. "나는 주 너의 하나님이다"는 복음의 본질을 표현한다. 이 말은 우리를 신앙으로 부른다. "오직 나만을 너의 하나님이 되게 하라."[1] 이 부르심은 어떤 명령의 최고의 진지함을 가지고 있다. 루터는 하나의 계명의 형식으로 이루어진 복음의 진술이 모든 의심과 절망의 순간에 신앙을 돕는다는 것을 이해했고 인정했다. 그리고 그는 그것을 다음과 같은 방법으로 자신과 다른 사람들을 위해 사용했다.

수도원에서의 그의 내적인 영적 투쟁의 시기에 그의 고해신부는 사면이나 다른 위로들을 통해 루터의 양심에 어떤 안식도 줄 수 없었다. 그 때 그의 "선생"이 영적

---

1) *WA* 30¹, 133; *BC*, 365.

시련에 관한 루터의 불평에 다음과 같이 대답했다. "나의 아들아, 대체 무엇을 하고 있느냐? 너는 하나님 자신이 우리에게 소망하도록 명령하셨다는 것을 알고 있느냐?" 이 말이 전환점이었다. 루터는 이렇게 회고한다. "나는 '명령하셨다' 라는 이 한마디 말을 통해 매우 고무되었고 나는 이제 사면을 믿어야 한다는 것을 알고 있다."[2] 여기에서 복음이 계명의 형태로 그에게 대면해 오는 바 그 계명의 형식은 그로 하여금 믿도록 도왔다. 이러한 경험은 다른 사람들에 대한 그의 목회적인 관계들에 대해서 결정적인 것으로 남아 있었다. 그는 계속해서 의심하는 자들과 절망하는 자들을 제1계명으로 향하게 한다. 하나님이 당신에게 그를 소망하고 믿도록 명령하셨다. 만일 당신이 의심하고 절망하면, 당신은 제1계명을 거역하여 죄를 짓고 있는 것이다.[3]

제1계명은 "기본적이고, 가장 크며, 최선의 계명으로서 모든 다른 계명들이 그것으로부터 비롯된다."[4] 이러한 이유 때문에 제1계명의 "행위", 즉 "모든 순간에 하나님의 은혜에 대한 신앙 혹은 신뢰"는 첫번째의, 가장 큰, 그리고 최선의 "행위"로서 다른 모든 행위들은 그것으로부터 비롯된다. 제1계명은 "인간의 마음 전체를 요구하며, 그가 오직 하나님에게만 모든 신뢰를 두고 다른 어떤 것도 신뢰하지 않기를 요구한다." "이로써 하나님이 하나님으로 존경받는다." 즉 "이것이 하나님을 기쁘시게 하는 참된 존경이며 참된 예배이다."[5] 그가 약속하실 때 그를 믿는 사람은 누구든지, 그렇게 함으로써 오직 그만을 소망하는 사람은 누구든지 그를 하나님으로, 그의 권세를, 그의 신실하심을, 그리고 그의 선하심을 신뢰한다.[6] 하나님이 원

---

2) *WA* 40[II], 412; 12, 370

3) "당신은 어떻게 행동하고 있는가? 하나님은 당신이 절망하기를 원하지 않으신다. 오히려 그는 당신에게 희망하고 신뢰하기를 명하셨다. 그는 당신이 예배하고 그의 자비를 신뢰하기를 원하신다. 이것이 제1계명이다." *WA* 40[III], 343. "하나님은 당신이 그를 소망하고, 당신을 위해 죽으시고 부활하신 그리스도를 믿기를 원하신다. 그리고 그는 나의 입과 사도 바울의 입을 통해서 이렇게 하기를 명령하신다 … . 만일 당신이 이것을 의심하고 절망한다면, 당신은 제1계명을 거역하여 죄를 범하는 것이다. 왜냐하면 하나님은 그가 당신의 하나님이라는 것을 믿기를 원하시기 때문이다." *WA* 39[I], 428.

4) *WA* 6, 209; *PE* 1, 195. *WA* 28, 510. *WA* 30[I], 180, 324, 409.

5) *WA* 30[I], 134; *BC*, 366. "하나님에 대한 최선의, 그리고 가장 적절한 예배는 신뢰하고 믿는 것이다. 이것과 비교되는 것이라면 어린아이의 노는 것을 예로 들 수 있다. 그리고 그는 그를 믿는 마음 이상의 어떤 것도 요구하지 않으신다." *WA* 37, 42. "당신은 신앙은 어떤 다른 것과 비교될 수 없으며, 그것의 힘은 묘사될 수 없다는 것을 알고 있다. 왜냐하면 그것은 하나님께 영광을 돌리기 때문이다 … . 이것은 그에게 돌려질 수 있는 최상의 것이다. 영광을 하나님께 돌리는 것은 그를 믿는 것이고, 그를 참된, 지혜로운, 의로운, 자비로운, 그리고 전능한 존재로 여기는 것이며, 간단히 말해서, 그를 모든 선의 근원이요 수요자로 인정하는 것이다." *WA* 40[I], 360; *LW* 26, 227. Cf. pp. 127f.

하시는 마음의 순수성은 이러한 신앙 안에 있다. 그리고 이것만이 우리가 행하는 모든 다른 것을 순수하게 만든다. "신앙이 없이는 어떤 마음도 순수하지 않다. 그리고 마음의 순수함이 없이는 어떤 행위도 참되거나 순수하지 않다."[7] 제1계명이 요구하는 바를 성취하는 것은 다른 모든 계명들이 요구하는 바를 성취하는 것을 포함한다. 그리고 제1계명이 성취되지 않으면 어떤 다른 계명도 참으로 성취되는 것이 아니다.[8]

우리가 하나님을 하나님으로 숭배하는 신앙은 찬양과 감사에서 특별히 표현된다. 이것이 신약성서의 유일한 희생 제사, 즉 하나님에 대한 가장 고귀하고 지고한 예배이다.[9]

감사와 찬양과 더불어 기도는 하나님에 대한 우리의 신뢰의 확증이다. 루터는 하나님이 우리에게 그렇게 하도록 명령하시기 때문에 우리는 하나님께 우리의 간구들을 가져가야 한다고 반복해서 말한다. 우리의 내적, 외적 곤란들과 필요들에 직면하여 하나님의 도움을 요청하든지 하지 않든지 우리에게는 선택할 자유가 없다. 반대로, 하나님은 우리가 우리의 궁핍에서 하나님을 향함으로써 하나님으로서 숭배되고 대접받기를 원하신다.[10] 확실히 우리는 모든 곤궁과 유혹의 순간에 하나님의 도움을 요청할 필요가 있다. 그러나 악한 영이 모든 힘을 다해 그렇게 하지 못하도록

---

6) "하나님께 영광을 돌리고 그를 예배하는 것은 하나님에 대한 진실한 신앙, 강건한 소망, 그리고 완전한 사랑에 있다 … . 간략하게 요약하면, 하나님을 예배하는 것은 하나님을 영화롭게 하는 것 이외의 어떤 다른 것도 아니다. 하나님을 영화롭게 하는 것은 그를 믿고, 그를 소망하며, 그리고 그를 사랑하는 것 이외의 어떤 다른 것도 아니다. 왜냐하면 그를 믿는 사람은 누구든지 그를 참된 존재로 여기며, 그리고 이것을 통해서 진리를 그의 것으로 간주하기 때문이다. 그를 소망하는 사람은 누구든지 그가 지혜롭고 선하며, 즉 도울 수 있고 구원할 수 있는 분이라는 것을 믿으며, 그리고 이것을 통해서 하나님께 그가 그것으로 무엇을 행할 수 있는 그 힘을, 그가 그것으로 어떻게 해야 할지를 아는 그 지혜를, 그리고 그가 그것으로 돕고자 의지하는 그 선을 하나님의 것으로 간주한다. 그리고 이것이 참으로 하나님이라는 것과 참으로 하나님을 모시는 것이 의미하는 바다." WA 5, 103f. Cf. WA 7, 25; RW 1, 362; cf. LW 31, 350.
7) WA, DB 7, 186 (갈 5:3의 여백 각주).
8) WA 51, 204; LW 13, 150.
9) WA 31¹, 59. "감사하는 것보다 우리가 하나님 앞에서 할 수 있는 더 크거나 고상한 행위도, 더 고상한 예배도 있을 수 없다." WA 31¹, 76; LW 14, 51.
10) WA 6, 223, 235; PE 1, 213, 230. "그의 명령과 약속 앞에서 나는 무릎을 꿇고, 하늘을 우러르며, 위로와 도움을 간구한다. 그렇게 함으로써 그는 참 하나님으로 숭배받으며, 나는 그로부터 위로와 도움을 구한다. 왜냐하면 참된 하나님이야말로 내가 그렇게 간구할 가치가 있기 때문이다." WA 31¹, 98; LW 14, 61.

방해하려고 애쓴다. 그는 또한 우리가 마땅히 하나님의 지고한 위엄 앞에 우리의 요
구들을 가져갈 수 있다는 사실을 우리로 하여금 의심하게 하려고 애쓴다. 이것에 대
한 유일한 궁극적인 대응책은 하나님이 기도를 들으시겠다고 약속하실 뿐만 아니라
그의 "영원하신 분노와 불만"을 벌하여 우리에게 기도하도록 명령하신다는 것을 기
억하는 것이다.

우리는 하나님의 명령으로 사탄의 제안들을 쫓아내야 한다. 오직 이것만이 사탄
을 멈추게 한다. 용기있는 신앙은 하나님께 무엇이라도 간구한다. 왜냐하면 용기있
는 신앙은 그의 약속을 신뢰하기 때문이다. 또한 용기있는 신앙은 하나님의 은혜로
운, 그러나 매우 진지한 명령에 대한 순종으로부터 하나님의 약속의 최종적이고 결
정적이며 효과적인 원동력을 받아들인다. 루터는 「대요리문답」(Large Catechism)
에 포함된 주기도문에 대한 서론에서 이 점을 다음과 같이 가장 강력하게 표현한다.
"기도하는 것은 우리의 의무이다. 왜냐하면 하나님이 그것을 명령하셨기 때문이다
… . 그러므로 기도는 '다른 신을 갖지 말라,' '살인하지 말라,' '도적질하지 말라'
등과 같은 다른 계명들과 마찬가지로 매우 엄격하게 그리고 거룩하게 명령되었다 …
. 모든 곤궁 속에서 하나님의 도움을 요청하라. 이것이 하나님이 우리에게 요구하는
것이다. 하나님은 이것을 우리의 선택에 맡기지 않으셨다. 만일 우리가 그리스도인
이고자 원한다면, 기도하는 것은 우리의 의무이다 … . 우리의 모든 기도들은 하나
님께 대한 순종에 기초해야 한다."[11]

"더 나아가 신앙은 즐거운 순종으로 하나님의 명령을 이행하려는 우리의 열망에
서 확증된다. 신앙은 우리로 하여금 그를 위하여 모든 악을 감수하고, 그를 위하여
육체와 생명, 재산과 명예를 희생시킬 준비를 하게 한다."[12]

우리의 이웃을 사랑하라는 명령은 하나님을 사랑하라는 명령 옆에 위치한다. 근
본적으로 이들은 두 개의 명령이 아니라 하나의 명령이며 동일한 명령이다. 하나님
은 나로 하여금 나의 이웃을 향하게 하신다. 그는 우리에게 그 자신을 위해서는 어
떤 것도 원하지 않으신다. 오직 우리가 그를 신앙하기만을 원하신다. 그는 그 자신
을 위해서 우리의 행위가 필요하지 않다.[13] 그러나 그는 우리의 이웃을 위해 그것이

---

11) *WA* 30¹, 193ff.; *BC*, 420f., 423.
12) *WA* 31¹, 433; *LW* 14, 111.
13) "우리는 … 하나님의 약속의 말씀에 대한 신앙을 통해서가 아닌 다른 방법으로는 그
    앞에서 설 수 없다. 그는 행위들을 요구하지 않으시며, 또한 그것들을 필요로 하지
    않으셨다. 오히려 우리가 행위들을 기초로 하여 사람들과 우리 자신을 상대하는 것이
    다." *WA* 6, 516; *LW* 36, 42.

필요하다.[14] 이웃을 사랑하는 것은 우리가 하나님을 사랑하는 길이 된다. 그리고 이
웃을 섬김으로써 우리가 하나님 그분을 섬긴다. 하나님은 나의 이웃 안에서 나를 위
해 존재하신다. "당신은 모든 비밀 안에서, 그리고 단지 당신의 문 밖에서 그리스도
를 발견할 것이다. 하늘을 향해 눈을 두고 서성거리면서 이렇게 말하지 말라. '오,
단 한 번만이라도 우리 주 하나님을 볼 수 있다면, 그를 위해 내가 할 수 있는 모든
일을 할텐데'라고 말이다."[15] 루터에게 이것은 그리스도의 성육신에 포함되어 있다.
스스로 종의 형태를 입고 인간이 되심으로써 그리스도는 하늘을 향해 잘못 향하고
있는 우리의 사랑을 취하여 우리의 이웃을 향한 사랑으로 완전히 아래로 향하도록
하시기를 원하셨다.

우리의 신앙은 하늘에서가 아니라 그리스도의 인성 안에서 하나님의 신성을 구
하는 것이다. 마찬가지로 우리의 사랑도 하늘에서가 아니라 그리스도의 인성 안에서

---

14) "하나님은 나의 신앙에 만족하신다 … . 그러므로 그는 내가 나의 행위들을 통해 나의
이웃에게 유익을 주기를 원하신다 … . 그는 나의 행위들을 전혀 필요로 하지 않으신
다 … . 하나님은 나와 나의 행위들이 없이도 스스로 충분히 부요하시다. 그러나 그
는 그가 나에게 은혜로써 보여주신 바와 똑같은 우정을 내가 나의 이웃에게 베풀어
주도록 나로 하여금 세상에서 살게 하신다 … . 따라서 하나님은 두 개의 명령들을
서로 융합시키심으로써 결과적으로 오직 하나의 행위와 오직 하나의 사랑만이 있다.
우리가 설교로, 가르침으로, 의복을 입힘으로, 그리고 음식을 제공함으로 우리의 이
웃을 위해 무엇을 하든지 모든 것은 그리스도 자신에게 행한 것이다." Rörer의 주
(註)는 이렇게 기록하고 있다. "그러므로 내가 하나님을 향해 가지는 사랑은 내가 나
의 이웃을 향해 가지는 사랑과 같은 것이다. 왜냐하면 그의 사랑을 통해 하나님은 나
로 하여금 우리의 이웃을 향하게 하시기 때문이다." WA 20, 513.
15) WA 20, 514 . Rörer의 주(註)는 이렇게 기록하고 있다. "세계는 하나님으로 충만
되어 있다." 그 인쇄된 본문은 이렇게 말하고 있다. "만일 너희가 나를 사랑하기를
원한다면 … 너희가 너희 자신에게 행해지기를 원하는 모든 것을 행함으로써 가난한
사람들을 도와 주라. 그리할 때 너희는 나를 진실로 사랑한 것이며 완전하게 사랑한
것이다. 그러나 너희는 나에 관하여 잊지 않도록 주의하라. 나는 너희에게 충분히 가
까이 있을 것이다. 나는 너희의 도움과 가르침을 필요로하는 모든 가난한 사람 안에
서 거기에 있을 것이다. 나 자신이 그 안에 있을 것이다." WA 20, 515. "거기에서
(고난받고 곤궁한 이웃 안에서) 우리는 하나님을 발견하고 사랑해야 한다. 즉, 우리
가 하나님을 섬기고 그에게 선을 행하고자 할 때는 언제든지 우리는 이웃을 섬겨야
하고 그에게 선을 행해야 한다. 따라서 하나님을 사랑하라는 명령은 우리의 이웃을
사랑하라는 명령 안에 충분하고 완전하게 포함되어 있다 … . 이러한 이유 때문에 그
는 하나님의 형상을 벗으시고 종의 형상을 입으심으로써 그를 향한 우리의 사랑을 세
상을 향하게 하고 우리의 이웃에게 연결지으셨다. 그러나 우리는 우리의 이웃을 이곳
에 방치한 채 하늘을 바라보고 하나님을 향해 큰 사랑을 가지고 크게 그를 봉사하는
것처럼 행세한다." WA 17[II], 99. "하나님을 사랑하는 것은 이웃을 사랑하는 것이
다." WA, TR 5, 5906.

하나님의 신성을 구하는 것이다. 하나님이 인간이 되셨기 때문에, 하나님을 향한 우리의 사랑도 인간을 향한 사랑으로 나타나야 한다. 하나님은 우리에게 매우 가까이 계신다. 즉 그는 사람들 안에 있다. 이것은 우리의 신앙에 못지 않게 우리의 사랑에도 마찬가지다. 따라서 루터의 사랑 이해는 성육신에 대한 그의 신앙에 의해 지배되어 있다.

하나님이 내가 나의 신앙이 아닌 어떤 것으로도 그에게 직접적으로 드리는 것을 필요로 하지도 않으시고 원하지도 않으시는 것처럼, 나는 내가 신앙 안에서 그의 은혜를 받아들이는 것 외에 하나님으로부터 구원을 받기 위해 어떤 다른 것도 행할 필요가 없다. 신앙 안에서 그의 은혜를 받아들이는 그것이 나의 구원이다. 나는 구원을 위해 더 이상 어떤 것도 할 필요가 없다. 그러나 나의 이웃은 나의 행위들을 필요로 한다. 그는 여전히 충분히 가지지 못하고 있다. 그를 위해서, 나를 위해서나 나 자신의 구원을 위해서가 아니라, 나는 나의 이웃을 섬기기 위해서 나의 삶을 사용해야 한다.[16] 이러한 이유로 어느 누구도 자신을 위해서 그의 삶을 살아서는 안 된다. "모든 인간은 다른 사람들을 위하여 지어졌고 태어났다."[17] 이것은 모든 사람이 그의 이웃을 사랑하고 섬기기 위해 태어났다는 것을 의미한다. "우리가 가진 모든 것은 섬기는 일에 사용되어야 한다. 섬기는 일에 사용되지 않는 것은 도적질하고 있는 것이다."[18] 만일 내가 가진 모든 것을 나의 이웃을 섬기는 일에 사용하지 않는다면, 나는 하나님의 뜻에 따라 그에게 빚진 것을 그에게서 빼앗고 있는 것이다. 이러한 이유로 루터는 여러 차례 그것을 매우 날카롭게 말하고 있다. "이웃을 위해 살지 않고 자신을 위해 사는 삶은 저주를 받을 것이다. 반면에 자신을 위해 살지 않고 가르침으로, 권면으로, 도움으로, 혹은 무엇으로든지 이웃을 위해 사는 삶은 축복을

---

16) "그렇다. 당신은 당신의 구원을 위해, 죄 용서를 위해, 혹은 당신의 양심을 달래기 위해 어떤 것도 할 필요가 없다. 당신은 당신의 신앙 안에서 당신에게 필요한 모든 것을 가지고 있다. 그러나 당신의 이웃은 아직 그에게 필요한 모든 것을 가지고 있지 않다. 그는 당신이 도와야 할 사람이다. 이러한 이유 때문에 하나님은 당신이 계속해서 살아가게 하신다 … . 그렇게 함으로써 당신이 당신의 죄악된 자아가 아니라 당신의 이웃을 섬기도록 하신 것이다." *WA* 10^III, 168. "우리가 하는 모든 것은 우리의 이웃을 돕도록 계획되어야 한다. 왜냐하면 각 사람은 그의 신앙 안에서 자신을 위해 필요한 모든 것을 가지고 있기 때문이다. 우리의 모든 다른 행위들과 남은 생명은 무제한적인 사랑으로부터 우리의 이웃을 섬기기 위해 사용하기 위한 것이다 … . 왜냐하면 나는 나의 신앙을 통해 그리스도 안에서 모든 것을 충분히 가지고 있기 때문이다." *WA* 7, 35f. ; *RW* 1, 376f. ; cf. *LW* 31, 366f.
17) *WA* 21, 346.
18) *WA* 12, 470.

받을 것이다."[19]

이웃에 대한 사랑은 신앙에 있어서 이러한 특징을 가진다. 즉 사랑하는 사람은 그 자신 밖에 있고 또 다른 사람 안에서 살아 간다. 신앙 안에서 그는 자신을 위해 살지 않고, 자신을 의지하지 않으며, 하나님의 자비를 의지한다. 사랑 안에서 그는 자신을 위해 살지 않고 다른 사람들을 위해 산다. 따라서 믿고 사랑하는 사람은 특별한 형태의 "황홀경" 안에서 살아 간다.[20]

루터는 이웃을 향한 사랑과 섬김의 본래적인 형태와 표준을 그리스도 안에서, 즉, 하나님이 그리스도 안에서 우리를 상대하시는 모습 속에서 발견한다. 나는 그리스도가 내게 관계하시는 것처럼 나의 이웃에 관계해야 한다(루터는 빌 2:5을 언급한다). 나는 "나의 이웃에 한 사람의 그리스도가 되어야 하며, 그리스도가 나를 위하신 것처럼 그를 위한 존재가 되어야 한다."[21] 이 원리는 삶의 모든 영역에서 준수되어야 하며, 나의 이웃에 "필요하고 유용하며 하나의 축복"인 모든 것을 포함한다.[22] 그것은 외적인 도움으로부터 가장 마음으로 느껴지는 관여에 이르기까지 모든 것을 포함한다.[23] 우리가 소유하고 있는 모든 것은 그것이 우리 자신의 삶의 기초적인 유지를 위해 필요한 것이 아닌 한, 우리의 이웃에 속한 것이다. "하나님의 눈에는 사람이 남겨서 다음 세대에 넘긴, 그리고 그의 이웃을 돕기 위해 사용하지 않는 모든 것은 불법적이고 도적질한 소유이다. 왜냐하면 하나님 앞에서 사람은 모든 것을 주어야 하고 빌려주어야 하고 자신으로부터 취해지게 해야 한다."[24]

---

19) *WA* 10[III], 98. Cf. ibid., p. 168. "오직 자신의 유익을 추구하며 살아가는 삶에게는 저주와 형벌이 있을 것이다. 뿐만 아니라 사랑으로 행해지지 않는 모든 행위도 저주를 받을 것이다." *WA* 11, 272; *LW* 45, 118.

20) "그리스도인은 자신 안에서가 아니라 그리스도와 그의 이웃 안에서 살아 간다. 즉, 신앙으로 그리스도 안에서, 그리고 사랑으로 그의 이웃 안에서 살아 간다. 신앙으로 그는 자신 위로 하나님을 향한다. 반대로 사랑으로 그는 하나님으로부터 눈을 돌려 자기 아래로 굽어 본다. 그러면서도 항상 하나님 안에 그리고 하나님의 사랑 안에 머문다." *WA* 7, 38; *RW* 1, 379; cf. *LW* 31, 371.

21) *WA* 7, 35; *RW* 1, 376. "하늘에 계신 우리 아버지가 그리스도 안에서 자유롭게 우리를 원조하러 오신 것처럼, 우리도 또한 자유롭게 우리의 몸과 몸의 행위들을 통해 우리의 이웃을 도와야 한다. 그리고 각 사람은 다른 사람에게 한 사람의 그리스도가 됨으로써 우리가 서로에게 그리스도가 되고 그리스도가 모든 사람 안에 동일하게 거하실 수 있도록 해야 한다. 그것이 우리가 참으로 그리스도인이라는 증거이다." *WA* 7, 66; *LW* 31, 367f.

22) *WA* 7, 36; cf. *LW* 31, 367.

23) *WA* 11, 76.

24) *WA* 10[III], 275.

루터는 단순한 소유를 도적질로 간주하는 것은 아니다. 그러나 우리의 소유들이 이러한 원리에 따라 집행되지 않을 때, 그렇게 될 수 있다는 것이다. 모든 내적 재능과 능력, 우리 자신의 경건과 의, 그리고 모든 의미에서 우리 자신의 능력도 또한 이웃에 속한다. "사랑을 위하여 우리는 모든 상황에서 우리의 이웃을 도와야 한다. 만일 그가 가난하다면 우리는 우리의 재산으로 그에게 봉사해야 한다. 만일 그가 불명예 가운데 있다면 우리는 우리의 명예로 그를 덮어주어야 한다. 만일 그가 죄인이라면 우리는 우리의 의와 경건으로 그를 빛나게 해야 한다. 왜냐하면 이것이 그리스도가 우리를 위해 하신 일이기 때문이다."[25] 오직 그렇게 할 때에만 우리는 하나님이 요구하는 그 높은 사랑의 질(質)을 확증하는 것이다. 내가 가진 모든 것은 나의 이웃에 속한다. 모든 부(富)는 가난한 사람들에게로 흘러가야 한다. 사랑은 의로운 사람과 죄인 사이의 거리를 제거한다. 의로운 사람은 죄인 옆이 아닌 어떤 다른 자리에 서기를 원하지 않는다. 사랑은 소유와 짐을 모두 함께 나누어 가진다. 나는 나의 이웃이 그의 짐을 지는 일을 돕고 따라서 하나님이 나에게 주신 몫을 그에게 나누어 준다.[26] 하나님 앞에서의 나의 적절한 자리는 무거운 짐을 진 사람, 타락한 사람, 그리고 죄 지은 사람, 바로 그 사람 옆이다. 심지어 나는 그를 대신해서 그의 자리에도 앉는다. 따라서 사랑은 내가 가진 모든 것으로 다른 사람들을 섬기는 일에 언제나 몰두해 있다. 따라서 사랑은 무한정한 대속적 사랑이며, 그의 상황 안에서 형제애를 가지고 대신하여 참여함이다. 요약하면, 그 원리는 이렇다. "그가 너를 필요로 하고 네가 할 수 있는 곳이면 어디서든지, 완전히 너 자신을 주고 너의 이웃을 섬기라." 심지어 그를 위한 고난과 죽음의 자리까지라도 그렇게 하라.[27]

25) *WA* 10III, 217. "동정녀로 하여금 자신의 경건을 사용하여 창녀를 돕게 하고, 지혜로운 자로 어리석은 자를 위해 일하게 하고, 경건한 사람으로 죄인을 섬기게 하며, 의로운 자로 실족하는 자를 돕게 하라." *WA* 10III, 238. Cf. *WA* 11, 76과 *WA* 12, 470.
26) "하나님의 모든 선한 것들이 한 사람으로부터 또다른 사람에게로 흘러가야 하고, 모든 사람의 소유가 되어야 하며, 그렇게 됨으로써 각 사람은 자기 자신에 대해서 만큼 그의 이웃에 대해서 관심을 가질 수 있어야 한다는 것을 기억하라. 마치 그가 우리 자신인 것처럼 그 자신의 삶으로 우리를 받아들인 그리스도로부터 모든 선한 것들이 우리에게 온다. 이제 그것들은 우리로부터 그것들이 필요한 사람들에게로 흘러가야 한다. 이것이 반드시 이루어짐으로써 나는 나의 이웃을 위해, 그의 죄들을 깨끗케 하기 위해, 그리고 그것들을 나 자신이 짊어지기 위해 하나님 앞에서의 나의 신앙과 의까지도 내놓아야 한다. 그리스도가 우리 모두를 위해 하신 것처럼, 나는 그 죄들이 나 자신의 것인 양 행동해야 한다. 실로 그것이 진정코 그러하다면, 그것이야말로 사랑의 본질이다." *WA* 7, 37; *RW* 1, 379; cf. *LW* 31, 371.
27) *WA* 10I, 2, 38.

따라서 하나님의 명령은 사랑을 요구한다. 우리는 사랑해야 한다. 이것이 우리가 하도록 명령받은 행동을 결정할 뿐만 아니라 또한 우리 안에서 그것의 인격적 실재를 결정한다. 더 나아가 하나님의 명령은 우리의 의지가 오직 하나님의 선한 의지를 통해, 즉 그의 율법 안에서 순수한 즐거움을 통해 움직여지기를,[28] 그리고 그것이 또한 전적으로 우리 자신의 의지이기를 요구한다.

그러므로 하나님의 명령은 그 자체를 위하여 이행되어야 한다. 부정적으로 말한다면, 이것은 순종이 목적을 위한 수단으로 일어날 수 없으며, 오히려 순수한 순종이어야 한다는 것을 의미한다. 왜냐하면 순수한 순종만이 하나님의 선한 의지에 일치하므로 의미있기 때문이다. 따라서 그것의 기초는 엄격하게 신율적이어야 하고 타율적이어서는 안된다. 그렇게 함으로써 참된 순종을 세상적인 목적들, 예를 들어, 인간 사회에서 명예와 수치에 의해 동기지워진 순종으로부터 구별한다. 명예와 수치에 대한 호소가 젊은 사람들을 훈련시키는 데에 필요하다는 것을 우리가 느낄 수 있다는 사실에도 불구하고, 그러한 호소는 하나님의 명령과 하나님이 원하시는 참된 순종의 본질과는 일치하지 않는다. 참된 순종에 관심이 있는 사람이라면 누구든지 그러한 동기를 필요로 하지 않는다. 그는 스스로를 하나님의 명령 자체를 통해, 즉 하나님을 두려워하고 신뢰하고 사랑하는 것을 통해 움직여지도록 허락한다. 또는 적어도 그렇게 해야 한다. 명예와 수치에 대한 관심으로 결정되는 행위는 세상의 눈으로 볼 때는 선할 수 있다. 그러나 하나님의 판단으로는 그것은 선하지 않으며 아무 의미도 가지지 못한다.[29]

순종은 장차 도래할 구원을 얻기 위해 사용될 수 없다. 다음과 같은 루터의 하나님의 자녀들에 대한 묘사는 하나님의 명령에 일치한다. "하나님의 자녀들은 선한 일을 행하는 데에 이기적인 이유들 때문이 아니라 그들이 하기를 원하기 때문에 그렇게 행한다. 그들은 하나님께 칭찬받고 그의 뜻을 행하려는 것외에 어떤 다른 대가를 구하지 않는다. 그들은 천국이나 지옥이 존재하지 않는다 하더라도, 물론 불가능한 일이기는 하지만, 기꺼이 선한 일을 행하고자 할 것이다."[30] 하나님은 순종에 대해 보상하실 것이다. 그러나 이 보상을 갈망하기 때문에 순종하는 사람은 누구든지

---

28) *WA* 5, 33; *LW* 14, 295.

29) *WA* 6, 220; *PE* 1, 209.

30) *WA* 18, 694; *BOW*, 182. "게다가 이러한 열망은 가슴에서 우러나오는 순수한 열망이다. 그리고 그 기쁨은 하나님이 약속하시거나 위협하시는 바를 질문하지 않는다. 다만 율법이 거룩하고, 정의로우며, 선하다는 것을 믿는다." *WA* 5, 33; *LW* 14, 295.

정말로 순종하는 것이 아니며, 그러므로 그 보상을 잃을 것이다. 그러한 사람들은 하나님의 영광과 의지를 구하지 않는다. 그들은 심지어 하나님과의 관계 속에서도 이기적으로 그들 자신의 안녕만을 구한다.[31] 그러한 사람들이 인간을 위해 세워진 목표, 즉 하나님의 나라와 그것의 축복을 성취하는 것이 어떻게 가능하겠는가? 우리는 하나님의 나라를 행복에 대한 자연적 갈망의 성취로 이해하고 갈망할 수 없으며, 그래서도 안된다. 정확하게 그 반대가 옳다. 이 나라 자체가 축복이다. ("하나님이 우리 안에서 다스리시고 우리가 그의 나라일 때, 우리는 축복받은 사람들이다.") 우리는 가장 분명하게 우리의 축복인 하나님이 우리 안에서 다스리는 것을 구원에 이르는 수단으로서가 아니라 그 자체를 위해 갈망해야 한다. 그렇지 않으면 하나님의 나라는 물론이려니와 구원도 결코 우리에게 주어지지 않을 것이다. 왜냐하면 후자는 단지 하나님의 나라의 결과이기 때문이다.[32] 구원은 하나님의 의지의 또 다른 측면이다. 우리는 그 자체를 위해 구원을 갈망할 수는 없다. 요약하면, 우리는 경건을 위하여 순수하게 경건해야 한다. 그리고 그것은 하나님을 위하여를 의미한다.[33]

루터는 다음과 같이 말함으로써 행복주의에 대한 그의 날카로운 거부를 매우 분명하게 표현한다. 우리가 율법이 위협하는 형벌을 두려워하기 때문에 또는 우리가 율법이 약속하는 보상을 갈망하기 때문에 우리가 행하는 것은, 그것은 무엇이든지 우리 자신의 행위가 아니라 오히려 위협과 감언이설로 우리로부터 그것을 억지로 끌어낸 율법의 공로이다. 그러한 행위는, 적어도 그것이 위협하고 감언이설로 속이는 한, 우리 자신의 인격적인 의지를 표현하는 것이 아니라 율법의 심리적 억압을 나타내는 것이다.[34] 따라서 루터는 "율법의 행위들"에 대한 바울의 개념을 부정적인 의미

---

31) "진실로, 그들이 천국을 얻기 위해 선한 행위들을 행한다면, 그들은 결코 그것을 얻지 못할 것이며, 악하고 탐욕적인 눈으로 하나님에게서조차 자신의 것들을 구하는 수많은 경건치 않은 자들의 무리에 속할 것이다." *WA* 18, 694; *BOW*, 182.

32) *WA* 2, 98.

33) "우리는 어떤 것을 얻기 위해서나 혹은 피하기 위해서 경건할 필요는 없다. 그런 사람은 모두가 피고용인들, 종들, 그리고 임금이 지불된 노동자들이다. 그러나 그들은 자진해서 나아오는 자녀들과 상속인들은 아닌 것이다. 이 후자의 사람들은 경건 자체를 위하여, 하나님 자신을 위하여 경건하고 순수하다. 왜냐하면 하나님이 의, 진리, 선, 지혜, 그리고 신성의 본질이시기 때문이다. 종교의 단순한 질서(외적 형식)만을 구하지 않는 사람은 하나님 자신을 구하고 발견한다. 그러나 소득을 구하거나 고통을 피하는 사람은 결코 하나님을 발견하지 못한다. 그런 사람은 그의 소득으로부터 하나의 하나님을 만들어낸다. 왜냐하면 한 인간의 행위의 바로 그 목적 또는 그 기초가 본질적으로 그의 신(god)이기 때문이다. *WA* 7, 801; *RW* 2, 123.

34) *WA* 2, 492; *LW* 27, 224. *WA* 10^i, 1, 450f.

로 이해하고 있다. 우리는 우리의 마음들을 그 행위들 안으로 던져 넣지 못한다. 그러나 하나님은 정말로 우리 자신의 것인 행위들을 요구한다. "모든 사람은 자기 자신의 행위들을 통해 구원받아야 한다."[35]

따라서 하나님의 명령에 대한 루터의 해석은 종교적 초월주의적 다양성을 포함한 모든 윤리적 행복주의에 엄격하게 반대하고 있다. 율법이 요구하는 바를 행하는 사람의 의지는 선한 행위들을, 그리고 하나님의 선한 의지를 완전하고 순수하게 향하고 있어야 한다. 그의 동기는 순수하고 단순해야 한다. 그는 행여 곁눈질로라도 그 자신의 행복을 추구해서는 안된다. 칸트는 이러한 요구의 엄격함을 그의 실천철학으로 구체화하였다. 즉 인간의 행위는 오직 도덕법에 대한 그의 존경에 의해 결정되어야 한다는 것이다. 그러나 바로 이 점에서 칸트와 루터는 서로 다른 길을 갔다. 칸트는 성서의 도덕법의 중심이 하나님과 이웃을 사랑하라는 명령이라는 점을 알고 있다. 그리고 그는 하나님을 사랑하는 것은 그의 명령들을 행하기를 좋아하는 것이며, 이웃을 사랑하는 것은 이웃을 향한 우리의 의무인 모든 것을 행하기를 좋아하는 것을 의미한다고 설명한다.

그러나 율법은 그것을 좋아하라고 명령할 수 없으며, 다만 그것을 좋아하려고 힘쓰라고 명령할 수 있을 뿐이다. 그러나 "그것을 좋아하는 것"은 우리가 그것에 더 가까이 이르는 지속적이고 영원한 과정을 통해 얻고자 힘써야 하는 하나의 이상(ideal)이다.[36] 그러나 칸트에게 단지 하나의 이상인 것을 루터는 사람들을 향한 하나님의 분명한 명령으로 이해하고 있는 것이다. (왜냐하면 인간은 언제나 "자기-강요를 필요로 한다. 즉 그는 그가 전혀 하고 싶지 않은 일을 하도록 내적으로 충동질 당하고 있다. 그러나 피조물은 누구도 이러한 높은 수준의 도덕성을 성취할 수 없다.") 그리고 그것은 우리가 결코 도달하지도 못하면서 계속해서 추구해야 하는 목표로 명령된 것이 아니라, 바로 지금 여기에서 우리가 가져야 하는 모습으로 명령된 것이다. 이상은 기다릴 수 있다. 그러나 명령은 기다릴 수 없다.

따라서 칸트는 예수님의 명령의 극단을 완화시키고 있다. 왜냐하면 예수님은 우

---

35) WA 10^I, 1, 451.
36) 칸트는 우리가 하나님과 이웃을 사랑하도록 요구하는 그 율법은 "복음의 모든 도덕적 전제"와 비슷하다고 말한다. 그것은 완전한 완전을 요구한다. 그러므로 비록 그것이 하나의 거룩의 이상으로서 어떤 피조물도 얻을 수 없는 것이라 할지라도, 그러나 그 것은 우리가 끊임없는 무한한 과정 속에서 다가가고 흉내내려고 힘써야 하는 원형(原形, archetype)이다. Immanuel Kant, *Critique of Practical Reason and Other Writings in Moral Philosophy*. Trans. and ed. by Lewis White Beck (Chicago: The University of Chicago Press, 1949), p. 190.

리를 실상 그대로 파악하시며, 우리가 그렇게 높은 차원의 요구를 이행하지 못한다고 보시기 때문이라는 것이다. 루터는 어느 누구도 그것을 이행할 수 없다 하더라도 그 계명으로 하여금 그것이 말하는 바를 말하도록 한다. 하나님은 우리가 오늘날 사랑해야 한다고 요구하신다. 이것은 하나님의 명령이 즐거운 마음으로, 자유로운 영 안에서 순종되어야 함을 의미한다.[37]

하나님은 "자기-강요"(self-compulsion)를 정당한 것으로 받아들이지 않으신다. 한 인간 전체가 그의 감정들로, 그의 비자발적인 충동들로, 그리고 그의 감정상의 욕망들로 순종해야 한다. 하나님은 의식적인 의지 안에서의 순종도 원하실 뿐만 아니라 또한 "마음의 바닥"에서의 순종도 원하신다.[38] 우리가 차라리 결코 그 명령을 알지 못했다면 하고 생각하는 것은 허용될 수 없는 일이다. 마찬가지로 그것이 존재하지 않기를 바랄 수도 없는 일이다. 우리는 심지어 그것에 관하여 생각함이 없이도 오히려 그것을 기뻐해야 한다. 마치 우리가 그것을 하는 것이 과정의 문제로 여겨질 수 있는 것처럼 생각하면서 우리의 모든 힘을 다해 자발적으로 행하지 않는 일은 무엇이든지 하나님의 눈에는 아무 가치도 없는 일이다. 즉, 우리가 비밀스럽게 갈망하는 것과는 모순되는, 단지 우리의 의식적인 의지만을 나타내는 도덕적 행동은 어떤 것이나 마찬가지다.

"마지못해 하는 마음과 어기적 거리는 마음으로부터 오는 행위가 어떻게 하나님을 기쁘시게 하겠는가?"[39] "당신은 과거에 우상숭배에 대해 가졌던 큰 갈망을 순결에 대해 가져야 한다."[40] 그것은 악이 우리의 "옛 사람"에 대해 자연스러웠던 만큼, 선

37) WA 56, 205; LCC 15, 55. WA 2, 500. WA 5, 564.
38) WA, DB 7, 3; LW 25, 366. "만일 이제 선한 행위에서 자발적인 기쁨이 없다면, 그 때 가장 내적 부분이 하나님의 율법에 서 있지 않는 것이다." WA, DB 7, 5; LW 35, 366. "그러나 마음이 행위 안에 있지 않는 그곳에서는 신실함이 없으며, 의로운 행위도 없다." WA 31¹, 421; LW 13, 381. "하나님은 이 행위들이 단지 그들 자체를 위해 행해지기를 원하지 않으신다. 오히려 그는 그것들이 기쁨으로, 그리고 기꺼이 행해지기를 원하신다. 그러나 기쁨과 기꺼움이 있지 않으면, 그때 하나님의 눈에 그 행위들은 이미 죽은 것이다." WA 7, 800; RW 2, 123.
39) WA, DB 7, 7; LW 35, 368.
40) WA 10ᴵᴵᴵ, 88.
41) "그들이 즐거운 마음으로 행한다는 의미에서, 그들은 선한 일을 행할 준비가 되어 있어야 한다." WA 56, 205; LCC 15, 55. 온전히 즐거운 마음을 가진다는 것은 현세적인 욕망이 완전히 근절되었다는 것을 의미한다. 이것은 먼저 장차 올 삶에서 충분하게 일어난다. 그러나 그것은 지금 시작된다. "평화와 안녕의 행위들은 … 현세적인 욕망이 완전히 근절된 후에 가장 쉽고 즐겁게 행해진다. 장차 올 삶의 경우가 그러할 것이다. 지금은 단지 시작일 뿐이다." WA 2, 493; LW 27, 224.

이 우리에게 자연스러워야 한다는 것을 의미한다. 그리고 우리는 우리의 전 존재로, 그리고 동일한 기본적인 추진력으로 그것을 향해 나아가야 한다. 기쁨은 올바로 행동하는데 필요한 부분이다.[41]

제12장

죄인으로서 인간

죄에 대한 인간의 지식

인간은 적어도 죄의 진정한 본성과 깊이에서는, 스스로의 힘으로 자신의 죄성을 이해하지 못한다. 인간이 본성상 죄에 대한 부분적인 지식을 가지고 있다는 것은 일반적으로 인정되고 있다. 하나님의 법이 본질상 그의 마음판에 쓰여져 있다. 인간이 그것을 받아들이는 한, 그는 또한 그것으로부터 그가 그것을 위반하고 있으며 죄를 범하고 있다는 것을 아는 것이다.[1] 그러나 말씀과 성령의 조명이 없이는 그가 하나님이 하시는 요구의 충분한 정도를 알 수 없는 것처럼, 죄 또한 그의 마음과 그의 내적 불순함의 깊이에 감추어진 채로 있다. "인간의 마음은 매우 깊어서 우리는 우리 스스로의 힘으로는 그것을 관찰할 수 없다." 그러므로 시편 기자 (시 139:23)는 주께 간구하기를, 그로 하여금 자신의 죄를 알게 해 달라고 구하고 있다.[2] 죄는 무한히 크다. 특히 제1계명을 위반한 죄는 그렇다. "불신앙이란 얼마나 깊은 심연인가!" 인간이 그것의 깊이를 충분히 이해하고 스스로 그것을 표현하는 일

1) *WA* 39^{II}, 367.
2) *WA* 39^{II}, 323.
3) *WA* 39^{II}, 366. "그 때 당신은 당신이 이 죄를 충분히 크게 만들 수 없다는 것을 알게 될 것이다. 왜냐하면 절대적으로 어떤 인간도 자신의 연약함을 발견하거나 이해할 수 없기 때문이다. 왜냐하면 그것은 무한하고 영원하기 때문이다." *WA* 8, 115; *LW* 32, 240.

이 어떻게 가능하겠는가![3] 인간은 아마도 본성으로 어떤 개별적 죄들을 인식할지도 모른다. 그러나 "근본적인, 주된, 정말로 도덕적인 죄", 즉 본질적으로 하나님과 그리스도를 향한 불신앙으로서 원죄 혹은 원초적인 죄, 다시 말해서 제1계명을 범하는 죄는 인식하지 못한다. 또한 인간은 이 죄가 어디로부터 오는지 알지 못한다. 인간은 오직 하나님의 말씀이 그것에 대하여 말씀하신 후에야 그 모든 것들에 대해 알 수 있다.[4] 그가 여기저기서 죄를 범하고 있을 뿐만 아니라 그의 본성상 선한 것이 아무것도 없으며, 그리고 어떤 선한 것일지라도 잘못 사용되고 있다는 것을 성서가 그에게 증거한다.[5] 인간은 오직 하나님의 말씀과 율법의 빛 안에서 자신의 죄를 완전하게 의식하게 된다. 그러나 심지어 그 때조차도 인간은 오직 멀리서부터 그리고 베일을 통해 죄의 가공할 만한 치명적인 권세를 본다. "만일 어떤 사람이 죄의 심대함을 느낀다면, 그는 한순간도 더 계속해서 살 수 없을 것이다. 그만큼 죄의 권세는 심대하다." 인간은 오직 복음의 약속 아래 설 때만, 이러한 죄에 대한 지식을 감당할 수 있다.[6]

그러므로 루터는 성서 본문들에 대한 그의 해석을 통해 그의 죄론을 반복해서 설명하고 있고, 따라서 성서로부터 증거를 세운다.[7] 그러나 동시에 그는 그가 말하는 바를 경험에 기초시킨다. 그러나 이것은 모순이 아니다. 인간은 오직 성서의 말씀 아래 서는 것을 통해서 자신을 완전하게 아는 것을 배운다. 그리고 반대로 성서의 말씀들은, 적어도 루터가 자신의 주장들을 뒷받침하기 위해 계속해서 언급하는 시편 기자들과 사도 바울의 고백들은, 그들이 하나님을 직면할 때의 경험들을 묘사

---

4) "치명적이고 참으로 죽을 수밖에 없는 죄는 세계 전체에 걸쳐서 모든 사람들에게 알려져 있는 것이 아니다 … . 모든 사람들 가운데 한 사람도 십자가에 달리신 예수 그리스도를 믿지 않는 것이 세상의 죄라는 것을 스스로 생각할 수는 없었다." *WA* 39^I, 84; *LW* 34, 154. "인간은 그 자신의 본성상 죄가 어디로부터 오는지 알지 못하며, 뿐만 아니라 심지어 죄 자체를 알지 못한다. 그러나 죄의 지식은 하나님 말씀을 통해 인간 안에 남아 있다." *WA* 39^{II}, 365. Cf. ibid., p. 366 and *WA* 8, 104.

5) *WA* 39^I, 86; *LW* 34, 156.

6) "이 모든 것을 통해서, 우리는 죄에 대한 참된 정의를 알 수 없으며, 다만 흐리고 애매모호한 용어만을 알 뿐이라는 것이 분명해진다." *WA* 39^{II}, 210.

7) Cf. Particularly Luther's treatise *Against Latomus* (1521). *WA* 8, 59ff.; *LW* 32, 137-260.

8) "이제 당신 자신의 경험을 보고 다른 사람들의 경험을 보라. 그러면 어떤 사람도 그러한 상황으로부터 그를 도울 수 없다는 것을 발견할 것이다." *WA* 10^{III}, 245. 루터는 "우리 자신의 일상적인 경험"을 기초로 하여, 그리고 모든 성도들의 경험을 기초로 하여 주장한다. *WA* 8, 98; *LW* 32, 216. Cf. *WA* 8, 109f., 122; *LW* 32, 231, 235, 251f.

하고 있다. 따라서 루터가 성서에 호소하는 것은 동시에 하나님과의 관계에 대한 사람들의 경험에 호소하는 것이다. 성서의 말씀은 개인적인 경험 안에서 적용된다.[8] 루터는 죄에 대한 성서의 고백들이 그 자신의 고백들이라는 것을 발견한다.

　　루터 신학에서 결정적으로 중요한 관심들 가운데 하나는, 죄가 전혀 문제가 되지 않는다는 듯이 죄의 심대함과 심각함을 축소시키려는 성향을 피하는 것이다. 어떤 다른 점에 대해서도 그는 그의 대적자들, 즉 스콜라주의 신학자들에 대항하는 만큼 열정적으로 반대하지는 않았다. 우리는 라토무스(Latomus)에 대한 그의 강력한 공격만 생각해도 된다(1521). 모든 것 가운데 가장 중요한 문제는 이것이었다. 즉, 예수 그리스도 안에 나타난 은혜와 하나님의 구원 행위의 무한히 크고 놀라운 영광을 인정하는 것이 그것이다. 죄를 크게 하는 것과 은혜를 높이고 찬양하는 것은 서로 나뉠 수 없는 관계에 있다. 이러한 이유로, 루터는 죄의 가공할 만한 실재에 관해 충분한 진리를 인정하기를 원치 않는 그런 신학자들을 그리스도에 대해 전혀 알고 있지 못하다고 비난한다. 우리를 죄로부터 구원하시는 하나님의 자비와 그리스도의 영광은 죄의 온전한 심각성이 조금도 축소되지 않고 인정되는 것을 요구한다. "우리는 아무리 크게 말한다 해도 죄의 심각성을 충분히 말할 수 없다." 그리고 마찬가지로 "아무리 높인다 해도 은혜의 영광을 충분히 높일 수 없다." 위의 두 진술들은 서로를 조건짓고 있으며, 서로 죽고 사는 관계에 있다. 루터가 죄에 대해서 말하는 무자비한 심각성과, 유연성이 허용되지 않는 엄격함은 하나님과 그리스도께 모든 영광을 돌리고자 하는 그의 관심에서 비롯되고 있다.[9]

시민적 의

　　루터는 인간의 도덕적 능력에 대해 편협한 견해를 가지고 있지는 않다. 그는 인간이 일종의 의(義)를 성취할 수 있다는 것을 알고 있다. 그 의는 사람들 사이에 존재하는 것이며, "도덕적", "시민적", "외적", 그리고 "공적" 의이다. 그것은 시민법 혹은 도덕법이 사람들에게 그들 서로간의 관계들에서 요구하는 요구들을 이행하는데 있다.[10] 이것이 아리스토텔레스와 키케로가 가르친 바의 공적(公的) 덕목들의 본질이다. 그리스 로마시대의 가장 훌륭한 사람들이 이러한 덕목들에서 탁월한 본보기들을 제공하였다. 그리고 루터는 이러한 사람들을 분명한 용어들로 찬미한다.[11] 이러

---

9) *WA* 8, 108, 112, 115; *LW* 32, 230, 236, 240f.
10) *WA* 18, 767; *BOW*, 289. *WA* 39¹, 459. *WA* 39ᴵᴵ, 289.
11) *WA* 40¹, 219; *LW* 26, 123. *WA* 40ᴵᴵ, 389; *LW* 12, 354. *WA* 18, 742; *BOW*, 251.

한 유의 의는 또한 이방인과 터키인들 가운데서도 발견될 수 있다. 루터는 역사 속에서, 그리고 국가들의 현재의 모습들에서 이러한 의를 빈번하게 발견한다.[12] 이 경우에 루터는 "영웅적 덕목들"에 대해서 말한다. 그러한 덕목들과 행위들은 국가들 사이에 평화와 질서를 보존하기 위하여 필요하다. 하나님은 "공적(公的) 의"를 원하시고 요구하신다. 왜냐하면 하나님은 세계에 평화와 질서를 유지하시기 위하여, 그리고 세계로 하여금 자신을 파괴하는 것을 막기 위하여, 그것을 사용하시기 때문이다. 그러므로 하나님은 공적 의에 대하여 그것 자신의 범주 안에서 타당성을 허용하신다. 사실상 그는 그것에 보상까지 하시며, 가장 높은 현세의 선물들로 그것을 빛나게 하신다.[13]

그러나 결국 이 의(義)는 오직 사람들 앞에서만 타당하다. 오직 사람들만이 그것을 찬양하며, 하나님은 그것을 칭찬하지 않는다. 여기에서 루터는 바울이 롬 4:2에서 말하고 있는 바를 발전시킨다.[14] 우리는 "두 가지 법정", 즉 "신학적 법정"과 "시민 법정"을 구별해야 한다. "하나님은 이 세상이 판단하는 것과는 완전히 다른 것을 기초로 하여 심판하신다." (인간 자신의 양심이 자신에게 부과하는 심판은 그의 양심이 성령의 조명을 받지 않는 한 세상의 심판의 범주에 속하는 것이다.)[15] "시민 법정 앞에서 나를 심판하는 의는 하나님 앞에서의 의로 정당화될 수 없다." 우리가 하나님의 심판 아래 설 때 시민적 의는 우리를 도와주지 못한다.[16] 그것은 하나님에게 충분하지 않다. 그렇다. 하나님이 심판하실 때, 그것은 단지 잘못된 태도이고, 위선이며, 그리고 거짓이다. 왜냐하면 "하나님이 우리의 내적 존재 안에서 바라시는" 진리가 (시 51:6) 빠져 있기 때문이다. 이것은 외적 행위란 그 자체로서는 정치적, 시민적 영역 안에서만 적절하다는 것을 의미한다. 그러나 하나님은 중심을 보신다. 그리고 그것은 시민적 의에도 불구하고, 시민적 의 아래서 분명하지 않은 채 남아 있다. 왜냐하면 저 아래 깊은 곳에서 인간은 오직 자신의 이익만을 추구하며, 그 자신만을 신뢰하고 있기 때문이다.[17] 그로 인해 부패하는 것이 특별히 인간의 위대한 업적들이고 "영웅적인 덕(德)들"이다. 고대 희랍-로마 시대와 모든 나라들의 위

---

12) *WA* 39^i, 202.
13) *WA* 8, 104; *LW* 32, 225. *WA* 39^i, 82; *LW* 34, 151. *WA* 39^i, 100f., 202. *WA* 39^i, 289. *WA* 40^i, 393; cf. *LW* 12, 357.
14) *WA* 39^i, 82; *LW* 34, 51. *WA* 39^i, 441.
15) *WA* 8, 67; *LW* 32, 173. *WA* 39^i, 82; *LW* 34, 151.
16) *WA* 39^i, 230.
17) *WA* 40^{II}, 389; cf. *LW* 12, 354f. *WA* 39^i, 82; *LW* 34, 151. *WA* 39^i, 202, 212. *WA* 18, 767; *BOW*, 289.

대한 사람들은 영예와 명예에 대한 그들의 갈망으로 인해 완전히 부패하였다고 루터는 생각했다. 명성에 대한 갈망은 사람들 가운데서 존경받을 만한 것으로 여겨질 수 있다. 그러나 하나님에 관한 한, 그것은 가장 부끄럽고 가공할 만한 위선이며, 다시 말하면 하나님의 영광을 도적질하는 것과 같다.[18] 이것은 인간의 심판과 하나님의 심판이 서로 얼마나 분리되어 있는가를 보여준다. 이와 같은 지적은 시민적 의가 우리를 그것으로 유혹하는 도덕주의적 자기-안전에 대해서도 마찬가지로 해당된다.[19]

하나님에 대한 강도질로서의 죄

"죄"란 무엇인가? 성서는 일반적으로 사람들이 "죄들"이라고 부르는 것을 서술하기 위해 이 용어를 사용하지는 않는다. 어떤 경우에도, 그 용어, 즉 "죄"는 단순히 죄들을 언급하고 있지 않으며, 오히려 그러한 죄된 행위들이 기인하는 그 뿌리를 특별히 언급한다.[20] "성서에서 말하는 죄는 단지 육체의 외적 행위들을 의미할 뿐만 아니라 사람들로 하여금 이러한 행위들을 행하도록 충동질하는 모든 것들, 즉 가장 내적인 중심을 가리킨다." 성서는 "중심을 꿰뚫어 본다." 그리고 거기에서 "모든 죄의 뿌리와 근원"으로서의 "마음의 바닥에 있는 불신앙"을 발견한다.[21] 그러나 또한 루터는 자기 중심성을 "모든 죄의 시작"으로 묘사한다는 점에서 어거스틴을 따르고 있다고 볼 수 있다. 그 두 가지는 동시에 존재하게 된다. 자기 중심성은 자기 자신의 것을 추구하고, "하나님과 사람들로부터 그들에게 속한 것을 취하며 자신이 소유하고 존재하며 할 수 있는 바의 어떤 것도 하나님에게나 사람들에게 주지 않는다."[22]

불신앙, 하나님을 향한 경외감과 신뢰와 사랑의 결여는 특히 배은망덕으로 나타난다. 이것은 "가장 부끄러운 악이며 하나님에 대한 가장 큰 경멸이다."[23] 루터는 이것을 바울에게서 배웠다(롬1:21). 결국 배은망덕은 자기 중심성, 자기 만족, 우리 자신과 우리 자신의 의에 대한 신뢰에 의존한다.[24] 심지어 사람들이 이러한 삶의 선물들을 하나님으로부터 받았다 할지라도, 그들은 그것들을 그의 선물로 취급하지 않

---

18) WA 6, 220; PE 1, 208. WA 18, 742f.; BOW, 252. WA 40^{II}, 325; LW 12, 309. WA 42, 350; LW 2, 125f.
19) WA 39^i, 459. WA 2, 492; LW 27, 224.
20) WA 8, 104; LW 32, 224.
21) WA, DB 7, 6; LW 35, 369. "주된, 그리고 실제적인 죄는 인간이 그가 분명히 그래야 하는 대로 하나님을 두려워하지 않고, 사랑하지도 않으며, 신뢰하지도 않을 때 일어나는 하나님을 멸시하는 것, 즉 불신앙이다." WA 31^i, 148; cf. LW 14, 84.
22) WA 7, 212; PE 2, 364.
23) WA 31^i, 76; LW 14, 51. WA 39^i, 580.
24) WA 56, 178f. LCC 15, 25f.

는다. 그들은 너무나 선물에 관심을 몰두시키고 있기 때문에 정작 그 선물의 수여자를 잊어버린다. 그들은 마치 그들이 마땅히 받을 만한 자격을 가진 사람들인 것처럼, 또는 그들 스스로 만든 것인 양 이 선물들을 취한다. "우리는 하나님이 아니라 바로 우리가 그것을 만든 것처럼 이 선물을 사용한다."[25] 그러나 하나님의 선물들을 하나님의 것으로 인정하고 취급하지 않으면서, 즉 그것들에 대해 감사하지 않으면서 그것들을 소유하는 것은 "선물들을 훔치고 강탈하는 것과 마찬가지다."[26] 감사하지 않음으로써 하나님을 멸시하는 사람은 누구든지 하나님과 그의 이웃을 거역하면서 그 선물들을 오용하고 있는 것이다. 우리는 마치 우리가 모든 것에 대하여 감사해야 할 대상이 우리 자신만인 것처럼, 끊임없이 자랑함으로써 이 선물들을 하나님을 거역하여 사용한다. 그리고 우리는 우리 자신을 하나님께 위탁하지 않으면서 단지 그러한 세상적인 선물들만 신뢰한다. 우리는 이 선물들을 하나의 신뢰로서 하나님으로부터 받지 않고, 오히려 "마치 우리 자신이 지상의 이곳에서 하나님이고 영주인 것처럼," 그것들을 우리 자신의 목적을 위해서 그리고 우리의 이웃을 해하기 위한 목적으로 사용할 때마다, 우리는 우리의 이웃을 거역하여 이 선물들을 오용하고 있는 것이다. 따라서 하나님에 대한 경멸은 이웃에 대한 경멸을 가져 온다.[27]

사람은 그의 모든 신뢰를 하나님께 두지 않음으로써 끊임없이 제1계명을 위반한다. 그렇지 않다면, 우리는 심지어 고난의 때조차도 하나님을 믿을 것이고 그를 찬양할 것이다. 그러나 우리는 이렇게 할 수 없다. "시험이 닥쳐오거나 혹은 내가 죽어야 할 때, 그 때 나는 하나님이 악마라고 생각한다. 그렇다. 심지어 그는 나에게 화를 내는 분노의 하나님이라고 생각한다."[28] 편안한 때는 우리가 정말로 하나님을 사랑한다고 우리 스스로 상상하는 것은 쉬운 일이다. 우리는 하나님과 우리의 이웃을 사랑한다는 것을 매우 드러나게 보여줄 수도 있다. 그러나 우리는 고난의 시험에 던져지지 않는 동안만 그렇게 할 수 있다. "하나님은 많은 연인들을 가진다." 단지 "평화의 때만" 말이다. 진정한 사랑과 거짓된 사랑은 평화의 때는 매우 비슷해서 서로 혼동될 수 있다. 그러므로 진정한 사랑은 감추어져 있다. 그러나 "전쟁의 때", 즉 하나님이 사람들을 때리고 파멸시키실 때, 그리고 나의 이웃이 나를 해하고 결코 사랑하지 않을 때는 상황이 다르다. 우리가 하나님을 기뻐하고 우리의 이웃에게 양

---

25) *WA* 31¹, 443; *LW* 14, 122. Cf. *WA* 56, 178; *LCC* 15, 26. *WA* 31¹, 433, 454; *LW* 14, 112, 133.
26) *WA* 31¹, 454; *LW* 14, 133.
27) *WA* 31¹, 438; cf. 434; *LW* 14, 115; cf. 113.
28) *WA* 31¹, 94; *LW* 14, 59. *WA* 46, 661; *LW* 22, 142.

보할 때, 우리는 우리 자신에게서 이와 같은 불일치를 발견한다.

　"그러나 육체에 매달려 있는 사람들이 평온할 때 사랑을 가장하는 것처럼, 그것도 기쁨으로 행해진다. 그들은 하나님을 찬양하고 사람들에게 있는 하나님의 선물들을 찬양한다. 그러나 단지 그들이 공격받을 때까지만 그렇다. 그 때, 육체의 행위들이 갑자기 튀쳐나온다. 그들은 그들이 공식적으로 찬양했던 하나님의 선물들을 험담한다. 만일 그들의 험담이 성공하지 못하고 그들의 이웃의 명성이 감소되지 않는다면 그들의 마음은 서글퍼진다 … ."[29] 겉으로 인간은 "거룩한 삶"을 영위할 수 있다. 그러나 내적으로 인간의 마음은 여전히 신앙이 없고, 죽음을 두려워하며, 교만으로 가득 차 있다. "그리고 틈이 있을 때마다 이 모든 것이 폭발한다."[30] 하나님에 대한 참된 두려움과 신뢰는 우리가 사람들이 우리를 좋게 생각하는지 나쁘게 생각하는지 전혀 상관하지 않을 때 드러남이 틀림없다. 그러나 "우리는 사람들이 우리를 좋아할 때 만족해 하는 종류의 사람들이다. 그리고 그것이야말로 깨끗하지 못한 심령의 표시이다."(바로 이 지점에서 루터는 이것을 무엇보다도 설교자에게 적용한다.)[31]

　이 모든 것을 통해 분명해지는 것은 인간은 진정으로 하나님께 자신을 위탁하고 있지 않으며, 심지어 하나님에 대한 관계에서, 그리고 하나님의 도움으로 이기적으로 그 자신의 이익을 추구하고 있다는 것이다.[32] "그가 행하거나 행하지 않거나간에 모든 것 안에서 그는 하나님과 그의 이웃의 것보다는 그 자신의 유익, 의지, 그리고 영광을 추구한다. 이러한 이유로 그의 모든 행위, 그의 모든 말, 그의 모든 생각, 그리고 그의 모든 삶이 악하고 거룩하지 못하다."[33] 루터는 1515년과 1516년에 행한 로마서에 대한 그의 강의에서 이 점을 가장 날카롭게 표현했다. "인간은 대단히 자기 중심적이어서 자신의 유익을 위해 육체적 선물들을 사용할 뿐만 아니라 영적 선물들도 사용하며, 모든 기회를 다 사용해서 자신의 유익을 구한다." 인간 본성은 "오직 자신에게만 관심이 있고, 자신의 유익만을 추구하며, 자신의 길을 방해하는 것이라면 어떤 것이든지 항상 무시한다. 심지어 그것은 마치 하나님을 보지도 못한

---

29) *WA* 2, 593; *LW* 27, 374.
30) *WA* 17ᴵ, 240; cf. *LW* 12, 190.
31) *WA* 17ᴵ, 237; cf. *LW* 12, 188f.
32) "한 인간이 그 자신 안에 있는 것을 행하는 동안 그는 죄를 범하고, 모든 것 안에서 자신을 추구한다." *WA* 1, 360; *LW* 31, 50. "그렇게 타고났기 때문에 나는 하나님과 모든 피조물 안에서 나에게 즐거운 것만을 추구한다." Veit Dietrich 판(版)은 다음과 같이 기록한다. "우리는 하나님과 모든 피조물들 안에서 하나님의 영광을 구하지 않고 우리 자신의 영광을 구한다." *WA* 40ᴵᴵ, 325, *LW* 12, 309.
33) *WA* 6, 244; *PE* 1, 242.

것처럼, 그리고 완전히 자기 중심적인 것처럼, 하나님 자신조차도 무시해 버린다
…. 인간 본성은 모든 다른 것의 자리에, 심지어 하나님의 자리에 자신을 위치시키
고 하나님의 목적이 아니라 오직 자신의 목적만을 추구한다. 이런 이유로 그것은 그
자신의 주된, 그리고 가장 중요한 우상이다."[34] 따라서 그것은 하나님을 착취한다. [35]
　인간 본성은 심지어 하나님의 의지에 대한 자신의 순종과 복종까지도 자신의 목
적들을 위해 사용하고 처리한다. 그 눈은 오직 하나님의 의지에만 고정되어 있는 것
이 아니라 또한 이차적인 문제들에도 고정되어 있다. 그러므로 인간 본성은 하나님
이 그의 의지를 이행하는 데에 우리가 가져주기를 바라는 "기쁨, 사랑, 행복"을 결
여하고 있다. 인간 본성은 "심지어 본성의 의지에 반대하여 경건하기까지 하다."그
것은 "그 헌신 속에서 자신의 유익과 목적을 추구한다."어느 누구도 "순전히 하나
님만을 위하여 혹은 그것이 마땅히 그래야 할 옳은 길이기 때문에" 경건하지는 못하
다. 본성은 경건한 것에 대하여 어떤 이유를 가지기를 원하고 또한 이유를 갖기를
좋아한다. 본성은 단지 경건을 위하여 경건하려고도 하지 않고 경건할 수도 없다."
이와 같이 인간의 자연적 본성은 하나님에 대한 그의 관계를 끊임없이 왜곡시키고
어긋나게 한다. 인간은 하나님이 자신의 목적들을 위해 유용하게 보일 정도에 한에
서만 기꺼이 하나님을 섬긴다.[36] 그는 끊임없이 제1계명을 거역하는 죄를 범한다.
포이에르바하가 후에 종교의 본질이라고 규정했던 것은 정확하게 말하면 루터가 실
제적 왜곡의 계속적 형태로 보고 있는 것이다. 경건은 지고의 선으로 인정되고 갈망
되기보다는 목적을 위한 수단으로 전락된다.
　인간은 심지어 그의 도덕적 규범에서조차 자기를 추구하고 있다. 그의 궁극적
의도는 "그의 행위들에서 자신을 즐기는 것이며, 자신을 우상으로 숭배하는 것이
다."[37] 따라서 육체적 욕망 이외에도, 교만은 자기 애(自己愛)의 부차적 특징이다.
이 자기 애는 인간 자신의 윤리적 업적들에 의해 불이 붙는다. 인간은 윤리적 노력
을 통해 그의 열등한 갈망들을 통제할 수 있지만, 교만은 통제할 수 없다. 왜냐하면
그것은 실수에 대한 그의 승리로부터 그리고 그의 윤리적 진보로부터 나오기 때문이

34) *WA* 56, 356f. ; *LCC* 15, 218f.
35) "그들은 하나님의 것을 구하지 않고 하나님 자신과 그의 성도들 안에서 오히려 그들
　　자신의 유익을 추구하기 때문에 그들은 제1계명을 거스려 죄를 범하고 있다. 따라서
　　그들은 그들 자신의 궁극적인 목적을 위하여 모든 것을 행하며, 그들이 그들 자신의
　　우상이다. 왜냐하면 그들은 그들 자신의 유익을 위하여 하나님을 사용하기 때문이
　　다." *WA* 1, 425.
36) *WA* 7, 800; *RW* 2, 123.
37) *WA* 1, 358; *LW* 31, 46.

다.[38]

이 교만과 자기-만족은 인간 속에 매우 깊이 뿌리내리고 있기 때문에 그것들은 심지어 인간의 겸손과 회개를 통해서조차 스스로를 조장시킬 수 있다. 이것은 물론 참된 것이 아니라 거짓되고 날조된 겸손이다. 왜냐하면 참으로 겸손한 사람들은 "그들 스스로 결코 자신들의 겸손을 의식하지 않기 때문이다." "참된 겸손은 그것이 겸손하다는 것을 결코 알지 못한다 … . 왜냐하면 만일 그것이 이것을 안다면 그렇게 훌륭한 덕을 생각함으로써 교만해질 것이기 때문이다 … . 그것은 자신을 볼 수도 없고 의식할 수도 없다. 겸손은 매우 부드럽고 고귀한 것이어서 그것은 감히 자신을 보는 것을 감당할 수 없다. 오직 하나님만이 그것을 볼 수 있도록 되어 있다." 따라서 오직 하나님만이 겸손을 본다. 만일 겸손이 그 자신을 보려고 한다면 심지어 그것을 알지도 못한 채 교만해질 것이다.[39] 바로 자연인이 겸손을 심각하게 받아들일 때 이러한 일이 그에게 일어난다. 그의 자신에 대한 사랑은 그러한 진지함에 의해서 조장되기도 한다. 이것들이 우리로부터 "감추어진 허물들"(시19:12)이다.

우리는 우리가 선한 양심을 가질 수 있다고 생각하는 바로 그때, 예를 들어, 우리가 우리 자신을 낮추고, 우리 자신을 심판하고, 그리고 우리를 헌신하는 바로 그때, 우리는 그러한 허물에 빠져든다. 왜냐하면 그때 우리는 특히 우리의 자기-겸손 속에서 우리 자신을 즐겁게 하기 때문이다. 우리는 은밀하게 우리의 회개와 자기-정죄로 인해 스스로 우리를 추켜 세우며, 우리의 자기-경멸에 대해 자랑스러워 한다. 따라서 인간은 심지어 그가 자신에 대한 심판의 자리에 앉아 있고 자신에 대해 절망하는 순간조차도 여전히 자신으로 남아있고 자신의 자리를 지키고 있다. 인간은 윤리적 이상주의의 안정 속에서 뿐만 아니라 그것이 환상에서 깨어난 후 가지게 되는 부정적 형태인 윤리적 비관주의에서도 자신을 주장하고 즐긴다. 자신을 보고 자신이 보는 것에 대해 만족해 하는 이러한 과정으로부터 인간이 어떻게 벗어날 수 있겠는가?[40]

교만은 모든 인간의 행위를, 특히 "선한 행위들"조차도[41] 죄악된 것으로 만든

---

38) "사실 죄를 범하지 않고 선한 모든 것을 행하는 사람들이 많이 있다. 그러나 그럼에도 불구하고 가장 미묘한 교만이 바로 그들의 덕들로부터 오는 모든 것이다. 그리고 그것이 그것들을 오염시킨다." *WA* 3, 292. Cf. *WA* 3, 486.

39) *The Magnificat* (1520), *WA* 7, 561ff.; *LW* 21, 315ff.

40) "우리의 육체는 매우 악하기 때문에 그것은 종종 바로 고난과 겸손의 한가운데서도 우리를 속인다. 따라서 우리는 우리의 겸손과 우리 자신에 대한 무시, 그리고 우리 자신의 죄의 고백으로 즐거워한다. 그리고 우리 자신의 교만함을 꾸짖음으로써 자랑스러워 한다. 이것이 감추어진 뻔뻔스러움이며, 교만의 죄이다." *WA* 5, 564.

다. 루터에 의해 가장 날카롭게 표현된 바에 따르면, "어떤 인간도 그가 계속적으로 죽을 수밖에 없는 죄를 범하지 않는다고 확신할 수 없다. 그것은 인간의 가장 비밀스런 교만의 악 때문에 그렇다." 교황은 루터를 파문하는 그의 교서에서 이 말을 정죄했다. 그러나 루터는 1521년에 행한 그의 변호에서 훨씬 더 날카롭게 그것을 말하고 있다. "그러므로 나는 이 조항을 철회해야 한다. 그리고 나는 이제 말한다. 즉, 만일 그것들이 하나님의 심판과 준엄함에 따라 판단받는다면, 그리고 오직 은혜로 선한 것으로 받아들여지지 않는다면, 우리의 모든 선한 행위들조차도 죽을 수밖에 없는 죄라는 사실을 아무도 의심해서는 안된다."[42] 이것은 구체적인 개별적 행위로서 선한 행위들의 성격에 기인하는 것이 아니라 그 모든 것들을 더럽히는 인간의 교만에 기인한다. 그러나 그가 하나님의 명령의 깊이의 차원들을 보지 못하는 한, 행위들의 "광채"는 끊임없이 인간을 "그러한 그릇된 신뢰"로 잘못 인도한다.[43]

이 모든 것은 인간이 하나님에 대항하여 범죄한다는 것을 의미한다. 그것은 먼저 그 자신의 행위들이 언제나 율법의 행위들로 남아있으며, 그 자신이 언제나 전적으로 인격적으로 그 행위들에 가담하지 않기 때문이다. 뿐만 아니라 그것은 마찬가지로, 이것이 가장 나쁜 것인데, 그가 모든 것을 진지하게 취급할 때조차도 그가 죄에 연루되어 있으며, 그 자신의 의(義)를 세우고자 시도하며, 그렇게 함으로써 하나님이 주시기 원하시는 그 의로부터 자신을 단절시키고 있기 때문이다. 따라서 인간은 그가 할 수 있는 최선을 다하고 있을 때조차도, 심지어 그의 최선의 행위들을 가지고도 죄를 범한다. 루터는 이 사실을 바울로부터 알게 되었다. 그는 그의 입장의 기초를 롬 10:2에 두고 있다. 그는 그것을, 비록 유대인들이 하나님을 열망하고 율법의 의를 추구한다 할지라도, 그들은 그들이 "영 안에 있는" 유대인들이 아니며 오히려 목을 꼿꼿하게 세우고 신앙의 의에 저항하기 때문에 여전히 그들은 율법을 위반하고 있다는 것으로 해석한다. "'자유 의지'는 그것이 최선의 경지에 있을 때 최악의 경지에 있으며, 더 많이 노력하면 할수록 그것은 더 나쁘게 되고 더 나쁘게 행

41) "의인은 그의 모든 선한 행위들에서 죄를 범한다." WA 7, 433; LW 32, 83. "선한 행위는, 비록 잘 행할지라도, 하나님의 자비로운 심판에 따르면 용서받을 수 있는 죄이고, 하나님의 엄격한 심판에 따르면 죽을 수밖에 없는 죄이다." WA 7, 438; LW 32, 86.
42) WA 7, 445; LW 32, 91. "모든 선한 행위는 그것이 자비로 용서받지 않는 한 죄이다." WA 8, 93; LW 32, 209.
43) "'율법의 행위들'은 … 충분하지 않다. 뿐만 아니라 외적으로 나타나는 데에 그것들은 심지어 위선자들에게 잘못된 확신을 준다." WA 2, 492; LW 27, 223.
44) WA 18, 760f.; BOW, 278f.

하게 된다는 사실 이외에 어떤 다른 결론이 가능하겠는가?"[44]

하나님의 의지는 한편으로는 두번째 돌판의 "도덕적" 명령 안에서, 그리고 다른 한편으로는 첫번째 돌판의 "종교적" 명령들 안에서, 특히 제1 계명에서 인간들에게 내려 온다. 따라서 인간의 죄는 이중적 측면을 가진다. 첫째, 인간은 계명들을 이행하지 않고 위반한다. 그리고 둘째, 인간은 구원을 얻기 위해 계명들을 이행하고자 시도하기 때문에 사실상 제1계명을 위반한다. 왜냐하면 인간은 그렇게 함으로써 홀로 인간들에게 의를 선사하시는 유일하신 하나님이요 창조주인 하나님을 거역하여 범죄하는 것이기 때문이다. 인간은 그가 도덕에 관하여 신경쓰지 않을 때뿐만 아니라 도덕에 관하여 매우 진지할 때조차도 하나님과의 관계에서 죄인으로 서 있다. 이러한 진지함은 그로 하여금 자기 자신을 신뢰함으로써 모든 것 가운데 가장 악한 죄, 즉 종교적 죄의 희생양이 되도록 만들고 만다. 하나님이 아니라 자기 자신을 신뢰하는 것이야말로 신에 대한 불경이다.[45] 제1계명을 범하는 이 주된 죄는 사람들이 하나님이 우리의 구세주로서 우리에게 부여하신 십자가에 달리신 그리스도를 믿지 않을 때 가장 나쁘다.[46] 모든 점에서 루터는 사도 바울의 인도를 완전하게 따르고 있는데, 그의 인간에 대한 정죄는, 특히 유대인의 형태에서, 이 두 가지 강조들을 공유하고 있다.[47]

이웃에 대한 강도 행위로서의 죄

제1계명을 범하는 죄들인 교만과 자기 만족은 하나님으로부터 그의 신성을 탈취하는 것일 뿐만 아니라 또한 이웃에게 상처를 입히는 것이다. 바리새인은 신앙을 거역하는 죄를 범할 뿐만 아니라 사랑을 거역하는 죄를 범한다.[48] 그것은 말하기조차 두려운 것이다. 그러나 그는 그의 형제들과의 비교에서 오는, 스스로를 의롭다하는 느낌을 즐기기 위해 그들의 과오들을 이용한다. 그리고 이러한 자기의(義) 안에서 그는 다른 사람들을 내려다 본다. 그는 사랑이 요구하는 대로의 그들의 윤리적 결핍에 관심을 가지는 것이 아니다. 오히려 그는 즐거워한다. 왜냐하면 그 자신이 스스로 그러한 어두운 흔적을 가지고 있기 때문이다. 루터는 이 땅에서 어떤 죄도 이것보다 더 나쁘지는 않다고 선언한다.[49]

---

45) *WA* 17I, 233; *LW* 12, 187.
46) *WA* 39 I, 84; *LW* 34, 154.
47) Cf. my *Paulus and Luther über den Menschen* (3rd ed.; Gütersloh: Bertelsmann, 1958), p. 49.
48) *WA* 15, 673.
49) *WA* 2, 606f.; *LW* 27, 393f. Cf. *WA* 15, 673.

이것은 특히 바리새인에게, 즉 "의로운 사람"에게 그렇다. 그러나 또한 모든 사람들에게도 해당되는 것이다. 그것은 다른 존재들이 가진 것보다 자신이 더 많은 은혜를 받았다는 사실을 발견하자마자, 그것은 자신과 동등하지 않은 존재들을 향해 자신의 코를 들어 올린다.[50] 사랑의 율법에 따르면, 우리는 우리 이웃의 결핍에 대하여 관심을 가져야 한다. 이와 같이 악을 기뻐하는 것은 이미 살인이며 제1계명을 위반한 것이다.[51] "너는 살인하지 말라"는 궁극적으로 "너는 다시 태어나야 하고 지금과는 다른 사람이 되어야 한다는 것을 의미한다."[52] 겉으로 나타나는 모든 우호적인 태도에도 불구하고 인간은 자신의 깊은 내면에서부터 그 자신의 이익을 구하고 있고, 그러므로 그는 내면적으로 그의 형제를 대항하고 있으며, 결국 그의 형제의 대적이다.

루터는 도덕적 의지의 힘을 결코 부인하지는 않는다. 이 힘은 인간으로 하여금 의식적으로 하나님의 계명에 굴복하게 하고 율법의 행위들을 행하게 한다. 그러나 의지의 힘은 그의 의식적인 의지에 의해 통제되는 그 행위들에 제한된다. 이 의지는 마음의 깊은 차원, 그것의 비밀스런 감정들, 그리고 갈망들에 대해 어떤 통제력도 가지지 못한다. 이런 이유로, 우리의 행위들은 그들 자체로는 옳으나, 우리는 그것들을 "마음으로부터" 행하지는 않는다. 의식적인 의지는 계명에 의해 결정되고 "예"라고 말한다. 그러나 "마음의 기초", 즉 비자발적인 충동들의 자리는 종종 이것에 대해 "아니오"라고 말한다. 따라서 심지어 하나님께 대한 우리의 의식적인 복종 조차도 우리의 비밀스런 저항에 의해 무력하게 된다. 하나님과 이웃에 대한 우리의 사랑이 항상 먼저 이 저항을 극복해야 하기 때문에, 그것이 아무리 작은 것이라 할지라도, 우리가 행하는 것은 무엇이든지 하나님이 하시는 것만큼 그렇게 자유롭고 기쁜 것이 아니다. 의식적인 의지의 운동은 내적으로 비자발적인 태도의 무게에 의해 방해를 받는다. 이러한 이유로 인해 기꺼이 하는 자발성은 상당히 어렵다. 그것은 사랑이 마땅히 그래야 하는 만큼 쉽지 않다.[53] 우리들 모두가 아니라 우리들 자신의 일부만이 하나님의 율법 안에 있다. 우리의 행위들은 그 계명이 요구하는 절대적인

---

50) WA 10^{III}, 238.
51) "만일 내가 말하기를, '그것이 그들을 바로 섬긴다'고 한다면, 나는 살인한 자다." WA 27, 264.
52) WA 10^{III}, 243ff., 247. "그러므로 하나님의 법들은 그것을 통해서 우리가 우리의 연약함과 악을 들여다 보는 단지 하나의 거울이다. 그것들은 우리의 죄 안에서 우리를 속박하기 때문에, 우리는 우리 스스로를 돕고 우리 자신의 자유로운 의지를 사용함으로써 우리의 길을 나아갈 수 없다. 말하자면, 어떤 다른 것이 와서 우리를 도와야 한다는 것이다." WA 10^{III}, 244.

통일성과 진정성, 자유로움과 자발성을 결여하고 있다. 이러한 정도로, 우리의 도덕성은 위선의 한 정면(正面)에 불과한다. 그 정면 뒤에는 눈, 즉 우리의 죄들과 만나는 완전히 다른 어떤 것이 있다.[54] 이것은 그리스도 없는 사람뿐만 아니라 그리스도인에게도 사실이다. 왜냐하면 그는 하나님의 성령을 받았지만, 아직 하나님의 뜻을 거부하는 "육"에 남아있기 때문이다. 이러한 이유로 그가 의를 행할 때조차 그는 여전히 죄를 범한다.

육체

인간으로 하여금 사람들이나 하나님에 대한 진정한 사랑을 성취하지 못하도록 방해하는 교만과 자기 주장은 때때로 발생하는 왜곡이 아니다. 그것은 타락한 인간의 본성이다. 이것은 죄가 범행과 태만의 개인적인 행위들일 뿐만 아니라 인간의 전(全) 존재의 더러움이라는 것을 의미한다. 우리가 죄에 대해 말할 때, 루터의 대적자들, 즉 스콜라주의 신학자들이 했던 것처럼, 단지 생각과 말과 행위에서 율법에 대한 위반만을 생각할지 모른다. 그러나 그렇게 할 때, 우리는 죄의 완전한 깊이, 즉 그것의 뿌리와 진정한 병든 상태를 이해하지 못한다.[55] "우리의 연약함은 우리의

---

53) "그는 항상 마지 못해 행하기 때문에, 항상 부패한 상태로 선을 행한다. 그러므로 그는 결코 하나님의 법을 완전히 이행하지 못한다. 내가 말한 바와 같이, 하나님의 법을 이행하지 않으려 하는 경향은 육체 안에 항상 현존하고, 동시에 인간은 하나님의 법을 이행하기를 의지(意志)하기 때문에, 그는 자발적으로 선을 행하기도 하고, 비자발적으로 악을 행하기도 한다 … . 율법에 대한 기쁘고 자유로운 사랑을 방해하는 곤란은 하나님의 법에 대한 충만한 만족을 방해한다. 왜냐하면 인간이 순수하고 자유로운 영으로 행하지 않는 한, 율법은 이행되지 않기 때문이다. 그러므로 인간의 마음 안에 자진하여 하지 않음, 곤란, 그리고 마지 못해 함이 있는 만큼 죄가 많고, 자진하여 함, 자유, 기쁨이 있는 만큼 많이 칭찬받을 만 하다. 이 둘은 모든 생활 속에, 그리고 우리의 모든 일 속에 혼합되어 있다 … . 그러나 이러한 삶 속에 어떠한 통일된 의지가 없다. 그러므로 우리는 옳은 일을 행하고 있을 때조차도 항상 죄를 범한다. 우리의 육체가 그것의 불순한 동기들을 무기로 하여 우리를 얼마나 많이 공격하는가에 따라서 때때로 우리는 더 많이 죄를 범하기도 하고 때때로 더 적게 죄를 범하기도 한다." WA 2, 412f. Cf. WA 1, 367; LW 31, 61. "우리는 사탄에 의해 방해를 받기 때문에 우리는 하나님의 율법 안에 완전히 거하지 못한다. 그리고 우리에 대항하여 싸우는 우리의 일부가 하나님의 율법에 대립되어 있다." WA 8, 95; LW 32, 212.

54) "사실 율법에 대한 관심으로부터 행하는 것은 무엇이든지 죄이다. 왜냐하면 그것은 자발적인 정신으로 행하는 것이 아니라 비자발적으로, 따라서 율법에 반대하여 행하기 때문이다." WA 7, 760.

55) WA 40^{II}, 316; cf. LW 12, 304. "악한 행위들과 일로 열매를 맺는 근본적인 요소" WA 8, 104; LW 32, 224.

행위에 있는 것이 아니라 우리의 본성에 있다. 우리의 인격, 본성, 전(全) 존재가 아담의 타락을 통해 부패되어 있다."[56] 인간의 행위들은 그의 전 존재가 순수하지 못하다는 것을, 즉 죄를 제외하고는 인간 안에 어떤 것도 존재하지 않는다는 것을 보여준다.[57] "본성은 온전하다"는 스콜라주의 유명론자들의 주장은 "본성이 부패하였다"라고 정정되어야 한다.[58] 인간은 그가 어떤 것을 생각하고, 말하고, 행동하기 전에 이미 죄인이다. 그의 행위는 그의 존재로부터 온다.[59] 이것은 "진정하고 가장 의미심장한 죄이다. 만일 이것이 존재하지 않는다면, 어떠한 실제적인 죄도 존재하지 않을 것이다. 이 죄는 모든 다른 죄들처럼 저질러지는 것이 아니다. 오히려 그것은 단지 존재하고 살아가며 모든 죄들을 범한다. 그것은 한 시간 혹은 잠시 동안만 죄를 범할 뿐만 아니라 인간이 존재하는 한 어디서든지 그리고 언제든지 존재하는 본질적인 죄이다. 오직 하나님만이 이 본성적인 죄를 아신다."[60]

루터와 바울은 인간을 "육체"라고 부름으로써 이러한 상태를 서술한다. 따라서 "육체"는 그가 하나님께 대하여 모순된 상태에 있는 한, 전적인 인간을 가리킨다.[61] "영"과 "육체" 사이의 구별은 인간을 성서에서 발견할 수 있는 바(살전 5:23) 영, 혼, 육체로 구분하는 것과 완전히 다르다. 이 후자의 구별은 기본적으로 인간학적이지만, 전자는 신학적이다. 그것은 인간 본성의 단편들 혹은 부분들을 차별화시키는 것이 아니라 하나님께 대한 그 본성의 관계의 질(質)을 서술한다. 따라서 그것은 전 인간, 즉 영, 혼, 육체를 한번에 그리고 동시에 언급한다. 세 가지 모든 차원들에 인간은 "영" 혹은 "육체"일 수 있으며, 말하자면, 선할 수도 있고 악할 수도 있다.[62]

중세 신학은 헬레니즘의 이원론의 영향 아래에서 이들 두 가지 구별들을 결합함으로써 육체가 인간의 신체적 존재와 동일시되는 경향이 있다. 인간은 그가 이성이라고 불리는 영에 대립되는 그의 신체적 욕구들에 참여하는 한 "육체"라는 것이다.

---

56) *WA* 10^I,1, 508. *WA* 8, 104; *LW* 32, 224f.
57) "이러한 행위 속에서 (그의 간음과 우리야의 살해) 다윗은 그가 완전히 죄인이라는 것을 알기 시작한다 … . 그러므로 우리도 또한 우리 속에 죄악되지 않은 어떤 것도 존재하지 않는다는 것을 알아야 한다." *WA* 40^{II}, 322, cf. *LW* 12, 307.
58) *WA* 40^{II}, 323; *LW* 12, 307.
59) "차라리 이 시편에 기초하여 죄를 인간이 어떤 것을 말하고, 행하고, 혹은 생각할 만큼 충분히 나이가 들기 전에 아버지와 어머니로부터 이어 받은 모든 것으로 정의하라." *WA* 40^{II}, 322, *LW* 12, 307. (This is from Veit Dietrich's edition.)
60) *WA* 10^I,1, 508f.
61) 루터는 "육체"라는 용어가 육체와 사람들의 육체적 본성을 언급하기 위해 성서에서 독자적으로 사용되고 있다는 것을 알고 있다. 그러나 그것이 "영"과 구별되는 곳에서, 그것은 "영"과 대립되는 모든 것을 언급한다. *WA* 18, 735; *BOW*, 242.
62) *WA* 7, 550; *LW* 21, 303.

이와 반대로, 루터는 바울과 더불어 선언하기를, 육체는 "그리스도의 은혜와 영 밖에 있는" 모든 것, 다시 말해서, 신앙으로부터 오지 않는 모든 것이라고 한다. 이러한 의미에서 "육체"는 단지 인간의 한 부분이 아니다. 그리고 그것은 단지 그의 신체적 존재일 뿐만 아니라 오히려 그의 전(全) 인간이다.[63] 인간은 정확히 그의 영성에서, 그의 "마음", 즉 혼에서, 그리고 "그의 최선의 최고의 능력들에서", 특히 그의 에토스(ethos)와 종교적 인간으로서 그의 종교성에서, "육체"이다.[64] 이 육체는 참으로 가공할 만한 죄가 존재하는 자리이다.

인간의 자기 만족, 그의 자만심, 그의 고집, 그의 불신앙, 하나님에 대하여 자신의 의를 주장하려는 그의 억지, 이 모든 것이 "영적"인 그 무엇일 수 있다. 그러나 바로 이 점에서, 그리고 이 점 때문에 인간은 "육체"이다. "육체적"인 모든 철학, 모든 신학, 모든 인간의 지혜는 신앙을 가르치지 못한다.[65] 그러나 인간은 그가 하나님

---

63) 갈 3:3을 주석하면서, 루터는 이렇게 말한다. "이것은 '육체'가 육체적 욕망이나 육체의 욕심이라는 의미에서 뿐만 아니라 그리스도의 은혜와 영 밖에 있는 모든 것이라는 의미에서 이해되어야 한다는 사실을 분명하게 한다. 갈라디아 교회 성도들의 행위-의(義)는 육체이다 … . 그러므로 신앙으로부터 오지 않는 것은 무엇이든지 육체이다." *WA* 2, 509; *LW* 27, 249. "바울은 영이 아닌 모든 것, 즉 전(全) 인간에 대해서 '육체'라는 말을 사용한다." *WA* 2, 610; *LW* 27, 399. 그를 반대하는 자들에 대해 말하면서, 루터는 이렇게 말한다. "그들의 잘못의 원인은 … 그들이, 마치 이 둘이 두 개의 본체인 것처럼, 육체와 영을 형이상학적으로 구별하고 있다는 것이다. 그러나 전(全) 인간이 육체와 영이다. 그가 하나님의 법을 사랑하는 한 영이며, 그가 하나님의 법을 미워하는 한 육체이다." *WA* 2, 415. "나는 … 육체, 영혼, 그리고 영을 완전하게 구별하지 않는다. 왜냐하면 육체는 영혼과, 그리고 그것에 의해 살아있는 영을 통하지 않고서는 어떤 것도 경험하지 못하기 때문이다. 게다가 나는 영과 육체로 전(全) 인간, 특별히 영혼 자체를 이해한다." *WA* 2, 585; *LW* 27, 363. 루터에게서 "영"과 "육"의 이해에 관한 글들은 다음을 보라, cf. *WA*, DB 7, 12; *LW* 35, 371f. "육체에 의해 행하는 모든 것은 '육체적'이다 — 그것이 영혼 속에 아무리 깊이 감추어져 있다 할지라도 그렇다." *WA* 17 II, 8. "그의 자기-의지의 깊은 악, 어두워진 이해, 이성, 지혜, 그리고 자신의 선한 행위들과 영적 생활, 그리고 그 안에 있을 수 있는 모든 다른 하나님의 선물들에 대한 교만을 포함하는, 옛 사람이 내적인 것과 외적인 그의 모든 최선의, 그리고 최고의 힘을 가지고 행하는 모든 것이 ('육체'이다). WA 17II, 11.
64) *WA* 18, 743f.; *BOW*, 252f. 루터는 "육체"를 더 비열하고 심한 가식들의 의미로 해석하는 것을 경계한다. 왜냐하면 무지와 경멸의 자리는 의, 경건, 하나님에 대한 지식과 경외가 지배해야 할 자리인 인간의 "가장 높고 가장 훌륭한 힘들에서, — 즉 이성과 의지에서, 그리고 바로 그 '자유-의지'의 힘에서, 바로 그 '고결함의 씨앗', 인간 안에 있는 가장 훌륭한 것에서 발견될 수 있기 때문이다." *WA* 18, 761; *BOW*, 280.
65) *WA* 2, 509; *LW* 27, 250.

의 법을 사랑하는 한, "영"이며 "영적"이다. 따라서 루터는 양심에 대한 전통적인 관념에 그것이 바울의 신학에서 의미하는 바에 일치하는, 하나의 새로운 의미를 부여한다. 정욕 (Concupiscense)은 인간의 더 높은 차원으로서의 이성을 거역하여 갈망하는 욕망보다 훨씬 더한 것이다. 차라리 그것은 하나님에 대한 전(全) 인간의 저항이다. 이러한 저항은 인간의 혼과 영에 집중되어 있다. 이 모든 점에서, 루터는 바울의 개념의 진정한 의미의 회복을 의식하고 있다. 그것들은 초대, 중세 교회의 신학에서 매우 심하게 잘못 해석된 것이다.[66]

루터에 따르면, 자연적 인간은 완전히 육체이다. 이것은 우리가 "완전히 악을 향해 기울어져 있음으로 해서 율법을 이행하는 것을 향해 있는 어떤 것도 우리 안에 남아 있지 않다는 것을 의미하는 것은 아니다." 인간은 그의 존재의 한 면만으로 선을 행하는데 의지한다. 그러나 그것은 말하자면, 단지 "그의 의지의 대단히 작은 움직임"일 뿐이다.[67]

루터는 synteresis(양심)라는 스콜라적 개념을 사용할 때 이 점에 대해 말하고

---

66) *WA* 2, 585; *LW* 27, 362f. "이 용어들에 대한 그러한 이해가 없다면, 당신은 사도 바울의 이 편지를 결코 이해하지 못할 것이며, 성서의 어떤 다른 책도 이해하지 못할 것이다. 그러므로 이 용어들을 어떤 다른 의미로 사용하는 모든 교사들을 주의하라. 그들이 누구든간에, 심지어 오리겐, 암브로스, 어거스틴, 제롬, 그리고 그들과 동류의 사람들이거나 혹은 심지어 그들 위의 사람들이라도 마찬가지다." *WA*, DB 7, 12; *LW* 35, 372.
67) "이제 나는 사실 인간이 그러한 마음의 태도로부터 어떤 일부의 선을 행할 수 있고 행할 것이라는 것을 인정한다. 그러나 모든 선을 행할 수는 없다. 왜냐하면 우리는, synteresis에서 분명하듯이, 선을 향해 영향을 입은 부분이 우리에게 겨져 있지 않을 만큼 그렇게 철저하게 악을 향해 기울어 있는 것은 아니기 때문이다." (Synteresis는 "양심"이란 그리스어가 전와된 말로서, 선을 향한 영혼의 본성적 경향을 나타내기 위하여 스콜라주의 학자들에 의해 사용되었다 — 영역 주) *WA* 56, 237; *LCC* 15, 88. "즉 그들은 말하기를, 의지가 synteresis에 종속되어 있을 때 그것은, 단지 약간만 분명하게 드러나지만, '선을 향하여 기울어져 있는 것이다' 라고 했다. 그리고 하나님을 향한 이 작은 움직임은 (인간은 자연적으로 그것을 할 수 있다) 모든 것 위에 있는 사랑의 하나님의 행위라고 그들은 생각한다." *WA* 56, 275; *LCC* 15, 130. Cf. 나의 *Paulus und Luther über den Menschen*, pp. 59f. *GA* 1, pp. 61 f. 은 육체와 인간 안에 있는 '더 나은 자아' 의 이중적 성격 (Doppelheit)에 대한 증거로서 *Against Latomus*로부터의 참고문들을 인용한다. *WA* 8, 119 f.; *LW* 32, 247 ff. 롬 7:14 ff.에 대한 루터의 이해의 관점에서 볼 때, 이 참고문들은 그리스도 없는 인간을 서술하는 것이 아니라 오직 그리스도인에게만 적용된다.
68) 양심에 대한 루터의 교리를 보려면, Emanuel Hirsch, *Lutherstudien* 1 (Gütersloh: Bertelsmann, 1954)을 보라.

있다.[68] 그러나 그는 이 사실을 전혀 강조하지 않는다. 루터에게서, "모순 속에 있는 인간"으로 진지하게 서술될 수 있는 것은 오직 그리스도뿐이다. 한 그리스도인의 삶 전체를 통해, 선과 악이 모든 행위에 혼합되어 있는 것이다.[69] 루터는 롬 7:14 이하에서 바울이 묘사한 내적 갈등을 그리스도와 성령이 없는 자연적 인간에 대한 묘사로 이해하는 것이 아니라, 그에게 성령이 주어진 그리스도인에 대한 묘사로 이해한다. 그리스도가 없는, 전인으로서 인간은 선을 향한 "저 매우 작은 움직임에도 불구하고" 정욕으로 가득 차 있다.[70]

의지의 노예

인간은 육체이다. 그것은 그가 자신의 자연적인 힘들을 사용하여 그의 도덕적 조건으로부터 그것을 피할 수 없거나 극복할 수 없다는 사실을 포함한다. 이 점에서 루터는 아리스토텔레스와 그에 의해 영향받는 신학 전통에 날카롭게 반대한다. 그 전통은 훈련의 중요성을 말했다. 루터는 사랑, 순수, 그리고 겸손은 훈련을 통해 성취되는 것이 아니라고 응답한다.[71] 그것은 신앙을 통한 중생을 필요로 한다. 그러한 중생이 없이는 인간의 의지는 노예 상태요 결박된 상태를 벗어나지 못한다. 인간은 그의 존재와 그의 행위의 모든 것에서 죄를 지을 수밖에 없는 피할 수 없는 필연성 아래 놓여 있다. 그러나 이것이 그의 책임과 죄책을 제거해 주지는 않는다. 인간은 그의 내적 의지에 반대하여 죄를 짓도록 강요받지 않는다. 오히려 그의 의지 안에서 인간은 죄의 필연성을 경험한다. 그는 필연적으로 죄인이다. 그러나 그는 또한 자발적으로 죄인이다. "우리는 우리의 의지를 거역하여 죄를 범하는 것이 아니라 오히려

---

69) *WA* 2, 413 (quoted in. 53).

70) "그리고 이제 인간을 그 실제 있는 모습 그대로 보라. 그리고 그의 전 인격이 이들 죄악된 욕망들로 얼마나 가득 차 있는가를 보라. (그리고 그 작은 움직임이 얼마나 전혀 효과가 없는가를 보라)." *WA* 56, 275; *LCC* 15, 130. 이것은 각주 67에 인용된 구절의 계속이다.

71) "여기에서 토마스는 그의 추종자들과, 그리고 '연습이 완전하게 한다'고 말하는 아리스토텔레스와 더불어 오류를 범하고 있다. 마치 하프 연주자가 오랜 연습을 통해 훌륭한 하프 연주자가 되듯이, 이 바보들은 사랑, 자비, 그리고 겸손의 덕목들이 연습을 통해 성취될 수 있다고 생각한다. 그러나 그것은 그렇지 않다." *WA* 10^{III}, 92f.

72) "정욕은 우리 안으로 태어났다. 그러므로 우리는 죄를 짓는 행위에서와 죄를 짓는 것의 근원에서 비자발적으로가 아니라 가장 큰 의지와 열망으로 행한다(in peccato originali). 우리는 비자발적으로 죄를 지을 수는 없다." 또 다른 일련의 주(註)는 다음과 같이 쓰고 있다: "아담은 자기 의지로 그리고 자유롭게 죄를 범했다. 그리고 그로부터 죄를 지으려는 의지가 우리 안에 태어났고 우리는 깨끗하게 죄를 지을 수는 없고 오직 자발적으로 죄를 범할 뿐이다. 그러나 이것은 우리의 악이다." *WA* 39^{I}, 378.

우리의 의지에 따라 죄를 범한다."[72] 그러나 인간은 그의 기본적 의지를 변경시킬 수 없다. 그리고 그 자신은 한 인격으로서 그것 안에 매여 있다.[73] 그는 선을 행할 만한 자유의 결핍과 악에 대한 자신의 굴종을 어찌할 수가 없다. 마치 그것은 한 인격으로서 자신으로부터 분리될 수도 있을 그의 운명이나 혹은 그의 실존의 자연적 상태인 것 같다. 그의 의지는 매여있다. 그러나 그것은 여전히 그의 의지이며, 그의 의지인 채로 있다. 그는 반복해서 그리고 자발적으로 그것에 따라 행동한다. 이러한 이유로 인해 죄의 불가피성은 인간의 죄된 상태의 사실에 의심을 던지지 않는다. 그러나 언제나 한 번에 그리고 동시에 그 둘을 모두 주장했다. 인간은 그의 죄 안에서 죄인이며 죄악된 상태로 남아있다. 왜냐하면 인간에게는 하나님이 그의 선한 의지를 그에게 알려지게 하는 그 율법이 주어졌기 때문이다. 죄인은 지속적으로 그 율법에 역행하여 행동하기 때문에, 그의 행위는 악하고 그는 죄를 범한 자이다.[74]

인간의 의지를 속박하는 분은 하나님이다. 이것은 죄의 형벌이다. 하나님은 인간에게 형을 언도했다. 그는 인간을 정죄하여 그로 하여금 선을 행하려는 그의 본래의 의지를 상실하게 했다. 그렇게 함으로써 하나님은 또한 그를 사탄에게 노예된 상태로 굴복하게 했다(cf. pp. 185 ff.). 인간은 자기 자신의 의지의 노예이며, 또한 사탄의 권세 아래 있다. 이제 더 이상 그에게는 선을 향해 돌아갈 힘이 없다.[75] 그러나 하나님은 그의 삶의 방향을 돌려놓을 수 있다. 하나님은 이러한 능력을 보유하고 계시다. 여기서 루터는 돌려져야 할 수동적 태도에 관한 스콜라적 관념을 채택한다. 비록 인간이 하나님에 대한 그의 관계와 관련된 문제들에서 선을 행할 만한 모든 능력을 상실했다 할지라도, 이러한 수동적 능력은 여전히 남아 있다. 그는 은혜에 의해 그리고 하나님의 성령에 의해 사로잡힐 수 있다. 왜냐하면 하나님이 인간을 창조하셨으며 그를 위해 영원한 생명을 계획하셨다는 것은 사실이기 때문이다. 물론 그에게 영원한 죽음의 가능성도 배제하지 않은 채 말이다.[76]

---

73) "그러나 선과 악을 자발적으로 행하는 사람들에게 그들이 그들 자신의 힘으로 그들의 의지를 변경시킬 수 없다 하더라도, 보상과 형벌이 자연적으로 그리고 필연적으로 뒤따라온다." WA 18, 693; BOW, 181. "그는, 비록 그가 자신을 통해서 그의 의지를 변경시킬 수는 없다 할지라도, 강압하에서나 천진난만하게가 아니라 자발적으로 죄를 범하고자 의지하고 죄를 범한다." WA 39 I, 379.
74) WA 16, 143.
75) WA 18, 636, 670; BOW, 104, 148f.
76) "인간들은, 마치 피조물들이 영원한 생명 혹은 영원한 죽음을 향해 지어진 것처럼, 성령에 의해 사로잡히고 하나님의 은혜에 의해 만나도록 운명지워져 있다." WA 18, 636; BOW, 105.

원죄

죄는 인격적인 죄이다. 그리고 인격적인 죄는 동시에 "자연적인 죄"이다. 즉 우리는 그것을 우리의 본성과 함께 전수받는다. 그것은 삶의 개별적인 결단들을 통해 비로소 우리의 운명이 되는 것이 아니다. 그것은 "우리와 함께 탄생하였으며", "우리 안에 본성적으로 주어져 있다." 그것은 "유전된 죄(Erbsuende)라고 불린다. 왜냐하면 우리가 그것을 범한 것이 아니라 우리의 부모들로부터 그것을 가져오기 때문이다. 그리고 우리 자신들이 그것을 행했다기보다는 오히려 그것이 우리에게 전가되었기 때문이다." 그것은 아담의 타락으로부터 우리의 부모들을 통해 우리에게 온다.[77]

아담은 죄에 빠졌다. 하나님은 그를 죄악된 존재로 창조하지 않으셨다. 루터는 원초적 상태를 가르치면서 교회적 전통을 따르고 있다. 아담은 "하나님에 의해 의롭고 경건하며 거룩한 인간으로 창조되었다." 그는 악을 향한 경향이 전혀 없었으며, 오직 선을 향한 경향만을 가졌다.[78] 그는 왜 타락했는가? 여기에서 루터는 신학에 의해 해결될 수 없고 하나의 수수께끼로 남아있어야 하는 하나의 문제에 직면했다. 한편으로 루터는 하나님이 죄의 원인 제공자가 아니라는 것을 확신한다. 우리가 하나님의 계명들의 진지함으로부터 알고 있는 그의 거룩과 의는 그러한 가능성을 배제한다. "죄의 원인들은 사탄과 우리의 의지이다."[79] 그러나 다른 한편으로 루터는 하나님이 모든 것 안에서 모든 것을 행하신다는 그의 교리가 그를 죄의 원인으로 만들지 않으면서도 어쩔 수 없이 그를 가능한 한 죄에 가깝게 몰고가고 있다는 것을 발

77) WA 17^{II}, 282. WA 40^{II}, 379ff. ; LW 12, 347-351. "이것이 아담의 타락 후에 우리 안에 탄생한 원죄이다. 그리고 그것은 인격적인 것일뿐만 아니라 자연적인 것이다." WA 39^{I}, 84; LW 34, 154.
78) WA 17^{II}, 282. WA 40^{II}, 323; cf. LW 12, 308.
79) WA 39^{I}, 379.
80) WA 18, 712; BOW, 209.
81) 하나님은 악하고자 하는 사탄의 의지를 창조하지 않으셨다. "그것은 사탄이 죄를 범함으로, 그리고 하나님께서 그냥두심으로 그렇게 되었다. 그리고 이제 하나님은 그 자신의 활동으로 그것을 붙잡으시고, 그가 의지하시는 곳으로 그것을 움직여 가신다." WA 18, 711; BOW, 206. "그 불경건한 사람은 하나님의 한 피조물이다. 그러나 그는 왜곡된 채로 하나님의 영이 없이 그대로 버려진 채 의지(意志)할 수 없거나 선을 행할 수 없다." WA 18, 710; BOW, 204. 문제는 앞의 첫째 인용에서의 "죄를 범함"과 "물러서기" 사이의 관계에, 그리고 둘째 인용에서의 "왜곡되는 것"과 "그대로 버려지는 것" 사이의 관계에 있다. 어떤 것이 먼저인가? 하나님이 인간을 버리시고 그를 홀로 버려두는 것인가? 아니면 인간이 하나님으로부터 떠나 죄를 범하는 것인가? 아니면 그 둘이 매우 밀접하게 얽혀있으므로 어떤 것이 먼저인가를 질문하는 것이 타당하지 않은 것인가?

견한다. 하나님이 아담으로 하여금 죄에 빠지도록 하지 않았다 하더라도 그는 여전
히 그것을 허용하셨다.[80] 사탄은 하나님이 그를 버리셨을 때 범죄했다.[81] 그리고 사
탄이 점점 더 악해졌기 때문에 하나님은 그를 자극하여 더 많은 악을 범하게 하신
다.[82] 루터는 하나님은 어떤 악한 일도 행하시지 않기 때문에 그는 악을 지으신 자가
아니라는 사실과, 그리고 하나님의 방치(deserante Deo)와 자극(incitari)이 사탄
의 죄의 근원에 직접적으로 관여되었고 따라서 사탄을 통해 인간의 죄에 직접적으로
관여되었다는 사실 사이를 날카롭게 구별한다.

루터는 하나님이 저버리고 동시에 죄 짓는 일을 자극하신다고 주장할 수밖에 없
는 자신을 발견한다. 물론 이 두 가지 모두 다 하나님이 죄를 지으신 자라는 것을
상징하고자 하는 것은 아니지만 말이다. 그러나 이것은 무엇을 의미하는가? 그것은
하나님의 의지가 그 자체와 모순된 상태에 있다는 것을 의미하는가? 그는 우리에게
율법을 주시며, 우리가 그것을 이행하기를 원하시며, 그러나 그는 사탄이 우리로 하
여금 죄짓도록 유혹하도록 자극하신다. 이 두 가지 사이에 실질적인 모순이 있다.
그리고 신학은 그것을 해결할 수 없다. 마침내 루터는 오직 이렇게 말할 수밖에 없
다. "이것은 우리에게 너무 깊다. 하나님의 의지가 연루되어 있다. 그러나 이 모든
일이 어떻게 일어나는가를 아는 것은 우리에게 정해진 일이 아니다."[83] 여기서 이미
루터는 은폐된 하나님과 계시된 하나님 사이의 구별의 형태 아래 있는 「노예 의지
론」에서 나타나는 문제에 직면한다. 그리고 그가 이 문제에 직면한 그리스도인들에
게 주는 목회적 충고는 모든 일들을 행하시고 예정의 신비까지도 행하시는 은폐된
하나님의 문제에 직면해 있는 사람들에게 주는 그의 충고와 완전하게 일치한다. 그
리스도인은 율법과 복음 안에 계시된 대로의 하나님의 의지를 확고하게 붙들어야 한
다. 그것이 그가 어떻게 해야 하는가를 말한다. 그는 예를 들어 하나님이 죄 짓는
일을 자극할 때 하나님은 왜 그렇게 행하시는가 하는 질문을 일시 그대로 보류해야
한다. 그리스도인이 율법과 복음을 통해 훈련받을 때, 그때 비로소 그는 지금은 그
에게 매우 모호하게 보일지도 모르는 하나님의 의지와 행위에 관한 사항들을 이해하
게 될 것이다.[84]

하나님이 그것을 막을 수 있었을 때 왜 그분은 아담이 타락하는 것을 허용하셨

---

82) *WA* 16, 143.
83) *WA* 16, 143. 본문의 인용은 Aurifaber의 설교 편집에서 온 것이다. Rörer의 주
(註)는 다음과 같다. "그러나 이것은 너무 깊어서 이것이 하나님을 기쁘시게 하는 것
이라는 것을 제외하고는 어떤 대답도 가능하지 않다."
84) *WA* 16, 143.

는가 하고 묻는 모든 사람에게 루터는 같은 방법으로 응답한다. 루터의 첫째 대답은 그 질문을 거절하는 것이다. 하나님은 하나님이시다. 그리고 그것은 그가 의지하는 것에 대해 우리가 감히 합리적인 설명을 구해서는 안된다는 것을 의미한다. 왜냐하면 하나님이 그것을 의지하신다는 사실이 최종적인 설명이기 때문이다. 하나님이 아담으로 하여금 타락하도록 허락하신 것은 "그의 위엄의 신비들" 가운데 하나이다. 우리는 그것들을 연구분석할 수 없고 다만 경배할 수 있을 뿐이다.[85] 그러나 이러한 사실에도 불구하고 루터는 아담에 대한 하나님의 태도에서 이중적 의미를 발견할 수 있다.

그는 이렇게 말할 수 있다. 하나님이 인간의 "자유 의지"를 내버려 두고 지속적으로 그리고 점증적으로 성령으로 그것을 자극하고 강하게 하지 않을 때 인간의 자유 의지가 행할 수 있는 가장 두려운 본보기를 하나님은 아담 안에서 우리에게 제시하신 것이다. 만일 이러한 일이 아담이 타락하기 전에 그에게 해당된다면, 이미 타락한 죄인들인 우리에게는 더욱 더 해당되는 사항이 아니겠는가? 따라서 아담의 타락은 우리의 도덕적 교만을 파괴해야 한다.[86] 그것은 성령의 은혜가 절대적으로 필수 불가결하다는 우리의 의식을 분명하게 해야 한다. 하나님이 아담의 타락을 허용하심에서 루터가 발견하는 둘째 의미는 그것이 "축복받은 죄악"(felix culpa)이라는 사실이다. "만일 누군가가 마지막 심판 때에 하나님께 이렇게 묻는다고 하자. '당신은 왜 아담이 범죄하는 것을 허용하셨습니까?' 그러면 하나님은 이렇게 대답할 것이다. '사람들을 구원하기 위해 심지어 나의 아들까지도 내어줄 만큼 나는 인류를 사랑한다는 것을 사람들이 알게 하도록 하기 위함이었다.'" 루터는 그 때 우리는 이렇게 말할 것이라고 덧붙인다. "모든 인류가 다시 범죄하게 하십시오. 당신의 영광이 분명하게 드러날 것입니다." 이것은 아담에게 인류의 타락이 없었다면, 죄와 범죄함이 없었다면, 우리는 결코 하나님의 자비의 온전한 위대함을 아는 것을 경험하지도 배우지도 못했을 것이라는 점을 의미한다.[87]

시 51:5에 따르면, 죄는 잉태의 자연적 과정을 통해 영속화된다.[88] 하나님이 성적인 행위를 그 자체로서 원하시고 그것이 그를 기쁘시게 하는 것이라 할지라도, 그

---

85) WA 18, 712; BOW, 209.
86) "그 첫번째 인간의 가공할만한 본보기로 다음과 같은 사실이 드러났다. 즉 만일 우리의 '자유-의지'가 홀로 내버려진다면, 그리고 하나님의 영에 의해 끊임없이 움직여지고 더욱더 증가되지 않는다면, 우리의 교만을 깨뜨리면서 결국 우리의 '자유-의지'가 할 수 있는 일이 무엇인가가 말이다." WA 18, 675; BOW, 156.
87) WA, TR 5, 5071.
88) WA 40ᴵᴵ, 380ff.; LW 12, 347-350 Cf. WA 37, 55.

것은 자신의 본래의 순수성을 상실하였으며 정욕에 찬 갈망을 통해 죄악된 것이 되었다.[89] 이것이 그렇다 하더라도 마치 결혼과 잉태가 그 자체로서 죄악된 것인 것처럼 죄가 결혼 관계와 잉태 행위의 죄악됨을 통해 영속화되는 것이 아니라, 그 씨앗의 죄악됨을 통해 영속화된다. 하나님은 이미 죄악된 존재가 되어버린 아담의 씨앗으로부터 인간들을 창조하신다.[90] 이 일을 행하는 그의 생각은 우리에게 여전히 비밀이며, 우리는 그가 왜 그것을 행하는지 알 수 없다. 따라서 아담으로부터 유전됨으로써 우리는 죄인이 된다. 개별적인 영혼의 기원을 논하는 한, 루터는 그것을 교리화하기를 원하지 않으면서도 어거스틴의 영혼 유전설(육체와 함께 영혼도 양친으로부터 유전된다고 하는 학설)을 따르는 경향이 있다.[91]

---

89) *WA* 2, 167. "만일 한 여자가 남자의 씨 없이도 잉태할 수 있는 일이 여전히 일어날 수 있다면, 그때 그러한 탄생은 또한 순수할 것이다. 이것은 그리스도가 동정녀로부터 태어났기 때문이다." *WA* 12, 403.

90) *WA* 18, 784; *BOW*, 314. Cf. *WA* 37, 55.

91) *WA* 39[II], 341, 349f., 354f., 358f., 390ff.

제13장

하나님과 사탄 사이에 있는 인간

루터는 모든 사람을 죄의 지배 아래 있게 하는 그 힘을 지적하기를 원할 때, 그는 "육"과 "세상"과 "사탄"에 대해 말한다. 그는 이 세 가지 개념들을 반복해서 함께 결합시킨다. 이러한 각각의 세 권세는 사람들로 하여금 죄를 짓도록 유혹하고 그들을 죄의 포로로 살게 한다. 세 가지 권세 모두가 하나님, 말씀, 신앙에 대립해 있다. 우리에게 미치는 이 권세들의 영향은 완전하게 구별되어질 수 없다. 사탄과 "세상"은 하나님의 진리를 학대하며, 우리의 "본성"과 "육체"와 육체적 이성은 세상과 사탄과 함께 말씀과 신앙으로부터 단절되어 있고 말씀과 신앙의 대적이다.[1] 사탄은 우리의 "육체"와 "세상"을 통해 활동한다. 루터와 성경 모두가 말하는 바와 같이, 마귀는 이 세상의 주인이다. 이 세 권세들이 여전히 매우 구별되는 것이라 할지라도 이들 모두는 우리를 모든 측면에서 둘러싸고 있으며 하나님과 대적해 있는 단일화된 의지를 보여준다. 그것은 우리 안에, 우리 주위에, 우리 위에 있다. 루터에게 악은 모든 인류를 움켜쥐고 있는 어떤 힘보다 훨씬 더 강한 것이다. 그것은 개인의 의지뿐만 아니라 모든 인류의 연합된 의지를 움켜쥐고 있는, 하나의 인격적 의지의 영향이며 영역이다. 즉 그것은 자신의 존재를 가지며, 하나님을 대항하는 초인적 의지이다.

---

1) "세상"에 관하여, cf. *WA* 18, 766; *BOW*, 287. 세상은 복음 안에 선포된 하나님의 의를 미워하고 박해한다. 마귀도 마찬가지로 그렇게 한다고 루터는 자주 말한다.

루터는 성서의 권위에 기초해서, 그리고 교회 전통의 연속성 안에서 사탄에 대한 교리를 설명한다. 그러나 그가 사탄에 대하여 말한 내용과 그가 그것을 말하는 방법은 성서주의와 전통주의를 훨씬 넘어서고 있다. 그는 단순히 신학적이고 대중적 전통의 한 단편을 계속해서 발전시키고 있지 않다. 그보다는 오히려 그 자신의 경험을 기초로 하여 악의 권세의 실재와 가공스러움을 증언한다. 그는 온전히 진지하고 깊은 개인적 확신을 가지고 이 일을 한다.[2] 비록 그것의 구체적인 세부 사항 중 일부가 마귀와 귀신들에 대한 전통적 신앙에 의해 결정된다 할지라도, 그의 신학에서 이 부분을 중세로부터 물려받은 것으로 간단하게 추론해서는 안된다. 루터는 중세 시대가 했던 것보다 사탄을 훨씬 더 심각하게 고려하고 있다. "루터의 사탄은 중세의 사탄보다 더욱 지옥 같은 위엄을 갖고 있다고 우리는 말할 수 있을 것이다. 즉 루터의 사탄은 더 심각하고 강력하며 가공스러웠다."[3] 이것은 의심할 여지 없이 하나님과 그리스도에 대한 루터의 이해가 가지는 새로운 명확성에 기인하는 것이다. 이 새로운 명확성은 하나님과 대립해 있는 권세의 본질과, 또한 하나님과 반역의 권세들 사이에서 벌어지는 우주적 전쟁의 첨예함과 깊이에 대한 새롭고 깊은 통찰력을 가져다 주었다. 여기서 다시 루터는 예수와 고대 교회의 견해로 되돌아간다. 루터가 사탄에 대해 말하는 바는 불가분리의 관계로 그의 신학적 중심과 연결되어 있다. 이후의 개관은 단지 전체에 걸친 느낌을 주려는 의도일 뿐이다. 그러므로 그것은 루터가 사탄에 대해 말하고 생각한 모두를 보여주지는 못할 것이다.[4]

사탄은 하나님과 그리스도의 거대한 적대자이다. 이런 이유로 인해 루터는 하나님의 피조물과 사람들을 위한 하나님 자신의 궁극적 의지에 특히 반대하는 모든 일에서 그 적대자가 활동하고 있는 것을 볼 수 있다. 그러므로 사탄은 또한 불행, 질병, 인생의 또 다른 문제들, 죽음 안에서 활동하고 있다. 히브리서 2:14에 따르면 그 적대자는 죽음의 권세를 갖는다.[5] 그러나 결정적인 사실은 사탄, 즉 하나님의 최초의, 가장 강력한 적대자가 항상 하나님을 대항하고 있다는 것이다. 하나님과 대항하여 그는 죄와 불순종의 왕국을 세웠다. 그는 처음 사람들을 그릇 인도하여 죄를

---

2) "당신이 어떤 방법으로 그것을 보든지 간에, 마귀는 이 세상의 군주이다." WA 23, 70; LW 37, 18. "하나님의 은혜로, 나는 사탄에 관하여 많은 것을 배웠다." WA 26, 500; LW 37, 361.
3) Reinhold Seeberg, *Lehrbuch der Dogmengeschichte* (2nd and 3rd eds.; Leipzig, 1917) Ⅳ1, 172.
4) Cf. LT 1, 18 and H. Obendieck, *Der Teufel bei Martin Luther* (Berlin, Furche: 1931).
5) WA 40Ⅲ, 68.

짓게 하였으며, 여전히 사람들을 죄 안으로 그릇 인도하며 밀어넣는 자이다. 역사의 과정에서 그 적대자는 하나님과 그리스도, 진리, 복음에 반대하여 행동한다.

그는 그리스도를 미워하고 그리스도의 교회 안에서 그리스도를 박해한다.[6] 바로 그 사탄이 말씀의 모든 적들 뒤에 있으며, 성서의 잘못된 해석 뒤에도 서 있으며, 모든 잘못된 교리와 종파, 그리고 철학 뒤에도 도사리고 있다.[7] 사탄은 순수한 말씀과 참된 교리 앞에서 견딜 수가 없으며, 이것들을 왜곡시키고자 시도한다. 그리고 특히 그것들의 결정적인 내용, 즉 오직 믿음을 통한 칭의를 왜곡시키고자 시도한다.[8] 사탄은 칭의의 교리를 없애기 위해 가능한 한 모든 방법을 시도한다.[9] 사탄은 사람들로 하여금 하나님의 분명한 말씀에 눈 멀게 하고, 인간의 이성이 하나님의 말씀에 의해 걸려 넘어지게 한다.[10] 사탄은 사람들이 더 이상 하나님의 심판을 두려워하지 않고 자신들의 비참한 상황을 깨닫지 못하도록 하기 위해 사람들을 강퍅하게 한다.[11] 사탄의 활동은 방심, 자만, 둔감 속에서 발견되며, 뿐만 아니라 하나님과 그리스도의 자비의 무기력한 절망에서도 나타난다.[12]

모든 사람은 항상 사탄으로부터 위협받고 있으며 그의 유혹에 종속되어 있다. 왜냐하면 사탄은 이 신적 존재의 한 가지 차원을 공유하고 있기 때문인데, 즉 사탄은 어디에서나 모든 사람에게 가까이 있다.[13] 그러므로 하나님의 권세와 사탄의 권세는 서로 대립되어 있으며, 필연적으로 서로 극심한 충돌 상태에 있다. 이 충돌은 역사 전체를 통해 계속되고 있으며, 역사를 혼란에서 벗어나지 못하게 한다. 즉 사탄이 하나님께 대항하고, 하나님이 사탄에게 대항하며, 참 하나님이 하나님을 대항하는 사탄에게 대항한다.[14] 왜냐하면 사탄 역시 너무나 하나님이기를 원하기 때문이

---

6) *WA* 37, 50. *WA* 39 I, 420
7) *WA* 39^I, 180; *LW* 34, 144.
8) *WA* 18, 764; *BOW*, 284. Cf. *WA* 39, 266.
9) *WA* 39^I, 429, 489.
10) *WA* 18, 659; *BOW*, 133. Cf. *WA* 37, 58.
11) *WA* 39^I, 429. *WA* 18, 679; *BOW*, 162.
12) *WA* 37, 47. *WA* 39^I, 426. *WA* 40^{II}, 338; cf. *LW* 12, 318.
13) " … 우리의 교사들과 저자들은 … 그들은 사탄이 그의 모든 악의에 찬 불타는 돌진으로 그들을 둘러싸고 있다는 사실을 고려하지 않고 있다 … " *WA* 23, 71, *LW* 37, 17. "사탄에 대항하여, 그는 언제나 우리 주변에 있으며, 우리를 죄와 수치, 재난과 곤란으로 던져넣기 위해 유혹하려고 기다리고 있다." *WA* 30^I, 142; *BC*, 374, Cf. *WA* 30^I, 146; *BC*, 378, 100. 사탄은 특히 신학자들에게 가까이 있다. 그는 성서로 치장된 가장 아름다운 생각들로 그들을 감동시킨다. 그리고 그들은 자신들이 사탄의 올무에 빠졌다는 것을 알지 못한다. *WA* 23, 70; *LW* 37, 17.

다. 사탄은 이 세상의 지배자(요 12:31; 14:30)이며, 그리고 "이 세상의 신"(고후 4:4)이다.[15] 하나님과 사탄은 사람들을 위해[16], 인류를 위해, 주권을 위해 투쟁하고 있다. 여기에는 중립이나 완충 상태란 존재하지 않는다. 하나님과 그리스도의 왕국에 존재하지 않는 것은 어떤 것이든지 사탄의 왕국에는 있다.[17]

인간은 하나님과의 자신의 관계와, 자신의 구원이나 멸망에 관한 문제들에서 어떤 자유도 가지지 못한다. 인간은 항상 하나님의 권세 아니면, 사탄의 권세 안에 있다.[18] "그래서 인간의 의지는 두 명의 기수들 사이에 있는 짐승과 같다. 만약 하나님이 올라 타면 그는 하나님이 의지하는 바를 의지하며 하나님이 의지(意志)하는 곳으로 달려가고, 만약 사탄이 올라 타면 그는 사탄이 의지하는 바를 의지하며 사탄이 의지하는 곳으로 달려간다." 그러므로 인간의 의지는 그의 기수를 선택할 수도 없고 그에게 달려갈 수도 없다. "그러나 그 기수들 자신은 누가 탈 것이냐를 결정하기 위해 싸운다."[19] 사탄은, 그가 인간에 대해 지배력을 얻었을 때, 하나님이 행하시는 바를 행한다. 물론 사탄은 인간에게 휴식이나 평화를 주지 않는다. 그는 자신의 의지의 역동적인 힘을 통해 인간을 악한 길을 따라 앞으로 몰아간다.[20] 그리스도에 사로잡히지 않은 모든 사람과 그의 영의 권세 아래 있지 않은 모든 사람은 누구나 사탄의 권세 아래 있다. 그리고 하나님의 영을 제외하고는 어떤 다른 권세도 인간을 사

---

14) "세상과 그것의 신(god)은 참 하나님의 말씀을 견뎌낼 수 없으며 견뎌내지도 않을 것이다. 그리고 참 하나님은 침묵할 수 없으며 침묵하지 않을 것이다. 이제 이 두 신들이 서로 전쟁하고 있다. 따라서 세상 전체에 걸쳐서 혼란이 아닌 어떤 다른 것을 기대할 수 있겠는가?" WA 18, 626; BOW, 91. Cf. WA 18, 627, 782; BOW, 93, 312. WA 39^I, 420.
15) WA 23, 70; LW 37, 17.
16) WA 18, 635; BOW, 103.
17) "그리고 만일 그것이 하나님의 나라와 성령에 대하여 낯선 존재라면, 필연적으로 그것은 사탄의 나라와 사탄의 영 아래에 있다. 왜냐하면 사탄의 왕국과 하나님의 왕국 사이에 중간 왕국이란 존재하지 않기 때문이다. 그리고 그 두 왕국은 항상 서로 전쟁상태에 있다." WA 18, 743; BOW, 253. Cf. WA 17^{II}, 217. Cf. WA 18, 659; BOW, 133.
18) "그러나, 하나님과 관련해서, 그리고 구원이나 저주를 가져오는 모든 문제들과 관련해서, 인간은 어떤 '자유-의지'도 가지지 못하며, 그는 하나님의 의지나 사탄의 의지에 대해 포로이며, 죄수이며, 그리고 결박당한 노예이다." WA 18, 638; BOW, 107.
19) WA 18, 635f.; BOW, 103ff.
20) "그들의 신, 사탄은 그들을 괴롭히고, 그들이 다시 움직일 수 있을 만큼의 휴식이나 평안을 허락하지 않는다 … . 사탄이 그들을 괴롭히고 그들을 충동질하기 때문에, 그들은 그에게 충성하기 위해 서로 다투고 소리치며 발악한다. 그들은 멈추거나 그만둘 수 없다." WA 31^I, 119f.; LW 14, 70f. WA 40^{III}, 35.

탄으로부터 떼어낼 수 없다. 즉 이 영은 예수님의 비유(눅 11:21 f.)에 따르면 강한 자를 이기는 더 강한 자이기 때문이다. [21]

그리스도 안에 있는 하나님은 사탄의 권세로부터 사람들을 애써 빼앗는다. 인간은 세례를 통해 사탄으로부터 이 자유의 몫을 얻는다. [22] 그러나 이 자유는 오직 일생을 통한 사탄과의 투쟁에서만 주장될 수 있다. [23] 우리는 오직 두 가지 가운데 하나를 선택해야 한다. 즉 사탄의 권세에 대항하여 싸우느냐, 그 권세에 항복하느냐의 선택이다. [24] 이 싸움을 수행하는 무기는 하나님의 말씀이다. [25] 이것은 개별 그리스도인이나 전체 교회에도 마찬가지다. 하나님의 말씀을 선포함을 통해서 교회는 가르침으로 사탄을 죽여야 한다. [26] 이러한 싸움에도 불구하고 사탄은 여전히 세상과 역사 속에 강력한 권세로 남아있기 때문에 ─ 왜냐하면 모든 사람들이 신앙을 가지는 것은 아니기 때문에 ─ 교회는 갈급하게 최후의 날을 기다린다. 그 날에 그리스도가 다시 오셔서 마침내 사탄의 권세를 멸할 것이다.

사탄은 하나님과 대적하여 서 있다. 사탄의 권세와 그의 주장이 제 아무리 커서 그가 "이 세상의 신"으로 불릴 수 있다 하더라도, 오직 참 하나님은 하나님이시라는 것은 결코 의심의 여지가 없는 사실이다. 루터는 모든 것 안에서 모든 것을 행하시는 하나님의 전능에 의해 설정된 경계선 안에서 이원론을 유지한다. 사탄과 그의 악한 행위는 또한 하나님의 전능하신 활동에 종속되어 있다. [27] 이것은 사탄은 여전히 사람들과 세상를 위한 하나님의 의지를 섬겨야 한다는 것을 의미한다. 이것은 사탄의 의지와 행위가 하나님께 대항하여 있다는 사실에도 불구하고 그러하다. 하나님은 사탄으로 하여금 계속해서 자신을 위해 봉사하도록 하고 자신의 사역을 위해서 그를 사용한다. 하나님은 주로 자신의 진노의 도구로 사탄을 사용한다. [28] 하나님의 진노가 행하는 것과 사탄이 행하는 것은 빈번히 한 가지이거나 같은 것으로 나타난다.

21) *WA* 17[II], 218, Cf. *WA* 18, 782; *BOW*, 312.
22) *WA* 30[I], 217, 222; *BC*, 441, 446.
23) *WA* 39[I], 420.
24) "그러므로 사탄과 싸우기를 원하든지, 아니면 사탄에게 속하기를 원하든지 선택하라 … . 만일 당신이 그의 것이기를 거절한다면, 당신을 지키고 그에게 맞서라!" *WA* 23, 70; *LW* 37, 17.
25) *WA* 30[I], 127; *BC*, 359. *WA* 30[I], 146; *BC*, 379, 100f.
26) *WA* 30[I], 129; *BC*, 361.
27) *WA* 18, 710; *BOW*, 204.
28) "하나님은 정말로 우리를 괴롭히고 죽이기 위해 사탄을 사용한다. 그러나 만일 하나님이 죄가 이런 방법으로 징계받기를 원하시지 않는다면 사탄은 이 일을 할 수 없다." *WA* 40[III], 519; *LW* 13, 97. (This is from Veit Dietrich's edition.)

사탄은 "하나님의 사탄"이다. 그러나 동시에 그는 사탄, 즉 하나님의 원수로 남아 있으며, 그는 하나님이 원하시는 것과 정반대를 원한다. 그렇다면, 루터에 따르면 하나님의 행위, 특히 하나님의 진노와 사탄이 의지(意志)하고 행하는 것 사이에는 어떤 관계가 존재하는가? 이것은 더 큰 질문의 한 특수한 형태인데, 그 더 큰 질문 이란 어떻게 일반적으로 하나님의 사역하심이 그의 피조물들의 행위를 포괄하면서 여전히 그것과 동일시되지 않는 그런 식으로 그 행위에 관계하시는가 하는 문제이 다.

하나님의 활동과 그의 피조물들의 행위들 사이의 관계에서 긴장은 관련된 권세 들이 인간의 생명을 영육간에 위협하고 파괴하려 할 때 특히 심하다. 예를 들어, 욥 에게 일어났던 것은 진실로 사탄의 활동이었다.[29] 그러나 성서는 그것이 궁극적으로 하나님에게 속한 것으로 말하고 있다(욥 2:3). 이것은 무엇을 의미하는가? 어떻게 그것이 이해될 수 있는가? "하나님은 하나님 자신을 통해서가 아니라 도구들이나 수 단들을 통해서 그것을 행하신다."[30] 여기에서 두 가지 사실이 주장되어야 한다. 첫 째, 도구들을 통해 일하시는 분은 하나님 자신이라는 것이다. 둘째, 악을 인간의 삶 으로 가져오는 어떤 특별한 사건에서 우리는 하나님이 하시는 것과 하나님의 도구가 하는 것 사이를 구별해야 한다는 것이다.

첫째, 하나님이 사용하시는 도구들 가운데 물론 사탄이 있다. 그러나 루터는 또 한 이 범주에 율법을 집어 넣는다. 이 때 율법은 사람에게 뿐만 아니라 하나님에게 도 악에 찬 세력이 된다. 그러나 하나님은 율법을 사용하신다.[31] 그러므로 우리는 우 리에게 일어나는 모든 나쁜 일 안에서 하나님 자신이 도구들을 통해 활동하고 계신 다는 것을 알아야 한다. 루터는 사탄이 죽음의 권세를 가지고 있다는 것을 강조할 뿐만 아니라(cf. 히 2:14),[32] 그에 못지않게 시 90:3에 따라서 우리를 죽게 내버려 두시는 분도 또한 하나님 자신이심을 상기시킨다. "당신이 인생들을 죽게 하시나이 다."[33] 죽음에서도 인간은 하나님과 관계하고 있다. 어떤 상황에서도 하나님은 불행

---

29) *WA* 40^{II}, 416; cf. *LW* 12, 373.
30) *WA* 40^{II}, 416; cf. *LW* 12, 373f.
31) *WA* 40^{II}, 417; cf. *LW* 12, 373f.
32) "그토록 오랫동안 그는 죽음의 군주였다." *WA* 31^{I}, 149; *LW* 14, 84.
33) *WA* 40^{III}, 514ff. (especially pp. 517f.); *LW* 13, 94-99 (especially p. 96).
34) *WA* 40^{II}, 417; *LW* 12, 374. *WA* 40^{III}, 516f.; cf. *LW* 13, 96. "그러나 이것은 또 다른 신이 있다고 상상하는 것이며, 한 하나님만이 존재하신다는 신앙의 단순성 안에 머무르지 않는 것이다." *WA* 40^{II}, 417; *LW* 12, 374. Cf. *WA* 40^{II}, 418; *LW* 12, 375.

과 죽음을 어떤 다른 악마적인 권세의 탓으로 돌리지 않을 수 있다. 그렇게 하는 것
은 마니교도가 하듯이 하나님과 신앙의 통일성을 부인하는 것이 될 것이다.[34]

우리가 하나님으로부터 오는 것으로서 우리의 삶에 좋은 것만 받아들이고 나쁜
것은 받아들이지 않는다는 것은 결코 가능하지 않다.[35] 그의 진노이든지 아니면 그
의 은혜이든지간에, 항상 우리를 상대하시는 분은 하나님 자신이시다. 불행과 죽음
이 하나님이 아닌 어떤 다른 권세로부터 온다고 생각할 때, 인간은 진노와 은혜 안
에서 하나님과의 만남 앞에서 스스로를 속여 자신을 그 앞에서 물러나게 한다. 인간
은 하나님의 진노의 경험을 회피하며, 그리고 하나님의 진노를 그 자체로 진지하게
받아들이지 않는다. 오히려 예를 들어 옛 시대의 사람들이 그랬던 것처럼, 그는 죽
음을 경멸함으로써 그것을 피할 수 있다고 생각한다.[36] 그러나 이렇게 함으로써 인
간은 또한 불행과 죽음이 하나님의 은혜의 손에 있는 수단들임을 깨닫지 못한다. 하
나님은 그에게 속한 자들을 겸손하게 하기 위해 그리고 그들을 세상적인 것에 대한
신뢰로부터 오직 그에 대한 신뢰로 인도하기 위해 불행과 영육간의 고난과 죽음을
이용하신다.[37] 우리는 좋은 때에 하나님을 만나고, 나쁜 때에는 어떤 다른 존재를 만
나는 것이 아니다. 오히려 항상 유일하시며 동일하신 하나님과 관계하고 있다. 하나
님은 흔들림 없이 지속적으로 스스로에게 신실하시고, 한동안 친절하지 않고 또 한
동안 분노하시지만, 나를 치실 때조차도 그는 항상 자비로우신 하나님이시다.[38] 그
렇다. 불행의 시간 가운데서 우리가 하나님의 치심을 경험할 때조차도 여전히 하나
님이 자비로운 분이심을 믿는다는 것은 오직 성령만이 주시는 "묘책"(art)이다.[39]
왜냐하면 하나님이 그의 도구들을 통해 우리를 상대하실 때 그는 자신을 숨기고 우
리에게 자신의 왜곡된 모습을 보여주기 때문이다.[40]

궁극적으로 그 때 인간은 오직 하나님과 관계한다. 그러나 사탄이나 혹은 율법
은 여전히 우리의 삶 속에서 활동하는 도구들로 남는다. 그러므로 우리는 하나님의

---

35) *WA* 40[III], 517; cf. *LW* 13, 96. "'누가 우리에게 대항하여 이러한 악을 자극하였는
가?' 의로운 자들은 대답한다. '사탄이다. 왜냐하면 하나님은 의로우시기 때문이다.
그러므로 그는 그것을 행하지 않으신다.' 그러나 하나님은 참으로 그것을 행하셨다.
왜냐하면 그렇지 않으면 그는 알려질 수 없기 때문이다." *WA* 16, 138.

36) *WA* 40[III], 517; cf. *LW* 13, 96.

37) *WA* 40[II], 417; cf. *LW* 12, 374.

38) "하나님은 잔인하신 분이 아니다. 그는 '위로의 하나님'이다(고후 1:3). 그가 그의 도
움을 지연시키기 때문에 우리는 항상 변함없으시고 지속적이신 하나님에 대해 분노하
는 모습을 꾸며내는 것이다." *WA* 40[II], 417; *LW* 12, 374.

39) *WA* 40[II], 418; *LW* 12, 374.

40) "하나님이 거짓으로 꾸미신다 … ." *WA* 40[II], 417; cf. *LW* 12, 374.

사역과 사탄의 행위를 하나로 볼 뿐만 아니라 동시에 그들을 구별해야 한다. 우리가 이미 들은 바와 같이 하나님은 그 자신을 통하여 우리의 생명을 파괴하는 어떤 일들을 하지 않으신다. 그렇다면 사탄이 하고 있는 악의 행위와 욥에게 했던 것처럼 사탄이 자유롭게 하도록 허락하시는 하나님의 행위 사이를 어떻게 구별할 수 있는가? 루터는 이 질문에 명백하게 대답한다. 하나님과 사탄은 둘 다 인간에게 일어나는 것에 관계하고 있다. 그러나 그 둘이 하나이자 똑같은 행위로 나타날 때라도 그들의 의도들에 관해서는 그들은 서로 떨어져 구별되는 두 축이다.

루터는 심지어 사탄이 우리를 시험하여 하나님에 대해 절망하도록 하는 것처럼 하나님 자신도 그렇게 하신다고 주장한다.[41] 하나님은 화를 내신다. 그리고 사탄은 하나님의 진노를 인간에게 매우 크고 경악스럽게 만든다. 예를 들어 죽음의 시간에 서처럼 그토록 크게 만들어서 결국 인간은 절망 외에 아무것도 할 수 없게 된다.[42] 하나님과 사탄 모두 인간을 향하여 무서운 공격을 시작한다. 그러나 하나님은 인간을 구원하기 위해서 그렇게 하신다. 즉, 인간을 하나님에 대해서 자유롭게 하고, 하나님을 전적으로 신뢰하게 하며, 그리고 인간을 하나님의 자비로운 품으로 뛰어들도록 하기 위해 그렇게 하신다. 그러나 사탄은 인간을 완전히 부서뜨리고, 마침내는 하나님으로부터 멀어지도록 하기 위해 그렇게 한다. 그러므로 이 둘은 완전히 다른 두 존재인 것이다. 그렇다. 그들이 율법으로 인간을 위협할 때 그리스도와 사탄 사이에는 무한한 차이와 절대적인 모순이 있다.

그리스도는 인간을 구원하기 위해 그렇게 하고, 사탄은 인간을 죽이기 위해 그렇게 한다. 사탄은 인간들이 죄의 용서에 대해 포기하게 되기를 바란다. 그리스도는 인간들이 그들 자신에 대해 포기하고 그리스도 안에 있는 하나님의 자비에서 위안을 얻게 되기를 원한다.[43] 그러므로 시련은 항상 두 가지 얼굴과 두 가지 목적을 가지고 있다. 하나님의 것과 악의 것이 그것이다. 그러면서 이들은 서로 대립하여 있다. 그 시련의 곤경 아래 숨겨진 하나님의 의심할 수 없는 자비를 신뢰함으로써 유혹에서 사탄의 목적을 극복하는 것이 신앙의 과제이다. 그러므로 신앙은 똑같은 곤경 속에서도 하나님의 의도를 신뢰함으로써 주어진 곤경에서 사탄의 목적을 좌절시킨다. 그렇게 함으로써 신앙은 하나님의 목적을 실현시킨다. 결국 하나님의 목적은 성취된다. 그러므로 루터는 내부적이고 외부적인 운명의 곤란들 속에서 인간은 하나님과

---

41) 루터는 사탄에 대해 이렇게 말한다: *WA* 40^{II}, 416; *LW* 12, 373f. 그는 그리스도에 대해 이것을 말한다: *WA* 39^{I}, 426.
42) *WA* 31^{I}, 147, 159; *LW* 14, 84, 89.
43) *WA* 39^{I}, 426f.

반대해 있는 사탄의 목적의 가능성과 만날 수도 있다는 것을 보여준다. 인간은 오직 하나님의 목적을 알고자 하는 희망을 포기할 때, 하나님의 목적을 알 수 있다. 왜냐하면 하나님은 인간이 신앙 안에서 자신을 이해하기를 기다리고 있기 때문이며, 또한 인간은 하나님이 자신에 대해 대립하고 있다는 느낌에 대항하여 고전 분투할 때만 이것을 할 수 있기 때문이다.

루터는 또한 하나님이 사탄을 그의 "낯선 사역"(opus alienum)을 위해 사용하시나 그렇게 할 때 항상 그의 "고유한 사역"(opus proprium)을 목표로 하고 있다고 말함으로써, 이 모든 것을 표현한다(사 28:21, 참고 p. 138). 하나님의 입장에서, 이 낯선 사역은 그분이 이것을 통해 다른 어떤 것을 성취하는 수단일 뿐이다. 그러나 사탄에 입장에서, 그것은 생명을 파괴하는 목표와 목적을 갖고 있다. 따라서 루터는 사탄을 동시에 하나님의 도구와 대적으로 간주할 수 있다. 하나님은 사탄을 이용하시나, 동시에 그에 대항해서 싸우시고 그로부터 우리를 구원하신다.

제14장

하나님의 진노 아래 있는 인간

하나님 진노의 기초와 현실

거룩하신 하나님이신 하나님은 적의와 진노 외에 어떤 다른 방법으로도 인간의 죄에 반응할 수 없다.[1] 바울을 언급하면서 루터는 이렇게 말한다. "죄가 하나님의 적인 것처럼 하나님은 죄의 적이다."[2] 루터는 하나님의 존재에서 이 필연성을 표현하기 위해 결국은 같은 내용을 말하는 몇가지 개념들을 사용하고 있다. 이 점에서 루터는 먼저 하나님의 의를 언급한다. 즉 모든 죄는 하나님을 모욕하고 해를 끼친다. 왜냐하면 죄는 의를 손상시키기 때문이다. 하나님은 의를 사랑하고 하나님 자신이 의이기 때문에, 죄는 그의 참 존재에서 그를 공격하고 해를 끼친다.[3] 그러므로 죄에 대한 관계에서 하나님의 의는 필연적으로 진노로써 자신을 표현하는 것이다. 루터는 모든 계명들이 제1계명에 포함된 것으로 생각하기 때문에, 또한 그는 죄의 진정한 본질을 하나님에 대한 공격으로서 간주할 수 있고, 그리고 하나님으로 남아 있으려는 하나님의 결단에서 하나님의 분노를 위한 상응하는 기초를 발견한다.

하나님은 "질투하시는" 하나님이며, 거룩한 질투를 가진 유일의 하나님으로서

---

1) Theodosius Harnack, *Luthers Theologie* (*LT* 1). 하나님의 진노에 관한 루터의 이론을 가장 잘 제시한 책이다.
2) *WA* 10 I, 1, 472.
3) *WA* 5, 50; *LW* 14, 316. *WA* 6, 127; *PE* 1, 157.

그의 영광을 보존한다. 루터는 여기서 구약성서의 용어를 사용한다. 하나님은 인간들이 그로부터 떨어져 다른 신을 섬기고, 그가 아니라 어떤 다른 존재를 사랑하거나 혹은 그보다 어떤 다른 존재를 더 사랑하는 것을 한가하게 방관하고 허용할 수가 없다. 왜냐하면 바로 이것이 죄의 본질이기 때문이다.[4] 이 질투는 필연적으로 죄에 대한 반응에서 진노가 된다. 하나님은 징계하려는 의지와 권세를 모두 갖고 계신다.[5]

하나님의 진노는 인간이 견딜 수 없는 매우 고통스러운 현실이다.[6] 하나님의 진노는 그의 위엄과 함께 넓게 영향을 미친다. 즉, 하나님의 진노는 하나님 자신처럼 영원하며 전능하고 무한하다.[7] 그의 진노 안에서 하나님은 진실로 "온통 집어삼키는 불"(신 4:24)이시며, 그것은 하나님이 완전하고 절대적으로 파괴하신다는 것을 의미한다.[8]

루터는 또한 하나님의 진노에 관하여 아주 다른 것들을 말할 수 있다. 그리고 이 진술들은 지금까지 말해 온 내용과 해결할 수 없는 모순 관계에 있는 것처럼 보인다. 그는 때때로 하나님의 본질이 순수한 사랑 외에 아무것도 아님을 선포한다. 즉, 하나님은 진노나 화를 내는 하나님이 아니라 오직 은혜의 하나님이라는 것이다.[9] 이 때 하나님의 진노는 인간의 상상의 소산인 것처럼 보인다. 인간은 참 하나님을 보는 것이 아니라 하나의 우상을 본다. 인간은 실재하는 바의 하나님을 보는 것이 아니라 하나님의 얼굴을 가리고 있는 어두운 구름만을 본다. 그러나 이 구름은 인간의 마음 속에 존재하는 것이며, 그러므로 객관적이 아니라 오직 주관적으로 현존한다. 그것은 또한 사탄이 계속해서 인간을 유혹하는 하나님에 대한 잘못된 사고 안에서만 존재한다.[10] 이러한 맥락에서 루터는 계속해서 그의 기본적인 규칙을 반복한다. 즉, 하나님은 — 당신을 위한 하나님이며 — 당신이 그러하다고 믿고 생각하는 바의 그런 하나님이라는 것이다.[11] 게다가 성서가 하나님의 진노에 대하여 말할 때 그것은 우리 자신의 주관적 하나님에 대한 인상을 반영하는 것뿐이지, 하나님이

---

4) *WA* 10^I, 2, 361.
5) *WA* 28, 582.
6) *WA* 22, 285.
7) *WA* 39^{II}, 366. Cf. *WA* 40^{III}, 513, 567; *LW* 13, 93 (cf. 125).
8) *WA* 28, 557, 581.
9) *WA* 36, 428. *WA* 40 II, 363; cf. *LW* 12, 336.
10) "그를 분노하신 분으로 간주하는 사람은 누구든지 그를 정확하게 보지 못한 것이며, 그의 얼굴에 커튼과 덮개를, 혹은 더 나아가, 어두운 구름을 내려 덮은 것이다." *WA* 32, 328; *LW* 21, 37. Cf. *WA* 40^{II}, 417; cf. *LW* 12, 374. *WA* 31^I, 147ff., 159; *LW* 14, 84f., 89.

정말 진노하시는 분이라는 것을 뜻하려는 것은 아니라고 심지어 루터는 말할 수 있다.[12]

　　그러나 이 진술들은 하나님의 진노의 실재에 대한 루터의 다른 강한 표현들과는 모순되는 것처럼 보이는데, 우리는 그것들을 어떻게 이해해야 하는가? 우리는 여기서 하나님의 진노가 그의 본성에 역행하고 있는 "낯선"이라는 루터의 진술로 시작해야 한다. 인간의 악은 하나님에게 대하여 그러한 사역을 강요한다.[13] 이것은 하나님 자신의 본성이 사랑이며, 진노는 필연적으로 그와는 다른 성격의 것임을 의미한다. 그러나 죄를 향한 하나님의 반응으로서 진노는 하나의 실재이다. 비록 그것이 분명히 최종의 실재는 아니라는 것을 인정한다 하더라도 그렇다. 루터 자신의 진술

11)　WA 17ᴵᴵ, 66. "당신이 생각하는 바대로 하나님은 그러하다. 만일 당신이 하나님이 분노하신다고 믿는다면, 그는 그러하다. 따라서 우리의 생각들이 큰 영향을 미친다. 왜냐하면 하나님은 내가 그에 대하여 생각하는 대로 나에게 존재하실 것이기 때문이다. 심지어 하나님이 분노하신다는 생각이 잘못된 것이라 할지라도 그럼에도 불구하고 그것은 그럴 것이다." WA 40ᴵᴵ, 342. 〔Georg Rörer의 노트에 근거하여 Veit Dietrich에 의해 준비된 이 노트의 편집은 다음과 같이 되어 있다: "하나님의 분노에 대한 생각은 심지어 그 자체로서 잘못된 것이다. 왜냐하면 하나님은 자비를 약속하시기 때문이다. 그러나 이 잘못된 생각은 당신이 그것을 참되다고 믿기 때문에 참된 것으로 된다. 그러나 또 다른 생각, 즉 하나님이 자신들의 죄를 느끼는 죄인들에게 은혜를 베푸신다는 생각은 명백하게 참되고 또한 계속해서 그러하다. 당신은 당신이 이와 같이 믿기 때문에 그것이 이렇게 될 것이라고 생각해서는 안된다. 오히려 명백하고 그 자체로써 참된 것이 당신이 그것을 믿을 때 더욱 명백하고 참된 것이 된다고 확신하라. 다른 한편으로, 만일 당신이 하나님이 진노하신다고 믿는다면, 당신에게 하나님은 틀림없이 진노하시고 적대적인 하나님이 될 것이다. 그러나 이것은 마귀적인, 우상숭배적인, 그리고 왜곡된 생각일 것이다. 만일 당신이 하나님을 두려워하고 그리고 그리스도를 자비의 대상으로 붙든다면, 하나님이 예배를 받으시는 것이기 때문이다." LW 12, 322. — 영역주.〕
12)　"성서에서 당신은 우리가 그가 어떠하리라고 느끼는 대로 성서가 하나님에 대해 말한다는 규범을 자주 고려해야만 한다. 왜냐하면 우리가 그가 어떠하리라고 느끼는 대로, 그가 우리에게 그러하시기 때문이다. 만일 당신이 그가 진노하고 무자비하시다고 생각한다면, 그는 무자비하다. 따라서 성서가 하나님은 진노하시는 분이라고 말할 때, 이것은 다름 아니라 우리가 그가 진노하시는 분이라고 느낀다는 것을 의미한다." WA 24, 169 (edited by Cruciger). "성령은 우리의 감정으로부터 말씀하신다. 왜냐하면 우리가 하나님에 의해 올바름을 판단받을 때, 우리는 그가 참으로 진노하신다고 생각하기 때문이다." WA 25, 320. Cf. 고전 11:32 불가타역은, "corrected"〔corrigimur〕대신에 "accused"〔corripimur〕로 번역했다.
13)　"진노는 참으로 하나님의 비본질적 사역이다. 그는 그의 본성에 반대하여 그 일에 종사한다. 왜냐하면 그는 인간의 사악함으로 인해 그 일을 하도록 강요받기 때문이다." WA 42, 356; LW 2, 134.

들 사이에서 벌어지는 이런 갈등은, 만약 두번째 그룹의 진술들이 인간이 직접 느끼고 있는 하나님의 진노가 단지 꾸며낸 사실이라고 말하려는 것이라면, 사실상 용인될 수 없을 것이다. 그러나 그것은 전혀 루터가 말하는 것이 아니다. 그가 말하고자 하는 바는, 마치 하나님의 진노가 하나님의 존재의 참 본질적 부분인 것처럼 하나님의 진노에 대해 말하는 것은 틀렸다는 것이다. 진노는 그 정도로 기만적이다. 그러나 누군가가 진노가 하나님의 본질의 필연적 부분이라고 생각한다면, 그 때마다 진노는 하나님과 그 사람 사이에 부인할 수 없는 실재이다. 실로 죄에 얽매여 믿을 수 없는, 또한 이러한 불신앙으로 인해 하나님을 진노하시는 분으로 생각하는 죄인된 인간은 실제로 하나님의 진노를 경험한다. 하나님에 대한 이러한 인간의 망상은 그 자체로써 하나님의 진노에 대한 확증이다. 왜냐하면 하나님의 진노는 믿지 않는 그 사람에 좌우되기 때문이다.[14]

그 분명히 모순적인 진술들은 하나님의 낯선 사역과 그의 고유한 사역의 변증법, 즉 율법과 복음의 변증법의 의미로 이해되어야 한다. 그리스도는 구분시키는 선이다. 그리스도와 떨어져 있는 인간은 진노 아래 있다.[15] 그리스도가 있는 곳, 즉 그리스도의 신앙이 있는 곳에서, 하나님의 진노는 더 이상 존재하지 않으며, 하나님의 고유한 사랑의 사역으로 인식된다. 왜냐하면 그리스도는 진노와 화해하셨기 때문이다. 그러나 우리는 루터가 하나님 안에는 진노가 없다는 것을 말하는 대상의 사람들과, 그리고 이것을 말하는 데에 루터의 목적을 계속해서 기억해야 한다. 루터는 누구보다도 모든 종류의 업적을 통하여 먼저 하나님의 진노를 화해시켜야 한다고 생각하는 사람들에게 그것을 말한다. 또한 그는 그리스도 안에 나타났던 하나님의 사랑의 기회를 정말 취하기를 원하나, 겁먹은 양심들에게 용기를 주려고 그것을 말하는 것이다. 그리고 반대로 루터가 하나님의 진노는 가공할 만한 실재이며 상상 속의 허구가 아니라고 말할 때, 그는 스스로 안전하다고 생각하는, 하나님의 진지함에 대하여 스스로를 기만하는 사람들에게 그것을 말한다. 그런 사람들에게 그는 하나님의 진노가 존재하지 않는다고 말할 수는 없다. 하나님의 사랑의 복음은 오직 하나님의 진노를 두려워하는 사람에게만 말할 수 있다. 그러한 사람들에게 우리는 하나님 안에는 진노가 없다고 설교할 수 있고 또한 설교해야 한다. 이 진술들 중에 어느 것도 그 자체만으로 "절대적으로" 타당하지는 않다. 각각은 다만 상대적인 것인데, 즉 항상 한 인간의 특별한 영적 상태를 고려하여 그에게 직접 언급된다.

---

14) Cf. the "he is," *WA* 40^{II}, 343. (This is quoted n. 11.)
15) *WA* 28, 117.

그러므로 율법과 복음의 변증법이 하나님의 진노에 관한 루터의 두 일련의 진술들로 표현된 것이다. 따라서 하나님이 진노의 하나님이 아니라는 확실성은 단지 하나님에 대한 잘못된 개념을 버리는 것으로부터 오는 것만은 아니다. 진노가 없는 하나님에 대한 사랑에 관한 메시지는 교화가 아닌 선포로서 온다. 그러므로 하나님의 사랑에 대한 신앙은 하나님에 대한 더 깊은 통찰에 의해 이루어지는 것이 아니라 모험을 감행하고 이 선포에 대하여 기회를 잡음으로써 이루어진다. 신앙 안에서 인간의 중심은 하나님의 분명한 진노에 대한 두려움으로부터 그의 사랑에 대한 신뢰로 옮겨간다. 신앙은 현상으로부터 실재로의 지적인 돌파구가 아니다. 그것은 양심이 경험한 실재가 하나님 안에서 최종의 실재가 아니라는 것을 용기있게 과감히 믿음으로써 얻어지는 돌파구이다.[16] 하나님의 진노를 부인하는 모든 진술들은 신앙 주장들이다. 그리고 신앙은 항상 그것에 관한 "그럼에도 불구하고"라는 특징을 갖는다. 루터에게 신앙은 하나님과 대항하여 있는 길을 통해 하나님께로 가는 것이고 하나님을 부르는 것이며, … 그의 진노, 그의 형벌, 그의 푸대접을 통해 하나님께로 헤쳐나감을 의미한다.[17] 따라서 신앙은 항상 투쟁의 특성을 갖는다. 즉 인간은 그 자신 안에서 하나님의 진노의 상을 몰아내고 하나님의 자비의 상을 붙잡으려고 고투한다.[18] 그러나 인간도 그 자신의 힘만으로 이것을 할 수 없다. 하나님의 은혜와 성령이 인간에게 그것을 주어야 한다.[19]

하나님을 찾는 신앙은 "가혹의 진노"를 "자비의 진노"로 변화시킨다.[20] 그때 진노는 그의 사랑의 "고유한 사역"을 준비하는 하나님의 "낯선 사역"으로 이해된다. 하나님의 내리치시는 재난들은 더 이상 최종적인 거절의 표현으로서가 아니라 우리를 가르쳐 새롭게 하고자 하는 사랑 때문에 실행되는 것으로, 아버지가 내리는 자애로운 훈련으로 이해된다. 하나님의 진노가 그의 사랑의 봉사에 있다는 사실은 보편적이고 자명한 진리는 아니다. 하나님의 율법에 의해 가로막힌 양심은 이러한 진리

---

16) Cf. *LT* 1, 296 (in the second edition, 1927, p. 226).
17) "자연은 자신의 발돋음으로 혹은 자신의 감정들을 극복함으로써 자신을 그러한 분노 위로 들어올릴 수 없으며, 또한 그렇게 함으로써 하나님께 대항하여 있는 길을 통해 억지로 하나님에게 이르거나 하나님을 부를 수 없다." *WA* 18, 223.
18) *WA* 40[II], 342; *LW* 12, 321.
19) "먼저 하나님이 은혜와 그의 영을 주셔서 마음을 위로하신다. 그렇게 함으로써 인간의 마음이 그의 자비를 기억하고 분노에 대한 생각들을 포기하며 진노의 하나님으로부터 아버지 하나님에게로 돌아선다. 그러나 이것은 인간의 힘으로 되는 것이 아니다." *WA* 19, 229.
20) *WA* 3, 69. 루터는 "분개의 진노 혹은 분노의 진노", 혹은 "가혹의 진노"를 "선하심의 진노와 아버지의 회초리"로부터 구별한다. *WA* 56, 196; *LCC* 15, 44f.

를 알지 못하며, 그것을 유용하게 사용하지도 못한다. 복음에 대한 신앙 안에서만 인간의 마음은 뒤를 돌아다 볼 수 있고 하나님의 진노의 행위에서 그의 사랑의 의도를 인식할 수 있다.

진노의 경험

하나님이 전혀 어떤 것도 하지 않을 때, 그가 마냥 침묵하시고 죄인을 벌하시지 않고 오히려 죄인으로 하여금 그의 악한 길을 가도록 허용하실 때, 하나님의 진노는 가장 끔찍한 형태를 취하고 있는 것이다. 이와 달리, 하나님이 인간을 홀로 두지 않고 인간을 심한 벌로 채찍질할 때, 그것은 하나님의 자비의 표시이다.[21] 우리의 이성은 정확히 그 반대가 옳다고 생각한다. 이것이 왜 자연적 인간이 혼자서는 하나님의 진노 아래 있음을 모르게 되는가에 대한 이유이다. 하나님이 인간들에게 혹독한 운명을 보내지 않고, 그들의 길을 가로막고 쓰러뜨리지 않는 한, 그들은 자신의 길을 더 견고하고 안전하게 간다. 예언자 요나에 대한 해석에서 루터는 이에 대한 통찰력 있는 한 예를 설명하고 있다. 폭풍이 시작되었으나 요나는 배 아래에서 자고 있다. 이것은 심지어 인간이 하나님의 심판 아래 있는 동안에도 죄의 잠에 빠져 있는 한 예이다.[22] 어떤 인간도 하나님의 진노를 혼자서 느끼지 못한다. 하나님이 그를 잠에서 깨워야 한다.

하나님은 인간들에게 혹독한 운명들을 보내신다. 하나님은 모든 종류의 불행과 고통과 결국 죽음을 포함하여 그의 피조물들을 통해 인간들을 때리신다. "하나님이 벌하기를 원하실 때, 모든 피조물들은 하나님의 막대기들이며 무기들이다."[23] 그러나 심지어 그 때에도 인간은 하나님의 진노를 느끼지 못한다. 그는 여전히 재난들이

---

21) *WA*, TR 6, 5554, 6690. "하나님이 말씀하시고 그의 진노를 보이시며 분노하실 때, 우리를 우리의 원수들의 손에 넘기우실 때, 고역과 굶주림, 칼과 그밖의 다른 고통들을 보내실 때, 그것은 그가 우리에게 대하여 자비를 베푸시며 우리의 복지를 구하신다는 분명한 증거이다. 그러나 만일 그가 '나는 더 이상 너를 벌하지 않으며 침묵할 것이고 너로부터 나의 진노를 돌이키며 너로 하여금 가게 하며 네가 최선이라고 생각하는 대로 네가 원하는 일이면 무엇이든지 행하도록 허용할 것이다'라고 말한다면, 이것은 그가 우리로부터 돌아서버렸다는 표시이다. 그러나 세상과 우리의 이성은 이러한 사실을 뒤집고, 오히려 그 반대가 진실이라고 생각한다." *WA*, TR 1, 1179.
22) "하나님이 계속해서 침묵하시고 벌하지 않으시며 죄를 막지 않으시고, 혹은 적어도 직접적인 행동을 취하지 않으시기 때문에, 인간을 그토록 눈멀게 하고 강퍅하게 하여 인간으로 하여금 안전함을 느끼고 하나님을 두려워하지 않으며 누워자면서 자신에게 얼마나 위험한 폭풍과 재난이 닥쳐오고 있는가를 알지 못하게 하는 것이 죄의 자연적인 성격이다." *WA* 19, 209.
23) *WA* 17^{II}, 59.

나 불행이 하나님의 심판임을 이해하지 못하며, 그것들이 그로 하여금 하나님을 두려워 하도록 만들지 못한다.[24] 먼저 하나님이 인간의 눈을 뜨게 하셔야 한다. 하나님은 율법을 통하여 이 일을 하신다. 율법을 통하여 하나님은 인간의 양심을 깨우고 인간으로 하여금 그의 진노를 경험하도록 이끄신다.[25]

율법은 본래 하나님의 진노의 수단이 아니다.[26] 최초의 상태에서는 인간은 여전히 그것을 이행할 수 있었다. 그러므로 율법은 인간에게 짐이 아닌 기쁨이었다.[27] 그러나 타락 이후 모든 것이 달라졌다. 인간은 더 이상 율법을 이행할 수 없게 되었고, 그로 인하여 한때 인간에게 하나님과의 교제의 수단이었던 율법이 이제는 하나님의 진노의 도구가 된 것이다.

모든 사람이 하나님의 진노를 그런 것으로 즉시 경험하는 것이 아니라는 것은 일반적으로 일치하고 있다. 루터는 율법에 대한 이중적 태도를 구별하고, 율법에 대한 관계에서 두 가지 상응하는 사람의 그룹들 혹은 두 가지 단계들을 정의하고 있다.[28] 한 그룹은 율법을 분명히 잘못된 의미로 이해한다. 자신들이 율법을 지킬 수 있다고 생각하면서 그들은 존경할 만한 생활을 영위하고, 그렇게 함으로써 그들은 충분하게 행했다고 믿고 있다. 즉, 그들은 자신들의 의를 자랑하고 있다. 그들은 자신들이 하나님의 율법을 사랑하고 있다고 생각한다. 그러나 사실 그들은 그들의 중심으로부터 율법을 사랑하는 것이 아니며 그들의 존재 가장 내면의 곳에서는 율법을 미워하고 있다. 겉으로 드러나는 성취로 마음의 더러움을 은폐하고 있는 것이다. 그러므로 그들이 내세우는 율법의 성취는 위선이며 자기 기만이고 거짓이다.[29] 그들은 이중적 방법으로 율법에 죄를 짓고 있다. 첫째, 그들은 율법의 참된 의미와 깊이에서 그것을 이행하지 못하고 있다. 둘째, 그들은 율법의 참 의미에 대해서는 어두우면서 외적 복종만이 참된 복종인 척하며 스스로에게 만족하고 있다. 즉, 사실상 그

24) WA 40ᴵᴵᴵ, 567; cf. LW 13, 125.
25) WA 19, 210. "왜냐하면 또한 양심은 우리에게 닥치는 모든 고통이 하나님의 진노임을 느끼며, 그리고 모든 세상이 하나님은 질투하시며 진노하시는 하나님이라는 것을 생각하거나 혹은 느끼기 때문이다." WA 19, 226.
26) 본서 제19장 율법과 복음을 보라. p. 280.
27) WA 39ᴵ, 364.
28) WA 5, 447ff. WA 10ᴵᴵᴵ, 89. WA 39
29) WA 17ᴵ, 240; cf. LW 12, 192. "그들은 자신들에게 율법을 이행하고 율법의 행위들을 행하고 있는 것처럼 보인다. 그러나 이것은 커다란 기만이다. 왜냐하면 은혜가 없이는 인간의 마음도 몸도 깨끗할 수 없기 때문이다." WA 2, 514. Cf. WA 5, 557. WA 5, 33; LW 14, 294. WA 39ᴵ, 569.
30) WA 5, 557.

들은 율법에 대한 외적 성취를 자랑하며 그들 자신의 의를 세우고 있다.[30] 그래서 그들의 죄가 실제로 죄가 되는 것은 율법을 통해서이다. 확신하여 말하건대, 그들은 율법을 통해 하나님의 진노를 경험한다고 의식하지 못하면서도 실상은 하나님의 진노를 겪고 있다. 그러므로 그들이 율법을 통하여 죄인이 된다는 것, 그것이 하나님의 진노이다.

그러나 하나님의 성령이 율법의 그 깊은 영적 의미를 열어준 그 인간은 다른 상태에 서 있다.[31] 그는 하나님의 거룩한 요구가 정말 무엇인지 깨닫는다. 그 요구는 그에게 엄청나게 큰 것처럼 보인다. 그는 자신이 그것을 이행할 수 없다고 느낀다. 그는 하나님의 계명을 이행하기 시작하는 인간이 그를 완전히 탈진시키는, 수그러들 줄 모르고 계속해서 새로운 요구들로 얼마나 혹독하게 고통받는지를 경험한다. 그가 율법을 이행하려고 더 많이 행하면 행할수록 그는 더욱 더 죄인이 된다. 그리하여 율법은 그에게 억압이고 그를 괴롭히며 그를 피곤하게 하며 그의 기를 죽이고 그의 안에 저항심과 반항감을 낳는다.[32] 그는 율법을 미워해야 한다. 왜냐하면 율법은 하나님과 대립하여 있는 자신의 열망들의 만족을 계속해서 금하기 때문이다. 그러나 그는 여전히 자신의 열망들을 포기할 수 없다. 그러므로 그는 필연적으로 율법을 미워하기 시작해야 한다.[33] 동시에 그는 하나님과 하나님의 자비에 대해, 자신의 구원에 대해 절망한다. 왜냐하면 그는 하나님이 그에 대해 이행할 수 없는 요구들을 하신다는 것과 지금 피할 수 없을 정도로 그에게 대립하여 있다는 것을 깨닫기 때문이다.[34] 그러나 하나님의 자비에 대해 절망하는 것보다 더 큰 죄는 없다.[35]

하나님의 자비에 대한 절망은 필연적으로 인간을 율법을 통하여 그러한 절망적

---

31) *WA* 5, 557. "성령이 그를 꾸짖음으로써 인간이 참으로 이 힘을 느끼기 시작할 때, 그는 곧 하나님의 자비에 대해 절망한다." *WA* 39ⁱ, 50; *LW* 34, 116.

32) "그러므로 문자는 인간의 마음을 죽이고 짐지운다. 왜냐하면 인간의 마음은 자신이 자신의 힘과 행위들로 율법의 요구들을 이행할 수 없다고 느끼기 때문이다. 즉, 인간의 마음이 힘을 내어 더 많이 일하면 일할수록, 그것은 자신이 더 많은 짐을 지게 된다는 것을 알게 된다." *WA* 5, 556. "그러므로 율법은 행위들에 만족하지 않는다. 오히려 그것은 자신의 무한한 요구들로 행위자들을 탈진하게 하며, 그리고 다양한 방법들로 그들이 자기 연민에 빠지거나 혹은 반항적이고, 자기 중심적으로 되게 하고 자신들의 의지에 역행하여 일하는 비자발적인 사람들이 되게 한다." Ibid. "따라서 율법은 인간들을 영원히 삼킬 때까지 그들을 탈진시키고 지치게 한다." Ibid., p. 559.

33) *WA* 5, 557.

34) See n. 1. Cf. *WA* 39ⁱ, 557, 559.

35) "그러나 하나님의 자비에 대한 절망은 은혜가 적절한 시간 안에 그것을 취소시키지 않는 한 가장 큰 죄이며 용서받을 수 없는 것이다." *WA* 39ⁱ, 50: *LW* 34, 116.

36) *WA* 39ⁱ, 558.

인 상황으로 몰아 넣었다는 이유로 하나님에 대한 증오가 된다.[36] 그것은 또한 반란과 신에 대한 모독을 가져오고, 또한 하나님도, 율법도, 영원도 없을 것이라는 열렬한 기대를 가져온다. 인간은 진실로 할 수만 있다면 하나님을 죽이고 싶어 한다.[37] 그리하여 율법의 순수 결과는 계속해서 인간을 더 악하게 만드는 것이다.[38] 이것은 죄에 대한 하나님의 진노의 확증이다. 그의 율법을 통해 하나님은 인간이 계속해서 죄에 더 깊이 빠지도록 강요한다. "인간은, 그가 율법을 느끼고 이해하기 시작하는 그 순간보다 더 무섭게 죄를 범하는 때는 없다."[39] 루터는 로마서 7장에 있는 계명은 "측량할 수 없을 정도로 죄가 죄 되게" 하는 것이며(롬 7:13) 죄는 계명을 통해 인간을 죽인다(롬 7:11)는 루터의 주장을 언급한다.[40] 이것이 루터가 항상 율법의 사역에 대하여 생각한 바이다. 그는 1519-1521년의「시편강해」(Operationes) 안에 있는 시편 19:9에 대한 해석에서 그것을 가장 강하게 설명했다. 그러나 그는 1530년대 논쟁에서 이러한 진술들의 본질과 심지어 같은 말들을 반복한다. (우리의 증거로 제시한 참고문헌들에서 볼 수 있는 것처럼 말이다.)[41]

---

37) "그들은 하나님의 증거들을 미워한다. 그리고 그들은 이러한 문제들에 얽매이기를 원하지 않는다. … 그들은 당신으로 하여금 볼 수 없는 것은 어떤 것이든지 존재하지 않는다고 생각하도록 만들고 싶어한다." WA 5, 556. "그리고 하나님을 경멸하고 주의하지 않으며 오히려 그들 자신의 마음의 부정함을 선택하는 그들은 두려워하지 않는 것이 가능하다고 여기고 싶어 한다." WA 5, 560. "당신은 이것을〔즉, 율법이 요구하는 것〕행하지 않는다. 그리고 그 이유 때문에 당신은 하나님께 화를 내고 그를 모독한다 — 그리고 하나님과 율법 모두 폐기되기를 소원한다." WA 39ⁱ, 560. "그리고 나는 하나님이 존재하지 않기를 소원했다." WA 46, 660; LW 22, 142. "그는 그 지엄한 영광이 존재하지 않기를, 그리고 만일 할 수만 있다면 그것이 더 이상 존재하지 않도록 하기를 소원할 때, 그는 그것을 모독하는 것이다." WA 5, 210. "인간이 율법의 권위를 더 강하게 느끼면 느낄수록, 그는 더 많이 하나님으로부터 돌아서고 하나님을 미워한다." WA 39 I, 382.

38) WA 5, 557.

39) WA 39ⁱ, 50: LW 34, 116.

40) Ibid.

41) 정확히 바울에 대한 루터의 참고 문헌들이 그것들 사이에서의 차이들을 보여준다 — 그것들이 동일한 기본적인 사상을 공유하고 있음에도 불구하고. 바울은 죄가 율법을 통해 측량할 수 없는 죄가 된다는 사실만을 입증한다. 아마도 그는 어떻게 계명이 인간의 이기적인 충동들이 하나님에 대한 의식적인 저항이 되도록 하는가를 생각했을 것이다. 그것은 또한 루터의 최종적인 결론이다. 그러나 루터는 죄인의 영혼 안에서의 율법의 결과를 자세히 설명하면서 율법 아래 있는 인간을 심리학적으로 묘사하고 있다. 바울은 그러한 세부적인 묘사들을 하고 있지 않다. 게다가, 바울은 단지 율법이 인간을 하나님에 대한 의식적인 반항자로 만든다는 사실에만 관심이 있다. 루터는 이것에 더하여 하나님의 율법이 자신에게 너무 많은 것을 요구한다고 느끼는 사람이 어떻게 하나님에 대한 가장 악한 죄인 절망과 증오 속으로 빠져드는가를 보여준다.

따라서 율법 아래 있는 한 인간에게 두 가지 일이 일어날 수 있다. 인간이 율법의 진지함을 무시하고 그것을 이행할 수 있다고 생각할 수 있다. 그 경우에 그는 불경건한 기만과 자기 만족에 빠진다. 반대로 인간은 율법의 깊이를 인식하여 그것을 완수할 수 없다고 깨달을 수 있다. 그 경우에 그는 실의에 빠져서 하나님에 대한 절망과 증오에 사로잡힌다. 세번째 가능성은 없다. 두 가지 경우 모두 하나님의 진노는 인간을 더 깊은 죄로 충동질한다.[42]

두번째 가능성은 지옥과 다름없는 것이다.[43] 왜냐하면 그것은 하나님의 진노가 인간의 양심을 쳐서 괴로워하는 양심으로 돌리기 위해 율법을 사용하신다는 것을 의미하기 때문이다. 그러나 그 괴로워하는 양심이란 지옥의 진짜 고통이며 형벌이다. "지옥은 괴로워하는 양심 그 자체일 것이다. 만약 사탄의 양심이 유죄로 투옥되지 않는다면 그는 천국에 있을 것이다. 사탄의 양심은 지옥의 불길을 일으키고 마음에 가장 두려운 고문과 기억들을 상기시킨다. 하나님의 진노는 사탄과 모든 저주받은 자들의 지옥이다"[44] 지옥은 먼저 하나님의 진노를 통해 지옥이 되는데, 그것은 내적으로 악한 양심의 형태로 있는 인간을 때린다. 이것은 지옥이 악한 양심과 그의 양심을 때리는 율법을 통한 하나님의 진노에 대한 인간의 경험만큼, 현존하며 내적인 실재라는 것을 의미한다. "모든 사람은 그가 죽음과 하나님의 진노의 최종적인 재난들을 느끼지 않는 한, 그가 있는 곳이면 어디서든지 자기 자신의 지옥을 가지고 다닌다."[45] 따라서 지옥은 본래 어떤 특별한 장소가 아니라 인간의 내면의 상태이다. 마지막 날 이후에야 지옥은 인간이 영육으로 들어갈 한 특별한 장소가 될 것이다.[46]

이생에서 이미 느껴지기 시작한 것처럼, 지옥의 진정한 고통은 인간이 그의 양심으로 하나님이 그를 대적하고 있으며 하나님이 그에게 가까이 있는 것을 견뎌낼

바울은 그것에 대해 아무것도 말하지 않는다. 롬 7:7ff에서 바울은 그리스도가 없이 율법 아래 있는 상황에 대한 인간의 주관적인 의식이 아니라 인간의 객관적으로 절망적인 상황을 묘사한다 — 인간은 그것을 단지 후에, 그리고 그리스도 안에 있는 신앙의 관점으로부터 이해할 수 있다. Cf. my commentary on Romans, *Römerbrief, Das Neue Testament Deutsch*, (9th ed. Göttingen: Vandenhoeck & Ruprecht, 1959), p. 71. R. Bultmann, *Theology of the New Testament*, trans. Kendrick Grobel (New York: Scribners, 1951), 1, 267f.

42) "간단히 말해서, 하나님의 은혜를 모르고 인간이 율법을 이해할 때, 그는 절망할 수밖에 없다. 아니면, 그는 율법을 이해하지 않고 하나님의 진노를 멸시하지 않으면서 자신을 신뢰해야 한다." *WA* 39ᴵ, 50; *LW* 34, 116f.

43) *WA* 39ᴵ, 345, 477.

44) *WA* 44, 617. Cf. ibid., pp. 500.

45) *WA* 19, 225.

46) *WA* 19, 225. *WA* 10 III, 192.

수 없다고 느낄 때 찾아온다. 인간은 하나님으로부터 도망가려고 노력하지만 도망갈 수 없다. 왜냐하면 어디에나 계신 하나님께서 모든 곳에서 양심을 통해 그를 만나고 그의 진노로 그에게 가까이 계시기 때문이다. 전능하신 하나님이 그의 손으로 인간을 잡고 있다. 인간은 하나님으로부터 빠져 나가려 하나 벗어날 수 없다. 이것이 그의 양심이 깨어나 비로소 하나님의 진노를 경험하고 있는 사람의 고통스런 상태이다. 그는 진노로 그렇게 고통스럽게 그 자신을 죄수로 붙잡고 있는 이 하나님에 대한 증오로 불탄다.[47] 그는 자유 속으로 빠져 나갈 수 있는 유일한 길을 발견하지 못한다. 즉 그는 하나님의 진노 아래 있기 때문에 이 동일한 하나님에게로 돌이켜서 기도로 하나님께 요청해야 한다는 것을 발견하지 못하는 것이다. 만약 그가 이 하나님에게 돌이키기만 한다면, 그는 진노하시는 하나님으로부터 자비로운 하나님에게로 피하여 도움을 받게 될 것이다. "왜냐하면 하나님은 그것밖에 아무것도 할 수 없기 때문이다. 즉 하나님은 울부짖으며 자기를 찾는 사람을 도와야 하는 것이다. … 만약 지옥에 있는 어떤 사람이 도움을 청하며 하나님을 큰 소리로 부른다면 지옥도 존재하지 않으며 남아있지도 않을 것이다."[48]

그러나 죄인된 인간은 그렇게 할 수 없다.[49] 죄인된 인간은 하나님의 진노에 대한 자신의 경험 위로 올라설 수 없다. 그로 하여금 하나님을 미워하게 하는 자신에 대한 그의 가공할 만한 속박에서 그는 더 이상 하나님의 자비를 볼 수도 믿을 수도 없고 하나님의 자비를 신뢰할 수도 없다.[50] 그러므로 그는 하나님의 진노에 대하여

---

47) "왜냐하면 그는 도피를 구하지만 그것을 발견하지 못하기 때문이다. 그때 그는 매우 빨리 하나님에 대한 가장 불타오르는 증오에 빠져든다." *WA* 5, 209, cf. 509, 603. "따라서 자연은 결국 벗어나지도 못하면서 끊임없이 도피한다. 그리고 필연적으로 진노, 죄, 죽음, 그리고 지옥으로 정죄당한다. 그리고 당신은 여기에서 지옥이 무엇인가에 대해, 이 세상에서의 삶 이후에 죄인들에게 그것이 무엇을 의미하는지에 대해 매우 많은 것을 알 수 있다. 즉, 그들은 결국은 피하지도 못하면서 계속해서 하나님의 진노로부터 도피한다는 것과 그러나 그들이 하나님을 소리쳐 부르지도 않으며 하나님을 찾지도 않는다는 것을 알 수 있다." *WA* 19, 223. "그러나 진노하시는 하나님의 음성이 들릴 때, 즉 그것이 양심에 의해 느껴질 때, 진정한 공포가 시작된다. 그때 이전에는 어디에도 계시지 않던 하나님이 모든 곳에 계신다. 그 때 처음에는 잠자는 것처럼 보였던 그 분이 모든 것을 들으시고 보신다. 그리고 그의 진노가 불타고 불꽃처럼 죽이신다." *WA* 42, 419; *LW* 2, 222f. "만일 하나님이 진노하시면 피할 곳은 없다. 이것이 장차 있을 영원한 형벌의 모습이다. 그들은 도망치려고 할 것이나 그렇게 할 수 없을 것이다."(살전 5:3) *WA* 40ᴵᴵᴵ, 512; cf. *LW* 13, 93.
48) *WA* 19, 222.
49) 각주 17을 보라.
50) *WA* 5, 209.

다른 곳에서 도움을 찾으며, 또한 정확하게 이런 이유로 그는 하나님의 진노 아래서 절망적으로 잃어버려진 채로 버려져 있다.[51] 오직 하나님 자신만이, 복음을 가지고 인간과 만남으로써 그리고 성령을 통하여 신앙으로 인간의 마음을 열게 함으로써, 이 감옥의 문을 열 수 있는 것이다.

---

51) "따라서 하나님을 찾고 부르는 것이 얼마나 어려운 일인지를 아무도 믿을 수 없다. … 자연이 홀로 혹은 경건하지 않은 사람이 이 일을 행하고 이 짐〔하나님의 진노를 느끼는 악한 양심의〕을 지는 것은, 그리고 동시에 분노하고 벌하시며 어떤 다른 존재에게도 도움을 구하지 않는 그 하나님께 도움을 청하는 것은 불가능한 일이다. 오히려 자연의 성격이란 하나님이 분노하거나 혹은 벌하실 때 그로부터 달아나는 것 — 그에게 돌아가 그를 부르는 것에 대해서는 아무 것도 말하지 않는 것 — 이다. 그것은 항상 어떤 다른 곳에서 도움을 구한다. 그리고 이 하나님을 소유하기를 원하지 않으며 그를 소유하는 것을 감당할 수도 없다." *WA* 19, 222.

제15장

예수 그리스도 안에 있는 하나님

고대 교리의 수용

나는 예수 그리스도를 믿는다: 이것은 루터가 수용한 기독교 전통에 대한 신앙의 고백이다.[1] 루터는 "나는 믿는다"라는 말 자체가 예수 그리스도는 하나님이라는 사실을 주장한다고 생각했다. 신앙은 하나님에 대한 관계이기 때문이다. "만일 내가 어떤 사람에게, '나는 당신을 믿으며, 나의 신뢰와 나의 마음의 확신을 당신에게 둡니다'라고 말한다면, 그 사람은 나의 신(god)임에 틀림없다."[2]

루터는 그리스도가 하나님이라는 고백을 고대 교회의 기독론적 교리의 의미로 이해한다. 그는 헬라 신학과 라틴 신학의 대에큐메니칼 신조들을 분명하게 받아들인다. 개별적인 개념들과는 별도로, 그는 전통적인 기독론적 교리들에 어떤 비판도 가하지 않는다. 그는 아타나시우스에 동의하고 아리우스를 거절한다. 그의 성탄절 노래인, "모든 찬양을 당신께, 오, 예수 그리스도여"는 영원한 아들의 성육신의 기적

---

1) 루터의 기독론에 대해서는 Ernst Wolf, *Die Christusverkündigung bei Luther* (1935)를 보라. *Peregrinatio* (Munich: Kaiser, 1954), pp. 30 ff에서 재 인용. Erich Seeberg, *Christus, Wirklichkeit und Urbild* (Stuttgart: Kohlhammer, 1937). P. W. Gennrich, *Die Christologie Luthers im Abendmahlssreit 1524 bis 1529* (Güttingen: Vandenhoeck & Ruprecht, 1929).
2) *WA* 37, 42.
3) *WA* 53, 434f.; *LW* 53, 240f.

을 헬라 기독론의 형식으로 경배하고 있다.[3] 그는 이성의 어떤 능력도 성육신의 역
설을 이해할 수 없다고 특별히 강조한다. 창조주가 하나의 피조물이 되었다.[4] 루터
는 "두 본성들"에 대한, 그리고 예수 그리스도의 신비를 서술하기 위해 주님의 한
인격(혹은 位格) 안에 있는 그들의 일치에 대한 전통적 용어를 거리낌 없이 사용한
다. 그는 속성의 교류, 즉 그리스도의 인격 안에 있는 두 본성들 사이에서 속성들의
교환에 대한 고대의 교리를 채택하고 그것을 자신의 성만찬 교리에 적용한다. 그는
아타나시우스나 안셀름에 결코 뒤지지 않을 만큼, 그리고 그들과 같은 의미에서 그
리스도의 참된 신성에 관심을 가진다. "만일 그리스도가 그의 신성을 박탈당했다면,
하나님의 진노에 대항할 어떤 도움도, 그리고 그의 심판으로부터 어떤 구원도 남아
있지 않은 것이다."[5] "우리 그리스도인들은 이 점을 알아야 한다. 만일 하나님 자신
이 참여하지 않고 저울에 자신의 무게를 더하지 않으신다면, 저울 중심의 반대편에
있는 우리는 바닥으로 곤두박질치고 말 것이다. 이로써 내가 의미하는 바는, 우리를
위해 죽으신 분이 하나님이 아니라 단지 한 인간에 불과하다면, 그때 우리는 버림받
을 것이라는 사실이다. 그러나 하나님 자신의 죽음과 돌아가신 하나님이 저울의 한
쪽 접시 위에 있게 되면, 그것은 아래로 내려가고 우리는 위로 들리우게 되는 것이
다."[6]

또한 루터는 그리스도의 참된 신성을 확립하는 전통적인 방법을 따른다. 자기
자신에 대한 예수 자신의 증거뿐만 아니라 — 여기서 결정적으로 중요한 것은 요한
복음의 내용이다 — 하나님의 말씀, 성서 그리고 우리에게 보고된 기적들은 모두가
예수가 참된 하나님이라고 가르친다.[7] 따라서 성서의 권위는 그리스도의 참된 신성
을 보장한다. 나아가서 그리스도에게 귀속되는, 그리고 지금도 그로부터 오는 것으
로 경험되는 행위들의 종류는 단지 인간의 행위들이 아니라 하나님의 행위들이다.

---

4) *WA* 37, 43f.

5) *WA* 46, 555; *LW* 22, 22.

6) *WA* 50, 590. *WA* 49, 252에서 루터는 또한 신성의 "무게"에 대하여 말하고 있다.
   "태초에 계셨던 말씀(즉, 하나님의 아들)이 스스로 그것을 행해야 한다. 그는 죄와 죽
   음을 발 아래 밟아 뭉개고 또 영원히 그것들을 게걸스럽게 먹어치우는 무게이다."

7) E. g., *WA* 10¹,1, 181. *WA* 37, 40. Additional references in Johannes von
   Walter, *Die Theologie Luthers* (Gütersloh: Bertelsmann, 1940), pp. 212f.
   and *LT* 2, 164, 169ff. Theodosius Harnack은 다음과 같이 정확하게 말하고 있
   다. "루터는 이 교리들을 보존한다 … 특별히 그리스도의 신성을, 단지 고대 교회의 유
   물로서나 혹은 그들의 근원을 위해서가 아니라, 부분적으로 그가 이 교리들이 분명하
   고 확고하게 성서에 기초하고 있다고 보기 때문이며, 또한 부분적으로는 그것들이 신
   앙의 한 필요 조건이며 신앙을 위해 절대적으로 필요하기 때문이다."

게다가 만일 그리스도가 참되고 영원한 하나님이 아니라면, 그는 우리의 구속주가 될 수 없다. 그러나 성서의 증거는 결정적이고 가장 중요한 것으로 남아있다. 루터가 기독론에서 말하고자 하는 새로운 모든 것은 고대 교리들의 의미에서 그리스도의 신성과 성육신의 확실성을 전제한다. 이러한 정도로 그리스도에 대한 신앙은 하나님의 말씀, 즉 성서의 권위에 대한 인정에 기초한다. 그리고 이러한 정도로 슐라이에르마허는 루터의 지지를 호소하면서 다음과 같이 주장한다. "성서의 권위는 그리스도에 대한 신앙을 세울 수 없다. 오히려 성서에 특별한 권위를 부여하기 위하여, 이 신앙이 전제되어야 한다."[8] 우리는 이 점에서 루터를 현대화해서는 안된다.

루터 기독론의 새로운 요소

비록 루터가 옛 교리를 받아들이고 있지만, 그의 기독론에는 새로운 강조점이 있다. 교회 역사의 모든 정통 신학자들과 더불어 그는 예수 그리스도의 신성을 받아들인다. 그러나 그는 예수 그리스도가 참 하나님이라는 사실이 인간에 대해 가지는 의미와 중요성에 대하여 새롭고 좀더 깊은 통찰을 제시한다. 신약성서 시대 이래로 어떤 다른 신학자도 그만큼 깊고 강하게 이 사실이 가지는 의미와 중요성을 표현하지 못했다. 기독론에 대한 루터의 새로운 접근은 그를 그리스도에게로 이끈 구원에 대한 추구에 의존한다.

물론 그것은 고대 교회의 기독론의 형태들에도 해당되는 사실이다. 고대의 헬라 기독교는 특별히 부패와 죽음으로부터 구원하시는 하나님의 불멸의 생명에 대한 관심에 의해 자극받았다. 이런 이유로, 헬라 기독론은 주로 그리스도를 그의 성육신과 부활을 통해 하나님의 불멸의 생명을 인간들과 함께 공유하는 분으로 생각한다. 이러한 구원 이해는 그리스도에 대해 된 진술들과 일치하는 것이다. 서방의 기독교는 죄악과 죄의 권세로부터 자유를 추구함에 의해 결정되었다. 그러므로 그리스도에 대한 결정적인 진술들은 그를 죄를 위해 죄값을 치르신 분으로, 그리고 이제 성례전을 통해서 거룩한 삶을 위해 은혜의 힘을 부여하시는 분으로 말한다.

루터는 또한 구원의 교리에서 이러한 강조들을 알고 있다. 이런 이유로, 상응하는 기독론의 형태들은 계속해서 루터 자신의 사상에서 살아있는 요소가 된다. 그러나 그의 신학의 중심에는 구원에 대한 관심이 새로운 형태를 띠게 된다. 하나님은 우리 죄인들에게 어떤 일을 행하려고 하시는가? 그는 나에 대해 어떻게 느끼시는가?

---

8) *The Christian Faith*, ed. and trans. H. R. Mackintosh, J. S. Stewart, et. al. (Edinburgh: T. and T. Clark, 1928), p. 591. [The translation is my own. — Trans.]

그러므로 이것은 더 이상 하나님의 부패할 수 없는, 쇠약해지지 않는 생명, 그의 권세, 그의 대속하시고 구원하시는 은혜에 관한 관심이 아니다. 오히려 루터는 하나님 자신, 그의 의지, 그의 마음에 관심이 있다. 루터에서, 이 모든 것은 구원에 관한 이 질문에 대한 대답에 달려 있다. 이런 이유로, 그리스도에 대한 결정적인 사실은 하나님이 예수 그리스도의 인격과 활동과 역사 안에서 우리를 향해 자신의 마음을 열었고, 따라서 그가 우리를 어떻게 생각하고 우리에게 어떤 일을 행하려 하시는가에 대해 우리에게 확실성을 제공한다는 것이다. 이것이 루터에게서 예수 그리스도의 신성이 가지는 새로운 의미이며 중요성이다. 그리스도는 "하나님의 아버지다운 마음의 거울"이다.[9] 그 거울 안에서 하나님이 우리에게 나타나신다. 우리는 루터 이전의 교회와 교회의 신학자들이 우선적으로 그리스도 안에 있는 신성에 관심을 가졌다고 말할 수 있다. 그들은 그의 신적 본성, 그의 신적 생명, 그의 만족(satisfaction)의 신적 중요성을 찾고자 했다. 그러나 루터는 예수 그리스도 안에 있는 인격 속에서 하나님 아버지 그분을 보고 발견한다.

이로써 루터의 기독론은 요한복음의 특징을 가진다. "나를 본 자는 아버지를 보았거늘"(14:9)과 같은 요한복음에 기록된 그리스도의 위대한 말씀들은 그의 기독론의 궁극적인 본문이다. 그러나 루터는 바울과 요한이 이 점에서 완전히 일치하고 있는 것으로 본다. "이것은 그 안에서 이 논제와 관련하여 탁월한 복음 전도자인 사도 요한과, 사도 바울이 다른 사람들보다 더 많은 것을 가르쳐 주는 지식이다. 그들은 그리스도와 성부를 아주 견고하게 묶고 결합시켰고, 그 결과 우리는 오직 그리스도 안에서 하나님을 생각하게 된다."[10]

루터는 성부를 인간 예수 그리스도 안에서 발견하고 그밖의 다른 어떤 곳에서도 발견하지 못한다. 성부의 의지는 역사적 예수의 태도와 활동 안에서 루터에게 계시되었다. "우리의 가련한 육과 혈로" 오신, 성육신은 그리스도의 활동의 일부분이다. 이 행위로부터 루터는 우리에 대한 그리스도의 태도와 이와 함께 우리에 대한 하나님의 감정을 배운다. 루터에게서, 그리스도의 세상에 오심과 이 세상에서의 그의 활동과 삶은 서로 불가분리의 관계에 있다. 그들은 하나의 총체성이다. 그러나 이러한 총체성의 의미에서, 예수의 지상의 삶에 대한 명상, 그가 한 인간으로서 행한 일에 대한 숙고는 새롭고 결정적인 의미를 얻게 된다. 중세 교회도 또한 인간 예수를 보

9) *WA* 30¹, 192; *BC*, 419, 65.
10) *WA* 45, 519; *LW* 24, 61. 루터가 요한에 대해 갖는 관계를 위해서는 다음을 참고하라. Walter von Löwenich, *Luther und das Johanneische Christentum* (Munich: Kaiser, 1935), pp. 20, 35 ff.

왔고, 또 그의 고난을 명상했으며, 그를 하나의 모범으로 간주했다. 특히 클레르보의 베르나르(Bernard of Clairvaux)는 주님의 인간성을 그의 경건의 중심에 두었고 그의 고난에 대한 헌신적 명상을 수행했다. 그리스도의 인간성과의 이러한 연합이 가지는 본질적인 특징들은 그에 대한 깊은 사랑, 그와 함께 하는 고난, 그의 가련한 삶의 발자취들을 따르는 것이었다. 루터의 주된 관심, 즉 인간 예수 안에서 성부를 만나는 일은 훨씬 뒷전으로 물러나 있었다. 다시 말해서 이 점이 전혀 강조되지 않았던 것이다. 어거스틴이야말로 이 점에서 그와 가장 가까운, 루터의 선배였다. 그러나 어거스틴에게서, 이것은 다른 많은 강조점들 가운데 하나에 불과했던 반면, 루터에게서 그것은 그리스도 이해의 핵심이요 중심이었다. 1519년 루터는 그의 친구 슈팔라틴(Spalatin)에게 유명한 편지를 보냈다. 거기서 그는 이렇게 말하고 있다. "자신을 구원으로 이르게 할 방법으로 하나님에 대해 생각하거나 명상하기를 원하는 모든 사람은 누구나 그밖의 다른 모든 것을 그리스도의 인간성에 복종시켜야 한다."[11]

루터는 그리스도의 인성에 자신의 주의를 집중시키는 일과 설교를 통해 자신의 회중의 주의를 집중시키는 일에 지치지 않았다. 그의 모든 설교의 절반 이상이 처음 세 복음서들의 본문에 근거해 있다.[12] 그는 예수의 사람들과의 관계와 그의 삶에서 역사의 개별 사항들을 특별한 사랑과 헌신으로 취급한다. 그렇게 함으로써 그는 인간 예수에 대한 아주 생생하고 구체적인 묘사를 제공한다. 19세기 후반과 20세기 초반의 "예수-경건"과 달리, 루터는 하나의 위대한 "종교적 인격체"로서 예수에게 관심이 있는 것이 아니라, 성부의 아들 안에서 성부를 인식하는 것, 곧 하나님 자신을 아는 데 관심이 있다. 예수는 성부의 성자이다. 그리고 하나님 자신은 예수가 사람들에게 행하신 것처럼, 예를 들어, 그가 수로보니게 여인에게 행하신 것처럼, 우리에게 그와 같은 관계에 있다. 우리는 예수를 보는 것으로부터 성부에게로, 즉 "그리스도의 마음으로부터 하나님의 마음으로" 올라간다. 어거스틴도 또한 그의 설교에서

11) *WA*, Br 1, 329. 루터는 요한복음 6:47에 대한 한 설교에서 같은 말을 하고 있다. "만일 여러분이 자신을 겸손하게 하고, 진심으로 말씀에 복종하며, 그리스도의 인간성에 매달릴 수 있다면, 그 때 신성은 참으로 명백해질 것이다. 그런 다음 성부, 성령, 그리고 전체 신성(神性)이 여러분을 이끌고 지탱할 것이다." *WA* 33, 154; *LW* 23, 102. Cf. *WA* 33, 156; *LW* 23, 103.
12) Cf. Walter Köhler, *Wie Luther den Deutschen das Leben Jesu erzählt hat* (Leipzig: Haupt, 1917). Walter von Löwenich, *Luther als Ausleger der Synoptiker* (Munich: Kaiser, 1954), pp. 132ff.
13) *Sermo*, 81, 6. Cf. F. Loofs, *Leitfaden zum Studium der Dogmengeschichte* (4th ed., 1906), p. 396, n. 2.

그의 회중에게 예수로부터 성부에게 향하는 그러한 상승을 행하도록 요구했다. "그리스도를 알라. 그 다음 그 인간을 통해 하나님께로 올라가라."[13] 우리는 루터가 어거스틴에게서 따온 이 인용을 직접 혹은 간접적으로 알고 있었다고 짐작할 수 있다. 루터 자신은 그것을 매우 자주 사용한다.[14]

14) 루터는 그의 논문, *Treatise on Meditating on Christ's Holy Passion* (Sermon von der Betrachtung des heiligen Leidens Christi) (1519)에서 우리를 공포에 떨게 하고 회개로 인도하는 그리스도의 고난을 바라보는 일을 멈추지 말도록 교훈하고, "중심을 꿰뚫어 보도록"(hindurchzudringen), 그리고 "그로 하여금 당신의 양심과 죄악의 무거운 짐을 견디도록 하는, 당신을 향한 사랑으로 가득 찬, 그의 친절한 마음을 보도록 가르친다. 그리스도의 마음으로부터 하나님의 마음으로의 그러한 상승 후에, 그리고 만일 그리스도께서 순종하는 하나님이 영원한 사랑 안에서 그것을 의지(意志)하지 않으셨다면, 그리스도가 당신에 대한 이러한 사랑을 보여줄 수 없었을 것이라는 사실을 깨달으라." WA 2, 140. 루터는 그리스도의 사랑하시는 대속의 대리(代理)를 말한 후에 루터는 다음과 같이 말하고 있다. "내가 이것을 깨달았을 때, 그 때 나는 그를 사랑해야 하고 그러한 사람에게 나 자신을 위탁해야 한다. 그 때 나는 성자에 의해 성부에게로 올라가고, 그리스도가 하나님이고 그가 나의 죽음 안으로, 죄 안으로, 그리고 나의 불행 안으로 자신을 던지셨으며, 그리고 동시에 그가 그의 은혜를 내게 주신다는 것을 안다. 마찬가지로 나는 여기에서 또한 어떤 마음도 경험할 수 없는 성부의 은혜로운 의지와 위대한 사랑을 인식한다. 따라서 나는 하나님이 가장 부드러운 곳에서 그를 인식하고, '아, 이 분이 하나님이다, 아, 하나님이 그리스도 안에서 나를 위해 행하신 이 일이 하나님의 의지이며 그를 매우 기쁘시게 하는 것이구나'라고 생각한다. 그리고 이러한 비전 안에서 나는 그의 사랑하는 아들을 불명예, 치욕, 그리고 나를 위한 죽음으로 내던진 하나님의 위대하고 말할 수 없는 자비와 사랑을 경험한다. 하나님의 이러한 은혜로운 현현과 사랑의 얼굴이 나를 유지시킨다." WA 10^{III}, 154.

15) 루터는 1519년에 Spalatin에게 보낸 한 편지에서 우리가 어떻게 하나님의 마음으로 "뚫고 들어가야" 하는가에 관해 논하고 있다. 이 편지의 한 부분이 위에 인용되어 있다. 각주 11을 보라. 그 편지는 이렇게 계속되고 있다. "그러나 그는 이것을(그리스도의 인성), 그것이 고난이든 혹은 돌봄이든 간에(sugenten) 그것의 감미로움이 그를 채우기까지, 눈앞에 간직해야 한다. 그러나 그는 이것에서 멈추어서는 안되고 그것에 침투하여 이렇게 생각해야 한다. '이때와 그리고 저때를 보라. 그는 그 자신의 의지를 행하지 않았고 성부 하나님의 의지를 행했다.' 그런 다음 그가 그리스도의 인성 안에서 우리에게 보여 주시는 성부의 의지가 우리에게 기쁘게 받아들일 만한 것으로 되기 시작한다." WA, Br 1, 329.

Emanuel Hirsch, *Hilfsbuch zum Studium der Dogmatik* (Berlin: de Gruyter, 1937), p. 27. 히르쉬는 sugentem을 그것이 의미하는 바가 마치 인성이 자기를 고양시킨 것처럼 번역했다. 그러나 루터는 surgentem이 아니라 sugentem을 사용한다. 그리고 surgere는 "to nurse"를 의미한다. 그러므로 루터는 그가 그의 어머니의 품에서 젖을 먹는 것처럼 아기 예수를 보도록 충고한다. 말구유와 십자가는 그리스도가 자신을 비운 방법에 대한 두 가지 형상들로서 서로 나란히 놓여있는 것이다.

그것은 예수 그리스도를 믿는 것에 대한 그의 가장 결정적인 묘사들 가운데 하나가 되었다. 루터는 "상승하는 것"에 대해서 뿐만 아니라 "꿰뚫고 들어가는 것"에 대해서도 다음과 같이 말할 수 있었다. 중요한 일은 우리가 그리스도의 인성에서 멈추지 않고, 예수를 한 인간으로서 아는 것을 통해 우리가 하나님의 마음으로 뚫고 들어가는 것이다(durchdringen).[15] 두 개념 모두 같은 것을 말하고 있다. 이 "상승"과 "뚫고 들어감"의 "논리"는 이것이다. 즉, 예수 그리스도는 성부의 성자이기 때문에 사람들에 대한 관계에서 행하는 그의 행위들은 (성서에 서술된 대로) 성부 자신이 의지하고 행하시는 것 이외의 어떤 다른 것도 아니다. 그러므로 그의 행위는 우리가 성부의 의지를 알게되는 기초이다.

이러한 성부의 의지에 대한 확실성이 루터의 구원 이해에 매우 결정적이기 때문에, 모든 것은 결국 그 의지와 예수의 오심과 행위를 통해 알려진, 그의 사람들에 대한 태도에 달려있다. 물론 성탄절의 기적, 성육신, 십자가, 그리스도가 자신의 대속의 고난을 통해 우리의 죄와 결핍을 대신 담당하신 것 등과 같은 "구원의 사실들"은 또한 루터에게 중요한 것이다. 그러나 루터는 성육신의 위대한 기적과 우리의 구원에 대한 그것의 중요한 의미를 경건하게 다룬 후, 다음과 같이 시작되는 행으로 성탄절 찬송을 마무리한다.

> 이 모든 일을 우리를 위해 예수께서 행하셨나니,
> 그의 위대한 사랑을 보여 주시기 위함이라.[16]

영원한 아들의 성육신 안에 있는 모든 것은 궁극적으로 그의 사랑을 보여주는 것이며, 이와 함께 또한 성부의 사랑을 보여주는 것이다. 성탄절에 일어난 모든 일과 그 후에 예수의 생애와 고난 안에 있는 이 인격적인 차원은 우리 구원의 실제적인 깊이이다. 궁극적으로 문제가 되는 것은 한 가지 사실이다. 즉 하나님이 우리를 위하신다는 것이다. 그러므로 루터는 참되고 구원하는 신앙은 성부 하나님의 사랑과 나를 구원하시려는 그의 의지를 인식한다고 말함으로써 그리스도에 대한 참된 신앙과 예수 그리스도의 역사를 아는 단순한 역사적 신앙 사이의 차이를 특징지을 수 있다.[17]

---

16) *WA* 35, 435; *LW* 53, 241.
17) 그리스도를 이해하는 이 신앙은 "당신의 죄를 위해 넘겨진 그리스도를 통해 당신을 구속하기를 원하시고 구원하시는 성부 하나님의 사랑을 이해한다." *WA* 39 I, 45; *LW* 34, 110.

우리는 인간 예수로 시작한 다음 그로부터 하나님께로 올라가는 루터의 방법을, 현대 신학이 "상향적 기독론"(von unten nach oben)으로 그 특징을 묘사한 것과 혼동하지 말아야 한다. 또한 그것을 예수의 지상의, 역사적 삶이 우리에게 하나님의 특질들을 계시한다는 이유로, 인간 예수로 시작함으로써 두 본성론을 극복하려는 리츨(Ritschl)의 시도와 혼동하는 것도 똑같이 위험한 일일 것이다. 첫째, 루터가 인간 예수로 시작하는 것은 예수가 참으로 하나님이라는 사실, 혹은 하나님이 그 안에 내재하신다는 사실을 자신에게 다시 확신시키기 위해 그의 인간적 특질들을 필요로 한다는 것을 의미하지 않는다. 루터에게서, 그리스도의 신성은 성서와 교회 양자 모두의 증거를 통해 보증된다. 루터가 인간 예수를 바라보도록 인도할 때, 그는 예수가 하나님이라는 것을 우리에게 보여주는 데 관심이 있는 것이 아니라, 그가 누구인지를 우리에게 보여주는 것, 즉 우리에게 하나님의 성격과 중심에 대한 확실성을 주는 데 관심이 있는 것이다. 그러므로 아무도 그리스도의 신성을 알고자 하는 현대의 방법을 지지하기 위해, 루터를 인용해서는 안된다.

둘째, 인간 예수에 대한 루터의 견해는 현대 신학이 그 표현으로 이해하는 어떤 것보다 훨씬 더 멀리 나아간다. 특히 루터는 성자가 인간이 되었으며, 그가 십자가에서 인류의 죄를 담당하신다는 교리를 전제한다. 각주에서 인용된 몇몇 본문들이 이 사실을 보여준다. 따라서 루터는 어떤 다른 것, 혹은 현대 신학의 "역사적"(geschichtliche) 예수보다 더한 어떤 것을 생각하고 있다. 그는 하늘에서 영원한 성자의 선재(先在)로부터 시작되는 그리스도의 전 역사를 생각한다. 우리와 같은 육과 혈로 오시는 그의 오심 안에서 그리스도와 하나님의 사랑이 인식될 수 있다. 따라서 소위 "형이상학적" 기독론이 이미 그리스도의 인성에 포함되어 있거나 혹은 전제되어 있다. 그리고 십자가의 단순한 역사적 사실이 그 자체로서 그리스도와 하나님의 사랑을 계시하는 것이 아니라, 오직 "십자가의 말씀" 안에서, 즉 그것이 십자가의 교리 안에서 해석될 때 그렇게 한다. 루터의 신학적 상황과 과제, 그리고 우리 자신의 신학적 상황과 과제 사이의 거리는 분명하다. 우리가 직면하고 있는 일차적인 기독론적 문제와 과제는 그리스도의 신성을 세우는 것이다. 그리고 루터에서, 이것은 성서의 증거에 의해 완전하고 분명하게 결정된다.

루터는 또한 그리스도를 알기 위해, 즉 그리스도 안에 있는 하나님을 알기 위해 "아래로부터 위로의 길"을 따르도록 우리에게 지도한다. 이 길은 한 인간 그리스도로부터 하나님이신 그리스도에게로, 그럼으로써 하나님에게로 인도한다. 그러나 이것이 인간 예수를 아는 것이 우리로 하여금 그의 신성을 확신하게 한다는 것을 의미하지는 않는다(루터는 전혀 그와 같이 말한 바가 없다). 오히려 우리가 그리스도 안에서 하나님의 구원하시는 능력을 만나야 한다는 것을 의미한다. 따라서 우리가 하나님을 만날 때, 우리는 우리 인간들을 향한 그의 사랑과 그의 자비를 만난다. 그리스도의 지상의 인간적 삶 안에서, 우리에게 자신을 제시하는 그 하나님은 우리 지상의 죄 많은 인간들을 죽이지 않고 우리를 구원하시기 위하여 임재하신다. 이것이 우리가 그에게 갈 수 있도록 하나님이 우리를 위하여 놓으신 하늘에 이르는 사닥다리의 가장 낮은 단계이다. 그것은 지상에 있다. 그리고 하늘이 아니라 여기 지상에서 하나님의 아들을 발견해야 한다. 만일 우리가 가장 낮은 단계로 시작하면, 그 때 우리는 분명하게 하늘로, 즉 하나님 자신의 지식에 이를 것이다.[18]

　　루터의 설교에서 온 두 개의 특히 인상적인 본문들을 통해, 우리는 그가 어떻게 우리를 위한 하나님의 은혜로운 뜻의 계시 안에서 예수 그리스도의 역사가 가지는 실제적 의미를 보고 있는지 알 수 있다. 예수의 생애에서 온 본문들에 대한 루터의 설교들 가운데 보석이라 할 만한 것 중의 하나는 1526년 현현절 축제 때 행해진 예수의 세례에 대한 설교이다.[19] 이 설교에서 루터는 마태에 따른 세례 이야기의 목적을 발전시킨다. 마태는 "이는 내 사랑하는 아들이요, 내 기뻐하는 자라" 하는 하늘로부터 내려오는 음성을 보도하고 있다. 따라서 이 말씀은 예수가 하나님의 아들이며, 그가 그를 기쁘시게 한다는 것을 증거한다.

　　"이 말씀으로 하나님은 모든 세상에 기쁘고 행복한 마음을 주시며, 그리고 모든 피조물들을 신적 부드러움과 위로로 채운다. 어떻게 그것이 가능한가? 글쎄, 만일 내가 그 인간 예수가 하나님의 아들이며 그를 기쁘시게 한다는 것을 알고 확신한다면 — 하늘로부터의 신적 위엄 자체가 그것을 말하고 있고, 그것이 거짓말할 수 없기 때문에, 내가 확신해야 하는 것처럼 — 그 때 나는 또한 그 사람이 말하고 행하

---

18) "성서는 먼저 한 인간에게로, 그리고 다음으로 모든 피조물의 주님에게로, 그리고 마지막으로 하나님에게로의 순서로, 우리를 먼저 그리스도에게로 인도하심으로써 매우 친절하게 시작한다. 따라서 나는 쉽게 들어오며 하나님을 아는 것을 배운다. 그러나 철학과 이 세계의 현자들은 정상에서 시작하기를 원하며 그 과정에서 어리석은 자들이 되었다. 우리는 바닥에서 시작해야 한다. 그리고 그 다음에 위로 올라가야 한다." WA 10¹, 2, 297.
19) "이 순서는 주의깊게 보존되어야 한다. 우리는 이 어린 아기를 충분히 이해하기 전에 신적 위엄의 이야기로 올라가서는 안된다. 우리는 우리 앞에 놓인 그 사닥다리에 의해, 하나님이 그 상승을 위해 준비하셨고 사용하신 그 단계들을 이용해서 하늘로 올라가야 한다. 하나님의 아들은 하늘에서 보이고 발견되기를 원하지 않으신다. 그러므로 그는 하늘로부터 이 땅으로 내려오셨으며 우리의 육체를 입고 우리에게 오셨다. 그러나 자신을 그의 어머니의 자궁에, 그녀의 무릎에, 그리고 십자가에 두셨다. 그리고 이것이 그가 지상에 세우신, 그리고 그것에 의해 우리가 하나님께로 올라갈 수 있는 사닥다리이다." WA 40ᴵᴵᴵ, 656.

는 모든 것이 모든 사람 가운데 가장 하나님을 기쁘시게 함에 틀림없는 저 사랑하는 아들의 말씀과 사역임을 확신한다. 그러므로 이제 나는 이 점을 주시하며, 그것을 확고하게 붙든다 … . 그의 아들 그리스도가 나와 더불어 매우 친절하게 말씀하시고, 나에 관해 매우 따뜻하게 관심을 가지며, 그리고 고난당하고 죽으시며, 나를 위한 그토록 크신 사랑으로 모든 일을 행하기 때문에, 그의 마음이 기쁘다고 말하는 것보다 어떻게 더 사랑스럽고 부드러운 방법으로 자신의 더 많은 것을 부어주시며 자신을 내어줄 수 있겠는가? 그리스도가 이런 식으로 우리에게 봉사할 때 하나님이 그토록 그를 기뻐하신다는 것을 인간의 마음이 실제적으로 깨닫는다면, 그때 인간의 마음은 그 기쁨이 그토록 크기 때문에 수십만 갈래로 갈라져야 한다고 당신은 생각하지 않는가? 왜냐하면 그 때 인간의 마음은 아버지의 마음의 깊이로, 그가 영원으로부터 우리를 향해 느끼셨던 하나님의 다함 없는 선과 영원한 사랑으로 들어갈 것이기 때문이다.[20]

  1525년의 수난절 설교로 출판된, 빌립보서 2:5 이하에 대한 루터의 종려 주일 설교는 동일한 생각들을 표현하고 있다. 루터는 그리스도의 자기를 비우심과 낮추심에 관한 바울의 진술들을 해석한 후에, 그리스도의 행동을 위한 동기를 찾고 본문의 이러한 말씀에 그의 손가락을 놓는다. "'그리스도는 순종하셨다' … 아버지께 순종하기 위해 (그리스도는 이 모든 일을 행하셨다)." 그리고 이제 루터는 계속해서 이렇게 말한다.

  "따라서 바울은 하나의 말로 하늘을 연다. 그리고 우리가 신적 위엄의 깊이를 볼 수 있는, 그리고 우리를 위한 그의 아버지다운 마음의, 말로는 표현 될 수 없는 은혜로운 의지와 사랑을 볼 수 있는 길을 분명하게 해 준다. 바울은 우리가 하나님이 모든 영원으로부터 저 영광스러운 인간 그리스도가 우리를 위해 해야 하고 행하셨던 것에 기뻐하셨다는 것을 느끼기를 원한다. 이 말을 들었을 때 과연 누군들 마음이 기쁨으로 녹아지지 않겠는가? 누가 사랑하고 찬양하며 감사하지 않을 수 있겠는가? 또한 전(全) 세상의 종이 되며 뿐만 아니라 기꺼이 그보다 못한 존재가 되지 않겠는가? — 하나님 자신이 그를 매우 높이시며 매우 풍요하게 부어주시며 그의 아들의 순종을 통해서 그의 아버지의 의지를 증명하신다는 것을 그가 알 때 말이다."[21]

---

20) *WA* 20, 228. Cf. "따라서 이 말씀〔'이는 나의 사랑하는 아들이라'〕은 당신으로 하여금 그리스도의 모든 말씀들과 행위들 안에서 그리스도 안에 있는 하나님의 선한 기쁨과 그의 전체 마음을 보게 하며, 그리고 다시 당신은 두 분이 모든 점에서 가장 독특하게 결합될 수 있도록 하나님의 마음과 선한 기쁨 안에 있는 그리스도를 본다." *WA* 20, 229.
21) *WA* 17^{II}, 244.

이 모든 본문들은 그리스도로부터 성부를 향해 올라가는 상승을 각각의 특별한 본문에 의해 결정되는 제각기 다른 방법으로 묘사한다. 루터에게서, 우리의 사고는 오직 성서가 증거하고 있는 사실에 의해 만들어진 단계를 밟음으로써 이러한 상승을 할 수 있다. 이 인간 예수는 그가 우리를 위해 행하시는 모든 것과 함께, 그리고 그가 그 자신에 대해 우리에게 보여주는 모든 것과 함께, 하나님의 아들이다. 그러므로 그는 하나님이며, 성부의 의지와 같은 의지를 가진다. 그리스도의 신성과 아들되심은 이제 루터에게 결정적으로 중요하다. 왜냐하면 그는 그리스도의 의지가 하나님의 의지이며, 그리스도의 사역이 하나님의 의지에 따라, 그리고 그의 선한 즐거움 아래 일어난다는 것을 알고 있기 때문이다. 루터의 궁극적 관심은 완전히 인격적이기 때문에, 즉 그는 우리를 위한 하나님의 은혜로운 의지에 관심이 있기 때문에, 그는 또한 그리스도의 인격이 하나님이며, 하나님과 결합되어 있다는 것을 강조한다. 이러한 일치는 하나님의 의지와 그의 의지의 일치 안에서, 그리고 성부에 대한 성자의 순종에서 발견된다. "사도 바울이 하늘을 여는" 말씀은 "그가 순종하셨다"이다. 하늘은 순종에 관한 진술로 열리는 것이지, 그리스도의 영원한 신성에 대한 언급으로 열리는 것이 아니다. 루터에 따르면, 그리스도는 그의 신성을 포기하지 않으시고, 심지어 그의 낮아지심 속에서도 그것을 보존하신다.

이 모든 것을 통해서 루터는 "그리스도를 앎"의 기본적인 성격을 변화시킨다. 그리스도에 대한 객관적 지식에 관한 한, 루터는 우리가 이미 말한 대로, 고대의 교리들이 그리스도의 두 가지 본성들과 그 안에서의 그것들의 연합에 관해 말하는 모든 것을 포함시킨다. 루터는 그 가운데 어떤 것도 거절하지 않으며, 그리고 그것이 또한 그에게 중요하다. 그러나 루터에게 있어서, 고대의 기독론적 신조들에서 발견된 그리스도의 인성과 신성에 대한 이해는 아직 그리스도의 신성에 관한 결정적인 것이 아니다. 그리고 그러한 지식은 아직 그리스도에 대한 참된 지식이 아니라, 단지 그것의 전제일 뿐이다. 루터는 사도신경의 제2항에 대한 설명에서 그것을 매우 분명하게 말하고 있다. "나는 영원으로부터 성부에게서 나온 참 하나님이시며, 또한 동정녀 마리아에게서 나온 참 인간이신 예수 그리스도가 나의 주님이라는 것을 믿는다."[22] 그러나 교리의 위대한 기독론적 논제들은 "나는 믿는다"의 유일한 내용이거나 목적이 아니라, "예수 그리스도"에 대한 부가로서 존재한다. 루터에게 예수 그리스도에 대한 신앙의 내용은 "그가 나의 주님이시다"이며, 달리 말하면, 그리스도가 그 자신 안에서와 그 자신을 위해서 무엇이냐가 아니라 오히려 그가 나를 위해서 무엇

---

22) *WA* 30^I, 295; *BC*, 345.

이냐 하는 것이다.

우리는 또한 그리스도에 대한 참된 지식은 나를 위한 그리스도의 의지 안에서 나를 위한 하나님의 의지를, 그리고 나를 위한 그리스도의 사역 안에서 나를 구원하시려는 하나님의 사역을 인식하고 파악하는데 있다고 말함으로써 이것을 표현할 수도 있다. 이것이 1537년에 행한 요한복음 14, 15장에 대한 그의 설교들 가운데 하나에서 루터가 그것을 말하는 방법이다. (Cruciger가 그것을 받아 적어 1538년에 출판했다.)

"성부 안에 있는 그리스도의 존재에 관한 첫번째 가장 우선되는 요점은 이것이다. 즉, 나는 이 분이 말하고 행동하는 모든 것을 의심하지 않으며, 하늘에서 모든 천사들 앞에서, 세상에서 모든 독재자들 앞에서, 지옥에서 모든 사탄들 앞에서, 마음 속에서 모든 악한 양심과 나 자신의 생각들 앞에서 견디고 견뎌내야 한다. 비록 그가 생각하고, 말하고, 원하는 모든 것이 성부의 의지를 반영한다고 확신한다 하더라도, 나는 내게 분노하고 화를 내는 어떤 사람에게라도 반항할 수 있기 때문이다. 그리스도 안에서 나는 성부의 의지와 마음을 가진다."[23] 루터는 그와 같이 요한복음 14:20을 해석한다. 성령 강림에 대한 복음서 교훈의 한 부분인 요한복음 14:24에 대한 그의 해석은 1544년의 크루치거(Cruciger)의 「여름 설교집」(Sommerpostille)에서 다음과 같이 전달되었다. "한 인간이 단지 인간 예수를 파악하고 이것을 넘어서지 않을 때 사탄은 여전히 그것을 견딜 수 있다. 그렇다, 그는 심지어 그리스도가 진실로 선포되고 들려지는 하나님이라는 진술까지도 허용한다. 그러나 그는 인간의 마음이 그리스도와 성부를 매우 밀접하게 그리고 견고하게 함께 결합시킴으로써 그리스도의 말씀과 성부의 말씀이 하나이며 동일한 말씀과 마음과 의지라고 분명히 결론내리게 되지 않도록 하기 위해 싸운다. 이해하지 못하는 마음들은 생각한다. '그렇다, 나는 그리스도가 괴로워하는 양심을 향해 말씀하시는 친절하고 위로하시는 말씀을 분명히 듣는다. 그러나 내가 어떻게 하늘에 계신 하나님과 함께 서 있어야 하는지 누가 아는가?' 이것은 그러한 마음이 하나님과 그리스도를 연합시키지 않으며, 한 종류의 그리스도와 다른 종류의 하나님을 꾸며내고, 따라서 이 그리스도 안에서가 아니고는 다른 어떤 자리에서도 발견되거나 인식되기를 원하지 않는 참된 하나님을 잃어버린다."[24]

사람들을 참 하나님으로부터 떼어버리기를 원하는 사탄은 따라서 두 가지 사실

---

23) *WA* 45, 589; *LW* 24, 141.
24) *WA* 21, 467.

들이 일어나기를 매우 바라고 있다. 1) 그는 사람들이 인간 예수를 존경하고 사랑하는 것을, 그리고 그들의 경건 안에서, 예를 들어, 그 안에서 성부를 찾거나 발견하지 않고 "예수 신비주의" 안에서 그에게 관련되는 것을 허락한다. 2) 그는 사람들이 그리스도의 영원한 신성에 관한 정통 교리를 확신하는 것을 허락한다. 사탄의 관점으로부터 이 두 가지 태도들은 여전히 중립적이고 해롭지 않으며, 관심의 문제가 아니다. 왜냐하면 예수가 한 인간에게 이보다 더한 것을 의미하지 않는 한, 그는 아직 하나의 참된 하나님을 발견하지 않았기 때문이다. — 그리고 그것이 사탄이 막기를 원하는 것이다. 기독론적 정통 교리는 아직 그리스도에 대한 참된 신앙이 아니다. 오직 마음이 그리스도와 성부를 완전히 한 분으로 알 때, 그것이 그들을 함께 붙들고 예수 그리스도의 말씀과 마음과 의지 안에서 자신의 말씀과 마음과 의지를 가진 성부의 실존을 인식하고 파악할 때, 그리스도에 대한 참된 지식은 시작된다. 그러한 사람은 예수를 통해, 그리고 예수를 위해 하나님의 마음을 완전히 확신하게 된다. 사탄은 그것을 참을 수 없다. 왜냐하면 그러한 사람은 참으로 하나님을 발견했기 때문이며 이제 사탄의 권세로부터 완전히 벗어났기 때문이다. 단순한 기독론적 정통 교리는 아직 이러한 결과를 가지지 못했다. 고대의 교리는 그리스도 안에 있는 두 가지 본성들의 일치에 관심이 있다. 루터는 이것을 전통이 하는 대로 가르친다. 그러나 그것은 두 본성들의 "형이상학적" 일치가 아니라 오히려 성자와 성부의 인격적인 일치이며, 인간 예수와 영원하신 하나님의 인격적인 일치이며, 그리고 그것이 구원의 문제에서 궁극적으로 결정적이다. 우리 지상의 사람들은 오직 우리와 같은 어떤 사람의 지상의 현실 안에서, 즉 예수의 인간으로서의 의지와 행위 안에서 하나님이 우리에 관하여 어떻게 생각하시는지, 그리고 그가 우리에게 어떻게 관계하시는지를 안다. 이러한 이유로, 가장 중요하고 유일한 구원의 진리는 하나님 자신이 예수 그리스도의 인성 안에서 우리를 위해 현존하신다는 것이다. 성부 하나님 자신은 현존하시며, 단지 "신적 본질"이 아니다. 이러한 의미에서 우리를 위한 하나님의 현실이 예수 그리스도이며 "또 다른 하나님이 없다"는 말은 참되다. "나는 예수 그리스도라고 불린 분 외에 어떤 다른 하나님도 알지 못한다."[25] 예수와 하나님의, 그리고 하나님과 예수의 이러한 일치, 즉 예수 안에 있는 하나님의 마음과 의지의 현존은 가장 충분한 의미에서의 "그리스도의 신성"이다.

따라서 루터는 신학에서 이전에는 들어보지 못한 정도로 과감하게 인성 안에 신

---

25) "우리의 빛과 태양이 되신 이 그리스도를 떠나서 어떤 다른 하나님도 존재하지 않는다 … . 그 이외의 어떤 다른 존재도 참된 하나님이 아니다. 오직 그가 그의 복음을 통해 우리의 눈을 뜨게 하셨다고 나는 말한다." *WA* 31 I, 63.

성을 포함시켰다. 더 정확하게 말하면, 인격적으로 참여하신 것은 단지 신성 혹은 신적 본질이 아니라 하나님 자신이다. 루터가 하나님과, 그리스도 밖에 있는 인간을 "하늘과 땅보다 더 떨어져 있는" 존재들로 본다는 사실은 그를 방해하지 않았다. 하나님이 이 인간이다. 그리고 이 인간이 우리를 위한 하나님의 현존이다. 그렇게 함으로써 근본적으로 루터는 두 본성론 교리를 부적절한 것으로 여기고 초월한다. 그것은 너무 적은 사실을 말하고 있으며, 결정적인 것을 말하고 있지 않다. 루터는 궁극적으로 신적 본성과 인간적 본성의 관계에 관심이 있는 것이 아니라 예수의 인격과 성부의 인격의 관계에 관심을 가진다. 따라서 루터는 신약성서 기자들 이래의 다른 누구보다도 더 진지하게 그리스도의 신성과 그의 성육신을 취급한다.

　루터에 따르면, 이것은 또한 하나님의 형이상학적 속성에 대한 지식이 구원을 추구하는 사람에게 궁극적으로 결정적인 것이 아니라는 것을 의미한다(이 형이상학적 속성이 하나님의 신성에 본질적인 만큼 본질적이지 않다). 오히려 궁극적인 요소는 하나님의 인격적인 본성과 행위를 아는 것이다. "우리가 가공할 만한 그의 지혜 혹은 권세를 인식할 때가 아니라 오직 우리가 그의 사랑과 그의 선을 알 때 , 하나님은 참으로 알려진다."[26] 우리가 일찍이 본 바와 같이, 하나님의 신성은 자신을 주고 베풀며 긍휼히 여기는 것이 하나님의 본질이라는 사실에 집중되어 있다. 신앙은 예수의 모습 안에서 이러한 신적 특질들은 읽을 수 있으며, 그것들에 자신의 신뢰를 둔다. 하나님은 오직 예수의 인간적 인격 안에서만 우리에게 그의 인격적인 존재를 여신다. 그리스도에 대한 우리의 지식의 주관적 측면에 대한 이 사실이 가지는 중요성은 다음과 같다. 즉, 그리스도에 대한 주관적 지식은 지적, 이론적 성격에 있는 것이 아니라, 그것의 내용처럼 "마음"으로, 그리고 전 인격으로 그리스도를 완전히 인격적으로, 실제적으로, 실존적으로, 강력하게 붙잡는 것이다.

　성서와 교회의 권위 때문에 그리스도의 영원한 신성을 받아들이는 것으로는 충분하지 않다. 사도신경의 제2항을 참되고 본문의 내용을 반복하는 것으로 받아들이는 것 또한 아직 그리스도에 대한 신앙이 아니다. 그러한 신앙은 오직 "내가 그가 나의 주님이라는 것을 믿을 때" 존재한다. "우리는 많은 사람들이 이렇게 말하는 것을 발견한다. '그리스도는 동정녀 마리아에게서 나신 한 인간, 하나님의 아들이며 인간이 되셨고, 죽으셨고, 죽은 자들로부터 다시 부활하셨다. 등등.' 사실 이 모든 것은 아무것도 아니다. 그가 그리스도라는 사실은 그가 우리의 어떠한 공적 없이 우리를 위해 주어졌다는 것을 의미한다. 그가 우리를 위해 하나님의 성령을 얻으셨고,

---

26) *WA* 2, 141.

우리의 공로 없이 우리를 하나님의 자녀로 만드셨다. 그리하여 우리가 은혜의 하나
님을 얻을 수 있고, 그와 함께 하늘과 땅에 있는 모든 것을 다스리는 주가 될 수 있
으며, 게다가 그를 통해 영원한 삶을 소유할 수 있다. 이것이 신앙이다. 그리고 그
것이 정말로 그리스도를 아는 것이 의미하는 바이다."[27] 따라서 오직 내가 그가 나의
구원을 위해 주어졌다는 것을 알 때, 그리고 마음에서 우러나오는 확신을 가지고 그
가 의지하는 바의 모습, 하나님의 뜻을 따라 그래야 하는 모습을 나를 위해 가지도
록 허락할 때, 비로소 나는 진지하게 그리스도를 알기 시작하고 정말로 그를 인정하
기 시작한다. 이것은 예수 그리스도에 대한 참된 신앙은 그것이 그리스도와 그의 사
역을 "나를 위한", "우리를 위한" 것으로 신자 자신의 실존에 관련시킨다는 사실에
위해 특징지어진다. 이것이 참된 신앙을 단순히 이론적, 역사적, 형이상학적인 신앙
으로부터 구분시키는 것이다. 왜냐하면 후자의 신앙은 역사의 역사적 사실들과 그리
스도의 신성을 말함에 있어서 그것들을 인간 자신의 실존에 관련시키지 않고 그것들
이 참되다고 주장한다.[28]

그러므로 오직 구원하는 신앙이 그리스도에 대한 참된 신앙이다. 기독론은 근본
적으로 구속론이다. 그리스도는 오직 그의 행위들 안에서 알려진다. 오직 내가 그것
이 나를 위하여 일어났다는 것을 알 때 나는 그의 사역을 안다. 따라서 루터에 따르
면, 그리스도의 인격(혹은 位格)에 대한 교리와 그의 사역들에 대한 교리는 서로 분
리될 수 없다. 그것들은 내가 오직 나를 위한 의미에서 그리스도의 사역의 의미를
파악할 수 있다는 점에서 하나이다. 따라서 그리스도에 대한 신앙은 하나이며 의롭
게 하는 신앙과 같은 것이다.[29] 그리스도에 대한 유익한 지식은 그것의 내용에서, 즉
나에 대한 하나님의 인격적인 관계라는 차원에서뿐만 아니라, 또한 그것의 방법에
따라서 철저히 인격적이다. 오직 내가 그리스도를 나의 주님으로 파악하고 받아들이
는 일에 인격적으로 참여할 때, 그리고 오직 내가 그로 인하여 모든 것을 감수할

---

27) WA 17[I], 365.
28) WA 39[I], 45f. ; LW 34, 110f. "당신이 그가 하나님이며 인간이라는 것을 안다 하
더라도 아직 당신이 그리스도를 소유한 것은 아니다. 오직 당신이 이 총체적으로 순
수하고 무흠한 사람이 당신의 대제사장이며 구속자로서, 그렇다, 당신의 노예로서 성
부에 의해 당신에게 주어졌다는 것을 믿을 때, 당신은 참으로 그를 소유한다." WA
40[I], 448; LW 26, 288.
29) "그러므로 교황주의자들은 참된 신앙 안에서 하나님의 아들을 부르지 않았다. 즉, 그
들은 하나님의 아들을 그를 통해서 우리가 죄용서와 영원한 생명을 얻게되는 분으로
여기지 않았다. 그들은 또한 그들의 행위들을 신뢰하기 때문에, 그들은 참 하나님께
기도하지 않는다." WA 39[II], 278.

때, 나는 안다. 그리스도에 대한 유일하게 중요한 지식은 그리스도에 의하여 정복되고 이 그리스도에 대한 완전한 신뢰에로 이끌린 후에 일어난다. 이 지식은 먼저 그러한 신뢰 안에서, 그러한 신뢰로 실존한다.

이러한 예수 그리스도 이해는 그가 우리를 위해 존재하신다는 사실을 전제하고 그 사실에 묶여 있다. 그는 그에 관한 말씀을 통해 우리를 위해 현존하신다. 우리는 어떤 다른 방법으로 그를 소유하지 못한다. 왜냐하면 그는 이제 성부와 함께 하늘에 계시기 때문이다. 그는 단지 개인적으로 우리에게 내려오는 것이 아니라 오직 복음 안에서 우리에게 내려 온다. 그리고 이 복음은 단지 그를 우리에게 전해주는 것일 뿐만 아니라 우리로 하여금 그의 존재를 알도록 그를 가르친다. 그리스도의 인성은 그 자체로서 또한 신성의 가리움(veiling)이다. 만일 그가 그의 역사적 현실 안에서 오늘날 우리에게 오신다면, 우리는 그를 그의 신성 안에 있는 성자로 인정하지 않을 것이다. 이것은 먼저 우리에게 계시되어야 한다. 그리고 이것은 복음을 통해서 일어난다. 우리는 그가 누구인지를 증거하는 사도적 말씀이 필요하다. 우리는 오직 복음 안에 있는 그의 현존에 대한 신앙 안에서 그를 소유한다. 따라서 신앙의 기초는 "역사적 예수" 자신이 아니라(그리스도의 "육체") 사도적 증언 안에서 선포되는 그 그리스도이다. 루터는 성서와 기독교가 그에게 제공하는 신앙의 증거를 떠나서는 그리스도를 알지 못한다.[30] 이것은 그리스도에 대한 지식을 위해서 매우 필수불가결한 것이기 때문에 루터는 선포된 말씀이 그리스도의 인성보다 더 존경받기를 원한다고 말할 수 있는 것이다.[31]

루터에게 있어서 두 본성 기독론

우리가 이미 지적한 바와 같이, 루터는 두 본성들에 대한 전통적인 교의학적 교리를 채택한다. 그것과의 일치 속에서 그는 예수 그리스도 안에서의 신성과 인성의 완전한 일치를, 신성에 대한 인성의 완전한 참여와 인성에 대한 신성의 완전한 참여를 가르친다. "하나님이 고난당하셨다. 그리고 한 인간이 하늘과 땅을 창조하셨다.

---

30) *WA* 10[III], 349, *LW* 51, 114. (This is quoted in Chap. 6, n. 1.) "그리스도는 오직 그의 말씀을 통해서 알려진다. 말씀이 없이는 그것이 오늘날 오신다 하더라도 나에게 어떤 유익도 되지 못할 것이다." *WA* 10[III], 210. "따라서 그는 복음을 통해서 우리에게 온다. 그렇다, 그가 지금 문을 통해서 들어온다는 것보다 그가 복음을 통해서 들어온다는 것이 훨씬 더 좋다. 왜냐하면 복음이 아니고는 그가 들어오신다 하더라도 당신은 그를 알지도 못할 것이기 때문이다. 만일 당신이 믿는다면, 당신은 소유한다. 그러나 만일 당신이 믿지 않는다면, 당신은 소유하지 못한다." *WA* 10[III], 92.
31) *WA* 17[I], 5.

한 인간이 죽으셨다. 모든 영원으로부터 오신 하나님이 죽으셨다. 동정녀 마리아의 품 안에서 젖을 먹는 그 아이가 모든 만물의 창조자이다."[32]루터는 그리스도의 인간적 본성이 영원한 말씀(아들)의 위격 안에 있다는 사실을 가르친다(an-or enhypostasis).[33]

이러한 상황에서 루터가 그리스도의 참 인성을 주장하는 것이 어떻게 가능한가? 예수 그리스도는, 그의 인간적 본성에 따라, 또한 신적 위엄의 특성들도 가졌는데, 즉 심지어 아기 예수조차도 전지하고 전능하며 편재하시다고 루터는 가르쳤다. 따라서 루터는 그리스도가 성육신 안에서 자기를 비우신 것이 그가 그의 신성을 혹은 하늘에서의 그의 신성의 특성들을 버렸다는 것을 의미하는 것으로 이해하지 않는다. 루터는 빌립보서 2:6 이하를 ("그가 자기를 비우셨다") 성육신의 시간에 선재하시는 그리스도의 행위를 묘사하는 것으로 이해한 초대 교회의 주석가들에게 동의하지 않는다. 오히려 그는 그것을 성육신하신 지상의 그리스도를 묘사하는 것으로 이해한다.[34]

그리스도는 단 한번 자기를 비우신 것이 아니었다. 오히려 그는 그의 전 지상의 생애를 통해 끊임없이 자기를 비우셨다. 그는 성육신의 때에 단 한번 "하나님의 형상"을 포기하고 "종의 모양"을 취하신 것이 아니었다. 오히려 인간 예수는 언제나 하나님의 형상을 지니셨고 그것을 사용하시고 지속시킬 수도 있었다. 그러나 그는 모든 순간마다 그것을 버리셨고 자신을 그들의 주님으로보다는 모든 사람의 종으로 만들었다. "하나님의 형상은 지혜, 권세, 의, 선이고 또한 자유이다. 왜냐하면 그리스도는 자유롭고 권세있으며 지혜로운 사람이시며, 모든 사람들이 복종하는 죄와 악의 어떤 것에도 복종하지 않기 때문이다 … . (그리스도는) 하나님, 성부께 그 형상을 양도하셨으며, 우리에 대하여 그의 지위를 사용하려 하지 않고, 우리와 다르고자 하지 않고 자신을 비우셨다. 게다가 그는 우리를 위하여 우리 가운데 한 사람이 되

---

32) "그리스도의 인성과 신성의 결합은 둘이 아니라 한 인격이며, 전자에게 돌아가는 것이라면 어떤 것이든지 또한 적절하게 후자에게도 해당된다." *WA* 39[II], 280. 본문에 인용된 자료는 다음에 나온다. 속성의 교류에 대하여, cf. *WA* 39[II], 93 (theses 2f.).

33) *WA* 39[II], 93f. (Theses 11f., 116ff.) 루터는 "신적 인격 (혹 位格)이 한 인간을 떠맡는다"는 어거스틴의 도식을 거절한다. (그렇지 않다면 그리스도 안에 두 개의 인격들이 있을 것이다) 오히려 그는 이렇게 말한다. "신적 인격 (혹 位格)이 인간적 본성을 떠맡는다." Cf. Loofs, op. cit. p. 286, n. 9.

34) 루터의 해석을 따르는 사람들에는 칼빈, J. A. Bengel에 이르기까지의 그 이전 의 루터교 주석가들, 또한 A. Schlatter 같은 현대 주석가들, A. Ritschl과 Werner Elert 같은 교의학자들이 있다.

셨고 종의 모습을 가지셨는데, 즉 그는 자신을 모든 악한 것들에 자신을 복종시키셨다. 그리고 그가 비록 자유하다 할지라도 ⋯ 그는 자신을 모든 사람의 종으로 만드셨으며(막 9:35), 마치 우리 자신의 것들인 모든 악들이 사실상 그 자신의 것인 양 삶을 영위하셨다."[35] 그리스도의 반대자는 바리새인들이다. 그들은 "강도질"을 저지른다. 즉, 그들이 가진 것을 자신을 위해 간직하고, 그것을 하나님께 돌려드리지 않으며, 그것을 자신의 형제를 섬기기 위해 사용하지 않는다.

빌립보서의 본문에 기록된 그리스도가 자기를 비우신 것에 대한 루터의 이해는 그의 기독론의 온전한 깊이를 보여준다. 영원한 아들이 인간이 되시면서 가지셨던 그 의지의 행위는 그의 전 생애를 통해 새로운 방법들로 지속적으로 반복된다. 성육신은 점진적인 사건이며, 그리스도의 언제나 새로운 행위라고 우리는 말할 수 있다. 여기에서 우리는 그가 신적 본성이 인간적 본성에 전달한 소위 형이상학적 속성들의 사용을 포기했을 뿐만 아니라 의와 선에서 그의 윤리적 우월성으로부터 결론들을 이끌어내지 않았다는 사실을 다루고 있다. 19세기의 그리스도의 자기 비하 신학자인 토마시우스(G. Thomasius)와는 달리, 루터는 서로 다른 종류의 특성들을 구별하지 않고 그것들 모두를 함께 하나님의 형태로 간주한다. 그리스도의 자기를 비우심은 한 특수한 상황에서 죄인들을 위해 자신을 내어주시는 지속적인 행위에 있다. 즉, 그리스도는 사람들과 동등되기를 원하셨고, 인성에 근거하여 곤고한 상황 속으로 들어오셨으며, 하나님의 형상 안에서 그 또한 그것들 모두로부터 자유할 수 있지만 스스로 그 모두를 짊어지셨다. 성육신은 그리스도의 십자가에서 완성되었다. 따라서 그것은 더 이상 단지 그리스도의 구원 사역에 대한 형이상학적인 전제가 아니라 그 사역 자체의 완성이다. 구원의 사역은 이전에 일어났던 비우심과 다른 어떤 것이 아니라 그리스도의 지속적인 자기 비우심 안에서 일어난다. 그리스도의 비우심은 그리스도인들 안에서 지속된다. 그리스도의 태도와 행위는 그들의 본보기이다.[36] 따라서 성육신과 자기 비우심에 대한 이해는 그의 윤리를 결정하고 그것에 스며들어 있다.

루터는 1525년의 사순절 기간에 행한 빌립보서 2:5 이하에 대한 그의 설교에서 그리스도의 자기 비우심에 대한 그의 이해를 특별히 잘 알려진 예화를 가지고 설명한다.[37] 그는 신성과 "신적 위엄의 형상"을 구분한다. 그리스도가 후자에서 자기를 비우신다는 사실은 그가 그것을 버리고 포기한다는 것을 의미하는 것은 아니다. 오

35) *WA* 2, 148; *LW* 31, 301.
36) *WA* 2, 147f. ; *LW* 31, 300ff.
37) *WA* 17[II], 237.

히려 그는 그것을 유지한다. 그러나 그는 "우리와 맞서서 그것을 사용하고 자랑하지 않는다. 오히려 우리를 섬기기 위해 그것을 사용한다."따라서 그는 하나님으로 남아있으며 하나님의 형상으로 남아있다. 즉, 그는 하나님이었고, 모든 신적 사역들을 행했으며, 그리고 우리의 선을 위해 모든 신적 말씀들을 선포하셨으며, 더 나아가 우리의 종으로서 우리를 섬기신다."[38] 따라서 그리스도의 자기를 비우심은 그의 "신적 형상"으로 우리를 섬기고 그 자신이 아니라 우리를 위해 그것을 사용하는 데 있다.[39] 그러므로 루터는 그리스도의 자기 비우심을 심지어 한 군주에 대한 본보기로 사용할 수 있다. 군주는 외적으로가 아니라 "그의 마음에서" 그의 권세를 포기해야 한다. 이것은 그가 그것을 자신을 위해 이용하는 것이 아니라 그의 백성을 섬기기 위해 그것을 사용해야 한다는 것을 의미한다. "그때 한 군주가 그의 마음에서 그의 권세와 지상권에서 스스로를 비우게 하고 마치 그의 신하들의 필요가 자신의 필요인 것처럼 그것들에 친히 관심을 가지게 하라. 왜냐하면 이것이 그리스도가 우리를 위해 행하신 일이며, 그리고 이것이 그리스도인의 사랑의 진정한 행위이기 때문이다."[40]

그러나 그리스도의 자기 비우심에 대한 이러한 이해에 대해 우리가 아무리 경탄해 마지 않는다 하더라도 우리는 인간 예수가 그에게 사용 가능한 신적 위엄의 특성들을 가졌다는 루터의 전제가 역사적 그리스도에 대한 성서의 묘사와, 또는 심지어 우리가 루터 자신의 신학의 그밖의 다른 곳에서 발견하는 주님의 참된 인성에 대한 그 강한 강조와 병존이 가능한가를 물어야 한다. 그의 몇몇 진술들에서 루터는 모든 것에도 불구하고 역사적 예수의 참된 인성을 보존하고자 추구한다. 그에 대한 한 예가 누가복음 2:40, 52("예수는 그 지혜가 자라갔다")에 대한 그의 해석이다. (이것은 1530년 이후의 루터의 번역이다.) 이 본문이 예수가 처음부터 참 하나님이었으며, 따라서 또한 하나님의 영을 가지셨다는 교의학적 명제와 어떻게 양립할 수 있는가? 루터는 이렇게 설명한다. 분명히 성령은 그리스도의 잉태의 순간부터 그 안에 있었다. 그러나 그의 육체가 커가고 이성이 자라가면서 "성령이 더욱 더 그에게 강림하셨으며 시간이 지나면서 그를 더욱 감동시키셨다."그리스도가 성령 안에서 강해졌다는 루터의 진술은 진지하게 취급되어야 한다. 게다가 하나님의 영은 매 순간마다 계속적으로 그리고 동등하게 움직이신 것이 아니라 때때로 움직이셨다. "즉,

38) WA 17ᴵᴵ, 243.
39) WA 11, 76. WA 12, 469ff.
40) WA 11, 273; LW 45, 120.
41) WA 10ᴵ,1, 446.

어떤 때에는 성령은 그리스도를 이것으로 일깨우셨고, 또 다른 때에는 저것으로 일깨우셨다."[41] 질문의 여지없이 루터는 이러한 생각들로 인해 안디옥 학파의 기독론의 전통에 서 있다.[42] 그러나 이러한 생각들은 그가 그리스도의 인간 본성이 그것 자신의 위격을 독립적으로 가지지 않았다는 교리(anhypostasis)를 받아들인 것과 매우 잘 일치하지는 않는다. 왜냐하면 이러한 생각들은 하나님의 영에 의해 더욱 더 움직여지는 인간 예수의 독립적인 인격적 생애를 전제하기 때문이다. 다른 한편으로 교의학적 진술들로 고려할 때, 그것들은 단지 매우 작은 양보에 불과하다. 역사 안에서 그리스도의 자기 비우심의 전제로서 genus majestaticum(예수의 인간 본성에 따르면, 그는 탄생시에 모든 신적 권세와 특성들을 가졌다는 교리)에 대한 루터의 이해와 그리스도의 자기 비우심 사이의 모순은 인간 예수에 대한 진정한 모습과의 모순으로 대체로 남아있다.

그러나 genus majestaticum이 루터의 최종적인 기독론적 진술은 아니다.[43] 그는 genus tapeinoticon(그리스도 안에 있는 하나님은 예수의 약함, 고난, 그리고 겸비를 함께 가지셨다는 교리)의 방향을 가리키는 진술들을 할 때, 그는 전자를 극복한다. 루터는 주장하기를, 그리스도의 신성은, 성육신과 그것의 인성과의 인격적 일치 때문에 그것의 고난의 최상의 깊이로 들어간다고 한다. 하나님은 그리스도 안에서 고난당하신다. 그러나 루터는 양태론자들(modalists)이 한 것처럼, "성부 수난설"(성부가 고난당하셨다는 것)을 가르치지 않았고, "신(神) 수난설"(하나님이 고난당하셨다는 것)을 가르쳤다.[44] 그는 언제나 하나님의 고난을 이해할 수 없는 신비로 간주했다. 그것은 이성에 지속적인 걸림돌이다. 그리고 심지어 천사들도 그것을 충분하게 이해할 수 없다. 왜냐하면 그것은 하나님은 동시에 완전히 위에, 그리고 완전히 아래에 계시다는 것과 다른 어떤 것도 의미하는 것이 아니기 때문이다. 그는

---

42) Cf. 루터의 견해와 Theodore of Mopsuestia의 견해를 참조하라. 특별히 Loofs, op. cit., p. 282. 테오도레는 로고스의 내재는 예수의 윤리적 발전의 과정에서 더욱 완전해졌다고 가르친다. 테오도레에게서는 또한 그리스도의 인성을 "신성의 도구와 집"으로 말하는 루터의 묘사에 대한 전례(前例)도 발견된다. WA 10¹, 1, 447. Cf. Loofs, op. cit., pp. 280, 282 and R. Seeberg, Lehrbuch der Dogmengeschichte (3rd ed.; Leipzig. Deichert, 1933) II, 187ff.

43) 루터의 기독론에 대한 평가와 비평을 위해서, cf. CW, pp. 450, 459.

44) 1540년의 한 논쟁에서, 속성들의 교류에 대한 그의 이해를 기초로 하여 루터는 신성이 그리스도 안에서 고난당하지 않았다는 견해를 거절한다. "그리스도가 고난당하신 내용은 또한 하나님에게도 돌려야 한다. 왜냐하면 그들은 한 분이기 때문이다." WA 39ᴵᴵ, 121.

45) WA 39ᴵᴵ, 279, 340. WA 43, 579f.

창조주이고 주님이시며, 그러나 동시에 가장 낮은 피 조물이며 모든 사람들에게 종
속된, 아니 심지어 사탄에게까지 종속된 종이다. 하나님의 진노, 세상의 죄, 모든
지상의 고통, 아니 지옥 자체까지도 담당하시는 이 인간 예수는 동시에 지고의 하나
님이다.[45]

이러한 역설들이 없이는 그리스도의 신비가 표현될 수 없다. 이것은 특별히 십
자가 상에서의 그리스도의 고난에서도 마찬가지다. 신성 자체는 고난들 속에서 그
권세를 가진 채 함께 한다. 그의 겸비와 특별히 십자가 상에서의 그의 고난으로 그
리스도는 사탄과 지옥을 이기셨다. 그러나 그것도 하나님 자신의 사역이다.[46]

동시에 루터는 자신이 하나님에 의해 버림받았다는 십자가 상에서의 그리스도의
주장을 다루어야만 했다. 1537년의 한 설교에서, 그는 그것을 이런 식으로 이해하고
있다. 즉, 신성은 인성으로부터 분명히 떠나지 않았다. 신성과 인성은 그리스도 안
에서 불가분리의 관계로 연합되어 있다. 그러나 "신성은 뒤로 물러서서 스스로의 몸
을 숨겼다 … . 인성만이 홀로 남았다. 사탄은 그리스도에게로 자유롭게 다가갔다.
그리고 신성은 자신의 권세를 철회했고 인성만이 홀로 싸우도록 내버려 두었다." 그
밖의 다른 곳에서 루터는 십자가 상에서 그리스도는 그의 신성을 느끼지 않았고 순
수하게 한 인간으로서 고난을 당했다고 말한다. 이 두번째 진술은 신성이 그리스도
안에서 고난을 당하셨다는 루터의 생각과 병존할 수 있으나, 전자는 그럴 수 없다.
적어도 신성이 "뒤로 물러선" 형태로는 더욱 더 그렇다. 이것은 인간 예수 그리스도
의 고난들 안에서의 신성의 고난의 신비를 정당하게 취급하지 못하는 것이다. 그러
나 그것은 오직 역설적인 용어들로만 표현될 수 있다. 특별히 그리스도의 신성은 인
간 예수가 고난당하는 동안 뒤로 물러서지 않았다. 오히려 그의 고난과 승리 가운데
서 그와 함께 하였다.

루터의 기본적인 기독론적 고백(성부의 마음과 의지가 그리스도 안에 함께 있
다)은 언제나 의미심장할 것이다. 그러나 그리스도를 참 하나님과 참 인간으로 묘사
하는 그의 교의학적 이론은 그 자체 안에서도 연합하지 못하고 모순만 드러낸다. 그
것이 신학이 넘어서야 했던 과제였다.

---

46) *WA* 43, 579.
47) *WA* 45, 239 f.; *LW* 12, 126 f. 그 본문은 Aurifaber에 의해 편집되었으나, 결
    정적인 단어들은 Rörer의 노트에 의해 지지되었다.
48) *WA* 17¹, 72.

제16장

삼위일체

루터는 삼위일체에 대한 정통 교리를 받아들인다. 왜냐하면 그는 그것이 성서에 의해, 즉 신약성서뿐만 아니라 구약성서에 의해서도 지지받고 있다는 것을 알기 때문이다.[1] 루터는 "하나-됨"과 "셋-됨"을 동등하게 강조한다.[2] 하나님은 하나이고 셋이다. 그의 일치는 어떤 피조물의 "하나-됨"과 어떤 수학적인 개념의 "하나됨"을 초월하는 것이다. 이런 이유로 루터는 "삼중성"(Dreifaltigkeit)이라는 개념을 좋아하지 않는다. 왜냐하면 "신성 안에는 가장 지고한 하나됨만이 존재하기 때문이다."[3]

그러나 이 하나됨은 동시에 구별되는 "위격들"의 삼위됨이다. 세 인격들 안에 있는 한 하나님, 각 위격이 온전한 신성이지만, 어떤 위격도 다른 두 위격들 없이 그 자체만으로서 신성으로 존재하지 않는다.[4]

이 모든 것은 성서에 기초해 있다. 이성을 가진 사람은 누구나 하나님 안에 있는 이러한 하나됨과 삼위됨에 대한 모든 진술 앞에서 걸려 넘어질 수밖에 없다는 것

[1] "따라서 성서는 세 위격과 한 하나님이 계시다는 것을 명쾌하게 증명한다. 그러므로 신약성서와 구약성서가 이 삼위일체 교리를 보여주지 않는다면, 나는 어거스틴의 글들도 교회의 교사들도 믿지 않을 것이다." *WA* 39[II], 305.
[2] *WA* 39[II], 287 (theses 5ff.).
[3] *WA* 36, 436.
[4] *WA* 39[II], 287.

을 아무도 부인하지 못할 것이다. 그러나 그것이 분명한 성서에 기초해 있기 때문에, 이성은 이 점에서 침묵해야 하며, 우리는 믿어야 한다.[5] 이 신비를 표현하기 위해 사용되는 개념들은 아주 충분치 못한 것일 수 있다. 성서는 "삼위일체"에 대해 말하지 않는다. 그러나 우리는 약한 자들을 위하여 모든 점에 대해 훈육하기 위해 이런 식으로 가르쳐야 한다. 이러한 세 위격들을 사용한 표현 대신에 어떤 다른 표현을 사용하기를 원하는 사람은 누구든지 그렇게 할 자유가 있다. 그러나 문제가 되는 본체를 보존하고 표현하고자 매우 주의해야 한다.[6] 그러나 그 본체는 둘 다 의심할 여지 없이 성서에 기초해 있는 이 두 가지 요소들이다. 그것은 하나됨과 이 하나됨 안에서 삼위됨이다.[7]

루터는 성서가 하나님의 삼위일체를 증거한다는 것을 발견했기 때문에, 그는 다른 기본적인 기독교 진리들에 관해서만큼 진지하게 그것에 관해 생각했다. 그의 일련의 논문들과 반박문들 중 몇 개가 그것을 다루고 있다.[8] 그리고 그는 그의 여러 설교에서 그것을 제시했다. 왜냐하면 요한복음 1장, 히브리서 1장 같은 성탄절에 사용되는 기독론적 본문들이 그것을 요구했기 때문이다.[9] 루터는 삼위일체 교리에 대한 중세기의 논의를 잘 알고 있었다.[10] 그러나 그는 하나님의 본성으로부터 삼위일체를 끌어내고, 그렇게 함으로써 그것을 이성으로 이해 가능하게 하고자 원했던 스콜라주의자들의 "세밀함"을 거절한다. 그는 성서의 말씀에 매달리고 거기에 머무르고자 원한다.[11] 성서에 대한 그의 해석에서 루터는 하나님의 영원한 탄생과 자신의 밖을 향해 있는 하나님의 행위들은 불가분리의 상태에 있다는 것 등의 전통적인 관념들을 사용한다.[12]

---

5) *WA* 10^I,1, 152. "여기서 필요한 것은 신앙이다. 어떤 종류의 예리한 사색도 필요하지 않다." *WA* 10^I,1, 157, 186. "만일 자연적 이성이 이것을 이해하지 못한다면, 당연히 신앙만이 그것을 이해할 것이다. 자연적 이성은 이단과 오류를 낳는다. 그러나 신앙은 진리를 가르치고 지킨다. 왜냐하면 신앙은 거짓말하거나 속이지 아니하는 성서에 매달리고 있기 때문이다." *WA* 10^I,1, 191. Cf. 본서 p.214와 *WA* 37, 44.
6) *WA* 39^{II}, 305, 287.
7) 루터는 라틴어 단어 trinus를 번역하면서, 하나님은 하나의 본질 안에 있는 "Gedritts"라고 말한다. *WA* 49, 239.
8) *WA* 39^{II}, 287f.; 293, 305, 339f.
9) *WA* 10^I,1, 152ff., 180ff. *WA* 37, 38. *WA* 49, 238ff.
10) *WA* 39^{II}, 287f.
11) *WA* 10^I,1, 181, 185. "스콜라 교사들은 매우 지나친 세밀함으로 이것을 이해 가능하게 만들기를 시도했다." *WA* 10^I,1, 181. "그러나 우리는 그보다는 성서의 단순하고, 분명하며, 강력한 말씀들에 매달려야 한다." *WA* 37, 41.

여기에서도 루터는, 그의 삼위일체 교리의 기본적인 형태에서처럼, 어거스틴에 의해 분명히 보인 길을 따라 간다. 예를 들어, 루터는 세 "위격들"은 성부, 성자, 성령으로서 그들 각각이 서로에 대해 갖는 관계에 의해서만 신학적으로 서로 구별될 수 있다고 말한다.[13]

---

12) "그리스도는 영원히, 그리고 끊임없이 성부로부터 탄생한다." *WA* 10^I, 1, 154.
Cf. *WA* 39^{II}, 293와 *WA* 49, 239.
13) *WA* 37, 41.

제17장

화해자와 구속주이신
예수 그리스도

우 리 죄인에 대한 하나님의 생각은 그리스도 안에서 알 수 있다. 그 안에 하나님
의 마음이 계시되어 있다. 기독론에 관한 제15장이 보여주듯이, 루터는 결정적
으로 이 점을 강조한다. 하나님은 그의 생각을 예수 그리스도의 역사 안에서 알리신
다. 이 예수 그리스도의 역사는 하나님과 인류 사이의 사건으로서, 그리고 하나님과
권세 곧 하나님의 진노가 인류를 그 수중에 떨어뜨린 악한 권세 사이의 사건으로서
그 고유한 가치를 지니고 있다. 바울 시대 이래의 기독교 전통을 따라, 루터는 예수
의 역사를 화해(reconciliation)와 구속(redemption)의 사건으로 이해한다. 하나님
의 진노가 죄 많은 인류에게 임했다. 십자가에 못 박히고 부활하신 예수 그리스도를
통해, 새로운 상황이 전개된다. 그리스도는 진노의 권세 대신 우리의 주님이 된다.
그는 "생명의 주, 의의 주, 모든 선함과 축복의 주님"이다. 그의 공로를 통해 우리는
그의 소유가 되고, 그에 의해 다스림 받게 되고, 그 결과 그는 우리에게 "의와 무죄
와 축복" 안에서 그의 생명에 참여하게 한다. 이것이 바로 그의 주되심이다.[1]

　이 모든 일은 예수 안에서 예수를 통해 행하신 하나님의 사역이다. 그리스도를

---

1) 루터의 「대소요리문답」 제2항의 설명을 참고하라. *WA* 30[I], 295 f. 와 185 ff. ; *BC*,
　345와 413 ff.

보내어 그의 일을 하게 한 분은 바로 하나님이다.[2] 그러나 그리스도는 하나님의 이름과 능력으로 행함으로써 인류와 인류가 굴복한 악의 세력들을 다룰 뿐만 아니라 하나님 자신과도 거래를 하였다. 그는 또한 하나님과의 관계 속에서 일한다.[3] 그는 하나님을 "화해시키고," 다른 말로, 인류를 하나님과 화해시킨다. 그리스도 안에서 하나님은 또한 자기 자신과, 자기 자신 안에서, 내재적 삼위일체의 관계 안에서 일을 처리하신다.

하나님께 대한 만족으로서 그리스도의 사역

하나님은 그의 의가 만족되지 않으면, 결코 죄인들에 대한 그의 진노를 잊고 자비를 베풀 수 없다.[4] 루터는 안셀름과 같이, 그리스도의 사역을 만족(satisfaction)의 관점에서 본다. 그리스도는 우리의 죄를 위해 하나님께 만족을 가져와야 한다.[5] 분명히 하나님의 은혜는 그들의 공로와 도움 없이 죄인들에게 거저 주어졌다. 그러나 다른 관점에서 보면, 그것은 아무 대가 없이 발생한 것이 아니다. 그것은 우리에게는 아무 것도 요구하고 있지 않지만, "누군가 다른 사람에게는 우리를 위하여 매

---

2) *WA* 17[II], 293.

3) *WA* 8, 519; *LW* 36, 177. 이 구절과 다른 구절이 보여주듯이, 루터는 다음과 같은 표현을 서로 바꾸어 사용한다: 즉 하나님이 화해되었다. 우리가 하나님 아버지와 화해되었다. 우리가 하나님과 화해되었다.

4) "이 모든 것은 아무 대가 없이, 하나님의 의의 만족 없이 일어난 것이 아니다. 하나님의 의가 먼저 만족되지 않는다면, 긍휼과 자비는 우리 위와 우리 안에서 효과를 일으키고 또 우리에게 영원한 축복과 구원을 주는 것으로 생각될 수 없기 때문이다 … 또한 그가 절대적으로 완전하게 하나님의 계명을 충족시키지 못한다면, 어느 누구도 하나님의 풍성한 은혜로 올 수 없기 때문이다." *WA* 10[I], 1, 121. " 이제 하나님이 순전히 은혜로 우리 죄를 우리에게 전가시키지 않는다 하더라도, 그의 율법과 그의 의가 더욱 적절하게 만족되지 않는다면, 그는 은혜로 죄를 전가하지 않는 것을 실행하고자 하지 않는다. 이 은혜의 전가는 우선 우리를 위한 그의 의로부터 구입해서 얻어야 한다." *WA* 10[I], 1, 470.

5) "만족시키다"(genugtun)와 "만족"의 개념은 루터에게서 빈번하게 등장한다. Cf. "그가 제사장의 직무를 따라 제사장이 되고 우리를 하나님과 화해시키기를 원하신다면, 그는 우리를 위해 하나님의 의를 만족시켜야 했다." *WA* 10[I], 1, 720. Cf. *WA* 10[III], 49; *LW* 51, 92. *WA* 17[II], 291. *WA* 29, 578 f. *WA* 30[I], 187; *BC*, 407, 313. *WA* 40[II], 405; *LW* 12, 365. *WA* 31[II], 339. *WA* 39[I], 46. 그러나 동시에 루터는 "만족"이란 개념이 죽음과 사탄으로부터 우리를 구속하고 또 그의 은혜의 영원한 왕국을 확립하는, 그리스도의 사역과 그의 구원하는 힘의 의미를 충분히 표현하기에 적절하지 못하다고 생각했다. 그는 만족이 "아직도 그리스도의 은혜를 표현하기에 너무 약하고, 그의 고난의 공로를 제대로 높이 평가하지 못한다"고 말한다. *WA* 21, 264.

우 큰 것을 요구하고 있다."[6] 하나님의 만족은 어떤 대신하는 것을 통해서만 발생하기 때문이다. 예수 그리스도가 우리를 대신한다.[7] 그는 "놀라운 교환" 속에서, 인간이 하나님께 지고 있는 모든 부채와 죄책을 자기가 지신다.[8] 그는 인간이 스스로 제공할 수 없는 그 만족을 성취한다. 그는 그의 사랑의 강권으로 이 일을 한 것이고, 그의 사랑 안에 죄인에 대한 하나님의 사랑과 자비가 존재한다.[9] 그리스도는 이중적 방법으로 죄인을 위해 만족을 이루셨다. 그는 율법에 나타난 하나님의 뜻을 성취하고, 그는 죄에 대한 벌 곧 하나님의 진노를 당하신다. 둘 다 우리 대신 우리의 유익을 위해 이루어진 것이다.

그리스도는 율법을 완전히 성취했다. "그는 온 마음과 온 영혼과 온 힘과 온 정성을 다하여 하나님을 사랑했고 또 이웃을 자기 몸처럼 사랑했기 때문이다." 그는 하나님께 복종하고(빌 2:8) 인간이 되어 아버지가 주신 모든 일을 수행함으로써 하나님을 사랑했다. 그는 그의 이웃을 사랑했다. 그가 지상에서 행한 모든 것은 그의 생명을 주시는 것을 포함하여 인류를 섬기는 것 외에 다른 목적이 없었다.[10]

그리스도는 율법을 성취하였을 뿐만 아니라 율법이 범죄자에게 선고한 형벌을 당했다. 오직 이것만이 하나님의 의를 온전히 만족시킨다. 안셀름에서는 심판 아니면 만족이라는 두 가지 가능성만 있었다. 루터에게서, 만족은 죄인이 아니라 그리스도에 대한 심판을 통해서 일어난다.[11] 죄에 대한 심판은 하나님의 진노가 인간에게 가져온 모든 것과 함께 하나님의 진노에 그 본질이 있다. 그래서 그리스도는 하나님

---

6) *WA* 10[I],1, 471.
7) "그리스도, 하나님의 아들이 우리 대신 서 있고 우리 모든 죄를 그의 어깨 위에 지셨다 … 그는 우리의 죄를 위한 영원한 만족이고, 우리를 아버지 하나님께 화해시킨다." *WA* 10[III], 49; *LW* 51, 92. "그리스도가 우리를 대신하셨다." *WA* 29, 578. 그리스도는 "우리 모두를 위해 순종하셨다." *WA* 39[I], 53; *LW* 34, 119.
   Cf. "죽음이 우리 죄를 감옥 안에 넣었도다"라는 루터의 찬송 제3행의 시작을 참고하라.
      예수 그리스도, 하나님의 독생자,
      우리 있는 곳으로 내려오셨네 …
   WA 35, 443; *LW* 53, 257.
8) *WA* 31[II], 339 (사 43:24에 대한 루터의 주석).
9) 찬송 "사랑하는 그리스도인이여, 이제 기뻐합시다"의 특별히 제4행, "그때 하나님이 그의 보좌에서 슬퍼하시네 … "와 제5행, "그의 사랑하는 아들에게 그가 말하시길, '내려 가시게 … '"를 보라. *WA* 35, 423; *LW* 53, 219 f. Cf. *WA* 39[I], 45; *LW* 34, 110.
10) *WA* 17[II], 291.
11) 루터와 안셀름의 화해론 사이의 관계를 위해서는 다음을 참고하라. *Grundriss der Dogmatik* (3rd ed.; Gütersloh: Bertelsmann, 1949), 11, 32.

의 진노 아래 있다. 그는 그의 수난 안에서 고난당한다. 그는 죄인의 죽음을 죽는
다. 그러나 우리 죄인들과 달리, 그는 "무죄하고 순전한 죽음"으로 고난당하고 죽는
다. 이렇게 하여 그는 "하나님께 지불하시고," 하나님이 그의 진노와 영원한 심판을
우리에게서 거두시게 하셨다.[12]

그리스도의 십자가 고난에 대한 루터의 이해는 기본적으로 성서 본문에 의해,
십자가상의 네번째 말씀(마 29:46)과 갈라디아서 3:13에 의해 규정되었다.[13] 그러나
그는 또한 그리스도인의 영적 시련(temptation)에 대한 그의 개인적 경험의 영향도
받았다.[14] 바로 이런 경험에서 성서의 진술의 진정한 의미가 루터에게 열렸다. 그리
스도의 고난과 그리스도인의 시련은 함께 속해 있다. 그들은 이중의 방법으로 함께
속해 있다. 첫째, 자기 자신의 시련에 대한 그리스도인의 경험은 그에게 그리스도의
고뇌의 개념을 알려 준다. 둘째, 그리스도의 고난은 그가 인간의 가장 깊은 내적 곤

---

12) *WA* 37, 59. Cf. *WA* 8, 519; *LW* 36, 177.
13) 주요 자료는 다음과 같다. "Treatise on Meditating on the Holy Suffering of
Christ" [*Sermon von der Betrachtung des heiligen Leidens Christi*]
(1519), WA 2, 136 ff.; "Treatise on Preparing to Die" [*Sermon von der
Bereitung zum Sterben*] (1519), WA 2, 685 ff.; the interpretation of
Psalm 22 in Luther's lectures[*Operationes*] on Psalms (1521), WA 5,
598 ff.; the interpretation of Galatians 3:13 in the large commentary
on Galatians (1535), WA 40 I, 432 ff.; LW 26, 276 ff.; the sermon on
the fourth word from the cross (1521), WA 17¹, 67 ff.
14) Erich Vogelsang, *Der angefochtene Christus bei Luther* (Berlin: de
Gruyter, 1932). 그러나 우리는 그렇게 간단히 쉽게 성서와 영적 시련을 루터 사상
의 양극으로 처리해선 안된다. 왜냐하면 성서는 또한 영적 시련의 체험에서 하나의
역할을 감당하고 있기 때문이다. 적어도 루터가 영적 시련을 그것이 성서에 기록되어
있는 대로(특히 시편), 경건한 사람의 체험의 빛 안에서 이해하는 한 말이다. Cf.
e. g. WA 5. 603.
　　　루터는 끊임없이 우리는 그리스도가 십자가에 못 박히신 고통을, 우리 자신의 영
적 시련의 고통에 근거하여, 부분적으로만 이해할 수 있을 뿐이라고 주장한다. 그러
나 다른 한편 우리는 먼저 그리스도의 하나님 진노의 경험에 근거하여 우리 자신의
영적 시련의 고통을 온전히 이해할 수 있다고 한다. 우리의 시련은 그렇지 않으면 경
건이 없는 우리에게서 감추어져 있는 것이다. 따라서 양자를 다 말하는 것이 필요하
다. 우리는 그리스도의 고난을 우리 자신의 체험에 기초하여 부분적으로 이해한다.
그러나 다른 한편 우리는 오직 그리스도의 고난을 성서가 증거하는 대로 바라봄으로
써만, 하나님 아래에서 당하는 고통의 온전한 이해에 도달한다. "우리는 우리 자신을
모르고, 우리가 얼마나 수치스런 상태에 있는지 알지 못한다 … 그러므로 그리스도가
당한 모든 것은 우리 자신의 존재에 적용되어야 한다. 우리가 그리스도의 고난을 좀
더 분명하게 볼 수 있는 만큼, 우리는 우리 자신의 저주를 더 잘 볼 수 있을 것이다."
WA 17¹, 71.

경에까지 들어간다는 관점으로 이해되어야 한다. 그렇지 않다면 그리스도는 이런 특별한 곤경에서 우리의 구주가 될 수 없을 것이다.

그리스도의 고난은 전적으로 인간적이다. 그는 "정말로 진정한 인간"으로서 고난을 당한다. 비록 그가 십자가에서 체험한 개인적 고뇌의 깊이를 측정할 수 없다 하더라도, 그가 철저하게 다른 사람과 마찬가지로 고통당하는 사실은 경건한 사람이 하나님의 진노 아래에서 그 양심에 경험하는 시련과 그리스도의 고난 사이에 유비 관계가 있다는 것을 의미한다.[15] 그는 절망의 순간까지 시험을 받은 사람이다. 그는 그의 의식이 죄책의 의식의 짐을 질 때, 하나님을 고통스럽게 한다. 이런 이유로, 그는 하나님 아래에서 당하는 우리의 곤경의 모든 깊이와 무거운 짐 안에서 우리 인간을 이해하고, 그 안에서 우리를 도울 수 있다.[16] 우리는 십자가상의 네번째 말씀과 바울의 갈라디아서 3:13 말씀("그리스도께서 … 우리를 위해 저주를 받은 바 되사 … 나무에 달린 자마다 저주 아래 있는자라")을 철저하게 있는 그대로 받아들여야 하고, 이런저런 설명으로 둘러대서는 안된다.[17] 그리스도는 진정으로 하나님에 의해 버림받았다. 그는 부자 관계에서 끊어지고, 그 대신 진노와 지옥의 경험에 처하게 되었다. 이사야 53장을 따라, 하나님은 우리의 죄로 인해 그를 치셨고, 우리의 형벌 때문에 그를 벌하셨다.

그러나 이것은 본질상 육체적 죽음뿐만 아니라 "마치 영원히 하나님으로부터 버림받았다고 느끼듯이 하나님의 진노를 느끼는 그런 양심의 고뇌와 공포"까지도 포함한다. 그러므로 그리스도는 또한 "영원한 진노를 느끼는 겁에 질린 양심의 고뇌와 공포"를 당해야 했다.[18] 그러므로 그리스도는 자신의 눈으로 보기에도 저주받은 자였다. 우리는 어떤 방식으로든 갈라디아서 3:13의 "저주 받았다"의 의미를 축소시키

---

15) "우리는 그리스도가 단순한 인간이라는 것을 시인해야 한다 … 그는 다른 사람과 같은 인간이다 … 이것은 의인에게 일어나는 것이다 … 그는 모든 것을 인간처럼 느꼈다." *WA* 17¹, 68 f. 이것은 뢰러(Rörer)의 편집을 참고한 것이다. 로트(Roth)의 각주에서 상응하는 구절이 같은 페이지에서 발견된다.

16) "우리가 은혜로운 하나님을 갖고 있다는 이러한 위로를 갖고 있다면, 우리가 견딜 수 없을 만큼 큰 어려움과 고난은 없다. 그러므로 우리의 고난이 어떤 형태를 띠더라도 받아들이자. 그러나 여기서 하나님은 그[그리스도]에게 적대적이다 … 그는 우리처럼 되고 우리를 돕는 방법을 알기 위해, 몸이 상해야 했다. 이것은 우리가 어려움에 처할 때, 우리의 위로가 된다. 그 때 우리는 '당신도 역시 병으로 입원해 있었습니다' 고 말할 수 있다. 그러한 체험을 가졌던 사람들은 고백하기에 좋은 사람들이다. 따라서 그리스도는 우리를 정확히 이해하고 우리를 돕는 방법을 알고 있다. 그분 역시 어려움을 체험하셨다. 그리고 이것은 가장 확실한 위로이다." *WA* 45, 370 f.

17) *WA* 40¹, 432; *LW* 26, 276.

18) *WA* 5, 602 f.

지 말고, 바울처럼 그리스도에 관하여 그 온전한 타당성을 받아들여야 한다. 이사야 53:6도 마찬가지이다. "하나님은 예언자의 말을 장난치듯 가볍게 대하지 않는다."[19] 이 것을 — 그리스도가 우리의 형벌과 저주를 담당했다는 말을 참을 수 없는 것으로 생각해서 — 진지하게 받아들이지 않는 사람은 누구나 우리에게서 최상의 위로를 빼앗아간다.[20]

그리스도는 이렇게 죽음의 고뇌와 하나님께 버림받은 것과 하나님의 진노 아래 놓이는 것에 대한 공포를 철저하게 경험했다. 루터는 이런 상황이 얼마나 절망스러운지를 자세히 설명한다.[21] 그러나 그리스도의 고난은 자기 자신 때문이 아니라 우리를 위해서 이 모든 고난을 받으셨다는 사실에 의해, 우리가 하나님께 받은 진노와 유기의 경험과 구별된다. 그는 애정을 가지고 하나님 아래에서 당하는 죄인들의 전적인 곤경 안으로 들어간다. "그는 자신의 소망과 아버지의 뜻에 의해 죄인들의 친구가 되기로 하였다."[22] 그러므로 그는 우리 대신 하나님께 버림받고 하나님의 진노를 당한 것이다. 그는 우리 죄를 자기 죄인 양 스스로 취하신다.[23] 이런 식으로 그는 죄인들 중의 한 죄인으로 하나님 앞에 서 있고, 하나님은 그를 죄인으로 취급한다. 우리의 구원은 그리스도가 이렇게 우리 죄를 떠맡으신 것에 의존한다.[24]

그리스도는 비록 우리 대신 죄인으로서 고난당했지만, 고난당하는 순간에도 죄를 짓지 않았다. 이것은 그의 결백한 고난을, 우리가 고난 속에서 불평, 거역, 절망, 불경 등을 통해 죄 짓지 않을 수 없는 우리의 고난과 구별시킨다. 십자가상의 네번째 말씀은 명백히 그리스도가 하나님께 불평하는 것처럼 들린다. 그러나 실상은 그것은 죽음의 공포에 대한 피조물의 자연스런 저항일 뿐이다. 마치 무겁게 눌린 대들보가 우지직 소리를 내는 것처럼 말이다. 사실 그리스도는 시련의 가장 깊은 심연 속에서도 온 힘으로 하나님을 사랑하고 있다.[25] 하나님에 의해 유기되고 저주받은

19) *WA* 40¹, 434; *LW* 26, 278. Cf. *WA* 8, 33; *LW* 13, 35.
20) "궤변론자들은 그리스도가 우리를 율법의 저주로부터 해방하기 위해 우리를 위해 저주가 되셨다는, 이 그리스도에 대한 지식과 가장 달콤한 위로를 우리에게서 탈취한다." *WA* 40¹, 434; *LW* 26, 278.
21) *WA* 5, 602.
22) *WA* 40¹, 434; *LW* 26, 278. 그리스도가 우리를 위하여 모든 것을 자기 자신이 걸머지시는 사랑에 관하여는 다음을 참고하라. *WA* 17¹, 70 f.
23) *WA* 5, 603. "나와 당신과 우리 모두가 어떤 죄를 범했든지 혹 미래에 지을 것이든지, 그 죄들은 마치 그리스도 자신이 범죄한 것인 양, 그리스도의 죄가 된다." *WA* 40¹, 435; *LW* 26, 278.
24) *WA* 40¹, 435; *LW* 26, 278.
25) *WA* 5, 604 f.

가장 무서운 경험 한복판에서도, 그는 하나님과 갈등하지 않고 사랑과 순종 안에서 그분에게 복종한다. 따라서 최고의 기쁨과 슬픔, 최고의 연약함과 최고의 능력, 가장 깊은 불안과 평화, 절대적인 죽음과 생명, 이 모든 것이 그리스도 안에서 역설적으로 함께 존재한다. 그리스도는 하나님에 의해 버림받았으면서도 버림받지 않았기 때문이다. 루터는 십자가상의 네번째 말씀 속에서 이 두 가지를 모두 발견한다. 자신이 완전히 버림받은 것을 안다면, 어떤 사람도 하나님을 "나의 하나님"이라고 부르지 않는다. [26]

　　그리스도는 하나님으로부터 버림받고 진노 아래 놓이고 하나님으로부터 멀리 떨어져 있는 지옥을 철저하게 체험하면서도, 다른 무엇보다 하나님을 더 사랑하는 것을 멈추지 않는다. 그는 그럼으로써 진노와 지옥을 극복하고 심판의 권세를 멸하신다. 남아 있는 우리는 하나님의 진노 아래 처한 후, 하나님께 화를 내고 거듭 죄를 짓게 된다. 이것은 우리가 자신의 이익을 구하기 때문이다. 그리스도는 완전히 다르다. 분명히 그는 저주받은 자가 느끼는 대로 느낀다. 그는 하나님 앞에서 무서워 떨고 그로부터 달아나고자 하면서도, 동시에 하나님을 사랑할 수 있다. [27] 이것이 바로 루터가 「죽음의 준비에 대한 설교」(Sermon von der Bereitung zum Sterben)에서 표현하고자 한 방식이다. 그리스도는 하나님께 저주받아 버림받았지만 그의 강한 사랑으로 저주를 극복한 사람에 대한 천상의 이미지이다. 그리고 그는 가장 사랑스런 아들이고, 믿기만 하면 우리에게도 이와 똑같은 자격을 제공한다는 것을 증거한다. [28]

　　우리는 이러한 예수의 고난 이해가 모든 심리학의 영역 너머에 있다는 사실을 생각할 필요는 없다. 그리스도가 어떻게 하나님에 의해 버림받은 가운데서도 계속하여 하나님을 사랑하고, 그래서 어떻게 불안 속에서도 하나님의 평화 안에서 사는지를 상상하는 것은 심리학적으로 거의 불가능하다. 이것은 루터가 십자가상의 네번째 말씀의 이중적 내용과 예수님의 무죄 교리에서 이끌어 낸 신학적 결론이다. [29]

　　그리스도는 지옥과 하나님의 진노를 당하고, 그것들을 하나님을 사랑하는 힘으로 극복한다. 이것이 그리스도가 지옥에 내려가심의 조항을 이해하는 루터의 방식이다. 그것은 그리스도 죽음의 고통의 일부분이다. 그것을 통해 그리스도는 지옥에 대

---

26) *WA* 5, 602.
27) *WA* 5, 605.
28) *WA* 2, 691.
29) "그리스도는 죄를 지을 수도, 어떤 악을 행할 수도 없다. 비록 그리스도가 행한 모든 것들이 만일 우리가 행하였더라면, 정말로 죄였을 것이지만 말이다." *WA* 50, 604.

한 승리를 쟁취한다. 루터는 그의 작품의 모든 국면에서 이 입장을 취한다.[30] 이것 외에, 약간 다른 설명이 있다. 시편 16:10이나 사도행전 2:24-27 같은 성서 말씀에 근거하여, 또 연속되는 사도신경의 조항들의 관점에서(여기서는 죽음 뒤에 지옥으로 내려가심이 나온다), 루터 역시 그리스도의 죽음 이후 그의 지옥에 내려가심을 가르친다. 이 이중적 측면이 루터를 어렵게 했다.[31] 이런 사실에도 불구하고, 그리스도의 지옥에 내려가심에 대한 루터의 개인적 이해가 수난, 겟세마네, 골고다에 연관되어 있다는 것은 의심할 여지가 없다. 칼빈은 이 견해를 채택했고, 그것은 개혁교회의 여러 신앙고백 안에서 받아들여졌다. 루터와 달리, 멜랑히톤은 지옥으로 내려가심을 그리스도의 승리의 지옥 행진으로 이해했다. 그리스도는 악한 영들과 저주받을 자들에게 그의 능력을 보이심으로써 공포에 떨게 했다. 루터교 정통주의는 이 사상을 발전시켰다. 지옥으로 내려가심은 그리스도 승귀의 첫 단계이다. 그럼으로써 루터의 깊은 이해는 포기되었다. 루터교인들은 대부분 그들이 또한 루터에 반대하여 논증을 벌이는 것을 깨닫지 못한 채, 지옥에 내려가심을 겸손의 표현으로 보는 개혁교회의 이해에 반대한다.

루터의 십자가 교리는 그리스도가 철저하게 심각하게 지옥의 고통과 또한 하나님의 완전한 유기를 경험했다고 함으로써 모든 초기 신학을 넘어서고 있다. 성육신과 십자가에 대한 이해에서, 그는 우리의 인간성에 그리스도를 아무리 깊이 개입시켜도 충분히 개입시킬 수 없다. 그 이유는 이미 강조했듯이, 루터가 끊임없이 그리스도의 수난을, 하나님의 진노 아래 있는 인간의 고난(영적 시련)과 연결시켜 다루고 있다는 사실에 있다. 그리고 이런 관점에서, 인간은 이 수난이 자신의 고통에 아주 적절한 도움이라고 이해하고 인정할 수 있음에 틀림없다. 우리의 구세주가 되고자 하시는 그분은 또한 우리 자신의 지옥의 고통도 당해야 했다. 이 지옥은 미래의 상태나 공간이 아니라, 겁에 질린 양심이 하나님의 진노 아래 경험하는 현재의 실재이다. 지옥과 하나님의 유기를 모두 경험한 그리스도는 직접 하나님의 진노 아래 있는 모든 인간의 고통에 참여하고, 그들의 고통은 직접 그의 수난에 포함되어 있다.

사탄적 세력에 대한 전투로서 그리스도의 사역

이미 지옥에 내려가심에 대한 루터의 이해가 가리키고 있는 대로, 그는 그리스도의 사역을 — 진노와 유기와 저주와 지옥의 고통을 당하고 극복하는 것으로서 —

30) Cf. P. Althaus, "Niedergefahren zur Hölle," *Zeitschrift für systematische Theologie*, XIX (1942), 371 ff.
31) Ibid.

하나님을 만족시키는 것으로만 설명하지 않는다. 그는 또한 하나님의 진노가 그리스
도의 사역에 봉사하는 데 사용하는 사탄의 세력에 대한 그리스도의 전투, 하나님이
그리로 인류를 넘겨준 사탄의 세력에 대한 그리스도의 전투(battle)로 묘사한다.[32]
루터는 이 세력들을 의인화시킨다. 인류의 모든 죄의 본질인 죄가 나타나서, 다른
모든 사람에게 하듯이, 그리스도를 저주하려고 한다. 그러나 바로 여기, 곧 "가장
사악하고 가장 크고 유일한 죄인"으로서 우리를 대신하는 사람의 형체 속에서, 그
죄는 영원한 불변의 의의 사람과 대면한다.[33] 그것은 그리스도의 "정복할 수 없는 순
종"에 정면으로 부딪친다.[34] 이 결투의 결과, "모든 죄가 정복되고, 죽음에 처해지고
장사지낸 바 되었다." 그리스도의 의가 죄를 삼켜 버렸다.[35] 우리들에게 한 대로, 예
수를 정죄하고 심판을 내리고자 한 율법은 그에게 어떤 권리와 힘도 가질 수 없다.
그가 온전히 완벽하게 그 율법을 성취하였기 때문이다.[36] 세계 전체에 군림하는 강
력한 폭군인 죽음은 그에게 손을 대려 하였으나, 불멸의 생명과 만난다.[37]

> 그것은 바로 놀라운 투쟁이었네
> 사망이 생명의 장중에서 내팽개침 당할 때
> 승리하여 생명이 들어오네
> 성경은 그것을 이렇게 적었네
> 어떻게 감히 죽음이 생명을 먹어 치우겠는가.[38]

"그리스도는 순전한 삶 바로 그 자체이다." 따라서 그는 자신의 생명으로 죽음
을 질식시킨다.[39] 사탄과 지옥이 그를 삼키려 하나, 그들은 그에게 아무 권리도 없

---

32) 우리의 주요 자료는 거대한 갈라디아서 주석이다. *WA* 40^{I}, 432 ff; *LW* 26, 276
   ff. 그리고 루터의 여러 설교들이 있다.
33) *WA* 40^{I}, 438; *LW* 26, 281.
34) "그는 스스로 걸머지고 또 누구도 필적할 수 없는 그의 순종을 통해 정복한 죄에 대조
   되는, 하나님의 은혜의 형상이다." *WA* 2, 691. "사랑하는 그리스도인들아, 이제 기
   뻐하자"의 8행에 나오는 "나의 무죄가 너의 죄를 짊어질 것이다"를 참고하라. *WA*
   35, 425; *LW* 53, 220.
35) 죄는 "실제 그를 공격하였으나, 그는 너무 강했다. 그는 죄를 삼켜 버렸고, 죄는 그
   안에서 대양에 떨어진 불티처럼 사그러 들었다. 그는 의 이외의 아무 것도 아니었기
   때문이다." *WA* 17^{II}, 291.
36) *WA* 17^{II}, 291.
37) *WA* 40^{I}, 439; *LW* 26, 281.
38) *WA* 35, 444; *LW* 53, 257.
39) *WA* 2, 689; Cf. *WA* 17^{II}, 292.

고, 오히려 그에 의해 삼킨 바 된다. 이는 그가 하나님에 대한 온전한 사랑 속에서 살고 있기 때문이다.[40] 사탄과 음부에 대해 말하는 것 대신에, 루터는 또한 하나님의 진노의 저주를, 그리스도의 수난에서 그리스도를 축복하는 권세와 싸우는 세력으로 말할 수 있다. 이 저주는 이 축복을 파괴하려 하나 그렇게 할 수 없다. 이 축복은 신적인 영원한 것이기 때문이다. 여기서 루터가 하나님의 진노의 저주를 죄와 죽음의 세력과 함께 놓고, 그것을 그리스도가 싸우는 "저 괴물"들 중의 하나로 든 것은 특징적이다.[41] 이것은 그리스도께서 싸워야 하는 세력은 궁극적으로 신 중심적으로 이해되어야 한다는 사실을 가리킨다. 하나님의 진노는 그 세력들 중의 하나이고, 모든 세력들 안에서 참으로 위협하고 죽이는 세력이다.[42]

이 싸움은 모든 것을 포괄하는 의미가 있다. 그러나 골로새서 2:15에 의하면, 이 싸움은 "그 안에서" 즉 하나이고 유일한 그리스도의 인격 안에서 일어났다.[43] 인간 예수는 이 모든 싸움에서 살아 남았다. 그러나 그의 신성이 없었다면, 그는 이 강력한 대적들과의 두려운 싸움에서 승리할 수 없었을 것이다.[44] 루터는 그리스도의 신성이 이 싸움에서 없어서는 안될 필수적 요소임을 강하게 강조했다. 아리우스가 그랬던 것처럼, 그리스도가 하나님되심을 부인하는 사람은, 그가 일관성이 있다면, 우리가 그리스도에 의해 구원받은 것도 부인해야 한다. "세상의 죄, 죽음, 저주, 하나님의 진노를 자신 안에서 정복하는 것, 이것은 피조물이 아니라 신적인 힘의 사역이기 때문이다. 그러므로 자신 안에서 이것들을 극복할 수 있는 사람은 본성상 … 죄를 파괴하고 죽음을 멸하고, 자신 안에서 저주를 없애고, 의를 제공하고, 삶을 빛으로 가져오고, 자신 안에서 축복을 가져오는, 곧 앞의 죄와 죽음과 저주를 없애고 뒤의 의와 빛과 축복을 창조하는 진정한 하나님이어야 한다. 이 모든 것들은 오로지

---

40) *WA* 17^{II}, 292. *WA* 2, 691.
41) *WA* 40^{I}, 440; *LW* 26, 282.
42) 루터는 그리스도의 사탄의 세력과 싸우는 싸움에 대해 말할 때, "만족"이란 말을 주저 없이 사용하고, 그럼으로써 그리스도가 하나님의 의를 만족시키는 방식을 설명할 때와 동일한 표현을 사용한다. 그는 이와 동일한 방식으로 율법에 대하여 말한다. *WA* 17^{II}, 291. *WA* 40^{I}, 503; *LW* 26, 325.
43) *WA* 40^{I}, 440; *LW* 26, 282.
44) 그리스도는 겟세마네 동산에서 내적으로 투쟁하는 동안, 신적 힘에 의해 보전되었다. "그렇지 않았다면 그는 승리할 수 없었을 것이다." "우리를 위해 자신을 희생하신 인격이 하나님과 함께 있지 않았다면, 그가 처녀에게서 태어나고 심지어 일천 번씩 죽음을 당했다 하더라도 그 사실은 아무 의미가 없고 또한 하나님 앞에서 도움이 되지 않을 것이다. 그러나 아브라함의 씨가 우리를 위해 자신을 주신 진정한 하나님이라는 사실은 우리에게 축복과 모든 죄와 죽음에 대한 승리를 가져 온다." *WA* 17^{II}, 236.

신적 능력의 사역이다."[45] 이와 비슷하게, 그리스도가 그 자신의 인격 안에서 율법을 정복하고 죽였기 때문에, 그는 하나님만이 율법 위에 있는 것처럼 율법 위에 있으므로, 진정으로 하나님임에 틀림없다.[46]

루터는 그리스도의 사역을 신 중심적으로 다루는 곳뿐만 아니라, 그리스도의 악한 세력과의 싸움과 승리에 대해 말하는 모든 곳에서, 사도 바울과 마찬가지로, 계속하여 그리스도의 죽음과 부활을 함께 붙들고 있다. 성 금요일과 부활절은 불가분리하게 서로 연결되어 있다.[47] 루터가 후기 루터교인들에 의해 작곡된 형태의 사순절 찬양을 하나도 쓰지 않았다는 것은 이러한 사실을 전형적으로 보여준다. 그리스도의 구원 사역에 대한 그의 찬송은 "죽음이 우리 주님을 감옥에 가두었네"라는 부활절 찬송이다.[48] 17세기 루터교 찬송시인들의 정형화된 사순절 찬양은 중세 가톨릭의 모범을 따른 것이다. 루터는 그런 찬양을 예비하지 않았다. 화해는 그리스도의 죽음과 부활에서 함께 발생했다. 화해의 성취에 대한 우리의 확신은 그리스도의 부활에 달려 있다. 그리스도의 부활을 믿는 것은 그리스도를 통한 화해를 확신하는 것을 의미한다.[49]

그리스도의 사역은 역사의 특정한 때에 이루어졌다. 그러나 하나님이 보시기에, 그것은 영원 전부터 존재해 왔다. 바로 이런 의미에서 계시록 13:8을 따라, 그리스도는 "세상의 토대가 있기 전에" 모든 인류의 죄를 위해 십자가에 못박혔다. 복음과 약속은 태초부터 존재하고, 이것들은 그리스도와 그의 사역을 포함하기 때문이다. 그러므로 약속을 믿고 그럼으로써 복을 받은 모든 시대의 모든 사람들은 그리스도의 사역으로부터 사는 것이다. 비록 이것이 실제 골고다에서 일어났을지라도 말이다. 그러나 구원의 역사는 하나님의 영원한 구원 의지에 기초하고 있으며,[50] 그 의미는

---

45) *WA* 40^I, 441; *LW* 26, 281.
46) *WA* 40^I, 569; *LW* 26, 373.
47) 루터는 바울이 로마서 4:25에서 하듯이, 그리스도의 고난의 구원 의미를 그의 부활의 구원 의미와 구분한다. "그의 고난에서, 그리스도는 우리의 죄를 알게 하고, 그것을 죽음에 처하게 한다. 그러나 그의 부활을 통하여, 그는 우리를 의롭게 하고 모든 죄에서 자유롭게 한다." *WA* 2, 140. Cf. " … 그는 그의 부활을 통하여 그것을 극복한다." Ibid.
48) *WA* 35, 444; *LW* 53, 257.
49) "그리스도의 부활을 믿는 것은 바로 우리가 우리를 하나님과 화해시킬 어떤 분을 갖고 있고, 이 분이 우리를 아버지 하나님께 용납되게 하고 거룩하게 하는 그리스도라는 것을 믿는 것이다 … 그리스도의 부활을 신앙하는 것은 우리가 … 그리스도가 아버지의 진노뿐만 아니라 우리의 죄와 전 세계의 모든 죄들을 자기 어깨 위에 짊어졌다는 것과 또 그가 그것들을 모두 자신 안에서 죽여 없애고 그 결과 우리가 하나님께 화해되고 완전히 의롭게 되는 것을 믿을 때, 존재한다." *WA* 10^III, 136 f.

시간을 초월한다. [51]

말씀과 신앙 안에서 현존하는 그리스도 사역의 현재성

그리스도의 사역은 "우리 바깥"에서, 그러므로 우리 없이 발생했다. 그것은 항상 우리에게 주어진 것이고, 그리하여 "객관적"이다. 그러나 동시에 루터는 가능한 한, 그리스도의 사역은 신앙이 없이는 아무 효력도 일으키지 않음을 강조한다. 그것은 오직 우리가 그리스도를 신앙을 통해 우리에게 받아들이는 한에서, 우리를 돕는다. [52] 그의 사역이 우리에게 선포되지 않으면, 이것은 일어날 수 없다. 그리스도의 사역의 이러한 특징은 전체적으로 예수 그리스도의 인격과 사역의 특징을 설명한다. 오직 선포만이 그의 인격과 역사를 우리에게 가져오고, 우리를 위한 의미를 이해하게 한다. (Cf. p. 221)[53]

어떤 다른 공로나 신앙도 하나님 앞에서 우리를 돕지 못한다는 진술은 그리스도에 관해서도 예외 없이 타당하다. 비록 그가 온 세상의 구세주일지라도, 내가 믿지 않는 한, 그는 나에게 도움이 되지 않는다. [54] 그의 인격 속에서, 그리스도는 사탄의 세력에 대해 승리했다. 그러나 그리스도가 내 안에 사시고 다스리실 때에만 이 승리는 내게 유익이 된다. 이것은 신앙 안에서 일어난다. 그러므로 우리의 신앙이 세상

---

51) "더욱이 그리스도는 세상의 처음부터 전 세계의 죄를 위해 죽었다 … " *WA* 39^I, 49; *LW* 34, 115. "그리스도는 오직 약속 안에서 실제 세상의 토대가 놓이기 전에 죽임을 당하였다." *WA* 39^{II}, 197; *LW* 34, 313. Cf. *WA* 18, 203; *LW* 40, 214.

52) "그리스도가 그의 은혜로 신앙인의 마음 속에서 다스리는 만큼, 죄와 죽음과 저주가 존재하지 않는다. 그러나 그리스도가 알려져 있지 않은 곳에서는, 이러한 것들이 남아 있다. 믿지 않는 모든 사람들에게는 이러한 축복과 승리가 없다. 요한이 말한 대로, '이것 곧 신앙이 우리의 승리이기 때문이다.'" *WA* 40^I, 440; *LW* 26, 282. 루터는 그리스도의 사역에 대해 말할 때, 반복하여 "우리가 믿는 만큼"과 같은 표현을 사용한다.

53) "그리스도가 일 천 번 십자가에 못 박혔다 할지라도, 아무도 그것에 대해 말하지 않는다면, 그가 십자가에 못 박힌 사실이 무슨 유익이 되겠는가?" *WA* 26, 40. Cf. *WA* 10^I, 2, 7.

54) "어떤 사람도 다른 사람의 신앙과 선행을 통해 구원얻을 생각을 하지 못하게 하라. 그렇다. 당신은 당신 자신의 신앙이 없으면, 마리아나 심지어 그리스도의 공로와 신앙을 통해서도 구원받을 수 없다. 하나님은 당신 자신이 믿고 경건하지 않은 한, 마리아나 그리스도 자신이라도 당신을 대신하게 하고, 당신을 의롭고 경건하게 하는 것을 허용하지 않을 것이다 … 이와 달리, 그것이 비록 전 세계의 구세주인 그리스도의 것이라 할지라도, 어떤 낯선 신앙이나 공로도 전혀 소용이 없다. 그리스도의 유익과 도움은 당신이 믿고 조명받지 않는 한, 당신에게 아무 소용이 없다." *WA* 10^{III}, 306, 308.

을 이기는 승리라는 주장은(요일 5:4) 그리스도께서 친히 악마적 세력에 대해 승리
하셨다는 주장과 불가분의 관계에 있다.[55] 그리스도의 승리는 그가 승리한 이래로
악마적 세력이 더 이상 존재하지 않는다고 말할 수 있게 하는 것과 같은 종류의 형
이상학적 사건이 아니다. 오히려 그것은 승리는 오직 그분께 달려 있고 대적들은 정
복되었고 예수가 계시는 한 더 이상 현존할 수 없다는 의미에서 승리이다. 우리는
그의 승리의 실재를 오직 "그가 계신 곳"이라는 공간적 이미지로 설명할 수 있을
뿐, 골고다와 부활절 이후 세상이 형이상학적으로 변한 것처럼 "그 이후"라는 시간
적 이미지로 설명해서는 안된다. 하나님의 진노와 율법을 포함하여 악마적 세력들은
여전히 존재하나, 그것들은 그리스도 안에서 정복되었다. 그러므로 그것들은 신앙을
통해 그리스도가 그 안에서 살고 있는 사람들에게서 정복되었다. 이런 이유로, 그리
스도의 구속 사역은 우리가 그 내용을 알지 못하고 그리스도와 인격적으로 사귀지
않아도 타당하고 효력이 있는 물질적 성취가 아니다. 이런 의미에서, 그것은 분명히
"객관적"이지 않다. 그것은 신앙 안에서 "주관적" 적용을 요구한다. 그것은 오직 신
앙에게 신앙 안에서만, 실제 구원을 일으킨다. 구원이 문제가 될 때, 하나님은 사람
을 항상 오직 개인적으로 곧 신앙을 통해서만 대하신다. 신앙은 이렇게 그리스도의
사역에 속한다.

　신앙 안에서 그리스도의 사역은 우리 것이 된다. 루터는 그것이 이렇게 표현되
어야 한다고 생각한다. 그리스도는 그의 사랑 안에서 자기 자신을 사람과 하나가 되
게 했다. 다음 사람은 신앙 안에서 자기 자신을 그리스도와 하나가 되게 한다. 그리
스도는 하나님의 진노와 악의 세력 안에 있는 우리의 소유, 우리의 죄, 우리의 죽음
의 고뇌 등을 떠맡고, 우리에게 자기 자신과 그에게 속한 모든 것, 곧 순전함, 의,
축복 등을 우리 자신의 것으로 주셨다. 이것은 "놀라운 교환"이다.[56] 그러나 신앙은
이 "놀라운 교환"이 그에게 발생하게 하는 방식이다. 신앙을 통해 그는 이것을 붙들

---

55) Cf. n. 52. 루터는 진정한 신앙을 "죽음과 죄와 율법에 대항하여, 그리스도를 우리
　　안에서 효과적으로 만드는 것"이라고 진술한다. *WA* 39^{I}, 45; *LW* 110.
56) *WA* 7, 25; *RW* 1, 363. *WA* 7, 54; *LW* 31, 351. 이 개념은 상당히 초기에 나
　　타난다. *WA* 1, 593; *LW* 31, 189 ff. "이것은 죄인을 위한 신적 은혜의 풍요의 신
　　비이다. 놀라운 교환에 의해 우리의 죄들은 이제 우리 것이 아니라 그리스도의 것이
　　고, 그리스도의 의는 그리스도의 것이 아니라 우리 것이 되기 때문이다." *WA* 5,
　　608. "이제 놀라운 교환이 일어나고, 그리스도는 자기 자신과 그의 유익을 신앙에 주
　　고, 자기 자신에게 마음과 마음을 무겁게 누르는 모든 것을 취하여 자기 것으로 한
　　다." *WA* 10^{III}, 356, 358. "이 놀라운 교환을 보라. 한 사람이 죄를 짓고, 다른 사
　　람이 만족시킨다. 한 사람이 평화를 갖고 그에게 오고 있고, 다른 사람이 그것을 받
　　는다." *WA* 31^{II}, 435 (사 53:5 해석).

고, 그것에 의지하여 그의 삶을 감행한다. 그리스도는 그 사람에게 말한다. "당신의 죄는 나의 것이고, 나의 무죄와 의는 당신의 것이다." 신앙은 그리스도에게 말한다. "나의 죄는 당신의 것이 되었고, 당신의 무죄와 의는 이제 나의 것이다." 그러므로 이 복된 교환은 오직 신앙을 통해서 발생한다. 신앙은 그리스도가 그것을 통해 영혼과 결혼하고, 이와 함께 "놀라운 교환"이 일어나는 결혼 반지이다. 그것을 통해 그리스도와 영혼은 "한 몸"이 되고, 이와 함께 영적 소유물과 고난의 나눔이 또한 일어나게 된다. 따라서 신앙은 화해 자체의 일부분이다.[57]

그러나 신앙은 오직 그 자체가 그리스도의 고난과 죽음에 이끌리게 허락함으로써, 그리스도의 십자가를 통한 우리를 위한 중보를 우리 것으로 삼을 수 있다. 바울처럼, 루터도 역시 그리스도와 함께 죽는 것에 대해 말한다. 그리스도와 함께 죽는 것은 단 한 번 일어나는 사건이 아니다. (루터는 갈라디아서 2:19을 "나는 그리스도와 함께 십자가에 못박혔다(I have been crucified)"보다 "나는 그리스도와 함께 십자가에 못박혀 있다(I am crucified)"를 의미하는 것으로 이해한다. 그는 이렇게 그것을 육체가 십자가에 계속하여 못박히는 행위와 동일시한다. (루터는 바울의 갈라디아서 5:24의 "너의 육체를 못박았다"를 현재 시제로 번역한다.)[58]

루터는 여기서 어거스틴의 구분을 사용한다. 즉 그리스도의 고난은 "성례"임과 동시에 "모범"이다. 루터는 이 의미를 이렇게 이해한다. 그리스도의 수난은 죄가 그것을 통해 근본적으로 죽임을 당하는 한에서, 성례이고, 우리가 육체적으로 고난당하고 죽음으로써 그리스도를 따라야 하는 한에서, 모범이라는 것이다. "성례"로서, 그리스도의 수난은 "나의 유익을 위해 일어난" 사건이고, 모범으로서, 그것은 "나 역시 나의 옛 아담을 따라 고난 받아야 한다"는 것을 의미한다.[59] 그리스도의 고난은 말과 외적 모습뿐만 아니라 생애의 관점에서 다루어져야 한다.[60] 루터는 바울과 베

---

57) "화해의 '주관적 적용'은 하나님의 '객관적' 사역에 뒤따르는 어떤 것이 아니라, 그 자체가 하나님의 '객관적' 사역의 일부분이다. 주관적 적용이 없으면, 객관적 사역은 성취될 수 없고, '만족'도 일어나지 않을 것이다." (Regin Prenter, *Schöfung und Erlösung*, trans. Christiane Boehncke-Sjöberg [Göttingen: Vandenhoeck & Ruprecht, 1960] II, 365.)

58) 1522년부터 1527년까지 루터는 바울의 본문을 제대로 "십자가에 못 박았다"로 번역하였다. 그러나 1530년 이후, 그는 현재 시제를 사용한다. 이것은 그의 바울과의 신학적 관계에서, 그가 「소요리문답」의 세례에 관한 네번째 질문에서 로마서 6장을 사용할 때와 동일한 의미가 있다. Cf. pp. 353 and *Christliche Wahrheit*, p. 561.

59) *WA* 2, 141. 501. *WA* 17¹, 74.

60) *WA* 2, 141.

드로의 편지는 그런 진술들로 가득 차 있다고 한다. 그리고 그는 특별히 세례 교리에서 이 사상을 강조했다. 그것은 그리스도의 대속 사역 이해에서 분리할 수 없는 부분이다. 대속은 마치 배타적일 뿐만 아니라 포괄적인 양, 이해되어야 한다. 그리스도는 우리를 위해 고난받으셨을 뿐만 아니라 그럼으로써 우리를 그의 고난으로 인도하기를 소망한다.[61]

그리스도의 고난은 사탄의 세력에 대한 전투이며 동시에 승리였다. 신앙은 그리스도의 전투와 승리가 그리스도인 안에서 실현되도록, 그의 고난의 이런 측면을 적용한다. 루터는 신앙을 승리라고 부를 때 요한을 따른다. 따라서 그리스도의 전투와 승리와 그의 십자가와 부활은 모두 현재적 사건이고, 개개의 그리스도인의 전투와 승리 안에서 우리에게 현존해 있다. 그리스도는 그 인격 안에서 명백하게 사탄의 세력, 율법, 사탄, 죽음을 원칙적으로 단 한 번 유일회적으로 정복하였다.[62] 그러나 경험상 그들은 아직도 세상에 존재하고, 그리스도가 다스리지 않는 곳에서 전제적 권력을 행사한다.[63]

그들은 세상의 종말이 올 때까지 완전히 없어지지 않을 것이다.[64] 그 때까지 그들은 그들이 미워하는 그리스도와 싸움을 계속한다. 그러나 이제 그들은 그의 기독교 세계의 형태 곧 교회 안에서 그에 대항하여 싸운다.[65] 이런 정도로 그리스도의 전투는 그의 승리에도 불구하고, 아직도 끝나지 않았다.[66] 여전히 옛 사람을 가지고 있는 그리스도인과 또한 죄인들은 사탄의 세력의 공격에 계속 노출되어 있다. 그들은

---

61) 루돌프 불트만의 실존 신학에서, 그 문제의 양쪽 측면의 연결은 깨어지고, 서로 적대 관계에 놓이게 된다. "십자가를 믿는 것은 그리스도의 십자가를 자기 자신의 것으로 취하고 기꺼이 자신이 그리스도와 함께 십자가에 못박히는 것을 의미한다." *Offenbarung und Heilsgeschehen* (Munich: Kaiser, 1941), p. 61. 루터에서, 이것은 이차적 사건이고, "우리를 위한" 사건 이후에 일어나는 것이다. 불트만에서, 이것은 존재하는 모든 것이다.

62) *WA* 17[I], 71.

63) *WA* 19, 140.

64) "이것은 죽음과 죄가 정복된 놀라운 방식이다. 순식간에 폭력으로 그들을 파괴시켜서 그들이 다시는 느껴지지 않는 것이 아니라, 먼저 그들의 힘과 권세를 빼앗고 권위 있는 파멸 선언의 심판으로 그들을 정죄함으로써, 정복한 것이다. 이제 그들이 완전히 파괴되기 전에 횡포를 부리고 자기 존재를 인식시킨다 할지라도, 그것은 아무런 변화도 일으키지 않는다. 왜냐하면 심판이 그들에게 떨어졌기 때문이다. 그들은 힘도 권세도 없고, 곧 끝장나고 마지막에 이를 것임에 틀림없다." *WA* 19, 141. Cf. *WA* 8, 92; *LW* 32, 207.

65) 시편 110편에 의하면, 그리스도의 왕국은 "그의 대적 한가운데서" 다스린다. 그리스도의 왕국은 "항상 전투 자세를 취하고 있는" 종류의 왕국이다. *WA* 34[II], 68.

양심 안에서 그들에 의해 위협받고 유혹당한다. 그런 공격은 멈추지 않는다. 그러므로 그리스도는 십자가와 부활절에 이미 그 싸움을 이겼음도 불구하고, 말씀과 성례전을 통해 그의 백성의 마음 속에서 계속 전투를 벌여야 한다. 우리를 위한 그리스도는 신앙을 통해 우리 안의 그리스도가 되어야 한다. 그러므로 그는 다시 한번 전사가 된다.[67] 그리스도는 그의 승리에 기초하여 그의 백성의 마음 속에서 사탄의 세력과 싸운다. 그러나 그의 승리는 오직 끊임없는 새로운 전투 속에서 그의 백성들을 위해 실재적이고 현재적인 요소이다. 그리스도의 사탄적 세력과의 대립은 모든 그리스도인 안에서 끊임없이 갱신된다.[68] 그리스도인은 이 전투에서, 복음 안에서 그에게 선포된 그리스도의 승리를 꼭 붙잡음으로써 승리한다.[69] 그는 그리스도의 승리의 능력에 의해 그리고 그것에 대한 신앙에 힘 입어, 싸우고 승리한다. 그리하여 새 유혹들이 사탄의 세력을 통해 끊임없이 다가오지만, 거듭 극복된다. 따라서 이 사탄의 세력은 인간을 잘못 인도하고 타락시키는 힘뿐만 아니라, 인간을 고발하는 권위도 상실한다.

이 고발하는 세력에 대한 전투는 양심에 의해 곧 양심 안에 있는 그리스도에 의해 수행된다. 하나님의 진노는 인간의 양심을 괴롭히기 때문에, 그것은 또한 양심

---

66) "이 독재자들〔사탄의 세력들〕은 어느 날 십자가 위에서 피를 통해 패배당했다. 그러나 그는 그가 그를 믿는 모든 사람이 율법과 죄와 죽음에서 자유롭게 될 것이라고 선언하고 있기 때문에, 이 독재자들에게 계속하여 타격을 주고 있다. 동일한 싸움이 오늘도 말씀과 성례를 통하여 여전히 계속되고 있다." *WA* 49, 24.

67) "그리스도는 만군의 주, 곧 전 군대의 하나님이고, 끊임없이 우리 안에서 전투를 벌이고 전투 자세를 취하고 있다." *WA* 30^{II}, 621. 바로 직전에, 루터는 신앙에 관하여 동일한 것을 주장한다. "따라서 신앙과 영은 바쁘고 쉴 틈이 없고, 항상 무언가를 하여야 하고, 항상 전투 자세를 유지해야 한다." *WA* 30^{II}, 621. "성서는 그리스도를 … 만군의 주로 부른다. 그의 그리스도인이 끊임없이 복음을 통해 갈등을 일으키고 항상 악마, 세상, 육체와 전투를 벌이고 있기 때문이다." *WA* 8, 13. Cf. *WA* 8, 123; *LW* 32, 252, and cf. *WA* 37, 50.

68) *WA* 17 II, 291 f. 그리스도의 악마의 세력과의 대면에 대한 루터의 설명과, 그리스도인의 악마의 세력과의 대면과 악마의 세력의 그리스도인에 대한 공격에 대한 설명을 보라.

69) "그리스도도 죄와 죽음과 지옥과 악마를 정복하셨다. 이것은 또한 이것을 붙잡고 굳게 믿고 신뢰하는 사람 안에서 일어난다. 즉 예수 그리스도 안에서, 그는 죄와 죽음과 지옥과 악마의 정복자가 되는 것이다." *WA* 10^{III}, 356. "보라, 그러므로 그리스도인들은 자기 자신들을 그리스도의 승리로 무장하고, 그것을 가지고 악마를 쳐부숴야 한다." *WA* 36, 694. (Cruciger's edition). "비록 땅이 나를 향해 소리친다 해도, 나는 그리스도가 나를 대적하는 모든 것을 정복하셨다는 것을 알기 때문에, 두려워하지 않을 것이다." *WA* 17^{I}, 71.

안에서 극복되어야 한다. 그것은 양심이 신앙 안에서 그리스도를 붙잡을 때 극복된다.[70]

그리스도에 대한 신앙은 인간을 사탄적 세력으로부터 자유케 하고, "모든 것에서 자유로운 주인"으로 만든다. 사탄적 세력은 그리스도로 인해, 그리스도를 믿는 사람을 하나님과 그의 구원으로부터 분리할 힘을 상실했기 때문이다. 반대로 사탄의 세력들은 그들이 그리스도를 섬기듯이, 참된 삶의 수단과 도움으로서 인간들을 섬겨야 한다. "어떤 것도 인간의 구원에 해를 입힐 수 없다. 그렇다. 만물은 인간에게 복종하고 그의 구원에 도움을 주어야 한다"(롬 8:28). 이것이 "그리스도인의 자유"이고, "그리스도인의 값진 자유와 능력"이다.[71] 이 자유는 그리스도의 십자가와 부활을 통해 그로부터 오고, 그리스도인 자신의 것이 된다. 그러나 그리스도인은 끊임없이 그리스도의 현존으로부터 신앙 안에서 그 자유를 받고, 그 안에서 살 때에만 그것을 소유한다.

이와 같이 루터는 그리스도인의 영적 시련의 관점에서 그리스도의 십자가를 이해하려 하기 때문에, 그는 또한 진노의 권세에 의해 공격받는 그리스도인의 시련과 고통을 십자가와 부활의 관점에서 해석한다. 그리스도의 전투와 승리는 완전히 현재화하고, 그리스도인은 단 한 번 일어나 모든 사람의 삶에 효력을 일으킨 십자가와 부활의 사건과 시간적으로 하나가 되는 것이다. 그 때 전투를 벌였던 그리스도는 오늘도 여전히 싸우고 있다. 죽은 자 가운데서 부활한 그리스도는 끊임없이 점점 더 그의 그리스도인들 안에서 죽은 자로부터 부활하고 있다.[72] 루터의 그리스도는 역사적이고 부활하시고 살아있는 그리스도이다. 그는 그분 자체로서, 우리 앞에서, 우리를 위해서 한 인격이다. 그러나 그는 그의 살아있는 영적 능력으로 만물을 감싸고, 모든 것 안에서 현존해 있다. 그리스도는 완전히 그의 공동체 안에서 살아 있다. 그의 사역은 과거에 일어났던 것과 지금 일어나고 있는 것 사이, 우리 바깥과 우리 앞의 역사와 또 우리 안의 역사 사이, 따라서 또한 지나간 역사와 오늘 일하고 신앙을 창조하는 성령 사이의 구분을 초월한다. 이 모든 것은 그리스도의 사역의 신학에 속한다. 그것은 바로 우리 앞의, 우리를 위한, 우리 안에 있는 실재이다. 이런 견해를 가지고, 루터는 그리스도의 사역에 대한 이전의 모든 해석을 넘어섰다. 그는 그들을

---

70) "양심은 그리스도가 도울 때, 승리한다. 그때 은혜와 승리가 우리 안에 현존하기 때문이다." WA 39[II], 170.
71) WA 7, 27 f. RW 1, 365 f.; LW 31, 354 f.
72) "그는 그의 신자들 안에서 아직 완전히 부활한 것이 아니라, 그들 안에서 첫 열매로서 죽음에서 부활하는 것을 시작하신다." WA 39[I], 356.

넘어 신약성서 자체에 도달했고, 사도 바울의 그리스도의 사역 이해를 완전히 새롭게 한다.

루터는 그리스도의 사역과 효력을 요약하는, 놀랍게 단순한 또 다른 표현을 발견했다. 예수 그리스도는 진정한 인간으로서 우리 모두의 삶과 활동과 고난을 통과했다. 그는 우리의 삶 안에 있는 모든 것을 경험했으나, 우리의 삶과 완전히 다른 방식으로, 즉 죄 없이 경험했다. 삶과 죽음을 통과하는 우리의 길은 죄로 가득 차 있다. 모든 것은 우리에게 죄가 되고, 우리를 해친다. 그러나 그리스도의 삶의 길은 온전히 순전했다. 그럼으로써 그는 우리가 당한 것이든 행한 것이든, 삶이 초래한 모든 것을 거룩하게 하였다. 그는 두 가지 의미에서 이것을 행한다. 첫째, 그 자체로 깨끗하지 않은 우리의 삶은 그리스도의 삶을 통한 무죄한 길로 인해 하나님의 심판의 눈에 순결하고 거룩하게 된다. 둘째, 그리스도의 깨끗한 삶의 길은 삶의 모든 관계와 죽음 자체로부터 나오는 저주를 담당한다. 그것은 이 모든 것을 우리에게 축복이 되게 하고 하나님의 은혜의 수단이 되게 한다. 이 두 가지 의미에서, 그리스도

---

73) *WA* 37, 53 ff. "그의 거룩하고 순전한 삶을 통하여, 그리스도는 우리의 수치스럽고 죄된 삶을 성화시켰다." *WA* 37, 53. "그리스도는 그의 몸을 통하여 모든 것을 정결하게 하였고, 그분 덕택에 우리의 자연적 출생과 이생에 속한 모든 것은 우리를 해치지 못한다. 그러나 그것은 그리스도에게 속한 것만큼 순결하다고 여겨진다. 세례와 신앙을 통하여, 내가 그의 출생과 생명을 옷 입기 때문이다. 따라서 내가 하는 모든 것은 하나님을 기쁘게 해드리고 있고, 걷기, 서기, 먹기, 마시기, 잠자기, 일어나기 등이 거룩한 것이라고 여겨지는 것이 적절하다. 모든 그리스도인에게서, 이것은 순전하고 거룩한 것이 된다. 비록 그가 여전히 육체 안에서 살고 있고 그 자신이 분명하게 불결하지만 말이다. 신앙을 통하여, 그에 대한 모든 것은 깨끗하다. 그러나 그리스도에게 속한 것은 이와 같이 낯선 거룩함이지만, 우리의 것이다. 하나님은 우리가 이생에서 행한 모든 것을 그 자체로 부정한 것으로 보려 하지 않으시기 때문이고, 또 그의 삶으로 온 세상을 거룩하게 만든 이 아이(아기 예수-역주)를 통해 모든 것이 거룩하고 귀하고 하나님께 용납되게 되기 때문이다." *WA* 37, 57. "주 그리스도는 출생 이후 우리의 모든 삶을 경험한다. 그는 모든 것을 우리가 행한 그대로, 체험하고 경험하고 행했고, 그의 손을 인생 위에 안수하심으로써 인생을 봉헌하고 그것을 거룩하게 만들었다 … 이제 그리스도의 삶과 죽음에 관계된 모든 것은 우리의 보화인 바, 이것이 우리를 완전히 거룩하게 만들고, 그 안에서 우리는 모든 것을 갖는다. 비록 우리가 더 이상 어떤 것도 갖고 있지 않고, 여기 지상에서는 아무 것도 아니고, 죽음에 의해 이생에서 단절될지라도 말이다. 그러나 우리는 그 안에서 거룩하여, 죽음 안에서도 우리는 그 앞에서 죽는 것이 아니라 죽음 자체가 우리를 위해 생명이 됨에 틀림없다." *WA* 37, 59 f. Cf. *WA* 37, 62. 그리스도는 그의 정결함으로써 "나의 인생과 죽음, 나의 걷고 서는 것, 나의 고난과 어려움과 시련"에 감동을 주고, "이 모든 것을 그리스도가 지고 운반하고 통과한다 … " *WA* 37, 62.
　　그리스도가 죽을 때 아버지에 대한 순수한 순종이 우리의 죽음을 바꾸는 방식에 대하여는, 1532년의 성 금요일 설교를 보라. *WA* 10 ᴵᴵᴵ, 75 ff.

의 순전한 삶과 죽음은 우리의 전 삶과 죽음을 성화시킨다. 그것은 심지어 온 세상을 거룩하게 하기 때문에, 우리는 더 이상 세상에서 죄에 빠져 있을 필요가 없다. 우리가 세례받고 그리스도에 대한 신앙 안에 서 있는 한, 그리스도가 그 모든 것을 경험했기 때문에, 어떤 것도 우리를 더럽힐 수 없다. 여기에 그리스도의 전 사역, 그의 삶과 죽음은 모두 하나로 요약되고, 우리의 삶을 위해 우리가 상상할 수 있는 만큼 단순하고 의미있게 표현되어 있다.[73]

구스타프 아울렌의 그리스도 사역에 대한 이해

루터의 그리스도 사역의 교리에 대한 우리의 제시는 실제 루터의 강조를 다른 관점에 두는 현대의 해석을 암묵적으로 거부한 것이다. 이 현대적 해석에 의하면, 그리스도 사역의 결정적 요소는 하나님의 의와 진노에 대한 관계가 아니라 인간을 위협하는 사탄의 세력에 대한 관계라고 한다. 알브레히트 리츨(Albrecht Ritschl)은 "루터는 그리스도에 의한 만족이 하나님이 아니라 저 사탄적 세력에 대해 이루어진 것으로 이해한다"고 주장한다.[74] 비록 테오도시우스 하르낙(Theodosius Harnack)이 원전에 근거하여 이 논지가 루터 사상의 왜곡임을 증명했지만,[75] 스웨덴의 교의학자 구스타프 아울렌은 다시 그것을 주장했다.[76]

아울렌은 교리사에서 화해 교리를 세 가지 유형, 곧 "고전적" 유형, "라틴적" 유형, "윤리적" 유형으로 구분한다. 여기서 윤리적 유형은 우리의 관심사가 아니다. 고전적 유형은 화해를 전투와 승리의 결과로 해석하는 특징이 있다. 예수 안에서, 하나님이 친히 타락의 세력들 곧 인류가 그 아래 쇠사슬에 묶여 있는 "독재자들"과 싸운다. 하나님은 그럼으로써 그 자신을 세상과 화해시킨다. 아울렌은 화해가 이렇게 일관되게 하나님의 행동이고 특별히 사랑의 행위로 이해되어야 한다고 주장했다. 하나님의 사랑이 하나님과 인간 사이의 정의의 관계를 뚫고 들어온다. 아울렌은 이 고전적 유형을 신약성서와 고대 헬라 신학과 루터에게서 발견한다.[77]

---

74) *Die Christliche Lehre von der Rechtfertigung und Versöhnung* (3rd ed.; Bonn: Adolph Marcus, 1889), I, 224.

75) *LT* 2, 70 f., 342.

76) *Christus Victor*, trans. A. G. Herbert (London: S. P. C. K., 1931), "Die Haupttypen des Christlichen Versöhnungsgedanken," *Zeitschrift für Systematische Theologie*, VIII (1930/31), 501 ff. 아울렌의 입장에 대한 비판을 보려면, 다음을 참고하라. P. Althaus, "Das Kreuz und das Böse," in *Zeitschrift für Systematische Theologie* XV (1938), 165 ff. and especially O. Tiililä, "Das Strafleiden Christi," *Annalen der Finnischen Akademie der Wissenschaften* (Helsinki, 1941).

라틴 유형은 이것과 대조를 이룬다. 그것은 화해를 "법적으로" 즉 일관성 있는 정의의 관계의 맥락에서 다룬다. 이런 이유로 화해는 오직 부분적으로 하나님의 행동이다. 하나님의 의의 요구가 성취되는 것이 또한 필요하기 때문이다. 그러므로 화해는 고전적 유형에서처럼 적극적으로 승리의 개념으로 이해되는 것이 아니라, 근본적으로 부정적 의미에서 그리스도의 행동으로 말미암은 형벌의 사면으로 해석된다. 안셀름의 신학이 이러한 견해의 대표적 예이다. 아울렌에 의하면, 루터의 십자가 교리는 이렇게 안셀름과 날카롭게 대립되어 있다. 아울렌은 안셀름과 고전적 프로테스탄트 교의학자의 영향에 의해 규정된 전통적 화해 교리가 신약성서와 루터에 기초하여 개정될 것을 요구한다.

그러나 아울렌의 루터 해석은 원전 자료에 의해 입증되지 못하고 있다는 것을 유의해야 한다. 루터가 아울렌이 "고전적" 유형을 교의학적으로 받아들이게 된 기초를 제공하고 있다는 주장은 사실이 아니다. 루터는 다른 곳에 강조점을 두고 있다. 분명히 루터는 자주 그리스도의 사역을 사탄적 세력에 대한 투쟁으로 묘사하기를 좋아했다. 그는 일반 회중들에게 그리스도 사역을 해석해 주기 위하여 격렬한 신화론적 그림들을 사용했을 뿐만 아니라, 그 진술들이 그 설명적 성격을 손상시키지 않고 신학적으로 진지하게 취급되게 하려는 의도로 그것들을 사용하기도 하였다. 우리는 그것들을 그의 설교뿐만 아니라 강의에서도 발견한다. "사랑하는 그리스도인들이여, 이제 기뻐합시다"라는 그의 찬송에서,[78] 그리스도의 구원 사역은 사탄과의 전투의 관점에서 이해되고 있다. ("그가 사탄을 사로잡을 것이기 때문이다 등") 그러나 우리는 테오도시우스 하르낙과[79] 더 최근에 틸리레(O. Tiililä)가[80] 루터에 근거하여 주장하고 강조한 것을 반복하고 확인해야 한다. 즉 그리스도가 대항하여 투쟁한 세력들은 하나님의 진노를 통해서만 힘과 권세를 가졌다는 것이다. 그 세력들은 죄인들에 대한 하나님의 도구이다.

루터는 악마는 "하나님 편에서 우리가 두려워하는 하나님의 진노를 갖고 있다"고 말한다.[81] 우리는 루터가 이들 세력의 힘뿐만 아니라 권세도 비슷하게 자주 말하고 있다는 것에 주목해야 한다.[82] 그러나 그들은 오직 하나님의 진노를 통해서만, 이

77) 다른 룬트 학파의 신학자들도 마찬가지이다. Ragner Bring, *Dualismen hos Luther* (Lund: Hakan Ohlsson, 1929) ; Philip Watson, *Let God Be God*! (Philadelphia: Muhlenberg, 1948).
78) *WA* 35, 493 ff. ; *LW* 53, 219 f.
79) *LT* 2, 66 ff.
80) Op. cit., pp. 215 f.
81) *WA* 20, 609.

것이 잠잠하게 저지되지 않는 한에서만, 이 권세를 갖는다. 비록 그들이 하나님의
대적들이고 여전히 하나님의 대적으로 남아있지만 말이다. 더욱이 율법이 이들 세력
안에서 특별한 위치를 차지하고 있다는 것을 지적해야 한다. 한편, 루터는 변증법적
으로 심오하게 다룬 그의 율법 교리에서 이 율법을 인간뿐만 아니라 하나님의 대적
으로 규정할 수 있었다.[83] 다른 한편, 율법은 하나님의 진노와 정의의 도구로서 하나
님의 사역과 의지와 기능을 가장 직접적으로 분명하게 수행하는 모든 세력들 가운데
하나이다. 루터가 율법을 다른 적대 세력과 폭군들과 같은 범주에 넣는다는 바로 그
사실은 하나님의 진노가 어떻게 그들 모두에 대해 권세를 가지는지를 설명한다. 이
것이 바로 루터가 그리스도의 사역을 논할 때 사탄의 세력과의 관계보다 하나님의
진노와의 관계와 우리의 죄책에 우선적이고 결정적인 강조점을 두는 이유이다. 하
나님의 의가 요구하는 만족은 그리스도 사역과 특별히 그의 죽음의 기본적이고 결정
적인 의미를 구성한다. 사탄의 세력에 대한 권세와 권위의 파괴를 포함하여, 그 외
의 다른 모든 것은 이 만족에 의존한다.[84]

악의 세력에 대한 그리스도의 전투와 승리의 개념이 루터에게 결정적 개념이라

---

82) *LT* 2, 75.
83) *WA* 40[I], 565; *LW* 26, 370. *WA* 40[II], 417; cf. *LW* 12, 374.
84) *LT* 2, 70 f.
85) Watson, op. cit. pp. 119 ff., 144, n. 130. 왓슨에 의해 인용된 구절은 *WA*
21, 251 (*WA* 34I, 301, 303)에서 온 것이다. "우리는 만족이란 말이 우리 학교와
설교에서 사용되는 것을 허용하지 않는다"는 구절은 오직 인간에 의해 이루어진 회개
의 의미를 가진 만족이란 단어가 도덕적으로 사용되는 것만을 가리킨다. 루터는 그것
을 그리스도의 사역을 설명하기 위해 사용한다. 그는 그 말을 오직 논쟁적 의미로만
사용하지는 않고 있다. p. 203에 인용된 구절은 적절하게 그 개념을 논박하고 있다.
만족의 개념이 루터의 사고에서 본질적이라는 주장은(Watson, op. cit. pp. 120)
원 본문이 확증하지 못하는 가정이다. 루터는 또한 "그리스도가 우리를 위해 지불하
셨다"는 것과 같은 동일한 의미의 표현을 사용한다. *WA* 30[I], 187; *BC*, 414. *WA*
37, 59. 그의 "하나님을 복되게 하라"는 주의 성찬 찬송에서, 루터는 이렇게 말한다.
　　　우리의 죄 가운데 모든 죄가 지불되었고,
　　　하나님이 은혜롭게 긍휼을 베푸시도다.
WA 35, 515; *LW* 53, 254. 우리는 루터가 그런 신학적 표현을 진지하게 사용하지
않았다고 믿어야 하는가? 불행하게도 왓슨은 틸리케의 연구를 적절하게 고려하지 않
았다. 왓슨은 "형벌 이론은 하나님의 속성과 하나님의 인간 다루심에 대한 근본적으
로 율법주의적 개념을 암시한다"고 말한다. 따라서 "이 외에는 아주 격정적으로 율법
주의의 대적자인" 루터는 그것을 진지하게 주장할 수 없었을 것이다. 이 점에서 틸리
케가 왓슨과 아울렌이 "율법주의적"과 "율법적" 사이, 즉 거짓된 율법주의와 율법의
개념을 화해 사역에 적용하는 어떤 형식 사이를 구분하는 데 실패했다고 지적할 때,
우리는 동의해야 한다.

고 선언하는 것은 결코 허용될 수 없다. 그러나 만족의 개념과 하나님의 진노를 진정시키는 것은 루터 자신의 입장을 나타내는 것이 아니라, 그의 적대자들에 의해 그에게 제기된 질문의 형태를 반영하고 있다.[85] 루터 자신은 하나님의 진노를 진정시키는 것과 인간을 사탄의 세력에서 자유롭게 하는 두 요소가 서로 연관되어 있는 방식을 분명하게 진술했다. 따라서 "우리가 하나님의 진노에서 영원히 자유하게 되는 그 자유는 말로 형용할 수 없고, 하늘과 땅과 모든 피조물보다 더 크다. 여기서 다른 자유, 곧 우리가 그리스도를 통하여 율법으로부터 그리고 죄와 죽음과 악의 세력과 지옥으로부터 안전하고 자유롭게 되는 다른 자유가 뒤따른다."[86] 루터는 마치 시간적 간격을 두고 오는 것인 양, 이 두번째 자유가 첫번째 자유를 "뒤따른다"(folgt)고 말하려 한 것이 아닌 것은 자명하다. 악의 세력에서 자유케 되는 두번째 자유는 동전의 양면처럼 하나님의 진노에서 자유케 되는 자유 안에서 그와 함께 주어진다. 그러나 "뒤따른다"는 표현은 인간의 하나님에 대한 관계의 정화가 결정적인 것이라는 것과 사탄에 대한 관계보다 그리스도의 사역의 신 중심적 관계가 우선적이고 더 중요하다는 것을 보여준다.

루터는 그리스도의 제사장과 왕직의 관점에서 그의 사역의 통일된 이중적 의미와 그 결과들을 구분한다. 그리스도는 왕으로서, "죽음과 지옥과 사탄과 모든 피조물의 주"이고, 제사장으로서, 하나님과 인간 사이의 중보를 통하여 "우리에게 절대적으로 필요한 것"을 가져다 준다. "그는 그의 왕국과 주권을 통해, 우리를 모든 것 안에서 모든 악으로부터 우리를 보호한다. 그리고 제사장의 사역을 통해, 모든 죄와 하나님의 진노에서 우리를 보호하고 우리를 위해 중보하고 하나님과 화해시키기 위해 자기 자신이 희생제물이 된다." 또한 루터는 분명히 이렇게 말한다. "이제 그가 하나님과의 관계에서 우리를 안전하게 하고 우리의 양심에 평화를 줌으로써, 하나님은 더 이상 우리에게 적대적이지 않고 또 우리 자신도 하나님에게 적대적이지 않다. 이것은 우리를 위해 피조물들을 무해하게 만든 것보다 훨씬 더 위대한 행위이다. 죄책과 죄가 고통과 죽음보다 훨씬 더 크기 때문이다."[87] 우리는 우리를 억압하고 해를 입히는 모든 세력들은 사탄과 율법마저도 단지 "하나님의 피조물"일 뿐임을 안다.[88] 그것들은 그 자체로 궁극적으로 진지하게 다루어질 대상이 아니다. 그것들을 심각하게 만드는 것은 바로 하나님의 진노뿐이다. 모든 것은 하나님이 화해로 진정되셨다

---

86) *WA* 40^{II}, 4, 11; *LW* 27, 4.
87) *WA* 10^{I}, 1, 717 f.
88) 루터는 율법을 "피조물"이라고 한다. "피조물인 율법이 그 창조자와 갈등을 일으키는 곳에서, 이것은 참으로 굉장한 격투이다." *WA* 40^{I}, 565; *LW* 26, 370.

는 사실에 달려 있다.[89]

그러므로 룬트 학파처럼, 루터의 한 측면만 보고 그를 고전적 유형의 대표로 분류하는 것은 심각한 오해이다. 반대로 루터는 아울렌의 용어를 사용한다면, 고전적 개념과 라틴적 개념을 결합하면서 그러나 결정적으로 라틴 계열을 따르고 있다.[90] 루터는 십자가에 못 박히고 부활하신 그리스도를, 현재 인간을 타락시키는 저 타락의 세력에 대한 정복자로 이해할 때, 헬라 신학자들과 초대 교회의 교리와 입장에 동의한다. 그는 그리스도의 사역을 결정적으로 하나님과의 관계에 두는 데에 안셀름과 일치한다. 이 두 개념은 모두 루터의 사고 안에 통일되어 있다. 이것은 루터가 바울과 함께 율법을 타락의 세력으로 취급하고 있고, 또 우리가 양심에서 느끼는 하나님의 진노를 사탄의 세력 안에서 그리고 그 배후에서 우리를 궁극적으로 위협하는 것으로 보고 있다는 사실에서 알 수 있다. 동시에 루터는 그가 다가올 하나님의 진노를 피하는 데 관심을 두기보다, 현존하는 하나님의 진노를 당하고 그것을 극복하는 데 관심을 두는 한에서, 안셀름보다 헬라 신학자들에 더 가깝다. 따라서 루터의 그리스도 사역 이해는 동시적 현재성과 엄격하게 신 중심적인 관계의 요소를 결합하고 있다.

---

89) WA 10 III, 136과 같은 구절들을 참고하라. 여기서 루터는 그리스도의 성육신과 십자가를, 완전히 하나님과 인간 사이의 적대 관계의 극복과 또 죄와 진노의 "익사"와 그리고 화해에 적용하고 있다.
90) "루터의 그리스도의 객관적 사역 이해는 본질적으로 중세의 만족 이론의 길을 따르고 있다." (Fr. Loofs, *Leitfaden zum Studium der Dogmengeschichte* 4th ed.; 1906), p. 778. 틸리케는 루터가 '라틴'의 속죄 이해를 갱신시키고 심화시킨 것으로 생각할 수 있다고 한다. Op. cit., p. 226.

제18장

신앙 안에 있는 의

칭의 교리는[1] 단순히 여러 교리 가운데 하나가 아니라, 루터가 밝혔듯이, 이것과 함께 교회가 서고 넘어지며 교회의 전 교리가 의존해 있는, 신앙의 기본적이고 주된 조항이다. 칭의 교리는 "기독교 교리의 요약"이며, "하나님의 거룩한 교회를 비추는 태양"이다. 그것은 기독교의 독특한 자산이고, "우리 신앙을 다른 모든 종교로부터 구별한다." 칭의의 교리는 교회를 유지시킨다. 만일 우리가 이 교리를 잃는다면, 우리는 또한 그리스도와 교회를 잃는 것이다. 그러면 어떤 기독교적 이해도 남아 있지 않게 되기 때문이다. 이 교리에서 문제가 되는 것은 사람이 어떻게 하나님 앞에 계속 서 있을 수 있는가 하는 것에 대한 결정적 질문이다. 이 교리는 "하나님 앞에서 우리 양심을 위로한다." 루터는 이 점을 마치 맹세라도 한 듯, 아주 강한 어조로 반복하여 표현한다.[2]

"하늘과 땅과 이 세상 것들이 멸망한다고 할지라도, 이 조항에서 어떤 것도 포기하거나 타협할 수 없다 … 이 조항에는 우리가 교황과 악마와 세상에 대항하여 가르치고 행하는 모든 것이 달려 있다. 그러므로 우리는 그것에 대하여 아주 확신을 가지고 조금도 의심하지 말아야 한다. 그렇지 않으면 모든 것을 잃게 될 것이며, 교

---

1) Rudolph Hermann, *Luthers These Gerecht und Sünder zugleich* (1st ed., 1930; 2nd ed., 1960: Gütersloh: Mohn) and Hans Joachim Iwand, *Glaubensgerechtigkeit nach Luthers Lehre* (3rd ed.; Munich: Kaiser, 1959).
2) *WA* 40^{III}, 335, 352. Cf. *WA* 39^{I}, 205. *WA* 25, 330.

황과 악마와 우리의 모든 대적들이 승리할 것이다." 이것이 바로 루터가 「슈말칼트 조항」에서 칭의를 표현한 방식이다.[3] 같은 해 1537년, 루터는 한 논박의 서문에서 그의 학생들에게 다음과 같이 권고한다: 우리는 이 교리에 대한 우리의 생각을 강력하게 그리고 종종 충분하게 첨예화할 수 없다. 우리는 신학적 열심과 진지함을 가지고, 이 교리를 다루어야 한다. 이성이나 사탄이 이 교리에 대해 적대적인 만큼 그렇게 적대적인 것은 없다. 신앙의 다른 어떤 조항도 이만큼 거짓 가르침의 위험에 의해 위협받고 있지는 않다.[4] 따라서 주의 만찬에 대한 교리를 유일한 예외로 하여, 루터는 그의 전 생애에 걸쳐서 다른 어떤 교리보다도 이 교리에 더 많은 신학적 연구와 힘과 정열을 바쳤다.

루터는 예수 그리스도의 교리에 대해, 칭의의 교리에 대해 말한 것과 동일한 것을 말한다. 그리스도에 대한 교리는 모든 기독교 지식의 핵심이다. 그것은 기독교를 다른 모든 종교와 구분하는, 기독교의 결정적 요소이다. 그 안에 "우리의 모든 지혜와 구원과 축복이 있다." 모든 기독교의 확신은 이 교리에 의존한다. 그것은 모든 교리와 생활의 문제가 판단받는 기준이다. 모든 기독교 신앙은 이 교리와 함께 서고 넘어진다.[5] 루터가 이 두 교리에 대해 같은 말을 할 수 있었다는 사실은 그의 신학에서 이 둘이 매우 밀접하게 연관되어 있으며 서로 의존하고 있음을 보여 준다. 믿음을 통한 칭의는 그리스도에 대한 신앙과 관련하여 부차적인 요소나 새로운 요소가 아니다. 오히려 그것은 바로 그리스도에 대한 신앙 자체이고, 그 신앙이 철저하고 진지하게 이해된 것이고, 인간의 구원 추구와 관련된 것이다. 앞 문단에서 인용된 「슈말칼트 조항」의 문장은 그리스도의 사역과 칭의를 하나의 동일한 것으로 언급한다. 칭의 교리는 제대로 이해된다면, 그리스도에 대한 믿음 이외의 그밖의 다른 것이 아니다. 이 신앙은 포괄적이고 배타적인 의미를 지닌다. 그것은 구원의 문제에서 모든 자기 신뢰를 배제한다.[6] 그럼으로써 신앙은 칭의 교리의 핵심 내용과 정확하게

---

3) *WA* 50, 199; *BC*, 292.
4) *WA* 39[I] 205.
5) *WA* 37, 71 f. *WA* 30[II], 186. *WA* 32, 348; *LW* 21, 59.
6) *WA* 39[i], 46; *LW* 34, 111. 자기 자신의 행위에 대한 신뢰를 증가시키는 것은 "신앙과 온전한 그리스도를 파괴하는 것이다. 중요한 것은 그리스도 한 분이며, 나는 '그리스도가 그것을 행하였기 때문에 나는 그것을 하지 말아야 한다'고 말함으로써 … 이것을 고백해야 한다. 그리스도와 나 자신의 행위는 나의 마음 속에서 서로 관용할 수 없기 때문이다. 따라서 나는 양자 모두에게 나의 신뢰를 둘 수 없고, 오히려 그리스도든 나 자신의 행위든 그들 중 하나는 버려야 한다." *WA* 37, 46. Cf. ibid., p. 48.
7) 〔이 이름은 종교개혁자들이 자신들에게 붙이기를 좋아하는 것이다. 그것은 "복음"이라는 헬라어에서 나왔다 — 영역주.〕

일치한다. 따라서 루터는 복음주의자들이[7] 주 예수 그리스도에 대한 그들의 교리 때문에 그 대적자들에 의해 이단으로 불렸다고 말할 수 있었다. 루터는 우리가 "그리스도만이 우리가 가지고 있는 유일하게 가치있는 소유이며 또 그리스도인으로 불리는 유일한 이유라는 교리를 그토록 명백하고 힘차게 가르치고 선포하기" 때문에, 정죄받는다고 말한다. "우리는 어떤 다른 하나님, 어떤 다른 의, 어떤 다른 거룩함도 알고 싶어 하지 않는다."[8] 루터는 이것을 돌려서, 그의 로마의 대적자들은 그들의 입으로 그리스도를 고백하지만 그들의 교리에서는 그리스도의 인격을 부인하고 있다고 비난한다.[9]

루터는「소요리 문답」어디에서도 칭의에 대해 명백하게 말하지 않고 있고, 심지어 칭의의 개념이 완전히 빠져있다. 그러나 두번째 조항에 대한 주석은 오로지 그리스도만을 믿는 신앙을 통한 칭의의 전 교리가 함축적으로 내포되어 있다. 역으로, 그리스도에 대한 신앙과 칭의 사이의 이러한 관계는 루터가 절대로 칭의를 그리스도에 대한 신앙에서 분리시키는 것을 생각하지 않았다는 것을 보여준다. 따라서 우리는 루터의 교리를 비기독론적으로 구성할 수 없다. 칭의는 그리스도에 대한 신앙에 의존해 있고, 그것에 의해 구성되어 있고, (비록 유일한 형태는 아니라 해도) 그리스도에 대한 신앙의 형태이다.[10]

루터는 "의롭게 하다"(justificare)와 "칭의"(justificatio)라는 용어를 한 가지 이상의 의미로 사용한다. 처음부터, 칭의는 종종 하나님이 사람을 의롭다고 선언하는(justum reputare or computare) 하나님의 판결을 의미한다.[11] 그러나 다른 곳에서 이 말은 인간이 본질적으로 의롭게 되는 모든 사건을 의미한다(이것은 루터가 바울의 로마서 5장에서 발견한 용례이다).[12] 즉 인간이 실제로 의롭게 되는 것뿐만 아니라 인간에게 의가 전가되는 것을 모두 의미하고 있다.[13] 이런 의미의 칭의는 지상에서 불완전하게 남아 있고, 마지막 날에 가서야 비로소 완성된다. 이런 의미의

8) *WA* 37, 71.
9) *WA* 37, 36. *WA* 46, 6. *WA* 39[II], 188; *LW* 34, 304.
10) Cf. H. Iwand, *Rechtfertigungslehre und Christusglaube* (Leipzig: J.C. Hinrichs, 1930).
11) E.g., in the lectures on Romans, *WA* 56, 39, pass.; in the first lectures on Galatians, *WA* 2, 490; *LW* 27, 221. 루터는 그의 생애 후기에서 동일한 용어를 사용한다. e.g. in 1536, cf. *WA* 39 I, 46; *LW* 34, 111. "'의롭게 되다'라는 용어는 인간이 의롭다고 여겨지다를 의미한다." *WA* 39[I], 98; *LW* 34, 167. *WA* 39[I], 443에서, 루터는 칭의와 율법을 성취함 사이를 구분한다.
12) *WA* 39[II], 202; *LW* 34, 320.

완전한 의는 종말론적 실재이다. 이 단어의 이러한 이중적 사용은 루터의 초기 신학과 후기 신학에 서로 분리시켜 관련시킬 수 없다. 그는 이 두 가지 의미의 "칭의"를 동시에 사용하고, 때로는 심지어 같은 본문 속에서 나란히 사용한다.[14] 그러므로 이론적으로, 판단의 의미의 칭의는 두 가지 방식 중 하나로 해석될 가능성이 있다. 하나의 가능한 해석은 인간이 율법을 성취했다는 근거에서 하나님에 의해 의롭다고 선언된다는 것이다.[15] 다른 가능한 해석은 하나님이 인간이 율법을 성취하지 못한 사실에도 불구하고 죄인을 의롭다고 선언하신다는 것이다. 이 두 가능성은 모두 "법정적"(forensic)인 것이다.

밖으로부터 온 의(alien righteousness)

루터의 칭의 교리는 바울과 직접 연결되어 있다. 바울과 함께(롬 4:1 ff), 루터는 대개 칭의를 하나님이 의롭다고 믿어주거나 전가하거나 인정하는(imputare, reputare) 행위로, 즉 하나님이 인간과의 관계에서 그에게 가치를 주는 행위로 이해한다. 복음에 대해 말한다면, 그것은 하나님이 그분 앞에서 불의한 죄인을 의롭다고 인정하고 용납하는 행위이다. 이것은 우선 칭의가 하나님이 죄를 전가하는 것이 아니라 용서한다는(시 32:1) 사실에 그 본질이 있다는 것을 의미한다. 하나님은 인간의 죄를 마치 존재하지 않는 듯이 다루신다. "그는 그 죄들을 더 이상 알지 못한다."[16] 분명하게 설명된 바와 같이, 죄의 용서나 죄를 전가하지 않음은 의의 전가이다. 그리스도의 의가 죄인에게 전가되었다. 하나님은 죄인을 그리스도와 하나된 것

---

13) "그는 의롭게 되고 치유되기 시작했다 … 그러나 동시에 그가 의롭게 되고 치유되는 동안, 그의 육체에 남겨진 죄는 그에게 전가되지 않는다 … " WA 2, 495; LW 27, 227. 이 구절에서 루터는 "의롭게 하다"(justifying)를 "전가하지 않다"(not imputing)에서 구분한다. WA 39¹, 83; LW 34, 152. "그 때 결국 우리는 완전히 의롭게 될 것이다." WA 39¹, 98; LW 34, 167. "우리의 칭의는 아직 완성되지 않았다." WA 39¹, 252.

14) Cf. the *Disputation Concerning Justification* of 1536. "우리는 날마다 아무자격 없이 받는 죄의 용서와 하나님의 자비의 칭의에 의해 의롭게 된다." WA 39¹, 98; LW 34, 167. "우리는 의롭게 된 인간이 아직 의인이 아니라, 의를 향해 가는 순간이나 여행 중에 있다는 것을 알기 때문이다." WA 39¹, 83; LW 34, 152.

15) Cf. Luther's comment on Romans 2:13 in WA 56, 22; LCC 15, 50.

16) "어떤 죄도 … 우리에게 전가되지 않고, 오히려 그것이 아무 것도 아닌 양, 죄 용서에 의해 이럭저럭 하는 동안 제거된다." WA 39¹, 83; LW 34, 153. "인간은 그리스도 덕분에 그가 죄를 갖고 있지 않는 듯이, 죄가 사해진다." WA 39¹, 97; LW 34, 166. "우리의 의는 우리의 죄에 대한 하나님의 무지와 하나님의 무상의 용서이다." WA 40ᴵᴵᴵ, 350.

으로 본다. 그는 인간의 죄를 용서하고, 그리스도 때문에 죄인을 의롭다고 여기신다.[17] 따라서 죄인에게 주어진 의는 자신에 의해 생성된 자기 것이 아니라, 예수 그리스도에게 속한 "밖으로부터 온" 의이다. 의는 인간의 자질에 의해 규정된 철학과 스콜라 신학이 그렇다고 생각하는 바 그러한 인간의 자질이 아니다. 오히려 그것은 하나님이 그리스도의 의를 은혜스럽게 전가시켜 주심을 통해서만 의롭게 되는 데 그 본질이 있는, 인간 "외부에 있는" 의이다.[18] 인간은 스스로 이것을 획득할 수 없고, 오직 그리스도로 말미암은 하나님의 무상의 은혜를 통해 그에게 수여되고 주어지는 것을 허락할 수 있을 뿐이다.[19] 우리의 의의 상태는 우리가 마지막 날 하늘에 들어갈 것과 다를 바 없다. 그리스도는 우리를 땅에서 이끌어 올려 하늘에 두실 것이고(살전 4:16), 우리 자신이 그러는 것이 아니다. 우리는 이 과정에서 완전히 수동적이며, 그것에 대해 아무 것도 할 수 없다. 여기서도 마찬가지이다. 무언가 대단한 어떤 것이 우리에게 일어나고, 우리는 어떤 식으로든 적극적으로 관계하지 않고 단지 그것이 우리에게 일어나도록 허용할 뿐이다. 따라서 죄인의 의는 "능동적" 의가 아니고 그가 "당하고" 받을 수 있을 뿐인 "수동적" 의이다.[20] 이 모든 것은 그리스도가 인격(위격)적으로 죄인의 의, 곧 십자가에 못박히고 부활하고 승천한 그리스도라는 진술 안에 포함되어 있다(롬 8:34).[21] 그리스도가 자신을 인간과 하나로 만들었을

17) "우리는 그리스도 덕분에 의롭다고 여겨진다." *WA* 39[I], 83; *LW* 34, 153. Cf. *WA* 39[I], 97; *LW* 34, 166. *WA* 40[I], 229; *LW* 26, 130.
18) *WA* 2, 145 f.; *LW* 31, 297 ff. "모든 사람은 다른 사람의 의에 의해 의롭게 된다." *WA* 2, 491; *LW* 27, 222. "그리스도나 그리스도의 의는 우리 바깥에 있고 … 우리에게 낯선 것이다." WA 39[I], 83; *LW* 34, 153. "이것은 신학자들이 의를 자질이라고 부르기 때문에, 이해하지 못하는 영적인 신학이다." *WA* 39[I], 99; *LW* 34, 169. Cf. *WA* 46, 43 f., 특히 44; *LW* 24, 345-349, 특히 347. "당신은 자비와 연민을 통해 의롭다. 그것은 나 자신의 조건이나 내 마음의 자질이 아니라, 나 자신 바깥의 어떤 것 즉 하나님의 자비이다." *WA* 40[II], 353; cf. *LW* 12, 328. Cf. *WA* 40[II], 356, 407; *LW* 12, 330 f., 367.
19) "우리 바깥에 있다는 것은 우리의 힘 너머에 있다는 것을 의미한다. 의는 긍휼에 의해 우리에게 주어졌기 때문에, 확실히 우리의 소유이다. 그럼에도 불구하고 우리는 그것을 받을 자격이 없기 때문에 우리에게 낯선 것이다." *WA* 39[I], 109; *LW* 34, 178. Cf. *WA* 39[I], 235.
20) "이렇게 나는 마치 내가 한 덩이 물건인 것처럼 의롭게 되고, 나는 허용한 것이다. 나는 아무 것도 행하지 않는다." *WA* 39[I], 447. "우리에게서 온 의는 그리스도인의 의가 아니다. 그리스도인의 의는 정반대이다. 그것은 수동적이고 우리는 그것을 받아들인다. 우리는 우리 자신을 위해 아무 것도 행하지 않고, 다른 분 곧 하나님이 우리 안에서 역사하도록 허용한다." *WA* 40[I], 41; cf. *LW* 26, 4 f. "우리에게 관한 한, 칭의의 전 과정은 수동적이다." *WA* 40[II], 410; *LW* 12, 368. Cf. 54, 186; *LW* 34, 337.

때, 이 "밖으로부터 온" 의는 인간의 것이 되고 그를 하나님 앞에서 의롭게 만든다.[22]

인간은 세례를 받아 그리스도인이 되는 순간뿐만 아니라 그의 전 생애에 걸쳐, 이 "밖으로부터 온," "수동적" 의에 기초하여 하나님 앞에서 삶을 영위한다. 이것은 수동적인 의가 점점 능동적 의에 의해 대체되거나 제한되지 않고, 또 이 밖으로부터 온 의가 점점 인간 자신의 고유한 의에 의해 대체되지 않는다는 것을 의미한다. 그리스도인을 포함하여 인간은 그의 전 생애 동안 죄인으로 남아 있고, 이 밖으로부터 온 의와 그리스도의 의의 전가를 통하지 않고서는 하나님 앞에서 삶을 영위하거나 가치를 가질 수 없다. 이것은 매일의 죄의 용서에서 발생한다.[23]

루터는 우리의 의가 그리스도의 의이고, 또 우리의 의는 하나님의 자비에 있다고 둘 다 말할 수 있었다.[24] 이것은 각각 의가 인간 외부로부터 인간에게 온 것이고, 그의 마음의 자질이 아니라는 것을 말한다. 이것은 우리 자신의 행위와 성취를 통해 의롭게 되는 것과 정반대이다. 루터에서, 이렇게 의의 근거를 하나님의 자비 안에 두는 것은, 종종 현대 신학에서 주장되는 것과 달리, 그것이 "그리스도로 말미암아" (propter Christum) 발생하는 것을 배척하는 것이 아니라는 사실을 주장하는 것이

---

21) *WA* 17ᴵ, 245. *WA* 40ᴵ, 47, 229; *LW* 26, 8 f., 130. WA 46, 44; LW 24, 347. 루터는 두번째 갈라디아서 강의에서, 하나님의 의는 "죽은 자의 부활로 불린다"고 명백하게 말한다. 루터는 우선 바울이 로마서 4:25에 말한 것에 근거하여 그리스도의 부활에 대해 말하고 있다. WA 40ᴵ, 64; LW 26, 21. Cf. WA 39ᴵᴵ, 237.

22) *WA* 2, 495; *LW* 27, 227. "따라서 그것은 낯선 거룩함인 동시에 우리 자신의 거룩함이다. 하나님이 우리가 이생에서 행한 모든 것을 그 자체로 불결한 것으로 여기지 않고, 오히려 그의 삶을 통해 온 세상을 거룩하게 만든 이 아이를 통하여, 모든 것을 거룩하고 귀하고 용납할 만한 것으로 보시기 때문이다." *WA* 37, 57. "이것은 특별한 의이다. 마치 우리 자신이 그 의를 성취하고 얻은 것처럼, 우리가 의롭다고 불릴 수 있고, 또 우리 안에 있으나 전적으로 우리 밖의 그리스도 안에 있고 또 그럼에도 불구하고 우리 자신의 것이 된 의를 소유할 수 있는 것은 실제 이상한 일이다." WA 46, 44; LW 24, 347.

23) "죄의 용서는 세례에서 시작되고, 죽을 때까지 그리고 우리가 죽은 자로부터 일어날 때까지 우리에게 남아있고, 우리를 영생으로 인도한다. 그래서 우리는 계속하여 죄의 용서 아래에서 산다." *WA* 39ᴵ, 95; *LW* 34, 164. "우리는 아무 자격 없이 주어지는 죄의 용서와 하나님의 자비의 칭의에 의해 날마다 의롭게 된다." *WA* 39ᴵ, 98; *LW* 34, 167. "나는 날마다 용납 아래에서 산다." *WA* 40ᴵᴵᴵ, 348. Cf. *The Holy and Blessed Sacrament of Baptism* (1519), *WA* 2, 731; *LW* 35, 34.

24) Cf., e.g., *WA* 40ᴵᴵ, 340; cf. *LW* 12, 320. "하나님의 자비만이 우리의 의이고, 우리 자신의 행위는 우리의 의가 아니다." *WA* 39ᴵ, 48; *LW* 34, 113. "의는 그러한 자질의 형태 안에 놓여 있는 것이 아니라, 하나님의 자비 안에 놓여 있다." *WA* 8, 92; *LW* 32, 208.

중요하다. 반대로, 이것이 정확하게 포함되어 있다. 하나님의 자비는 그리스도로 말미암아 우리에게 오는 것이기 때문이다.

　　하나님은 인간과의 관계에서 의롭지 않은 인간을 의롭다고 받아들임으로써 "믿을 수 없는 하나님의 능력과 자비의 위대함"을 드러낸다. "이 전가는 하잘 것 없는 것이 아니라 온 세상과 모든 거룩한 천사보다 더 위대한 것이다."[25] 하나님이 불의한 자를 의롭다고 선언하는 사실은 모든 인간의 이해와 이성을 초월한다. 하나님의 판단은 인간의 판단과 각자 인간의 자기 자신에 대한 판단과 상충된다. 자기 자신과 다른 사람에 의해 죄인으로 정죄받은 사람이 의롭다고 선언되었다.[26] 하나님은 이렇게 놀라운 방법으로 인간을 다루신다. 루터는 시편 4:3을 인용하기를 좋아했다. "주님이 놀랍게 그의 성도들을 인도하는 것을 보라."[27] 이성은 결코 하나님의 심판의 역설과 그가 전가하는 의의 감추인 비밀을 이해할 수 없다. 그러나 그것은 또한 신자들에게 끊임없이 새로운 영적 시험이다. 경건한 이들도 죄인이 의롭게 되었다는 것을 쉽게 믿을 수 없기 때문이다.[28]

　　사람은 오직 신앙을 통해서 즉, 예수 그리스도를 믿음으로써 의롭다 함을 받는다. 그를 믿는다는 것은 예수 그리스도의 역사 안에 있는 하나님 아버지의 사랑을 인정하고 붙잡는 것이다.[29] 인간은 그에 대한 하나님의 은혜로운 판결을 받아들일 때, 믿는 것이다. 그는 바로 하나님의 자비가 그에게 전가한 저 그리스도의 의에 근거하여 하나님 앞에서 살아가는 모험을 감행한다. 이 의롭게 하는 신앙은 구원의 사실들이 개인적으로 관련되어 있지 않아도 실재하는 것이라는 단순한 확신 이상이다. 의롭게 하는 신앙은 이 확신을 포함하고 있으나, 발생한 것은 "나를 위하여" 그리고 "나 때문에" 일어난 것으로 적용되어야 한다. 이 "나를 위하여"는 이 의롭게 하는 신앙을 기타 우리가 신앙이라고 부르는 모든 것과, 그리고 특별히 단순한 "역사적 사실에 대한 신앙"과 명백하게 구분시키는 결정적이고 본질적 요소이다.[30]

---

25) *WA* 39[i], 97; *LW* 34, 166 f.

26) *WA* 39[i], 82; *LW* 34, 151 f.

27) *WA* 39[i], 82; *LW* 34, 151. Cf. *WA* 39[i], 515. 이 구절에 대한 루터의 해석을 위해서는 WA 5, 107 ff., 특별히 108을 참고하라. 루터는 또한 "하나님은 그의 성도들 안에서 놀라우시도다"라는 시편 68:35의 불가타본을 인용한다(불가타본에서는 시편 67:36임). *WA* 56, 296; *LCC* 15, 125. *WA* 57, 164; cf. *LCC* 15, 125. *WA* 8, 124; *LW* 32, 254. 〔이 구절의 RSV 번역은 불가타와 루터가 행한 것과 다른 원본문의 요소들을 강조한다 ― 영역주.〕

28) *WA* 39[i], 82; *LW* 34, 151. *WA* 40[i], 41; cf. *LW* 26, 14. *WA* 40[II], 420; *LW* 12, 376. *WA* 46, 44; *LW* 24, 347.

29) *WA* 39[i], 45; *LW* 34, 110.

루터는 그것이 그리스도를 붙잡는다는 사실에서 의롭게 하는 신앙의 정수를 본
다. 그것은 "붙잡고" 자기 것으로 수용하는 신앙(fides apprehensiva)이다.[31] 그것
은 지적인 행위일 뿐만 아니라, 또한 하나님이 그리스도 안에서 우리에게 제공하는
자비를 믿는 효과적 행위이다.[32]

그러나 신앙이 칭의를 받는다거나 인간이 신앙 안에서(in) 칭의를 받는다고 말
하는 것은 충분하지 않다. 루터의 사상은 좀더 명확히 표현되야 한다. 칭의는 신앙
과 함께(with) 즉 신앙의 형태로 받게 된다. 신앙은 하나님의 사역이며 선물이다.
하나님은 인간에게 신앙을 주심으로써 그를 의롭게 한다. 그리스도는 인간들의 의이
고, 그런 만큼 이 의는 우리 밖에 있다. 그러나 그리스도는 내가 그리스도를 나의
것으로 삼고 내 소유로 만들기만 하면, 나의 의이다. 신앙은 그리스도가 자신을 나
에게 줄 수 있는 유일한 길이다. 신앙 안에서 자기 것이 된 그리스도, 곧 신앙을 통
해 나의 마음 속에 살아있는 그리스도만이 나의 의이다.[33]

그리스도는 신앙의 "대상"일 뿐만 아니라, 그 자신이 신앙 안에 현존한다. 신앙
을 통하여, 그리스도는 인간과 함께 인간 안에 존재한다.[34] 믿는 마음은 마치 반지가
보석을 붙박아 두고 있듯이, 그리스도를 굳게 잡는다. 즉 우리는 신앙 안에서 그리
스도를 소유하고 있다.[35]

오직 신앙 안에서만 그리스도와 인간이 함께 연합되고 하나가 되고, 그 결과 하
나님의 심판 안에 있는 사람이 그리스도의 의에 참여하게 된다. 그러므로 칭의의 문

---

30) "따라서 '나를 위하여'와 '우리를 위하여'는 그것이 믿어진다면, 저 참된 신앙을 창조
하는 바, 이것은 참된 신앙을 그저 행해진 일을 듣는, 다른 모든 신앙과 구분시킨다.
이것은 단독으로 우리를 의롭게 하는 신앙이다 … " WA 39', 46; LW 34, 110. 역
사적 신앙에 대해서는 WA 37, 45를 보라.
　루터는 또한 신앙의 요소들을 설명한다. 신앙은 의지의 회심으로 신앙이 신뢰의 동
의로 의지 자체와 관련되는 것을 통하여 일어날 뿐만 아니라, 지성의 갱신으로 하나님
의 말씀에 동의하는 것을 통하여 일어난다. 따라서 이중적 동의가 포함되었다. WA
39", 243.
31) "신앙은 그리스도를 붙잡는다(apprehend 혹은 붙든다take hold of)." WA 39',
45; LW 34, 110(또한 논제 18-25를 참고하라). 루터는 또한 신앙이 "그리스도를 이
해한다고 (comprehend 혹은 파악한다grasp)고 말한다." WA 39 I, 83; LW 34,
153. "apprehend"는 또한 WA 40', 228 f.; LW 26, 129 f. 같은 다른 곳에서도
발견된다. "우리의 신앙은 붙잡는는 힘(virtus apprehensiva)이다." WA 39", 319.
32) WA 40', 228; LW 26, 129.
33) WA 40', 229; cf. LW 26, 130.
34) WA 2, 502; LW 27, 239. WA 40', 228 f.; LW 26, 130.
35) WA 40', 165, 233, 235; LW 26, 89, 132, 134.

제에서, 그리스도와 신앙은 두 개의 다른 것으로 서로 대립된 것으로 취급될 수 없다. 그리스도는 내가 그를 "붙드는" 저 신앙 안에서만, 나를 위해 하나님의 심판 속에 있는 존재이고, 신앙은 오직 그리스도가 인간과 함께 현존하기 때문에 하나님의 심판 속에서 의미가 있다. 따라서 루터는 우리가 그리스도 때문에 의롭게 된다고 말하든, 그리스도를 믿는 신앙 때문에 의롭게 된다고 말하든, 동일한 의미로 말하고 있다.[36]

루터가 한편으로 칭의 안에서 하나님의 능력과 자비의 위대함을 강조하고, 다른 한편으로 신앙의 위대함과 효력을 강조할 때, 그것은 동일한 것이다.[37] 신앙이 강력한 것은 오직 그리스도 안에 있는 하나님의 능력을 붙잡기 때문이고, 그리스도의 고유한 의에 의존해 있기 때문이다.[38]

루터의 첫번째 갈라디아서 강의에서, 신앙은 또한 기도할 때 부르는 "하나님의 이름"과 관계가 있다. 실제, 이것은 그리스도에 대한 신앙의 관계와 다르지 않다. 하나님의 이름은 그리스도 안이 아니면 그 어디서도 확실하게 드러나지 않는 하나님의 자비를 요약하고 있기 때문이다. 루터는 여기서 그리스도가 신앙을 통해 마음 속에 살아있고 신앙을 통해 그리스도와 신자가 하나가 되듯이, 주의 이름과 마음은 신앙을 통하여 하나가 되고 서로를 붙든다고 주장한다. 마음은 주의 이름에 속한 순결과 거룩과 의에 참여한다. 그 의미는 곧 이어 루터가 그리스도의 의와 그리스도인의 의가 표현할 수 없는 방식으로 서로 묶여 있는 하나의 동일한 것이라고 말하는 때에도 변하지 않고 남아있다.[39] 루터는 「그리스도인의 자유」에서 인간이 신앙 안에서 붙잡는 말씀과의 연결을 통하여 인간이 의롭게 되는 신비를 설명할 때, 근본적으로 동일한 말을 하고 있다. "영혼이 말씀과 연합될 때, 영혼은 말씀처럼 된다. 마치 쇠가 달구어질 때 불처럼 빨갛게 되는 것처럼 말이다."[40] 1522년 8월 15일자 루터의 설교

36) *WA* 40[III], 351; *WA* 39[II], 214.
37) *WA* 39[I], 97; *LW* 34, 166.
38) *WA* 8, 114; *LW* 32, 239.
39) *WA* 2, 490 f.; *LW* 27, 220.
40) "신앙을 통하여 그리고 하나님의 말씀에 의해, 영혼은 거룩하고 의롭고 참되고 평화롭고 자유롭고 전적으로 선하게 되고, 그는 하나님의 진정한 자녀가 될 것이다." *WA* 7, 24; *RW* 1, 362; cf. *LW* 31, 349.
41) "신앙은 이렇게 영혼과 말씀의 완전한 일치를 낳는다. 말씀의 불꽃과 선함은 영혼에 침투하고, 그럼으로써 영혼은 말씀의 본성을 취하게 된다. 우리가 말씀을 비판하지 말아야 하듯이, 우리는 또한 양심을 비판하지 말아야 한다. 그 양심의 본질이 이제 말씀과 신앙의 결합이기 때문이다." *WA* 10[III], 271. "말씀과 하나로 동일하게 되는 자마다 의롭고 책망을 면하게 된다." *WA* 10[III], 273.

도[41] 동일한 주장을 하고 있다. 루터는 이렇게 하나의 동일한 것을 표현하기 위해 다른 개념들을 사용할 수 있었다. 따라서 이러한 구절들에 의해, 말씀은 인간을 의롭다고 선언할 뿐만 아니라 그에게 새로운 존재를 준다는 것을 유념해야 한다.

이미 살펴본 대로, 신앙은 그리스도를 붙들기 때문에, 우리를 의롭게 만든다. "신앙은 이 보화 곧 현존하시는 그리스도를 붙들고 소유하기 때문에, 의롭게 한다."[42] 따라서 신앙은 그 자체에 의해 의롭게 하는 것이 아니라, 오직 그리스도가 신앙을 통해 우리 안에서 친히 현존하시기 때문에 의롭게 하는 것이다. 신앙은 후대 교의학자들이 말했듯이, 오직 우리가 받아들이는 수단이나 도구로서만 의미가 있다. 그것은 사람이 무언가 받을 수 있으려면 가져야 하는, 빈 손에 비교할 수 있다.[43]

그러나 루터는 또한 신앙을 성령에 의해 이루어진 인간의 태도로 평가한다. 신앙은 사람이 더 이상 자기 자신에 만족하지 않고 자기 자신을 기뻐하지 않는다는 사실을 포함한다.[44] 그런 사람은 자신의 인격을 이유로 해서는 하나님으로부터 아무것도 기대하지 않고, 하나님 앞에 자기 자신의 것은 어떤 것도 가져오지 않는다. 오히려 그는 완전하게 거리낌없이 하나님의 자비에 자기 자신을 내어 맡기고 신뢰한다. 그러면 그는 기꺼이 하나님으로부터 받는다. 그럼으로써 신앙은 제1계명의 참된 성취이다. 그것은 인간이 하나님은 하나님이심을 깨닫고, 그분을 생명과 구원의 유일한 창조주로서 합당하게 영광을 돌리는 유일한 길이다. 신앙은 마음을 순결하게 한다. 신앙 자체가 마음의 순결이다.[45] 오직 신앙 안에서만 인간은 온전히 하나님 앞에서 마땅히 되어야 할 존재이다.[46] 따라서 신앙은 "제1계명의 행위"이다. 루터는 「선행에 관하여」에서 십계명의 온전한 성취를 기술할 때, 이 정식을 사용한다.[47] 그러나 후에 루터는 이 규정이 신학에서 사용되는 것을 듣고 싶어 하지 않았다. 그는 신앙을 하나의 행위로 규정하는 것에 대해 의심을 가졌다.[48] 그것은 특정 상황에서

---

42) *WA* 40[I], 229; *LW* 26, 130.
43) 후기 루터교 교의학자들은 신앙을 "수용하는 장치"(organon receptivum or leptikon)라고 말한다. "신앙은 우리가 그리스도를 영접하고 그리스도 안에서 하나님 앞에서 내세울 수 있는 의를 얻는, 유일한 수단과 기구이다." *Formula of Concord*(Epitome III, 5), BC, 473. 손과 보화의 비유는 다른 여러 사람들 중 홀라츠(Hollaz) 안에서 발견된다.
44) *WA* 56, 157 f., 199; *LCC* 15, 3 f., 48.
45) *WA* 2, 514, 563; *LW* 27, 257, 331.
46) *WA* 5, 104.
47) *WA* 6, 209; *PE* 1, 194.
48) "나는 신앙이 행위로 불리는 것을 기분좋게 듣지 않는다." *WA* 39 I, 98; *LW* 34, 167.

허용될 수 있었으나, 엄밀히 말하면 이 용례는 비성서적인 것으로 회피해야 한다. 루터가 이렇게 생각한 이유는 다음과 같다. 성경이 신앙을 우리의 행위가 아니라 하나님의 행위로 보고 있기 때문이다. 그러나 그는 주로 "행위" 개념이 율법과 연결되어 있는 반면, 신앙은 율법이 아니라 하나님의 약속과 관련되어 있다고 생각했다.[49] 그러나 칭의 교리 안에서는 신앙을 행위로 규정하는 것을 절대 허용할 수 없다. 만일 누군가 신앙을 "행위"로 말한다면, 그것은 인간의 행위인 한에서 의롭게 하지 못하는 모든 행위와 동일한 것이 적용될 것이다. "우리는 문제가 혼돈에 빠지지 않도록, 모든 행위가 그 고유의 범주 안에 남아있도록 해야 한다."[50] 신앙을 "제1계명의 행위"로 기술하는 것은 계명의 성취에 대한 윤리적 해설의 범위에 속할 수 있으나, 칭의의 신학에는 속하지 않는다.

새로운 피조물의 시작

비록 신앙이 칭의와의 관계에서 "공로"로 간주될 수 없다 하더라도, 그것은 여전히 "선행"의 근원과 원천으로 남아 있다. 그 자체로서 신앙은 인간이 실제 의롭기 때문에 갖고 있는, 새로운 의의 시작이다. 이것은 신앙이 그리스도를 통해 의롭게 한다는 사실 곧 신앙이 그리스도를 마음 안으로 가져오고, 바꾸어 말해서 신앙이 성령의 역사로 일어나고 "그것과 함께 (이 성령을) 가져온다"는[51] 사실에 함축되어 있다. 이것은 루터가 그의 첫 갈라디아서 강의에서 말한 대로, 그리스도를 통해 우리에게 계시된 바 하나님의 이름과 그의 거룩하고 순수하고 신적인 본성이 우리 마음에 결합되고, 그 결과 그것이 우리 마음을 그것 자체처럼 변하게 만든다는 것을 의미한다. 그러므로 우리 마음이 의롭게 되는 것은 오직 그것이 그리스도의 의의 전가 곧 하나님 자신의 의의 전가를 통해 그 자체로서 용납되기 때문에 그렇게 되는 것만은 아니다. 그것은 또한 하나님의 성령이 우리 마음에 부은 바 되고 하나님께서 성령과 함께 사랑과 새로운 순종을 가져오기 때문에 의롭게 되는 것이다.[52] 신앙이 마음 안으로 가져오는 그리스도는 인간이 그리스도의 고유한 의로 인해 하나님 앞에서 갖는 "낯선" 의일 뿐만 아니라, 동시에 또한 신자 안에서 효과적인 힘 곧 하나님 자

---

49) *WA* 39[I], 90; *LW* 34, 159 f. *WA* 39[I], 207.

50) *WA* 39[I], 91; *LW* 34, 160.

51) *WA*, DB 7, 10; *LW* 35, 370.

52) "따라서 주의 이름이 순수하고 거룩하고 의롭고 진실되고 선한 대로, 만일 그것이 우리 마음을 감동시키거나 감동받으면(이것은 신앙을 통해 발생한다), 그것은 우리 마음을 완전히 자기 자신처럼 만든다." *WA* 2, 490; *LW* 27, 22. Cf. *WA* 39[I], 482.

신의 힘이고, 인간의 마음을 그분 자신의 삶과 존재로 이끌 수 있는 분이다.[53]

루터는 또한 그리스도가 우리와의 관계에서 이중의 방법으로 율법을 성취한 것을 말함으로써 이것을 표현한다. 첫째 그리스도는 우리 밖에서 우리를 위해 율법을 성취한다. 둘째 그는 우리 안에서 우리로 하여금 그리스도를 따르게 하는 성령의 능력을 통해 율법을 성취한다.[54] 따라서 그리스도에 대한 신앙은 하나님이 죄인을 변화시키고 그리하여 죄인이 하나님처럼 되는 유일한 길이다.

신앙은 오직 유일하게 우리를 위한 그리스도만을, "우리 바깥의" 그의 의를 바라본다. 그러나 그럼으로써 신앙은 우리 안에 있는 그리스도의 임재와 능력이 된다. 그리스도에 대한 하나의 동일한 신앙은 죄의 용서와 죄에 대한 승리를 둘 다 제공한다.[55] 신앙 안에서 인간은 새 사람이 된다. 의롭게 하는 신앙은 하나님으로부터 새로 태어나는 것을 의미한다. 하나님의 용서하는 자비에 대한 확신은 나를 하나님 안에서 기쁘게 하고, 율법에 대한 노예적 복종을 그치게 하고, 하나님의 뜻에 대하여 새롭고 자유롭고 기쁨에 넘쳐 순종하게 하고, 나를 옛 사람의 죄에 대항하여 싸우는

53) "의롭게 된 인간이 자기 혼자서 사는 것이 아니라, 그리스도가 그 안에서 살게 된다. 이것은 신앙을 통해 그리스도가 그 안에서 살고 그의 은혜를 그에게 부어주시고, 이로 인해 인간이 자신의 영이 아니라 그리스도의 영에 의해 다스려지는 일이 발생하기 때문이다." WA 2, 502; LW 27, 238. "그리스도를 믿는 사람은 그리스도가 자기 안에서 살고 역사하도록 하게 하기 위해, 자신을 비우고 더 이상 자기 일에 몰두하지 않는다." WA 2, 564; LW 27, 332. WA 8, 6; LW 13, 5.
54) "우리의 공허한 율법은 먼저 우리 바깥에 있음으로써 빈 공간을 채우는 그리스도에 의해 끝이 났다. 그리스도 자신이 우리를 위해 율법을 성취하기 때문이다. 다음 그리스도는 또한 우리 내부에서 이 새롭고 영원한 순종을 시작하는 성령으로써 빈 공간을 채우신다." WA 39^{I}, 435, 483, 383, 388.
55) "새 피조물의 출발은 이 신앙과 및 육체의 죄에 대한 전투를 완성시키는바, 이 육체의 죄는 바로 그리스도에 대한 신앙이 용서하고 또 정복한 것이다." WA 39^{I}, 83; LW 34, 153. Cf. WA 39^{II}, 236.
56) 특별히 「로마서 서문」에서 다음과 같이 말하고 있다. "신앙은 우리를 변화시키고 우리를 하나님으로부터 새롭게 태어나게 만드는(요 1:12,13), 우리 안의 하나님의 역사이다. 신앙은 옛 아담을 죽이고 마음과 영과 지성과 힘에서 우리를 전혀 다른 사람으로 만든다. 신앙은 성령을 동반한다. 오, 그것은 살아있고 활력있고 적극적이고 강력한 것으로서, 이러한 신앙이다. 그것이 끊임없이 선행을 행하지 않는 것은 불가능하다 … 신앙은 하나님의 은총에 대한 살아있는 대담한 신뢰이고 아주 확실하고 분명한 것이기 때문에, 신자는 그것에 자기 삶을 천 번이라도 맡기려 한다. 하나님의 은총에 대한 이러한 지식과 신뢰는 인간이 하나님과 그의 모든 피조물을 대할 때 기쁘고 대담하고 행복하게 만든다. 그리고 이것은 성령이 신앙 안에서 이루시는 일이다. 그것 때문에, 강제로 하지 않고도, 인간은 그에게 이러한 은총을 보여주신 하나님에 대한 사랑과 찬양으로 인해, 기꺼이 즐겁게 모든 사람에게 선한 일을 하고, 모든 사람을 섬기고, 모든 것을 참는다." WA DB 7, 10; LW 35, 370 f. 또한 다음 각주를 참고하라.

전선에 배치시키고, 기꺼이 이웃을 섬기고 "하나님에 대한 사랑과 찬양 속에서" 고난당하는 삶의 자세를 조성한다. 루터는 넘치는 기쁨으로, 이러한 신앙의 윤리적 열매를 선포한다.[56] 그는 그리스도가 사람 안에서 능력으로 역사하고 성령이 그 안에 거하면서 그를 활력있게 만드는 사실의 풍성한 의미를 온전히 구체적으로 설명한다.

그리스도에 대한 신앙의 두 가지 효과는 다음과 같다. 그것은 죄의 용서와 또 그와 함께 의의 전가를 가져온다. 신앙은 또한 새로운 존재를 확립하고, 인간을 그 자신 안에서 의롭게 만든다. 이 두 가지 신앙의 효과는 루터 신학에서 분리할 수 없게 결합되어 있다. 그가 신앙 그 자체인 의, 신앙이 제공하는 의에 대해 말할 때, 그는 이 두 가지 곧 그리스도로 인해 전가된 의와 새로운 순종으로 변하는 인간의 변화를 함께 본다.[57] 그 말의 온전한 의미에서 "칭의"는 이 두 가지 사실로 구성되어 있다. 칭의의 기본적이고 결정적인 요소는 인간이 하나님 앞에서 용서받고 새로운 가치를 받는다는 것이다. 인간이 자기 자신 안에 가지고 있는 바 이 두번째 종류의 의는 오직 이 첫번째 종류의 의의 능력을 통해서만 온다.[58] 그러나 하나님의 용서가 그 자체를 넘어 인간에게 새로운 존재와 새로운 순종을 제공하는 것은 동일하게 사실로 남아있다. 이 옛 사람을 억제하는 목표가 성취되지 않는다면 , "복음, 신앙, 그리고 다른 모든 것은 아무 소용이 없을 것이다."[59]

하나님은 인간을 새 사람으로 만들려고 의도하지 않았다면, 그리고 이미 의롭게 하는 신앙의 선물로서 이것을 시작하지 않았다면, 결코 인간을 의롭다고 선언하지 않았을 것이다. 이러한 정도로 하나님의 용서와 죄인를 의롭다고 하는 그의 판단은 종말론적 차원을 갖는다. 하나님이 인간에게 주신 죄의 용서와 새로운 가치를 넘어 인간이 진정으로 새롭게 되는 것을 의도하는 만큼, 하나님은 또한 신자를 이 목표로 움직이신다. 신자는 죄가 더 이상 아무 효력도 없는 것처럼, 그의 죄의 용서에 안주하는 것이 아니라, 날마다 죄에 대해 승리하기 위해 철저하게 전투를 벌인다.[60] 그러므로 그리스도인의 의는 현재에 존재하고 있는 동시에 장차 미래에 올 것이다. 그것

---

57) "그러므로 의는 그러한 신앙이다. 그것은 하나님이 제공하시고, 우리의 중보자 그리스도로 인한 의로 평가하시고, 인간이 모든 사람에 대한 그의 의무를 성취하게 만드시기 때문에, '하나님의 의'라고 불린다. 신앙을 통해 인간은 죄로부터 자유롭게 되고, 하나님의 계명 안에서 즐거움을 갖게 되기 때문이다 … " *WA DB* 7, 11; *LW* 35, 371.
58) "그러나 첫번째 토대가 더 강력하고 중요한 것이다. 왜냐하면 두번째 의가 상당한 것이긴 하지만, 그것은 첫번째 의의 능력을 통해서만 그렇게 행하기 때문이다." *WA* 8, 114; *LW* 32, 239.
59) *WA* 8, 26; *LW* 13, 22.
60) *WA* 39 I, 353.

은 인간이 하나님의 의의 전가를 통해 가진 의로서, 그가 그리스도로 인해 하나님 앞에서 갖는 존재로서, 또한 신앙 안에서 그리스도의 효과적 임재를 통해 창조된 본질적 의의 시작으로서, 현재에 존재한다. 그리스도인의 의는 그가 온전히 새로운 존재일 때 그가 가질 의로서, 장차 미래에 올 것이다. 이미 현존하는 의는 장차 올 의의 약속이고, 그것을 기다린다. 이미 현존하는 의는 그것을 바라보는 관점에 따라, 완전한 의이며 동시에 부분적인 의이다. 그것은 하나님에 의한 용납과 그리스도의 의에 대한 참여의 관점에서 볼 때, 완전하다.[61] 그리스도의 의는 전체적인 것이고, 신자는 그것에 전체적으로 참여한다. 그것은 인간의 새로운 존재와 새로운 순종의 관점에서 볼 때, 부분적이다.[62]

하나님이 우리를 용납하신 것은 완료 시제로 서술되어야 한다. 즉 우리는 의롭게 되었고, 이미 의롭다. 우리 자신 안에서 의롭게 된 상태는 현재 시제로 오직 시작된 것으로 묘사될 수 있으나, 그 완성은 미래에 있다. 즉 우리는 오직 의롭게 되어 가고 있을 뿐이다.[63] 이런 의미에서 그리스도인은 여전히 의를 기다리고 있다. 여기서 또한 루터는 바울에게 동의한다(롬 8:24, 갈 5:5).[64] 1530년 이후, 루터는 갈라디아서 5:5을 "그러나 우리는 영 안에서 신앙을 통하여 우리가 소망하는 바 그 의를 기다린다"고 번역한다. 그리고 "우리는 아직 의롭게 되지 않았다 — 우리는 이미 의롭게 되었으나, 우리의 의는 아직 소망에 의존해 있다"고 그 의미를 해석한다.[65]

그리스도인의 의가 지금 여기가 아니라 소망 안에서 그 실재를 갖고 있다는 표현은 두 개의 갈라디아서 주석에서 모두 발견된다.[66] 바로 이런 관점에서, 루터의 칭의에 대한 이중적 용례 즉 죄의 용서와 및 그리스도인의 삶의 새로운 존재 사이의 관계를 이해할 수 있다. 그리스도인은 또한 날마다 하나님의 용서와 그리스도의 의

---

61) "그러나 신적 전가에 의해 우리가 실제 전적으로 의롭게 되는 것이 사실이다." *WA* 39^I, 563; Cf. *WA* 8, 106 f.; *LW* 32, 227 f.

62) *WA* 39^I, 241; Cf. *WA* 2, 498; *LW* 27, 232.

63) "우리는 의롭게 된 인간이 이미 의로운 것이 아니라 의를 향해 움직이고 있다고 이해한다." *WA* 39^I, 83; *LW* 34, 152. "우리의 칭의는 아직 완전하지 않다 … 그것은 아직도 건설 중에 있다. 그러나 그것은 죽은 자의 부활에서 완성될 것이다." *WA* 39^I, 252. 루터는 그것을 또한 다음과 같이 표현할 수 있었다. "그리스도는 그의 백성 가운데 죽음에서 깨어났다. 그러나 그는 오직 이것을 시작했을 뿐이다. 그가 아직도 우리 안에서 완전히 깨어난 것은 아니기 때문이다." *WA* 39^I, 356.

64) 루터는 *WA* 40^{II}, 24; *LW* 27, 20 f. 이 둘을 다 언급한다〔영어판은 갈 5:5에 대한 참고를 명확하게 확인하지 않고 있다 — 영역주.〕

65) *WA* 40^{II}, 24; cf. *LW* 27, 21.

66) *WA* 2, 495; *LW* 27, 227. *WA* 40^{II}, 24; *LW* 27, 20.

의 전가에 의존하는 죄인이고 계속 그러한 죄인으로 남아있다. 그러나 하나님은 이미 그리스도인이 죄 용서를 받아들인 바로 그 신앙 안에서 그의 새 창조의 사역을 시작하였다. 이런 신앙으로 하나님은 이미 그의 새 창조를 시작하였다.[67] 루터는 불가타역이 "일종의 그의 피조물의 시작"(initium aliquod creaturae ejus)로 번역한 야고보서 1:18의 표현을 빈번하게 사용한다.[68]

이러한 새 창조의 시작은 하나님의 칭의의 판단과 무관한 문제가 아니다. 루터는 후기뿐만 아니라 초기에도 한 번 이상 하나님이 그들 안에 시작된 새 창조 때문에 그리고 이 시작을 고려하여 그의 백성을 의롭게 하고 참으신다고 강조한다.[69] "그리스도로 말미암아"와 함께 "우리 안에서 일으킨 그의 창조의 시작 때문에"가 나란히 나온다. 이것은 우리가 이미 확인한 것을 아주 명확하게 해준다. 즉 하나님의 칭의의 판단과 인간 안에서 행하는 그의 활동은 분리할 수 없게 결합되어 있다는 것

---

67) "삶의 그 새로움은 놀랍게 시작되었다 … " WA 39[I], 98; LW 34, 167.

68) WA 39[I], 83; LW 34, 152. "우리는 오직 우리가 이생에서 성령의 첫 열매들을 받고 갖는 한에서만, 창조의 첫 열매들이다." WA 39[I], 235. "오직 새로운 창조의 시작" WA 39[I], 204; cf. 252, 356. 그의 독일어 성서에서, 루터는 "그의 피조물의 첫 번째 것"을 신자들과 공동체가 그것들을 넘어 멀리 나아갈, 하나님의 새 창조의 시작을 의미한다고 이해했다. 그러나 여기서 그는 그것들을 하나님이 우리 안에 가져오기로 한 새 창조가 오직 우리 안에서 시작되었고 아직은 완성되지 않았다는 것을 의미하는 것으로 이해한다. 이 구절에 대한 설교로는 다음을 참고하라. WA 45, 80. WA 41, 587. 1529년 라틴 불가타 개정판에서, 루터는 initium 대신 primitiae로 대체하였다. 이것은 그의 독일어 번역 Erstlinge에 해당된다. 따라서 루터는 이 구절을 다양한 방법으로 해석했다.

69) "하나님은 우리가 경건 안에서 이룬 시작 때문에, 그리고 우리가 계속 추방하고 있는 죄에 대한 지속적인 싸움 때문에 … , 그 어떤 죄가 여전히 추방되어야 하더라도, 이것을 우리를 배척하는 것으로 삼지 않는다." WA 7, 343; LW 32, 28. "그는 우리 안의 그의 창조의 첫 열매 때문에 그들을 지탱하고 지원하고, 또 그에 근거하여 그들이 의롭고 하나님의 나라의 아들들이라는 것을 선언한다." WA 39 I, 83; LW 34, 152. "우리는 우리가 죽은 자의 부활에서 완전하게 될 때까지, 새 창조의 시작으로서 그렇게 하나님의 팔에서 붙잡힘 받고 있다." WA 39[I], 204. "그리고 하나님은 죄가 죄로 남아 있지 않는 방식으로, 진정으로 죄를 가져가신다. 이것은 하나님이 실제로 완전히 정화하고 용서하는 것을 시작하기 때문이다." WA 39[I], 98; LW 34, 167. 이러한 인과관계는 또한 다음에서도 발견된다. WA 2, 497; LW 27, 230 f.
"그러나 그리스도인이 썻음과 성화의 사역에 참여하고, 끊임없이 사마리아인으로 하여금 그를 치유하고 더 이상 더욱 더 자신을 더러운 것으로 타락시키지 않도록 허용하기 때문에, 이 모든 것은 그것으로 그 자신을 성화되고 썻음받게 허용하는 말씀 때문에 은혜스럽게 전가되고 그에게 주어진다." 요한복음 15:3, "너희는 내가 너희에게 일러준 말로 이미 깨끗하다"에 대한 언급이 계속된다. WA 51, 520. Cf. WA 56, 272; WA 57, 165; cf. LCC 15, 127. WA 8, 107; LW 32, 229.

이다. 이것은 하나님이 인간을 하나님 자신과 교제하도록 용납할 때 인간을 새롭게 만들기 시작하기 때문이고, 그뿐만 아니라 동시에 하나님이 죄 많은 인간을 새롭게 하고 그의 본성을 의롭게 만들기 때문에 그를 의롭다고 용납해 주는 점에서 그러하다.

하나님의 죄인에 대한 칭의는 그 안에 "마치 … 처럼"(as if) 여기는 신적인 판단을 포함한다. 하나님은 마치 죄인이 의로운 것처럼, 그가 율법을 성취한 것처럼, 그를 용납하신다.[70] 그러나 이 "마치 … 처럼"은 폐지되기 위하여 존재한다. 이러한 폐지는 하나님의 긍휼이 죄인을 용서함으로써 그를 받아들이는 순간, 즉 그를 하나님과의 교제로 끌어들이시는 순간에 시작된다. 그러므로 하나님의 죄인 용납과 오직 믿음으로 인한 죄인에 대한 하나님의 칭의는 종말론적 차원을 갖는다. 하나님은 인간을 용납할 때 시작되는 바, 이 새 창조의 역사 혹은 "치유"가(루터는 그리스도를 그것과 비교했던 선한 사마리아인을 기억하면서, 치유로 말하기를 좋아했다.)[71] 그 목표에 도달할 것을 아신다. 그리고 하나님은 그의 새롭게 창조하는 손 안에 있는 인간이 이미 그러한 목표를 향해 나아가고 있다는 사실을 보고, 그러한 사람을 이미 의롭다고 선언한다. 루터는 "잠정적인"(interim), "중간 시기에"(in between), "잠깐 동안"(meanwhile), "당분간"(for the time being) 등의 말을 함으로써, 계속하여 죄 용서와 칭의의 종말론적 차원을 표현한다. 그는 이 용어들을 사용하여, 하나님이 아직 죄인된 인간을 용서하는 방식을 서술한다. 이것은 비록 그가 여전히 죄인이고 아직 완전히 새로워지지 않은 상태이고, 여전히 하나님과의 새로운 관계와 완전히 새롭게 된 상태 사이에 있고, 여전히 자신 안에서 의롭게 되는 것을 향해 나

---

70) *WA* 39 I, 242.
71) 루터는 "의롭게 되다"와 "치유되다"를 동의어로 사용한다. *WA* 2, 495; *LW* 27, 227 and *WA* 51, 520. 루터는 특별히 로마서 강의에서 선한 사마리아인의 비유를 언급한다. *WA* 56, 272, 513; *LCC* 15, 127, 402. *WA* 57, 165; *LCC* 15, 127.
72) "그러나 잠시 그가 의롭게 되고 치유되는 동안, 그의 육체 안에 남아있는 죄는 그에게 전가되지 않는다 … " *WA* 2, 495; *LW* 27, 227. Cf. *WA* 39*I*, 204; [Cf. n. 68 above.] " … Meanwhile forgiving … ." *WA* 39*I*, 98; *LW* 34, 167. "Meanwhile … " *WA* 7, 345; *LW* 32, 28.
　　로마서 강의는 특별히 인간을 의롭다고 선언하는 하나님의 평결의 성격을 내세의 완전한 치유와 구원의 약속으로 규정함으로써, 이 하나님의 평결의 종말론적 차원을 강조한다. "인간을 의롭다고 여기는 하나님의 약속과 행위는 의인으로 하여금 그가 완전히 치유될 때까지 이러한 일들로부터 자유롭게 될 것을 확신하게 한다." *WA* 56, 272; *LCC* 15, 127. 루터는 또한 "그것이 성취될 것이라는 약속에 대한 신앙과 희망에 의한 의"에 대해서 말한다. *WA* 57, 165; *LCC* 15, 127.

아가고 있을지라도, 하나님이 그를 용서한다는 것을 의미한다. "잠깐 동안"
(meanwhile)이란 말은 하나님이 그를 완전히 의롭게 만들 때까지를 의미한다.[72]

  이러한 새롭게 됨과 죄에 대한 신앙의 싸움의 시작에 대한 관심은 그리스도를
위한 관심을 대체하지 않는다. "새로운 피조물의 시작 때문에"란 말은 결코 "그리스
도 덕분에"란 말과 경쟁하지 않고, 절대로 대체되지 않는다. 루터는 하나의 동일한
문맥과 동일한 문장에서 양자를 다 강조한다.[73] 루터가 "그리스도 덕분에"가 "새로운
피조물의 시작 때문에"라는 말로 대치되거나 혹은 무색하게 되는 것을 거부한 것은
그의 전통에 대한 속박으로 해석될 수 없다. 반대로 그것은 신학적으로 필연적인 것
이다. 새로운 피조물의 시작과 그리스도인 안에서 싸우는 죄에 대한 투쟁은 어떤 방
법으로든 그가 여전히 죄인이라는 사실을 바꾸어 놓지 않는다. 그리고 이것은 그가
아직 의롭지 못하다는 것 이상을 의미한다. 그는 하나님 앞에서 죄에 대한 책임이
있는 것이다. 하나님은 장차 이루어질 완전한 갱신을 고려하여, 단지 "아직 아닌"
것을 참을 수 있었다. 그러나 죄책은 죄책으로 남아있고, 미래의 의가 그것을 보상
하지 못한다. 따라서 하나님의 죄 용서는 이 점에서 장차 올 의를 보고 인정하는 것
에 그의 판결의 기초를 둔다는 것을 의미할 수 없다. 반대로 이것은 "그리스도 덕분
에"를 위한 자리이다.[74]

  그리스도인은 매일 죄 용서가 필요하다. 이 새로운 의가 오직 부분적 시작이기
때문이다. 그리스도인은 아직 그리스도가 그 안에 사는 완전한 믿음의 사람은 아니
다. 그는 여전히 옛 사람과 "육"에 속한 사람으로 남아있다. 이런 이유로, 그는 그의
새로운 존재를 가지고도 하나님의 심판 안에서 설 수 없다. 그는 끊임없이 자기 옆
에 옛 사람을 갖고 있고, 그럼으로써 그의 새로운 순종을 가지고도 완전히 죄인으로

73) "따라서 의와 율법의 성취가 신앙을 통해 시작되었기 때문에, 죄가 남은 것과 율법을
  성취하는 데 실패한 것이 그들에게 돌려지지 않는다. 그 이유는 그들이 그리스도를 믿
  기 때문이다."〔"… 신앙을 통해 시작되었기 때문에"와 "그 이유는 그들이 그리스도를
  믿기 때문이다"(propter Christum)가 동등한 위치를 차지하고 있는 것에 주의하라.〕
  WA 2, 497; LW 27, 231. 루터는 하나님이 죄를 그리스도인에게 돌리지 않는 두
  가지 "이유"를 밝힌다. "첫째 우리가 그리스도를 믿기 때문인데, 이 그리스도는 신앙을
  통해 우리의 자리에 서서 그의 무죄함으로 우리 죄를 담당한다. 둘째 우리가 죄를 없
  애기 위하여 쉬지 않고 죄와 싸우기 때문이다. 이러한 두 가지 이유가 존재하지 않는
  곳에서, 죄는 우리에게 전가되고 용서되지 않고 영원히 우리를 정죄한다." 그리하여
  루터는 "그리스도 덕분에"와 "의의 시작 때문에"를 나란히 하나님의 용서를 위한 조건
  의 필수적 기초로 위치시킬 수 있다. WA 7, 345; LW 32, 28.
74) Cf. P. Althaus, "Zum Verständnis der Rechtfertigung," Zeitschrift für
  systematische Theologie, VII (1930) reprinted in Theologische Aufsätze
  (Gütersloh: Bertelsmann), II (1935), 31 ff.

남아있고, 여전히 하나님 앞에서 저주받을 만한 상태이기 때문이다. 이런 이유로, 거룩하게 되어가는 과정에 있는 사람마저도 오직 하나님의 은혜로운 죄 용서와 전가를 통해서만 하나님의 심판 안에 설 수 있다.[75] 그러나 그는 오직 그리스도로 인하여 용서받았다. 그러므로 그리스도는 여전히 끊임없이 그의 그리스도인을 위하여 중보하고 그럼으로써 그리스도 자신의 완전한 의를 가지고 그들의 불완전하고 부분적인 의의 가치를 담당하고 증가시켜야 한다.[76] 그리스도인의 "행위"는 그가 여전히 옛 사람인 한에서, 항상 "율법의 행위"이다.[77] 그의 신앙이 순종의 열매를 맺는 하나님의 자녀로서, 그가 당연히 순종하는 것이 아니라, 노예로서 순종하는 것이기 때문이다. 그것만으로는 그의 순종은 하나님의 심판 안에서 선하지 못하고, 죄이며 책망받을 만한 것이다. 그러나 하나님의 용서하시는 자비는 율법의 행위의 가치를 증가시킨다.[78] 하나님이 인간이 죄가 많음에도 불구하고 그의 인격을 의롭다고 여긴 것처럼, 그분은 또한 그 인격이 개입한 "행위"를 용납하신다. 하나님이 그리스도로 말미암아 죄인을 용납한 것처럼, 그분은 이 깨어지고 부분적이고 흠이 있는 순종을 용납하신다. 그는 그것을 전적인 순종으로 받아주신다.[79]

앞에서 우리는 암묵적으로 루터의 칭의 교리에 대한 칼 홀의 이해에 대한 우리

---

76) "그의 육체 안에 남겨진 죄는 그에게 전가되지 않는다. 이것은 전적으로 죄가 없으신 그리스도가 이제 그의 그리스도인과 하나가 되고 그를 위해 아버지께 중재하기 때문이다." WA 2, 495; LW 27, 227. "더욱이 하나님은 우리의 변호자요 제사장인 그리스도가 우리의 의의 시작을 위해 중보하고 성화시키기 때문에, 우리를 용서하고 자비를 베푸신다. 그의 의는 흠이 없고 하나님의 진노의 열기를 막아주는 우산같이 우리를 도와 주므로, 우리의 의의 시작이 정죄당하는 것을 허락하지 않는다." WA 39^I, 83; LW 34, 153. "이런 이유로, 그는 우리에게 감독 즉 그리스도를 주었는데, 그는 죄가 없으시고 우리가 역시 전적으로 그와 같이 순수하게 될 때까지 우리의 대변자가 될 것이다(히 7:26; 롬 8:34). 그 동안 그리스도의 의는 우리의 은신처가 될 것이다. 그의 완전한 경건은 우리의 방패와 방어벽이 될 것이다. 그분 덕택에, 그를 믿는 사람들에게 남아있는 죄가 그들을 향해 고소거리가 될 수 없다." WA 7, 345; LW 32, 28. WA 8, 111 f.; LW 32, 235 f. Cf. WA 50, 250; BC, 315. WA 39^{II}, 214, 289 (theses 39 ff.).
77) "인간의 의지가 율법의 압력과 동기 아래에서 신앙과 동떨어져 행하는" 율법의 행위는 "인간의 중생한 의지가 성령의 동기 아래 신앙 안에서 행하는" 은총의 행위로부터 구분된다. WA 39^I, 202; Cf. WA 2, 492; LW 27, 224.
78) WA 8, 69, 77, 78; LW 32, 175, 186, 189. "그들이 육체 안에 있는 한. … 그들은 율법의 행위를 한다. 즉 그들은 의롭지도 않고 선한 행위를 하는 것도 아니다 … 그러나 이 율법의 행위들은 비록 그것이 그들의 본성적 성격이라 하더라도, 하나님의 심판 안에 있고, 율법의 행위로 여겨지지 않는다." WA 39^I, 204.
79) WA 39^{II}, 238.

의 견해를 진술하였다.[80] 홀의 입장의 진실은 루터의 "새로운 피조물의 시작 때문에"
에 대한 강한 강조에 있다. 즉 하나님은 인간을 새롭게 하려고 마음 먹고 또 이미
그렇게 하기 시작하였기 때문에, 그를 용서하고 그를 의롭다고 선언하였다는 논지이
다. 이러한 개념의 연결은 사실 루터 사상에서 하나님의 죄 용서를 위한 본질적 조
건이다. 그러나 홀은 이 필수 조건을 취하여, 이것을 하나님의 칭의 판결을 위한 충
분한 근거로 만든다. 즉 영원하신 하나님이 인간을 보실 때 이미 마지막 심판 때에
하나님의 새롭게 하는 능력이 만들 그 인격으로 보기 때문에, 하나님이 죄인을 지금
의롭다고 선언하신다는 것이다.

　하나님의 판결은 선취적-분석적(proleptic-analytical) 관점에서 이해되었다.
즉 하나님은 얼마 후 의롭게 될 사람을 이제 의롭다고 선언한다는 것이다. 이렇게
함으로써 홀은 그리스도의 "밖으로부터 온"의 의의 전가라는 의미의 "그리스도 덕분
에"를 포기한다. 홀에 의하면, 이 판결은 오직 하나님이 죄인을 의롭다고 하는 것은
하나님이 그리스도의 새롭게 하는 능력이 그 안에서 역사하고 있는 것을 알기 때문
이라는 의미에서만 타당하다. 이 후자의 요소는 또한 실제로 루터의 칭의 이해에서
중요하다. 그러나 그것은 전자의 "그리스도 덕분에"의 의미를 제한하거나 대신할 수
없다. 루터에게서, 칭의는 그리스도의 만족을 통한 화해에 기초하고 있다. 이 기초
가 홀에게서 사라지고 있다. "그리스도 덕분에"가 "새로운 피조물의 시작 때문에"

80) "Die Rechtfertigungslehre in Luthers Vorlesung über den Römerbrief …
" GA 1, 111 ff. "Die Rechtfertigungslehre im Licht der Geschichte des
Protestantismus," GA 3, 525 ff. "Zur Verständigung über Luthers
Rechtfertigungslehre," Neue kirchliche Zeitschrift, XXXIV (1923), 165
ff. 전체적인 문제를 위해서는 나의 다음 글을 보라. "Zum Verständnis der
Rechtfertigung," Zeitschrift für systematische Theologie, VII(1930), 727-
741. Reprinted in Theologische Aufsätze, II (1935), 31 ff.
81) 이것은 또한 다음에도 해당되는 사실이다. E. Hirsch, Luthers
Gottesanschauung (Göttingen: Vandenhoeck und Ruprecht, 1918), p. 19.
82) 이 정식은 로마서 강의에 나타난다. WA 56, 70, 272; LCC 15, 127. "의인이며
동시에 죄인: 실상은 죄인이나 그 약속에 대한 신앙 및 그 성취의 소망을 통해서 의인"
WA 57, 165; LCC 15, 127. 그것은 또한 갈라디아서 강의에서도 나타난다. "그리
스도 안에서 의롭게 된 사람은 죄인이 아니고 또한 그럼에도 불구하고 … 동시에 죄인
이다. 따라서 의인이며 또한 죄인이다." WA 2, 496 f.; LW 27, 230 f. 〔또한 "내
가 실제 죄인임에도 불구하고, 그러나 나는 죄인이 아니다."를 참조하라.〕 WA 38,
205. "어떤 그리스도인도 죄를 갖지 않고 있고, 그리고 모든 사람이 죄를 갖고 있다."
WA 40^{II}, 352; cf. LW 12, 328. Cf. WA 8, 67; LW 32, 173. Cf. R.
Hermann, op. cit., and Wilfried Joest, Gesetz und Freiheit (Göttingen:
Vandenhoeck und Ruprecht, 1951), pp. 55 ff.

안에서 해체되었다.[81] 그러나 이것은 루터와 상충된다. 홀의 해석은 칭의의 윤리적 합리화를 구성하고 있다. 그것은 하나님이 도덕적 관점뿐만 아니라 주로 죄책의 관점에서 인간을 심판한다는 사실을 간과하고 있다. 그리고 그 죄책은 그의 미래의 의에 의해 바뀌지 않는다. 하나님이 오늘날 죄인을 용서하고 그 죄책을 씻어버린다는 사실이 어떻게 선취적으로 분석적으로 이해될 수 있는가? 하나님의 사랑은 모든 윤리적 통찰을 초월하고, 윤리적 관점에서 이해될 수도 없다.

의인이며 동시에 죄인

우리는 이제 그리스도인이 의인이며 동시에 죄인이라고 하는(simul justus et peccator) 루터의 유명한 정식의 의미를 이해할 수 있다.[82] 그는 죄 용서를 통해, 즉 그리스도 덕분에 그를 의롭게 용납하는 하나님의 판단을 통해 의롭다. 그리고 그는 자기 자신 안에서, 즉 그가 인간으로 존재하므로, 죄인이다. "의인과 죄인," 이 둘은 각각 다른 차원에서 유효하다.[83] 후자는 하나님의 엄격한 심판의 관점에서 사실이고, 전자는 하나님의 크신 자비의 관점에서 사실이다. 이것은 루터에서도 동일하다. 후자는 그리스도와 상관없이 나 자신에 대한 관계이고, 전자는 나를 위해 중재하는 그리스도에 대한 관계이다.[84] "그리스도 밖의 나 자신 안에서, 나는 죄인이다. 나 자

---

83) *WA* 39[1], 492, 521, 564.
84) "따라서 당신은 한편으로 하나님의 심판의 엄격성을 따라 당신 자신을 판단할 것이고, 다른 한편으로 그의 자비의 친절하심을 따라 판단할 것이다. 이생에서는 이 두 관점을 분리하지 마라." *WA* 8, 96; *LW* 32, 213. "당신은 우리가 비록 죄인이고 불의하고 저주받았다 할지라도, 확실히 의롭고 순수하고 거룩하다는 것을 알고 있다. 그러나 우리는 그리스도 안에서 약속된 하나님의 전가나 자비의 관점에서, 즉 우리가 믿는 그리스도 덕분에 의롭다 … 그러나 우리 자신의 형태와 본질을 따라, 우리는 불의하고 저주받았다 … " *WA* 39[1], 492. "그리스도를 믿는 사람은 신적인 전가에 의해 의롭고 거룩하다 … " *WA* 39[1], 21. "그리스도 우리 주와 그리스도 안의 죄의 용서를 보면, 우리는 진정으로 거룩하고 무죄하고 의롭다 … 그러나 나 자신과 나의 육체를 보면, 나는 죄인이다." *WA* 39[1], 552.
85) *WA* 38, 205.
86) *WA* 39[1], 507. "우리는 그의 자녀들이지만, 우리는 죄인들이다." *WA* 6, 216; *PE* 1, 203.
87) *WA* 39[1], 563 f.
88) "하나님은 그의 성도들을 그렇게 놀랍게 다루시고, 그래서 그는 끊임없이 교회 안에서, 교회가 거룩하면서도 거룩하지 않고, 어떤 사람이 의로우면서도 의롭지 않고, 또 어떤 사람이 축복받으면서도 축복받지 못하는 것이 발생하게 한다." *WA* 39[1], 515. "'하나님은 그의 성도들에게 놀라우시다.' 그들은 의로우면서 동시에 의롭지 못하다." *WA* 57, 164; cf. *LCC* 15, 125.

신 밖의 그리스도 안에서, 나는 죄인이 아니다."[85] 이 이중적 특성은 평생에 걸쳐 계속된다. 이 둘은 항상 동시에 나에게 사실이다. 이것이 그리스도인의 실존의 위대한 역설이다. 이성도 율법적 사고도 동시에 인간이 의인이며 죄인이라는 사실에 나타난 모순을 이해할 수 없다.[86] 그는 전적으로 이 둘 전부이다. 그는 마치 부분적으로 의롭고 부분적으로 죄인인 것처럼 보이는 것이 아니라, 오히려 완전히 죄인이고 완전히 의인이다.[87] 이것이 하나님이 그의 백성을 다루는 놀라운 방법이다.[88] "동시에" 의인이며 죄인된 존재 안에 내포된 모순은 이생에서 그치지 않고 죽을 때까지 계속된다. 그러나 그것은 정적인 관계가 아니라, 끊임없이 양극 사이를 움직이는 운동이다. 우리가 이미 보았듯이, 그리스도는 죄 용서를 받아들이는 신앙과 함께 마음 속으로 이끌려 들어갔기 때문이다. 이 입장에서, 그리스도는 이제 옛 사람과의 전투를 시작한다.[89]

따라서 루터의 "의인이며 동시에 죄인"은 여전히 또 다른 차원의 의미를 갖고 있다. 그리스도가 인간 안에서 믿음을 통해 강력하게 역사하고, 이 사람이 성령의 능력을 통해 옛 사람인 자기 자신과 싸우는 한에서, 그는 의인이다.[90] 그러나 동시에 죽음과 싸워야 하고 죽음에 주어진 "육체"로 남아있는 한, 그는 죄인으로 남아있다.[91] 이런 식으로 이해하면, "의인이며 동시에 죄인"은 양자가 동일한 시간에 한 사람에게 완전하게 해당되는 사실을 묘사하는 것이 아니라, 그 개인 내부에서 의인과 죄인의 공존 안에 나타난 긴장과 갈등을 묘사하는 것이다.[92] 이 둘 사이의 경계와 전

---

89) "그래서 죄와 의가 둘 다 우리 안에 현존한다 … 신앙은 죄에 대해 싸운다 … 죄는 신앙에 대해 싸운다." *WA* 39Ⅰ, 376. "이 신앙이 태어날 때, 당신이 보듯이, 그 임무는 육체로부터 남은 죄를 추방하는 것이다 … 그래서 이런 식으로 하나님의 율법은 영과 마음 안에서 뿐만 아니라, 신앙에 저항하는 육체 안과 율법을 사랑하고 성취하는 영 안에서도 기쁨을 주고 성취된다." *WA* 2, 497; *LW* 27, 231. Cf. *WA* 40Ⅱ, 352; *LW* 12, 328.

90) 루터는 반복하여 죄의 용서와 그리스도로 말미암은 칭의가 죄에 대해 싸우는 사람에게 유효하다는 것과 그들이 그러한 투쟁에 매여 있다는 것을 강조한다. *WA* 8, 95, 114; *LW* 32, 212, 239 f. 이것을 위한 그의 특별한 성서적 근거는 로마서 8:1인데, 여기서 공인 본문(textus receptus)은 "그리스도 안에 있는 사람" 뒤에 "육체를 따라 살지 않고 영을 따라 사는 사람"을 삽입하고 있다.

91) *WA* 2, 497; *LW* 27, 231. Cf. *WA* 39 I, 494.

92) 루터의 로마서 강의에서 로마서 7장에 대한 해석에 더하여 다음을 참고하라. *WA* 2, 497; *LW* 27, 231. Cf. Luther's *Against Latomus*, *WA* 8, 112, 118 ff.; *LW* 32, 237, 245 ff., and *WA* 39Ⅱ, 221. 로마서 7:15 이하에 대해서는 다음과 같이 말한다. "따라서 나는 악을 행하고 내가 행하는 악을 미워하기 때문에, 나는 동시에 의인이며 의롭다." *WA* 56, 70.

선은 개인을 관통하고 있다. 루터는 이러한 그리스도인 상을 로마서 7장의 모순 속
에 있는 인간에 그 근거를 두었다. 다른 개혁자들과 마찬가지로 루터가 판단하기에,
로마서 7:14 ff은 그리스도 없는 인간이 아니라 그리스도인을 묘사하고 있다. 그러
므로 "의인이며 동시에 죄인"이란 구절은 하나님의 판결과 인간의 실제 상태에 대한
역설적인 신학적, 경험적 공존의 성격을 규정할 뿐만 아니라, 그리스도인 내부의 인
간론적 갈등을 규정한다. "의인"과 "죄인"은 여기서 인간의 전체적 차원이 아니라
부분적 차원이다.

　　"의인이며 동시에 죄인"의 이중적 의미는 그리스도인 삶의 내적 움직임에 대해
사실인 두 가지 다른 것들과 상응한다. 한편, 그리스도인은 심판과 칭의의 은혜를
매일 새롭게 받아들이는 것으로서, 매일 믿음 안에서 하나님의 전적으로 자비로운
삶과 죽음의 판단에 자신을 의탁한다. [93] 다른 한편, 내 안에서 역사하는 하나님께 의
탁하는 것을 끊임없이 새롭게 하는 것은 옛 사람의 점진적 죽음과 새 사람의 부활의
결과로 나타난다. [94] 전자는 전적인 것이고, 후자는 오직 부분적일 뿐이다. 옛 사람의
죽음은 삶의 수직적 차원에서 일어나고 새 사람의 부활은 삶의 수평적 차원에서 일
어난다고 말할 수 있다. [95]

　　그리스도의 형상은 평생 계속되는 사건을 통해 우리 안에서 형성된다. 칭의의
은총을 받았다는 것은 그리스도가 나와 함께 나를 위하여 내 안에 계시므로 내가 지

---

93) Cf. *WA* 39 I, 95, 98; *LW* 34, 164, 167. *WA* 40^{III}, 348. *WA* 2, 731; *LW* 35, 34.
94) *WA* 30^{I}, 225; *BC*, 449. "장차 올 시간에, 우리는 완전하게 의인으로 형성될 것이다. 이생에서 우리는 되어가는 과정 중에 있다." *WA* 39^{I}, 251. "거룩성은 시작되고 날마다 증가하기 때문에 … " *WA* 30^{I}, 190; *BC*, 418. "그리스도인은 날마다 영적인 크기에서 자라고, 항상 선한 양심의 평화를 소유한다." *WA* 8, 20; *LW* 13, 20. Cf. *WA* 2, 147; *LW* 31, 301. *WA* 8, 7, 12; *LW* 13, 5, 11. *WA* 8, 111; *LW* 32, 235. *WA* 40^{II}, 355-358; cf. *LW* 12, 329-331. *WA* 39^{I}, 432, 439.
95) "그리스도는 끊임없이 우리 안에서 형성되고 있고, 우리는 여기서 살아있는 동안 그리스도 자신의 형상을 따라 형성되고 있다." *WA* 39^{I}, 204.
96) "우리의 칭의는 아직 끝나지 않았다. 그것은 만들어지는 과정 중에 있다. 그것은 실제 완성된 어떤 것이 아니고, 본질적으로 현존하는 것도 아니다. 그것은 여전히 건설 중에 있다." *WA* 39^{I}, 252. "따라서 이생은 경건이 아니라 경건하게 되어 가는 과정이고, 건강이 아니라 회복되는 과정이고, 된 것이 아니라 되어 가는 과정이고, 쉼이 아니라 운동이다. 우리는 지금 장래의 우리의 인격이 아니라, 도상 중에 있다. 그 과정은 아직 완성되지 않았으나, 적극적으로 되어가고 있다. 이것은 목표가 아니라, 올바른 길이다. 현재 모든 것은 희미하게 빛나고 있으나, 모든 것이 정결하게 되고 있다." *WA* 7, 337; *LW* 32, 24.

금 여기서 축복받았다는 것을 의미한다. 그러나 이것은 정확히 내가 되어 가는 과정에 있고, 아직 된 것은 아니라는 것을 의미한다.[96] 이 되어가는 과정에서, 나는 완전을 향해 앞으로 나아간다. 그러나 루터는 이 완전을 고도의 윤리적 경지로 이해하지 않고, 오히려 인간이 자신에 대한 모든 신뢰를 잃고 또한 죄에서 완전히 자유롭게 되고 하나님의 뜻과 완전히 하나가 되기를 순수하고 강렬하게 갈망하는, 곧 기꺼이 죽고자 하는 심연으로 이해했다.[97]

신앙과 그 열매들

칭의 그리고 그와 함께 모든 구원은 오직 믿음을 통해(sola fide) 인간에게 주어진다. 칭의와 구원은 오직 하나님의 자비에 의존하고 있고, 이것은 신앙함 안에서만 받아들여질 수 있기 때문이다. 인간의 윤리적 행동이나 "행위"는 여기서 아무 자리도 없다. 그들은 우리를 위해 구원을 일으킬 수도 보전할 수도 없다. 우리가 영생으로 보전되는 것은 오직 믿음을 통해서 이루어지는 것이다.[98]

그러나 우리가 이미 보았듯이, 의와 구원의 확신은 한 번 경험되면 내적 필연성을 가지고, "행위"와 새로운 순종과 이웃을 섬김으로써 기쁘게 하나님을 섬기는 것으로 인도한다. 이 행위들은 신앙에서 나온 것이다. 그러나 그것은 그것들의 관계를 고갈시키지 않는다. 이 새로운 순종은 신앙에 달려있다. 그러나 반대로, 이 새로운 순종은 바로 그 이유 때문에 그것이 진정으로 신앙이라는 사실을 보증하는 표로서, 신앙을 위해 중요하다.[99] 만일 신앙이 행위의 실제 기초라면, 행위는 우리가 신앙을 갖고 있는 것을 아는 근거가 된다. 그러한 근거가 필요한 것은 신앙이라고 주장되는 모든 것이 진정한 신앙이 아니기 때문이다.[100] 거짓 신앙이 있다. 이런 거짓 신앙 안

97) WA 17[II], 13. 하나님은 "우리 양심에 겁을 주고, 모든 종류의 문제들로 우리를 공격하고, 그 결과 우리의 죄 많은 옛 아담은 달콤하고 부드럽게 된다. 최종적으로, 우리의 죽음을 통해 우리 자신의 노력과 지식에 대한 우리의 교만과 신뢰와 확신은 완전히 죽을 것이다." WA 31 I, 169; LW 14, 94.
98) WA 39[I], 255 f.
99) "따라서 우리는 신앙이 없는 곳에는 또한 어떤 선한 행위도 없다는 것과 반대로 선한 행위가 없는 곳에는 어떤 신앙도 없다는 것을 분명히 주장해야 한다. 따라서 신앙와 선한 행위는 아주 밀접하게 연결되어 있기 때문에, 모든 그리스도인의 삶의 본질은 이 둘 다에 그 본질이 있다." WA 12, 282.
100) WA 47, 789.
101) "참된 신앙은 게으르지 않다. 따라서 우리는 참된 신앙을 가진 사람들을 그 효과들이나 따라오는 것으로부터 확인하고 인정할 수 있다." WA 39[I], 114; LW 34, 183.
102) E.g. WA 6, 217; PE 1, 205. WA 10[III], 95, 226. WA 14, 22. WA 32, 423; LW 21, 149. WA 39[I], 204.

에서, 인간은 그리스도 안에 있는 하나님의 사랑을 진정으로 만나지 못하고, 그리스도를 진지하게 붙잡지 못하고, 따라서 그리스도가 그의 마음에 들어가지 못한다. 그러므로 진정한 신앙을 거짓 신앙에서, 산 신앙을 죽은 신앙에서, 구분하는 표는 바로 새로운 순종의 "행위"이고 죄에 대한 전투이다. [101] 여기서 루터는 바울의 "오직 신앙으로"를 강조하는 것과 동일하게 진지함을 가지고, 야고보서와 요한일서에 포함된 사상의 타당성을 강조한다. 그는 또한 끊임없이 자기가 "더욱 힘써 너희 부르심과 택하심을 굳게 하라"는 베드로후서 1:10에 동의한다고 주장한다. [102] 그는 또한 만약 행함이 따르지 않으면 그리스도를 믿는 참된 신앙은 마음 속에서 살아 있는 것이 아니라 죽은 것이고 환상이고 자기가 조작한 신앙이라는 야고보의 의견에 동의한다. [103]

실제 루터는 하나님의 칭의의 용서가 부분적으로 우리가 육체에 대한 성령의 전투를 받아들이는 것에 의존하고 있다고 설명한다. [104] 만약 이 전투가 사라지고 인간이 순전히 죄만을 짓는다면, 그는 그리스도인이 아니고 하나님의 용서 아래 서 있지 못한다. [105] 따라서 루터는 적극적으로 새로운 순종, 죄와의 싸움, 선한 행위, 사랑 등이 우리와 다른 사람들로 하여금 우리의 신앙이 참되고 그것으로 우리가 구원받았다는 것을 확신하게 한다고 선언한다. [106]

---

103) "따라서 선행이 뒤따르지 않으면, 이 그리스도에 대한 신앙은 우리 마음 속에 거하지 않고 죽은 신앙임이 분명하다." WA 39^I, 46; LW 34, 111. Cf. WA 39^I, 92; LW 34, 161. WA 12, 289. "아무 행위도 없을 때, 신앙은 완전히 상실된 것이다." WA 39^{II}, 248. "열매가 없는 신앙은 효과있는 신앙이 아니라 조작된 신앙이다." WA 39 I, 106; LW 34, 176. WA 39^I, 114; LW 34, 183.

104) WA 7, 343; LW 32, 28.

105) WA 39I, 92; LW 34, 161.

106) "행위는 편지의 도장처럼, 나의 신앙이 진정한 것이라는 것을 확신하게 해주는 확실한 표지이다. 그 결과 만일 내가 나의 마음을 살펴보고 나의 행위가 사랑 안에서 이루어진 것을 발견한다면, 나는 나의 신앙이 진정한 것이라고 확신한다. 내가 용서한다면, 나의 용서는 나의 신앙이 진정한 것이라는 것을 확신하게 해주고 나에게 확신을 주고 나에게 나의 신앙을 증거하게 된다." WA 10^{III}, 225. "행위는 사람과 형제 앞에서 또한 심지어 우리 자신의 자아 앞에서, 우리가 참으로 믿고 있고 우리가 소망 안에서 하나님의 아들이고 영생의 상속자라는 확신과 증거를 준다." WA 39^I, 292; Cf. WA 39^I, 293. "이 시작이 참으로 현존해 있다면, 그것은 선행을 통하여 자기 자신을 보이고, 그럼으로써 우리의 소명을 확신하게 한다." WA 39I, 204, 8. "사랑은 신앙의 증거이고 우리에게 하나님의 자비에 대한 확고하고 분명한 확신을 준다. 그리하여 우리는 선행에 의해 우리의 소명을 확신하라는 명령을 받는다(벧후 1:10). 행위가 뒤따를 때, 우리가 신앙을 갖고 있는 것이 분명히 드러난다 … " WA 39^{II}, 248.

주의 기도의 다섯번째 간구와 마태복음 6:14 이하의 이에 덧붙인 내용은 루터에게 이러한 주장을 위한 아주 명확한 성서적 근거를 제공한다. 그는 이 구절의 해석에서 강조하여 말한다. 그는 심지어 이중적 죄 용서, 즉 마음이 하나님의 말씀에 대한 신앙을 통해 받아들이는 내적인 용서와 "행위" 곧 이웃을 용서하는 행위 속에서 받아들인 외적인 용서에 대해 말하기도 한다. 징표와 인침으로서, 후자는 하나님이 그것을 통해 우리 신앙을 강화시키고자 하는 성례전과 같은 위치에 놓여 있다.[107] 따라서 성령은 그가 우리 안에서 역사하시는 행위를 통해, 내적으로 동시에 외적으로 우리가 구원받은 것을 증거한다.[108] 구원의 확신은 오로지 그리스도인의 새로운 순종의 경험에, 곧 사람을 새롭게 하는 그리스도의 능력의 경험에 달려있는 것은 아니다. 그러나 구원의 확신은 부분적으로 그것에 의존하고 있다.

간음한 여인에 대한 예수님의 말씀(눅 7:47)을 보고, 루터는 그리스도인의 이중적 의와 이중적 죄 용서에 대해 모두 말할 수 있었다. 그는 우리가 그리스도에 대한 신앙 안에서 죄 용서를 통해 받는 바 하나님 앞의 "내적인" 의를, 칭의에서 나오는 그 사랑 안에서 드러나는 바 인간 앞의 "외적인" 의로부터 구분한다. 전자는 "성령 안에서 감추어져 있고," 후자는 다른 사람을 위하여 드러나 있다. 그리고 이 "외적인" 의는 그들로 하여금 우리가 죄 용서를 받았고 그럼으로써 하나님 앞에 의롭다는 것, 혹은 같은 것으로, 우리가 신앙을 갖고 있다는 것을 알게 한다.[109]

이 모든 것은 루터의 칭의 신학에서 두번째 기둥이 된다. 그것은 오직 신앙으로

---

107) "죄 용서는 두 가지 방식으로 발생한다. 첫째는 내적으로, 하나님을 향한 마음에서 신앙에 의해 받아들여진 복음과 하나님의 말씀을 통해 일어나고, 둘째는 외적으로, 행위를 통하여 일어나는데, 베드로후서 1:10이 '그러므로 형제들아 더욱 힘써 너희 부르심과 택하심을 굳게 하라'고 선행에 대한 교훈에서 말한 대로이다. 그는 우리가 우리의 신앙의 자산과 죄 용서 받은 것을 확고하게 해야 한다는 것과 … 내가 나의 행위에서 보이는 외적인 죄 용서가 내가 하나님이 보시기에 죄 용서를 받았다는 확실한 표지라는 것을 말하고자 한다. 한편, 만일 내가 나의 이웃과의 관계에서 이것을 보이지 않는다면, 나는 하나님이 보시기에 죄 용서를 받지 못하고 아직도 나의 불신앙 가운데 처해 있다는 분명한 표지를 갖고 있는 것이다 … 그는 행위를 취하여 그 행위의 정상에 약속을 두고 있고, 그래서 그것은 아주 적절하게 성례 즉 신앙을 강화하는 수단으로 불려도 좋을 것이다." WA 32, 423 f.; LW 21, 149 f. Cf. WA 14, 627; LW 9, 86.
108) WA 40¹, 577; LW 26, 379.
109) WA 39¹, 92 f. 96; LW 34, 161 f., 165.
110) 나의 책, *Die Prinzipien der deutschen reformierten Dogmatik* (Leibzig: Deichert, 1914), p. 198에서, 나는 "그것과 함께 종교개혁자들의 근본적 입장이 파괴되었다"고 결론내린 바 있다.

라는 첫번째 결정적인 기둥을 위태롭게 하는가? 두번째 기둥은 첫번째 기둥과 모순되는가?[110] 긴장은 큰 것 같다. "오직 신앙으로"는 그리스도인은 그의 구원에 대한 문제를 그의 행위, 죄, 태만을 기초로 하여 대답하려 해서는 안되고, 오직 하나님이 우리의 모든 죄에도 불구하고 우리 측의 어떤 공로나 가치도 없이 우리를 용납하신다는 복음 안에 있는 하나님의 은혜로운 말씀만 들어야 한다는 것을 의미한다. 루터는 이 점에서 그의 입장을 철회하고 있는가? 그는 이제 그리스도인에게 그가 한 것과 하지 않은 것을 깊이 생각하도록 요구한다. 그리고 그가 행동한 것이나 행동하지 않은 것이 그의 구원의 확신을 강화시키거나 위태롭게 한다. 그러나 여기서 모순은 없다. 그가 행한 것과 행하지 않은 것, 그의 행위와 죄를 고려하는 것은 각각 완전히 다른 의미를 갖고 있다. 그리스도인은 그가 구원의 근거로서 그의 행위에 의지하지 말아야 하고, 그 행위를 하나님 앞에 업적으로서 가져오지 말아야 한다는 뜻에서, 이러한 것들을 고려해서는 안된다. 그는 이 행위를 그에게 참된 신앙의 "확실한 징표"를 제공하는 것으로 고려해야 한다. 그 행위들은 구원을 얻지도 보장할 수도 없다.

그러나 신앙의 열매로서, 행위들은 신앙 이후에 신앙에 대한 확신을 제공한다. 이것은 구원을 얻을 만한 "공로"와 아무 관계가 없다. 그러한 목적을 위해, 행위들은 흠도 없고 점도 없이 완전해야 할 것이다. 그러나 그 불완전함에도 불구하고 행위들은 우리에게 주어진 구원의 징표로서 도움을 줄 수 있다. 그리스도인은 하나님의 영이 그로 하여금 강제로 사랑하게 한다고 생각한다. 따라서 비록 마지막 결과가 전적으로 순수한 행위가 아니고 항상 옛 사람의 흔적을 담고 있다 할지라도, 그는 그리스도와 교제하고 있음을 확신한다. 동일한 방법으로, 자기 자신의 죄와 허물을 생각하는 것이나 생각하지 않는 것은 각각 완전히 다른 것을 의미한다. 하나님의 율법에 의해 겁먹고 회개에 이르렀다가, 이제 그의 구원에 관하여 하나님 앞에서 그의 죄와 허물을 고려하는 것이 아니라 죄와 허물에도 불구하고 칭의의 말씀을 믿을 수 있기를 간구하는 동일한 사람에 대해 말할 때, 여기에 관련된 모순은 없다. 한편, 공상적인 거짓 신앙의 가능성을 고려하여, 그리스도인이 그의 "신앙"을 확신하지 말고 그의 죄와 허물에 의해 혼란을 느끼고 겁을 먹도록 허용하라는 경고를 받고, 그가 진정으로 믿고 진정으로 구원받았는지 질문할 때, 이것은 앞의 것과 전혀 다르다. 이 두 요소는 그리스도인의 생활에서 모두 필요하다. 그리고 두번째 요소는 어떤 식으로든 "오직 믿음으로"에서 분리되지 않는다.

111) *WA* 39[I], 224, 254. Cf. *WA* 39[II], 241.

루터는 이 점에 대해 말할 필요가 있는 것을 아주 의미있는 방법으로 표현했다. 그는 선행 즉 "은총의 행위"가 필요하다고 말한다. 그러나 동시에 그는 선행을 구원이나 칭의의 필수적인 요소로 규정하기를 거부한다. 선행은 신앙의 증거로서 필요하다(이와 함께 하늘에 계신 아버지께 영광을 돌리고 이웃에게 봉사한다).[111] 그러나 그것은 "구원을 위하여" 필요한 것은 아니다. 그러한 신학적 의미는 칭의와 구원에서 "오직 은혜로"와 "오직 믿음으로"의 요소를 제거할 것이다.[112]

루터는 선행이나 새로운 순종이 구원에 필요하다는 표현은 공로와 죄책에 대한 생각을 일으키고, 또 그러한 문제는 구원에 대한 논의에서 참을 수 없는 것이라고 생각했다.[113] 따라서 "선행이 구원에 필요하다"는 표현은 애매모호한 것이고, 신학에서 부적당한 것으로 회피되어야 한다.[114] "우리는 이 (칭의의) 교리를 순수하게 보전해야 한다."[115] 기껏해야, 루터는 "위선자들을 위해" 신앙이 적극적으로 역사해야 한다는 의식을 강화하기 위하여 그 표현을 교육적으로 활용하는 데 동의할 수 있었다. 그러나 그런 경우에도 우리는 비록 "선행이 구원에 필요하더라도, 그것은 구원을 일으키지 못하는데, 그것은 오직 신앙만이 생명을 주기 때문이다"라고 아주 분명하게 주장해야 한다.[116] 다른 말로 하면, 새로운 순종, 신앙의 필연적 열매와 활동은 "구원에 관련하여 발생하지만, 구원을 얻지는 못한다."[117]

그것이 "구원과 관련하여 일어난다"는 사실은 이 구원의 최종적 계시의 관점에서 이해되어야 한다. 새로운 순종이 구원과 연결되어 구원과 관련하여 일어난다는 주장은 그리스도인이 이미 신앙 안에서 그리고 소망 안에서 곧 정확히 이 구원의 드러남을 향해 나아가는 소망 안에서 구원을 갖고 있다는 것을 의미한다. 그리스도인의 거룩함과 새로운 순종은 이미 구원 얻음과 아직 구원을 얻지 못함 사이에서 기다리는 상태에 적당한 소망의 실제적 형태이다. 새로운 순종은 구원이 이미 현존해 있고 그 미래의 드러남을 향해 방향이 잡혀 있다는 확신에서 나온다. 새로운 순종은 신자가 구원을 갖고 있으나 동시에 구원 받기를 열렬히 기대한다는 사실에 그 근거를 두고 있다.[118]

---

112) "따라서 우리의 새롭게 됨(novitas)은 필요하지만 우리의 구원을 위해서 필요한 것도 칭의를 위해서 필요한 것도 아니다. 구원과 칭의를 위해 필요한 유일한 것은 신앙에 의해 받게 되는 하나님의 자비이다." *WA* 39ᴵ, 225. Cf. *WA* 39ᴵᴵ, 241.
113) *WA* 39ᴵ, 214 f., 254, 257.
114) *WA* 39ᴵ, 224 f.
115) *WA* 39ᴵ, 215.
116) *WA* 39ᴵ, 96, cf. 104; *LW* 34, 165, 172.
117) *WA* 39ᴵ, 254.
118) Ibid.

제19장

율법과 복음

앞의 몇 장에서 우리는 반복하여 율법과 복음에 대해 말했다. 루터의 칭의 교리
는 루터의 율법과 복음에 대한 이해와 율법과 복음의 상호 관계를 특별히 완벽
하게 표현하고 있다. 그의 신학의 이러한 두 주제는 아주 밀접하게 관련되어 있다.
그러므로 이 곳은 우리의 칭의에 대한 논의 직후, 루터의 율법과 복음의 교리를 전
체적으로 제시하기에 적합한 자리이다. 이미 특별히 언급되거나 암시되었던 많은 것
들이 한 번 더 논의될 것이다.[1]

하나님의 말씀은 율법과 복음이라는 이중적 형태로 인간에게 온다. 루터에 의하
면, 순수한 교리의 보전은 율법과 복음 양자의 본성과 의미에 대한 정확한 신학적
진술에 절대적으로 의존한다. 율법과 복음은 신중하게 구분되어야 하고, 서로에 대
한 그들의 진정한 관계는 올바르게 이해되어야 한다.[2]

일치 속의 대립

인간은 하나님의 창조 이래 하나님의 율법을 알고 있다. 하나님의 손가락은 창
조를 통하여 즉 "태어나면서부터" 이 율법을 모든 인간의 마음 속에 기록하였다. 루
터는 바울이 로마서 2:14에서 말한 것에 동의하고 이것을 언급하면서 이것을 가르친

---

1) Cf. Gerhard Heintze, *Luthers Predigt von Gesetz und Evangelium* (Munich: Kaiser, 1958).
2) *WA* 7, 502. Cf. *WA* 18, 680; *BOW*, 163. *WA* 39[1], 361 f.

다. 비록 하나님이 모세를 통해 기록된 율법을 주시지 않았다 하더라도, 인간의 영은 그가 하나님을 예배하고 그의 이웃을 사랑해야 한다는 것을 선천적으로 알고 있다는 것이다.[3] 하나님의 뜻에 대한 계시와 지식은 모세의 십계명에 앞서고, 인간의 마음에 "살아있는" 율법이기 때문에 이것과 다르다.[4] 인간의 마음 안에 "살아있는" 율법의 내용은 모세의 율법과 동일하고, 복음서의 도덕적 권면 즉 우리의 이웃을 우리 자신처럼 사랑하라고 명령하는 마태복음 7:12의 규칙과 동일하다. "그러므로 모든 사람의 마음 속에 기록되었기 때문에 모든 시대에 효력이 있고 모든 사람에게 알려진 단 하나의 율법이 있다. 처음부터 마지막까지 어떤 사람도 핑계를 댈 수 없다. 성령이 모든 사람의 마음 속에서 이러한 율법을 말하는 것을 결코 멈춘 적이 없기 때문이다."[5]

그러나 "모든 사람의 이성 안에 거하며 빛을 비추던" 이 빛은 타락 이후 인간의 죄된 욕망에 의해 어두워졌다. 그래서 하나님은 사람들에게 마음 속에 있는 선천적인 율법을 생각나게 하기 위해, 이스라엘 백성을 통해 기록된 율법을 주셔야 했다.[6] 그러므로 모세는 진정으로 십계명의 저자는 아니다. 그는 소박한 위치를 가지고 있다. 제대로 이해한다면, 그는 오직 인간의 마음 안에 기록된 자연법(선천적 율법)을 해석하고 명료하게 한 것뿐이다.[7] "자연법은 분명하고 정확하게 — 철학자들이 한 것보다 더 나은 방법으로 — 시내산에서 요약되었다."[8]

그리스도 역시 이 율법을 해석한 것뿐이다. 그리스도 역시 율법의 시여자가 아니라 오직 우리 마음 안에 기록된 율법 혹은 십계명이 진정으로 요구하는 것을 우리에게 명료하게 하기를 원하셨을 뿐이다.[9]

우리는 이러한 율법을 두 가지 방식으로 말해야 한다. 외적인 하나님의 뜻의 요약으로만 본다면, 율법은 서로 연관된 일련의 조항들을 갖는다. 그리고 죄인에 대면

3) *WA* 39[I], 374, 454, 478, 539, 540. *WA* 17[II], 102.
4) *WA* 39[I], 352, 402.
5) *WA* 2, 580; *LW* 27, 355. Cf. Luther's lectures on Romans, *WA* 56, 197; *LCC* 15, 46.
6) "그러나 악한 욕망과 악한 사랑이 이 빛을 어둡게 하고 인간을 눈 멀게 하고, 그 결과 인간은 그의 마음 속에서 그러한 책을 보지 못하고 그렇게 분명한 이성의 명령을 따르지 않게 된다. 따라서 우리는 외적인 명령과 책과 칼과 강제력으로 인간을 억제하고 제압하고, 그에게 그의 선천적 빛을 생각나게 하고 그의 눈 앞에 자기 자신의 마음을 놓아야 한다." *WA* 17[II], 102. *WA* 39[I], 539. "그리고 율법은 그렇게 갱신되었다." *WA* 39[I], 540. Cf. ibid., 549.
7) *WA* 39[I], 454, 478.
8) *WA* 49, 1.

하는 율법으로서, 율법은 아주 다른 의미를 가지고 있다. 즉 우리는 그 안에서 율법의 내용이 죄인을 대면하는 형식으로부터 하나님의 율법의 내용을 구분한다고 말할 수 있다.[10]

율법은 그 내용에서 하나님의 외적인 뜻이고, 인간의 구원은 그것을 성취하는 데 그 본질이 있다. 율법은 인간이 그의 하나님과 주님으로 하여금 인간에게 은혜를 주시는 하나님이 되도록 해야 한다는 것만을 말한다. 그러한 정도로, 율법은 하나님의 사랑을 표현하고 인간에게 그러한 사랑의 삶에 참여하도록 한다. 하나님이 하나님 되시는 사실은 오직 이 사실에 붙어있고, 이것이 제공하는 것, 즉 "나는 너의 하나님, 주님이다"라는 선언을 붙잡는 인간만을 구할 수 있다. 이런 의미에서 루터는 로마서 7:10의 바울의 진술에 기초하여 율법은 "유익을 위하여," "생명을 위하여," "생명의 교리와 말씀"으로 주어진 것이라고 말할 수 있었다.[11]

이런 의미의 율법은 타락 이전에 인간 앞에 놓여 있었고, 그 자체로 여전히 장차 올 세상에서도 타당할 것이다. 그것은 죄로 타락하기 전에 이미 성취되었던 대로, 오는 세상에서 완전하게 성취될 것이다.[12] 따라서 비록 율법이 죄인과의 관계에서 갖는 외적인 형태는 그렇게 하지 않지만, 율법의 내용은 타락 이전의 인간의 원모습과 미래의 인간의 본성을 보여준다. 그것은 시원적(始原的)이고 종말적인 의미를 모두 가지고 있다.[13] 타락 이전, 인간은 율법을 성취할 수 있었다. 인간은 기쁘게 율법을 성취했고, 전적으로 율법에 헌신했다. 율법은 인간을 기쁘게 만들었다.[14] 이러한 율법과의 내적인 연관은 이제 그리스도에 의해 그의 성령을 통해 우리들에게 회복되어야 하고, 오직 장차 올 생명 안에서만 온전하게 회복될 것이다.[15] 그러므로 이것은 복된 것이다. "그것은 복받은 것을 의미하는 것이다. 즉 하나님이 우리 안에서 다스리고, 우리는 그의 나라"이기 때문이다.[16]

그러나 우리는 아담의 타락을 통하여 우리의 본래 상태로부터 타락했고, 장차 올 삶은 아직 도래해 있지 않다. 죄로 타락한 것은 하나님의 외적인 뜻으로서 율법의 인간에 대한 관계, 바로 그것을 변화시켰다. 하나님의 인간에 대한 외적인 뜻은 이제 그 죄인을 위한 특별한 의미에서 "율법"이 되었다. 루터는 그의 율법의 "직무"

---

10) *WA* 39', 455.
11) *WA* 46, 658, 661; *LW* 22, 140, 143.
12) *WA* 39', 413.
13) *WA* 39', 413.
14) *WA* 39', 364.
15) *WA* 39', 365, 374.
16) *WA* 2, 98.

(Amt, Officium), "기능"(Brauch, usus) 혹은 "의미"(Sinn, sensus)에 대한 가르침에서 이것의 의미를 설명한다.[17]

율법은 이중적 기능을 가지고 있다.[18] 하나는 "시민적" 의미와 기능이고, 다른 하나는 "신학적," "영적," 혹은 "거룩한" 것이다.[19] 율법의 첫번째 기능은 사탄에 의해 조정되는 이 죄악의 세상에서 야만적 죄와 범죄를 막는 것이다. 율법은 이와 같이 공공의 평화를 유지하고 젊은 이들의 교육 특히 복음의 전파를 가능하게 한다. 율법은 시민법을 통해서뿐만 아니라 하나님에 의해 제정된 정부와 부모와 교사의 직무의 형태로 이것을 행한다.[20] 인간은 근본적으로 이러한 시민법들을 성취할 수 있고, 따라서 또한 이 율법의 시민적 의미로서 하나님의 율법을 성취할 수 있다. 그는 시민의 정의를 만들 수 있고, 세상의 환영을 받을 수 있다.

하나님의 율법의 두번째 의미와 기능은 이것과 다르다. 율법은 그 시민의 기능에서 표현된 것 이외의 또 다른 차원, 따라서 또 다른 기능을 가지고 있다.[21] 율법은 그것이 단순히 시민 혹은 정치적 의미뿐만 아니라 그 영적 의미로 이해되는 한에서, 두번째 기능을 갖는다. 그리고 후자의 의미가 율법의 참되고 진정한 의미이다.[22] 예수는 산상수훈에서 이것이 무엇인지 보여주고 있다. 그의 율법에 대한 해석은 철저하게 율법의 요구들을 첨예하게 한다.[23] 하나님의 율법은 순수한 마음, 완전한 순종, 완전한 하나님 경외와 사랑을 요구한다. 율법은 단순한 외적인 성취에 의해 만족되지 않는다.[24] 바울은 예수가 한 것과 동일한 방법으로 율법의 넓이와 깊이를 설명한다.[25]

그러나 이것은 율법을 명료하게 한다. 이런 의미에서 이해된 율법은 타락으로 죄 짓기 전에 성취될 수 있었고 성취되었지만, 죄 많은 인간은 결코 그것을 성취할 수 없다.[26] 이제 율법은 인간이 의롭게 되는 것을 도울 수 없다. 반대로 율법은 인간의 죄성을 드러내고 그것을 증가시킨다.[27] 율법은 끊임없이 인간을 고발하고,[28] 그를

---

17) 〔뒤의 Amt는 흔히 "기능"(function)으로 번역된다. ― 역주〕
18) *WA* 39[I], 441, Cf. *WA* 40[I], 429; *LW* 26, 274.
19) *WA* 26, 15. Cf. *WA* 40[I], 429f. *LW* 26, 274, 308f.
20) *WA* 40[I], 489; *LW* 26, 39. Cf. *WA* 11, 250; *LW* 45, 89 f.
21) "따라서 율법은 이중적이고, 이중적 방식으로 알려지게 되어 있다." *WA* 39[I], 460.
22) *WA* 39[I], 460.
23) *WA* 39[I], 533, 570.
24) *WA* 39[I], 387, 404, 461.
25) *WA* 39[I], 388, 393
26) *WA* 39[I], 364, 374.

하나님의 진노와 심판과 영원한 죽음으로 인도한다.[29] 이것이 율법의 힘이다. 모든 사람은 하나님의 율법의 힘을 알거나 느끼지 못해도 하나님의 율법에 대한 어떤 것을 알고 있다.[30] 이것은 율법의 설교를 통하여 일어난다. 율법은 인간을 무지로부터 일깨우고, 그들에게 율법의 힘을 깨닫게 하고, 그들의 죄를 인정하고, 하나님의 진노를 체험하고, 회개로 인도되도록 의도하고 실제 그렇게 한다.[31] 이러한 모든 점에서, 루터는 사도 바울의 교리를 받아들인다.

본래 율법은 하나님의 사랑의 표현이었는데, 지금은 하나님의 진노의 도구이다. 율법은 한때 인간을 기쁘게 했는데, 지금은 인간에게 무시무시한 것이 되었다.[32] 하나님의 진노의 손 안에서 율법이 인간에게 행하는 것과 율법이 인간을 그 문제 안으로 인도하는 그 문제들에 대한 자세한 묘사는 하나님의 진노에 대한 장에서 이루어졌다(cf. pp. 200).

그러므로 이것이 율법의 신학적 혹은 영적 의미와 기능이다. 율법은 이러한 율법의 기능이 없다면 소경이고 무지한 인간에게 그의 죄를 보여주고, 그럼으로써 그에게 하나님의 진노와 죽음과 지옥을 계시한다.[33] 따라서 율법을 하나님 앞에서 의를 획득하는 수단으로 해석하고 사용하려고 하는 사람은 누구든지 율법을 완전히 오해하고 잘못 사용하는 것이다. 그것은 율법의 기능도 목적도 아니다.[34] 반대로 율법

---

27) *WA* 39 I, 557 ff. 죄는 "우리는 금한 것을 추구한다"는 규칙을 따라, 두번째 돌판의 계명을 위반하여, 도덕성의 차원에서 증가한다. *WA* 39^I, 556, 559. 그러나 이러한 죄의 증가는 우리의 첫번째 돌판의 계명에 대한 위반에서 명백해진다. 왜냐하면 우리가 율법을 성취할 수 없다는 지식은 하나님에 대한 증오와 절망을 낳기 때문이다.

28) "죄의 힘은 끊임없이 고발하고 죽음에 처하게 하는 율법이다." *WA* 39 I, 412. "율법은 항상 고발한다"(*Apology of the Augsburg Confession, BC*, 150, 285)는 멜랑히톤의 주장은 이렇게 루터에서도 발견된다.

29) *WA* 39^I, 383.

30) *WA* 39^I, 345, 366, 404 f.

31) *WA* 8, 103; *LW* 32, 224. Cf. *WA* 39^I, 401.

32) "그리스도 밖에 서 있는 사람들은 율법의 요구가 고통스럽고 밉고 불가능하다는 것을 발견한다." *WA* 39^I, 365, 374.

33) *WA* 18, 677, 766; *BOW*, 158 f. ; 287. "율법의 기능은 죄를 보여주고 슬픔을 창조하고 지옥으로 인도하는 것이다." *WA* 39^I, 477, cf. 347 f.

34) "율법의 목적은 칭의와 다른 어떤 것이다." *WA* 39^I, 213. "율법은 칭의를 위해 필요한 것이 아닐 뿐만 아니라 분명하게 칭의를 위해 사용할 수도 없다 … 율법은 의롭게 하거나 살리기 위해 주어진 것도 어떤 사람을 의롭게 되도록 도움을 주는 것도 아니고, 죄를 보여주고 진노를 일으키기 위해 즉 양심으로 가책하게 하기 위해 주어진 것이다." *WA* 39^I, 347. "율법은 하늘이 땅에서 먼 것만큼이나 칭의와 분리되어야 한다." *WA* 39^I, 349.

은 칭의와 반대되는 것을 일으킨다. 그것은 하나님 자신이 율법에 부여한 기능이다.

따라서 의심할 여지 없이 율법은 하나님 자신의 말씀이다. 그것은 심지어 "영적"이기도 하다. 즉 하나님으로부터 나온 것이고, "친히 하나님이 손으로 쓰신" 것이다. 그것은 진리이다. 그리고 모든 진리는 성령으로부터 나온다. 율법이 설교되기를 원치 않는 사람은 누구나 하나님의 진리를 듣기를 거부한다.[35]

루터가 율법폐기론자들을 반대하고, 율법이 영적인 것이고 하나님으로부터 나온 것이라는 것을 강조한 것은 의미있는 일이다. 비록 그가 동시에 율법 안의 성령의 사역을 그리스도가 아버지로부터 보내신 성령의 사역과 구별하고 있지만 말이다.[36] 루터는 하나님의 성령을 두 가지 방식으로 말한다. 이것은 율법과 복음이라는 하나님의 말씀의 이중적 성격에 상응한다. 성령은 그가 율법의 저자인 한에서, 예수 그리스도의 복음을 통한 하나님의 은사와 구분되어야 한다. 전자는 "본성상 하나님"이고, 후자는 예수 그리스도 안에 계시된 하나님으로부터 온 것이다.[37] 그러므로 하나님의 영이 율법을 통하여 말할 때, 마음 속에서 행하는 성령의 사역은 그가 복음을 통하여 말할 때 그가 행하는 것과 아주 다르고 심지어 정반대이다. 율법을 통하여 말씀하는 성령은 양심을 위협하고 죽이고, 또 소멸하는 불이다. 그러나 복음을 통하여, 성령은 인간을 거룩하게 하고 살리는 위로자이다. 이와 함께 우리는 복음으로 넘어가게 된다.

율법은 하나님의 말씀의 전부는 아니다. 복음은 율법과 나란히 서 있다. 율법과 복음은 완전히 다르고 심지어 정반대의 기능을 갖고 있다. 율법은 어떤 것이 행해지거나 행해지지 않기를 요구한다. 율법은 우리가 율법의 요구와 어긋나는 방식으로 행동을 했거나 행동을 못했다는 이유로, 우리를 고발하고 책망한다. 복음은 그리스도 안에 있는 하나님의 약속을 포함한다. 복음은 모든 율법의 요구가 그리스도 안에서 충족되었다고 선포한다. 즉 죄의 용서를 전파한다. "복음은 예수 그리스도의 이

---

35) *WA* 39ˡ, 349.
36) "성령이 그의 본성에서 하나님일 때, 성령은 율법의 저자이다. 율법은 성령이 없다면 어떤 사람에게도 죄를 깨닫게 할 수 없다. 그러나 성령이 그리스도를 통하여 우리에게 주어진 은사일 때, 성령은 우리를 살리고 성화시키는 분이다." *WA* 39ˡ, 391; cf. 370, 389, 484.
37) *WA* 39ˡ, 370.
38) *WA* 2, 466; *LW* 27, 184. "복음에 대한 적절한 정의는 그것이 그리스도의 약속이라는 것인데, 이 그리스도는 우리를 율법의 공포와 죄와 죽음으로부터 자유케 하고 은혜와 죄의 용서와 의와 영생을 가져온다." *WA* 39ˡ, 387. Cf. *WA* 46, 665; *LW* 22, 145.

름을 통하여 죄의 용서를 선포하는 것이다."[38] 루터는 바울이 복음을 "약속"으로 본
것을 수용한다. 바울과 마찬가지로(고후 3:6 ff), 그도 또한 율법과 복음을 서로 반
대 위치에 두고, 율법을 죽음의 사역으로, 복음을 영의 사역으로 설명한다.[39] 율법은
죽음으로 인도하고, 복음은 그리스도의 구속의 힘에 의해 영생을 선포한다. 율법은
인간을 하나님의 진노 아래 두고, 복음은 은혜를 가져온다.[40]

따라서 율법과 복음은 서로 반대되는 것이다. 율법은 순전한 마음과 완전한 순
종을 요구한다. 복음은 죄인과 부정한 인간이 그리스도로 인하여 용납되었다는 것을
선포한다. 그러므로 복음은 율법의 힘을 폐기한다. 죄인은 율법에 어긋나게, 의롭게
된다. 복음은 율법에 대항하고 믿어야 한다. 율법은 그의 양심에서 인간을 정면으로
대면하고 그의 양심의 성품을 규정하므로, 그는 율법에 의해 이루어지는 양심의 고
발과 율법이 그의 양심 안에서 역사하고 있다는 의심과 생각에도 불구하고, 믿어야
한다. 바울은 칭의가 "율법 없이"(롬 3:21) 일어난다고 가르친다. 루터는 사도와 본
질적으로 일치하여 "율법에 대항하여"(against the law)라는 표현을 예리하게 한
다.[41]

그러나 이러한 모든 점에서 율법과 복음은 서로 상반될 뿐만 아니라 이러한 대
립 속에서 서로 연결되어 있다. 그들은 날카롭게 구분되어야 하지만 서로 분리될 수
없다.[42] 그들은 서로 혼합되어서는 안되지만(예를 들어 복음에 의해 선포되는 하나
님의 무조건적인 은혜를 인간의 업적에 의해 좌우되는 은혜로 바꿈으로써),[43] 또한
서로 분리되어서도 안된다. 그들은 분리할 수 없게 서로 결합되어 있고 서로 연결되
어 있기 때문이다. 따라서 다음과 같은 두 가지 진술이 모두 타당하다. 칭의는 "율

---

39) *WA* 39^I, 447.
40) "율법의 진정한 고유 기능은 고발하고 죽이는 것이지만, 복음의 기능은 살리는 것이
다." *WA* 39^I, 363; cf. ibid. p. 382. Cf. *WA* 8, 108; *LW* 32, 230.
41) "따라서 나는 실제 율법 위에 있고 나는 그것에 관해 염려하지 않는다. 왜냐하면 하나
님이 믿는 자를 구원하기 때문인데, 이것은 의로운 백성이 아니면 아무도 구원받을
수 없다고 하는 율법과 정반대이다. 그러나 하나님은 의롭지 못한 자를 구원한다. 그
러므로 율법 곧 정죄하고 의롭게 하는 율법은 무효화된 것이다." *WA* 39^I, 219.
여리고 길 옆의 소경에 관해 말할 때, 루터는 "그는 의심할 것 없이 그가 이렇게 할
자격이 없다는 것을 느끼게 한 그의 양심과 투쟁할 뿐만 아니라, … 그의 길을 헤치
고 나가 승리하고, 모든 세상 혹은 자기 양심이 그를 그의 신뢰로부터 분리시키는 것
을 허락하지 않고 있다"고 말한다. *WA* 17^{II}, 177.
42) "율법과 복음은 분리될 수 없고 분리되어서도 안된다. 마치 회개와 죄 용서가 분리되
지 말아야 하듯이 말이다. 왜냐하면 그들은 그렇게 밀접하게 함께 묶여 있고, 서로
연결되어 있기 때문이다." *WA* 39^I, 416.
43) *WA* 18, 680; *BOW*, 163 f. Cf. *WA* 46, 663, 665; *LW* 22, 145, 147 f.

법에 대항하여" 일어난다. "율법과 복음이 서로 갈등 속에 있다고 생각하지 말라."[44] 그렇기 때문에 둘 다 설교되어야 한다.[45] 따라서 율법과 복음 사이에 차이와 대립과 분리할 수 없는 연관이 있고, 적대와 조화가 있다. 이것은 어떻게 이해될 수 있는 가?

복음은 율법과 그 선포를 전제한다. 복음은 죄의 용서를 가지고 오기 때문이다. 그러나 이것은 죄 자체를 전제한다.[46] 그러나 죄는 율법 아래서만 존재하고 인식될 뿐이다. 이런 이유로 루터는 율법폐기론자들과의 싸움에서 율법을 폐기하는 것은 죄를 폐기하는 것이라고 주장할 수 있었다. "그러나 죄가 폐기된다면, 더 이상 그리스도가 필요 없기 때문에 그리스도 역시 제거될 것이다."[47] 우리가 율법 아래 서 있지 않는다면, 우리는 그리스도의 구원 사역이 죄로부터 우리를 구속한다고 하는 복음을 이해하거나 듣고자 갈망할 수 없다. 우리는 율법과 분리되어서는, 그리스도가 우리를 위하여 우리에게 행하는 그 위대한 일을 인식할 수 없다.[48] 그러므로 복음은 직접적으로 율법과 관련되어 있다. 율법의 선포는 복음의 설교를 위해 불가결한 필연적 전제이다.[49] 율법이 없으면, 사람은 자기 자신의 병을 인식하지 못하고, 자기 생각대로 자신의 도덕적 자질을 확신하고 자랑하는 데 계속 머물러 있을 것이다.[50] 오직 율법만이 우리에게 우리의 실제 죄 있는 상태를 인식하게 가르치고, 우리를 정죄 아래 하나님의 진노와 심판 아래 두고, 그럼으로써 우리를 복음을 향해 준비시킨다.[51] 율법은 우리가 우리의 구주를 갈망하도록 가르친다. 율법은 우리를 회개로 인도하고 그럼으로써 복음의 위로를 받아들이도록 우리의 마음을 연다. 따라서 율법의 설교는 복음을 향해 있고, 우리를 복음으로 인도하기를 원한다. 이것이 그리스도가 율법을 해석할 때, 그리스도의 의도였다.[52] 율법을 통하여 하나님은 그의 고유한 사역을 시

---

44) *WA* 39^I, 566.
45) *WA* 39^I, 382.
46) *WA* 39^I, 416.
47) *WA* 39^I, 546, 348 f., 371, 535, 546.
48) *WA* 39^I, 424, 465, 534.
49) "율법의 가르침은 항상 구속의 교리 안에서 한 위치를 갖고 있어야 한다." *WA* 39^I, 466; cf. 348.
50) *WA* 39^I, 348.
51) "복음은 … 가장 아름답게 율법의 뒤를 따른다. 율법은 우리를 죄로 인도하고, 죄에 대한 지식으로 우리를 압도한다. 율법은 자유롭게 되기를 구하고 은혜를 갈망하도록 이렇게 한다." *WA* 8, 105; *LW* 32, 226. 율법의 가르침이 진정으로 마음을 건드리면, "이 넓은 전 세계가 우리에게 너무 작아지고 그리스도 안이 아니면 어디서도 도움이 없게 된다." *WA* 39^I, 456.

작하기 위하여, 그의 낯선 사역을 행하신다.

따라서 율법은 반드시 설교되어야 한다. 율법의 선포는 단독으로 사람을 참된 회개와 복음에 대한 신앙으로 인도할 수 없다. 많은 사람이 율법으로부터 어떤 인상도 받지 못한 채, 율법을 듣는다. 그들은 아직 율법의 힘을 느끼지 못한다. 율법의 위협과 공포는 그들의 마음에 충격을 주지 못한다. 복음뿐만 아니라 율법의 경우에도, 하나님의 영이 설교된 말씀과 함께 역사하여야 한다.[53] 그러나 심지어 하나님이 율법의 선포에 그의 영을 주실 때에도, 그것이 반드시 인간을 참된 회개로 인도하는 것은 아니다. 오히려 두 가지 결과가 있을 수 있다. 율법이 인간에게 그의 죄를 책망하고 하나님의 진노를 드러낼 때, 그것은 인간을 절망으로 인도한다. 인간이 율법만을 가지고 있다면, 그의 절망은 치유될 수 없다. 절망은 그를 하나님을 미워하는 새로운 죄로 이끈다.[54] 이러한 상황은 인간이 율법을 가질 뿐만 아니라 복음의 말씀을 들을 경우에만 변화될 수 있다. 그 때 그는 율법이 하나님의 최종적 말씀이 아니고, 율법의 위협과 심판과 정죄가 하나님의 손 안에서 목적이 아니라 수단이라는 것을 알게 된다.[55]

그 때 인간의 절망은 유익한 절망이 되고, 그는 하나님의 긍휼에 절망하는 것이 아니라 자기 자신과 자신의 자질에 대해 절망하고 그 결과 그리스도에게서 모든 것을 기대한다. 율법은 복음을 통하여 해석되어야 하고, 율법의 의도는 복음의 기초 위에서 이해되어야 한다. 분명히 율법은 여전히 ─ 그것이 마땅히 해야 하는 대로 ─ 인간을 양심의 공포로 인도할 것이고, 이것은 사탄적 혹은 "복음적"으로 될 수 있다. 사탄적 공포는 그것만으로는 사악하고 죽음 자체인 불경건한 절망으로 끝나고 말 것이다. 복음적 공포는 적절한 "복음적 공포"로, 그리스도에게로 인도한다.[56]

율법이 인간에게 치명상을 가할 때, 인간은 하나님과 사탄 사이에 선다. 하나님

53) "많은 사람이 율법을 들으나 율법의 위협과 공포에 의해 충격을 받지 않는다. 이것은 그들이 율법의 힘을 느끼지 못하기 때문이다. 따라서 나는 하나님이 현존하고 하나님의 영이 내가 설교한 것과 함께 역사하지 않는다면, 내 설교의 힘으로 한 사람도 회심시킬 수 없다." WA 39 I, 368. "율법은 성령이 없으면 죄를 깨닫게 할 수 없다." WA 39 I, 371; cf. 389 f. 이것이 바로 루터가 성령이나 율법 자체를 "위협하고" "죽이는" 주체로 사용하는 이유이다. 성령은 율법을 통하여 역사한다. WA 39 I, 484.
54) "왜냐하면 율법은 그것만으로는 공포을 유발하고 인간을 지옥으로 내몰기 때문이다." WA 39 I, 445.
55) "그러나 그 때 복음이 와서 율법의 가시를 뽑고 그것을 연단의 도구로(paedagogum) 만든다." WA 39 I, 445.
56) WA 39 I, 442; cf., 430.

과 사탄은 각각 정반대의 목적을 이루기 위해 율법의 공포를 이용하려고 한다. 사탄은 인간을 파괴와 절망으로 이끌려고 시도한다. 그러나 하나님은 인간이 축복받고 살아나기를 원하신다.[57] 첫번째 경우 율법 자체는 오직 인간을 죽이려고만 하는 노상강도 비슷하게 인간의 양심에 대해 사탄이 된다. 다른 경우 복음의 위로 아래 있는 율법은 "인간을 그리스도에게 몰아가는 연단자(disciplinarian)"가 된다. 그러나 이것이 "위로하는 말씀이고, 율법의 참되고 진정한 목적이요 무한히 즐거운 목적"인 것이다. 루터는 다음과 같이 고백한다. "나는 율법이 나를 연단이 아닌 절망으로 길들이는 사탄이나 강도가 아니라, 나를 그리스도에게 인도하는 연단자라는 것을 들을 때, 엄청난 위안과 위로를 느낀다."[58]

율법은 복음이 없이 그 자체만으로는 치유하는 힘이 없다. 그러나 복음과 함께 그것은 구원을 일으킨다. 그것 자체만으로는 율법은 인간을 지옥으로 인도한다. 그러나 복음과 함께, 복음에 근거하여 이해된다면 그것은 인간을 그리스도에게 인도한다.

이러한 모든 것은 우리가 오직 율법을 통과함으로써만 복음에 대한 참된 이해와 파악에 이른다는 것을 의미한다. 그러나 동시에 율법의 유익한 이해와 사용은 오직 복음에 근거해서만 가능하다.[59] 따라서 율법과 복음은 "우리가 죄로부터 자유케 되도록, 우리의 구원을 위해 제정된, 하나님의 두 언약"으로 서로에게 속해 있다.[60] 우리의 구원을 위해서, 우리가 율법을 통해 우리의 병든 상태와 죄를 자각하는 것과 — 이것은 "위대한 축복"이다 — 우리가 복음 안에서 치유를 찾고 발견하는 것이 모두 필요하다.[61] 이런 이유로 말씀의 사역은 율법과 복음을 둘 다 선포해야 한다. 이것이 바로 하나님이 의도하시고 위탁하신 것이다.[62]

그리스도 역시 둘 다 설교했다.[63] 복음 없이 율법을 설교하거나 율법 없이 복음을 설교하는 것은 허용될 수 없다. 전자는 후자만큼이나 위험하다.[64] 하나님은 우리

57) WA 39 ¹, 440.
58) "그리고 율법은 복음에 의해 해석되고, 불가능한 것을 통해 유익한 것으로 인도되어야 한다. 율법은 그리스도와 복음에게 다시 되돌려져야 하는 바, 그리스도와 율법은 그 힘으로 강도로부터 연단자로 만들고, 율법에 의해 죽은 사람을 취하여 그리스도에게 다시 데려온다. 이것은 율법이 할 수 없는 것이다." WA 39 ¹, 446; cf. 441, 445.
59) "그리스도 없이 모세를, 모세 없이 그리스도를 이해하는 것은 아주 어렵다." WA 39 ¹, 547, cf. 445.
60) WA 8, 103; LW 32, 223.
61) WA 39 ¹, 517.
62) WA 39 ¹, 428; cf. 430, 383.
63) WA 39 ¹,533 f.; cf. 538.

를 율법과 복음 아래 두시고, 우리가 둘 다 믿기를 원하신다. 우리가 죄인이고 영원한 저주를 받아 마땅하다고 하는 율법을 믿고, 또 우리가 하나님의 긍휼을 의심하지 않고 우리의 죄와 하나님의 의로운 심판에 대한 통회와 두려움 속에서 그리스도 안에 있는 하나님의 자비 안으로 피해야 한다는 복음을 믿기를 원하시는 것이다.[65] 율법과 복음은 서로에게 속해 있고, 교회 안에서 보존되어야 한다. 율법 아래 있는 불안과 고통 그리고 복음 아래 있는 위로와 기쁨이 그렇게 되어야 하는 것이다.[66] 율법과 복음은 함께 참다운 복음적 회개의 구성 요소이다. 복음적 회개는 이렇게 함으로써 율법과 복음에 의해 함께 이루어진다.[67] 이러한 과정에서 율법은 복음에 선행한다.

한 말씀의 두 기능으로서 율법과 복음

이 모든 것이 루터의 율법과 복음의 교리를 다 말한 것은 아니다. 우리는 율법과 복음이 서로 충돌하고 함께 속해 있는 방식뿐만 아니라 율법이 무엇이고 어떻게 역사하는지 또 복음이 무엇이고 어떻게 역사하는지 밝혀 보았다. 그러나 우리는 어디서 율법을 발견하고 어디서 복음을 발견하는가? 루터는 율법폐기론자들과의 논쟁으로 인해 이 문제를 고려하게 되었다. 이 대답은 그의 율법과 복음의 교리의 심오한 깊이를 열어준다.

첫째 우리가 이미 들은 대로, 루터는 자명하게 율법을 구약, 즉 좀더 좁고 넓은 의미의 모세 율법뿐만 아니라 예수의 선포 즉 "복음"에서 찾는다. (루터는 자주 "복음"을 좀더 넓은 의미에서 사용한다. 이로써 복음은 예수와 사도들의 선포 전체를 가리킨다.)[68] 그리스도 역시 율법을 설교한다. 그는 모세의 율법을 확증하고 그것을 해석한다. "율법"은 우리가 그것을 그리스도 안에서 발견하든 모세 안에서 발견하든 관계없이, 우리로 하여금 우리 죄를 깨닫게 하고 양심을 고발하고 위협하는 모든 것이다.[69]

"율법"은 더욱이 명백하게 명령적이거나 고발적이거나 심판적인 말씀들뿐만 아니라, 주기도문(주의 기도)처럼 기도로 된 말씀들이다. 주기도문의 기도는 "율법의

64) *WA* 39 ¹, 430.
65) *WA* 39 ¹, 428.
66) *WA* 39 ¹, 430.
67) *WA* 39 ¹, 345, 414, 452, 471.
68) *WA* 39 ¹, 535, 351, 542.
69) *WA* 39 ¹, 348, 535, 351.

교리로 가득 차 있다." 그것을 기도하는 사람은 누구나 그가 율법에 대해 죄를 짓고 회개할 필요가 있다는 것을 진지하게 고백한다. 처음 세 간구에서 우리가 기도하는 모든 것, 즉 하나님의 이름이 거룩히 여김을 받고, 하나님의 나라가 임하고, 하나님 의 뜻이 이루어지는 것은 하나님의 율법에 의해 우리에게 요구된 것이다. 그리고 우 리가 이 모든 것을 기도하면, 이로써 우리는 우리가 그것을 성취하지 못했다는 것을 증거한다. 이런 식으로 주기도문은 우리에게 율법의 기능을 수행한다.[70] 그것은 율 법이 항상 행하는 것과 동일한 것을 우리에게 행한다. 그것은 우리가 무조건적으로 행해야 했던 것을 행하지 못한 것을 우리에게 보여준다.[71]

　　회개는 모세의 율법에 기초하여 설교되어야 하는가? 아니면 인간은 아들(그리스 도)을 믿지 않음으로써 죄를 지은 것이기 때문에, 복음과 관련하여 회개가 설교되어 야 하는가? 루터는 이 문제에 대한 율법폐기론자들과의 투쟁에서, 한 단계 더 나아 간다. 율법폐기론자들은 후자의 입장을 택한다. 루터는 이러한 양자택일을 거부한 다. 그는 인간은 그리스도의 십자가와 죽음을 통해서도 회개에 이를 수 있다고 선언 한다.[72] 바울이 로마서 2:4에서 "너는 하나님의 인자하심이 너를 인도하여 회개케 하심을 알지 못하느냐?" 하고 말한 것을 읽을 때, 루터가 그것을 어떻게 부인할 수 있겠는가?[73] 율법폐기론자들과의 논쟁에서 그의 유일한 관심은 회개가 복음으로부터 발생하여 자라날 수 있다는 이유로 율법이 소용없다고 선언하지 말아야 한다는 것이 다.[74] 그는 그리스도의 십자가와 구원의 지식으로부터 오는 회개뿐만 아니라 율법의

---

70) *WA* 39 ^{I}, 351.
71)　Ibid.
72) *WA* 39 ^{I}, 405.
73) *WA* 39 ^{I}, 400, 536.
74) *WA* 39 ^{I}, 407. 루터는 종교개혁 처음 기간에 율법폐기론자들이 설교하기를 원하던 방식 그대로 설교했고, 그들이 사용하는 회개를 논의할 때 동일한 말을 사용했던 것 을 인정한다. 그는 그저 강력하게 복음을 설교하고자 했다. 그 당시에 그것은 필요하 고 정확한 것이었다. 왜냐하면 교황제도 아래서 인간은 아주 충분하게 공포에 사로잡 혀 있었기 때문이다. 그러나 이제는 상황이 아주 다르다. 인간은 안정되고 새롭고, 하나님도 인간도 두려워 하지 않는 에피큐리안들(Epicureans)이다. 각 시대의 다른 정신은 다른 종류의 설교를 요구한다. 이런 이유로, 율법폐기론자들이 그들의 입장을 지지받기 위해 루터의 초기 설교를 인용하고 루터의 참된 제자라고 주장하는 것은 적 절하지 않다. *WA* 39 ^{I}, 571-574. 「율법폐기론자들에 대한 세번째 논박」(*Third Disputation Against the Antinomians*)에 있는 이 구절은 루터가 아그리콜라를 거부한 것을 이해하는 데 아주 중요하다. 〔"율법폐기론자"는 여러 의미로 사용된다. 여기서 사용된 대로, 그것은 인간을 통회와 회개로 인도하는 데 율법의 사용을 거부 하는 사람들을 가리킨다. —역주〕

지식으로부터 오는 회개를 위한 여지를 둘 다 남겨 둔다. 그러므로 그는 또한 전자를 위한 것뿐만 아니라 후자의 선포를 위한 여지를 남겨 둔다. 율법과 복음은 실제로 다른 방식으로 회개로 인도한다. 루터는 복음의 "수사학"에 대해 말한다. 일면 우리는 고발하고 책망하고 정죄하고 우리를 저 아래 지옥으로 안내하는 거친 목소리를 듣는다. 한편 우리는 선한 목자의 음성 속에서 죄의 용서와 영생을 거저 제공하는, 힘을 북돋우고 마음을 끄는 목소리를 듣는다. 그러나 우리가 이쪽 길을 따라 회개로 인도되든 다른 길을 따라 회개되든, 우리는 마침내 동일한 장소에 도착한다. "회개가 무엇을 통해 일어나든 그대로 두라. 그것은 차이가 없다." 따라서 그리스도에게 부름받은 여러 길이 있다. 하나님은 모든 사람을 동일한 길을 따라 인도하지 않으신다.[75]

이 모든 것에서, 루터는 또한 율법을 통한 회개와 복음을 통한 회개 둘 중에서 하나를 선택하는 것을 초월한다. 그는 이 문제가 율법과 복음에 대한 진정한 선택을 제공하지 않는다는 것을 보여준다. 반대로 복음은 그 자체 안에 율법을 품고 있고, 복음의 선포 그 자체는 또한 율법의 선포이다. 이것은 이중적 방식으로 참되다. 첫째, 우리의 모범으로 그리스도를 선포하는 것은 율법의 선포의 성격을 갖고 있다는 것이 분명하다. 그것은 우리에게 우리가 성취해야 할 하나님의 뜻을 보여주기 때문이다.[76] 그러나 그리스도를 구속주로 선포하는 것은 그 자체로 또한 율법을 선포하는 것이다. 구속은 죄의 사실을 전제하기 때문이다. 그러므로 그리스도가 나의 구주라는 진술은 나를 인도하여 죄를 깨닫게 한다. 그러나 나에게 나의 죄를 보여주는 모든 것은 율법이다.[77] 복음 선포는 이렇게 또한 율법의 설교가 된다.[78] 두번째로 복음은 하나님의 자비와 그리스도의 유익을 증거한다. 인간이 그가 사랑과 순종 안에

75) *WA* 39 Ⅰ, 407.
76) *WA* 39 Ⅰ, 464.
77) 이것은 제1계명의 약속에서 선포되어 있는 복음에도 해당되는 사실이다. *WA* 40 Ⅱ, 370.
78) "따라서 우리는 그리스도가 모범으로 혹은 구속주로 우리 앞에 놓여 있다고 말하는 때에도, 율법을 가르친다. 그리고 이것은 진정으로 율법을 선포하는 것이다. 왜냐하면 만일 그가 당신의 구속주와 구주로 오신다면, 당신은 죄를 지은 것이 분명하기 때문이다. 구속 자체는 죄를 전제하고 있다." *WA* 39 Ⅰ, 464. 그러나 우리는 여기서 또한 루터가 율법의 기능과 복음의 기능 사이를 날카롭게 구분하고자 했다는 것을 주목해야 한다. 인간은 복음을 통하여 그의 죄를 알게 된다 하더라도, 정죄는 적절하게 복음의 관심이 아니라 율법의 관심이다. 이런 이유로, 루터는 우리에게 죄를 고발하는 것은 복음 자체는 아니지만, 복음이 우리에게 율법을 보여주고, 이 율법이 우리에게 죄를 고발하는 것이라고 한다. *WA* 39 Ⅰ, 388.

서 하나님에게 빚진 것을 알게 될 때, 그러나 그는 자기가 하나님의 선하심을 감사하지 않고 경멸했기 때문에 수치심에 싸인다. 첫번째 경우, 복음은 인간에게 복음에 선행하고 복음에 의해 전제되어 있는 죄를 시인하게 한다. 두번째 경우, 복음은 인간을 인도하여 은혜스런 복음의 하나님을 향해 그의 죄를 시인하게 한다.

그러므로 죄에 대한 인식은 좁은 의미의 율법에서 오거나 하나님의 선하심과 그리스도를 통한 구속의 복음으로부터 온다. 후자의 경우 복음은 율법이다.[79] 내가 해야만 하는 것과 내가 죄책 가운데 있다는 것을 보여주는 것은 무엇이든지 항상 율법이다. 실제 루터는 어떤 율법도 복음 안에 나타난 하나님의 선하심을 보는 것만큼 그렇게 깊이 우리 마음 속에 타격을 주고 그렇게 무서운 고통을 일으키는 것은 있을 수 없다고 결론내린다. 십계명의 첫째 혹은 둘째 돌판에 위반되는 죄에 대한 어떤 지식도 우리가 은혜스러운 복음의 하나님을 감사하지 않고 경멸하고 있는 사실에 대해 우리의 눈이 열리는 것만큼 그렇게 고통스럽게 우리 마음에 고통이 되지는 않는다. 이것을 알게 되는 사람은 누구나 쉽게 절망에 빠질 수 있다.[80]

그러나 그런 사람이 어떻게 도움을 받을 수 있을까? 분명히 율법을 통해서 되지 않지만, 또한 확실하게 하나님의 선하심을 가리킴으로써 되는 것도 아니다. 그는 이 하나님의 선하심에 대해 죄를 지었고, 이것을 기억하는 것은 그를 더욱 더 절망하게 할 뿐이다.[81] 우리는 루터의 입장을 다음과 같이 표현할 수 있다. 복음의 메시지는 진정한 율법 자체보다 인간에게 더 무시무시한 율법일 수 있다고 말이다. 이러한 복음의 측면은 잠재적 율법이다. 이러한 전반적 진술에서, 루터는 분명히 "율법"의 개념을 이중적 의미로 사용한다. 한편 그것은 복음과 엄격하게 구분되어야 하는 것을

79) "그러나 율법의 선포는 죄를 드러낸다 … 그러나 이것은 또한 당신과 당신의 죄들을 위해 그렇게 큰 고난을 당하신 그리스도가 주시는 유익을 보여줌으로써도 이루어질 수 있다. 이것이 그리스도의 유익을 설교함으로써 이루어지든지, 율법을 설교함으로써 이루어지든지 동일하다. 그것은 차이가 없다. 그것은 모두 율법이다." WA 39 Ⅰ, 580.
80) WA 39 Ⅰ, 536, 580.
81) "곤경에 처해 있는 사람은 어떻게 도움을 받을 수 있는가? 분명히 율법에 의해서도 아니고, 율법보다 더 그에게 상황을 심각하게 만드는 하나님의 선하심에 의해서도 아니다." WA 39 Ⅰ, 537. 전통적으로 전해진 본문은 "확실히 율법에 의해서 안되지만(but), 하나님의 선하심에 의해서 … "로 되어 있다. 하지만 이 but는 오류이다. 전체 문맥과 특별히 다음 이어지는 문장들은 but보다는 not을 요구한다. "다음 나는 율법도(neither) 하나님의 선하심도(nor) 도울 수 없는 사람을 우리가 어떻게 치유할 수 있는지 물어본다. 그러나 나는 오직 그를 철저하게 겁먹게 할 뿐이다. 당신이 하나님의 선하심을 강조하면 할수록, 그러한 사람은 더욱 더 절망한다. 왜냐하면 그가 그렇게 큰 선하심을 무시하거나 경멸했기 때문이다." Ibid.

말하고, 다른 한편 그것은 복음 그 자체로 죄인들에 대해 가질 수 있는 율법으로서의 성격을 나타낸다.

그러므로 루터에게서 하나님의 말씀은 결국 명확하게 율법과 복음으로 분류될 수 없다. 하나의 동일한 말씀이 율법과 복음으로서 죄된 인간에게 부딪친다. 심지어 복음의 핵심 곧 십자가에 대한 말씀도 율법의 기능을 수행한다. 그것은 좁은 의미의 "율법"이 할 수 있는 것보다 더 깊고 고통스런 방식으로 인간의 죄와 상실된 상태를 드러낸다. 그러나, 그리스도 안에 있는 하나님의 사랑과 관련하여 그의 죄를 알고 있는 이런 상황에 처해 있는 사람에게는, 그에게 동일한 말씀 곧 십자가에 못 박히신 그리스도, 세상 죄를 진 하나님의 어린 양, 가난한 자에게 복음을 선포하신 저 예수 그리스도를 가리키는 것 외에는 다른 충고와 도움을 줄 수 없다.[82] 우리가 그에 대해 감사하지 않고 항상 죄를 짓는 동일한 예수 그리스도는 그럼에도 불구하고 우리에게 잃어버린 자들을 구하기 위해 오신, 구주요 중보자요 혼돈되고 혼란스런 이들의 위로자로 선포된다.[83]

이 하나의 동일한 복음이 회개와 믿음으로 인도하고 또 절망과 평화로 인도한다. 복음이 비록 나에게 율법의 기능을 수행한다 할지라도, 나를 절망으로부터 신앙으로 인도할 수 있고 또 그렇게 해야 한다는 사실은 오직 다음과 같은 방식으로 설명될 수 있다. 십자가에 못 박힌 그리스도는 내가 그의 십자가에 대해 죄를 지을 때 또한 나의 죄를 지신다는 것이다. 내가 그의 사랑에 대해 죄를 짓고 또 이에 대해 죄책감을 계속 가지고 있다는 사실은 그리스도가 죄 있는 인간을 구원하기 위해 오셨다는 사실을 변화시키지 않는다. 따라서 회개의 고통은 신앙의 기쁨 안에서 유지되고 동시에 제거된다. 그러나 이것은 딱 한번만 일어나는 것이 아니라, 우리가 반복하여 시도해야 하는 전환이다. 왜냐하면 우리는 무관심과 감사하지 않는 것 때문에, 그리스도의 자기 희생의 사랑에 대해 죄 짓기를 그치지 않기 때문이다.

따라서 율법과 복음은 각각 완전히 다르고 정반대의 기능을 갖고 있다. 그러나 이 두 기능은 동일한 말씀의 기능이다. 그들은 항상 동시에 일어난다. 그러나 신앙은 율법에서 복음으로 움직인다. 그리고 이 움직임은 되돌릴 수 없다. 복음은 항상

---

82) *WA* 39 $^{\rm I}$, 537.

83) *WA* 39 $^{\rm I}$, 538. ibid., p.537에 근거하여, 루터가 우리가 이에 대해 죄를 짓는 하나님의 선하심을 십자가에 달리신 그리스도 안에 계시된 하나님의 선하심과 구분하고 있는 듯이 보일 수 있다. 후자가 전자에 대해서 지은 죄로 인해 절망 가운데 있는 우리를 구출하는 듯 말이다. 그러나 ibid., p.536에 있는 것 같은 진술들은 루터가 하나님의 선하심과 그리스도의 유익을 하나로 보았다는 것을 보여준다. 이것은 그리스도의 십자가도 우리를 죄책에 빠뜨리고 또 우리를 구한다는 것을 의미한다.

인간에게 죄책감을 느끼게 함으로써 그에게 율법의 사역을 수행한다. 그러나 이 복음은 죄책감에 사로잡힌 자들을 위한 위로의 말씀이기 때문에, 신앙의 움직임은 항상 복음에 근거를 두게 된다. 그러나 그 역(逆)은 사실이 아니다. 복음은 율법을 초월하나, 율법은 복음을 초월하지 못한다. 내가 그분의 자비에 대해 죄책감을 갖고 있고 또 계속하여 갖고 있는 주 하나님은 그렇다고 해서 자비로운 하나님이시기를 그치는 것이 아니기 때문이다. 그러므로 신앙은 내가 복음을 들을 때, 내가 복음을 율법 위에 두고, 심지어 그것을 율법과 반대 쪽에 두는 것을 의미한다.

복음에 대한 그러한 신앙은 율법에도 불구하고, 아주 깊은 의미에서 율법을 성취한다. 왜냐하면 율법에서 결정적인 것은 제1계명이기 때문이다. 그러나 이것은 온전히 복음, 곧 도움과 약속 안에 그 본질이 있다. 즉 나는 "나를 부르는 모든 사람을 구원할 수 있고 또 구원하는" 주 너의 하나님이다 라는 약속인 것이다. 이런 이유로 우리는 다른 신들을 두어서는 안되고, 절망하지 말고 하나님을 경외하고 신뢰하고 소망해야 한다.[84] 그러므로 율법의 제1계명은 오직 우리가 복음을 믿을 것을 요구한다. 특별히 우리가 하나님의 율법에 대해 죄를 짓고 이로 인해 죄책감을 갖는 사람들의 부류이기 때문이다. 제1계명은 그리스도에 대한 신앙 안에서 성취될 때, 율법과 복음의 일치를 나타낸다. 죄된 인간의 삶에서 율법과 복음의 충돌은 율법과 복음의 본래적 일치와 그리스도인의 삶 안에 있는 그것들의 역설적 기독교적 일치 사이의 오직 과도기적 단계일 뿐이다. 이러한 역설적 기독교적 일치는 그리스도인들이 하나님의 율법을 성취하지 않고 율법의 고발과 정죄 아래 있다는 사실에 그 본질이 있다. 그러나 율법에도 불구하고 복음을 믿고, 그럼으로써 그의 죄된 실존의 중심에서 하나님의 제1계명을 성취한다.

그리스도인의 삶 속에서의 율법

칭의는 율법에 대한 인간의 관계를 완전히 변형시킨다. 그리스도는 율법의 마침이다. 이것은 칭의받은 인간에게 율법이 인간을 요구하고 강제하고 고발하고 정죄하는 한, 폐지된 것을 의미한다.[85] 왜냐하면 그리스도가 그의 순종을 통하여 율법을 완전히 성취하고, 친히 율법에 의해 고발당하고 저주받는 사람처럼 율법의 저주를 담당하셨고, 그가 우리를 위해서 이 모든 것을 행하셨기 때문이다. 하나님은 그리스도를 통한 이러한 율법의 성취를 우리에게 전가한다. 그리스도는 우리에게 그의 무죄

---

84) *WA* 39 ^{1}, 531, 581.
85) *WA* 39 ^{1}, 219, 250, 374, 380, 392, 579. *WA* 2, 477; *LW* 27, 202. *WA* 39 ^{II}, 274.

와 의를 주셨다.[86] 그리스도를 통하여 칭의받은 사람들은 요구로부터, 강압으로부
터, 고발과 정죄로부터 자유케 되었다. 그들은 "율법의 왕국"에서 그리스도의 왕국
으로 옮겨졌다.

그러나 이것은 율법이 더 이상 인간을 위한 하나님의 뜻으로서 타당하지 않다는
것을 의미하지 않는다. 그리스도는 우리를 율법의 힘, 즉 강제하고 고발하고 저주하
고 인간을 진노와 죽음으로 인도하는 힘으로부터 우리를 자유케 하였다.[87] 이것과
구분되어, 율법의 내용 곧 인간을 위한 하나님의 선한 뜻은 변하지 않고 남아있다.
실제 로마서 8:4의 바울에 의하면,[88] 칭의는 하나님의 뜻을 행하지 못하는 무능력으
로부터 자유케 하여, 인간이 그 뜻을 성취하게 한다. 그러므로 율법은 일면 그리스
도를 통하여 성취되고 그리스도인은 더 이상 그것에 관여하지 않는다. 그러나 동시
에 그것은 하나님의 거룩한 뜻으로 성취되어야 한다.[89] 그러나 이 하나님의 뜻은 더
이상 칭의받은 사람에게 율법의 요구 즉 율법의 형태로 대면하지 않는다. 왜냐하면
그리스도와 그의 영은 신앙을 통하여 칭의받은 사람들 안에서 살기 때문이다. 따라
서 그들은 율법이 그들에게서 원하는 것을 행한다. 그리스도가 그들 안에서 율법이
원하는 것을 행한다.[90] 성령은 하나님과 그의 율법을 사랑하고 악을 미워하는 형태
로 그들 내부에서 새로운 추진력을 산출한다.[91] 그들은 이제 하나님의 율법을 기뻐
한다(시편 1, 로마서 7:22 — 루터는 이 말씀을 그리스도인을 가리키는 것으로 해석
한다.) 내가 성령에 의해 조명받을 때, "내가 그리스도를 믿기 때문에 그리스도가
나에게 주시는 바 하나님의 은혜를 통해 제1계명이 나의 기쁨이 된다." 따라서 나는
더 이상 이 하나님의 계명 앞에 무기력하게 절망하며 서 있는 것이 아니라, 그리스

---

86) *WA* 39 [I], 219, 250, 366, 375, 380, 435 f., 478 f.
87) *WA* 7, 760.
88) *WA* 39 [I], 367.
89) *WA* 39 [I], 203 f.
90) *WA* 39 [I], 46. "그러나 은혜에 의해 칭의받아 … 그 다음 우리가 선행을 행할 때, 그
   렇다, 그리스도 자신이 우리 안에서 모든 것을 행한다." *WA* 39 [I], 46, *LW* 34,
   111.
91) *WA* 39 [I], 395.
92) *WA* 46, 662. "나는 내가 그것을 할 수 있다는 것을 느낀다. 나는 가르침으로 시작
   했고, 이미 기초를 닦았다. … 이전에 나는 내가 율법에 대해 기쁨이 없었다는 것을
   알았다. 그러나 이제 나는 율법이 귀하고 선하다는 것, 그것이 나의 삶을 위해 나에
   게 주어진 것이라는 것을 발견한다. 이전에 그것은 나에게 무엇을 하여야 할지 말했
   다. 이제 나는 율법의 요구에 일치되기 시작하고 있다. 그래서 이제 나는 하나님을
   찬양하고 칭송하고 섬긴다." *WA* 46, 662; *LW* 22, 144. Cf. 39 [I], 373. *WA* 2,
   492; *LW* 27, 224.

도에 대한 신앙으로 내가 그것을 성취할 수 있다는 것을 안다.[92]

따라서 율법은 "즐거운 것이 되기 시작하고," 그리스도인들은 그것을 기꺼이 성취하고자 하고, 적어도 그 성취를 시작할 수 있다.[93] 그는 더 이상 요구 아래 있지 않고 성령의 능력에 의해 하나님의 율법을 향해 즐겁게 움직인다. 그리스도는 율법 아래 있는 인간의 상태로부터 인간이 타락 이전 알았던 바 율법에 대한 즐거운 순종으로 인도한다.[94] 그리스도인은 자유롭게 율법에 일치한다. 이것은 율법이 그것을 요구하기 때문이 아니라, 그리스도인이 하나님과 의를 사랑하기 때문이다.[95] 그는 더 이상 율법의 강요는 물론 율법의 도움으로 행동하는 것이 아니라 자유의 영 안에서 행동한다. 그의 활동은 자발적이다.[96] 따라서 그의 선행은 더 이상 율법에 의해 그에게 강요된 "율법의 행위"가 아니라, 자유로운 "은총의 행위"이다.[97] 따라서 율법은 더 이상 신자와 아무 관계도 없다. 율법은 요구하지도 않고(그가 스스로 명령된 것을 행하기 때문이다), 그를 고발하지도 않는다. 율법은 이 정도로 더 이상 그의 삶 속에서 역사하지 못하고 오히려 무기력하다.[98]

그러나 율법은 칭의받은 그리스도인들에게도 계속하여 의미를 갖는다. (율법의 정치적 기능이 불가피하고 세상 속에서 계속하여 효력을 갖고 있어야 한다는 것은 당연히 말할 필요도 없다.) 왜냐하면 그리스도인은 아직 완전히 "그리스도 안"에 있는 인간이나 신자가 아니라, 부분적으로 이미 거룩하고(그리스도에 대한 믿음을 통하여) 부분적으로 여전히 죄인이고, 부분적으로 이미 영 안에 있고 부분적으로 여전히 육체 안에 있는 "이중적 존재"이기 때문이다.[99] 그는 부분적으로 거룩하고 부분적으로 죄된 인간이다 — 이것은 인간을 의롭고 거룩하게 보는 바 하나님의 은혜스런 판단과 인간 자신의 경험적인 죄된 실존의 종합을 가리키는 것이 아니라, 칭의받은 사람 안에 서로 나란히 있는 성령과 육체, 새 사람과 옛 사람의 실존을 가리킨다(cf. p. 272). 옛 사람 혹은 육은 새 사람과 하나님의 율법 안에서 그가 누리는 즐거움에 대항하여 투쟁한다.[100]

그리스도인이 여전히 "육체"와 "옛 사람"인 한, 율법은 그를 위하여 폐지되지

---

93) *WA* 39 [1], 373 f.
94) *WA* 39 [1], 375.
95) *WA* 7, 760. *WA* 39 [1], 434.
96) *WA* 7, 759. *WA* 39 [1], 250, 354.
97) *WA* 2, 492; *LW* 27, 224.
98) *WA* 39 [1], 433, 435.
99) *WA* 39 [1], 542.
100) *WA* 39 [1], 373, 375, 432.

않는다. 그것은 새 사람을 위하여 폐지되는 것이기 때문이다(딤전 1:9).[101] 반대로 그는 여전히 율법 아래 있다.[102] "그것을 잘 구분하는 법을 아는 사람은 누구나 신학자이다."[103] 그리스도인은 여기 지상에서 동시에 새 사람과 옛 사람, 의인과 죄인이기 때문에, 그는 율법 아래에서 살 뿐만 아니라 율법 없이 살고, 율법은 그에 대한 힘을 상실했고 또한 동시에 여전히 힘을 발휘한다.[104] 물론 결정적 요소는 인간 전체에 대해서 폐기되었다. 그는 전인으로서 칭의되었다. 율법은 더 이상 그를 저주하고 그를 절망으로 이끌지 않는다.[105] 그러나 육체 때문에, 율법은 아직도 그 안에서 수행해야 할 과제를 가지고 있다.[106] 이것이 무엇인가?

그리스도인이 여전히 옛 사람인 한, 율법은 계속하여 그에게 율법의 영적 기능을 수행하고 그에게 죄를 보여주어야 한다. 율법은 칭의받은 사람에게 그 안에 옛 사람이 여전히 남아있고 그가 여전히 죄인임을 납득시킨다.[107] 그럼으로써 율법은 그에게 영이 육과, 새 사람이 옛 사람과, 그의 전 생애를 통하여 옛 사람이 완전히 죽을 때까지 싸우는 전투에 참여하도록 부른다(cf. pp.243, 272).[108] 이 싸움에서 율법은 여전히 수행해야 할 과제를 가지고 있다. 성령과 신앙의 새 사람은 육체와 옛 사람 위에 율법을 새겨 넣는다.[109] 그렇지 않으면, 그리스도인은 싸움을 하러 나가는 것 대신, 안심하고 게을러져서 잠들어 버릴 위험에 놓이게 된다. 율법은 그를 싸우도록 권면하고 몰아간다.[110] 그밖에 다른 사람에게 그렇듯이 그리스도인들에게도, 이것은 율법이 그가 복음을 믿기 전에 했던 대로, 그를 위협하고 그를 죽음으로 인도한다. 그러나 지금 그리스도인 안에서 일어나는 위협하고 죽이는 것은 복음 이전에 그것들이 행하는 것과 아주 다르다.[111] 그것은 이제 율법이 그리스도 없이 행하던 대

---

101) *WA* 39 ¹, 249.
102) *WA* 39 ¹, 204, 552, 575. 루터는 또한 그리스도인 안에 있는 성령과 육체 사이의 대립을 또 다른 방식으로 표현한다. "그리스도가 우리 안에서 살아 있는 한, 우리는 율법과 죄와 죽음이 없다. 그러나 그리스도가 아직 우리 안에 살아 있지 않는 한, 우리는 그만큼 여전히 율법과 죄와 죽음 아래 있다." *WA* 39 ¹, 356; cf.511.
103) *WA* 39 ¹, 552.
104) *WA* 39 ¹, 433.
105) *WA* 39 ¹, 373 f.
106) *WA* 39 ¹, 374.
107) *WA* 39 ¹, 497, 514.
108) "수많은 기회에 루터는 회개를 포함하는 이 투쟁이 우리 생 전반을 통해 계속되어야 한다는 것을 강조한다." Cf. *WA* 39 ¹, 350, 394 ff., 398, 474. [95개 조항] 중 첫 조항은 "우리 주 예수 그리스도가 '회개하라'고 말했을 때[마 4:17], 그는 신자의 전 생애가 회개의 삶이 되기를 의도하셨다." *WA* 1, 233; *LW* 31, 83.
109) *WA* 39 ¹, 412.

로, 율법의 파괴적인 저주 아래서 일어나는 것이 아니라, 칭의와 죄 용서의 상황 아래에서 일어난다. 그리스도인이 율법 때문에 지속하게 되는 바 평생에 걸친 회개는 [112] 분명하게 그리스도 없는 율법의 효력으로부터 구분된다. 율법이 가하는 죽음은 이제 "참을 만한" 것이고, 더 이상 절망과 저주로 인도하는 것이 아니라 의로 인도한다. 율법과 그 위협은 칭의의 맥락 안에서 크게 "완화"되었다. [113] 따라서 그리스도인의 회개는 한때 그랬던 것처럼 불쾌하거나 힘든 것이 아니라, 쉽고 즐거운 것이다. 왜냐하면 그리스도인들은 이미 성령을 갖고 있기 때문이다. [114] 율법의 무거운 멍에는 그리스도의 가볍고 쉬운 멍에로 교체되었다. [115]

이러한 성화와 죄로부터의 정화의 과정이 진행된다 할지라도, 그 투쟁은 이 지상의 사람에게서 그 목적에 완전히 도달하지 못한다. 율법은 오직 성취되는 과정에 있을 뿐이다. 그러나 그것은 아직 성취되지 않았다. [116] 그것은 확실히 그리스도의 성취를 하나님이 전가시켜 주심으로써 우리를 위해 성취되었으나, 여전히 우리 안에서 우리에 의해 실제로 성취되어야 한다. [117] 이것은 오직 부활 후에야 성취될 것이다. [118] 그 때에 가서야 율법은 완전히 그 사역을 완수하고 그 종말에 이를 것이다. [119]

이것은 그리스도인이 새 사람인 한, 율법이 그리스도인에게 더 이상 아무 의미가 없다는 것을 의미하는가? 루터는 명백하게 율법은 새 사람 즉 신앙의 사람을 위해 선포되는 것이 아니라고 선언한다. 그가 율법에 자유롭게 순종하는 하나님의 영을 갖고 있기 때문이다(롬 8:1). [120] 그 자체로 그는 더 이상 율법이 필요하지 않다. 그는 그가 행하는 것과 행하지 않는 것을 위한 동기로서 율법의 요구와 경고가 필요하지 않다. 그는 하나님의 영에 의해 움직이기 때문에, 율법이 그가 행하기를 원하는 것을 혼자 힘으로 행한다. 그러나 그리스도인의 활동의 동기에서 사실인 것은 또

---

110) *WA* 39 ^{I}, 356, 432, 474, 500, 510, 513.
111) 율법은 "신자들도 고발하고 위협할 수 있으나, 그것은 신자들을 절망으로 인도하고 그들을 저주할 수 없다." *WA* 39 ^{I}, 367.
112) *WA* 39 ^{I}, 399.
113) *WA* 39 ^{I}, 412, 474.
114) *WA* 39 ^{I}, 398.
115) *WA* 39 ^{I}, 381.
116) *WA* 39 ^{I}, 374, 380.
117) *WA* 39 ^{I}, 431, 434 f., 456.
118) *WA* 39 ^{I}, 375.
119) 루터는 요한일서 4:18에서 설명된 대로, 그리스도인의 삶 안에 있는 두려움과 사랑 사이의 관계에 기초하여 복음 아래서 행하는 회개에 대해 탁월하게 설명하고 있다. *WA* 39 ^{I}, 437 ff., 565.
120) *WA* 39 ^{I}, 374.

한 무엇이 행해져야 하는가 하는 지식에서도 사실인가? 그리스도인은 그에게 하나님의 뜻이 무엇인지 가르쳐 주는 하나님의 뜻의 표현으로서, 율법이 필요하지 않은가? 루터는 이 점에 대해서 두 가지로 말했다. 첫째 성령에 의해 감동된 그리스도인은 십계명에 의존하지 않는다. 그는 예수와 사도들이 이미 그렇게 한 대로, 성령의 능력으로 자신을 위해 새로운 십계명을 확립할 수 있다. 그러므로 그는 기록된 규정이 필요하지 않다. 오히려 성령은 그에게 각각의 특별한 상황에서 그가 해야 할 것을 가르친다.[121] 둘째 그러나 루터는 즉각 모든 그리스도인이 그러한 정도로 성령을 갖고 있는 것은 아니라는 것을 지적함으로써 이러한 진술을 제한한다. 육체는 여전히 그의 내부에서 성령에 대항하여 투쟁하고, 그리하여 무엇이 행해져야 하는가에 대한 그의 명확한 판단을 제한한다. 루터가 이것에 주의하게 된 것은 그가 열광주의자들이 성서의 말씀도 없이 성령을 통하여 사적인 계시를 받았다고 주장하고 확언하는 방식을 보았기 때문이었다. 그러므로 그리스도인은 신약성서의 사도적 명령에 따라 행동하는 것이 필요하다. 기독교 내부의 윤리적 판단의 통일성은 오직 이런 방식으로만 유지될 것이기 때문이다.[122]

루터는 여기서 신약성서의 용어를 사용하여, "율법"이 아니라 사도적 "명령"에 대해서 말하고 있다. 그러나 율법에 대한 루터의 광의의 개념에 의하면, 신약성서의 명령도 역시 "율법"이다. 그러나 그렇다면 새 사람으로서 그리스도인은 여전히 율법에 의존하고 있다. 이것은 우리가 그것을 알게 된 대로 여전히 율법의 신학적 기능인가? 그렇다고 말할 수 없다 — 비록 루터가 사도적 가르침에 관심을 기울여야 할 필요성의 기초를 그리스도인의 육체가 여전히 성령에 대항하여 투쟁하고 있다는 사실에 두고 있지만 말이다. 그리스도인에게 율법의 신학적 기능은 여전히 그의 육체에 살아있는 죄에 대한 싸움과 관계된 것이다. 그러나 그리스도인의 삶은 죄에 대한 싸움에만 있는 것이 아니다. 그것은 루터에 의하면, "우리에게 주어진 성령과 의의 열매들"로서 하나님에 의해 명령된 "선행"을 행하는 적극적 활동에도 있다. 신약성서의 가르침(루터의 개념에 의하면 율법)은 따라서 율법의 신학적 기능을 넘어, 인간이 죄를 식별하고 죄에 대해 싸우는 것을 도와주는 데 의미가 있고, 더 이상 율법의 신학적 기능의 관점에서 이해될 수 없다. 계명들은 또한 그가 "선행"을 참되게 이해하는 것을 돕고 그를 행동으로 부름으로써 성령을 받은 그리스도인을 돕는다.[123]

이것은 십계명에도 해당되는 사실이다. 이것은 루터가 그의 「요리문답」에서 십

121) WA 39 ¹, 47; LW 34, 112 f. Cf. WA 2, 478 f.; LW 27. 204 f. "우리 모두는 선이나 악 중 하나를 행할 위험스런 자유를 받은 상태이다." WA 7, 760.
122) WA 39 ¹, 47; LW 34, 113.

계명을 해석하는 의미이다. 물론 성서의 권면의 전체성의 기초 위에서 십계명을 자유롭게 창조적으로 적용하고 그것을 확장하였지만 말이다. 루터는 계명들을 그가 죄

---

123) 루터는 신약성서가 약속과 권면으로 구성되어 있다고 설명한다. 다음 그는 복음이 무엇인지 진술하고, "긍휼을 받고 이미 칭의받은 사람들을 그들에게 주어진 성령과 의의 열매들을 맺고, 사랑과 선행 안에서 힘을 내고, 담대히 십자가와 이 세상의 다른 모든 고난을 지라"고 격려할 의도로 권면이 뒤따라야 한다고 계속하여 말한다. *WA* 18, 693; *BOW*, 180. 분명히 루터는 율법의 기능에 대하여 말하는 것이 아니라 복음으로부터 오는 권면에 대하여 말하고 있다. 이것에서 그의 의도는 우리의 일부 현대 신학자들이 "율법"(law)과 "계명"(commandment) 사이를 구분하도록 움직인 것과 동일한 것이다. 우리는 복음에서 흘러나오는 명령을 죄인이 체험하는 바 율법으로부터 구분할 용어를 발견하는 데 관계하고 있다. Cf. W. Joest, *Gesetz und Freiheit*(Göttingen: Vandenhoeck Ruprect, 1951); P. Althaus, *Gebot und Gesetz*(Gütersloh: Bertelsmann, 1952).

　　루터는 율법의 신학적 기능을 논의한 후, "성도와 새 사람이 된 사람들이 들어가야 할 그러한 종류의 새로운 삶을 형성하는 것"이 율법의 기능이라고 주장한다. *WA* 39ᴵ, 542. 그밖의 다른 곳에서 루터는 "신약성서에서 행해져야 하고 행해지지 않아야 하는 모든 것이 나타나 있다"고 말한다. *WA* 7, 760. 그는 또한 신자들에 관하여 말하기를, "그들은 이제 율법의 나라에서 취해져서 그리스도의 왕국으로 놓여졌다. 따라서 율법은 신자들이 선행을 하기 위한 모범을 갖도록 신자들에 의해 보유되어야 한다"고 한다. *WA* 39ᴵᴵ, 274. 칭의받은 사람이 율법을 간직해야 하는 이유는 그들이 그리스도의 왕국에 있기 때문이다. 율법은 그들에게 선행의 지침을 준다. 다음 구절은 이 구절을 완전히 보증한다. "율법은 성도들이 하나님이 어떤 종류의 행위를 요구하는지, 성도들은 어떤 일에서 하나님께 순종하는 것을 실행하는지 알기 위해, 보유되어야 한다." *WA* 39ᴵ, 485. 이 마지막 구절은 대부분의 원고에서 없기 때문에, 베르너 엘러트(Werner Elert)는 그것을 위조라고 분류한다. 멜랑히톤의 후기 *Loci* [*Corpus Reformatorum* 21, 406]. Elert, *Zwischen Gnade und Ungnade*(Munich: Evang-Presseverband, 1948), p. 162; Elert, *Law and Gospel*, trans. Edward H. Schroeder("Facet Books-Social Ethics Series", 16; Philadelphia: Fortress Press, 1967), pp. 38 ff. 그러나 위의 구절이 보이는 대로, *WA* 39 I, 485의 내용은 루터의 생각에 낯설지 않다.

124) 십계명에 대한 루터의 찬송에서, 그는 다음과 같이 찬송한다.
　　　　우리에게 이 십계명이 오도다
　　　　당신 인간의 아들은 당신의 죄들을 알게 되고
　　　　또한 당신으로 하여금 깨우쳐
　　　　인간이 하나님 앞에서 어떻게 살아야 할지를 깨닫게 하도다.
여기서 그는 계명들에 기초하여 하나님 앞에서 제대로 사는 법을 "배우는 것"을 계명들에서 우리의 죄를 아는 것을 배우는 것으로부터 명백하게 구분하고 있다. *WA* 35, 428; *LW* 532, 279. 다른 곳에서 그는 십계명은 우리에게 우리가 우리의 전 삶을 하나님을 기쁘게 하기 위해 무엇을 하여야 하는가에 대한 신적 가르침를 요약해 준다고 말한다. "그들은 거기서 선행이 샘솟는 참된 터전이요, 그것을 통해 모든 선행이 흘러넘치는 참된 채널이다." *WA* 39ᴵ, 178; *BC*, 407, 311.

를 인식하는 거울로서뿐만 아니라, 비록 그것들이 확실히 그리스도인에게도 그렇고 그렇게 남아있다 하더라도 이것을 넘어, 하나님이 원하시는 "선행"에 관한 가르침으로 본다. 그러한 가르침은 모두 그리스도인을 위해 필요하고 유익한 것이다.[124] 한번 더 말하면, 계명들은 성서적 가르침의 전체성으로부터 보충되고 복음의 빛에 의해 이해되는 만큼만 이러하다. 따라서 루터는 그리스도인의 삶을 설명하기 위해 쓴「선행에 관하여」(Treatise on Good Works)를 십계명의 해석의 구조로 구성했다. 십계명은 칭의 "이전"뿐만 아니라 "이후"에도 그들의 자리를 갖고 있다. 따라서 십계명은 율법의 신학적 구조 안에서 그리스도인에게 역사할 뿐만 아니라, 그가 하나님의 뜻을 따라 행해야 하는 선에 대한 지식으로 그를 인도한다[125]

　루터는 "율법의 제3기능"(tertius usus legis)이란 표현을 사용하지 않는다. 멜랑히톤은 이 표현을 사용했고 그것은 다음「일치신조」에서, 루터교 정통주의 안에서, 19세기 신학에서 채택되었다. 그러나 그것은 본질상 역시 루터에게서 시작된 것이다. 우리가 본 대로, 루터는 하나님의 율법이 죄인들에 대해서 취하는 형태를 첫번째 것으로 고려하지 않고, 이에 따라 또한 율법의 유일하게 가능한 형태와 의미로 보지도 않는다. 인간은 타락 이전에 하나님의 율법을 알고 있는데, 어찌하여 그리스도인의 삶에서 율법을 인식하지 못하겠는가? 율법의 신학적 기능, 즉 옛 사람이 그의 죄를 알게 인도하고 그 죄로부터 깨끗하게 하기 위한 기능뿐만 아니라, 그리스도인을 선한 행실로 훈련시키는 기능에서도 율법을 인식하고 있다.

---

125) 따라서 어떤 상황에서도 루터의「요리문답」에서 십계명의 위치를 해석할 때, 그것이 오직 "칭의" 이전에만 그 자리를 갖고 있다고 할 수 없다. 그리고「하이델베르크 요리문답」(Heidelberg Catechism)에서 십계명의 위치가 ― "구속" 이후 "감사" 아래 ― 루터교회적이기보다 특별히 개혁교회적이라고 주장하는 것도 마찬가지로 부정확하다.「하이델베르크 요리문답」에서 주요 부분의 순서는 일찍이 1547년 루터교 요리문답에서 나타난 것이라는 것은 잘 알려져 있는 사실이다.

제 20 장

은총의 하나님의 자유

감추어진 하나님과 계시된 하나님

루터에게서, 하나님은 하나님이시라는 주장은 은연중에 하나님 한 분만이 예지를 가지고 모든 사람 가운데서 모든 것을 역사하신다는 사실을 포함하고 있다(cf. p. 121).[1] 이것은 인간의 외적 운명뿐만 아니라 내적 운명, 곧 신앙 혹은 불신앙, 순종 혹은 불순종 속에 있는 인간의 하나님과의 관계를 결정한다. 여기서도 인간은 완전히 하나님의 손 안에 있다. 루터는 특별히 고린도전서 12:6의 "하나님은 모든 사람 가운데서 모든 것을 역사하신다"는 말씀에서 이것의 성서적 기초를 발견한다. 루터는 이것의 원래 배경 안에 있는 바울의 의미를 훨씬 넘어 이 말씀의 의미를 확대시킨다. 그것은 루터의 사고에서 아주 빈번하게 등장한다.[2]

더욱이 성서는 인간은 실제 하나님의 말씀에 반응하는 것이 서로 다르다는 사실을 증거하고 있고, 경험도 그것을 확증한다. 어떤 사람은 신앙에 대해 열려 있고, 다른 사람은 닫혀 있다. 따라서 성서는 인간의 역사가 두 가지 방식으로 끝날 것이라고 전망한다. 장차 모든 사람이 다 복락을 누리는 것이 아니고, 많은 사람이 지옥에 떨어질 것이다. 하나님이 모든 사람 가운데서 모든 것을 역사하신다는 그의 주장

---

1) *WA* 18, 719; *BOW*, 218.
2) 「노예의지론」 안에 있는 다음의 진술을 참고하라: *WA* 18, 614, 685, 709, 732; *BOW*, 78, 170, 204, 236.

의 맥락에서, 루터는 하나님 자신과 하나님의 의도와 하나님의 역사 안에 있는 궁극적 근거와 동기를 발견할 수 있다. 이 결정은 대개 인간의 자유 의지에 의해 이루어진다고 생각되지만, 그것이 아니라 하나님의 의도와 역사하심에 의해 이루어진다. 그분은 어느 쪽이든 선택의 명백한 이유 없이, 어떤 사람은 구원받도록 선택하고, 다른 사람은 버리신다. 그분은 자신의 영의 역사를 통하여 사람들에게 신앙을 준다. 반면 다른 사람들에게는 신앙을 주는 것을 거부함으로써 그들은 불신앙에 매여 있게 된다. 따라서 구원과 파멸은 하나님의 사전 결정과 이에 따른 이중적 활동에서 나온다. 하나님의 선택은 개인의 상태에 근거한 것이 아니다. 하나님의 선택이 개인의 상황을 결정한다. 이것은 구원과 저주로 결정하는, 무조건적이고 영원한 예정을 의미한다.[3]

루터는 하나님에 대한 철학적 사변에 근거하여 이러한 결론에 이른 것이 아니라, 성서에서 그것을 발견한다. 그는 하나님이 그와 인격적으로 맺으신 관계 속에서 그것을 체험했다. 그리고 그가 그렇게 인격적으로 체험한 하나님은 성서 안에서 말씀하시고 선포되어 있는 바로 그 하나님이다. 바울은 루터에게 특별히 하나님이 이 이중적 결정을 하신다는 것과 그가 잃어버린 바 된 자들의 마음을 굳어버리게 한다는 것을 증거한다. "하나님은 그가 하고자 하시는 자를 긍휼히 여기시고 하고자 하시는 자를 강퍅케 하시느니라"(롬 9:18). 바울은 동일한 진흙으로부터 천히 쓸 그릇뿐만 아니라 귀히 쓸 그릇도 만드는 토기장이의 그림으로 이것을 설명한다(롬 9:20 ff.). 더욱이 바울은 말라기를 인용하여, "내가 야곱은 사랑하고 에서는 미워하였다"고 한다(롬 9:13). 그리고 바울은 특별히 하나님이 바로를 다루신 것을 언급한다(롬 9:17).[4]

성서가 루터에게 이렇게 제시한 입장은 또한 그의 하나님 이해의 불가피한 산물이었다. 그는 심지어 추가적 증거로서 인간의 타고난 합리적인 하나님 개념을 인용하기도 한다.[5] 마치 하나님이 인간의 선택에 놀라고, 하나님이 인간의 구원이나 멸망을 알지 못하는 상태로 구원받거나 멸망받을 수 있기나 한 듯이, 하나님이 인간의

---

3) 루터가 로마서 9-11장에서 읽은 것은 그 자신의 고백이다. "거기로부터 본래 누가 믿거나 믿지 않을지, 누가 죄를 제거할 수 있거나 할 수 없을지 유래하는 바 이 하나님의 영원한 예정, 이것은 우리의 구원이 전적으로 우리의 손으로부터 빼앗아서 하나님의 손 안에만 두게 하기 위함이다." WA, DB, 7, 23; LW 35, 378.
4) WA 18, 631, 690, 700, 716, 720, 724; BOW, 98, 177, 190, 214, 218 f., 224.
5) WA 18, 709, 718 f.; BOW, 203, 216, 218.

믿음 혹은 불신의 결정에 역사하지 못한다고 인간이 생각하는 것은 신성모독으로까지 보인다. 그렇게 생각하는 사람은 누구나 하나님이 하나님이신 것을 부인하고, 그분을 우스꽝스러운 우상인 것처럼 조롱하는 것이다.[6] 하나님에 대하여 진지하게 말하는 사람은 누구나 모든 것에 대한 그의 예지와 무조건적 결정을 반드시 가르쳐야 한다.

루터는 이렇게 하여 성서에서 하나님의 이중적 의지를 발견한다. 모든 것을 포괄하는 하나님의 은총에 대한 진술과 함께, 구원의 의지와 역사와 함께 있는, 하나님의 또 다른 의지와 역사하심을 표현하는 다른 진술들이 있다. 은총과 함께 진노, 즉 거절하는 진노, 더 이상 사랑의 일부가 아닌 진노가 있다. 이것은 구약성서뿐만 아니라 신약성서에서도 발견된다. 루터는 이 양면적인 하나님 상(像)을 자신의 상상에서 끌어낸 것이 아니라, 그것이 이미 성서에 제시되어 있는 것을 보았다. 성서의 하나님은 명백하게 복음의 하나님만은 아니다. 성서의 하나님은 모든 은총의 하나님일 뿐만 아니라, 그가 원하시면 마음을 강퍅하게 하고 거절하시는 하나님이다. 이 하나님은 심지어 인간을 모호하게 다루신다. 그는 말씀 안에서 그의 은총을 제공하지만, 인간에게 회심을 일으키는 성령을 주는 것을 거부하시기도 한다. 그는 심지어 인간의 마음을 굳게 하실 수도 있다 ― 이러한 모든 것에서 루터는 실제 하나님을 말하며 인간의 마음을 굳게 하시는 것으로 묘사하는 성서의 여러 다른 구절들을 넘어가지 않는다.

그러나 루터는 가능한 한, 예리한 표현으로 그러한 성서의 진술의 실체를 요약했다. 「노예 의지론」(The Bondage of the Will)에서, 그는 하나님이 이중적 의지, 심지어 이중적 실재를 갖고 있다고 가르친다. 복음 안에서 계시되고 선포된 하나님은 선포되지 않은 하나님, 곧 모든 것을 역사하는 하나님과 구분되어야 한다. 하나님의 말씀은 "하나님 자신"과 동일한 것은 아니다. 하나님은 그의 말씀을 통하여 (에스겔 33장에 의하면) 죄인의 죽음이 아니라 그가 돌이켜 사는 것을 찾으시는 자비를 가지고 인간에게 접근하신다. 그러나 우리가 두려워 해야 하는 바, 감추어진 하나님의 뜻은 그 자체를 위해서, "어떤 인간 그리고 어떤 종류의 인간을 선택해서 선포를 통해 제공된 이러한 자비에 참여할 수 있도록 할 것인지를 결정한다." 하나님은 "즉 그의 말씀을 따라서는, 죄인의 죽음을 원치 않으신다. 그러나 그의 불가해한 뜻을 따라서는 그것을 의도하신다." 그의 말씀 안에 계시된 하나님은 죄인의 죽

---

6) *WA* 18, 706, 718 f. ; *BOW*, 200, 216, 218. "하나님은 하나님이기를 그만두어야 한다." *WA* 18, 712; *BOW*, 208.

음을 슬퍼하고 그가 거기로부터 구원받을 길을 찾는다. "한편 그의 위엄 속에 감추어져 있는 하나님은 죄인의 죽음을 슬퍼하지도 그것을 폐기하지도 않고, 모든 사람 안에 있는 모든 것 안에서 생명과 죽음을 일으킨다. 왜냐하면 하나님은 그의 말씀에 제한되지 않고, 모든 것에 대한 자신의 자유를 보유하고 있기 때문이다. … 하나님은 그의 말씀을 통하여 우리에게 보여주지 않은 많은 것들을 행하신다. 그는 또한 그의 말씀이 우리에게 보여주지 않은 많은 것들을 의도하신다."[7]

루터가 이 감추어진 하나님(이사야 45:15에서 나온 표현)을 논의한 것은 그의 발전 과정의 초기, 예를 들면 그가 1518년 「하이델베르크 논제」(Heidelberg Disputation)에서 십자가의 신학을 발전시켰을 때였다.[8] 그러나 거기서 이 개념은 「노예 의지론」의 의미와 완전히 다른 의미를 갖고 있다. 하나님은 그의 계시 안에 감추어져 있고, 우리에게는 직접적으로가 아니라 십자가와 고난에서 역설적으로 계시되어 있다는 것이다.[9] 그는 오직 그가 그렇게 감추어져 있는 때에만 우리 죄 많은 인간에게 자신을 계시할 수 있다. 그러나 루터가 「노예 의지론」에서 설명한 은폐는 계시와 은폐의 일치가 아니라, 하나님의 전능한 구원과 저주의 이중 의지와 이중적 역사의 배경을 형성하는 신비 안에서 하나님이 계시 뒤와 계시를 넘어 숨어계신 은폐이다. "하나님 자신"은 말씀 안에서가 아니라 말씀 뒤와 말씀을 넘어 발견될 수 있다. 루터는 또한 감추어진 하나님과 계시된 하나님 사이의 이러한 구분을 성서 즉 바울이 데살로니가후서 2:4에서 말한 것에 그 근거를 두고 있다.[10] 적그리스도는 "하나님으로 선포되고 숭배되고 있는" 모든 것 위에 자존해 있는 자로 묘사되고 있다(이 말씀에 대한 루터의 번역은 아마도 불가타에 기초해 있는 것 같다). 여기서 루터는 선포되고 숭배되는 하나님을 발견한다. 적그리스도는 자신을 이 하나님 위에 세울 수 있다고 한다. 루터는 바울이 선포되고 숭배되는 하나님과 이러한 두 가지 규정이 해당되지 않는 또 다른 하나님 사이를 구분하고 있다고 결론내린다. 비록 문맥에서는 이에 대한 아무 근거도 없지만 말이다. 모든 것이 하나님의 강력한 손 아래 있기 때문에, 어느 누구도 이 후자의 하나님 위에 자신을 세울 수 없다.

바울의 진술은 루터가 그 안에서 발견한 것을 포함하고 있지 않다. 여기서 감추

---

7) 이것의 완전한 부분으로는 다음을 보라. WA 18, 664, 684, 686, 698; BOW, 139, 619 ff., 175 f.
8) Cf. W. von Löwenich, Luthers Theologia Crucis(4th ed., Munich: Chr. Kaiser, 1959), pp. 21 ff.
9) Cf. p. 25.
10) WA 18, 685; BOW, 170.

어진 하나님과 선포된 하나님 사이를 구분하기 위한 아무 근거도 없다. 이것을 넘어, 우리는 그 구분이 실제 성서적인 것인지 여부를 질문해 보아야 한다. 확실히 성서는 하나님이 인간의 마음을 완고하게 하는 어두운 신비를 알고 있다. 그러나 성서에서 이것은 인간을 구원하는 하나님의 뜻이라는 밝은 빛을 둘러싸고 있는 어두운 주변의 테두리로 남아있을 뿐이다. 한편 루터에게서(적어도「노예 의지론」에서), 이 감추어진 하나님에 대한 지식은 넓은 어둠 같이, 하나님의 계시된 뜻이라는 그림의 맞은 편에 놓여 있다. 성서와 비교하면, 강조점이 변화되어 버렸다. 하나님이 또한 인간의 마음을 강퍅하게 한다는 충격적인 사실을 감추지 않고, 하나님에 대한 두려움 속에서 그것을 성서가 말한 대로 진지하게 고려하는 것과, 그러나 루터가 하는 것과 같이, 하나님이 인간과 백성들을 대하는 역사에서 우리에게 대면해 있는 신비, 곧 우리가 그것을 알고 있듯이, 구원하려는 하나님의 뜻과 분명히 갈등을 일으키는 이 신비를 본격적인 하나님의 이중 의지의 교리와 감추어진 하나님과 계시된 하나님 사이의 이원성과 현저한 대립의 교리로 발전시키는 것은 별개의 일이다.

바울이 하나님이 인간의 마음을 완고하게 하는 것을 즉각 최종적 거부로 이해하지 않은 채 그것을 논의하고 있는 것과, 루터가 더 이상 이러한 마음의 굳어짐을 긍휼로 가는 과도적 현상으로 보는 것이 아니라(바울이 로마서 11장에서 하듯이) 그것을 최종적 거부로 해석하는 것은 전혀 별개의 일이다. 루터의 감추어진 하나님에 대한 교리는 비록 그것이 성서에 근거하고 있다 하더라도, 그 형태와 내용에서 모두, 분명히 성서를 넘어간 것이다.

우리는 더구나「노예 의지론」에서 제시된, 루터의 감추어진 하나님에 대한 교리가 우리가 지금까지 알게 된, 그의 나머지 신학을 폐기하는 것은 아닌지 질문해야 한다.[11] 일반적으로 루터는 "자기 자신 안에 있는 대로의 하나님"에 대한 탐구를 추구하는 하나님에 대한 사변으로부터 자기 자신을 그의 말씀 안에 제한시키는 하나님으로 그 호소의 근거를 바꾸고 있다.[12] 그러나 여기「노예 의지론」에서 그는 하나님이 자신을 그의 말씀 안에 제한시키지 않는다고 가르치고, 우리가 "하나님 자신"을 그의 말씀 안에 계시된 하나님 즉 말씀 그 자체로부터 구분해야 한다고 요구하고 있다. 이것은 약속의 말씀에 대한 인간의 신뢰에 대해 굉장히 위험하고 심지어 치명적인 것이 아닌가? 그것은 실제 하나님의 비밀스런 뜻을 따르면 하나님이 모든 사람에게 은혜를 베푸시는 그의 말씀에 현저하게 불일치한다는 것을 주장하는 것이다. 말

11) Cf. Martin Doerne, "Gottes Ehre am gebundenen Willen," *Luther-Jahrbuch*, XX(1938), 45-92. 또한 *CW* 63, 616-621.
12) *WA* 40 ⅲ, 386, *LW* 12, 352.

쓺 뒤에 있는 하나님의 의지는 많은 사람에게 말씀 안에 표현된 것과 다른 의지이
다. 하나님은 그의 말씀 안에 계시된 구원하려는 의지와 정반대되는 방식으로 인류
의 일부분을 다루신다. 하나님은 복음과의 관계에서도 명백하게 자유롭다. 그것을
듣는 사람이 어떻게 여전히 아무런 유보 없이, 그에게 하나님의 자비가 제공되는 말
씀을 신뢰할 수 있는가?

루터는 항상 하나님의 구원 활동이 그 반대면 아래 감추어져 있고, 하나님은 이
런 방법으로 보일 수 없는 것을 항상 감당할 수 있는 신앙을 위해 자리를 만든다고
주장했다(cf. p. 73). 신앙이 하나님의 "낯선 사역"을 통하여 하나님의 고유한 사역
으로 뚫고 들어가는 것이 바로 신앙의 본성이다. 이러한 신앙의 본성과 관련하여,
루터는 감추어진 하나님에 대한 선포를 의미있게 하려는 시도를 했다. 그는 단순히
감추어진 하나님을 하나님의 낯선 사역 아래 있는 감추어진 하나님의 고유한 사역
옆에 위치시켰다. 그는 후자를 말하는 바로 그 순간에, 또한 전자에 대해 말한다.
루터는 하나님의 활동의 역설에 대하여 말한 후(그는 죽임에 처하게 함으로써 살리
고, 우리에게 죄책을 깨닫게 함으로써 의롭게 한다), "하나님은 이렇게 하여 그의
영원한 진노 아래 영원한 긍휼과 인자를, 그의 불의 밑에 의를 감추신다"고 계속 말
한다. 따라서 루터에서, 최고의 신앙은 하나님이 "그렇게 적은 사람을 구원하고 그
렇게 많은 사람을 저주함에도 불구하고, 하나님이 자비롭다는 것을 믿는 것이다. 하
나님이 자신의 의지로 우리를 부득이 마땅한 저주의 대상으로 삼음에도 불구하고,
그가 의롭다는 것을 믿는 것이다."[13]

두번째 문장은 첫번째 문장을 훨씬 넘어서 완전히 다른 것을 말하고 있다. 여기
서 우리는 더 이상 하나님의 낯선 사역과 고유한 사역 사이의 긴장에 관심을 기울일
수 없다. 후자의 경우, 하나님이 동일한 사람에게 은총과 진노를 모두 보이신다는
것과 이 두 가지 활동 유형이 명백한 구원의 목적을 향하고 있다는 것은 말할 것도
없다. 하나님의 구원하는 활동은 단지 분명한 구원하지 않는 활동 아래 숨겨져 있
다. 그러나 「노예 의지론」에 제시된, 루터의 감추어진 하나님 교리는 구원을 목적으
로 하지 않는, 그래서 완전히 하나님의 구원 활동 밖에 그리고 그 옆에 위치해 있는
하나님의 활동에 대하여 말한다. 그것은 그 자체로 순전히 구원하지 않는 활동이고,
하나님이 구원하기를 원하는 사람들과의 관계가 아니라 구원하기를 원치 않는 사람
들과의 관계에서 수행되는 것이다. 이러한 구원하는 활동과 구원하지 않는 활동의
병존이 어떻게 신앙의 계기를 위한 공간과 "그럼에도 불구하고" 믿는 신앙이 위치해

---

13) *WA* 18, 633; *BOW*, 101.

있는 긴장을 위한 공간을 만드는 것을 목적으로 할 수 있는가? 이런 점에서, 구원하는 활동은 더 이상 구원하지 않는 활동으로 보이는 것 안에 감추어져 있지 않고, 반대로 구원하는 활동은 구원하지 않는 활동에 의해 제한되어 버린다.

그러므로 우리는 하나님의 활동 안에 있는 이런 모순이, 하나님의 사역의 역설이 은혜롭게 그렇게 하듯이, 그 안에서 신앙이 진정으로 신앙이 되고 그럼으로써 그러한 시련을 극복하는 신앙의 시련에 속하는지 여부를 질문해야 한다. 즉 그것은 하나님 안에 있는 이러한 모순에 의해 깨지고 파괴되는 신앙으로 끝나고 말 것인가? [14] 루터는 어떻게 하나님이 친히 죄책감을 갖게 하고 저주할 만하게 만든 그 사람들을 영원히 저주하신다는 것을 아는가? 성서로부터인가? 이것은 신앙의 필연적 논제인가? 그것은 오히려 루터가 하나님이 모든 사람 가운데서 모든 것을 역사하신다는 그의 교리에 근거하여 부적합한 이론적 결론을 이끌어낸 것을 나타내는 것 아닌가? 그러나 이 결론은 그 이론의 정당한 이론적 의미에서 더 이상 어떤 근거도 가질 수 없고 그것으로부터 멀리 옮겨진 것 아닌가?

하나님의 감추어진 의지의 교리에 관한 의미

이러한 비판적 질문들은 회피할 수 없다. 우리는 그것들을 막을 수 없다. 루터의 하나님의 이중적 의지의 교리에 관한 형식이 신학적으로 확립되고 주장될 수 없음에도 불구하고, 그것이 복음 선포의 필연적 부분이 되는 하나의 의도를 표현하는 것은 가능하다. 우리는 이제 그것이 실제 그러한지 질문해야 한다. 루터는 왜 신학이 하나님의 감추어진 의지를 논의해야 하는지, 그리고 어떻게 그리스도인이 이러한 복음의 어두운 배경에 자신을 관련시켜야 하는지에 대해 그의 느낌들을 명확하게 표현하고 있다. 우리는 후자에서 논의를 시작한다.

첫째 루터는 그리스도인에게 말한다. 우리는 하나님이 자신을 감추시는 한, 하나님과 전혀 관계를 맺을 수 없다. 하나님은 그에 관하여 그렇게 많은 것을 알기를

---

14) Cf. M. Doerne, op. cit., pp. 79, 89 f. "루터는 여기서 신앙의 진정한 역설을 논리적 모순으로 왜곡시킨다. 신자는 실제 하나님이 그의 진노 바로 밑에 그의 선하심을 숨기시고 있는 것을 체험한다. 그러나 하나님이 무죄한 사람을 저주하신다는 주장은 신앙의 주장이 아니라 그 합리적 성격에서 너무 철저해진 신앙의 증거이기 때문에, 그 자체에 모순된다. … 어떤 상황에서도 '영적 시련의 신학'(Theologie der Anfechtung)은 예정의 교리로 인도하지 않는다. … 여기서 일어난 것은 … 하나님의 신비에 대한 잘못된 해석이다." 되르네의 탁월한 분석과 비평은 위의 설명이 논의하는 것보다 더 포괄적이고 강도 높은 방식으로 루터의 「노예의지론」에 포함된 문제의 모든 영역을 논의한다.

원치 않으신다. 하나님은 우리가 "그분의 고유한 본성과 위엄" 안에 있는 그분께 대
면하기를 원치 않으신다. 오히려 그분은 "그의 말씀 안에 … 옷 입혀진" 상태로 우
리에게 오기를 원하신다. "우리는 그의 말씀에서 눈을 떼지 않고 그의 불가해한 뜻
을 그대로 두어야 한다. 왜냐하면 우리가 인도를 받아야 하는 것은 그의 말씀이지
그의 불가해한 의지가 아니기 때문이다."[15] 우리는 그의 위엄의 신비 안으로 뚫고 들
어가려 해서는 안되고, 육체가 되신 하나님 곧 "비록 감추어져 있지만, 그 안에 모
든 지혜와 지식의 보화가 있는 십자가에 못 박히신 예수"와 관계하여야 한다.[16]

루터의 찬송이 하나님에 대해 말하듯이, "예수 그리스도 … , 그분 이외에는 하
나님은 아무 것도 아니다." 그의 창세기 강의에서, 루터는 그의 청중들에게 "우리의
하나님, 그분은 강한 성이다"로부터 이 구절을 연상시킨다.[17] 이것은 그리스도인은
그가 선택되었는지 여부를 묻는 고통스런 질문을 가지고 감추어진 하나님의 예정의
심연을 응시하지 말고, 그리스도 안에 계시된 예정과 그의 세례 안에서와 말씀 선포
를 통해 부르심을 입은 대로 그 부르심에 붙어 있어야 한다는 것을 의미한다. 그는
그리스도를 바라보고 말씀을 들음으로써 그의 구원을 확신할 수 있다. 그러므로 그
는 "왜"라는 질문으로 예정의 신비에 접근해서는 안된다. 하나님은 왜 사람들을 버
리시는가? 그분은 왜 인간을 죄에 매어 놓고 그 다음 이것을 그들에게 죄로 전가하
는가? 그분은 대체 왜 사람들의 마음에 그의 힘을 가하여 거역하는 의지를 회심시키
지 않는 것인가 같은 질문 말이다.[18]

우리는 하나님이 자신을 위해 유보해 놓으신 하나님의 신비 앞에서 경외심을 느
낌으로써 이러한 종류의 질문으로부터 방어된다. 그는 어느 누구에게도 그것을 보는
것을 허락하지 않는다. "당신은 하나님으로 하여금 하나님이 되게 해야 한다. 그분
은 당신에 관하여 당신이 당신 자신을 아는 것보다 더 많이 알고 있다."[19] 따라서 이
러한 질문을 하는 것은 무의미하다. 이것들은 우리가 들어갈 수 없는 신비이기 때문
이다. 그리고 이것 외에도, 그것은 치명적으로 위험하다. 그것이 절망이나 냉소로
인도하기 때문이다.[20] 루터는 항상 이러한 충고와 경고를 주었다. 그는 「노예 의지

15) *WA* 18, 685; *BOW*, 170 f. Cf. *WA* 43, 463.
16) *WA* 18, 689; *BOW*, 176.
17) *WA* 43, 463. Cf. *WA* 35, 457; *LW* 53, 285.
18) *WA* 18, 690; *BOW*, 176. Cf. *WA*, DB 7, 23; *LW* 35, 378. *WA* 43, 463.
    WA 18, 696, 712; *BOW*, 184, 208.
19) *WA* 2, 69. "그는 그것을 자기 자신에게 보존하고 우리가 그것을 아는 것을 금지했
    다." WA 18, 684; BOW, 169.
20) *WA*, DB 7, 25; *LW* 35, 378.

론」과 후대의 저술에서 더욱 더 강조하여 충고와 경고를 반복한다.

이것은 루터가 그의 가장 어려운 가르침들을 교육적 이유에서 제한한 것을 의미하는가?[21] 루터는 그런 방식으로는 거의 생각하지 않았다. 그는 그리스도와 말씀에 계시된 하나님의 뜻에 붙어 있거나, 혹은 마치 우리가 이러한 감추어진 하나님의 어두운 배경을 잊을 수 있기나 한 것처럼, 하나님의 은밀한 의지하심과 역사하심의 신비에 대해 곰곰이 생각하는 것을 피하라고 충고하지 않는다. 아니다. 그리스도인은 이러한 배경이 있다는 것을 알아야 한다. 그는 감추어진 하나님의 신비를 두려워 하고 경배해야 한다. 그러나 그렇게 하기 위하여, 그는 이러한 하나님이 존재한다는 것을 계속하여 의식하고 있어야 한다. 하나님은 우리가 공적으로 하나님이 은밀하게 많은 일들을 의지(意志)하고 역사하신다는 사실에 주목하기를 원한다. 그리고 바울은 로마서 9장에서 그러한 말을 하고 있다.[22]

비밀한 의지와 역사 안에 있는 하나님에 대한 진지한 경배는 우리 인간이 하나님과 논쟁하고 그의 불의를 고발하는 것을 허락할 가능성을 배제한다.[23] 어거스틴과 마찬가지로, 루터는 인간의 하나님에 대한 불평을 거부한 바울의 태도를 받아들인다(롬 9:20). 우리 인간의 사고 방식에는, 비록 하나님 자신이 그들 안에서 모든 것을 역사한다 할지라도, 하나님이 어떤 사람은 선택하고 다른 사람은 거절하는 행위가 불의하고 자의적인 것으로 보일 뿐이다. 그러나 루터는 우리에게 우리가 우리에게 옳은 것을 결정하는 법과 인간적 기준들에 의해 하나님의 활동을 판단할 수 없다고 환기시킨다. 우리는 하나님과 인간 사이의 거리를 고려해야 한다. 하나님의 의는 그것이 하나님의 의이기 때문에, 필연적으로 초인간적이고 따라서 우리가 검토하고 평가하는 것을 허용하지 않는다. 우리의 이성은 그것을 이해할 수 없다. 만일 우리가 그것을 이해할 수 있다면, 그것은 신적 의는 아닐 것이다. "그의 판단은 얼마나 이해하기 어려운가?" 하고 사도 바울은 말한다.[24]

인간과 달리, 하나님은 법 아래 있지 않다. 만일 그가 그렇다면, 그는 하나님이 아니고 그 위에 있는 또 다른 권위 아래 종속되어 있는 것일 것이다. 그러나 그분 자신은 최고의 권위요 최종적 법정이요 "모든 것을 위한 규범"이시다. 그분 자신이 그의 고유한 법이다.[25] 그는 자의적으로 하지 않고 그의 거룩한 본성의 규범을 따라

21) F. Loofs, *Leitfaden zum Studium der Dogmengeschichte*4, p. 760.
22) "단지 하나님 안에 불가해한 의지가 있다는 것을 아는 것으로 충분하다." *WA* 18, 686; *BOW*, 171. Cf. *WA* 18, 631 f., 684, 716; *BOW*, 98 f., 169, 214.
23) *WA* 18, 690; *BOW*, 176.
24) *WA* 18, 784; *BOW*, 315.

의지하고 행동한다. 이것이 모든 선의 본질이기 때문에, 그가 의지하는 모든 것은
선한 것임에 틀림없다. 그분은 자신의 본성으로부터 그것을 의지(意志)하기 때문이
다. 그의 의지는 최고의 선이다. 따라서 그의 의에 대하여 아무 의심도 없다. 확실
히 현재로서는, 우리는 그것을 단지 믿어야만 한다. 그러나 결국 그분은 그의 영광
을 드러낼 것이고, 우리로 하여금 그가 행한 모든 것에서 이전에도 지금도 의롭다는
것을 보게 할 것이다. "은총의 빛"인 복음은 수수께끼를 풀고, 이 땅의 운명에 대한
외면상 불의한 배분 조치로 인한 걸림돌을 제거한다. 복음은 그들의 의를 드러내고
우리에게 의미있게 한다. 미래의 어떤 시간에, "영광의 빛"이 그와 마찬가지로 선택
하고 거부하는 데에 명백한 하나님의 불의의 문제를 넘어 우리를 인도하고, 그것의
더욱 깊은 의미를 우리에게 드러내 줄 것이다. 우리는 그 때까지는 은총과 복음의
빛이 이미 하나님의 영원한 선에 대해 계시한 것으로부터 믿고 용기를 가져야 할 것
이다.[26]

　　이러한 루터의 진술을 생각하는 사람은 누구나 알브레흐트 리츨이 말한 모든 것
에도 불구하고, 루터의 하나님 교리가 자의적 처사에서 무제한적인 하나님에 대한
유명론자들의 하나님 이해를 나타낸다고 결론내리지 않을 것이다. 그러나 그는 여전
히 이러한 영광의 빛과 신적 활동의 수수께끼에 대해 조명하는 최종적 자기 계시에
대한 기대가 하나님이 무고한 사람을 저주한다는 논제를 해결하는 것인지 그리고 그
논제가 신앙을 위해 용납할 만한 것인지 질문할 것이다.[27]

　　신학은 감추어진 하나님에 대해서도 말해야 한다는 루터의 주장은 하나님이 이
것을 원하신다는 사실에만 근거해 있는 것이 아니다. 그는 또한 이것이 우리 그리스
도인에게 필요하고 유익하다는 것을 보이고자 한다. 우리가 이미 보았듯이, 루터는
여기서 한 번 더 — 그에게 항상 매우 중요했던 사고로서 — 거절의 무서운 실재 아
래 있는 하나님의 은총의 감추임이 신앙을 위한 공간과 신앙의 모험적인 "그럼에도
불구하고"적인 성격을 위한 여지를 창출한다는 사고를 반복한다. 신앙은 오직 감추
어진 하나님에 대한 신앙의 지식을 통하여 영적 시련에 직면할 때에만 신앙이 된
다.[28] 이것을 넘어, 하나님이 인간의 구원과 저주를 완전히 그분의 손 안에 갖고 있

25) *WA* 56, 396; *LCC* 15, 268. Cf. *WA* 16, 140. "하나님이 어떤 법에도 종속되어
　　있지 않다는 것을 알지 못하는 사람은 누구나 침묵하게 하라. 하나님 안에는 뜻, 뜻,
　　뜻 이외에 아무 것도 없다." *WA* 16, 148. Cf. *WA* 18, 712; *BOW*, 209.
26) *WA* 18, 632, 731, 784 f.; *BOW*, 100, 234 f., 315 ff.
27) Doerne, op. cit., p. 90.
28) *WA* 18, 633; *BOW*, 101.

고 그는 자신의 고유한 자유 의지로 선택하고 거부한다는 지식은 인간이 자신의 구원을 위해 무언가 대단한 어떤 기여를 할 수 있다는 환상으로부터 인간을 완전히 자유롭게 한다. 이러한 하나님의 감추어진 의지와 활동에 대한 가르침은 "우리의 교만을 낮추고 우리를 하나님의 은혜를 아는 데로 인도한다." 오직 이것만이 하나님 앞에서 인간의 최종적 자기 신뢰를 파괴할 수 있다. 그가 자기 자신에 대해 완전히 절망하고 아무 것도 아닌 것으로 될 때, 그는 신앙의 성숙의 지경 곧 아무 유보 없이 하나님의 팔 안에 기꺼이 자신을 던지게 된다. 이렇게 감추어진 하나님에 대한 설교는 절망으로 인도하고, 루터는 이러한 조건이 무서운 것이라고 증거한다. 그러나 동시에 그는 그것이 은총을 맞이하고 "은총에 매우 가까운" 것이라고 주장한다. 왜냐하면 하나님은 절망하는 자에게 틀림없이 은혜를 주시기로 약속했기 때문이다. 이것은 "하나님을 두려워 하는 자가 겸손하게 그의 은혜의 약속을 이해하고 주장하고 받아들이도록 하기 위해서" 계시되었다.[29]

　신앙은 또 다른 방식으로 겸손하게 되도록 도움을 받을 필요가 있다. 루터는 우리가 하나님이 마땅한 자격이 있는 사람들을 거부할 때는 하나님의 불의에 대해 말하지만, 하나님이 은총에 의해 무가치한 사람을 용납하고 구원하는 때는 우리가 불평하지 않는다는 진기한 사실을 지적한다. 우리는 후자의 행위에 대해서는 하나님께 영광을 돌리고 찬양을 하지만, 전자의 행위에 대해서는 하나님과 논쟁을 벌인다. 마치 이 두 가지 경우 모두 하나님의 처사가 똑같이 (인간의 기준에 따라) "불의"하지 않은 것처럼, 혹은 똑같이 의롭지 않은 것처럼 말이다. 이것은 인간의 마음의 절대적 완고함을 드러낸다. 인간은 심지어 하나님과의 관계에서도 그렇게 철저하게 자기중심적이어서, 그는 자신의 이익만을 생각하고 그것으로 하나님을 판단하는 표준으로 삼는다. 그는 하나님이 인간의 이익을 도모해 주시는 한, 하나님과 일치한다. 그는 그렇게 하나님으로부터 자신의 유익을 찾고, 하나님에 대해 관심을 기울이지 않는다.[30] 인간이 하나님이 무가치한 사람을 선택하고 구원하는 것에 대해 반대하지 않고 이것을 완전히 정상적인 것으로 생각한다는 사실은 그가 분명하게 하나님의 구원 은총을 당연하게 여긴다는 것을 나타낸다. 이것은 하나님은 모든 사람을 구원하여야 한다는 함축적 요구를 내포하고 있다. 인간이 이것을 요구할 때, 그는 죄인에 대한 하나님의 자비가 기대될 수 없었던 신적 자유의 행동이고 전혀 들어 보지 못했던 놀라운 일이라는 것을 잊고 있다. 이런 이유로 그 자비를 모든 사람에게 주지 않

---

29) *WA* 18, 632; *BOW*, 101.
30) *WA* 18, 730; *BOW*, 234.

음으로써, 하나님은 우리에게 그의 은총이 당연히 여겨질 수 없는 것이라는 것을 보여준다.

하나님은 긍휼히 여기지 않고 거부할 자유가 있다는 것을 증명해 보임으로써, 그가 우리에게 보이시는 자비의 자유를 증명한다. 그는 그의 은총 안에서 진정으로 자유롭다. 우리는 그것을 요구할 수 없다. 우리는 하나님과의 관계에서 어떤 권리도 갖고 있지 않다. 반대로 그는 그가 원하는 것을 행할 모든 권리를 갖고 있다. 그는 우리 인간에게 어떤 것도 빚지고 있지 않다. "그는 우리로부터 아무 것도 받지 않으시고(롬 11:35과 비교할 것), 그가 의지하고 행하기를 기뻐하시는 것 외에는 아무 것도 약속하지 않으신다.[31] 모든 것에서, 그는 영광스런 주도권의 자유를 보유하신다. 우리는 하나님이 또한 나도 무시할 수 있다는 것을 생각하고 그의 자유로운 은혜를 찬양해야 한다. 우리 인간이 이러한 어두운 배경 곧 선택의 엄한 반대면이 필요한 것은 은총을 받는 데에 완전히 겸손하게 되고 또 그 상태를 계속 유지하기 위하여, 즉 왕의 자유와 우리에게 주어지는 자비의 위대함을 완전하게 알기 위한 것인 듯하다. 만일 은혜가 완전히 보편적인 것이라면, 우리는 이러한 보편성을 당연한 것으로 여김으로써 해석할 것이다. 그러면 신앙은 하나님에 대한 두려움에서 분리될 것이고 부풀어 버린 머리를 얻을 것이다. 은총에 대한 감사와 경배는 반대면을 볼 때에만 완전성과 온전한 깊이를 성취한다.[32]

이러한 모든 것은 감추어진 하나님과 그의 은밀한 의지와 인간 안에서 역사하는 그의 전능한 사역이 선포되어야 하고 그러면 그리스도인의 신앙이 겸손하게 하나님을 두려워 하는 신앙으로 제대로 유지될 것이라는 것을 의미한다. 우리가 "선포된 하나님"과 모든 사람을 포괄하는 하나님의 구원 의지의 그림만을 가진다면, 인간의 이성이 하나님을 조정할 수도 있다. 그러나 감추어진 하나님에 대한 교리는 이러한 가능성을 배제한다. 그러면 이성은 하나님을 조정할 수 없고, 반대로 인간은 그가 자유로운 은총 안에서 인간을 조정하는 하나님의 손 안에 있다는 것을 알게 된다. 이것은 모든 뻔뻔스러움과 안전 조치의 종언이다. 구원의 확신성은 항상 하나님의 자비를 순전한 기적으로 받아들이는 겸손한 사람들에게 속한 것이다.

그러나 루터는 모든 그리스도인이 감추어진 하나님에 대해 생각할 것을 요구하지 않았다. 그는 그리스도인의 삶에서 단계들을 구분한다. 바울의 로마서 1장부터 8장이 "예정"을 다루는 9장, 10장, 11장에 선행하듯이, 그리스도인은 먼저 계시된 하

---

31) *WA* 18, 717; *BOW*, 216.
32) 그 고유한 방식으로, 「일치 신조」는 이러한 루터의 생각들을 보존했다. *Solid Declaration*, 2, 60; *BC*, 626.

나님에게 철저하게 매어달리고, 율법과 복음에 몰두하고, 십자가를 지고 그리스도와 함께 고난을 받아야 한다. 그는 오직 그런 다음에야 상처 없이 예정에 대해 생각하고, 그의 구원의 확신 속에서 위로받고 힘을 얻을 수 있다.[33] 그러나 루터는 그리스도인은 그럼에도 불구하고 그가 선택받지 않았다는 불안에 의해 유혹받을 수 있고, 그럼으로써 아주 힘든 내적 곤경과 절망에 빠질 수 있다는 것을 알고 있다. 그는 그런 사람을 목회적으로 대한다. 이것을 염려하는 사람들은 하나님이 불안과 절망 중에 있는 사람들에게 특별히 관심을 기울이신다고 약속하시기 때문에 기뻐해야 한다. 그리고 하나님은 거짓말을 하지 않는다. 이러한 불안을 느끼는 사람은 누구나 용기로써 이것을 의지해야 한다. 그러면 "그는 구원받고 선택될 것이다."[34]

루터는 좀더 높은 단계의 선택의 확신에 대해 설명한다. 그는 로마서 강의에서, 하나님에 대한 사랑이 모든 이기적 욕망에서 그렇게 자유롭고 또 그렇게 순전하여, 하나님이 원하시면 ― 그의 뜻이 완전히 성취되도록 하기 위해 ― 지옥과 영원한 죽음까지도 들어갈 준비가 되어 있는 사람에 대하여 말한다. 하나님의 뜻이라면 버림도 용납하는 이러한 준비된 마음은 사실 구원이다. 왜냐하면 하나님은 자신의 뜻에 철저하게 순종하고 자신이 원하시는 것을 원하는 사람이면 누구나 기뻐하고 사랑하기 때문이다. 이것은 구원이다. 그런 사람에게는 지옥이 천국이기 때문이다.[35] 루터는 슈타우피츠뿐만 아니라 신비가들이 가르쳤던 "저주에 대한 체념적 복종"의 개념을 채택한다.[36] 루터는 그의 후기 저술에서 이러한 생각을 명백하게 반복하지 않는다. 그러나 그의 후기 저술은 계속하여 그가 항상 주장하는 구원의 신 중심적 이해의 특징을 보인다. 구원은 우리가 하나님의 뜻에 일치하려는 의지에 그 근거와 본질이 있다는 것이다.

마지막으로 우리는 루터가 감추어진 하나님과 그의 비밀스런 활동은 **선택된 자**들을 위하여 논의되어야 한다고 선언한 것을 다시 기억한다.[37] 결국 루터는 칼빈이

33) "옛 아담은 처음에 그가 이 일을 참고 강한 포도주를 마실 수 있기 전에, 죽어야 했다. 따라서 당신이 아직 어린 아이일 동안 포도주를 마시지 않는 것을 명심하라. 모든 교리에는 한계와 시간과 시대가 있다." *WA*, DB 7, 23 f.; *LW* 35, 378. Cf. *WA* 16, 143.
34) *WA* 56, 387; *LCC* 15, 254.
35) *WA* 56, 388, 391, 397; *LCC* 15, 255, 262, 268.
36) Cf. *GA* 1, 149 ff; Ernst Wolf, *Staupitz und Luther*(Leibzig: Heinsius, 1927), pp. 107 ff. 홀(Holl)은 또한 이 교리를 취급하며 루터와 신비주의자들의 관계를 논의한다.
37) *WA* 18, 633; *BOW*, 100.

한 것과 다르게, 이중 예정에 대한 이론적 교리를 확립하지 않는다. 반대 쪽의 모든 외양에도 불구하고, 그의 신학은 이 점에서 완전히 비이론적이고 목회적이다. 그의 감추어진 하나님 교리는 최종적으로 하나님의 은총의 자유를 선언함으로써 그리스도 인의 신앙을 모든 은밀한 주장과 모든 자기 안전으로부터 정화하려는 의도였다. 이 점에서 그는 로마서 9-11장의 바울과 일치한다. 그는 바울만큼이나 영원한 버림에 대한 별도의 관심을 갖고 있지 않다.

제21장

하나님의 백성

루터의 종교개혁은 그의 동시대 교회와의 갈등 속에서 발생했다. 그는 교회의 경험상의 실체뿐만 아니라 로마의 교회 개념과 대치해 있었다. 그러나 그는 이 싸움을 무교회적, 개인주의적 경건의 이름으로 싸운 것이 아니라, 그의 복음 이해에서 온, 자신의 고유한 교회 개념에 근거하여 싸웠다.[1]

루터는 감사하고 겸손하게 그가 교회의 지체인 것을 알았다. 그는 "내 주는 강한 성이요"라고 노래 불렀을 뿐만 아니라 "교회는 나의 요새요 나의 산성이요 나의 거실"이라고 노래불렀다. 그는 이 말을 라틴어로 된 창세기 강의 중간에 독일어로 말했다.[2] 그는 계시록 12장에 근거를 둔 교회에 대한 찬양에서 다음과 같이 찬양했다.

나에게 있어 교회는 사랑스럽고, 덕스런 하녀이고, 나는 그녀를 잊을 수 없도다 …[3]

---

1) Cf. Karl Holl, "Die Entstehung von Luthers Kirchenbegriff," *GA* 1, 288-325. 루터의 교회에 대한 교리를 위해서는 다음을 보라. Wilhelm Walther, "Das Erbe der Reformation," *Luthers Kirche*, No. 4, (1917); E. Kohlmeyer, "Die Bedeutung der Kirche für Luther," *Zeitschrift für Kirchengeschichte*, XLVII, *Neue Folge* X, (1928), 94 ff.; Martin Doerne, "Gottes Volk und Gottes Wort," *Luther-Jahrbuch*, XLV (1932), 61 ff.
2) *WA* 44, 713.
3) *WA* 35, 462; *LW* 53, 293.

루터는 그리스도를 발견하고 싶어 하는 사람을 교회로 이끌고 온다. "그리스도를 찾고자 하는 사람은 누구나 먼저 교회를 찾아야 한다. 이제 교회는 나무와 돌이 아니라 그리스도를 믿는 사람들의 모임이다. 교회를 찾고자 하는 사람은 누구나 그들과 함께하고, 그들이 가르치고 기도하고 믿는 것을 지켜야 한다. 그들은 분명히 그들 가운데 그리스도를 갖고 있기 때문이다."[4] 그러므로 교회의 실체는 인간이 그리스도와 갖는 관계의 본질적 부분이다. 인간의 교회와의 관계는 분명히 그의 그리스도와의 관계보다도 선행하고, 슐라이에르마허가 그의 「종교론」에서 가르쳤듯이,[5] 그리스도와의 관계에 뒤따라 나오는 것이 아니다. 루터는 분명히 "비가시적 교회"에 대해서 말하는 것이 아니라, 사람이 함께 참여할 수 있는 판별 가능한 "모임"(Haufe)에 대하여 말하고 있다. 이것은 루터에게 교회가 로마 가톨릭 못지 않게 진정하고 중요하고 또 역사적 실체였던 것을 의미한다. 루터와 로마 가톨릭은 교회의 본성과 이에 따른 교회의 가시성에 대한 그들 각각의 이해에 서로 차이가 있었다.

루터는 사도신경을 근거로 하여 교회가 "성도의 교제"로 규정된다고 생각한다. 루터는 이것을 별도의 교리로 이해하지 않고, 그것을 "성도의 공동체"(Gemeinde)로[6] 그리고 "하나의 거룩한 기독교 교회"를 설명하는 동격적 표현으로 번역한다.[7]

그는 "교회"(Kirche)라는 말을 좋아하지 않는다. 그것은 "독일어가 아니고, 이 조항의 의미도 사상도 전달하지 못한다."[8] 따라서 교회는 본질적으로 이러한 공동체(Gemeinde)이다. 루터는 "기독교 공동체나 모임" 혹은 "거룩한 기독교 세계" 혹은 "하나님의 거룩한 기독교 백성"이라고 말하기를 좋아한다. 이것은 "목자의 음성을 듣는" 지상의 모든 사람의 집합, 즉 모든 신자를 의미한다.[9] 그러므로 바로 이러한

---

4) WA 10[I], I, 140.
5) Friedrich Schleiermacher, *On Religion*, trans. John Oman (New York: Harper Torchbook, 1958), pp. 157-180 and 190-193.
6) [이 용어의 번역에 대해서는 다음 장 초두의 주를 보라 - 영역주.]
7) "그리스도의 교회는 성도들의 교제(communio sanctorum)이다." WA 7, 712.
8) WA 50, 624. Cf. 30[I], 189; BC, 416-48. 루터는 Kirche(church)란 말을 그의 구약성서 번역에서 오직 한 두 번 사용한다. 창세기 49:6은 예외지만, 그것은 하나님이 예배 받으시는 거룩한 장소를 가리킨다. 신약성서에서, 루터는 헬라어와 라틴어 ecclesia를 Gemeinde(community)로 번역한다. Kirche란 말은 「소요리문답」제3항의 설명에서 나타나지 않는다. 오히려 루터는 "지상의 전 기독교 세계"(die ganze Christenheit auf Erden)에 대해 말한다. WA 30[I], 296; BC, 345. 이것은 사도신경에 대한 그의 찬양에서도 마찬가지이다. WA 35, 452; LW 53, 273.
9) 교회의 묘사에 대한 가장 중요한 구절로는 다음과 같은 것이 있다. WA 7, 219; PE 2, 373. WA 26, 506; LW 37, 367. WA 30[I], 190; BC, 417, 51. WA 50, 250; BC, 315.

점에서 루터의 "교회"의 설명에서는 제도적 관심이 빠져 있다.[10] 그러나 이러한 제도적 관심은 배제되어 있는 것이 아니라 포함되어 있다. 공동체는 "복음을 통해 나를 부르신" "성령에 의해 함께 부르심을 받은 것이다"([소요리문답]).[11] 그러므로 교회는 복음을 통하여 모인 모임이고, 따라서 복음을 중심으로 그 주변에 모인 모임이다.[12] 공동체가 말씀을 통하여 함께 모이고 유지되기 때문에, 이 말씀은 필연적으로 이러한 사람들의 모임을 공동체와 "하나님의 거룩한 기독교 백성"으로 규정하는 결정적 특징이 된다. 「교회의 공의회에 관하여」에서, 그는 그 특징을 나타내는 것들로서 열쇠의 직무, 교역자의 존재, 교회 안의 직무들, 기도, 하나님에 대한 공적인 찬양, 마지막으로 "거룩한 십자가의 성전" 즉 내적 유혹과 외적 박해 등을 추가한다.[13]

그러나 결정적 특징으로 남아 있는 것은 성례와 함께 여전히 하나님의 말씀이다. "교회의 모든 삶과 본성은 하나님의 말씀 안에 있다."[14] 그것은 "기독교 백성이 그것 때문에 거룩하다고 일컬어지는 중요하고도 거룩한 것이다." 루터는 "사람의 입을 통하여 선포되는 외적인 말씀" 곧 복음의 선포를 언급한다.[15] 루터는 여기서 이중

---

10) 그러나 루터는 또한 "교회는 이것이 한 도시나 한 지방이나 전 세계에 있든 상관없이, 한 목자 아래 있는 세례받은 자들과 신자들의 숫자나 모임이다."라고 말할 수 있다. *WA* 30^{II}, 421.

11) *WA* 30^{I}, 190; *BC*, 417. *WA* 30^{I}, 294: *BC*, 345.

12) "교회가 그 출생을 말씀에 빚지고 있고 말씀에 의해 양육되고 도움받고 힘을 얻기 때문에, 교회가 말씀 없이 존재할 수 없다는 것은 분명하다." *WA* 12, 191; *LW* 40, 37.

13) *WA* 50, 628 ff.; *PE* 5, 269 ff.

14) "우리가 그것에 의해 이 세상에서 이 교회가 어디에 있는지 알 수 있는 외적인 표지는 세례와 주의 성찬과 복음이다." *WA* 6, 30^{I}; *PE* 1, 361. "그러므로 나는 어떤 표지에 의해 교회를 확인할 수 있는가? 우리가 그것에 의해 하나님의 말씀을 듣기 위해 하나의 모임으로 함께 모일 수 있게 되는 그 어떤 가시적 표지가 주어져야 한다. 나는 다음과 같이 대답한다. 표지가 필요하고, 우리는 그 표지 곧 세례와 빵과 모든 것 중에 가장 중요한 복음을 갖고 있다. 이것들은 그리스도인들의 상징이요 인(印)이요 표지이다. 당신이 어떤 장소에서든 어떤 사람 안에서든, 세례와 빵과 복음을 발견하는 곳이면 어디나 교회가 거기 있다는 것을 의심하지 말라." *WA* 7, 720. 루터는 다시 말씀이 성례전과 교회의 표지보다 더 중요하다는 것을 강조한다. "왜냐하면 복음은 유일무이한 것이고 ― 빵과 세례 그 이상으로 ― 가장 확실하고 고귀한 교회의 표지이기 때문이다. 교회가 잉태되고 형성되고 양육되고 태어나고 훈련받고 먹여지고 입혀지고 돌보아지고 힘을 받고 무장하고 유지되는 것은 복음 하나만을 통해서 되는 것이다. 결국 교회의 삶 전체와 실체는 하나님의 말씀 안에 있다." *WA* 7, 721. "따라서 하나님의 백성은 그들이 하나님의 말씀을 소유하고 있음을 통해서 가장 잘 확인되고 위로받는다는 것을 잊지 말라." *WA* 31^{I}, 456, *LW* 14, 135. Cf. *WA* 11, 408; *PE* 4, 75.

적 주장을 한다. "하나님의 말씀은 하나님의 백성 없이 존재할 수 없고, 하나님의
백성은 하나님의 말씀 없이 존재할 수 없다." 그는 그의 첫번째 진술의 기초를 "나
의 말이 헛되이 내게 돌아오지 아니할 것이다"라는 이사야 55:11의 "분명한 약속"
위에 두고 있다.[16] 이러한 약속의 토대 위에서, 신앙은 하나님의 선포된 말씀이 강력
하다는 것을 확신한다. "당신이 이 말씀이 선포되는 것을 듣고 사람들이 믿고 고백
하고 그에 따라 행하는 것을 보는 곳이면 어디든지, 참되고 거룩한 가톨릭 교회가
현존해 있다는 것과 그들이 수적으로 아주 적지만 거룩한 기독교 백성이라는 것을
전혀 의심하지 말라. 하나님의 말씀은 효력없이 남아 있는 법이 없기 때문이다." 이
렇게 말씀 설교는 항상 그 앞 뒤로 하나님의 백성을 가리키고 있다. 그것은 말씀이
하나님의 백성을 창조하기 때문에 앞을 가리키고, 설교와 설교를 듣는 것이 하나님
의 백성이 이미 거기 존재해 있다는 것을 가정하기 때문에 뒤를 가리킨다.[17]

하나님의 말씀과 하나님의 백성 사이의 이러한 연결은 교회가 그리스도에 대한
말씀의 설교에 의해 살고 본질적으로 함께 결합되어 있다는 것을 의미한다. 그러나
동시에 말씀 선포만이 교회를 창조하는 데 필요하다 ― 이것이 교회의 자유이다. 교
회는 특별한 교파에 매여 있지 않다. 예를 들면 "로마에 매여 있는 것이 아니라" 오
직 말씀의 선포에만 매여 있다.[18] 교회는 말씀의 능력이 새로운 형태로 끊임없이 나
타나는 기적 이외의 다른 것이 아니다.

고대 교회의 신앙고백의 모든 위대한 수식어는 올바르게 이 교회에 붙어 있다.
그것은 하나이고, 그 자체로 "가톨릭적" 곧 보편적이고, 모든 세상 안에서 발견된
다.[19] 그것은 하나의 복음에 대한 신앙 때문에 하나이다.[20]

---

15) *WA* 7, 721. "그러나 우리는 당신이나 나 같은 사람에 의해 설교되는 외적인 말씀에
   대해 말하고 있다. 왜냐하면 이것은 그리스도가 자기 자신 뒤에 외적인 표지로서 남
   겨 둔 것이고, 이것에 의해 우리는 그의 교회와 그의 그리스도인이 이 세상에서 거룩
   한 백성인 것을 확인할 수 있어야 한다." *WA* 50, 629; *PE* 5, 270 f.
16) *WA* 11, 408; *PE* 4, 75. Cf. *WA* 50, 629; *PE* 5, 271.
17) *WA* 50, 629; *PE* 5, 271.
18) *WA* 6, 300; *PE* 1, 361.
19) "나는 이 세상에서 지상의 어느 곳이나 오직 하나의 거룩한 가톨릭[gemeine] 기독교
   교회가 있다는 것을 믿는다. 이것은 지상에 있는 성도들의 공동체 혹은 모임
   [Gemeinde], 곧 의로운 신앙인들 이외의 다른 어떤 것도 아니다." *WA* 7, 219;
   PE 2, 373. "거룩한 교회는 로마에 매여 있는 것이 아니라, 전 세계에 걸쳐 두루 하
   나의 신앙 안에서 모여 있다." *WA* 6, 300, *PE* 1, 361. Cf. *WA* 26. 506; *LW*
   37, 367.
20) *WA* 7, 721.

그것은 시간적 의미에서 모든 것을 포괄한다. 그것은 태초부터 있었고, 아담때부터 여기 있어 왔고, 세상 마지막까지 남아 있을 것이다.[21] 마태복음 28:20에 있는 그리스도의 약속은 믿음에 다음과 같은 확신 즉 하나님의 백성이 마지막까지 계속될 것이라는 확신을 준다.[22]

이 교회는 그리스도를 믿고 성령을 갖고 있기 때문에 거룩하다. 그것은 개별적 지체들로서든 전체로서든 죄가 없기 때문이 아니라, 그것으로부터 성령을 통해 끊임없이 거듭나는 바 하나님의 거룩한 말씀이 교회를 거룩하게 만들기 때문에 거룩하다.[23] 그것은 사도적 복음으로부터 살고 따라서 참된 사도적 계승 안에서 살기 때문에 사도적 교회이다.[24]

교회 밖에는 구원이 없다는 것은 역시 이 교회에도 해당되는 사실이다. "나는 이 공동체의 일원이 아닌 어떤 사람도 구원받을 수 없다고 믿으며 또한 그가 하나의 신앙, 말씀, 성례, 소망, 사랑 안에서 이 공동체와 조화를 이루며 살지 못한다고 믿는다."[25] "기독 교회 밖에는 어떤 진리도 그리스도도 구원도 없기 때문이다."[26]

교회는 그 표지에 의해 식별될 수 있기 때문에 가시적이다. 그러나 신앙만이 교회의 존재를 식별할 수 있다. "교회는 그렇게 깊게 감추어진 것이므로, 오직 세례, 성만찬, 말씀 안에서 그것을 이해하고 믿을 수 없는 사람은 누구나 교회를 보거나 알 수 없다."[27]

세상의 눈은 그것이 그리스도의 교회인 것을 볼 수 없다. 그것은 이러한 감추임을 신앙의 온전한 내용과 함께, 따라서 보통 하나님의 계시와 함께, 예수 그리스도와 함께 더불어 같이 갖고 있다. 여기서 다시 한 번 루터의 십자가의 신학을 확인하게 된다. 하나님이 그리스도의 "고난 안에서 감추어진 상태로" 우리를 만나는 것과

---

21) "교회는 항상 존재했다. 최초의 인간 아담 때부터 가장 최근에 태어난 유아에 이르기까지 항상 하나님의 백성이 있었다 … ." *WA* 40^{III}, 505; *LW* 13, 88. "교회는 사도들의 시대뿐만 아니라 세상 끝까지 거룩한 기독교 백성의 이름이고, 그래서 지상에는 항상 거룩한 기독교 백성이 있을 것이다." *WA* 50, 625; *PE* 5, 266.
22) *WA* 50, 628, *PE* 5, 269 f.
23) "그리스도를 믿고, 따라서 그리스도인으로 불리고, 날마다 그를 성화시키는 성령을 갖고 있는, 하나의 거룩한 기독교 백성이 있다." *WA* 50, 624; *PE* 5, 265. "그리스도인의 가장 중요한 거룩한 자산은 — 그것 때문에 그리스도인은 '거룩하다'고 불리게 되는바 — 하나님의 거룩한 말씀이다." *WA* 50, 629, *PE* 5, 270.
24) *WA* 39^{I}, 191. Cf. *WA* 39^{II}, 176.
25) *WA* 7, 219, 6; *PE* 2, 273. "이 기독교 교회 바깥에는 구원이나 죄 용서가 없고, 영원한 죽음과 저주가 있다." *WA* 26, 507; *LW* 37, 368.
26) *WA* 10^{I}, I, 140.
27) *WA* 51, 507.

마찬가지로, 교회도 역시 "육체 안에서 베일 속에 있고" 그 반대면 아래 감추어져 있다.[28]

따라서 이성은 교회 그 자체를 식별할 수 없다. 우리는 그리스도에 의해 걸려 넘어지는 것과 동일한 방식으로, 교회에 의해 걸려 넘어질 수 있고 또 반드시 그렇게 된다. 왜냐하면 교회의 "거룩성은 그리스도가 있는 하늘 안에 있고, 시장에 있는 상품처럼 세상 속에서 보일 수 없기 때문이다." 교회는 많은 오류와 실패 아래, 이단과 분열과 범죄 아래 감추어져 있다. 이것은 그리스도인 개개인이 자신 안에서 실패와 비거룩성을 볼 수 있고 그래서 그리스도인으로서 자신으로부터도 감추어져 있는 것과 마찬가지이다. 이런 이유로 교회에 대한 조항은 다른 모든 것에 못지 않게 "신앙의 조항"이다. 교회는 "믿음으로 발견되어야 한다" 그러나 신앙은 항상 보일 수 없는 것과 관계한다.[29]

교회는 또한 신자들의 공동체이기 때문에 비가시적이다. 어떤 사람도 신앙을 볼 수 없다. 선한 목자이신 그리스도는 그의 양을 아는 유일한 사람이다. 어떤 사람도 다른 사람의 마음을 들여다 볼 수 없다.[30]

그리스도가 삭개오를 그렇게 했듯이, 기쁨으로 받아들이는 영혼은 "성령에게만 알려진 감추어진 성전"이다. 인간도 사탄도 그것에 관해 알지 못한다. 루터는 여기서 "하나님은 세상이 그가 언제 그의 신부와 잠들어 있는지 아는 것을 원치 않으신다"라는 대담한 비유를 사용한다.[31]

신앙은 성령에 의해서만 주어지고, 성령의 사역은 감추어져 있다. 루터는 이러한 신앙의 비가시성을 주장하면서, 기독교 세계를 다스리고 특별히 파문을 통해 사람들을 교회에서 배제시키는 로마의 교권적 주장에 맞서서, 참된 교회의 감추어져 있는 속성을 주장한다. 어떤 지상적 권세도 교회의 경계를 그을 수 없고, 누가 교회에 속하고 속하지 않는지 결정할 수 없다. 오직 심령에 믿음을 주는 그리스도만이 이것을 알고, 오직 그만이 이 신앙을 보신다. 교회의 권징은 외적인 교회의 공동체

---

29) "'나는 거룩한 기독교 교회를 믿는다'는 이 조항은 나머지 조항과 마찬가지로 신앙의 조항이다. 이것이 바로 자연적 이성이 그 모든 안경을 다 쓴다 할지라도, 이 교회를 확인할 수 없는 이유이다. 사탄은 범죄와 분열로 교회를 덮을 수 있고, 그 결과 당신은 틀림없이 그것에 마음을 상할 것이다. 하나님 역시 모든 종류의 잘못과 약점 뒤에 그것을 감출 수 있고, 그 결과 당신은 필연적으로 바보가 되고 그것에 거짓된 판단을 내리게 된다." WA, DB 7, 418; LW 35, 410(Preface to the Revelation of St. John(1530)). Cf. WA, DB 7, 420; LW 35, 411. WA, DB 7, 710, 722.
30) WA 21, 332.
31) WA 17^{II}, 501, 510.

로부터 축출시킬 수 있으나, 믿음과 함께 주어지는 "마음 속에 있는 내적, 영적, 비가시적 공동체로부터는 축출시킬 수 없다."[32] 개개인의 그리스도인의 실존은 모든 교회 기관의 범위를 넘어서 있다.

비록 루터가 로마의 교권적 주장에 대립하여 신앙의 비가시성과 교회의 은폐성을 그렇게 강조했다 하더라도, 이러한 교리들이 절대적 의미에서 타당한 것은 아니다.[33] 이 교리들은 전제적 교권 제도에 대한 대립 명제였기 때문에 그렇게 절대적 형태로 진술된 것이다. 루터는 이에 맞서 싸우고 있지 않을 때에는, 우리가 실제 다른 어떤 사람이 믿고 있는 것을 식별할 수 있다고 주장하는 것을 망설이지 않는다. 그는 결코 교회 공동체를 해체하기 위한 의도에서 신앙의 비가시성과 교회 당국의 그리스도인의 인격에 대한 심사 불가능성을 주장한 것이 아니었다. 로마의 변증가들이 그를 이렇게 비난하였지만 말이다. 성경에는 그리스도인이 자기 자신의 신앙과 자신의 교인됨을 확신하는 신학적 유아론(solipsism)에 대한 어떤 흔적도 없다. 루터는 그리스도인은 자기 자신으로부터도 감추어져 있다고 말하기 때문이다.[34]

그러나 루터는 그를 그 부르신 말씀과 성례 때문에 그리스도인이라고 믿는다. 그리스도인이 다른 그리스도인과 맺는 관계도 마찬가지이다. 말씀이 현존한 곳에서, 나는 말씀 주위에 부름받아 모인 사람들이 그리스도인이고 그리스도의 양떼의 지체라고 결론내릴 수 있고 내려야 한다. 루터는 바울이 로마서 10:10에서 한 대로, 마

32) *WA* 1, 639. 루터는 영적인 공동체에 관하여 말하면서, 다음과 같이 말한다. "어떤 사람도 이 공동체를 주거나 빼앗을 수 없다. 그가 감독이든 교황이든 천사든 모든 피조물이든 상관없이 다 그렇게 할 수 없다. 하나님만이 성령을 통해 성령을 신자들의 마음에 부으심으로써 그것을 주신다 … 여기서는 어떤 출교 조치도 효과가 없다." *WA* 6, 64. "사람은 어떻게 그가 알지도 못하고 이해도 못하는 것을 다스릴 수 있는가? 그러나 어느 누가 인간이 참으로 믿는지 안 믿는지 알 수 있는가?" *WA* 6, 298, *PE* 1, 357. "이 그리스도의 말씀 곧 '나는 나에게 속한 사람들을 안다'는 말씀은 … 그 율법과 사제직을 가진 유대교를 전복하고, 또한 우리의 교황제도와 그것과 함께 하는 모든 것을 전복시킨다. 그리스도는 그의 양을 다스리고 판단하는 모든 권세를 그들로부터 빼앗고, 그들이 그의 교회를 다스리는 것을 원치 않는다. 그는 누가 그리스도인이고 하나님의 백성이고 누구는 아닌지 확정하려고 시도하는 모든 판단을 거부하고 정죄한다." *WA* 21, 333.
33) Cf. P. Althaus, *Communio Sanctorum* (Munich: Kaiser, 1929), pp. 86 ff.
34) "그의 모든 백성은 그들 자신들로부터도 감추어져 있다." *WA* 9, 196. "그리스도인은 자기 자신으로부터도 감추어져 있다. 그는 그의 거룩성과 덕을 보는 것이 아니라, 자신 안에서 오직 비거룩성과 악만을 본다." *WA*, DB 7, 420; *LW* 35, 411. 그러나 루터는 또한 "이 신앙이 당신 안에 현존한다면, 당신은 어떻게 그것을 알 수 없는가?" 하고 말한다. *WA* 2, 458; *LW* 27, 173.

음의 신앙과 입술의 고백 사이를 구분한다. 의심할 나위 없이 우리는 신앙을 볼 수 없으나, 신자들은 자신의 신앙 고백에 의해 확인될 수 있다. "공동체는 그 신앙의 고백 때문에 가시적이다."[35]

그러므로 그리스도의 교회는 그 말의 모든 의미로 감추어진 실체라기보다는 또한 공적 이목 안에 있다. 루터는 가시적 교회를 비가시적 교회로부터 구분하지 않으나, 기독교 세계의 하나의 동일한 교회가 다른 차원에서 비가시적이며 동시에 가시적이고, 감추어져 있으며 동시에 드러나 있다고 가르친다.[36]

35) *WA* 39[II], 161.
36) 루터가 "논쟁적 신령주의"(polemical spiritualism)을 세속적으로 사용한 것을 논의하려면 다음을 보라. Werner Elert, *The Structure of Lutheranism*, trans. Walter A. Hansen(St. Louis: Concordia, 1962), I, 258 f.

제22장

"성도의 교제"로서의 교회

루터의 "성도의 교제" 이해

우리는 루터가 보통 사도신경에서 "성도의 교제"로 번역되는 communio sanctorum을 "거룩한 기독교 교회"와 동격으로 해석하고 있다는 것,[1] 즉 communio sanctorum은 교회의 본성을 설명하고 있다는 것을 보았다.[2] 이것은 루터의 이 교리에 대한 이해에서 결정적인 것이다.

이 교리를 해석하는 데에 주요한 질문은 보통 영어의 "교제"(communion)로 번역되는 communio가 회중, 단체, 공동체, 모임, 회합〔congregatio, Haufe, Gemeinde, Sammlung, Versammlung〕등을 의미하는지, 아니면 이 용어의 16세기 일상 용례를 따라[3] 함께 참여함(Gemeinschaft) 곧 함께 결합되어 있음, 어떤 사람과 함께 함, 공동의 참여 행위, 어떤 것을 공유함 등을 가리키는지 하는 것이다. 첫번째 경우, "성도"(sanctorum)는 주격적 소유격이다. 두번째 경우는 목적격적 소유격이며, 인격적 의미로 해석되어 교제(communio)가 어떤 사람과 함께함을

---

1) *WA* 2, 190, 415. *WA* 6, 606. *WA* 11, 53. *WA* 30[I], 92; *LW* 51, 166. *WA* 30[I], 189; *BC*, 416 f. *WA* 50, 624.
2) 루터는 이 조항이 본래 아마 실제 신조의 본문에 속하지 않았던 행간 주석(gloss)이었을 것이라고 설명한다. 루터는 루핀(Lufin)의 신조 설명을 참조한다. 시간이 지남에 따라, 그것은 본문의 일부가 되었다. *WA* 2, 190. *WA* 30[I], 189; *BC*, 416, 47.
3) Cf. *WA* 30[I], 189, 7, 3: Grimm's *Deutsches Wörterbuch* 4[I], 3266.

의미할 수도 있고, 비인격적 의미로 해석되어 물질적 대상에 참여하는 것을 의미할 수도 있다. 만일 그것이 주격적 소유격이면, 성도(sanctorum)는 남성명사일 것이고, 목적격적 소유격이면, 성도 즉 거룩한 백성을 가리키는 남성명사이거나 "거룩한 것들"을 의미하는 중성명사일 것이다. 따라서 세 가지 가능성이 있다. 이러한 구조 안에서, 우리는 루터 안에 있는 두 가지 해석을 구분할 수 있다.

루터가 communio sanctorum를 교회에 관한 진술과 동격인 것으로 이해한 것은 communio를 성도로 구성된 것, 곧 "거룩한 사람들의 공동체,"[4] "거룩한 백성의 공동체," 아마 가장 잘 표현된 것으로는 "거룩한 공동체"나 "거룩한 백성"으로 이해한 것에 가장 가깝다. [5] 루터는 communio를 보통 독일어 Gemeinschaft로 번역한 것이 communio를 서투른 독일어로 부정확하게 표현한 것이라고 비판하기 때문이다. [6] 그는 communio를 개괄적 혹은 집합적 개념으로 이해하고 있지만, 상호 이해와 신뢰를 의미하는 독일어 Gemeinschaft의 현대적 용법은 그에게 알려져 있지 않았다. 이 해석의 고전적 예는 「대요리문답」 제3항의 해석이다. [7]

다른 곳에서, 루터는 communio를 전통적 의미의 함께함(participation)으로 해석한다. 이 경우 문제는 목적격적 소유격인 sanctorum(of the holy)이 인격적인가 아니면 비인격적인 것인가, 곧 그것이 은총의 유익에 참여하는 것을 가리키는가 아니면 성도들과 함께함을 의미하는가 하는 것이다. 첫번째 경우라면, 그것은 루터가 때로는 sanctorum을 인격적 의미로 이해하고 때로는 중성명사적 의미로 이해했

---

4) 〔나는 보통 Gemeine와 Gemeinde를 번역하기 위해 "교제"(community)란 말을 사용했다. "회중"(congregation)도 가능한 번역이지만, 나는 그것을 가끔 사용했다. 그 파생어와 보통 사용되는 일상적 의미가 루터의 용어와 다르기 때문이다. 내가 보기에, "교제"가 보다 적은 문제를 일으키는 듯하다-영역주.〕

5) WA 50, 624 ff.; PE 5, 264 ff. Cf. T. Pauls, "Gemeinschaft der Heiligen bei Luther, das Wort und die Sache," Theologische Studien und Kritiken CII(1930), 31 ff.

6) WA 30ⁱ, 189; BC, 417. 그러나 루터는 때때로 이 용어를 사용한다. e.g., WA 2, 756; LW 35, 70. WA 7, 218; PE 2, 373.

7) WA 30ⁱ, 189; BC, 416 f. and 47-50. 이러한 용어 이해는 WA 2, 190, 415에서도 전제되어 있다. "비텐베르크가 시민들의 공동체〔communio〕이듯이, 교회는 말씀 안에 있는 모든 신자들에게 주어진 이름이다. … 그것은 또한 하나님에 의해 거룩하게 만들어졌기 때문에 '성도들의 공동체'라고 불린다 … ." WA 11, 53. 이 뒤의 인용은 루터가 sanctorum을 남성명사로 이해한 것을 분명하게 해준다. 해석은 「대요리문답」에서와 동일하다. 그러나 루터에서, communio는 포괄적 모임 이상이다. 그는 또한 그것을 일치된 하나의 단위로 생각하기 때문이다. "왜냐하면 이러한 입장은 주 안에서 한 마음을 가진 성도들의 communio〔공동체〕 바깥에 있기 때문이다." WA 2, 169.

다는 것을 의미한다. 이것(중성명사적 의미 ― 역주) 자체는 거의 그럴 가능성이 없다. 모든 관련 구절은 이러한 의심을 강화시킨다.[8]

루터는 이러한 의미에서 communio를 신자들 가운데서 소유 재산을 나누는 것, 지체들이 서로 주고 받는 것, 서로 하나가 되는 것, 서로를 위해 일하는 것 등으로 이해한다. 확실히 루터는 "성도들의 필요를 공급하며"(necessitatibus sanctorum communicantes)라는 로마서 12:13의 불가타 본문에 의해 이러한 이해로 방향이 조정되었다.[9] 루터의 사고에서, 교제(communio)와 참여(participation)와 공급(communicare)의 개념은 밀접하게 결합되어 있다. "나누고 함께하는 것"은 항상 인격적 대상과 비인격적 대상을 모두 갖고 있다. 우리는 그들의 곤경 안에서 뿐만 아니라 본성과 구원의 유익을 위하여 형제와 함께한다.[10] 그러나 communio sanctorum이란 표현은 그것 자체만으로는 비인격적 대상을 규정하지 못한다. 그러나 인격적 대상은 모든 것을 표현한다. 왜냐하면 은혜를 받고 또 짐이 지워져 있는 형제들과 함께하는 것은 우리가 그들의 은혜와 그들의 짐을 공유한다는 것을 의미하기 때문이다.

루터는 실제로 두 가지 해석을 붙잡고 있는가? 언어학과 문법적으로는, 그는 실제 그러하다. 때때로 그는 communio를 라틴어 congregatio(후에 아우그스부르크 신앙고백에서 사용됨)와 동등하게 취급하고, Gemeinde를 "Sammlung," "Versammlung," 혹은 "Haufe"("gathering," "group," 혹은 "assembly") 등으로

---

8) 얼핏보아 이 말을 중성명사로 해석하는 것을 지지하는 듯이 보일 수 있는 WA 4, 401을 논의하기 위해서는 다음을 보라. Cf. P. Althaus, *Communio Sanctorum*(Munich: Kaiser, 1929), p. 39, n. 8. 다음 인용은 sanctorum이 인격적 의미로 사용된 것을 설명한다. "우리가 거룩한 교회를 믿는다는 것은 우리가 sanctorum communio를 믿는다는 것 이외에 무엇을 의미하는가? 그러나 성도들은 무엇을 공동으로 갖고 있는가? 축복뿐만 아니라 악한 것, 모두에게 속한 모든 것을 갖고 있다." WA 6, 131; PE, 1, 166. 이에 더하여 독일어 번역어 Gemeinschaft der Heiligen이 교회 안에서 소유 재산을 나누는 것을 묘사하는 문맥 안에 등장하는 모든 구절들을 보라. 가장 중요한 것은 「그리스도의 거룩하고 참된 몸의 복된 성례」(*The Blessed Sacrament of the Holy and True Body of Christ*)에 있는 구절들이다. WA 2, 743, 756 f.; LW 35, 50 ff., 70, 72.

9) 성도들(sancti)에 대한 그의 이해를 가지고, 루터는 즉각 communio sanctorum을 생각하는 것과 그것을 이 기초 위에서 해석하는 것 없이는 이 본문을 읽을 수 없었다. WA 56, 470; LCC 15, 351. WA 6, 131; PE 1, 166.

10) 「대요리문답」에서 루터는 다음과 같이 말한다. "나는 또한 이 공동체(Gemeine)의 일부분이요 지체이고, 그것이 소유하고 있는 모든 축복의 참여자요 동반자이다." WA 30, 190; BC, 417.

로 설명한다. [11] 또 다른 경우, 그는 그것을 상호 나눔(communicare)의 행위를 설명하기 위해 사용한다. 그러나 루터에게는 함께하는 공동체가 그리스도를 믿는 사람들의 회합이기 때문에, 후자가 전자 안에 함축되어 있다는 것이 결정적이다. 사도신경의 communicare를 번역하기 위하여, "교제"(community)의 의미로 루터에 의해 사용된 독일어 Gemeinde는 또한 살아 있는 주고 받는 관계를 표현하고 있다. 모든 것이 공동으로 유지되는 것은 이러한 모임 혹은 공동체(Gemeinde)의 본성이다. [12] 이에 속한 사람은 누구나 사람들의 단체의 지체일 뿐만 아니라 몸의 지체이다. [13] 루터는 결코 몸 안에 있는 지체됨의 의미로 즉 서로 나눔(Gemeinschaft)으로 일치를 이해하지 않고는, 공동체의 일치 안에서 많은 사람이 함께 모여 있는 것을 생각하지 않는다.

"교제"(communio)에 대한 새로운 이해

루터는 communio sanctorum으로서의 교회 개념을 유산으로 이어받았다. [14] 그리고 루터 이전의 신학자들은 sanctorum을 인격적 관점에서 이해했다. 예를 들어 토마스는 성례전에서 전달된 은사들에 관한 sanctorum(the holy)을 "거룩한 백성"으로 이해하는 인격적 이해와 나란히 놓는다. 한편, communio sanctorum은 성례전을 통한 구원의 유익과 그리스도의 공로에 참여하는 것을 묘사한다(이 경우 sanctorum은 중성명사로 이해된다). 다른 한편, 그것은 또한 거룩한 백성인 성도들, 곧 그들의 공로에 참여하는 것을 의미한다. 왜냐하면 사랑의 힘을 통해 성도들의 선행이 교회의 다른 지체들에게 유익을 주기 때문이다. 그러므로 교회의 사랑은 소유의 나눔 안에서 표현된다. 그러나 신약성서와 비교될 때, 전통적 개념은 두 가

---

11) "Gemeine oder Sammlung der Heiligen(community) or assembly of the saints." *WA* 7, 219; *PE* 2, 373. "Gemeinschaft der Heiligen 곧 '그리스도인들이요 거룩한 그러한 사람들의 그룹 혹은 총회'" *WA* 50, 624; *PE* 5, 264.

12) "나는 이 공동체 혹은 기독교 세계 안에서는 모든 것이 공동으로 소유된다고 믿는다." *WA* 7, 219; *PE* 2, 373. 따라서 루터는 그들이 소유 재산을 나누는 것과 공동으로 고난을 받는 것을 생각하지 않고는 공동체에 관하여 결코 말하는 법이 없다. 그가 Gemeinde(community)를 오직 Sammlung(an assembly)의 의미로 사용할 때도, 모든 것을 공동으로 갖고 있다는 이러한 다른 의미가 항상 함축되어 있다.

13) *WA* 28, 149.

14) 중세의 communio sanctorum에 대한 이해를 위해서는 다음을 보라. P. Althaus, *Communio Sanctorum*(1929), pp. 10 ff. 초대 교회에서 사용된 이 용어의 용례를 위해서는 Werner Elert, *Abendmahl und Kirchengemeinschaft in der alten Kirche hauptsächliche des Ostens*(Berlin: Lutherisches Verlagshaus, 1954).

지 방식으로 제한되고 왜곡되어 있다. 첫째, 루터가 그의 당대의 교회에서 발견한 교리에서는 지상의 교회가 천상의 교회와 또한 연옥에서 고통받는 교회와 관련되고 연결되어 있는 것이 결정적으로 중요하다. 이것은 성자 숭배와 공로의 활용을 통해 일어난다. 이와 대조적으로, 지상의 교회 안에서 나누는 나눔〔Gemeinschaft〕은 특별하게 중요하지는 않았다. "성도"에 대한 성서적 의미가 중세의 일반적 의미에 의해 뒤로 밀려났기 때문이다. 둘째, 성도들과의 나눔(Gemeinschaft)은 도덕주의에 의해 물질화되고 자기 중심적으로 왜곡되었다. 루터는 그것을 행위주의(workism, Werkerei)라고 부른다. 이러한 두 가지 특징은 밀접하게 연결된다. 우리는 천상의 교회가 공로의 보고(treasury of merits)를 소유하고 있기 때문에 그것을 바라본다. 그리고 "성도"에 대한 중세의 일상적 개념은 그 자체로 도덕주의적이다.

이 점에서, 루터는 communio sanctorum의 개념을 갱신하기 시작한다.[15] 그는 그것에 두 가지 방식으로 새로운 의미를 부여한다. 첫째, 루터는 ─ 자기 자신이 그 안에서 이 공동체의 일원임을 알고 있는 바 ─ 성도들의 공동체를 하늘로부터 지상으로 끌어 내렸다. 일찍이 1513년, 그의 첫 시편 강의 이전, 그는 신약성서 특히 바울서신의 성도들은 공동체의 특별한 그룹이 아니라 공동체의 모든 지체라는 것, 즉 그리스도를 믿는 모든 사람들이 성도들이라는 사실을 재발견했다.[16] 성서는 "거룩한"이란 말이 교회의 용어로 축복 속에 죽은 사람들을 가리키기 위해 흔히 사용되는 것과 달리, 특별히 살아있는 사람을 묘사하기 위하여 그 말을 사용한다.[17]

성도들은 하늘뿐만 아니라 공동체 내에서 지상에 있는 이 곳의 우리들 가운데서도 발견될 수 있다. 따라서 우리는 더 이상 성도들과 보통의 그리스도인 사이를 구분할 것이 아니라, 다만 죽은 성도들과 아직 살아 있는 성도들 사이를 구분한다. 우리는 죽은 사람이 아니라 살아있는 사람을 섬길 의무가 있다. 따라서 성도들에 대한 봉사는 완전히 이전의 관습에서 오는 것이다. 이전에 사람들은 하늘을 바라보며 성도들을 섬겨야 한다고 생각했다. 이제는 그리스도의 미천한 형제들을 위해 바로 여

15) Cf. Karl Holl, "Die Entstehung von Luthers Kirchenbegriff," GA 1, 288 ff., 320 ff.; "Luther als Erneuerer des christlichen Gemeinschaftsgedankens," Deutsch-Evangelisch, (1917), pp. 241-246.
16) WA 56, 469; LCC 15, 351. WA 17[II], 50. 루터의 초기 "성도" 이해에 대한 논의를 위해서는 다음을 참고하라. cf. L. Pinomaa, "Die Heiligen in Luthers Frühtheologie," Studia Theologica, XIII (1959), No. 1. 피노마(Pinomaa)는 루터가 전통적 중세의 "성도" 이해로부터 종교개혁자들에 의해 주창되는 복음적 개념으로 움직인 과정을 설명하고 있다.
17) WA 17[II], 50.

기 지상에서 자기 자신의 주위를 둘러본다.[18] 죽은 자의 삶은 우리에게 감추어져 있다.[19] "나눔"은 여기 지상에서 살아있는 자들 가운데 실현되어야 한다.

이것과 밀접하게 연관되는 것은 루터가 도움을 주는 나눔이라는 생각을 정화한 것이다. 중세 신학은 도덕주의적으로 전투적 교회를 위한 성도들의 의미를 두 가지 방식으로 왜곡시켰다. 즉 개념이 물질화되었고, 또 종교적 자기 중심주의의 분위기에서 벗어나도록 끌어내기보다는 그 자체가 완전히 이것에 물들어 버렸다. 결국 이 두 가지는 하나의 동일한 왜곡이다.

성도들 사이의 나눔의 물질화는 교회의 보고의 교리 안에 표현되어 있다. 곧 교회가 죄인들의 선행의 부족과 회개의 보속(satisfaction: 예수 그리스도의 십자가를 통한 만족과 구별되어야 함:역주)을 메워 균형잡기 위해 그 열쇠의 직무(죄 사면의 권한)를 통해 집행할 수 있다고 주장하는, 그리스도와 성도들의 공로 전체에 대한 교리이다. 루터는 그의 「95개 조항」과 그 「해설」의 제58항에서, 예리하게 반대한다. "어떤 성도도 이생에서 하나님의 계명을 적절하게 성취하지 못했다."[20]

그러나 성도들은 교회를 위해 생명력 있고 현실적인 의미를 갖고 있다. 이것은 그들의 도덕적 성취에 있지 않다. 그들이 여전히 죄인이기 때문이다. 따라서 우리는 복음의 진리를 증명하기 위하여 그들의 성취를 사용해서는 안된다. 그들의 삶은 규칙으로 요약되고 율법주의적 모범으로 모방되기에 적합하지 않다. 그들은 다른 의미에서 모범이다. 그들의 "가르침"을 통하여, 즉 그들의 하나님에 대한 확신과 지식을 통하여 모범이 되는 것이다. 이러한 것들에서 그들이 우리와 일치하면, 하나님에 대한 우리의 지식이 확증된다. 그들의 삶의 역사 속에서, 우리는 하나님이 거저 주시는 은총 안에서 그의 백성을 어떻게 다루시는가를 볼 수 있다. 그리고 이러한 인식

---

18) "당신이 성도를 위해 하고 싶은 것이 무엇이든지, 당신의 관심을 죽은 자들로부터 살아 있는 자들에게로 돌려라. 살아 있는 성도들은 당신의 이웃, 헐벗은 자, 주린 자, 목마른 자, 아내와 아이들이 있고 수치를 당하고 있는 가난한 사람들이다. 당신의 도움을 그들에게 돌리고, 여기서 당신의 일을 시작하고, 당신의 혀를 사용하여 그들을 보호하고, 당신의 옷을 사용하여 그들을 덮어 주고 그들에게 경의를 표시하라." *WA* 10^{III}, 407 f. Cf. *WA* 17^{II}, 50.

19) "존귀한 성도들로 하여금 그들이 있는 곳에서 머물게 하고, 우리와 함께 데리고 있는 사람들을 돌보라. 우리가 그리스도인이 해야 하는 대로 살아야 한다면, 우리는 충분히 우리 자신을 돌보았기 때문이다. 따라서 우리가 데리고 있는 사람들을 그대로 있게 하고, 하나님으로 하여금 그들을 돌보게 하라. 우리는 저 너머의 세상에서 그들이 어떻게 살지 알 수도 이해할 수도 없다. 저 세상은 이 세상과 완전히 다르다." *WA* 17^{II}, 255.

20) *WA* 1, 605 ff. ; *LW* 31, 213.

은 하나님의 자비에 대한 우리의 신뢰를 강화하는 데 도움을 줄 수 있다. 성도들은 그들의 신앙과 순종, 그들의 겸손, 하나님이 그들에게 주신 고난 안에서 견디는 인내 등을 통하여 우리의 모범이 된다.[21]

생명력 있는 신앙의 힘이 성도들로부터 나온다. 루터는 히브리서의 방식으로, 성도들의 의미에 대해 말한다. 히브리서 11장에 설명되어 있는 신앙의 증인들의 긴 행렬이 지나가는 것을 바라보는 사람은 누구나 바울이 "그러므로 우리도 그렇게 하자"(12:1)고 말하는 바 그 진지함과 용기로 힘을 얻는다. 우리는 여기서 확실히 교회의 보고에 대해 말할 수 있으나, 중세의 이론과 전혀 다른 방식으로 그렇게 하는 것이다. 성도들의 삶이 보고인 것은 그들이 제공하는 공로 때문이 아니라 그리스도인이 한 몸의 지체로서 다른 사람을 위하여 살고 고난받고 모든 것을 행하기 때문이다. 이것이 성도들의 교제(communio sanctorum)이다.[22]

루터의 하나님과 칭의 이해는 중세 가톨릭의 성도 개념을 파괴시켰다. 우리의 구원은 오직 거저 주시는 하나님의 은혜에 달려 있기 때문에, 하늘의 은행에서 한 쪽 구좌에서 다른 쪽 구좌로 공로가 이전하는 것은[23] 전혀 무의미해져 버렸다. 공로는 다른 사람을 섬기는 것에 의해 대체되었다. 엄격한 의미에서, 아무도 — 대리적 성취를 통해서든 공로적 중재를 통해서든 — 하나님의 심판 아래 있는 다른 사람을 도울 수 없다. (하나님이 각 사람을 단독으로 관계하시고, 어떤 사람도 다른 사람을

21) WA 15, 789. Cf. Luther's *Preface to the Psalms.* "거기서 다시 당신은 모든 성도들의 마음 속을 살핀다 … 이것은 또한 다른 목적을 이루는 데 도움이 된다. 이 말씀들이 인간의 마음에 들고 그의 현실에 맞을 때, 그는 그가 성도들의 공동체 안에 있다는 것을 확신하고, 또 모든 성도들이 그와 함께 하나의 짤막한 노래를 부르기 때문에, 모든 성도들에게 이루어졌던 일이 자기에게도 그렇게 이루어지고 있다는 것을 확신하게 된다." *WA*, DB 10¹, 102; *LW* 35, 256.
22) 따라서 성도들 자신은 그들이 부족하다고 생각하기 때문에, 성도들의 공로는 우리를 위한 보고로서 작용할 수 없다는 이러한 부분의 논지가 입증되었다. 성도들이 잉여의 공로이기 때문이 아니라, 지체들이 또 다른 지체를 위해 일하는 것처럼 교회가 각자 그 안에서 다른 사람을 위하여 일하는 성도의 교제이기 때문에, 어떤 사람이 성도들이 우리를 위한 보고라고 생각하지 않는 한, 성도들의 공로는 보고의 역할을 할 수 없는 것이다. *WA* 1, 607; *LW* 31, 215 f. 루터는 한때 우리를 위해 불쌍한 나사로의 예를 사용하여 이것을 설명했다. 하나님은 나사로가 그의 가난과 비참함을 통해 전 세계를 섬기는 것을 허용했다. 즉 그의 삶을 통해 그는 우리가 동일한 인내로 고난을 당할 때 우리를 돕는다. "이것이 믿는 사람의 능력 있는 성품이다. 그는 그의 배고픔으로 우리를 먹였고, 그의 헐벗음으로 우리에게 옷 입혔고, 우리가 그를 따를 수 있도록 우리 모두에게 모범을 제공함으로써 그의 고난으로 우리를 위로했다." *WA* 10ᴵᴵᴵ, 185 f.
23) "A certain transference of works." *WA* 1, 606; *LW* 31, 212.

위하여 대신 믿거나 순종하거나 죽을 수 없기 때문이다. 우리가 대리적 혹은 대체적 활동에 관해 말하는 한, 우리는 그렇게 할 수 없고, 우리가 중보하는 사람의 신앙과 삶을 도울 수 있을 뿐이다.)[24]

심지어 루터에서는 성도의 중보도 중세 신학의 그것과 다른 것을 의미한다. 하

---

24) "우리가 모두 사제이고 왕이라는 사실은 우리 그리스도인 각자가 하나님 앞에 나아가고 다른 사람을 위해 중재하고, 그에게 그 자신의 고유한 신앙을 달라고 하나님께 요구하는 것을 의미한다. 그러므로 만일 내가 당신이 신앙이 전혀 없거나 연약한 신앙을 갖고 있다는 것을 안다면, 나는 당신에게 강한 신앙을 달라고 하나님께 요구할 수 있다. 나는 하나님이 당신에게 나의 신앙이나 나의 행위를 주시라고 요구하지 않고, 하나님이 당신에게 당신 자신의 고유한 신앙과 당신의 고유한 행위를 주시라고 요구한다. 그리스도가 그 모든 것을 우리의 신앙을 통하여 우리에게 주셨듯이, 당신에게 당신의 신앙을 통하여 그리스도의 모든 행위와 구원을 주시도록 말이다." WA 10[III], 308. "어떤 사람도 다른 사람의 신앙이나 행위를 통해 구원받았다고 주장하지 못하는 것에 주의하라. 실제 당신이 당신 자신의 신앙을 갖지 않는 한, 당신은 마리아나 그리스도의 행위와 신앙을 통해 구원받을 수 없다. 하나님은 당신 자신이 신실하고 믿지 않는 한, 마리아나 그리스도 자신이 당신을 대신하고 당신을 신실하고 의롭게 만드는 것을 허용하지 않으신다." WA 10[III], 306.

"어떤 사람도 다른 사람을 위해 그리스도의 법을 성취할 수 없다. 각자는 자신을 위해 그것을 성취해야 한다. … 〔루터는 갈 6:5과 고후 5, 10을 인용한다.〕 바로 이것이 그 명령이 '당신, 당신, 당신이 사랑해야 한다'고 말하는 이유이다. 그것은 다른 사람이 당신을 대신하여 사랑하게 하라고 말하지 않는다. 우리가 서로를 위해 하나님이 은혜를 베푸시고 도와달라고 기도할 수 있고 기도해야 한다고 할지라도, 어떤 사람도 그가 스스로 하나님의 명령을 성취하지 않는 한, 구원받지 못할 것이기 때문이다. 따라서 우리는 마치 면죄부를 파는 저 악당들이 주장하듯이, 하나님께 다른 사람이 벌받지 않고 지나가게 허용해 달라고 기도해서는 안되고, 그가 경건하고 하나님의 명령을 지키게 해달라고 기도해야 한다." WA 17[II], 100. 따라서 루터는 갈 6:2을 갈 6:5("각각 자기의 짐을 지고")이 무시하지 않는 방식으로 해석하기를 원한다. 성도의 중재는 우리가 짐을 지지 않는다는 것이 아니라, 우리가 우리 자신의 짐을 질수 있도록 성도들이 우리를 돕는다는 것을 의미할 수 있다. 참고. 루터가 어떤 사람을 하나님의 심판으로부터 자유롭게 할 목적으로 성도들의 공로를 사용하는 데 반대한 것으로는 다음과 같은 것이 있다. "그러나 순교자들과 성도들에 대한 징계는 그 대신 우리가 징계를 당할 때 우리를 위한 모범이어야 한다." WA 1, 607; LW 31, 215. 따라서 모든 대신하는 대체는 포괄적인 것이지 배타적인 것이 아니다. 우리가 루터의 화해 교리를 이해해야 하는 것은 바로 이러한 관점에서 이해해야 한다.

25) "하나님은 우리 자신의 인격을 거부할 뿐만 아니라 우리에게서 우리가 남긴 유일한 위로, 즉 경건하고 거룩한 사람들의 위로와 중재를 빼앗아갈 때, 조금 더 강하게 우리의 옆구리를 찔러 주의를 환기시키신다. 우리가 하나님이 우리에게 은혜를 베푸시지 않는다고 느낄 때, 혹은 우리가 어떤 종류의 곤란을 당할 때마다, 우리의 최후의 의지처는 사랑이 요청하는 대로 기꺼이 그것을 주려고 하는, 경건하고 영적인 사람들로부터 권고와 도움을 구하는 것이기 때문이다. 그러나 아무 것도 그것으로부터 오지 않고, 기도 역시 응답되지 않고, 우리의 일은 더 악화된다." WA 17[II], 202.

나님은 여전히 이러한 중보를 듣거나 듣지 않거나 할 자유가 있다. 결국 인간은 하나님의 무상의 은총으로부터만 살아가기 때문이다.[25] 따라서 모든 중보 기도는 그것이 하나님 앞에서 무언가를 성취하기 때문이 아니라,[26] 정반대의 이유 곧 그것이 우리 안에서 역사하는 하나님의 은혜로운 역사이기 때문에, 참으로 의미가 있다.

교제에 대한 루터와 중세 교리 사이의 구별은 배타적 물질적 중보가 포괄적 인격적 중보에 의해 대체되었다고 표현될 수 있다. 이것은 그리스도의 사역에 대한 이해에서도 해당되는 사실이다. 이것은 안셀름과 루터 사이의 차이이다. 우리는 대신하는 대리적 자기 부인의 관점에서 명확하게 구별할 수 있다. 중세의 입장에 의하면, 자기 부인은 형제의 실제 삶과 아무 관계 없이 혼자서 행하는 금욕적 성취로서 의미가 있다. 따라서 그것은 형제에게 줄 수 있는 공로가 된다. 바울과 마찬가지로 루터에게서, 자기 부인은 형제의 형편에 대리적으로 참여하는 것이고, 형제의 특별한 부담을 자기 것으로 하는 것과 거기서 자유케 하는 수단으로서 의미가 있다. 로마 가톨릭 교리에서, 인간은 그 안에서 측정 가능한 가치들이 이전될 수 있는 사회

---

26) 다음의 두 로마 가톨릭 저서는 종교개혁자들이 "성도들의 중재나 적어도 그들에게 도움을 호소하는 것의 적절함을 거부"하면서도 살아있는 성도들에게 서로를 위해 기도하는 것을 허용하는 것이 일관성이 없다고 한다. *Kirchenlexikon*, ed. Wetzer and Welte(2nd ed.; Freiburg im B.: Herder, 1882-1903), V, 1622 and Scheeben-Atzberger, *Dogmatik*(Freiburg im B.: B. Herder, 1889-1903), IV3, 885. 그러나 그들은 루터가 성도들에 대한 기도가 공로적 중재의 개념과 너무 밀접하게 연관되어 있기 때문에 그것에 반대하여 경고하고 있다는 사실을 간과하고 있다. 이 공로적 중재의 개념은 살아있는 성도들의 형제적 상호 중재에서는 훨씬 덜 나타나는 것 같다. 그러나 이것을 넘어, 죽은 자들의 형제적 중재는 죽은 자들의 상태가 우리에게 감추어져 있기 때문에, 루터의 사고의 뒷 배경으로 물러난 것이다. 슈말칼트 조항에서도, 루터는 죽은 성도들이 우리를 위해 기도할 가능성을 부정하지 않았다. "비록 하늘의 천사들이(그리스도 자신이 또한 그렇게 하듯이) 우리를 위해 기도하고, 그리고 지상의 모든 성도와 아마 하늘의 모든 성도도 그렇게 할지라도," 천사와 성도들을 종교적으로 숭배할 이유는 없다. 우리가 우리를 위해 기도할 수 있는 여기 지상의 형제들에게 기도하고 숭배하지 않는 것과 마찬가지로 말이다. 루터는 "내가 그리스도 안에서 당신을 존경하고 사랑하고 감사할 수 있는, 이것과 다른 방법들이 있다"고 말한다. *WA* 50, 210, *BC*, 297. 루터는 하늘에 있는 성도들에 대한 우리의 사고를 명료하게 하면서, 그들에 대한 우리의 관계가 여기 지상의 형제에 대한 관계와 다르지 않다고 지적한다. 성도의 교제의 개념은 이렇게 루터가 "성도"의 칭호를 이곳 지상의 형제들에게 적용한 사실에 의해 정화되었다. 반대로 "성도"의 칭호를 하늘에 있는 자들에게 제한하는 것은 바로 종교적 자기 중심주의이다. "우리가 우리의 도움을 필요로 하는 살아있는 성도를 무시하고 죽은 성도들을 통해 우리의 필요를 채움받기 위해 순례의 길을 떠나가서 그들을 찾아나서야 한다는 것은 우리의 요구를 잘 만족시킨다." *WA* 17^{II}, 49.

로 생각된다. 루터의 교리에서, 인간은 진정으로 서로 함께 사는 사람들의 교제 속
에서 관계를 맺고 있다.

이와 함께 우리는 루터가 communio의 개념의 순수성을 회복한 두번째 사항에
도달한다. 중세 교회는 모든 사람이 우선 자신을 돌보아야 한다는 도덕주의적 원칙
에 의해 지배되었기 때문에, 결코 교회를 진정한 교제로 생각할 수 없었다. "사랑은
가정에서 시작된다."[27] 그리고 사랑이 다른 사람을 위해 다른 사람의 삶 안에서 행해
지는 곳에서도, 그 최종적 목적은 자신의 구원을 확보하는 것이다. 루터는 이러한
관련성을 사정없이 드러냈다. 도덕주의는 본질상 이기적이다. 그것이 성도의 교제가
생기는 것을 허용하지 않기 때문이다. 도덕주의는 이러한 교제를 확립하는 것 대신
에 그것을 파괴한다. 탁월한 금욕적 성취를 이루려는 추진력은 종교적 계급을 창출
한다. 그리스도의 몸 안에 있는 지체됨에서 모든 신자들의 평등성이 깨진다. 이것은
보통의 그리스도인을 위한 중보자로서 봉사하는 어떤 사람들의 교만한 주장에 의해
서 깨어지고, 이 교만한 주장은 행위의 의(義)를 초래하고 만다.[28]

복음은 이러한 경건한 자기 중심성의 모든 세계의 토대를 파괴하고, 그것을 폐
허로 만든다. 루터는 오직 대가 없는 은총에 의한 신앙을 통한 칭의의 복음만이 참
으로 진정한 교제를 창조할 수 있다는 것을 안다. 복음에 대한 신앙은 인간의 구원

27) Cf. Luther's lectures on Romans, *WA* 56, 390, 517; *LCC* 15, 262, 406.
둔스 스코투스와 가브리엘 비엘은 둘 다 "사랑은 가정에서 시작된다"고 주장했다.
WA 56, 390; n. 3: *LCC* 15, 262, n. 4. 토마스 아퀴나스 또한 이것을 가르친
다. *GA* 1, 165. 그리고 홀(Holl)이 다른 곳에서 지적한 것처럼, 이 개념은 어거스
틴에게서도 발견된다. *GA* 3, 87, 109.
28) "자기 자신의 행위의 의를 신뢰하는 사람들은 그리스도인들 사이에서 분리와 차별을
만들어야 했다. 사제들은 평신도보다 우월하기를 원했고, 수도사들은 교구 사제들보
다 우월하기를 원했고, 처녀들은 결혼한 사람들보다 우월하기를 원했고, 기도하고 금
식하는 사람들은 종종 일하는 사람들보다 우월하기를 원했고, 반면 엄격한 삶을 사는
사람들은 단순하게 평범한 삶을 사는 사람들 이상이 되기를 원했다. … 결국 이 사람
들은 가련한 그리스도인을 위해 기도하고 하나님과 이 그리스도인 사이에서 중재자가
되기를 원하는 지점까지 이르렀고, 그럼으로써 다른 상태의 삶을 전혀 가치 없는 것
으로 경멸했다." *WA* 17ⁱ, 33.
29) "나로서는 내가 그의 몸의 지체이고 다른 모든 사람들이 가진 만큼 권리와 명예를 갖
는 것으로 충분하다. 따라서 나는 내가 그의 몸의 지체가 되고 그의 몸에 참여하기
위하여 일해서는 안되고 일하지도 않을 것이다. 이것을 나는 이미 갖고 있고, 그것이
나에게 충분하기 때문이다. 나의 행위는 오히려 몸과 그의 지체들, 곧 나의 사랑스런
형제와 동료들을 섬겨야 하고, 나는 내가 분리와 분열을 창조하지 않기 위하여, 나
자신이 어떤 유별난 일을 떠맡지 않을 것이다." *WA* 17ⁱ, 37. "나는 구원의 음식을
충분히 가질 것이고, 그 결과 내가 내 자신의 삶에서 갖고 있는 모든 것들은 다른 사
람들의 유익을 위해 사용될 수 있을 것이다." *WA* 15, 607.

을 완전히 하나님의 손 안에 두고, 인간의 모든 활동을 결정하는 자신의 영원한 운명에 대한 자기 중심적 관심에서 그를 자유롭게 한다. 이 신앙은 그렇게 그를 자유롭게 하여 그의 형제들을 섬기게 한다.[29] 로마 가톨릭도 역시 교회의 본성을 바울의 몸 개념의 관점에서 묘사한다. 가톨릭도 사랑이 교회 생활의 법칙이라는 것을 안다. 어거스틴이 특별히 이것을 잘 선포했다. 그러나 이것은 모두 도덕주의와 경건한 이기심에 의해 파괴되었다. 교제는 각각의 개인이 구원을 획득하는 수단이 된다. 루터에게서, 교제를 나누는 것은 그것 자체를 위해 중요하다. 그것은 "그리스도의 법"을 실현한다. 사랑은 그것 이외의 다른 목적이 없다. 그것은 하나님의 고유한 삶이다.

선물과 과제로서 교제

교회는 communio sanctorum, 즉 성도의 교제이다.[30] "나는 지상에 전 세계에 걸쳐 오직 하나의 거룩한 공동의 기독교 교회가 있다는 것을 믿는다. 이것은 성도와 경건한 사람들, 곧 성령이 모으고 보존하고 다스리는 지상의 믿는 사람들의 공동체 혹은 모임 이외의 다른 것이 아니다. … 나는 이 기독교 세계의 공동체에서 모든 것이 공동의 소유이고, 각각의 소유 재산은 서로에게 속하고, 어떤 사람도 자신의 고유한 것을 소유하고 있지 않다고 믿는다. 그 결과 공동체 전체의 모든 기도와 선한 행위는 나와 모든 신자들을 돕는다. 그들 모두는 생명의 시간에도 죽음의 시간에도 서로를 지켜주고 힘을 주고, 바울이 가르친 대로, 각각 다른 사람의 짐을 져준다." 이것이 루터가 1520년 「짧은 형태의 십계명」(Short Form of the Ten Commandments)과 1522년의 「소기도서」(Little Prayer Book 〔Betbühlein〕)에서 말한 방식이다.[31]

교제는 그리스도의 사랑의 희생제사가 신자들을 그리스도와 따라서 서로 서로와 한 몸 혹은 "한 덩어리"를 만든다는 사실 위에 근거해 있다.[32] 성령은 말씀을 믿는 사람들을 서로서로 그리스도의 몸의 지체가 되게 한다. 자기 자아를 위한 실존은 끝

---

30) 교회를 교제(communio)로 보는 루터의 교리에 대한 가장 중요한 자료에는 다음과 같은 것들이 있다. *Treatise on Preparing to Die*, WA 2, 685-697. *The Blessed Sacrament of the Holy and True Body of Christ and the Brotherhoods*(1519), WA 2, 742 ff; LW 35, 49-73. The lectures on Galatians of 1519(특별히 갈 6:1 ff.), WA 2, 601 ff.; LW 27, 387 ff. *The Fourteen of Consolation*(1520), WA 6, 130 ff.; PE 1, 164-167. *The Freedom of a Christian*(1520), WA 7, 49 ff.; LW 31, 333-337. 1522년과 1524년 사이의 몇몇 설교들, WA 10[i],2, 67. WA 10[II], 217, 238. WA 12, 486. WA 15, 494.
31) WA 7, 219; PE 2, 373. WA 10[II], 394.

이 난다. 그러나 그것은 서로에게 신비적으로 흡수되는 것이 아니라 사랑을 통해 생명을 온전히 나누는 것[Gemeinschaft]으로 대체된다.[33] 어떤 개인도 모든 사람이 관계되어 있지 않고는 힘이나 연약함, 의나 죄, 평화나 불화 등을 갖지 못한다.[34] 그리스도와 사람들 사이의 놀라운 거래, 곧 "즐거운 교환",[35] "소유의 나눔"은[36] 또한 그리스도의 백성에 의해 그들 가운데서 생명, 소유, 어려움들의 완전한 교환과 무조건적 나눔이 있다는 것을 의미한다.[37] 몸은 하나의 삶을 산다. 이것은 그리스도의 사랑의 본성이다. 그리스도 자신이 이러한 사랑의 영으로 산다. 그의 모든 인격과 소유는 아버지가 아버지 자신의 인격과 소유에 참여케 한 것 이외의 다른 것이 아니다.[38]

이러한 교제에 참여하는(함께하는) 것은 교회의 모든 지체들을 동일한 선물과 과제, 은혜와 소명 안으로 끌어들인다.[39] 루터는 이러한 함께함의 선물을 다음과 같

32) *WA* 10^{III}, 218. *WA* 12, 490. *WA* 15, 607. *WA* 28, 149. "그리스도를 믿는 신앙에 의해, 그리스도인은 그리스도와 한 영, 한 몸이 된다. '둘이 한 몸을 이룰지니라'"(창 2:24). "이 비밀이 크도다. 내가 그리스도와 교회에 대하여 말하노라"(엡 5:31 f.). 그로 인해 형제들이 그리스도의 공동 상속자, 한 몸, 한 시민이 되는 바 그리스도의 영이 그리스도인들 안에 거하기 때문에, 우리가 그리스도의 모든 유익에 참여하지 않는 것이 어떻게 가능한가? 그리스도는 친히 바로 이 영으로부터 그에게 속한 모든 것을 소유하고 있다." *WA* 1, 593; *LW* 31, 190.
33) 루터는 "믿음, 소망, 사랑과 사랑을 통해 모든 사람의 공동 소유가 되는 다른 은사와 은총들"에 관하여 말한다. *WA* 6, 131; *PE* 1, 165. "교회는 ⋯ 신적인, 천상의, 가장 고귀한 형제 관계이다. ⋯ 우리가 그 안에서 모두 형제요 자매인 성도들의 교제는 아주 밀접하게 연합되어 있어서, 이보다 더 친밀한 관계를 생각할 수 없다. 여기서 우리는 한 세례, 한 그리스도, 한 성만찬, 한 음식, 한 복음, 한 신앙, 한 영, 한 영적 몸(엡 4:4 f.)을 갖고 있고, 각 사람은 다른 사람의 지체이기 때문이다(롬 12:5)." *WA* 2, 756; *LW* 35, 70.
34) "이러한 공동체 중에서, 나 또한 공동체가 소유한 모든 축복 속에서 한 일원이고 지체이며, 참여자이고 동반자이다." *WA* 30^{I}, 190; *BC*, 417.
35) "실제 그리스도의 유익과 생명의 즐거운 교환에 대한 이러한 참여는 신앙에 의하지 않고는 일어나지 않는다." *WA* 1, 593, *LW* 31, 190 f.
36) "우리가 이렇게 그리스도와 한 덩어리(Kuchen)가 되어, 그와 함께 그의 소유를 나누는 교제 안으로 들어가고, 그가 우리와 함께 우리의 소유를 나누는 교제 안으로 들어가는 것에 주의하라." *WA* 12, 486.
37) "그것은 우리의 죄와 고난을 그리스도와 그의 성도들의 의와 공유하고, 교환하거나 섞는 놀라운 것이다." *WA* 2, 749; *LW* 35, 60. Cf. *WA* 6, 131; *PE* 1, 166(cf. n. 7).
38) Cf. n. 31에 있는 인용의 마지막 문장.
39) 루터는 이 두 측면을 아주 명확하게 구분한다. *The Blessed Sacrament of the Holy and True Body of Christ and the Brotherhoods*(1519), *WA* 2, 744 ff: *LW* 35, 52 ff.

이 요약한다. 그리스도와 성도들의 모든 소유 자산은 다 나의 것이다. 나의 짐과 문제와 죄는 그리스도와 모든 성도들에게 속한다.[40] 이 참여와 나눔은 그리스도의 의가 인간의 죄를 대속한다는 것과 "그리스도와 그의 성도들이 하나님 앞에서 우리를 위해 중보함으로써 우리의 죄가 하나님의 엄격한 심판 그대로 우리에게 전가되지 않는다"는 것을 의미한다. 그것은 또한 그리스도와 공동체가 죄에 대항하여 "우리를 위해 싸우고" 우리와 함께 고난당하고 서로의 짐을 져준다는 사실을 포함한다.[41] 다른 사람의 신앙과 성결과 기도는 나 자신의 그리스도인의 삶의 궁핍과 연약함에서 나에게 강력한 도움이 된다. 삶에서든 죽음에서든, 나는 결코 혼자가 아니다. 그리스도와 교회가 나와 함께하기 때문이다.[42]

몸의 한 지체에 관한 것은 무엇이든 몸 전체에 관한 것이다. 루터는 이러한 확신을 위한 성서적 근거를 특별히 그가 아주 자주 인용하는 바, 바울의 그리스도의 법(갈 6:2)과 몸의 지체들이 서로의 삶 안에 참여하는 것(고전 12:22 ff, 12:26)에 관한 진술에서 발견한다. 루터는 반복하여 자신의 사탄과의 싸움을 위해 그러한 중보 기도를 요구했고, 특별히 1527년의 큰 시험에서 그 중보 기도를 필요로 했다. 루터는 형제들이 그와 함께 싸우고 있는 것을 알고서 크게 위로를 받았다.[43]

루터는 형제들의 중보 기도를, 「슈말칼트 조항」에 있는 대로, 돕고 권면하고 경고하고 위로하는 목회적 말씀 곧 "형제들의 상호 대화와 위로"일 뿐만 아니라,[44] 그 수단을 통해 이러한 참여가 개인을 유익하게 하는 수단이라고 한다. 루터가 오직 큰 기쁨과 감사함으로 교회에 대해 말하였다는 사실은 적지 않게 이 성도의 교제에 대한 그의 확신에 기초한 것이다.[45]

---

40) *WA* 1, 593; *LW* 31, 190. Cf. *WA* 6, 131, *PE* 1, 165 외에 다수 있음.
41) *WA* 2, 744; *LW* 35, 53.
42) *WA* 1, 333. *WA* 2, 745; *LW* 35, 53 f. *The Fourteen of Consolation*의 놀라운 구절을 보라. "따라서 내가 고난받을 때, 나는 나 혼자 고난당하는 것이 아니고, 그리스도와 모든 그리스도인들이 나와 함께 고난당하는 것이다. … 다른 사람들이 그 정도로 내 짐을 져주고, 그들의 힘은 나의 힘이 된다. 교회의 신앙은 공포에 질린 나를 지탱시켜 주고, 다른 사람의 사랑은 나의 육체의 유혹을 감당해 주고, 다른 사람의 금식은 나의 유익이 되고, 또 다른 사람의 기도는 나를 위해 간구한다. … 그렇다면 누가 그의 죄에 대해서 절망할 수 있는가? 누가 그의 고통을 기뻐하지 않겠는가? 그의 죄와 고통을 지고 있는 것은 그가 아니기 때문이다. 그가 그것들을 지고 있다 하더라도, 그는 그것들을 혼자 지고 있지 않고, 많은 하나님의 거룩한 아들들에 의해, 심지어 그리스도 자신에 의해 도움을 받기 때문이다. 그렇게 위대한 것이 성도의 교제이고, 그리스도의 교회이다." *WA* 6, 131; *PE* 1, 165 f.
43) Cf. Luther's correspondence in 1527. *WA*, Br 4.
44) *WA* 50, 241; *BC*, 310. Cf. *WA* 40^{III}, 343.

이런 점에서, 루터는 형제들의 의식적인 상호 중보에 대해서만 생각하지 않았다. 형제가 서로 제공하는 도움은 그들 자신이 알고 의식적으로 의도한 것을 훨씬 더 넘어 선다. 그들의 삶은 우리 자신의 투쟁에서 우리를 위한 모범이요 능력의 근원이다. 하나님은 그들이 자신 안에서 싸우고 고난받는 그들의 매우 개인적 문제들이 있는 형제들을 그의 공동체의 봉사 안에 두셨는데, 이것은 그들이 알지도 의도하지도 않은 것이다. 이런 의미에서 또한 우리 중 누구도 자신을 위해서 살지 않는다는 것은 사실이다.[46] 따라서 이 교제는 신앙에게 제공되는 선물일 뿐만 아니라 항상 사랑을 위한 과제이기도 하다.[47]

각각의 사람은 그리스도와 그의 교회의 짐을 스스로 자신의 짐으로 져야 한다. 그리스도의 수치, 그의 말씀의 모순, 교회의 어려움, 무고한 자의 불의한 고난, 죄인의 죄책과 수치, 가난한 자의 곤경, 그는 이 모든 것들을 일종의 값싼 동정심이 아니라 적극적으로 지고 고난을 짐으로써 그의 가슴 안에서 느껴야 한다. 각각의 그리스도인은 "옹호하고 행동하고 기도해야" 하고, 각각의 그리스도인은 진리를 위해 투쟁하고 불의를 막아 싸우고 교회와 그 지체의 갱신을 위해 일하고 가난한 자를 위해 그의 소유를 쓰고 병자를 위해 자신의 삶을 주고[48] 자신의 의를 가지고 하나님과 사람 앞에서 죄인을 위해 중보해야 한다.[49]

요약하면 모든 그리스도인은 이 어려움들이 삶의 자연적 과정에서 온 것이든 그들이 그리스도인이기 때문에 온 것이든, 이러한 모든 어려움 속에서 그들의 외적 내적 모든 소유를 서로서로 나누어야 한다.[50] 우리가 소유한 모든 것은 "하나님의 형체"(빌 2:5)이다. 우리는 그리스도가 그렇게 한 것처럼, 우리에게서 그 모든 것들을 비워야 한다. 그것들은 우리 안에서 종의 형체로 변모되어야 한다.[51] 그리스도가 그의 사랑 안에서 우리의 형체를 그 자신의 것으로 취하셨듯이 말이다.

"우리는 이 사랑에 의해 변모되어야 하고, 우리는 다른 모든 그리스도인의 연약

---

45) 이것은 특별히 형제들에게 행해진 죄 고백과 형제로부터 받은 바 사면의 선포에 해당되는 사실이다. Cf. pp. 316 ff.
46) 이것은 나사로에게도 해당된다. WA 10^{III}, 185(quoted in n. 22). 루터는 그 자신의 사탄과의 투쟁이 많은 이들에게 유익이 될 것이라는 희망을 표현한다. WA, Br 6. 235.
47) WA 2, 745-750, 757; LW 35, 55-61, 72.
48) WA 20, 713. WA 23, 352 ff. 이 구절들은 전염병이 유행하는 동안 병자를 돌보고 그들에게 말씀을 선포하기 위해 남아 있어야 할 의무에 대해 논의한다. 루터는 그가 설교한 것을 스스로 실천했다.
49) WA 2, 606; LW 27, 393. Cf. n. 50.

함을 우리 자신의 것으로 만들어야 한다. 우리는 그들의 형체와 궁핍을 우리 자신의 것으로 취하고 그들에게 우리의 모든 소유 자산을 줌으로써, 그들이 거기서 유익을 얻게 해야 한다."[52] 교회 지체들의 삶은 소유주의 군림 형태가 아니라 희생적 봉사에 종사하고 있고 종의 형체에 의해 모든 어려움과 수치와 죄책과 하나되는 것에 의해 형성되어야 한다. "우리가 가진 모든 것은 섬김으로 사용되어야 하고, 섬김으로 사용되지 않은 모든 것은 빼앗긴 것이다."[53] 모든 은사, 모든 힘, 모든 건강과 평화와 정결은 사랑에 속해 있고 형제들에게 속해 있다.[54] "당신이 당신의 십자가를 지는 것은 자신을 구원하기 위해서가 아니라, 당신의 이웃이 그것을 보고 그의 십자가를 질 용기를 받음으로써 유익을 얻도록 하기 위해서 지는 것이다."[55]

우리 자신의 구원은 의롭게 하는 믿음 안에서 해결되었기 때문에, 사람은 모든 것을 하나님에게서 바라는 것이지 자신으로부터는 아무 것도 기대할 수 없기 때문에, 그는 이제 완전히 자유롭게 되어 그가 가진 모든 것을 쓰고 그의 형제를 섬기기 위해 행하고 고난을 받을 수 있다. 그는 더 이상 어떤 식으로든 자신을 위해 살지

---

50) "그리스도가 우리 모두의 공동 소유가 되었듯이 … 우리도 또한 서로의 공동 소유가 되어야 한다." *WA* 10[i], 2, 89. "만일 당신이 배움을 받았다면(sanus는 오류인 것 같고, doctus로 읽어야 할 것이다), 당신의 교육을 당신 자신의 유익을 위해 사용하는 것이 아니라 형제를 섬기는 데 사용해야 한다. 당신이 건강하고 이웃이 연약하다면, 당신이 그에게 힘을 주도록 하라. 아내와 일치하지 못하는 남편(mirabilem)을 보거든, 그들 사이를 화평케 하라. 만일 당신이 이것을 하지 못하면, 당신은 그리스도의 마음을 가진 것이 아니다. 당신이 부유하다면, 이웃이 가난한가 살펴서, 당신 소유로 그를 섬겨라. 만일 당신이 이것을 행하지 않으면, 당신은 이제 그리스도인이 아니다. 이것이 바로 우리가 우리의 영적 물질적 소유를 가지고 해야 할 것이다." *WA* 11, 76[Rörter's notes; cf. the printed text *WA* 12, 470]. Cf. *WA* 17[II], 327 f.

51) "보라, 그리스도는 사람, 곧 죄인과 연약한 사람들과 유사하다. 그리고 그는 하나님의 형체 안에 있음에도 불구하고, 우리를 경멸하지 않기 때문에, 인간과 종의 본성과 형체 이외의 다른 것을 드러내지 않는다. 그러나 그는 그의 몸 안에 우리의 형체를 취하고 우리의 죄를 진다." *WA* 2, 603; *LW* 27, 389. "이것들은 우리 안에 종의 형체가 있게 하기 위해 우리가 우리 자신 안에서 비워야 할 하나님의 형체이다(빌 2:6). 바로 이러한 자질을 가지고 우리는 하나님 앞에 서야 하며, 이 자질을 갖고 있지 않은 사람들을 위해 하나님과 중재해야 한다. 마치 우리가 다른 사람의 옷을 입고 있는 것처럼 말이다. … 그러나 사람들 앞에서도 우리는 동일한 사랑으로 우리의 대적들, 심지어 악당들까지도 섬겨야 한다." *WA* 2, 606, ; *LW* 27, 393. Cf. the letter to George Spenlein of April 8, 1516. *WA* , Br 1, 35; *LW* 48, 13.

52) *WA* 2, 748; *LW* 35, 58. 우리는 제자들의 발을 씻길 때 자신의 옷을 벗으신 그리스도를 본받아야 한다. 즉 그리스도는 제자들과의 관계에서 자신의 우월성과 거룩성을 주장하지 않으셨다. *WA* 15, 507.

53) *WA* 12, 470.

않고, 오히려 완전히 성도의 교제를 위해 산다. "모든 사람은 다른 사람을 위하여 창조되었고 태어났다."[56] 루터는 반복하여 삶의 외적인 소유를 공급하는 사랑의 법의 중요성을 강조했다.[57]

그러나 이것은 형제의 연약함과 죄를 담당하는 것과 비교하면 덜 중요한 것이었다.[58] 그는 교제의 세 단계를 구분한다.[59] 첫째는 "세속적 소유 재산"의 희생과 사람에 대한 육체적 봉사이고, 둘째는 교리의 가르침과 위로와 중보를 통한 봉사이고, 그러나 세번째 가장 높은 것은 형제의 연약함을 담당하는 것과 하나님이 은총으로 대하시고 보호하시는 사람들을 죄인들과 함께하게 하고 "건강한 사람들"을 "아픈 사람들"과 함께하게 하는 것이다. 여기서 그는 그리스도의 사랑과 그리스도인의 사랑에 대한 진심의 충동을 느꼈다. 그는 반복하여 그리스도의 모범을 특별히 빌립보서 2:5과[60] 로마서 15:1 이하와[61] 세족 사건에[62] 근거하여 묘사하였고, 그러한 대신하는

---

54) "더욱이 우리 안에 어떤 것이 있다면, 그것은 우리의 것이 아니다. 그것은 하나님의 선물이다. 그러나 그것이 하나님의 선물이면, 그것은 오직 사랑에 빚지고 있는 채무일 뿐이다. 그것이 사랑에 빚진 채무이면, 나는 그것으로 다른 사람을 섬겨야 한다. 그러므로 나의 배움은 나의 것이 아니고, 그것은 배우지 못한 자에게 속한 것이고, 내가 그들에게 지고 있는 채무이다. 나의 순결은 나의 것이 아니고, 그것은 육체의 죄를 지고 있는 사람들에게 속한 것이고, 나는 순결을 통해 그들을 섬겨야 한다. 그들을 붙잡아 주고 변명해 줌으로써 그들을 위해 그것을 하나님께 바치고, 고결한 태도로 하나님과 사람 앞에서 그들의 수치를 가려줌으로써 말이다. … 마찬가지로 나의 지혜는 어리석은 자들에게 속한 것이고, 나의 힘은 억눌린 자들에게 속한 것이고, 나의 의는 죄인들에게 속한 것이다." WA 2, 606; LW 27, 303. "실제 이 은사는 그것의 다른 사람의 공동 소유가 되기 위하여, 나에게 주어진 것이다. … 나는 충분한 구원의 음식을 가질 것이고, 나의 삶의 모든 것과 소유는 다른 사람의 유익을 위해 사용되어야 한다." WA 15, 607.
55) WA 10^{III}, 119.
56) WA 21, 346[Cruciger's edition].
57) E.g. WA 24, 409.
58) WA 10^{III}, 97. "이제 우리가 우리 소유를 다른 사람의 종이 되도록 할 때, 그것은 사랑의 위대한 일인 것 같다. 그러나 모든 것 중에서도 가장 위대한 것은 내가 내 자신의 의를 포기하고 그것을 이웃의 죄를 섬기도록 허락할 때이다." WA 10^{III}, 217. "당신은 우리가 하나님을 신뢰하고 우리의 외적인 소유로 사람들을 사랑해야 한다고 들었다. 이것은 우리가 할 수 있는 최소한의 것이다. 이것을 넘어 우리는 우리의 의가 죄인들을 섬기도록 허락할 수 있고, 이것이 모든 것 중에서도 가장 위대한 것이다. 우리가 할 수 있는 최고의 것은 죄인들로부터 물러서는 것이 아니라, 가장 중죄인인 것처럼 가난하게 드러나는 것이다." WA 10^{III}, 238.
59) WA 15, 499.
60) WA 2, 603; LW 27, 389. Cf. WA 7, 65; LW 31, 366. WA 10^{III}, 217, 219.

사랑의 본성을 누가복음 15장의 비유들과[63] 바리새인과 세리의 이야기를[64] 통해 설명했다.

루터가 이렇게 말한 곳들은 그의 설교에서 특별히 탁월한 부분들이다. 그는 특별히 이기적 그리스도인을 정죄한다. "그들은 자기 자신을 조심스레 살피고, 자신을 부풀려 과장하고, 죄인들에게 은혜롭게 대할 여유가 없다. 그들은 그들이 종 되어야 하는 것과 그들의 신앙심은 다른 사람을 섬겨야 한다는 것을 알지도 못한다.[65]"바리새인은 ― 루터는 그가 바로 기독교 세계 중심에서 살고 있다는 것을 안다 ― 하나님뿐만 아니라 그의 형제에 대해서도 죄를 짓는다.[66]

그는 신앙뿐만 아니라 사랑도 손상시킨다. 그가 "주여, 나는 다른 사람과 같지 않은 것을 인하여 당신께 감사하나이다"라고 말할 때, 그는 자기 자신을 거짓말쟁이로 정죄한다. 그는 자기가 도둑질하고 있지 않다고 생각하지만, 그가 유일하게 의로운 사람인 것처럼 행동하고 그리하여 하나님 앞에서 그의 이웃의 명예를 빼앗을 때, 그는 바로 도둑질을 하는 것이다. 이것을 넘어, 그는 그의 죄 많은 형제가 그의 죄로부터 나오기를 기도하고 권면하고 도와주어야 한다. 하나님은 공동체 안의 일부 사람들로 하여금 타락하게 하고, 그럼으로써 다른 사람은 타락한 사람에 대한 그들의 복음적, 형제적 관심을 드러낼 기회를 갖게 된다.[67]

그러나 이렇게 하는 대신, 바리새인은 그의 형제의 죄를 먹고 살고, 형제의 영혼이 영원한 죽음에 떨어질 때 기뻐한다. 그는 그의 형제의 약점과 실수를 이용하여 자신의 자기 신뢰를 만족시킨다.[68] 루터는 이 이상으로 더 무서운 죄가 없다고 판단한다.[69] 이것은 이교도 사이에서 발견될 수 있는 어떤 것보다 더 큰 증오이다. "내가 나의 죄에 빠져 있을 때, 그는 핏방울 같은 눈물을 흘리고 나를 돕기 위해 와야 한다. 그 대신 그는 기뻐하며, '나는 하나님 보시기에 의롭다!'고 말한다.[70]"

그는 이 점에서 그렇게 무시무시한 진지함을 가지고 설교한 적이 거의 없다. 우리는 그가 그의 입장에서 복음의 중심에서 가장 결정적인 것이 무엇인지 관심을 기

61) *WA* 2, 603; *LW* 27, 389. Cf. *WA* 10ᶦ,2, 67 ff. *WA* 20, 715.
62) *WA* 15, 507.
63) *WA* 10ᴵᴵᴵ, 217 ff.
64) *WA* 10ᶦ,2, 349 ff. *WA* 15, 671 ff.
65) *WA* 10ᴵᴵᴵ, 218.
66) *WA* 15, 673.
67) *WA* 20, 715.
68) *WA* 2, 598; *LW* 27, 383, 603 f., 607.
69) *WA* 10ᴵᴵᴵ, 221. Cf. *WA* 15, 673.
70) *WA* 15, 673, *WA* 32, 321; *LW* 21, 28.

울이고 있는 것을 알게 된다. 하나님의 영광의 복음은 모든 행위의 의에 대한 반대
를 증거하고, 강탈하고 살해하는 "의인들"의 무정함에 대항하여 사람들의 명예를 지
킨다. 루터는 다음과 같은 근본적 관계를 본다. 즉 도덕주의적 교만은 하나님과 이
웃의 명예를 모두 손상시킨다는 것이다. 그것은 하나님을 하나님으로 대우하지도 않
고, 인간을 인간으로 대우하지도 않는다.[71] 공동체 안에서 다른 모든 사람들처럼 가
련한 죄인으로서 자기 위치를 잡는 것 대신에, 교만한 사람은 다른 사람들을 파괴시
킨다.[72]

그러나 죄인과 그의 죄에 대해 마음을 쓰고 그와 함께 나누는 것은 무엇을 의미
하는가? 루터는 주로 그리스도가 죄인들을 대하시는 데에 결정적인 것에 대해 생각
한다. 그리스도는 우리 죄를 덮고 그의 의로 우리를 위해 중보하신다. 이것은 우리
도 따라야 할 모범이다. 중요한 것은 우리 자신의 의를 죄인들을 돕는 일에 쓰는 것
이다.[73] 이것에 대한 모든 전형적인 로마 가톨릭의 해석은 ─ 우리가 이미 본 대로
─ 이것에 가담하지 않는 것이다. 문제가 되는 것은 바로 이것이다. "나는 나 자신
만을 위해서 그리고 나 혼자서 은총 아래 있는 것이 아니다. 오히려 매 순간 나는
나의 형제를 나와 함께 은총으로 이끈다. 나는 그의 옆에 서 있고, 심지어 나는 하
나님 보시기에 그의 모습과 다른 아무 것도 아니기 때문에, 그의 모습과 동일할 것이
다. 나는 다른 사람이 짓는 모든 죄를 범할 수 있고, 오늘 내가 서 있다가 내일은
어떤 선한 것도 할 수 없는 육체로 인해 넘어질 수도 있기 때문이다."[74] "그리고 내
가 나의 이웃의 죄에 빠져들지 않을 때 나를 보호해 준 것은 나의 공로가 아니라 바

---

71) WA 15, 673.
72) 바리새인들에 대해, 루터는 다음과 같이 말한다. "그가 '오 하나님, 우리 모두는 죄인
입니다. 이 가련한 죄인도 나와 다른 사람들과 마찬가지로 죄인입니다'라고 말했다
면, 그가 그렇게 자신을 공동의 그룹에 포함시키며, '오 하나님, 우리에게 자비를 베
푸소서' 했다면, 그는 하나님의 계명을 성취했을 것이다." WA 10¹, 2, 351.
73) WA 10ᴵᴵᴵ, 220. "이것은 당신이 해야만 하는 것이다. 처녀는 그녀의 화환(처녀의 상
징)을 창녀에게 걸어주어야 하고, 현숙한 여인은 그녀의 베일을 간음녀에게 씌워주어
야 하고, 우리는 가진 모든 것으로 죄인들을 덮어주어야 한다. 왜냐하면 모든 사람은
자신의 양(羊)을 갖고 있고, 모든 여자는 자신의 동전이 있기 때문이다(눅 15:3-10).
우리의 모든 은사는 그렇다 하더라도 다른 사람의 소유가 되어야만 한다." WA 10ᴵᴵᴵ,
238. Cf. WA 7, 37; RW 1, 377: cf. LW 31, 368-371. "이제 우리는 그 사랑
안에서 경건한 사람이 죄인들을 위해 그의 의를 사용하고 현숙한 여인이 가장 저질의
간음녀를 위해 그녀의 명예를 사용하는 이 사랑의 위대한 일에 대하여 말할 것이다."
WA 10ᴵᴵᴵ, 217.
74) 동일한 생각이 토마스 아 켐피스의 「그리스도를 본받아」 제1권 2장 끝부분에도 나온
다. Thomas a Kempis, De imitatione Christi.

로 하나님이다."[75]

나는 실제 내 형제와 연대하여 서 있는 사람으로서 나의 형제와의 연대를 확립한다. "하나님의 자녀는 단독으로 하늘로 가기를 원하지 않고, 오히려 할 수만 있다면 가장 죄 많은 사람들을 함께 데리고 가고 싶어 한다."[76] 하나님 앞에서, 그들은 그들의 형제 옆, 더 정확히 말하면 그들이 있는 자리 바로 그 곳에 서 있다. 참으로 대신 담당하는 사랑은 나를 버리시고 나의 형제들을 내 대신 축복하시라고 기도하는 모세와 바울처럼, 형제를 위하여 하나님이 주신 구원을 포기할 수도 있다.[77]

이렇게 대신 담당하는 것은 일종의 죄에 대한 값싼 관용이 아니다. 죄가 아니라 죄인이 고난당하고 도움을 받는 것이다. 그의 죄는 우리가 형제와의 사랑과 연대 안에 머무는 방식으로 정죄되어야 한다. 루터는 여기서 마태복음 18장을 지적한다. 우

---

75) *WA* 15, 674.

76) *WA* 1, 697.

77) 루터의 로마서 9:3 에 대한 강의에서(*WA* 56, 389 ff; *LCC* 15, 260-265), 강조점은 명백하게 자기 자신을 형제를 위한 희생으로 바치는 것보다는 주로 자기 자아를 포기하는 데 있었다. 루터는 형제를 사랑하는 것보다 자기 자신의 자아를 미워하는 것을 더 강조했다. 바울의 사고 중에서 이 후자의 특징이 뒤로 후퇴하고 있다. 그러나 1522년 삼위일체 세번째 주일의 중요한 설교에서, 출애굽기 32:32의 모세의 기도와 로마서 9:3의 바울의 진술이 죄인들을 위한 중보기도의 모범으로 제공되었다. "모세가 하나님이 그를 사랑했고 생명책에 그의 이름을 기록하셨다는 것을 알았다는 것을 명심하라. 그러나 그는 이렇게 말했다. '주여, 나는 당신이 나를 저주하고 백성을 구원하신다면, 그것을 더 원하겠습니다.' 분명히 유대인을 '개'와 그러한 다른 이름으로 부르면서까지 유대인을 저주하고 있으나, 꿇어 엎드려 '나는 백성이 도움을 받을 수만 있다면, 나는 저주받고 영원히 버림받아도 좋습니다'고 말한 바울도 마찬가지이다. 이성은 이러한 진술을 이해할 수 없다. 그것은 이성을 초월하기 때문이다." *WA* 10^{III}, 219.

78) "나는 죄인의 친구가 되고 그를 사랑해야 한다. 그러나 나는 또한 그의 악을 미워하고 충심으로 그것을 정죄해야 한다. 그러나 나는 마음 속으로 그를 지극히 사랑하여, 나의 의로 그의 죄를 덮어야 한다. 나는 그를 참을 수 없을 만큼 그와 대적되어 있어야 한다. 그리고 나는 잃은 양을 찾는 목자처럼 혹은 잃어버린 동전을 찾는 주부처럼 그를 뒤쫓아 달려갈 만큼 그를 사랑해야 한다. (눅 15:3-10)." *WA* 10^{III}, 217. "하나님은 이제 이 형편 속으로 들어가고 다음과 같이 판단을 내리신다. 그러한 사람들은 자신들을 낮추고 죄인들을 그들의 어깨 위에 얹고 그들을 품어야 하고, 자기 자신들을 그들의 의와 경건을 통하여 다른 사람들을 그들의 죄로부터 돕는 것으로 생각해야 한다고 말이다. … 이것들이 진정으로 그리스도인들의 사역이다. 우리는 죄인이 있는 흐르는 모래 더미에 빠지고 그만큼 깊이 개입되어 있어야 하고, 그의 죄들을 우리 자신의 것으로 삼고 그것들과 함께 길을 헤치고 나와야 한다. 마치 그것들이 우리 자신의 것인 양 행동하면서 말이다. 우리는 그에게 권면하고 가장 진지하게 그를 대해야 하지만, 그를 경멸하지 말고 오히려 충심으로 그를 사랑해야 한다. … 이것들은 우리가 실천해야 하는 진정으로 위대한 일들이다." *WA* 10^{I}, 2, 68 f.

리는 하나님이 우리를 보호하시기 때문에 우리가 갖고 있는 힘으로 형제를 그의 죄로부터 도와주기 위해, 형제의 타락과 수치 안으로 들어간다. 우리가 그의 동료 죄수가 됨으로써 그는 자유롭게 되고, 우리가 그의 타락 안에서 동료가 됨으로써 그는 일어나 걷는다.[78] 루터는 특별히 교회의 교역자들에게 그러한 나눔을 실행하라고 요구했다. 권위는 함께하는 연대가 있는 경우에만 존재할 수 있고, 주권은 봉사가 있는 곳에서만 존재할 수 있다. 교권적 위엄은 예수가 제자들의 발을 씻길 때 하신 것처럼, "그 옷을 벗는 것"을 배워야 한다. 모든 교회 직무의 진정한 실체는 개인에게 복음을 선포함으로써 죄인들을 목회적으로 돌보는 것이다.[79]

그러나 죄인들과의 나눔〔communio〕의 규칙은 우리의 개인과의 관계뿐만 아니라 전 교회와의 관계를 결정한다.[80] 교회도 죄를 지을 수 있기 때문이다.[81] 그러므로 "그리스도의 법"을 성취하고 교회의 짐을 자신 위에 지우는 것이 또한 필요하다. 교회가 타락한다면, 교황과 사제들이 타락한다면, 사랑과 교제가 유지되어야 한다. 따라서 그러한 때는 분리와 분열을 요구하지 않는다. 루터는 후스파가 거룩한 백성의 공동체를 건설하기 위해 로마 교회로부터 분열해 나간 것이 변명할 수 없고 불경건하고 그리스도의 법을 어긴 것이라고 선언한다.[82] 반대로 그러한 상황은 아주 밀접한 관계와 참여를 요구한다. 이것은 교회로부터 벗어날 때가 아니라, 반대로 교회로 달려가 교회 안에서 교회의 갱신을 위해 일할 때이다.[83]

---

79) 1524년 발씻음에 대한 설교에서, 루터는 다음과 같이 말한다. "주교들이 '우리가 모습을 바꾼다면, 우리의 권력은 끝장날 것이다'고 말한다. 〔그러나 나는 당신들에게 말한다.〕'만일 주교들이 자신의 모습을 바꾸고, 기관 안에서 가난한 사람들을 돌본다면(episcopos는 문맥에 맞지 않는 것 같고, 아마도 pauperes로 읽어야 할 것이다), 전 세계가 바뀌어 회심할 것이다. … 그러나 주교들은 그들의 위엄을 주장하는 한, 이것에 대해 관심을 기울이지 않는다. 당신들은 그리스도가 하신 대로 옷을 벗어 옆에 둘 때까지는, 그리스도인들을 다스릴 수 없을 것이다. 이것은 목회적 직무를 담당한 사람들이 영적으로 사람들의 발을 씻어야 한다는 것, 즉 그들의 이웃의 죄에 관심을 가지고 그가 죄를 지을 때 그를 위로해야 한다는 것을 의미한다." WA 15, 507. Cf. WA 10¹, 2, 306.

80) WA 2, 605; LW 27, 391 f.

81) "교회의 형상은 죄인의 모습이다." WA 45ᴵᴵ, 560; LW 12, 263.

82) WA 2, 605; LW 27, 392 f.

83) "주교나 사제나 어떤 사람이 악하다면, 그리고 당신이 진정한 사랑으로 불타고 있다면, 당신은 도망하지 않을 것이다. 아니, 당신이 대양의 끝에 가 있다 할지라도, 당신은 그들에게 달려 돌아와서 눈물을 흘리고 경고하고 책망하고 무조건 모든 것을 할 것이다. 그리고 당신이 이 사도의 가르침(갈 6:2)을 따른다면, 당신은 당신이 져야 하는 것이 유익이 아니라 짐이라는 것을 알 것이다." WA 2, 605; LW 27, 392. Cf. WA 2, 456; LW 27, 169.

루터는 그럼으로써 그 자신이 로마와의 관계에서 따르고 싶었던 길을 묘사하고 있다. 그는 타락한 교회와 교제를 단절할 충분한 이유를 갖고 있지 않았는가? 1519년 그의 대답은 열정적으로 "그러한 생각을 없애 버리는 것"이었다. 그는 고발하고 책망하고 위협하고 탄원할 것이지만, 이런 이유로 교회의 일치가 깨져서는 안되었다. 사랑이 모든 것 위에 우선되게 하라! 사랑을 위하여, 우리는 이생의 외적인 소유 재산의 손실뿐만 아니라 죄에 대한 혐오도 받아들여야 한다. 다른 사람들로부터 유익만을 취하고 짐은 지지 않으려는 사랑은 환상 속의 사랑이다.[84] 그러므로 루터에게서, 교제는 교회 안의 죄와 타락에도 불구하고 교회의 일치를 지키는 의무를 포함한다. 루터 자신은 로마가 완고하게 그를 축출하지 않았다면, 결코 자신을 로마로부터 분리시키지 않았을 것이다. 그러나 분리 후에도, 교제가 끝나서는 안된다. 루터는 스스로 하나의 교회를 위한 책임감을 항상 느꼈다. 이것이 바로 그의 생애 마지막까지 로마에 대한 그의 논쟁적 저술의 근본 의도였다.

복음적 제사장

루터는 또한 제사장직을 교회의 삶의 법으로 묘사함으로써, 성도의 교제로서의 그의 전적인 교회 이해를 표현할 수 있었다. 그리스도가 우리의 짐을 지고 그의 의를 가지고 우리를 위해 중보할 때, 그리스도는 제사장의 사역을 한다. 기독교의 서로 짐을 지는 것과 대신 담당하는 것은 또한 제사장의 활동이다.[85] 교회는 그리스도의 제사장직 위에 세워져 있다. 교회의 내적 구조는 그리스도인의 서로를 위한 제사장직이다. 그리스도인의 제사장직은 그리스도의 제사장직으로부터 흘러나온다. 그리스도의 형제로서, 그리스도인들은 곧 세례와 중생과 성령의 기름 부으심을 통하여 그리스도의 제사장의 직무의 한 부분을 받는다.[86]

제사장직은 우리가 하나님 앞에 서 있고, 다른 사람을 위해 기도하고, 중재하고, 우리 자신을 하나님께 희생제사로 드리고 서로에게 하나님 말씀을 선포하는 것

---

84) "로마 교황청의 짐과 참으로 참기 어려운 혐오감을 지고 있는 우리도 역시 이것 때문에 도망하고 분리하고 있는가? 그러한 생각을 없애자! 그러한 생각을 없애자! 확실히 우리는 비난하고 탄핵하고 간청하고 경고한다. 그러나 우리는 이것 때문에 영의 통일성을 깨뜨리지 않고, 그것에 대적하여 우쭐해지지도 않는다. 우리는 사랑이 모든 것, 곧 육체적 일에서 당하는 상해뿐만 아니라 죄에 대한 모든 혐오들을 능가한다는 것을 알기 때문이다. 다른 사람에 의해 행해진 유익 이외에는 아무 것도 취하여 담당할 수 없는 사랑은 거짓이다." WA 2, 605; LW 27, 392 f.
85) 바로 이런 이유로, 루터는 죄 많은 형제의 짐을 대신 짐으로써 그리스도의 법을 성취하라는 사도의 권면과 관련하여 그리스도의 사제직을 언급한다. WA, Br 1, 61.

을 의미한다.[87] 루터는 결코 단순히 인간적 중재자 없이 하나님과 직접적 관계 속에 있는 그리스도인의 자유라는 "개신교적" 의미에서, 모든 신자들의 제사장직을 이해하고 있지 않다. 오히려 그는 끊임없이 형제와 세상을 위하여 하나님 앞에 오는, 그리스도인의 복음적 권위를 강조한다.[88] 보편적 제사장직은 종교적 개인주의가 아니라 그 반대 곧 공동체로서 회중의 실체를 표현한다. 개인은 하나님 앞에 직접적으로 서 있고, 그는 대신 감당하는 권위를 받는다. 제사장직은 "회중"을 의미하고, 제사장직은 성도의 교제의 내적 형태이다.[89] 이 특징이 그리스도인을 나머지 인류와 구

86) "세례를 통하여, 우리는 모두 제사장으로 안수받았다." *WA* 6, 407; *PE* 2, 66. "우리는 그리스도인인 한, 모두 제사장들이다." *WA* 6, 564; *LW* 36, 113. "여기서 (요 16:26 f.) 그는 우리 모두를 성령으로 관을 씌우고 안수하고 기름을 부었고, 그 결과 우리 모두는 그리스도 안에서 함께 제사장들이고 제사장의 직무를 행하고 하나님 앞에 오고 서로를 위해 중보한다. 따라서 우리 모두는 다음과 같이 말할 수 있다. '그리스도는 대제사장이 되었고, 나를 위해 기도했고, 나를 위해 신앙과 성령을 획득해 놓았다. 그러므로 나는 또한 제사장이고, 세상 사람들을 위해 하나님이 그들에게도 신앙을 주시기를 계속 기도해야 한다.'" *WA* 10[II], 309. Cf. *WA* 11, 411; *PE* 4, 79 f. "그는 제사장이고 우리는 그의 형제들이기 때문에, 모든 그리스도인들은 선포하고 다른 사람을 위해 중보기도하며 하나님 앞에 오고 우리 자신을 하나님께 희생제사로 바치는 권한을 갖고 있고 또 그러한 계명을 성취해야 한다." *WA* 12, 308. 루터는 또한 "그들의 영적 제사장직"에 대해 말하는데, 이것은 "그들의 성령으로 마음 속에서 내적으로 기름부음 받은 … 모든 그리스도인들의 공동의 소유 자산이다." *WA* 17[II], 6. "그리스도는 그의 모든 그리스도인들과 함께 제사장이다. … 이 제사장직은 안수에 의해 제정되거나 제공될 수 없다. 여기서 어떤 사람도 제사장으로 되지못한다. 그는 제사장으로 태어나야 하고, 그가 그것과 함께 태어난 유산으로서 제사장직을 가지고 가야 한다. 내가 말하고 있는 출생은 물과 성령의 출생이다. 이것을 통해 모든 그리스도인은 위대한 대제사장의 제사장들, 그리스도의 자녀들, 그의 동료 상속인들이 된다." *WA* 17[II], 6. *WA* 12, 178 f.; *LW* 40, 19 f. 루터는 또한 요 6:45, 시 45:7, 벧전 2:9, 계 5:10을 인용한다. Cf. *WA* 6, 407; *WA* 11, 411; *PE* 4, 79 f.

87) 앞의 각주에서 인용된 말씀에 더하여 다음을 참고하라. Cf. *WA* 7, 28, 57; *RW* 1, 366 f.; *LW* 31, 354 f. 루터는 *Concerning the Ministry*(1523)에서 만인 제사장직의 일곱 가지 권리로서 하나님의 말씀 설교, 세례, 제단의 성찬 집행, 열쇠의 직무(죄 사함의 권한) 시행, 남을 위한 중보기도, 희생, 교리에 대한 판단과 영 분별 등을 열거한다. *WA* 12, 180 ff.; *LW* 40, 21, 32. 앞의 각주에 있는 *WA* 12, 308의 이 인용에서 이루어진 동일한 세 가지 내용은 *WA* 12, 309, 318 그리고 *WA* 41, 183 ff.에서 반복되었다. "그리스도가 우리 죄를 담당하였듯이, 그의 형제의 죄들을 담당하는 것이 제사장의 네번째 의무이다." *WA* 10[III], 107. (분명히 이 설교의 본문의 신빙성에 대해서는 약간의 의심이 있다.)

88) *WA* 10[III], 309 [quoted in n. 85]은 그리스도인들이 서로서로에 대한 제사장적 기능뿐만 아니라 "세상"을 향한 제사장적 기능을 행사해야 한다고 지적한다.

89) Cf. *GA* 1, 320 그리고 특별히 내용 목록 안의 용어는 p. VII, "교회 안에서 진정한 교제의 확립을 위한 조건으로서 보편적 제사장직".

별시킨다. 그들은 제사장 집단이고, 왕 같은 제사장이다.[90]

루터는 또한 "그리스도가 우리 죄를 담당했다"는 가르침이 "지상의 다른 모든 종교와 우리의 종교 사이에 크고 영원한 구분"을 짓는다고 한다. 루터에게서, 그리스도의 제사장직과 그리스도인의 제사장직은 하나로서 함께 속해 있다. 그리스도 안에서 화해하는 신앙과 성도의 교제가 함께 교회의 본성을 구성하기 때문이다. 결국 그리스도의 사제적 희생제사는 그리스도의 고유한 희생제사 이외의 다른 것이 아니다. 그리스도인의 생명은 그리스도의 생명이기 때문이다. 그것을 통해 공동체가 존재하게 되는 바 이 모든 희생제사는 단 한 번 일어났으나 모든 곳에 현존해 있고, 반복될 수 없으나 공동체의 실재 안에서 계속 살아있는 저 하나의 희생제사 안에서 그리스도와 함께, 그리스도 안에서 행하는 봉헌이다.[91] 이 제사장직의 두 가지 표현은 자세히 다루어야 한다. 즉 (1) 하나님 말씀의 설교와 (2) 죄 사함과 권징의 집행이다. 모든 신자들의 제사장직은 그들이 하나님 말씀을 고백하고 가르치고 전파할 권리와 의무가 있다는 것을 의미한다.[92] 이것은 최고의 제사장의 직무이다.[93]

루터는 분명히 교회 안의 공적인 말씀 설교를 공동체를 통해 부름받은 사람들에게 제한하고(cf. p.362), 공적으로 설교하도록 부름받지 않은 개인들은 오직 진정한 선교 지역이나 부름받은 교사가 실수하거나 오류를 범하는 어려운 때에만 허용한다.[94] 이러한 한계 안에서, 모든 사람은 서로서로에게 하나님의 말씀을 선포하도록 부름받았다. 공동체 전체는 그러한 설교 사역의 권능과 무제한적 권위와 의무를 소유한다. 믿는 사람은 누구든지 그 이외의 다른 것을 할 수 없다. "나는 믿는다. 그러므로 나는 말한다."[95] 루터는 설교하는 공동체가 아닌 어떤 공동체도 인정하지 않고, 모든 사람이 증거자가 되도록 부름받지 않은 어떤 공동체도 인정하지 않는다. 각자는 그의 형제가 어려울 때 필요한 말씀의 위로를 가지고 그의 형제를 돌보아야 한다.[96]

하나님의 말씀을 그렇게 서로서로에게 선포하는 특별한 형태는 죄의 용서를 말

---

90) *WA* 2, 606; *LW* 27, 394.
91) *WA* 17[II], 6.
92) *WA* 7, 57; *LW* 31, 355. 루터는 "그리스도인은 하나님의 말씀을 가르칠 권리뿐만 아니라 의무를 갖고 있고, 그는 자신의 구원을 걸고 그렇게 하는 데 실패한다"고 말한다. *WA* 11, 412; *PE* 4, 80.
93) *WA* 12, 318.
94) *WA* 6, 408; *PE* 2, 68. *WA* 11, 412; *PE* 4, 80 f.
95) *WA* 10[III], 234, 311. Cf. *WA* 12, 318. *WA* 45, 540; *LW* 24, 87.
96) *WA* 40[III], 342. *WA* 40[III], 543; *LW* 13, 111. Cf. *WA* 49, 139.

하는 것이다. "'당신의 죄가 용서되었다'고 말하는 것과 복음을 설교하는 것의 차이는 무엇인가?"[97] 루터에서, 공동체가 소유하고 있는 가장 위대한 자산은 그 안에서 죄의 용서가 발견될 수 있다는 것이다. 1520년의 「짧은 형태의 십계명」에서, 그는 공동체 내의 소유 재산의 나눔에 대한 묘사로부터 직접 죄의 용서로 나아감으로써 사도신경 제3항의 전개를 따른다. "나는 죄의 용서가 이 공동체 안에서 발견될 수 있고, 그밖의 다른 어떤 곳에서도 발견될 수 없다고 믿는다."[98]

전 공동체와 그 모든 지체가 그리스도 자신으로부터 이것을 선포하고 형제들에게 깨닫게 할 권위를 부여받았다(마태복음 16:19과 18:18을 따라).[99] "전 교회가 죄의 용서로 충만하다."[100] 이것은 공동체의 영광이다.[101] 우리는 이것을 "한 사람이 다른 사람에게 사적으로 죄를 고백하고, 그를 괴롭히는 것은 무엇이든 그의 귀에 대고 말하고, 그 결과 그가 그로부터 위로의 말을 듣는," 개인적 죄 고백과 용서에서 이

---

97) *WA* 10[III], 395. "하나님 앞에서 죄의 용서를 공포하는 것이 아니라면 푸는 것은 무엇이고, 복음을 철회하고 죄의 유지를 선언하는 것이 아니면 묶는 것은 무엇이란 말인가?" *WA* 12, 184; *LW* 40, 28.

98) *WA* 7, 219; *PE* 2, 373. 토마스 아퀴나스 역시 죄 용서와 성도의 교제 사이의 관계를 확립하였으나, 그것은 루터가 한 것과 얼마나 다른가! *Opusc. 6, expositio Symboli*, art. X. 〔토마스는 교회의 지체들이 7성례를 통하여 죄 용서를 받는 것을 강조한다. 따라서 그는 이 점에서 sanctorum을 중성명사로 해석한다 - 영역주.〕 Cf. P. Althaus, *Communio Sanctorum* (1929), p.15.

99) "어떤 그리스도인도 당신에게 '하나님은 그 이름으로 당신의 죄를 용서한다'고 말할 수 있고, 만일 당신이 마치 하나님이 당신에게 말하는 것처럼, 그 말을 신뢰하는 신앙으로 받아들일 수 있다면, 바로 그 신앙으로 당신은 확실히 용서받을 것이다. … 이제 이 죄를 용서하는 권위는 바로 사제가 실제 필요한 경우에는, 어떤 그리스도인이든지 형제가 죄 속에서 고통받거나 겁에 질려 있는 것을 볼 때, 형제에게 말할 수 있다. 그는 기쁨으로 '안심하시오. 당신의 죄는 용서되었소'〔마 9:2〕하고 판결 내릴 수 있다. 그리고 이것을 받아들이고 그것을 하나님의 말씀으로 믿는 사람마다, 그의 죄는 확실히 용서받는다." *WA* 716, 722; *LW* 35, 12, 21 (from the year 1519). WA 10[III], 215 f., 394 ff. "신앙을 가지고 있는 그리스도인인 자마다 또한 그리스도를 갖고 있고, 그리스도에게 속한 모든 것은 그의 것이다. 따라서 그도 죄를 용서할 권한이 있다. … 이것은 내가 그리스도의 권위를 갖고 있다는 것을 의미한다 … 왜냐하면 신앙을 가진 자마다 또한 그리스도에게 속한 모든 것을 갖고 있기 때문이다. 그리스도인이 죄를 용서할 권한을 갖고 있다면, 그는 또한 사제가 할 수 있는 모든 것을 할 권한을 갖고 있다." *WA* 10[III], 394 f. "그러나 이 열쇠의 직무는 그리스도인인 우리 모두에게 속한 것이다." *WA* 12, 183 f.; *LW* 40, 26 f.

100) *WA* 2, 722; *LW* 35, 21.

101) "그리스도인에 관한 위대한 것은 한 사람이 우리에게 죄 용서를 말하지 않는 것과 마찬가지로 우리가 더 이상 이것을 받아 들이지 못한다면, 하나님이 온전히 사랑과 찬양의 대상이 될 수 없다는 것이다." *WA* 2, 723; *LW* 35, 22.

것을 체험한다.[102]

루터는 죄 고백을 요구하는 교회의 규정은 거부한다. 그것은 법으로 만들어질 수 없으나, 복음의 불가결한 한 형태이다. 따라서 그것은 요구가 아니라 우리가 그것 없이는 살 수 없는 선물이다.[103] 죄 고백을 듣는 것은 제사장직의 섬김이고, 이것은 모든 형제로부터 요구할 수 있는 것이다.[104] 나는 부름받은 말씀의 종에게 ― 루터는 보통 그에 관하여 생각한다 ― 나아갈 때도, 형제적 섬김을 요구한다. 루터는 사제를 그가 죄 고백을 들을 때 또한 항상 죄의 짐을 나누는 형제로 본다.[105] 이것은 마태복음 18:18에서 주어진 약속 아래 있다.[106]

공동체는 그러한 형제에 대한 사적인 죄 고백이 없이는 잘 될 수 없다. 그러나 하나님의 죄 용서에 대한 강한 믿음은 형제가 필요하지 않다. 그리스도인은 그 때

---

102) 루터는 우리의 기대와는 달리, 야고보 5:16을 인용하지 않는다. 그는 ― 에라스무스도 해석했는데 ― 이 구절을 형제에게 가해진 불의를 용서하라는 요구를 가리키는 것이라고 해석한다. Cf. P. Althaus, "Bekenne eine dem andern seine Sünden," *Festschrift für Theodor Zahn* (Leipzig: Deichert〔Scholl〕 1922), pp. 176 ff.

103) "그럼에도 불구하고 나는 어떤 사람이든 나에게서 사적인 고백을 빼앗아 가지 못하게 할 것이다. 나는 그것이 나에게 어떠한 위로와 힘을 주는지 알기 때문에, 세상의 모든 보화를 주어도 그것을 포기하지 않을 것이다. 사탄과 자주 오랫동안 투쟁한 사람을 제외하고는 아무도 사적인 고백이 그를 위해 무엇을 할 수 있는지 모른다. 죄 고백이 나를 지탱시켜 주지 않았더라면, 사탄은 오래 전에 나를 죽여 없앴을 것이다." *WA* 10ᴵᴵᴵ, 61; *LW* 51, 97 f.

104) "이것은 내가 나의 좋은 친구에게 가서, '친구여, 이것이 내가 죄와 함께 갖고 있는 곤란과 어려움이라네' 하고 말할 수 있고, 그는 나에게 '네 죄는 용서받았으니, 하나님의 평화를 갖고 가게' 하고 자유로이 말하는 것을 의미한다. 당신은 당신의 죄가 용서받은 것을 무조건 믿어야 한다. 마치 당신의 친구가 하나님의 이름으로 이것을 하는 한, 그리스도 자신이 당신의 고백 신부인 것처럼 말이다." *WA* 10ᴵᴵᴵ, 395. "그러므로 당신의 양심이 당신을 괴롭힐 때, 경건한 사람에게 가서, 그에게 당신의 문제를 말하라. 만일 그가 당신을 용서하면, 그것을 받아들여라. 그는 이것을 하는 데 교황으로부터 어떤 권위도 필요하지 않다." WA 10ᴵᴵᴵ, 398, 35.

105) "더욱이 나는 당신에게 그가 사제이기 때문에 그에게 사적인 어떤 것을 고백하는 것이 아니라, 그가 형제이고 그리스도인이기 때문에 고백하라고 권면한다." *WA* 8, 184. "만일 내가 나의 형제에게 충고를 구하고, 사탄이 이런저런 방법으로 나를 속인다 하더라도, 형제적 사랑은 시작되고 이것이 나를 돕게 된다." *WA* 15, 487. 이 설교 전체에서 루터는 사제에게 하는 죄 고백을 생각하는 듯하다. 그러나 그는 종종 "형제"에게 죄를 고백하는 것에 대해 말한다. *WA* 15, 488. 쾨스틀린(Köstlin)은 루터는 "종종 고의적으로 사제를 우리의 이웃이나 형제로 말한다"고 지적한다. *Theology of Luther*, trans. Charles E. Hay (Philadelphia: Lutheran Publication Society, 1897) Iᴵ, 529. 루터는 사제 직무의 교권적 이해를 복음에 반대되는 것으로 거부한다.

하나님께만 죄를 고백할 수 있기 때문이다. 그러나 많은 사람들이 어떻게 그렇게 강한 신앙을 갖겠는가?[107] 그리고 우리는 복음을 듣는 모든 방법을 감사하게 사용하면 안되는가? "하나님은 우리에게 그렇게 은혜로우셔서, 세상의 모든 구석구석을 하나님의 말씀으로 채우시되," 곧 공동체 속의 형제와 동료 그리스도인들로 가득하게 하였다. 우리는 이것을 바람에 날려버릴 것이 아니라 감사하게 받아야 한다.[108] "복음은 쉬지 않고 모든 그리스도인의 입을 통하여 울리고 다시 울려 퍼져 나갈 것이다. 따라서 우리는 그것을 듣는 모든 가능성을 기쁘게 받아들여야 하고, 우리 손을 들어 하나님께 감사해야 한다. 우리는 복음을 모든 곳에서 들을 수 있기 때문이다."[109]

루터에게서, 이것은 공동체에 관한 가장 위대한 것인 듯하다. 하나님의 말씀 곧 복음은 항상 나에게 가깝고 현존해 있고, 그 결과 나는 모든 곳에서 그 소리에 둘러싸여 있으며 그것을 찾을 필요가 없다. 모든 형제 안에서 그것은 나에게 가깝게 있다. 그 형제가 하나님의 이름으로 그것을 내가 곤경 가운데 있을 때 나에게 말할 수 있기 때문이다.[110]

친교의 성례전

106) 예수의 약속을 가리키면서, 루터는 다음과 같이 말한다. "따라서 자유롭게 선한 양심으로 그의 명확한 말씀의 기초 위에 나아가서, 그것이 죄이든 문제거리이든, 우리의 사적인 관심거리가 되는 모든 것을 고백하고, 자문을 구하고, 서로 도움을 청하고, 절대 하나님의 분명한 약속을 의심하지 말자." *WA* 8, 184. 이러한 구절과 다른 구절에서, 죄 고백과 사면이 단순히 고립된 행위가 아니라 권고와 도움과 함께 속해 있는 것이라는 것이 중요하다.
107) *WA* 10III, 63; *LW* 51, 99.
108) *WA* 15, 486, 488.
109) *WA* 15, 486. (이 구절의 현재 형태는 루터 자신의 작품이 아닐 수도 있다.) "당신은 하나님이 아니면 다른 누구에게 당신의 연약함을 고백할 것인가? 그러나 당신의 형제 안이 아니면 어디서 하나님을 발견할 것인가? 당신의 형제는 그의 말씀으로 당신에게 힘을 주고 당신을 도울 수 있다." *WA* 15, 488.
110) 우리는 다시 루터의 "형제들의 상호 대화와 위로"에 대한 강조를 살핀다. *Smalcald Articles*. *WA* 50, 241; *BC*, 310. 루터의 "그리고 또한"은 그것을 설교, 세례, 제단의 성찬, 열쇠의 직무 옆에 두고, 그것을 이것들과 함께 조정하는바, 이것들은 하나님이 그것을 통해 우리에게 죄에 대항할 힘과 도움을 주는 수단이다. 그는 "상호 대화"를 "열쇠의 권한"으로부터 구별한다. 쾨스틀린은 이 "상호 대화"를 그의 형제와 함께 위로와 권고의 필요 안에 있는 그리스도인의 전적인 연합으로 해석한다. J. Köstlin, op. cit., II, 528 ff. 그러나 그것은 사면으로부터 분리될 수 없다. *Wittenberg Concordia*는 사면을 대화의 목적으로 설명한다. 그리고 죄인의 위로는 죄 용서의 상호 나눔 안에 있다. [St. Louis edition of *Luthers Sämmtliche Schriften*, XVII, 2089. Cf. *WA* 15, 508.]

루터는 주의 성찬의 성례가 성도의 교제[communio]로서의 교회의 실재를 표현하고 보장한다는 것을 발견했다.[111] 1519년 주의 성찬에 관한 설교에서, 그는 교제로서의 교회 이해를 발전시켰다. 어거스틴과 토마스는 이미 주의 성찬을 "사랑의 성례"로 다루었다.[112] 그러나 루터에게서, 이러한 유산은 새로운 것이 된다. 그가 communio를 새로운 방식으로 이해하기 때문이다. 주의 성찬에서 우리는 "그리스도와 다른 모든 성도들과의 교제와 하나됨의 확실한 표지"를 받는다.[113] 교제가 선물과 부르심 둘다인 것과 마찬가지로, 주의 성찬 또한 통합된 이중 의미를 갖고 있

---

111) 주의 성찬을 성도의 교제의 성례로 보는 이러한 평가의 자료는 1519년과 1524년 사이에 쓰여졌다. *The Blessed Sacrament of the Holy and True Body of Christ and the Brotherhoods* (1519). *WA* 2, 742-758; *LW* 35, 49-73. *The Adoration of the Sacrament* (1523). *WA* 11, 431-456; *LW* 36, 275-305. 가장 중요한 것은 다음과 같다. 또한 1522-24년 설교가 있다. *WA* 10[III], 55 ff.; *LW* 51, 92-96. *WA* 12, 485 ff. *WA* 15, 497 ff.

112) *WA* 2, 745; *LW* 35, 54. Cf. 어거스틴의 "오, 일치의 상징이여! 사랑의 고리여!"란 말, *Joann.* 26, 13, *MPL* 35, 1613. 토마스 아퀴나스는 성만찬을 "사랑의 성례 … 골로새서 3:14에서 불리는 대로, 온전하게 매는 띠"라고 부른다. *Summa* III, ques. 73, art. 3. Cf. Bernhard Bartmann, *Dogmatik* (4th and 5th ed.; 1920), II, 342: "성만찬은 사랑의 성례이다." 루터는 성물에서 동일한 상징을 발견한다. 빵은 밀 알갱이가 그들의 개별적 형상과 형체를 포기하고, 밀가루 속에서 함께 혼합되어 한 덩어리로 될 때, 만들어진다. 그리고 먹고 마실 때, 우리는 빵과 포도주를 우리 안에서 변화시킨다. 이 모든 것에서 루터는 "사랑이 표현되어 있다"는 것을 발견한다. *WA* 2, 748; *LW* 35, 58. Cf. *WA* 11, 441; *LW* 36, 287. *WA* 12, 488. *WA* 15, 503. *WA* 19, 509, 511; *LW* 36, 352. 이러한 생각은 고대 교회의 교부들에서 아주 빈번하게, 예를 들어 키프리안의 서신과(*ad Caecilium*, ep. 63, and *ad Magnum*, ep. 76) 어거스틴에게서 나타난다. Cf. Johann Gerhard, *Loci Theologici*, ed. Preuss (Berlin: Schlawitz, 1867), V, 13. 그러나 이 모든 것에서 변함없는 비교점은 많은 다수가 하나라는 것이다. 그러나 루터의 해석에서 가장 중요한 것, 곧 밀과 포도 알갱이가 그들의 고유한 형체를 잃는다는 것이 교부들의 해석에서는 빠져 있다. 그리스도가 자신에게 우리 형체를 취하고 우리는 그의 형체와 다른 그리스도인들의 형체를 우리에게 취하듯이 말이다.

113) *WA* 2, 743; *LW* 35, 51. Cf. "이 성례의 의미 혹은 효과는 모든 성도의 교제[Gemeinschaft]이다." *WA* 2, 743; *LW* 35, 50. 사제들이 나에게 그리스도의 거룩한 몸을 줄 때, "내가 그것을 받을 가치가 있든 없든, 나는 기독교 세계의 지체이고, 이것은 성례가 말하고 증명하는 것이다." *WA* 2, 694. Cf. *WA* 6, 63; *PE* 2, 38.

114) "이 교제는 이것, 곧 그리스도와 그의 성도들의 모든 영적 소유 자산이 이 성례를 받는 그에게 나누어지고 그의 공동 소유가 된다는 것에 그 본질이 있다. 다시 모든 고난과 죄가 또한 공동 소유가 되고, 사랑이 그렇게 사랑을 다시 낳고, 이 상호 사랑이 연합한다." *WA* 2, 743; *LW* 35, 51. Cf. *WA* 2, 745; *LW* 35, 53 f.

다.[114] 그것은 나에게 그리스도와 전 교회의 나를 위한 희생제사와 중보를 보장한다.[115] 그러나 동시에 나는 형제를 위해 제사장적 희생제사의 의무가 있다.[116]

우리는 성례전으로 안심하고 의무를 잊어서는 안된다. 우리가 성례로부터 얻을 것에 관심을 기울인다면, 성례는 우리에게 도움을 주지 못한다. 성례의 토대뿐만 아니라 그 열매는 사랑이기 때문이다.[117]

루터는 그러한 진술이 보통의 자기 중심적 실천뿐만 아니라 주의 성찬에 대한 개인주의적 교리에 대해서 타격을 준다는 것을 잘 알고 있다. 주의 성찬은 더 이상 그 진정한 의미에서 이해되지 못한다.[118] 많은 미사들이 거행되었으나, "그리스도의 예를 따라 설교되고 실행되고 드러나야 하는 그리스도인의 함께함은 완전히 사라지

---

115) "따라서 이 성례에서 우리는 사제를 통하여 하나님 자신으로부터 그가 그렇게 그리스도와 그의 성도들과 함께 연합되었고, 그들과 모든 것을 공유한다는 것, 곧 그리스도의 고난과 삶이 모든 성도들의 삶과 고난과 함께 그의 고유한 것이 된다는 확실한 표적을 받는다." *WA* 2, 744; *LW* 35, 52. Cf. *WA* 2, 745; *LW* 35, 53 f.

116) "따라서 당신이 이 성례에 참여하거나 참여하고자 할 때, 당신은 이미 말한 바대로, 거꾸로 공동체[Gemeine]의 불행을 함께 나누어야 한다. … 당신의 마음은 사랑 안에서 움직여야 하고, 이것이 사랑의 성례인 것을 배워야 한다. 사랑과 도움이 당신에게 제공되듯이, 당신은 거꾸로 그리스도와 그의 필요에 처한 사람들에게 사랑과 도움을 제공해야 한다." *WA* 2, 745; *LW* 35, 54.

117) *WA* 10[III], 55; *LW* 51, 95. Cf. *WA* 15, 497 ff., 500. 루터는 또한 그의 청중들에게 사랑하라고 권면하고자 할 때, 완전히 다른 문맥에서 주의 성찬에 대해 말한다. 그는 많은 사람이 성례를 받고도 열매를 맺지 못한다고 지적한다. *WA* 11, 76. 「독일 미사」(*German Mass*)에서 성만찬 후의 기도문은 "그리고 우리는 당신을 향한 신앙 안에서 우리 모두 사이에 나누는 열렬한 사랑 안에서 바로 그것을 통해 우리에게 힘을 달라고 당신의 자비에 호소합니다 … " *WA* 19, 102; *LW* 53, 84. 내가 로마 미사에서 이런 유형과 이와 비슷한 것이 없다는 것을 알 수 있는 한, "바로 그것을 통해 우리에게 힘을 주옵시고"로 시작하는 기도문의 이 부분은 루터 자신에 의해 쓰여졌다. 첫 부분은 오순절 후 18번째 일요일의 성만찬 후의 기도문 위에 근거를 두고 있다. Cf. P. Drews, *Beiträge zu Luthers liturgischen Reformen* (Tübingen: Mohr, 1910), pp. 95 f.

118) *WA* 2, 747; *LW* 35, 56. 비텐베르크의 그리스도인들에게 말할 때, 루터는 다음과 같이 말했다. "당신들은 성례에서 하나님의 선한 것들을 모두 기꺼이 얻으려고 하지만, 그것들을 다시 사랑 안에서 쏟아내려고 하지는 않는다. 아무도 다른 사람에게 도움의 손길을 뻗지 않고, 아무도 진지하게 다른 사람을 생각하지 않고, 오히려 모든 사람이 자기 자신과 자신의 유익을 돌보고 자신의 고유한 방식을 고집하고 다른 모든 것은 염두에 두지 않는다." *WA* 10[III], 57; *LW* 51, 96. "우리 모두가 성례를 받고 좋은 그리스도인이 되기를 원하나, 우리 중 아무도 기꺼이 허리를 굽혀 우리 이웃을 섬기려 하지 않으니, 이 얼마나 하나님에 대한 무서운 신성모독인가!" *WA* 12, 470.

고 있었다." 초대교회 때는 사정이 달랐다. 루터는 초대 기독교의 주의 성찬과 개인주의적으로 왜곡된 그의 당대의 일상적 성례의 집행과 대조시킨다.[119] 그리고 종교개혁의 결정적 기간 동안 주의 성찬에 대한 그의 교리는 고린도전서 10:16 이하의 의미에서 초대 교회의 "그리스도의 몸에 대한 참여"를 재발견한다. 공동체로서 교회에 대한 신약성서적 이해와 함께, 루터는 동시에 거룩한 친교[communio] 자체의 성례를 회복했다. 루터는 주의 성찬을 공동체로서의 교회의 고유한 성례로 생각한다. 그것은 교회의 삶의 중심에 있고, 그것은 교회가 그것으로부터 행하고 살아야 하는 바 "그리스도의 법"(갈 6:6:역주)과 그의 사랑을 표현하고 보장한다.

　　루터는 주의 성찬에 대한 이러한 이해를 매우 진지하게 다룬다. 이것은 그가 그리스도인들이 사랑 안에서 소유 재산과 어려움을 나누는 것을 통해 서로 함께 먹고 마시는 것을, 믿음으로 성례를 받는 것을 통해 그리스도를 먹는 것과 대등하게 여긴다는 사실에서 나타난다.[120] 그리스도가 주의 성찬에서 우리의 음식과 음료인 것처럼, 우리도 또한 서로 서로를 위한 음식과 음료이다. 이것은 내가 그것이 필요한 나의 이웃에게 내가 가진 모든 것을 주고, 거꾸로 내가 어려울 때 그가 나를 돕고 섬기는 것을 허용하는 것을 의미한다. 그러나 루터는 분명하게 그리스도를 "먹는 것"

---

119) *WA* 2, 747; *LW* 35, 57. 루터는 또한 주의 성찬을 다른 방법으로 공동체[Gemeinde]의 성례로 설명한다. 그는 우리에게 초대교회 때는 성찬식이 그것에 의해 그리스도인이 서로를 확인하고 그들에게 박해와 죽음을 가져오는 고백과 표적이었다는 것을 생각하게 한다. *WA* 15, 491.

120) "서로 통일된 몸 안에서 한 지체가 또 다른 지체를 섬기듯이, 각자는 다른 사람을 먹고 마신다. 즉 각각은 매 번 마실 때마다 다른 사람을 먹어 치우고, 각각은 다른 사람을 위한 음식과 음료이고, 그 결과 우리는 단순히 서로서로에게 음식과 음료이다. 마치 그리스도가 우리에게 음식과 음료인 것처럼 말이다." *WA* 11, 441; *LW* 36, 287. "영혼이 자신에게로 취하여 받는 말씀을 믿음으로써, 우리는 주님을 먹는다. 나의 이웃은 반대로 나를 나의 소유, 나의 몸, 나의 생명과 함께 먹는다. 나는 그에게 이것과 내가 가진 모든 것을 주고, 그가 필요할 때 모든 것을 사용하게 한다. 동일한 방법으로 반대로 내가 가난하고 문제가 있고 나의 이웃이 필요할 때, 나는 나 자신이 도움받고 섬김받는 것을 허용할 것이다. 그리고 이런 식으로 우리는 서로의 일부분이 되고, 그 결과 그리스도가 우리를 돕듯이, 한 사람이 다른 사람을 돕는 것이다. 이것이 우리가 서로를 영적으로 먹고 마신다는 것이 의미하는 것이다." *WA* 15, 503; cf. 498. 14. 또한 1524년 쓰여진 주의 성찬에 대한 루터의 찬송가, "예수 그리스도, 우리 주님 구세주"의 끝 부분을 참고하라.

　　　그에 대한 믿음의 열매가 보여 주도다
　　　다른 사람에게 당신이 사랑하고 있다는 것을
　　　당신의 이웃에게 당신은 행하기를 원하는도다
　　　하나님이 사랑 안에서 당신에게 하듯이

WA 35, 437; *LW* 53, 251.

과 이웃을 먹는 것 사이의 이러한 관련을 제한시킨다. 이러한 상호 관련은 오직 그리스도를 영적으로 먹는 것 곧 "너를 위한 것"이라는 그의 말을 믿고 그리스도를 받는 것에만 해당되는 사실이다. 이 외에도, 루터는 그리스도의 몸을 물리적으로 먹는 것을 가르친다. 그러나 그리스도인의 서로에 대한 관계에서 이것에 상응하는 것은 어떤 것도 없다.[121]

성도의 교제로서 주의 성찬에 대한 전적인 평가뿐만 아니라 이러한 생각들은 후일 루터의 사고의 배경으로 후퇴한다. 1519년의 이러한 사고들은 ― 내가 볼 수 있는 한은 ― 1524년까지만 발견된다. 그것들이 진정한 임재에 대한 논쟁이 시작되는 바로 그 시점에서 멈춘다는 것은 의미심장하다. 이러한 발전이 초대 그리스도인들 사이의 그 충만함과 비교해 볼 때, 루터교에서 주의 성찬의 교리와 이러한 성찬의 집행을 제한하고 메마르게 했다는 것은 의심의 여지가 없다. 루터는 주의 성찬을 공동체로서의 교회의 삶에서 그것이 초기 그리스도인 가운데 가지고 있던 주도적 위치까지 회복시키지 못했다. 우리 교회에서 집행되는 대로, 그것은 확실히 개인적 그리스도인의 삶의 최고의 지점이다. 그러나 그것은 이와 대등하게 그리스도의 몸으로서 공동체의 나눔의 삶의 중심은 아니다. 이 점에서 주의 성찬에 대한 루터의 초기 작품(1519년의 논문)은 그 후의 작품들보다 훨씬 탁월하다. 우리는 오늘날 다시 한 번 그의 생각을 취해야 한다.[122]

루터의 성도의 교제의 교리는 공동체 안에서 그리스도의 임재에 대한 아주 중요한 개념을 나타낸다. 그리스도는 두 가지 방식 곧 주고 받는 방식으로 현존한다. 그리스도는 친히 공동체나 형제가 하나님의 이름으로 나에게 말하는 관심과 위로의 말 속에서, 나를 위한 그의 중보 속에서, 그의 대신 지는 짐과 도움 속에서 현존한다.[123] 그리고 이런 의미에서 우리는 우리 자신을 비우고 "종의 형체"를 취하면서, 다른 사람들에게 그리스도가 될 수 있고 또 되어야 한다.[124] 그러나 동시에 그리스도는 마태복음 25:40의 그의 말씀대로 가난한 자, 죄인, 무거운 짐진 자들 안에 현존

---

121) 루터가 구별한 명확한 구분을 위해서는 다음을 참고하라. *WA* 23, 179; *LW* 37, 85 f.

122) Cf. Paul Philippi, *Abendmahlsfeier und Wirklichkeit der Gemeinde* (Berlin: Evang. Verlagsanstalt, 1960).

123) *WA*, Br 4, 238.

124) *WA* 7, 35; *RW* 1, 376; cf. *LW* 31, 366. "따라서 나는 그리스도가 그 자신을 나에게 주었듯이, 그리스도처럼 나 자신을 나의 이웃에게 줄 것이다 … 우리는 … 각각 다른 사람에게 소위 그리스도가 되어야 하고, 그 결과 우리는 서로에게 그리스도들이 되고, 그리스도는 모든 사람 안에서 바로 그 그리스도가 되고, 곧 우리는 진정으로 그리스도인들이 되는 것이다." *WA* 7, 66; *LW* 31, 367 f.

해 있다.[125] 형제 중 지극히 작은 자에게 한 것은 무엇이든 그리스도에게 행한 것이다. 그리스도는 그들 모두 속에서 사랑 받고 섬김 받기를 원한다. 이것이 바로 공동체 안에서 그리스도의 현존이다.

---

125) *WA* 12, 333. 특별히 1526년 9월 30일 설교를 참고하라. *WA* 20, 514. 설교의 인쇄본은 뢰러(Rörer)의 각주의 내용과 일치한다. "그래서 모든 세계가 하나님으로 충만하다. 당신은 모든 거리에서 당신 문 밖에서 그리스도를 발견할 수 있다. 하늘을 쳐다보지 말라 … " Cf. *WA*, Br 4, 15.

제23장

교역의 직무

근거와 내용

루터는 「공의회와 교회에 관하여」에서 교회 현존의 표지들을 차례로 나열한다. 이 가운데 그는 교회가 직무들을 갖고 있고 사람을 불러 이 직무들을 채운다는 사실을 포함시킨다.[1] 루터는 이제 이 특별한 표지를 다섯번째 자리에 놓는다. 그것은 하나님의 말씀, 세례, 주의 성찬, 열쇠의(권징) 직무 뒤에 온다. 그러나 바로 이 네 가지 교회의 "치유하는 힘"으로 인해, 교회 곧 "기독교의 거룩한 백성"은 이러한 구원하는 치유의 일을 집행하는 직무와 "교회의 종"이 필요하다.[2]

루터는 이 직무를 맡는 교역자의 필요성과 권위를 위한 이중적 근거를 서술한다. 한편으로 교역자는 모든 세례받은 자들의 제사장직에서 나온다. 그들은 제사장직의 권능으로 말씀과 성례를 통하여 섬기도록 권위와 소명을 받는다. 그러나 공동체의 모든 지체가 공동체 전체에게 공적으로 말씀과 성례를 집행하는 것은 가능하지 않을 것이다. 그것은 개탄스런 혼란으로 인도할 것이다.[3] 이것을 피하기 위해, 공동체는 "교회를 위하여, 교회의 이름으로" 그것을 집행하는 몇몇 사람에게 이 공적인

---

1) *WA* 50, 632; *PE* 5, 275. Cf. W. Brunotte, *Das geistlich Amt bei Luther*(Berlin: Lutherisches Verlagshaus, 1959). H. Lieberg, *Amt und Ordination bei Luther und Melanchthon*(unpublished dissertation, University of Erlangen, 1960)
2) *WA* 50, 632; *PE* 5, 275. *WA* 11, 411; *PE* 4, 79. *WA* 39^{II}, 287.

교역을 위탁해야 한다. 그러나 이 직무의 필요성과 권위는 "훨씬 더 많이" 그리스도에 의한 제정으로부터 유래된 것이다. 에베소서 4:8-11에 의하면, 그리스도는 "사람들에게 은사를 주었고," 일부를 사도와 예언자와 복음 전도자와 교사 등으로 임명했다. 이 제정은 그리스도인의 첫 세대에게만 적용되는 것이 아니다. 교회는 세상 끝까지 계속될 것이기 때문이다. 이런 이유로 첫 기독교 사도들과 다른 교역자들이 더이상 살아있지 않을 때, 다른 사람들이 그들의 역할을 맡아 "하나님의 말씀을 가르치고 그의 일을 수행하는 것"이 필요하게 되었다.[4] 그리하여 하나님은 설교하는 직무를 직접 "명령하고 제정하고 형성"하신 것이다.[5]

루터는 망설임 없이 이 교역의 직무의 기원을, "아래"로부터 온 것과 "위"로부터 온 것으로 조정한다. 그는 이 두 기원 안에서 어떤 모순도 보지 않는다. 그러나 두 가지 서로 다른 흐름의 발전이 있다. 첫번째 경우, 그는 직무를 보편적 제사장직의 전제 위에 근거를 두고, 그럼으로써 그것을 매개된 직무로 서술한다. 두번째 경우, 그는 그것을 보편적 제사장직에 대한 언급 없이 그리스도에 의한 제정으로부터 직접 이끌어낸다. 후자의 경우, 그것은 그리스도가 바로 처음부터 복음의 설교자들에게 준 직무이다. 이 두 가지 유래는 둘 다 세상이 계속되는 한, 교회가 설 수 있도록 복음이 설교되고 성례가 집행되어야 한다는 것을 전제한다. 그러나 우리는 누가 이것을 해야 하느냐 하고 질문할 때, 길이 갈라지는 지점에 이른다. 하나의 사고 계열은 이렇게 대답한다. "모든 사람"은 오직 합리적, 사회학적 고려의 근거 위에서만 이 직무를 개인에게 위탁하는 것이 필요하다고 결론내린다는 것이다. 다른 사람들은

---

3) "그렇지 않으면, 하나님의 백성 사이에 수치스런 혼란이 있을 것이다." *WA* 12, 189; *LW* 40, 34. "모임 전체가 이것을 행할 수 없고, 그들 자신이 어떤 사람을 세우거나 어떤 사람이 그것을 행하도록 허용해야 할 것이다. 그렇지 않아서 모든 사람이 설교하거나 성례를 집행하고자 하고, 어떤 사람도 그밖의 다른 사람에게 복종하고자 하지 않는다면, 그 결과가 어떠하겠는가? 한 개인이 임명되고, 그가 설교를 해야 한다." *WA* 50, 633; *PE* 5, 275 f.

4) *WA* 50, 633 f.; *PE* 5, 275 f.

5) *WA* 50, 647; *PE* 5, 292. 교역의 직무가 하나님이나 그리스도에 의해 제정되었다고 말하는 추가적 구절은 다음과 같다. *WA* 30^II, 598. *WA* 37, 269, 192. Cf. Werner Elert, *The Structure of Lutheranism*, trans. by Walter Hansen (St. Louis: Concordia, 162), 1, 344. "교역과 성례의 직무들은 우리의 소유가 아니라 그리스도에게 속한 것이다. 그가 이것들을 제공하시고 그것들을 교회에 남기셔서, 그 결과 그것들이 세상 끝까지 사용되고 집행될 것이기 때문이다." *WA* 38, 240. 그의 「그리스도의 성찬에 관한 고백」(1528)에서, 루터는 교역의 직무를 결혼과 정부와 함께 하나님에 의해 확립된 "거룩한 직제"와 "제도"와 "신분"이라고 한다. *WA* 26, 504; *LW* 37, 364.

주님이 직접 이 특별 직무를 주시고 제정하셨다고 생각한다. 그러나 보편적 제사장 직 위에 근거되어 있다 해도, 하나님은 궁극적으로 직접적이 아니라 오직 간접적으로만 그 직무를 의도하신다. 왜냐하면 하나님은 공동체 안에서 질서를 바라시기 때문이다.

루터는 이 직무를 오직 그리스도에 의한 직접적 제정 위에만 근거시킬 수 없었다. 그것은 모든 세례받은 그리스도인들이 대제사장이신 그리스도로부터 이 직무를 받은 사실과 그들이 루터에 의해 묘사된 제사장의 모든 기능을 행사할 권능과 의무를 모두 가지고 있다는 사실을 모호하게 할 것이다.[6] 그들은 모두 말씀과 성례의 교역의 권위를 갖고 있다.[7] 루터에 관한 한, 특별 직무는 공동체의 삶의 법인 모든 그리스도인의 제사장적 직무를 폐지시키기 때문에, 그는 보편적 제사장직을 고려하는 특별 직무의 토대를 제공하여야 한다. 그는 특별 직무를 보편적 제사장직에서 끌어냄으로써 이렇게 한다. 그는 그렇게 함으로써 형제와 형제 사이의 제사장적 직무의 행사를, 필요한 경우 회중 전체를 위한 말씀의 교역의 집행으로서의 직무의 공적 행사와 구별한다.[8]

특별 직무는 질서를 위해 필요하다. 루터는 바울을 인용한다(고전 14:40). 공동체 안에 있는 모든 것은 질서 있게 행해져야 한다.[9] 이런 이유로 공동체는 개인을 말씀과 성례의 특별한 직무로 불러야 한다.[10] 그렇게 함으로써 전 회중과 그 안의 모든 개인이 소유하고 있는 권위가 그들이 그들 가운데서 선출한 사람에게 혹은 고위 성직자에 의해 부름받은 사람에게 맡겨진다. 바로 말씀과 성례의 교역의 권위는 전 공동체에게 주어진 것이기 때문에, 어떤 개인도 자기가 먼저 나서서 그것을 행사하겠다고 주장할 수 없다. 그는 이 직무로 부름받아야 하고, 공동체가 동의해야 한다. 그러면 그는 그의 직무를 모든 사람을 대신하여, 전 공동체의 대표로서 이 직무를 집행한다.[11]

목사는 공동체의 대표자이고, 설교와 예배 의식에서 공동체의 이름으로 모든 것을 행한다. 루터는 복음적 미사를 "진정한 기독교 미사"로 서술할 때, 이것을 탁월

---

6) Cf. p. 313.
7) *WA* 6, 566; *LW* 36, 116.
8) "그 권리를 공적으로 행사하는 것과 비상시에 그것을 사용하는 것은 별개의 일이다. 공적인 면에서, 몸 전체나 교회의 동의 없이는 권리를 행사할 수 없는 것이다. 비상시에는 각자 가장 좋다고 생각하는 대로 그것을 사용할 수 있다." *WA* 12, 189; *LW* 40, 34.
9) *WA* 12, 189; *LW* 40, 34.
10) *WA* 6, 440; *PE* 2, 119.

하게 다루었다. 목사는 "주의 성찬을 제정하는 그리스도의 말씀" 즉 제정의 말씀을 "노래한다." 공동체는 그 옆과 뒤와 주위에 무릎을 꿇는다. 그들 모두는 목사 자신과 마찬가지로 "참되고 진정한 제사장들"이다. "우리는 마치 우리의 목사가 자신의 인격으로 그 말씀을 하는 듯이, 그가 그리스도의 말씀을 혼자서 말하도록 허용해선 안된다. 오히려 그는 우리 모두의 입이고, 우리는 그와 함께 그 말씀을 마음 속으로 말해야 한다."[12] 우리는 목사의 대표적 행동이 공동체의 협력을 배제하는 것이 아니라 포함하는 것을 본다. 말씀의 선포에서도 마찬가지이다. 루터에게서, 말씀의 교역자에 의한 공적인 설교는 공동체의 지체들을 서로에게 하나님의 말씀을 말하는 그들의 제사장적 직무로부터 면제시켜 주지 않는다.

루터에게서, 개인이 보편적 제사장들의 공동체로부터 부름받아 위탁받는 특별 직무는 다른 모든 제사장직과 다른 어떤 내용도 없고 다른 어떤 권위도 없다. 교회

---

11) 루터가 모든 신자의 보편적 사제직에서 교역의 직무를 이끌어낸 것을 보려면 다음을 참고하라. *An Open Letter to the Christian Nobility. WA* 6, 404-469; *PE* 2, 61-164. *The Babylonian Captivity of the Church. WA* 6, 497-573; *LW* 36, 11-126. *Concerning the Ministry, WA* 12, 169-195; *LW* 40, 7-44. *The Right and Power of a Christian Congregation or Community to Judge All Teaching and to Call, Appoint, and Dismiss Teachers, Established and Proved from Scripture*(1523). *WA* 11, 408-416; *PE* 4, 75-85. *On Private Masses* 〔*Von der Winkelmesse und Pfaffenweihe.*〕 *WA* 38, 195-256. "따라서 자기 자신을 그리스도인으로 아는 모든 사람은 우리 모두가 동일하게 제사장들이고 말씀과 성례전에서 동일한 권한을 갖고 있다는 것을 확신하라. 그러나 공동체의 권한에 의하거나 고위 교역자의 소명에 의하지 않고는 어느 누구도 이 권한을 사용할 수 없다. (모든 사람의 공동의 소유 자산인 것에 대하여, 그가 소명받지 않는 한, 어느 개인도 제멋대로 자기 것이라 사칭할 수 없다.)" *WA* 6, 566; *LW* 36, 116. "우리는 모두 동일한 방식으로 제사장들이기 때문에, 우리 중 누구도 우리의 동의와 선출 없이는 자신을 내세울 수 없고, 우리 모두의 권한에 속한 것을 행할 수 없다. 공동체의 의도와 명령 없이는, 모두에게 공통된 것을 감히 자신에게 취할 수 없기 때문이다." *WA* 6, 408, cf. 407, *PE* 2, 68, cf. 66 f. "따라서 말씀의 교역은 모든 그리스도인들에게 공통된 것이다." *WA* 12, 180; *LW* 40, 21. Cf. *WA* 12, 189; *LW* 40, 34.
루터는 자주 권한을 대표자에게 위임하는 것에 대한 이해를 피력한다. 예를 들어 "다른 사람을 대신하여 권한을 행사하는" 한 사람에 관하여 말한다. *WA* 6, 407; *PE* 2, 67. 그는 목사를 "나머지 회중 대신에 그들의 위임에 의해 설교하고 가르치는" 사람이라고 한다. *WA* 11, 412 f. ; *PE* 4, 81 f. ; "공동체의 권리들은 하나 혹은 공동체가 선출하는 만큼의 사람들이 뽑히거나 승인받기를 요구하는바, 바로 이들은 이러한 동일한 권리를 소유하고 있는 모든 사람들의 이름으로 이러한 동일한 기능을 공적으로 수행할 사람들이다." *WA* 12, 189; *LW* 40, 34. Cf. *WA* 38, 230.
12) *WA* 38, 247.

직무의 담당자는 그리스도의 이름으로 행한다. 그의 말은 그리스도의 말씀이다. 그는 그리스도를 대신하여 공동체의 지체들 앞에 선다.[13] 그러나 이 모든 것은 그 형제가 그의 죄 고백을 들음으로써 혹은 다른 방식으로 목사로서 섬기기를 그에게 요구하는 바 그 모든 그리스도인에게도 해당되는 사실이다. 그는 그리스도를 통한 제사장이기 때문에, 모든 그리스도인은 "그리스도의 권위는 나의 것이다"고 말할 수 있다.[14] 그의 형제가 그에게 그의 곤경과 죄 고백을 듣도록 요구할 때, 그는 또한 그의 형제 앞에서 그리스도의 이름과 권위로 서 있는 것이다.[15]

그리스도가 공동체와 그 모든 지체들에 대해 갖는 관계는 교역자가 공동체와 모든 지체들에 대해 갖는 관계 안에 나타난다. 그러나 그것은 모든 그리스도인이 그의 형제와의 관계에서 그가 하나님의 말씀을 말하고 복음의 위로와 죄 용서를 그에게 말할 때, 모든 그리스도인이 그의 형제에 대해 갖는 관계에서 나타나는 것 그 이상이 아니다. 따라서 교역자의 교회적 직무와 보편적 제사장직 사이의 유일한 구분은 전 공동체에 대한 말씀과 성례의 직무적 교역의 공적인 성격이다. 개개의 그리스도인은 그의 이웃에게 위탁되어 있다. 교역 직무의 담당자는 전 공동체에 위탁되어 있다. 어떤 최근의 루터교 신학자들은 교역자의 권위와 평신도 그리스도인들 사이를 근본적으로 구별한다. 그들은 성례가 평신도에 의해 집행될 때보다 공식적 교역자에 의해 시행될 때, 성례에 좀더 크고 확실한 효력을 부여한다. 이러한 모든 것은 루터와 아무 관계도 없다. 비록 그가 성례는 규범적으로 특별한 말씀의 교역자들에 의해 집행되어야 한다고 생각했지만 말이다. 그는 말씀의 교역과 설교의 직무를 "교회 안에 있는 최고의 직무"라고 한다.[16]

---

13) "모든 목사의 입이 그리스도의 입이라는 것은 놀라운 일이다." *WA* 37, 381. "따라서 당신은 목사를 인간이 아니라 하나님으로서 그 말에 경청해야 한다." *WA* 49, 140.

14) *WA* 10^{III}, 394.

15) 루터는 "슬며시 기어들어와 구석에서 설교하는 사람들"과의 투쟁에도 불구하고, 후기에도 그의 기본적 종교개혁 작품에서와 동일한 명확성을 가지고 이 입장을 계속 견지했다. 그래서 요한복음 20:21("아버지께서 나를 보내신 것 같이 나도 너희를 보내노라") 해석에서, 그는 다음과 같이 말한다. "나는 너희에게 세상 끝 날까지 모든 곳에서 이 계명을 준다. 이것은 너희가 너희 자신의 권위가 아니라 너희를 보낸 그분의 권위로 행동한다는 것을 알게 하기 위해서이고, 또 너희가 이것을 인간의 힘으로 하지 않는다는 것을 알게 하기 위해서이다 … " 다음 루터는 명백하게 "나는 목사인 당신들뿐만 아니라 모든 그리스도인들을 위해 말한다"고 한다. 이것은 이 말씀들이 교회의 직무를 가지고 있지는 않으나 그리스도의 계명에 의해 그리스도의 권위를 가지고 서로 위로하고 격려하는 그리스도인들에 대한 것이라는 것을 의미한다. *WA* 49, 139.

그러나 이것은 특별한 직무뿐만 아니라 모든 그리스도인들에게 그들의 제사장직
과 함께 수여되고 위탁된 직무에도 해당된다.[16] 그리스도는 앞의 직무뿐만 아니라
뒤의 직무도 제정하셨다. 루터에게서, 누가 말씀의 교역을 수행하는가 하는 문제는
그 교역이 수행되느냐 여부에 대한 질문과 비교할 때, 이차적인 것이다. 모든 것은
기능에 따라 결정된다. 이것과 비교하면, 인격에 대한 질문은 오직 이차적 의미일
뿐이다.[18]

이러한 모든 것은 여러 가지 점에서 로마 가톨릭의 교리와 관습을 부정한다. 첫
째, 교회 직무의 담당자는 전통적 의미의 "사제"(제사장)가 아니다. "사제"(제사장)
의 호칭은 모든 그리스도인들의 소유이고, 따라서 교역 담당자의 배타적 소유로 주
장될 수 없다. 신약성서 안에는 예전적 의식을 통해 안수받은 특별 사제직을 위한
자리가 아니라, 오직 세례받은 모든 사람들의 "고유한" 사제직을 위한 자리가 있을
뿐이다.[19] 따라서 신약성서는 사제의 이름을 어떤 사도나 교회의 어떤 다른 직무의
담당자에게 돌리는 것이 아니라, 모든 그리스도인들에게 공동으로 돌린다.[20] 교회가
이후에 사제들을 가졌던 사실은 이교적 예배나 구약성서 전통의 영향에서 온 것이
다. 이것은 교회에 큰 해를 입힌 이교화, 유대화의 현상이었다.[21]

루터 때까지 사제직으로 불린, 교회의 직무는 오직 말씀의 봉사(교역)뿐이었
다.[22] 이런 이유로 우리는 성직자 사제라고 불러서는 안되고, 아마도 사도 바울이 한
대로(고전 4:1) "종" 혹은 "교역자"(봉사자)로 불러야 한다.[23]

둘째 이것은 교회 직무로 부르는 소명이 특별한 그리스도인의 신분적 지위가 아
니라 오직 공동체를 향한 특별한 말씀과 성례의 교역을 부여하는 것을 의미한다. 어

16) WA 11, 415; PE 4, 84. WA 12, 181; LW 40, 23.
17) "말씀의 교역은 교회에서 최고의 직무이다. 그것은 권리뿐만 아니라 명령에 의해서도
유일무이하고 그리스도인인 모든 사람에게 속한 것이다." WA 12, 181; LW 40,
23.
18) Cf. Elert, op. cit., pp. 343 ff.
19) "신약성서는 외면적으로 기름부음 받거나 기름부음 받을 수 있는(받음으로써 사제가
될 수 있는), 어떤 사제에 대해서도 모른다. … 특별히 신약성서에서 사제들은 만들
어지는 것이 아니라 태어나고 창조되는 것이고, 안수받는 것이 아니기 때문이다."
WA 12, 178; LW 40, 19.
20) WA 38, 230.
21) WA 12, 190; LW 40, 35.
22) "사제직은 바로 말씀의 교역 이외의 아무 것도 아니다." WA 6, 566; LW 36, 116.
Cf. WA 38, 239.
23) WA 12, 190; LW 40, 35.

떤 지울 수 없는 성품도 존재하지 않는다. 부름받은 성직자와 평신도 사이에는 직무로 인해서만 구별이 있다. 그들의 인격 때문이 아니라 그들의 사역 때문에 차이가 있는 것이다.[24]

사제직 안수 의식은 성서적 근거가 없기 때문에 성례가 아니라, 그것을 통해 복음의 설교자가 부름받는 예전적 의식일 뿐이다.[25] 결정적 행위는 바로 이러한 소명이다. 이것은 루터의 초기 시절뿐만 아니라 늦게는 1541년까지 나타나는 루터의 견해였다.

소명

어떤 개별적 그리스도인도 혼자서 교역의 직무를 취할 수 없다. 그것은 질서에 따른 소명을 통해 그에게 주어진다. 루터는 자기들 주위에 작은 그룹을 결성한 많은 종파적 열광주의자들에 반대하여 이것을 강조할 충분한 이유가 있었다. 그는 하나님이 사람을 교역으로 부르신 두 가지 방식을 구분한다. 하나는 하나님이 예언자들과 사도 바울에게 주신 것과 같은 내적인 직접적 소명이다.[26] 다른 하나는 다른 사람을 통하여 그에게 오는 외적인 간접적 소명이다. 전자는 "외적인 표지와 증거"로 스스로 증명한다. 루터는 끊임없이 뮌처와 농부들에게 이것을 요구했다.[27]

그는 어떤 방법으로든 하나님이 역사적으로 확립된 기성 질서를 쳐서 뚫고 들어올 가능성을 열어두었으나, 그것은 표적과 기사에 의해 확인되었어야 했다(사탄도 표적과 기사를 행할 수 있기 때문에 여기서도 주의가 필요하다). 그러한 다른 외적인, 인간을 통한 부르심은 그러한 표적을 요구하지 않는다. 그것은 다른 사람이 개인에게 설교하라고 즉 그 직무를 받아들이라고 요구할 때 일어난다. 사랑의 명령은 그에게 수락할 것을 요구한다. 그러나 사랑은 하나님에 의해 명령된 것이고, 따라서 사람에 의해 이 직무로 부름받은 사람은 누구나 하나님 자신에 의해 부름받은 것이다. 그는 표적과 기사를 통해 증명할 필요가 없다. 루터는 자신의 비텐베르크 교역

---

24) "사제와 평신도 사이의 유일한 차이는 그의 교역(봉사)이다." *WA* 6, 567; *LW* 36, 117.

25) *WA* 6, 560 ff.; *LW* 36, 106 ff. "안수의 성례는 그것에 의해 교회가 그 설교자를 선출하는 확실한 의식 이외의 다른 어떤 것일 수가 없다." *WA* 6, 564; *LW* 36, 113. "안수는 성례가 아니라 그것에 의해 개인이 교회의 교역에 부름받는 의식과 공적 행사이다." *WA* 54, 428; *LW* 34, 357.

26) *WA* 16, 32 f. (Aurifaber's edition). *WA* 17^{II}, 254. *WA* 12, 460. *WA* 31I, 210 ff.; *LW* 13, 63 ff. *WA* 38, 493. *WA* 40^{I}, 59 ff.; *LW* 26, 17 ff.

27) E.g., *WA* 18, 304; *PE* 4, 227.

을 참고로 하여 특별히 이것을 강조한다.[28]

　　루터는 설교자가 질서대로 교회의 질서를 위해서뿐만 아니라 개인적으로 설교자를 위해 질서 있게 소명받는 것이 중요하다고 생각한다. 그는 우리에게 이것이 그의 개혁 활동에도 해당된다고 말한다. 거대한 과제 속에서, 그의 일이 그에게 가져다주는 책임과 유혹과 투쟁의 어려움 속에서, 루터는 그가 그의 직무를 추구한 것이 아니라 그 직무로 부름받았다는 ― 즉 신학 박사 학위를 통해 강제로 부름받았다는 ― 사실에서 힘과 위로를 발견한다. "만일 내가 그 직무를 하라는 소명과 명령 없이 그 일을 슬쩍 맡음으로써 이 일을 시작했다면, 나는 확실히 결국 내 위에 놓인 커다란 무거운 짐 아래에 눌리고 절망했을 것이다."[29]

　　그러나 이것은 루터뿐만 아니라 모든 설교자에게 해당되는 사실이다. "사람이 말씀과 순전한 교리를 갖는다 하더라도, 그것은 충분치 못하다. 그는 또한 그의 소명의 확신을 가져야 한다." 그렇지 않으면 "하나님은 그의 일을 성공하게 하시지 않을 것이다." 그의 소명을 확신하지 못하고 불안해 하는 사람이 어떻게 교역의 직무

---

28) "나는 인간이 나를 강권하기 때문에 하나님에 의해 부름받았다 … 〔이것을 말한 사람은〕 그가 '이웃을 네 몸처럼 사랑하라'고 말하기 때문에, 그 말을 들어보아야 했다." *WA* 16, 33. "나는 어떤 표적이 없이도 설교할 수 있으나, 그럼에도 불구하고 하나님을 따라 설교한다." *WA* 16, 35. 루터는 분명히 어떤 사람도 질서대로 받는 소명 없이는 설교하지 말아야 한다는 규칙은 기독교 공동체 내부에서만 유효한 것이라고 주장한다. 그러나 그것은 비기독교 공동체 안에서는 적용되지 않는다. 이러한 상황 속에서는 소명받기를 기다릴 필요 없이 사도들처럼 명백하게 소명받지 않고도 설교해야 한다. *WA* 11, 412; *PE* 4, 80 f. Cf. *WA* 16, 35. 이것은 기독교 세계 안에서 공동체 내부에서 타당한 것이 선교 지역에서는 타당하지 않다는 것을 의미한다. 이 규칙은 또한 비상시 곧 그리스도인 단체가 분명하게 진정한 교사가 없을 때에도 유효하지 않다. *WA* 11, 412, 414; *PE* 4, 81 f. Cf. *WA* 12, 189; *LW* 40, 34. "나는 하나님의 환상에 의해 교역의 직무에 부름받았다는 것을 보임으로써 〔나의 설교권을〕 확립할 수 없고, 내가 다른 사람에 의해 이것을 행하지 않을 수 없게 되고 다른 사람을 위해 그것을 행해야 한다는 사실에 의해 확립할 수 있다. 따라서 나는 자신의 유익을 구치 않고 다른 사람의 유익을 찾는 데 몰두하는, 사랑의 성령의 권위를 갖고 있다. 나는 개인적으로 그 직무로부터 오직 곤란한 문제만 갖고 있다. 나는 나의 집 방 안에 머물러 있고 싶으나, 이것은 사랑의 성령에 의해 나에게 부과된 의무이다." *WA* 20, 222.

29) *WA* 30[III], 522; *LW* 40, 387 f. Cf. *GA* 1, 393. 그가 "전 세계"가 읽는 책들을 저술했다는 사실에 대해 말하면서, 루터는 "나는 결코 그것을 하기를 원치 않았고, 지금도 원치 않는다. 나는 내가 나의 의지에 반해서 성서의 박사가 되어야 했을 때, 우선 이 직책으로 강제로 몰려 떠맡게 되었다"고 말한다. *WA* 31[I], 212; *LW* 13, 66.

가 견뎌야 할, 저 사탄의 싸움과 공격에서 그의 입장을 유지할 수 있겠는가?[30] 자기 자신의 권위로 설교의 직무를 억지로 취하는 것은 하나님께 대한 불순종이고, 그러한 불순종은 "자신의 모든 사역을 악하게 만든다." 그러한 사람은 괴로운 양심으로 일하고, 말씀의 선포에 자기 방식을 강요하는 바 그 말씀에 대해 죄를 짓는다.[31]

이러한 모든 것과 함께 루터는 "믿음으로부터 나오지 않는 것은 죄이다"(롬 14:23)라는 바울의 진술과 같은 차원에서, "소명의 기초 위에서 일어나지 않는 것은 죄이다"라는 논지를 목사와 설교자를 위한 규칙으로 세운다. "이러한 소명과 명령이 목사와 설교자를 만든다 … 어떤 일도 자신의 선택이나 결단의 결과로 행해지지 않고 모든 것이 명령이나 소명의 결과로 행해지는 것이 하나님의 뜻이기 때문이다. 그것은 특별히 설교에 해당한다."[32]

루터는 자신이 설교할 재질이 있다고 생각하는 사람들의 자기 의식이 이 절대적 규칙에 어긋난다는 것을 안다. 그들은 하나님이 그들을 필요로 하고 그들은 그들의 설교를 통해 큰 일을 이룰 수 있다고 생각한다. 루터는 그들에게 "만일 하나님이 당신을 필요로 하신다면, 하나님은 확실하게 당신을 부르실 것이다"고 말한다. 그들은 그것이 일어나도록 확신을 가지고 기다려야 할 것이다.[33] 자기가 의도하지 않았는데 가르치도록 소명받은 사람만이 열매를 맺는다. 소명받지 않고 가르치는 사람은 누구나 자기 자신과 그의 청중을 해친다. 그리스도가 그와 함께 하시지 않기 때문이다.

30) *WA* 40[I], 62; *LW* 26, 19 f. "따라서 말씀의 교역 안에 있는 우리는 우리가 하늘의 거룩한 직무를 갖고 있다는 위로를 갖는다. 합법적으로 이 일을 할 수 있게 부름받은 직무, 모든 지옥의 문 위에 군림하는 직무인 것이다. 한편 그것은 양심이 '당신은 소명 없이 이것을 하고 있다'고 말할 때, 두려운 것이다. *WA* 40[I], 62; *LW* 26, 20.
31) *WA* 40[I], 63; *LW* 26, 20.
32) *WA* 31[I], 211; *LW* 13, 65.
33) "누가 당신을 불렀는가? 부르신 그분을 기다리라. 그 동안 흔들리지 말라. 사실 당신이 솔로몬과 다니엘보다 더 현명하다 하더라도, 당신이 소명받지 않아서, 말씀을 더 이상 전파하는 것을 피한다면, 당신은 바로 그 지옥을 피할 수 있을 것이다. 하나님이 당신을 필요로 한다면, 그분은 당신을 부를 것이다. 그분이 당신을 부르지 않는다면, 당신의 지혜가 폭발하지 않을 것이다. 사실, 그것은 참된 지혜가 아니다. 당신에게 오직 그렇게 보일 뿐이다. 그리고 당신이 어떤 열매를 맺을 수 있다고 상상하는 것은 아주 어리석은 일이다. 그가 원하는 상태로 가르치도록 부름 받지 않는다면, 어떤 사람도 말씀에 의해 열매를 맺지 못한다. 한 분 예수 그리스도가 우리의 선생이기 때문이다[마 23:10]. 그리스도만이 그의 부름받은 종들을 통하여 가르치고 열매를 맺는다. 그러나 소명 없이 가르치는 사람은 그리스도가 그와 함께 하지 않기 때문에, 그것을 행하다가 자기와 그의 청중에게 해를 입힌다." *WA* 2, 454; *LW* 27, 167. 로트(Roth)는 루터의 이 부분의 주석을 그가 여러 루터 작품에서 모아 루터에게 바친 설교 안에 포함시킨다. *WA* 17[II], 258.

우리가 루터의 신학을 제시하는 데에 누가 소명으로 부를 권리와 소명을 발표할 적당한 방법을 가지고 있는가 하는 자세한 것을 다루는 것은 필요하지 않다.[34] 우리는 루터의 사상의 중요한 흐름을 제시하는 데에만 관심이 있다.[35]

루터는 어떤 유일한 방법이 무조건적으로 필요하다고 보지 않는다. 소명이 이루어지는 방식은 개인적 상황과 그 필요에 의존하고, 교회법의 문제가 아니다. 루터에서는, 공동체가 그 말씀의 종을 선택하고 초청하는 권위를 갖고 있다는 것이 항상 결정적으로 중요하다. 그러나 동시에 그는 진정한 감독(bichop)라면 그 감독들이 참여하기를 원함으로써, 사도행전과 목회서신에 묘사된 신약성서의 예를 따른다. 그러나 감독들은 공동체의 승인 없이 소명으로 부를 수 없다. 어떤 소명도 공동체의 동의 없이는 이루어지지 않는다.[36]

루터는 정상 상황을 비상 상황과 구분한다. 비상 상황에서, 그 공동체 자체를 위해 목사를 소명으로 부를 위치에 있는 공동체가 존재하지 않는다면, 예를 들어 정부가 설교자를[37] 소명으로 부를 수 있고 또는 개인이 스스로 그 직무를 취할 수도 있다. 루터는 1545년의 논문에서 이 규범을 한번 더 정식화했다. "소명은 교회에 의해 적절하게 이루어진다." 그러나 그는 결코 교회가 공동체의 협력 없이 행하는 것을 생각할 수 없다.[38] 그러나 교회를 통한 소명은 그리스도 자신에게서 나온 소명이다.

공동체에 의해 부름받는 것은 루터에게 아주 결정적인 것이어서, 그는 특별한 예전적 안수(그가 중세교회로부터 채택한 표현) 행위에 특별히 관심을 두지 않았다. 그는 분명하게 그것을 로마 가톨릭의 사제직 서품과 구별한다. "안수는 — 제대로 행해진다면 — 기본적으로 교역과 설교의 직무를 수행하는 소명 혹은 명령 이외의 다른 것이 아니어야 하고 또 그럴 수 있다."[39] 따라서 교회의 행위로서 안수는 기본적으로 소명의 형식이고 또한 공적인 확인이다.[40] 그것은 절대적 성격을 가진 것이 아니라, 안수받은 자가 특별한 공동체 안에서 봉사하는 점에서만 의미가 있다. 루터는 소명과 안수를 동의어로 사용한다. 이것은 또한 1535년의 안수를 위한 정식에 의

34) Cf. Elert, op. cit., pp. 346-351. 또한 p.323, n. 1에 인용된 작품을 참고하라.
35) Cf. *The Right and Power of a Christian Congregation or Community to Judge All Teaching and to Call, Appoint, and Dismiss Teachers, Establishes and Proved from Scripture* (1523), WA 11, 413 ff., PE 4, 81 ff.
36) WA 11, 413 f.; PE 4, 81 f.
37) WA 11, 415; PE 4, 82.
38) WA 54, 428.
39) WA 38, 228, 238. Cf. WA 15, 721.
40) WA 38, 428; LW 53, 125, especially n.5.

해 드러난다.[41] 그것은 사제 서품을 위한 로마의 의식이 아니라 신약성서의 예를 따르고 있다.[42] 루터는 자유로이 성서 읽기, 기도, 손을 얹는 행위로 구성되어 있는 안수 규범을 만들었다.[43]

---

41) *WA* 38, 423 ff., *LW* 53, 124 ff.

42) *WA* 38, 228.

43) 루터는 일찍이 1523년에 손을 얹는 것을 주장했다. *WA* 12, 193; *LW* 40, 40. 루터의 안수 이해에 관하여, 특별히 드류(Drew)의 안수 직제(Order of Ordination)에 대한 서문을 보라. *WA* 38, 401 ff.; cf. *LW* 53, 122 f. 또한 p. 323, n. 1에 인용된 작품을 보라. 이에 더하여 다음을 보라. Peter Brunner, *Nikolaus von Amsdorf als Bishof von Naumburg*(Gütersloh: G. Mohn, 1961), p. 60 ff.

제24장

참된 교회와 경험상의 교회

전통의 권위와 그 한계

루터에게 있어서, 기독교 교회는 그 영적 본성을 손상시키지 않은 채, 역사적 실재로서 사도들의 때부터 루터 자신의 때까지 끊임없이 모든 세기에 걸쳐 존재하였다. 복음주의자(개신교인)들은 또 다른 새로운 교회가 아니라 "참되고 오래된 교회, 전체적인 거룩한 기독교 교회, 하나인 성도의 공동체"이다.[1]

로마 교회에 대한 모든 철저한 비판에도 불구하고, 루터는 여전히 하나님은 모든 것에도 불구하고 심지어 교회의 바벨론 포로 중에서도 참된 교회를 기적적으로 보존하셨다는 것을 확신하였다.[2]

복음주의자들은 종교개혁 이전의 교회의 손에서 위대한 기독교적 유산을 상속받았다. 이 유산은 교황제 아래서도 상실되지 않았기 때문이다. "우리는 우리가 볼 때, 교황제 아래에서 기독교적이고 선한 많은 것이 있다고 고백한다. 실제 기독교적이고 선한 모든 것은 거기서 발견될 수 있고, 이 원천으로부터 우리에게 왔다. 예를 들어 우리는 교황 교회 안에서 참된 성서, 참된 세례, 참된 제단의 성례, 죄 용서의 참된 열쇠(권한), 교역의 참된 직무, 주의 기도와 십계명과 사도신경의 형식 속에

---

1) *WA* 51, 487.
2) *WA* 38, 220.
3) *WA* 26, 147; *LW* 40, 231 f. Cf. *WA* 40', 69; *LW* 26, 24. 이 곳에서 루터는 특별히 로마의 교회를 언급한다. Cf. *WA* 51, 501. *WA* 39II, 167.

있는 참된 요리문답 등이 있다고 고백한다."[3]

루터가 열거하고 있는 것들은 마지막 "사도신경"을 제외하고는 모두 성서적 내용들이다. 하지만 루터가 사도신경의 조항들을 성서에서 직접 취해진 자료와 함께 거론하는 사실에서, 우리는 그가 세부적인 것에 대한 많은 관심에도 불구하고 고대 교회의 신조들을 본질적으로 성서적 진리에 일치하는 것으로 받아들였다고 결론내릴 수 있다.[4]

그는 로마 가톨릭 미사 안에서 진정한 기독교적 내용을 복음에 위배되는 것과 함께 발견했다. 그는 이러한 입장을 그의 "독일 미사"에서 표현하였다.[5] 동일한 방법으로, 그는 중세 시대에 기록된 결코 적지 않은 숫자의 기도문을 채택했다(그의 독일어 번역은 의심할 여지 없이 종종 창조적 재구성이었다).[6] 그리고 그는 하나님이 고대 교회 안에서도 기독교의 실체를 보존하였다는 것을 증명하는 증거 안에서 "라틴어와 독일어로 된 많은 좋은 노래와 찬송들"을 포함시키기 때문에,[7] 그는 또한 이러한 것들을 독일어 예배와 복음주의적 공동체의 예배에 도입했다. 그는 예배 예전으로부터 많은 훌륭한 라틴어 찬송과 다른 용인된 음악 원본을 번역했고, 그것들을 독일 노래의 형식으로 구성했다. ("우리는 특별한 축제를 위해 훌륭한 라틴어 노래를 보전하기로 결정하였다. 그것들은 확실히 우리에게 깊은 동감을 일으킨다") 게다가 그는 중세의 가장 강력한 독일어 노래들을 취하여, 그것들을 비복음적 사고에서 정화한 후, 몇 행을 덧붙였다.[8]

이렇게 루터는 고대와 중세 교회의 손에서 성서적 내용을 직접 받았을 뿐만 아니라, 교회적 전통의 요소도 이어받았다. 이러한 것들 중, 교회의 유아 세례 관습은 작지 않은 것이었다. 루터의 판단에 그것은 성서에서 분명하게 명령되어 있지 않기 때문에, 유아 세례를 거부하는 재세례파에 대한 그의 반대는 그에게 교회 전통의 권위에 대하여 근본적으로 자신의 입장을 표현할 기회를 주었다.[9]

그는 교리와 관습에 관한 전 교회의 합의는 성서에 위배되지 않는 한, 구속력이 있다고 주장한다. 그는 다음과 같이 선언함으로써 주의 성찬에 대한 신령주의적 해

4) Cf. p. 7.
5) WA 19, 72; LW 53, 61.
6) Paul Althaus d. Ä. (Sr.), Forschungen zur evangelischen Gebetsliteratur (Gütersloh: Bertelsmann, 1927), pp. 195 f. Cf. LW 53, 129-146.
7) WA 38, 221.
8) Paul Althaus d.Ä. (Sr.), Luther als Vater der evangelischen Kirchenliedes (Leipzig: Deichert, 1917), pp. 29 ff. Cf. LW 53, 191-309.
9) Cf. pp. 359 ff.

석에 반대한다. "전체의 거룩한 기독교 교회의 증거는 (우리가 그밖의 아무 것도 갖고 있지 않다고 하더라도) 우리가 이 교리를 유지하고, 어떤 종파의 반대도 듣거나 관용하지도 않아도 좋을 만큼 충분히 있다. 전체의 거룩한 기독교 교회가 처음부터 지금까지 전 세계에 걸쳐 1500년 이상 동안 주장해온 공동의 증거와 신앙과 교리에 반대되는 것은 어떤 것이든 듣거나 믿기에 위험하고 가공할 만하기 때문이다."[10]

분명한 것이지만, 루터는 어떤 의미에서든 절대적 성서주의(biblicism)를 주장하지 않았다. 그는 성경을 절대화한 나머지 전통을 마구 무시한 것이 아니다. 그는 기독교 교리와 복음의 윤리적 의미를 성서에 명백하게 진술된 것에 한정하지 않는다. 그는 기독교의 진리가 성서적 교리로 축소되어야 한다고 요구하지 않는다. 성령은 사도들의 때부터 계속 사도들뿐만 아니라 기독교 세계를 인도했다. 그러나 루터는 두 경우 사이의 차이를 강하게 강조했다. 이것은 기독교 전통의 권리와 타당성을 확립한다. 기독교 전통은 그것이 성서 안에 분명하게 포함되어 있는 복음의 진리에 위배되는가 여부에 대해서만 검사받아야 한다. 이 시험을 통과한 것은 무엇이든 보존되어야 한다.

그러므로 이러한 의미에서, 성서는 교회의 좋은 전통으로 주장될 수 있는 것과 없는 것의 기준이다. 루터가 이 기준의 타당성을 강조하여 주장하기 때문에, 교회 전통에 대한 그의 기본적 긍정은 무조건적일 수 없다. 오히려 그것은 불일치의 가능성을 포함한다. 이러한 전통에 대한 "아니요"는 근본적이고 보편적인 "아니요"가 아니라, 항상 특별한 상황 안에서 언급되었고, 성서에 근거되었다. 그러나 우리는 전통이 성서와 분명히 모순되기 때문에 조화될 수 없는 때에는 언제나 전통에 대한 그러한 반대를 피할 수 없다.

루터 자신은 이 "아니요"를 표현하는 것이 대단히 힘든 것을 알게 되었다고 우리에게 말한다. 교회의 연속성과 성령을 통한 교회의 부단한 지도력에 대한 그의 확신은 그의 신앙의 필요 불가결한 부분이기 때문이다. 그의 대적들은 그에게 다음과 같이 반박했다. "교회, 교회, 너는 하나님이 소수의 루터교 이단들을 위하여 그의 전 교회를 거부할 만큼 그렇게 무자비하다고 생각하는가?[11] 너는 하나님이 그렇게 많은 세기 동안 그의 교회를 오류 속에 방치해 두리라고 생각하는가?" "너는 정말로 네가 유일하게 현명한 사람이라고 생각하는가?"[12]

---

10) *WA* 30^{III}, 552.
11) *WA* 40^{I}, 54 f. (Rörer's printed edition and notes); *LW* 26, 15. Cf. *WA* 40^{I}, 130; I 26, 65.
12) *WA* 46, 22; *LW* 24, 323.

전통의 본질적 부분에 대한 모든 거부는 교회의 모든 역사적 발전, 심지어 교회의 교리에 대해 의문을 일으킨다. "교회, 교회"하는 교황과 그 추종자들의 슬로건은 루터에게 현저한 내적 동요를 일으켰다. "그 충격은 진정으로 큰 타격을 주었다." 이 교회의 실재와 교회의 진리의 권세에 대한 끊임없는 주장은 치명적인 것이었다. 1538년에 이르러, 그는 설교에서 이 시험에 대해 말했다.[13]

로마 교회는 그것이 참된 교회라고 주장한다. 그리고 루터 자신은 그가 항상 다음과 같이 인정했던 것을 부인할 수 없다. "교황제는 하나님의 말씀과 사도들의 직무를 갖고 있고, 우리는 그들로부터 성서와 세례와 성찬과 설교의 직무를 받았다." 이것은 로마 교회에 반대하는 자마다 또한 그리스도의 교회와 그리스도 자신에 반대하는 것을 의미하지 않는가? 이것은 대적자들이 질문한 것이고, 루터는 그들에게서 이 주장을 묵살하고 그들이 틀렸다고 말하는 것이 아주 어렵다고 생각한다. "정말, 우리 자신은 그것을 논박하기 어렵다고 생각한다. … 그 때 다음과 같은 생각이 나의 마음에 밀려든다. 이제 나는 내가 오류 안에 있는 것을 안다. 오, 내가 이것을 시작하지 않고 하나의 설교도 하지 않았더라면! 누가 감히 우리가 신조에서 '나는 … 거룩한 기독교 교회를 믿습니다' 라고 신앙고백하는 그 교회를 대적하는가?'

루터는 이 어려운 시험을 극복했고, 결정적으로 교회 전통을 공격했다. "어느 누구도 교회가 오류 안에 있다고 말하는 것을 좋아하지 않는다. 그러나 만일 교회가 하나님의 말씀에 덧붙이거나 반대하여 어떤 것을 가르친다면, 우리는 그것은 틀렸다고 말해야 한다."[14] 이 점에서 새로운 문제가 분명히 생긴다. 무엇이 "하나님의 말씀"인가? 루터는 그 자체로 성서 말씀에 기초한 그의 교리와 그의 전통에 대한 비판이 반대를 받는 것을 체험해야 했다. 형식적인 율법주의적 성서주의는 그의 적대자를 얻는 데 충분하지 않았을 것이다. 루터의 궁극적 권위와 기준은 성서의 책과 정경 자체가 아니라, 스스로를 해석하는 성서, 자기 자신의 중심으로부터, 그리스도로부터, 철저하게 이해된 복음으로부터 스스로를 비판하는 성서였다. 루터에게 있어서, 성서의 권위는 엄격하게 복음에 중심을 둔 것이다.[15]

우리는 그의 태도의 특징을 이렇게 말할 수 있다. 루터에 관한 한, 정경 자체는 교회 전통의 일부이고, 따라서 하나님 말씀에 기초한 비평에 종속되어 있었다. 로마 가톨릭 신학은 현재까지도 빈번하게 루터가 성서의 권위에 접근하는 방법과 이 성서를 신빙성있게 하는 방법을 주관적이고 자의적이라고 정죄한다. 루터는 결코 혼자서

---

13) *WA* 46, 5 f. (edited by Cruciger); *LW* 24, 304.
14) *WA* 40^i, 132; *LW* 26, 66 f.
15) Cf. p. 82.

성서의 중심을 결정하고, 자기 확신을 가지고 그의 신학을 성서의 중심으로 제시한 것이 아니다. 뢰러(Rörer)는 1531년 갈라디아서 강의에 대한 그의 주해에서, 그가 복음을 이해했을 때, 항상 자기 자신 안에서 복음과 충돌하는 것을 발견했다는 개혁 자의 말을 보전해 놓았다.[16] 그러나 그는 또한 그가 항상 사도 바울의 증거에 의해 극복되고 강요되었다는 것을 알았고, 그는 성서 전체 안에서 바울의 기본 주제를 발 견했다. 즉 정경 안에서 이것과 일치하지 않는 것은 모두 예외였고, 하나님의 말씀 의 권위를 주장할 수 없었다는 것이다.[17]

이 모든 것에서, 루터는 결정적 주제를 그의 신학의 실질적 기준이라고 주장한 다. 이 기본 원리는 복음의 신 중심적 성격과 무로부터의 창조자로서 하나님의 명예 에 대한 보전이다. 루터는 우리에게 슈타우피츠가 루터의 교리가 하나님에게 모든 명예를 돌렸고 인간에게는 공로를 돌리지 않았다고 지적함으로써, 한때 의심 가운데 있는 자기를 위로했다고 말한다. "사람은 하나님에게 아무리 많은 것을 드려도 충분 하지 않다." 루터는 이 기준을 받아들이고, 그가 전통과 충돌하기 때문에 그에게 온 시험을 극복하는 데 그것을 사용했다. "이제 나는 이것을 확실히 안다. 내가 가르친 것은 인간이 아니라 하나님에게서 온 것이다(참고 갈 1:10). 즉 나는 모든 것을 오 직 하나님께 돌리고, 인간에게는 아무 것도 돌리지 않는다 … 인간보다는 하나님에 게 아주 많은 것을 돌리는 것이 훨씬 더 안전하다."[18] "나의 가르침은 … 하나님으로 하여금 하나님이 되게 하는 것이고, 그것은 하나님께 영광을 돌린다 … 따라서 그것 은 잘못될 수 없다."[19] 그러나 그의 복음 해석의 진리를 위한 이러한 기준도 그가 자 의적으로 세운 것이 아니었다. 그것은 "아브라함은 존재하지 않는 것을 존재케 하시 는 하나님을 믿었다"는 로마서 4:17에서 사도 바울에 의해 그에게 주어졌다.

성서의 권위와 교회의 권위

루터에게 있어서, 하나님의 말씀과 비견되고 분리되는 교회 안의 무조건적인 어 떤 권위도 없다. 어떤 사람이 기독교 신앙과 삶의 문제에서 "교회의 의견"을 참조할

---

16) *WA* 40[I], 131; cf. *LW* 26, 65 f. 〔영어역이 그것에 근거를 둔〕 인쇄본이 루터의 명시적인 진술 즉 "그리고 나는 또한 종종 이러한 가르침에 반대로 생각한다〔ego qui saepe sentio contra hanc doctrinam〕"의 어조를 낮추는 것에 주의를 기울 여야 한다.
17) Cf., e. g., *WA* 40[I], 458; *LW* 26, 295. 루터의 야고보서에 대한 진술을 위해서는 다음을 보라. *WA* 39[II], 199.
18) *WA* 40[I], 131 f.; *LW* 26, 66.
19) *WA* 17[I], 232; *LW* 12, 187.

때마다, 우리는 이것이 무엇을 의미하는지 물어야 한다. 그것은 그것이 성서 안에 있고 성서에 기초한 사실에 의해 확인될 수 있는 교회의 참된 견해인가? 아니면 어떤 사람이 교회의 참된 견해라고 주장하기만 하는, "성서 밖에서 발견되는", 자기가 만든 의견인가? 오직 전자만이 권위를 갖고 있다. 그것만이 성서에 근거를 둔 것이고, 그리스도의 뜻과 명령에 일치하기 때문이다. "교회는 그리스도가 생각하고 명령하는 것 이외에는 아무것도 믿고 생각하지 않는다. 하물며 그리스도가 생각하고 명령한 것과 반대되는 것이랴." 그러한 교회의 견해는 하나님의 말씀이 그러한 것처럼 오류에 빠질 수 없다.[20]

그러므로 우리는 오직 이러한 의미에서만 교회의 권위를 인용할 수 있고 인용해도 좋다. 그것은 성서에 준하고 성서에 의존되어 있다.

교회 그 자체, 교회의 교부들, 전통, 그 직무자와 기관의 권위는 무조건적 권위일 수 없다. 교회는 주님 자신이 예언한 대로(마 24:24), 잘못을 범할 수 있기 때문이다. 이런 이유로 우리는 우리 입장을 확립하기 위해 단순히 교회 교부들을 인용할 수 없다. "우리는 교부들의 삶과 사역 위에 너무 많은 것을 의지하거나 세울 수 없고, 오직 하나님의 말씀 위에만 그렇게 할 수 있다."[21]

구약성서는 다윗과 나단의 예를 통하여 교회가 잘못을 범할 수 있다는 것을 보여준다. 신약성서는 이에 대한 적지 않은 증거를 제시한다. 사도들도 "종종 죄를 짓고 실패하기" 때문이다. 예를 들어 베드로는 바울이 갈라디아서 2:11 이하에서 말하고 있듯이, 오류를 범했다.[22]

이런 이유로 교회는 그 거룩성에 대한 편견 없이, 죄 용서를 구하는 주기도문의 다섯번째 간구를 매일 기도해야 한다. 이것은 개인적인 교회의 지체뿐만 아니라 교회 전체에 의해서도 기도되어야 한다.[23] 교회는 "하나님 앞에서 마지막 날까지 순종하는 죄인으로 남아 있고, 교회의 구세주 그리스도 안에서만 은총과 죄 용서를 통하여 거룩하다."[24] 이런 이유로 그리스도인은 무조건적으로 교회에 복종할 수 없다. 우리는 그리스도에게 무조건적으로 복종해야 하지만, 사도들과 교회와 천사들까지도 하나님의 말씀의 기준을 따라 판단한다. (이런 이유로 사도들은 또한 우리가 그들을

---

20) *WA* 38, 203, 216 ff. Cf. *WA* 51, 518.
21) *WA* 38, 206.
22) *WA* 38, 208. Cf. *WA* 12, 417, 419.
23) *WA* 38, 208, 216. Cf. *WA* 40^I, 132; *LW* 26, 66. *WA* 39^I, 351. *WA* 40^{III}, 506; *LW* 13, 89.
24) *WA* 38, 216. "교회의 겉 모습은 죄인의 모습이다." *WA* 40^{II}, 560; *LW* 12, 263.

그리스도의 말씀의 기준에 의해 평가하는 것을 허용해야 한다. 비록 그들이 교회보다 더 큰 권위를 갖고 있지만 말이다)

"우리는 그들이 그 분〔그리스도〕의 확인을 갖고 있는 한에서," 즉 그들이 마태복음 28:19의 그리스도의 위임을 따라 복음을 설교하는 한에서, "사도들과 교회에 순종한다." "만일 그들이 이 확인을 갖고 있지 않으면, 우리는 갈라디아서 2장에서 사도 바울이 베드로에게 그렇게 했듯이, 그들에게 관심을 기울이지 않는다." 바울은 베드로가 복음에서 벗어났기 때문에, 그의 말을 듣지 않고 그를 꾸짖었다. 그러한 상황에서 교회의 권위에 대한 호소는 전혀 의미가 없다.[25] 권위와 이에 따른 순종의 의무는 복음에 근거해 있고 복음에 의해 제한받는다. 즉 교회가 복음에 대한 참된 증거를 소유하고, 그리하여 그것이 그리스도에 의해 파송되었다는 것을 증명하기 때문에, 그리고 증명하는 한에서 그러하다.

그리스도인의 교회에 대한 순종은 따라서 그리스도에 대한 순종의 형태를 취한다. 그러나 이 두 가지는 서로 다르다. 우리가 그리스도에 순종하기 위하여 교회에 대한 순종을 거부하는 것이 일어날 수 있다. 인간적 권위에 대한 순종 중에는 하나님에 대한 불순종이 되는 것이 있다. 기억할 만한 진술에서, 루터는 명백하게 교회를 그러한 인간적 권위 중의 하나로 말한다. "하나님께 불순종하는 방식으로 정부와 아버지와 어머니와 심지어 교회에 복종하는 모든 복종이 지옥까지 저주받게 하라. 이 점에서 나는 아버지도 어머니도 친구도 정부도 심지어 기독교 교회도 모른다."[26] 교회는 이렇게 위에 언급된 다른 지상(地上)의 권위에 대한 관계에서 어떤 특별한 자리를 차지하고 있지 않다. 모든 것은 인간 안에 구현된 것이고, "잘못을 범하는 것은 인간적인 것이다." 루터는 특별히 교회에 관련하여 이것을 강조한다.[27]

교회는 인간성이나 죄성으로부터 면제되어 있지 않다. 이 두 요소가 둘 다 이러한 권위들 중 어떤 것도 무조건적 권위를 주장하고 무조건적 복종을 요구하는 것을 금하고 있다. 그러나 성령이 교회에게 약속되었기 때문에 모든 권위 중에서 특별한 위치를 차지하고 있지 않은가? 루터는 역시 이 문제를 다룬다. 우리는 다음에서 이것을 다룰 것이다. 루터는 교회의 권위의 한계 및 오류를 범할 수 있는 가능성에 대

25) *WA* 38, 208.
26) *WA* 28, 24.
27) 루터는 교회의 교부들도 또한 모든 사람들과 마찬가지로 오류를 범할 수 있다고 지적한다. *WA* 7, 711. 루터는 바울의 칭의 교리의 진정한 해석은 교회의 공인된 교부들이 말한 것에 기초하여 결정될 수 없다고 선언한다. "그들도 동일하게 눈이 멀었지 않은가? 그들은 바울의 명확하고 이해할 수 있는 진술들을 무시했지 않은가?" *WA* 18, 771; *BOW*, 294. *WA* 39', 185.

한 이러한 생각을 특별히 공의회에 적용함으로써 강화한다. [28]

공의회 그 자체는 교회와 그 전통이 그러한 것과 마찬가지로, 무조건적인 영적 권위를 소유하고 있지 않다. 공의회들은 끊임없이 그들이 "그리스도의 이름으로" 모이고, 그리하여 마태복음 18:20의 그리스도의 약속을 따라("두 세 사람이 내 이름으로 모인 곳에는 … ") 그들이 오류를 범할 수 없다고 주장했다. 루터는 단순히 그리스도의 이름으로 모였다는 주장은 공의회가 진정으로 그렇게 모였고 또 그리스도의 권위를 소유하고 있다는 것을 아직 의미하는 것은 아니라고 지적한다. "그들이 그리스도의 이름으로 함께 모였다면, 그들은 그리스도를 따라 복음에 어긋나지 않게 행동함으로써 그것을 보일 것이다." 그러므로 공의회의 칙령의 내용이 공의회가 실제 그리스도의 이름으로 모였는지를 결정할 것이다.

"비록 성자들이 공의회에 참석하고 있고, 많은 성자들이 있고, 천사들이 거기 있다고 할지라도, 우리는 인물 하나하나가 아니라 하나님의 말씀만 신뢰한다. 성자들도 실수할 수 있기 때문이다. 인간이 성자이고 그렇기 때문에 믿어야 한다고 말할 어떤 구실도 없다. 아주 확실하게 그렇지 않다. 그리스도는 정반대로, 그가 나에 관하여 올바르게 말하는 경우에만 그를 믿으라고 말씀하신다." 이것은 다수의 결정이 아니다. 오히려 "만일 내가 그리스도에 관하여 올바르게 생각하는 어떤 사람을 본다면, 나는 그에게 키스하고 그의 목에 내 손을 감아야 한다. 그리고 거짓되게 생각하는 다른 모든 사람들은 그냥 내버려 두라." 따라서 복음의 순전한 진리는 그리스도를 증거하는 교회의 사람들에게 진정한 권위를 준다. 루터는 "신앙의 유비"를 가져오고 그들 자신의 생각을 가져오지 않는 사람들만이 성령 안에서 모였다고 말할 때, 이들에게 권위가 있다고 주장한다. [29]

공의회가 오류를 범하지 않고 진리를 증거할 때, 우리는 그것을 당연하게 여기지 말아야 한다. 그런 공의회는 에큐메니칼 공의회이기 때문에 그 형식적 권위 때문에, 필연적으로 진리를 증거하는 것이 아니다. 공의회가 그렇게 할 때, 그것은 (당연히 여겨질 수 있는 것과 구분되는) 경험적이고 "우연한" 사실이다. 그러한 경우는 그리스도가 공의회 안에서 성도 개인들을 사용하시든, 전 교회의 목소리를 사용하시든, 각각 그의 교회를 향한 그리스도의 은혜의 특별한 표징이다. 말한 그대로, 이것

---

28) Cf. *Disputation on the Authority of a Council* (1536), WA 39[I], 189 f. Cf. Theses 12 ff., WA 39[I], 185 f. 루터의 공의회 비판을 위해서는 다음을 참고하라. *On the Councils and the Churches* (1539), WA 50, 509-624; PE 5, 157-263.

29) WA 39[I], 186.

은 특별한 은혜이고, 공의회의 권위에서 단순히 나온 것이 아니다. 진리는 공의회의 권위에 의해 보장되지 않으나, 거저 주시는 그리스도의 진리의 선물이 특별한 경우에 공의회에 그 권위를 준다.[30] 공의회가 교회를 "대표한다"는 단순한 사실은 또한 그 자체가 교회이고 참된 교회라는 것을 의미하지 않는다. 이것은 앞에서 말한 대로, 당연히 여겨질 어떤 것이 아니고, 공의회 모임과 함께 주어지는 것이 아니라 순전히 경험적이고 "우연적"인 사실이다.[31]

루터는 성령이 그리스도의 교회에 약속되었다는 것을 인정한다. 그러나 이것은 감독들이나 공의회의 모임에 필연적으로 약속된 것은 아니다. 이것은 어떤 공의회도 그 칙령을 증명하기 위해 성령의 약속을 인용할 수 없고, 성령의 약속으로부터 그 교리 조항을 위한 구속력 있는 권위를 끌어낼 수 없다는 것을 의미한다.[32] 그러한 모임의 교회적 합법성은 그 영적 합법성을 반드시 포함하고 있지는 않다. 영적 합법성은 전적으로 그 교리와 결정의 사도성에 의존한다.[33]

루터가 교회의 가장 높은 가르침의 직무의 권리에 관하여 동일한 것을 말하였을 것이라는 것은 거의 말할 필요도 없다. 교황의 교좌에서 행하는(ex cathedra) 교황의 가르침은 무오하다는 제1바티칸 공의회의 교리는 공의회가 무오하다는 교리와 동일한 비판을 받아야 한다.

교회의 역사 안에 있는 성령

공의회에 대한 루터의 평가는 성령이 어떻게 교회를 인도하였는가에 대해 로마의 이해와 복음주의(개신교)의 이해 사이의 구분을 명확하게 한다. 차이는 로마 가톨릭 교회는 성령의 지도를 인정하고, 복음주의적 사고는 그것을 인정하지 않는다는 것이 아니다. 루터는 그의 대적자들만큼이나, 그리스도가 그의 성령을 통하여 그의 교회와 함께 머문다는 것과 그리스도가 교회를 진리로 안내하고 인도한다는 것을 확신하고 신뢰한다. 그는 "우리도 또한 교회가 옳은 모든 것을 한다고 고백한다"고 말할 수 있다.[34] 비록 그가 사도 시대 이래 교회 안의 어떤 개인도 신앙의 문제에서 무

---

30) *WA* 39^I, 185.
31) *WA* 39^I, 186 f.
32) *WA* 39^I, 186.
33) *WA* 39^I, 187.
34) *WA* 7, 713.
35) "따라서 사도 이후에는 어떤 사람도 오직 보편 교회를 제외하고는 그가 신앙에서 오류를 범할 수 없다고 주장할 자격이 없다." *WA* 39^I, 48; *LW* 34, 113. Cf. *WA* 6, 561; *LW* 36, 108. *WA* 6, 615.

오를 주장할 수 있다는 것을 분명히 부인한다 하더라도, 그는 동일하게 보편 교회가
오류를 범할 수 없다는 것을 확신한다.[35] 그러나 이러한 모든 것이 해당되는 교회는
어디에 있고, 그것은 어떤 종류의 교회인가? 이 점에서, 루터의 십자가의 신학이 다
시 한번 시야에 들어온다. 십자가의 신학은 그리스도의 교회에 대한 그의 이해를 결
정한다. 그것은 그리스도의 참된 교회와 역사적 기독교 세계는 동일하지 않다고 말
한다. 참된 교회는 감추어져 있고,[36] 공식적 교회와 교회의 역사와 동일시 되지 않는
다. 공식적 교회는 참된 교회를 교회로 인정하지도 않는다. 이 참되고 감추어져 있
는 교회는 그리스도의 영에 의해 지배받는다. 그것은 신앙의 가장 작은 조항에서도
오류를 범할 수 없다. 그리스도는 세상 끝까지 교회와 함께하겠다고 약속했다. 그것
은 "진리의 기둥과 터"(딤전 3:15)이다.[37]

그러나 그의 약속은 교회의 모든 조직과 공식적 교회에 대해 자동적으로 타당한
것은 아니다. 공식적 교회가 자신을 위하여 주장하는 바 그 주교들(bishops)의 사도
적 계승은 반드시 당연하게 여겨질 수 있는 것으로서 진리와 진정한 사도적 복음의
계승을 의미하지 않는다. 전자가 후자와 불가분리하게 연결되어 있는 것도 아니다.[38]

우리는 교회의 유기적 발전의 관점에서 형성된 교회 역사의 이론은 성령이 교회
를 인도한다고 주장함으로써, 결코 경험적 교회의 결단과 발전을 설명할 수 없다.
루터는 오직 그것이 또한 하나님의 진노 아래 있다는 것을 주장함으로써 경험적 교
회 조직의 역사와 실재를 이해할 수 있다고 한다.[39] 다른 말로, 루터는 예리하게 논
쟁적으로 정식화된 논제에서, 우리는 항상 교황의 칙령과 다른 공식적 칙령과 로마
의 규정이 성령으로부터 온 것인가 사탄으로부터 온 것인가 질문해야 한다고 선언한
다.[40]

확실히 공식적 교회와 감추어진 교회 사이의 차이와 대립에 대한 루터의 진술은
그의 로마와의 투쟁에 의해 따라서 구체적인 논쟁적 상황에 의해 영향받고 있다. 그
러나 우리는 이 진술의 토대와 의미가 이 상황을 넘어 멀리 적용된다는 사실을 무시

---

36) "교회는 감추어져 있고, 성도들은 보이지 않는다." *WA* 18, 652, *BOW*, 123. 이것
   은 구약성서에서도 해당된다. 참된 하나님의 백성은 감추어져 있고, 유대교 종교 공
   동체와 동일하지 않다. 반대로 구약성서에서 참된 교회는 항상 교회임을 주장하나 참
   된 교회를 박해하는 사람들에 의해 대적되어 있다. Cf. H. Bornkamm, *Luther
   und das alte Testament*, pp. 176 ff.
37) *WA* 18, 649; *BOW*, 120. Cf. *WA* 51, 511.
38) *WA* 39^{I}, 191. Cf. *WA* 39^{II}, 176 f.
39) *WA* 5, 43; *LW* 14, 306.
40) *WA* 7, 713.

할 수 없다. 루터가 교회의 본성을 이런 식으로 묘사하는 이 법은 또한 구약성서 안에서, 예를 들면 엘리야의 때와 그 이후 하나님의 백성의 전 역사 속에서 현존한다는 것을 발견한다. 그는 이 원칙을 교회의 전 역사에 적용한다. "어떤 사람들은 하나님의 백성과 성도가 아닌데 그렇게 불리고, 반면에 어떤 사람들은 그들 가운데 남은 자로서 하나님의 백성과 성도인데 그렇게 불리지 않는다"는 것은 항상 사실이다. [41]

공식적 교회와 비밀 교회는 복음, 성례, 열쇠의 직무(권징과 사면권) 등의 관점에서 동일하다. 루터는 이러한 모든 것이 공식적인 교회 안에도 또한 현존해 있다는 것을 발견한다. 이것은 그에게 감추어진 교회가 플라톤적 이데아가 아니라는 것을 확신하게 한다. 루터에 의하면, 그것은 역사적 실재이다. 하나님의 백성, 그리스도의 공동체는 공식적 교회의 역사적 형태와 동일하지 않고 그 아래 감추어져 있다고 말하는 십자가의 신학은 부활의 신학에 의해 보충되었다.

부활의 신학에 의하면, 하나님은 항상 그의 교회를 보전하는데, 여러 방법으로 오류를 범한 교황제 같은 교회 조직 아래서도 보전한다. 그는 복음의 본문 말씀과 성례를 놀랍게 보전하심으로써 이것을 행한다. 이러한 것들을 통하여, 많은 사람이 참된 신앙 안에서 살고 죽는다. 이것은 그들이 오직 공식 교회 안에 있는 약하고 감추인 소수라고 해도 여전히 사실이다. 루터는 이것을 반복하여 말한다. [42] 따라서 그는 이 흐름을 따라 성령이 교회를 인도한다는 약속이 거듭 성취되는 바, 교회의 실제 역사에서 이 진리의 흐름을 본다.

이런 의미에서 참된 교회는 "그럼에도 불구하고"의 신앙의 대상일 뿐만 아니라 역사적 경험의 대상이다. 그것은 루터가 항상 인식했던 분명한 역사적 연속성의 일부이다. 그러나 이러한 성령을 통한 지도력의 연속성과 참된 교회 보전의 연속성은 공식적 전통과 교회 구조의 소위 사도적 계승과 분명히 동일한 것은 아니고, 그것에 의해 보장되지도 않는다. [43]

모든 시대에서, 하나님은 그가 의도하는 방법과 장소에서 그의 진리의 증인들을 선택한다. 우리가 본 대로, 루터는 교회 안의 특정한 상황에서 한 사람 개인이 진리를 갖고 있다고 지적한다. 그러면 그는 항상 공식적 교회의 권위에 맞서서 끊임없이

---

41) *WA* 18, 650; *BOW*, 121. 참된 교회의 은폐성에 대해서는 또한 다음을 보라. *WA* 40^{III}, 504 f.; *LW* 13, 88 ff.
42) *WA* 18, 651; *BOW*, 121. *WA* 39^{II}, 167 f. *WA* 40^{III}, 505; *LW* 13, 89.
43) *WA* 39^{II}, 176.

그것을 주장하여야 한다. 이것은 우리가 교권적 혹은 초자연적 진화의 관점에서 성령의 지도를 이해하는 것을 막아준다. 하나님은 인간이 하나님의 말씀만 신뢰하는 것보다 교회를 더 신뢰하는 지금 현존해 있는 위험을 파괴하기 위하여, 공식적 교회가 오류를 범하는 것을 허용하신다.[44] 그러나 그 때 하나님은 다시 그의 진리를 증거할 교회를 파송하신다.

---

44) *WA* 12, 418.

제25장

성례

하나님은 그의 말씀 안에서 우리와 대면하신다. 우리는 믿음으로 그 말씀을 받아들이고 수용한다. 하나님은 복음의 약속과 믿음 사이의 이러한 상호 관련의 맥락 속에서 인간을 다루신다. 그리고 루터는 이러한 맥락 안에서 성례를 이해한다.[1]

이것은 그의 성례 교리의 복음주의적(개신교적) 특징을 규정한다. 우리는 먼저 성례의 복음과의 관계에서, 다음은 성례의 믿음과의 관계에서 이것을 입증할 것이다.

성례와 복음

루터에 의하면, 성례는 약속의 말씀과 표지(sign)의 결합이다. 즉 성례는 하나님이 제정한 표지에 의해 동반된 약속이요, 약속에 의해 동반된 표지이다.[2] 먼저 이것은 표지 혹은 상징이 그 자체만으로는 성례가 아니라는 것을 의미한다. 루터는 모

---

1) "약속하는 말씀과 받아들이는 신앙이 없다면, 우리는 하나님과 어떤 종류의 관계에도 들어갈 수 없기 때문에, 신앙을 요구하는 신적인 약속과 함께 명백하게 주어지지 않는다면, 그것은 성례가 아니다." *WA*, Br 1, 595; *S-J* 1, 264.
2) "그러나 우리의 표지들은 교부들의 표지와 마찬가지로 성례이고, 그 표지들에는 신앙을 요청하는 약속의 말씀이 덧붙여져 있고 어떤 다른 행위에 의해 충족될 수 없다." *WA* 6, 532; *LW* 36, 65. *WA* 6, 572; *LW* 36, 124. 루터는 자주 어거스틴의 규칙을 인용한다. "말씀이 성물(떡, 즙, 물 등)에 부가될 때, 그것은 성례가 된다〔Accedat verbum ad elementum et fit sacramentum〕." *WA* 30[1], 214; *BC*, 438.

든 가시적 행위는 자연적으로 어떤 것을 의미할 수 있고 불가시적 실재의 형상 혹은 유비로 이해될 수 있다고 설명한다. 그러나 이것은 상징적 행위를 성례로 만들기에 충분하지 못하다.[3] 상징적 행위는 하나님에 의해 제정되어야 하고, 약속과 결합되어야 한다. 성례의 특성은 궁극적으로 신적 약속의 말씀의 현존에 의존해 있다.[4] 혼인이나 견진성사처럼 이것이 빠져 있는 곳에서는 성례에 대해 말할 수 없다. 그러나 반면 기독교적 삶에는 기도, 말씀 듣기와 묵상, 십자가와 같은 실재와 행위들이 있는데, 하나님은 이런 것들에다가 약속을 덧붙여 주신다. 그러나 그것들은 표지나 상징의 특징이 없다. 예를 들어 소위 고해성사가 이에 해당된다. 따라서 정확히 말한다면, 하나님의 교회 안에는 단지 두 가지 성례, 즉 세례와 성만찬만이 있다. 이 둘 안에서만, 하나님에 의해 제정된 표지와 죄 용서의 약속이 모두 존재하기 때문이다.[5] 따라서 성례의 결정적 요소는 약속의 말씀이다.[6] 성례는 말씀이 없으면 아무것도 아니다.[7]

그것은 약속의 말씀이 행한 것 이외에 어떤 다른 내용이나 영향이 없다. 그러나 약속은 항상 죄 용서의 약속이다. 루터는 「소요리문답」의 세례와 성만찬에 관한 세 번째와 네번째 질문에 대한 대답에서, 이 모든 것을 아주 명확하게 말했다.[8] 따라서 루터는 다양한 성례전적 은총들이 아니라 오직 항상 죄 용서와 생명과 구원을 가져오는 단 하나의 완전한 은혜를 확인한 것이다.

성례는 말씀이 우리에게 다가오는 형태이고, 그렇기 때문에 이 형태는 구두 선포와 별도로 그 유일한 본성과 의미를 갖는다. 성례는 인간에게 하나님의 약속에 대한 보장과 보증과 인침을 제공한다.[9] 성례는 신앙을 강화하고, 의심과의 투쟁에서

---

3) "우리는 모든 성례 안에는 신적 약속의 말씀이 있고, 그것은 표지를 받아들이는 모든 사람에 의해 믿어질 수 있다는 것과 또한 우리가 그 말을 사용하는 의미로서 표지 하나만으로는 성례일 수가 없고, … 그러나 형상이나 비유도 성례가 아니라는 것을 말하였다." WA 6, 550; LW 36, 92.
4) "성례를 구성하기 위하여, 무엇보다 신적 약속의 말씀이 있어야 하는데, 이것에 의해 신앙이 움직여져 훈련될 수 있다." WA 6, 550; LW 36, 92.
5) WA 6, 571 f.; LW 36, 124.
6) WA 40^{II}, 411; LW 12, 369 f.
7) "우리는 말씀으로 세례를 준다." WA 12, 180; LW 40, 21. "하나님의 말씀의 위엄이 세례에서 지배적으로 군림한다." WA 12, 182; LW 40, 23.
8) "이러한 효과를 일으키는 것은 물이 아니라, 그 물과 연결된 하나님의 말씀이다 … " WA 30^I, 310; BC, 349. "먹는 것과 마시는 것이 그 자체로 그것들을 제공하는 것이 아니라, '너를 위하여'와 '죄 용서를 위해' 라는 말씀이 그렇게 한다." WA 30^I, 317; BC, 352.
9) WA 2, 694, 692, 686. WA 7, 323; LW 32, 15. WA 10^{III}, 142.

신앙을 돕는다.[10] 이런 목적으로 성례는 제정되었다. 1520년 루터는 그리스도의 실제적 임재와 그리스도의 진정한 몸과 피를 받음을 포함하여, 이러한 신앙을 위한 표지라는 성례의 규정 아래, 성만찬을 성례로 분류하였다. 그리스도의 몸과 피의 선물은 우리에게 죄 용서의 약속을 확신시키는 표지이기 때문이다. 후에, 그리스도의 몸과 피의 실제적 임재에 대한 강조로 인해, 루터는 당연히 이렇게 제단의 성례를 표지로 평가하는 것을 넘어섰다(27장의 성만찬 교리에 대한 논의를 보라.). 그러나 그때도 죄 용서는 성만찬의 진정한 선물로 남아있었고, 그리스도의 몸과 피는 여전히 그것의 "확실한 보증과 표지"로 이해되었다.[11]

루터는 또한 설교된 말씀은 모든 사람에게 일반적으로 향하지만 반면에 성례는 말씀의 내용이 특정한 개인에게 전달된다는 사실에서, 성례의 특별한 의미와 말씀 선포를 능가하는 성례의 유익을 본다.[12] 이 요소는 우리가 논의하여 왔던 것과 밀접하게 관련되어 있다. 성례가 한 개인으로서 나에게 주어졌다는 사실은 이 약속이 또한 나에게도 효력이 있다는 믿음을 굳게 해주기 때문이다. 설교는 적어도 영적 시련 아래 있는 자에게는, 이 문제를 대답되지 않은 채로 남겨둔다. 설교는 특별하게 개별적 존재로서 개인에게 말할 수 없기 때문이다.

성례는 그 육체적 특성 때문에 특수하다. 성례는 우리의 몸에 행해지고 우리 몸을 통해 참여하는 육체적 행위이다. 루터에 의하면, 이 성례의 육체적 성격은 특별히 성례가 신앙을 위한 도움으로서 포함하고 있는, 성례의 표지나 보증이 감각에 호소할 수 있고 감각에 의해 수용될 수 있다는 것을 의미한다. 그것은 여러 감각으로 포착될 수 있고, 따라서 마음에 의해 수용될 수 있다.[13] 그러나 이뿐만 아니라, 성례가 우리의 몸에 영향을 주고 또 우리 몸이 참여하는 행위라는 사실은 성례의 형태로

---

10) n. 9에서 인용된 구절 이외에도, 다음을 참고하라. "모든 성례는 신앙을 북돋우기 위해 제정되었다." *WA* 6, 529; *LW* 36, 61.

11) *WA* 30ⁱ, 225; *BC*, 449.

12) "그러나 여기서 그 구별은 다음과 같다. 내가 그의 죽음을 설교할 때, 그것은 공개적인 선포이고, 그 속에서 나는 어떤 사람에게도 개인적으로는 말하지 않는다. 그것을 붙잡는 자는 누구나 붙잡는다. 그러나 내가 성례를 베풀 때, 나는 그것을 받아들이고 있는 특정 개인에게 준다. 나는 그가 죄 용서를 받도록, 그에게 그리스도의 몸과 피를 주는데, 이 죄 용서는 그의 죽음을 통해 얻어지고 기독교 공동체 안에서 선포된 것이다. 이것은 공적인 설교 이상의 어떤 것이다. 동일한 것이 설교에서 현존한다 하더라도, 여기서는 특정한 개인을 향한다는 이점이 있기 때문이다. 설교에서 나는 어떤 특별한 사람을 지적하거나 묘사하지 않으나, 성례에서는 당신과 나에게 특별히 주어지고 그 결과 설교는 당신 자신의 것이 된다." *WA* 19, 504 f.; *LW* 36, 348 f.

13) "그렇다. 그것은 분명히 외적인 것이기 때문에, 지각되고 파악되고 그래서 마음 안으로 끌어들여질 수 있다." *WA* 30ⁱ, 215; *BC*, 440.

우리에게 임한 약속 또한 우리의 몸에 효력이 있다는 것을 의미한다. 그 육체적 성격을 통하여, 성례는 우리에게 우리의 몸이 영생과 복을 위해 예비되었다는 확신을 준다. 이것은 세례에 해당되는 사실이다.[14]

성만찬 교리에서, 그리스도의 몸과 피의 은사들의 초자연적, 육체적 성격은 포도주와 빵의 육체성과 그것들을 통해 발생한 행위의 육체성에 덧붙여진다. 루터는 포도주와 빵의 육체적 본성보다는 그 은사의 초자연적, 육체적 성격이 몸도 역시 영생을 받도록 의도되어 있다는 약속에 대한 보증으로서, 더 의미있다고 생각한다. 세례 안에는 이에 상응하는 것이 없다.[15]

성례와 신앙

이러한 말씀 안에 제공된 약속의 표지로서의 성례 이해는 성례와 신앙 사이의 불가분리의 관계를 확립한다. 말씀 그 자체와 마찬가지로, 말씀의 성례적 형태가 신앙을 위해 현존하기 때문이다. 성례는 신앙에 의존해 있고, 신앙 없이는 인간의 구원에 아무 것도 기여하지 못한다. 루터는 로마의 성례제도를 반대하면서, 끊임없이 이것을 강조한다. 로마 가톨릭 교리에 의하면, 성례는 죽을 죄를 가지고 "그것에 대해 문을 닫지" 않는 모든 사람에게 은총을 제공한다. 이것에 반대하여, 루터는 다음과 같이 주장한다. "성례가 … 장애물을 두지 않는 사람들에게 은총을 제공한다고 주장하는 것은 이단이다."[16]

루터의 파문을 선언한 교황의 교서는 이 문장을 정죄하였다. 루터는 항상 그것을 주장했다. 그것은 성례가 용납에 대한 신적 약속을 전달한다는 인식과 필연적 관계에 있다. 한 인격에서 다른 인격으로의 그러한 제공은 신앙의 인격적 행위 안에서 파악되고 수용되어야 한다.[17] 말씀 자체와 마찬가지로, 성례는 항상 하나님이 인간과 인격적으로 만나는 만남이다. 따라서 "하나님의 역사(works)가 구원을 위해 유익하

---

14) "나는 내가 영혼과 몸에서 모두 구원받고 영생을 누릴 것이라는 약속을 갖고 있다. 이것은 이 두 가지가 세례에서 이루어지는 이유이다: 몸은 물이 그 위에 쏟아지게 하고, 그것이 물 이외의 아무 것도 받을 수 없다 할지라도, 그 동안 말씀이 전달되고 그 결과 영혼이 그것을 붙잡을 수 있게 된다. 물과 말씀은 함께 하나의 세례를 구성하기 때문에, 몸과 영혼은 구원받고 영원히 살 것이다: 영혼은 그것이 믿는 말씀을 통하여, 그리고 몸은 영혼과 연합되어 있어서 그것이 이해할 수 있는 유일한 방법으로 세례를 이해하기 때문에 그렇게 된다." WA 30¹, 217; BC, 442.
15) 그리스도는 "그러한 보장으로써 그가 우리 몸 또한 영원히 살 것이라는 — 왜냐하면 그 몸은 이 세상에서 영원한 산 음식에 참여하기 때문에 — 확신과 약속을 주기 위하여," 우리에게 자신의 몸을 먹으라고 준다. WA 23, 155; LW 37, 71.
16) WA 1, 544; LW 31, 106 f. Cf. WA 7, 317; LW 32, 12.

고 필수적이며, 그것이 신앙을 배제하는 것이 아니라 더욱 요청한다"는 것이 사실이
다. "신앙이 없이는 하나님의 역사는 파악될 수 없기 때문이다."[18]

로마 가톨릭의 성례전 교리와 경건에 반대하여, 루터는 심지어 신앙은 특별히
세례 없이도 이룰 수 있다고 선언할 수 있었다. 루터는 그리스도가 "믿지 않고 세례
받지 않는 자는 정죄 받으리라" 하지 않고, 오직 "믿지 않는 자는 정죄 받으리라"고
말한 마가복음 16:16을 인용하면서, 그리스도는 신앙이 성례에 필수적이기 때문에
신앙은 성례 없이도 인간을 영원한 구원으로 보전할 수 있다는 것을 보여주고 있다
고 결론내린다.[19]

우리가 세례를 받을 수 있다면, 우리는 받아야 한다. 우리는 세례의 성례를 경
멸해서는 안되기 때문이다. 그러나 세례를 받을 수 없거나 거절당한 경우일지라도,
우리가 복음을 믿기만 하면 우리는 구원 받을 것이다. "복음이 있는 곳이면 그 어디

---

17) "말씀과 약속을 다룰 때, 우리는 이 곳 지상의 인간들 사이에서도 신앙을 지녀야 한
다. … 이제 우리가 분명히 볼 수 있는 것과 마찬가지로, 하나님은 그의 거룩한 말씀
과 그의 말씀의 표지나 인(印)과 같은 성례에 의하지 않고는 그 어떤 방법으로도 우
리를 다루지 않으신다. 그러므로 이 말씀과 표지에서 필요한 첫번째 것은 신앙이다.
하나님이 말씀하시고 표지를 주실 때, 인간은 그가 말하고 표지로 주신 것이 사실이
라고 전적으로 그리고 전심으로 믿어야 하기 때문이다." *WA* 7, 321; *LW* 32, 15.
"모든 성례는 하나님이 그 안에서 우리에게 그의 은총을 제공하고 보증하는 바, 신적
인 말씀과 약속을 포함하고 있기 때문에, 그들이 부르는 대로 '장애물을 제거하는'
것으로는 실제로 충분치 않고, 그 약속과 표지를 받아들이고 하나님의 말씀과 표지가
실제 그러하다는 것을 의심하지 않는, 동요하지 않고 흔들리지 않는 신앙이 있어야
한다." *WA* 7, 323; *LW* 32, 15. "그러므로 약속과 별도로 신앙이 없이 성례의 효
력을 추구하는 것은 헛된 수고이고 정죄를 찾는 것이다." *WA* 6, 533; *LW* 36,
67.
18) *WA* 30¹, 216; *BC*, 441.
19) "그는 이 말씀 안에서 우리에게 신앙이 구원에 그렇게 필요한 부분이기 때문에 그것
은 성례 없이도 구원할 수 있다는 것을 보여주고 있다." *WA* 6, 533; *LW* 36, 67.
루터는 *WA* 7, 321; *LW* 32, 14에서 동일한 주장을 하고 있는데, 여기서 그는 마
가복음 16:16과 또한 로마서 1:17("의인은 믿음으로 살리라")을 인용한다. "그는 의
인은 성례로 말미암아 살리라고 말하는 것이 아니라, 믿음으로 살리라고 말한다. 성
례가 아니라 신앙이 성례와 함께 생명과 의를 주기 때문이다." 이것 바로 뒤에, 그는
로마서 10:10을 인용하는데, 여기는 바울이 성례가 아니라 신앙에 대해서 말한 곳이
다. "그는 성례를 받는 것이 필요하다고 말하지 않는다. 당신은 성례의 육체적 수용
없이 신앙에 의해서 의로워질 수 있기 때문이다(당신이 그것을 경멸하지 않는 한)."
WA 7, 321; *LW* 32, 15. Cf. *WA* 2, 694. 1533년 루터는 여전히 말씀과 성례
사이의 이러한 관계를 주장한다. "말씀은 성례 없이 존재할 수 있으나, 성례는 말씀
없이 존재할 수 없다. 그리고 필요한 경우, 인간은 성례 없이 구원받을 수 있으나,
말씀 없이는 구원받을 수 없다. 이것은 세례를 원하나 세례를 받기 전에 죽은 사람들
에게도 해당된다." *WA* 38, 231.

나, 또한 세례와 그리스도인에게 필요한 모든 것이 존재하기 때문이다."[20] 그러므로 이것은 세례가 단지 복음에 대한 특별한 인침이라는 것을 의미한다. 그 내용은 바로 복음 자체이고, 따라서 세례는 복음 안에 포함된다. 이것은 세례의 내용은 실제적인 세례 의식 없이도 현존해 있고 신앙에 효력이 있다는 것을 의미한다.

트렌트 공의회는 이 성례 교리, 특별히 어떤 상황에서는 신앙이 성례 없이도 구원을 이룬다고 하는 주장을 정죄했다.[21] 확실히 로마 가톨릭 교리 역시 특정 상황 아래에서 세례를 대신하는 상대적 대용물이 가능하다고 인정한다. 이 대용물은 물 세례를 받고자 하는 열망과 결합된, 완전한 사랑의 행위로 구성된 "세례에 대한 갈망"이다.[22] 여기서 또한 "정죄하는 것은 성례의 부재가 아니라 성례에 대한 경멸이다"라는 베르나르의 원칙은 항상 타당하다. 그러나 이것은 루터의 주장에 근접하지 못한다. 루터는 세례를 향한 갈망이 아니라, 오직 복음에 대한 신앙만을 구원의 조건으로 삼고 있기 때문이다. 복음을 가진 자는 그 누구나 모든 것을 갖고 있다.

루터는 로마 가톨릭 교리와의 논쟁에서 이 입장을 고수했다. 나중에 재세례파와 신령파와 싸우는 동안, 그는 성례 논의의 제2막에 들어섰다. 이 사람들에 반대하여, 성례 교리의 다른 요소들이 강조되어야 했다. 그들은 내적 말씀과 비교하여 외적 말씀을 무가치한 것으로 간주한 것과 마찬가지로, 성례의 "외적 표지"를 또한 경멸했다. 그들은 오직 신앙이 구원한다는 사실에 관하여 루터에게서 배운 것을 취하여, 성례를 무효화시키기 위하여 그 신앙을 사용했다. 그들은, 루터가 성례에 반대해서 성례를 정당화하기 위하여 사용했던 원리를 뒤집었다. 이에 반대하여, 이제 루터는 하나님이 성례를 제정하고 명하셨다는 것과 하나님이 이러한 외적 질서를 통하여 우리 안에서 그의 사역을 행하고자 하신다는 것을 강조해야 했다. 그는 우리를 위하여 이것을 행하시고, 그 결과 우리의 감각을 통해 세상과 관계가 맺어지는 우리는 바로 이 감각을 통하여 그의 말씀을 우리 가슴 안으로 받아들일 수 있게 된다. "복음 전체가 외적인 구두(口頭) 선포" 즉 신앙에서 분리될 수 없는 외적인 구두 선포인 것

---

20) 1522년 루터는 "당신은 세례받지 않았다 할지라도 믿을 수 있다. 세례는 우리에게 신적인 약속을 생각나게 하는 외적인 표지 이외의 아무 것도 아니기 때문이다"라고 말한다. 위의 본문의 인용이 이에 계속된다. *WA* 10^{III}, 142.

21) *Canons and Decrees of the Council of Trent. Sessio* VII, *De sacramentis*, canon 4 (Denzinger, No. 847).

22) 구두Ibid. *Sessio* VI, canon 4, (Denzinger, No. 196). Michael Schmaus, *Katholische Dogmatik* (3rd. and 4tr eds. ; Munich: Max Hüber, 1952) IV1, 158. 이것은 "욕구의 세례"가 칭의는 전달하나, "지울 수 없는 성품"과 "그리스도의 형태"(Christusgepräge)는 전달하지 않는다고 지적한다.

처럼, 우리는 신앙과 성례의 "외적 행동"을 분리할 수 없다. 이것의 궁극적 이유는 하나님이 그의 말씀을 이 외적 행동들에 두고 결합시킴으로써 친히 자신을 이 외적 행동에 결합하고 합체시켰기 때문에, 그는 이제 우리를 이런 식으로 다루고자 의도 하시기 때문이다. 확실히 모든 것이 신앙에 의존하지만, 그 신앙은 반드시 "신앙이 거기에 붙어 있고 그 위에 서 있어야 할 어떤 것을 갖고 있어야" 한다.[23]

나아가 신령파들은 루터의 성례와 신앙의 상호 관계를 넘어갔다. 그들은 성례를 통한 하나님의 행동의 우위성을 부인하고, 성례의 집행을 신앙의 조건에 묶이게 하였을 때, 성례와 신앙의 상호 관계를 완전히 왜곡시켰다. 이로 인하여 세례는 하나님 약속의 표지와 보증에서 인간의 신앙의 표지로 바뀌었고, 결과적으로 구원을 위한 그 의미를 상실하게 되었다. 여기서 또한 루터는 신앙에 대한 성례의 불가분리의 관계에 대해 아무 것도 포기하지 않는다. 그러나 이제 그는 성례 안의 하나님의 행동이 신앙에 선행하고 인간을 신앙으로 부르고 믿음을 확립한다는 것을 강조한다. 확실히 성례는 신앙이 없이는 구원을 이루지 못한다. 그러나 성례는 그것에 대한 인간의 태도나 혹은 그가 하나님의 은사를 올바로 사용하는지 잘못 사용하는지에 구애

---

23) "우리가 세례를 탁월하고 영광스럽고 고상한 것으로 간주하는 것은 아주 중요하다. 그것은 우리의 주장과 싸움의 주요한 대의 명분이다. 그 이유는 세상이 이제 세례는 외적인 것이고 외적인 것들은 아무 소용이 없다고 선언하는 종파들로 가득 차 있기 때문이다. 그러나 그것이 아무리 외적인 것일지라도, 여기에 세례를 제정하고 확립하고 확고하게 한 하나님의 말씀과 명령이 있다. 하나님이 제정하고 명령한 것은 쓸데 없는 것일 수가 없다. 그것은 외관상 지푸라기만큼의 가치도 없는 것처럼 보일지라도, 아주 귀중한 것이다." WA 30', 212; BC, 437. "우리의 '모든 것을 아는 체하는 사람들' 즉 새로운 정신들은 단지 신앙만이 구원하고, 행위와 외적인 것들은 이 목적에 아무 기여도 할 수 없다고 주장한다. 우리는 다음과 같이 대답한다. 우리가 뒤에 계속하여 들을 것이지만, 사실 신앙 이외에는 우리 안의 어떤 것도 그것을 행하지 않는다. 그러나 이러한 소경의 인도자들은 신앙이 믿을 어떤 대상, 즉 신앙이 붙어있고 그 위에 서 있을 어떤 것을 가져야 한다는 것을 보고자 하지 않는다. 따라서 신앙은 물에 붙어 있고, 또 물이 바로 그 안에 구원과 생명이 있는 세례라고 믿는다. 이것은 물을 통해서가 아니라 … 물이 하나님의 말씀과 규정에 합체됨을 통하여 그리고 하나님의 이름이 그것에 결합되어 있는 것을 통하여 되는 것이다. 이제 이 사람들은 신앙을 거기에 신앙이 붙어 있고 결합되어 있는 신앙의 대상으로부터, 그 대상이 외적인 것이라는 이유에서, 분리할 만큼 어리석다. 그렇다. 그것은 외적인 것임에 틀림없고, 그렇기 때문에 그것은 복음 전체가 외적인 구두 선언인 것처럼, 지각되고 감각에 의해 파악되고 따라서 마음에 끌려 들어오게 되는 것이다. 결국 하나님이 우리 안에서 일으키시는 모든 것을 행하실 때, 하나님은 그러한 외적인 규정을 통하여 행하신다. 그가 무엇을 말하셨든지 — 실제 그가 어떤 목적으로 어떤 수단으로 말씀하시든 — 그들의 신앙은 붙잡고 있어야 한다." WA 30', 215; BC, 440, 28 ff.

됨이 없이, 그 자체로 타당하다.[24]

신앙은 성례를 만드는 것이 아니라, 성례를 수용하는 것이다. 따라서 성례는 인간이 신앙 안에서 스스로 고백하게 될 하나님의 행동으로서, 신앙 이전에 인간에게 주어진 것이다. 루터는 특별히 재세례파에 반대하여 유아 세례를 찬성하는 그의 논증에서 이것을 밝혔다. 이 논의에서 강조점은 로마 가톨릭 교리의 논의에서보다 다른 점에 주어졌다. 그러나 루터의 성례에 대한 기본 이해는 이러한 과정에서 바뀌지 않았다.

---

24) "성례는 어떤 사람이 악한 목적을 가지고 그것에 접근한다고 할지라도, 훼손되지 않는다." WA 30¹, 219; BC, 443. 〔BC는 "성례"를 제단의 성례를 가리키는 것으로 해석한다 - 영역주.〕 "따라서 오직 건방지고 어리석은 사람들만이 참된 신앙이 없는 곳에는 참된 세례도 있을 수 없다고 결론을 내린다. 마찬가지로, 나도 '만일 내가 신앙이 없다면 그리스도는 아무 것도 아니다' 하고 주장할 수도 있다. … 어떤 사람이 그가 행해야 할 것을 행하지 않을 때, 그가 잘못 사용한 것이 존재하지 않거나 가치가 없다고 결론내리는 것이 옳은 일인가?" WA 30¹, 218; BC, 444.

제26장

세례

세례와 그리스도인의 삶

물 세례는 일견 인간의 활동이다. 그러나 인간은 자신의 이름으로 세례를 주는 것이 아니라, 하나님의 이름으로 세례를 준다. 그리고 인간이 세례를 고안하고 발견한 것이 아니라, 오히려 세례는 하나님이 제정하고 명하신 것이다. 세례 안에서 활동하시는 분은 바로 하나님 자신이다. "하나님의 이름으로 세례받는 것은 인간에 의하여 받는 것이 아니라 하나님 자신에 의해 세례받는 것이다. 그것이 인간의 손에 의해 일어난다고 할지라도, 그것은 진정 하나님 자신의 사역이다."[1] 그 제정을 통해, 세례는 "하나님의 명령에 따라 사용되고 하나님의 말씀과 연결된 물"이다.[2] 그러나 하나님의 말씀은 "하나님의 모든 충만을 담고 또 전달한다."[3] 이 하나님의 말씀, 즉 세례를 주라는 명령과 세례에 관계된 약속은(「소요리문답」에서 루터는 마태복음 28:19과 마가복음 16:16을 인용한다) 세례에 그 권위를 부여하고, 세례를 디

---

1) *WA* 30[1], 212 f. ; *BC*, 437. 이 장의 기본 자료는 *The Holy and Blessed Sacrament of Baptism* (1519), *WA* 2, 727-737; *LW* 35, 29-43, and *The Babylonian Captivity of the Church* (1520), *WA* 6, 497-573; *LW* 36, 11-126, and the catechisms. *WA* 30[1], 308-313 and 212-222; *BC*, 348 f. and 436-446.

2) *WA* 30[1], 308; *BC*, 348.

3) *WA* 30[1], 214; *BC*, 438.

도서 3장을 따라 "중생의 씻음"으로 만든다.[4]

그러나 이것은 세례가 온전한 구원을 전달한다는 것을 의미한다. 세례가 "죄 용서를 일으키고 사망과 악에서 건져내고, 믿는 모든 자에게 영원한 구원을 수여한다"는 「소요리문답」의 주장은[5] 루터에 의해 비슷한 형태로 계속하여 반복된다. 세례를 통해, "나는 구원받고, 영육 간에 영생을 얻을 것이라고 약속받는다." 세례는 특별한 은혜를 주는 것이 아니고, 구원의 일부만을 주는 것도 아니고, 바로 온전한 하나님의 은혜, 즉 "온전한 그리스도와 성령을 그의 은사와 함께" 제공한다.[6]

세례의 모든 은사는 그리스도인의 삶 전체를 통하여 의미가 있고 그가 영원에 들어갈 때까지 계속 유효하다. 그는 바로 세례를 통해 약속되고 전달된 은혜로 살아갈 뿐, 결코 새로운 은혜를 필요로 하지 않는다. 우리가 세례에서 떠나 죄에 빠졌을 때 행하는 적절한 회개는 새로운 은총의 수단이 아니라, 오직 그 세례를 통해 우리에게 주어진 약속과 능력과 함께, 우리의 세례로, 신앙으로 복귀한 것이다. "한번 우리에게 역사된 약속의 진리는 변하지 않고, 우리가 회개할 때, 그것은 두 팔로 우리를 용납할 준비가 되어 있기 때문이다."[7] 따라서 그리스도인은 그의 전 생애를 통하여 세례가 단 한번 약속한 것을 끊임없이 붙잡고 자기 것으로 삼아야 한다. 세례는 단 한번에 우리를 "하나님의 소유"로 만든다.[8] 따라서 세례는 유일무이한 행위이며, 동시에 그리스도인의 삶 속에 끊임없이 현존해 있는 의미 있는 실재이다.

루터는 로마서 6장을 따라, 세례가 우리의 일생을 통해 지속적으로 현존하고 의미를 주는 방식을 논증한다. 바울처럼, 루터도 세례의 외적인 행위, 즉 세례받는 자를 물 속에 잠기게 하고 다시 끄집어 내는 행동으로 그의 논의를 시작한다. 이것의 의미는 옛 사람이 죽고 새 사람이 죽은 자로부터 일으킴 받는 것이다.[9]

---

4) WA 30^I, 215; BC, 440.
5) WA 30^I, 310; BC, 348 f.
6) WA 30^I, 217; BC, 442.
7) WA 2, 733; LW 35, 38. WA 6, 528; LW 36, 59. "따라서 우리가 우리 죄로부터 일어나 회개할 때, 우리는 거기에서 우리가 떨어졌던 세례의 능력과 신앙으로 단지 복귀하고 있고, 우리가 죄 지을 때 우리를 떠났던 바 우리에게 행해진 약속으로 되돌아오는 길을 발견하고 있다." (본문의 인용이 이 뒤에 계속된다.) WA 6, 528; LW 36, 59. Cf. WA 6, 535; LW 36, 69. "따라서 세례는 영원히 남아 계속된다. 우리가 그곳에서 떨어져 죄를 짓는다고 할지라도, 우리는 항상 다시 옛 사람을 굴복시키기 위하여 세례에 접근한다." WA 30^I, 221; BC, 445 f. 이 인용은 BC, 446에서 온 것이다.
8) WA 30^I, 222; BC, 446.
9) WA 6, 534; LW 36, 67 f. WA 30^I, 220; BC, 444 f. WA 30^I, 312; BC, 349.

이것은 "성례전적" 방법으로, 세례의 사실 안에서 항구적으로 발생했다. 그러나 삶의 실재에서, 그것은 신앙 안에서 끊임없이 거듭 재현되어야 한다.[10] "그리스도인의 삶은 날마다 받는 세례, 곧 한번 시작되어 끊임없이 그 안에서 삶이 영위되는 것 이외의 다른 것이 아니다."[11] 따라서 세례의 외적 행위의 "의미"는 항상 점점 더 실현되어야 한다. 이것은 다음과 같은 「소요리문답」의 내용이 의미하는 것이다. 물 세례란 "우리 안의 옛 아담이 모든 죄와 악한 정욕과 함께 매일의 통회와 회개에 의해 죽고 익사당하는 것과 또 새 사람이 날마다 생기고 일으킴 받아서 깨끗하게 되고 의롭게 되어 하나님의 임재 안에서 영원히 사는 것"을 의미한다. 그러므로 그리스도인의 모든 성화는 바로 세례의 완성이다.

"우리는 항상 우리가 마지막 날에 완벽하게 세례의 표지(즉 세례의 사실에서 발견되는, 죽었다가 부활하는 상징)를 성취할 때까지 점점 더 세례받아야 한다."[12] 다른 말로 하면, 우리의 육체적 몸의 죽음은 세례에 내포된 그 의미를 성취하는 것이라는 것이다. 우리가 더 일찍 죽을수록, 더 일찍 세례의 의미가 실현된다. 우리가 더 많이 고난을 당할수록, 더 적절하게 우리는 우리의 세례에 일치된다. 세례와 죽음, 세례와 고난, 세례와 순교는 일체를 이루는 것이다.[13]

하나님은 일생 동안 우리가 옛 사람의 죽음과 새 사람의 부활을 통해 세례의 성취에 이르도록 도우신다. 세례의 행위에서, 그는 우리와 새 계약을 맺고, 또 우리에게 그가 전 생애에 걸쳐 우리 죄를 용서하고 동시에 우리 죄를 죽음에 이르게 할 것이라는 확신을 준다. 이것이 루터가 1519년 「거룩하고 복된 세례의 성례」에 관한 논문에서, 세례를 설명한 방식이다.[14]

세례를 통하여 하나님은 이것을 수행하기 시작한다. 그리고 우리의 전 생애에 걸쳐, 그는 우리의 신분과 소명이 우리에게 가져오는 과제와 모든 종류의 고난을 사용하여, 우리가 죄에서 자유롭게 되고 신앙 안에서 강건케 되도록 훈련시키신다.[15]

---

10) *WA* 2, 728, 730; *LW* 35, 30 f. "따라서 당신은 이 성례 안에서 한번 세례를 받았으나, 계속적으로 신앙에 의해 세례받고, 계속적으로 죽고 계속적으로 살 필요가 있다." *WA* 6, 535; *LW* 36, 69.

11) *WA* 30^I, 220; *BC*, 445.

12) *WA* 30^I, 312; *BC*, 349.

13) "그러므로 당신은 육체를 죽이고 영을 살리면서 이 생에서 행한 모든 것은 우리의 세례와 관계가 있다는 것을 이해할 것이다. 더 일찍 우리가 이생을 떠날수록, 더 빨리 우리는 우리의 세례를 성취한다. 더 혹독하게 고난을 받을수록, 더 성공적으로 우리는 우리의 세례에 일치된다." *WA* 6, 535; *LW* 36, 69.

14) Cf. 각주. 1.

15) *WA* 8, 11 f.; *LW* 13, 9, 11.

그는 죄가 궁극적으로 죽는 저 죽음을 목표로 우리를 훈련시키신다.[16] 그러나 세례의 행위에서, 인간은 이 세례의 의미를 실현할 의무를 자신에게 부여한다. 즉 "자신을 세례의 성례에 맡기고, 그가 죄에 대항하여 싸우고 자신이 죽음에 이를 때까지 죄를 죽임으로써 그에게서 역사하시는 하나님의 은총의 행위에 참여한다."[17] 따라서 모든 그리스도인의 삶은 세례의 능력과 의무 가운데서 영위된다. 따라서 루터는 세례를 그리스도인의 삶의 중심에 둔다. 그의 세례 이해는 바로 그의 칭의 교리를 표현하고 있다. 세례의 성례를 통하여, 우리는 "성례전적으로" 혹은 "성례 때문에", 하나님이 판단하시기에 온전히 깨끗하고 순전하게 된다. 즉 우리는 "은총의 자녀요 칭의받은 사람들"인 것이다.[18]

하나님은 이제 전 생애에 걸쳐 죄인으로 남아있는 우리를 취하여, 실제 그의 은혜로운 판단 안에 있는 존재로 만들기를 원하신다. 우리를 순전하게 만드는 동일한 판단의 말씀은 우리가 깨끗하게 되도록 우리를, 즉 우리의 옛 사람을 점차 죽음에 넘긴다.[19]

세례에 의해 우리는 즉시 하나님의 판단 안에서 완전한 죄의 용서와 깨끗함을 받는다. 세례받은 사람은 그의 삶의 매 순간마다 신앙 안에서 이러한 총체성을 붙들 수 있고 또 붙들어야 한다. 그러나 동시에 이것은 하나님으로부터 나오는 우리의 삶의 운동의 근거가 된다. 이 운동은 하나님이 계속하여 우리의 전 삶을 통해 우리 안에 실제적인 새로움과 깨끗함을 세우시면서 역사하시는 과정이다. 세례는 우리에게 하나의 표지이고, 그것은 하나님이 우리와 맺으신 계약에 대해 확신을 주고, 이 계약에 의해 하나님은 죄 용서를 통해 우리를 깨끗하게 하고 또한 우리의 본성을 정화하고자 하신다. 이 양 요소들은 칭의 교리에서처럼, 불가분리하게 그의 세례 교리에 결합되어 있다. 그의 세례 교리는 기본적으로 구체적인 형태 안에 있는 칭의 교리 이외의 다른 것이 아니다.

그의 세례 이해에서, 루터는 우리가 본 대로, 바울과 특히 로마서 6장을 언급한

---

16) *WA* 2, 729 ff.; *LW* 35, 32 f.
17) *WA* 2, 730 f.; *LW* 35, 33 ff.
18) *WA* 2, 728; *LW* 35, 30.
19) "그래서 당신은 세례에서 동시에 악한 경향으로 가득 차 있으면서도 인간이 어떻게 죄책이 없고 깨끗하고 죄가 없게 되는지 이해하게 된다. 그는 그가 깨끗하게 되기 시작했고 이 정결함의 표지와 계약을 갖고 있고 점점 더 깨끗해질 수 있다는 의미에서 오직 깨끗하다고 불릴 수 있다. … 따라서 인간은 자기 자신의 본성에 의하여 깨끗하다기 보다는 하나님의 은혜로운 전가에 의해 깨끗하다." *WA* 2, 732; *LW* 35, 35 f. Cf. *WA* 8, 93, 96; *LW* 32, 208 f., 213.

다. 그러나 먼저 루터가 「대소요리문답」 중 그의 논의의 끝 부분에서, 세례의 의미를 죽고 다시 사는 것으로 말하기 시작한 것은 주목할 만하다. 「소요리문답」에서, 그는 그것을 먼저 그의 네번째 질문과 관련하여 언급한다. 그리고 오직 그 때에만, 그는 세례의 외적인 행위와 연결시킨다. 따라서 루터는 로마서 6장을 언급하지 않고 죽음과 세례를 말하지 않은 채, 세례의 기본적 속성을 서술하는 것이 가능하다.

이것은 우리에게 루터의 가르침과 바울의 가르침 사이의 근본적 차이를 알게 해 준다. 바울에게 있어서, 죽는 것과 또한 다시 사는 것은 이미 세례 안에서 세례와 함께 일어났다(참고. 골 2:12 이하). 당연히 인간은 그의 옛 사람을 죽이고 위엣 것을 추구함으로써 끊임없이 이것을 재확인해야 한다(골 3:5). 그러한 명령은 "너희는 죽었다"와 "너희는 그리스도와 함께 부활하였다"고 하는 직설법적 서술에 근거한다. 옛 사람은 세례에서 죽었고 새 사람이 부활했다. 내가 보는 한에서, 루터에게는 이에 상응하는 진술이 없다. 그가 「소요리문답」에서 로마서 6:3 이하를 사용한 것은 그러한 특징을 잘 나타내 주는 한 예이다. 루터에 의하면 세례에서 상징적 행위는 과거에 한 번 일어났던 어떤 것이 아니라 계속하여 일어나야 할 어떤 것을 의미한다. 옛 사람은 익사 "되어야 한다"는 것 등이 그러하다. 따라서 루터는 바울의 세례의 의미에 대한 진술을 세례의 초기 행위에 적용하지 않고, 평생 동안 세례의 의미를 실현하는 것에 적용한다.[20]

루터에 관한 한, 그 죽음과 부활에 관한 세례의 신학을 담고 있는 로마서 6장은 세례를 교의학적으로 다룬 것이 아니라 그 윤리적 의미를 논의한 것에 속한다고 할 수 있다(그리고 「소요리문답」에서 로마서 6장의 위치가 이것을 분명하게 보여준다). 이것은 그것이 끝 부분에서 설명되고 있는 것을 설명해 준다.

나는 루터에게서 우리가 세례 때 그리스도와 함께 죽었다는 바울의 진술과 상응하는 구절을 하나도 발견할 수 없다. 그는 세례에서 나오는 사람이 깨끗하고 순전하다고 말하나,[21] 그가 죽었다고는 결코 말하지 않는다. 그는 항상 하나님이 세례에서 이 죽음을 약속했다는 것과 그것이 시작되었으므로 세례는 죽음과 부활에서 완성될 때까지 일생 동안 계속되어야 한다고 한다. 바울은 현재 완료를 사용하는(로마서 6장과 골로새서 3장의 '부정과거'를 참고) 반면에, 루터는 현재 진행형, 즉 분명히

---

20) 루터는 세례의 능력과 역사를 "옛 아담을 죽이는 것"과 "새 사람의 부활"로 묘사한다. 그러나 그는 세례 행위 그 자체 안에서는 죽는 것과 부활에 대해 아무 말도 하지 않고, 즉시 "이 두 행위가 모두 우리 안에 일생 동안 계속되어야 한다"는 사실에 대해 말한다. *WA* 30¹, 220; *BC*, 445.

21) *WA* 2, 730; *LW* 35, 32.

세례의 단일 행위라는 상징으로 알려지고 심지어 그것과 함께 시작된 것이지만, 아직 전체적으로 일어난 것은 아닌 시제 형태를 사용한다. 루터는 실제 세례가 영생으로 들어가는 죽음 이외의 다른 것이 아니라고 말한다.[22]

세례 행위 자체는 이 죽음을 가져오지 않으나, "세례받은 자는 누구든지 죽음의 선고를 받는다." 바울에게서 벗어난 것은 특별히 루터가 사도의 진술을 해석할 때 분명하다. 따라서 1539년의「율법폐기론자들에 대한 세번째 반박」에서, 그는 가끔 "죄에 대하여 죽어 있는 것과 죽는 것은 죄와 싸우고 죄가 우리 안에서 다스리는 것을 허용하지 않는 것을 나타내는 바울의 표현이라고 말한다.[23]

바울은 로마서 6장에서 12절의 근거를 11절에 둔 반면에, 루터는 11절("너희는 죄에 대해 죽었다")을 12절과 일치시키고 그렇게 함으로써 죄에 대해 죽은 사실을 일생 동안 죄와 투쟁하고자 하는 의지로 해석한다고 말할 수 있을 것이다.「교회의 바벨론 포로」에서, 바울과 함께, 실제 루터는 죄인은 그리스도와의 세례를 통해 죽고 다시 산다고 말한다. 그러나 여기서 다시 즉시 세례는 평생에 걸친 문제라는 생각으로 넘어간다.[24] 루터가 바울과 다른 점에 강조를 두고 있다는 것은 의심의 여지가 없다. 바울과 루터 사이의 차이는 그들의 신학과 그들의 그리스도인의 실존 이해 사이의 근본적 차이에 그 뿌리를 두고 있다. 사도는 선교적 상황의 관점에서 생각하고, 루터는 기독교 교회 내의 상황에 관심을 두고 있다.[25]

이것은 다음과 같은 것을 의미한다. 바울은 세례를 회심의 세례로 즉 한 사람의 과거를 현재의 모습에서 분명하게 분리하는 대 분기점으로 말하고 있는 반면에, 루터는 삶에서 위대한 결단과 분명한 경계선이 없는 유아 세례에 관심을 기울이고 있다는 것이다. 그 대신 루터는 세례받은 자의 삶 안에 남아있는 죄의 문제를 다루어야 했다. 이런 이유로, 바울은 세례 때 일어났던 것에 강조점을 두고 있고, 반면에 루터는 세례가 평생에 걸쳐 실현되어야 한다는 것에 강조점을 두고 있다. 다음 우리는 이것이 성례 교리 그 자체의 차이를 초래하지 않았는지 질문해 보아야 한다. 루터는 한때 "우리가 믿기 시작할 때 우리는 또한 이 세상에 대해 죽고 장차 올 미래의 삶에서 하나님에 대해 살기 시작한다"고 말했다.[26] 따라서 그리스도와 함께 죽는

22) *WA*, Br 5, 452.
23) *WA* 39¹, 551.
24) *WA* 6, 534; *LW* 36, 68 f.
25) Cf. P. Althaus, *Paulus und Luther über den Menschen* (3rd ed.; G ütersloh: Bertelsmann, 1958), pp. 80 ff.
26) *WA* 6, 534; *LW* 36, 68.

것은 세례 행위 그 자체가 아니라 신앙과 동일하게 여겨진다. 신앙은 세례 행위가 의미하는 것 즉 그리스도와 함께 죽고 다시 사는 것을 실현하는 것이다.

그러나 이 모든 것에서 바울이 그의 모든 신학적 사고에서, 로마서 6장에서 한 것처럼 그리스도와 함께 죽고 다시 사는 것을 세례와 연결시켰는가 하는 질문이 남는다. 갈라디아서 2:19과 고린도후서 5:14에서, 그는 세례와 관계 없이 그리스도와 함께 죽는 것에 대해 말한다. 그러나 우리가 이것을 중요하게 생각할지라도, 다음과 같은 결정적 사실이 남는다. 즉 바울에서 그리스도와 함께 죽는 것은 이미 일어난 어떤 것인 반면에(그것이 삶에서 끊임없이 반복되어야 한다는 것을 부정하지 않은 채), 루터는 그것을 오직 전 삶의 문제로, 성취되어야 할 과제로 이해한다는 것이다.

유아 세례

재세례파에 반대하여 유아 세례의 정당성을 확립할 때, 루터는 공동의 기독교 전통을 논의의 전면에 둔다.[27] 초기 루터교 교회의 용어를 사용한다면, 우리는 그 전통을 유아 세례의 "가톨릭적"(보편적) 실재라고 부른다. 그 전통은 확실히 그 주제에 대한 루터의 마지막 말이 아니라 그의 첫번째 말이다.

유아 세례는 "교회의 시작 이래로 실행되었고," 그것은 우리에게 "사도들로부터 온 것이고, 그들의 때 이래 줄곧 보전되었다." 따라서 그것은 시간과 공간적으로 "보편적"인 것이다. 그것은 모든 세기에 실행되었고, "전 세계에서 모든 그리스도인들 사이에 받아들여졌다." 이 모든 세기와 모든 장소에서 유아 세례의 타당성이 부단히 받아들여진 것을 통하여, 하나님은 이미 그것을 승인하였다. 루터는 여기서 그의 역사신학적 근거에 대해 주장한다. 하나님은 그릇된 것을 처음부터 오늘날까지 그렇게 오랫동안 허용하지 않을 것이다. 그는 확실히 세상에 있는 모든 그리스도인이 잘못된 어떤 것을 받아들이도록 하지 않으신다. 하나님은 유아 세례보다 훨씬 뒤에 일어난 모든 이단들이 멸망하게 하셨다. 그러나 그는 항상 모든 곳에서 유아 세례를 보전하셨다. 그러한 하나님의 기적은 유아 세례가 옳은 것임에 틀림없다는 것을 보여준다. 그러나 그러한 역사신학적 논증은 오직 조건적으로만, 즉 논의되고 있는 제도가 성서에 위배되지 않는 경우에만 타당하다. 그러나 그것이 이 조건에 맞으

면, 그것은 타당하다. 모든 세기와 모든 지역의 교회를 통해 유아 세례가 보전된 것
은 기적이고 하나님의 역사이다. "우리가 하나님의 역사를 보는 곳에서, 우리는 분
명한 성서 말씀이 우리에게 다른 식으로 말하지 않는 한, 그의 말씀을 듣는 때와 동
일한 방법으로 순종하고 믿어야 한다."[28]

하나님은 교회사의 모든 시대에서 의심의 여지 없이 여전히 또 다른 방법으로
유아 세례에 대해 긍정하셨다. 그는 분명히 유아 때 세례받은 많은 사람에게 그의
성령을 주시고, 현재에 이르기까지 그들을 거룩하게 하셨다. 이 지점에서, 루터는
분명한 체험을 언급하는 것을 부끄러워 하지 않는다. 그는 명백히 사람 안의 성령의
현존은 오인될 수 없다고 생각한다. 성령은 가르침과 삶 안에서 그의 은사에 의해
확인된다. 하나님의 영은 인간이 성경을 해석하고 그리스도를 확인할 수 있는 곳마
다, 사람에 의해서 "교회 안에서 위대한 일들이 행해지는" 곳마다, 역사하신다. 루
터는 성 베르나르, 제르송, 요한 후스 등을 예로 든다. 그러나 그는 또한 자기 시대
의 동시대적 예를 인용한다. "오늘날에도 그들의 가르침과 삶이 그들이 성령을 갖고
있다는 것을 증거하는 많은 사람이 있다. 비슷하게 하나님의 선한 은총에 의해, 우
리는 성서를 해석하고 그리스도를 알 능력을 받는데, 이것은 성령이 없이는 불가능
하다."[29]

또한 유아 세례가 거짓되고 하나님의 뜻에 어긋난다면, 일 천 년 이상 참된 세
례도 없고 따라서 진정한 교회도 없었을 것이라고 말해야 한다. 세례가 없다면, 교
회도 없기 때문이다. 그러나 이 필연적 결론은 "나는 … 하나의 거룩한 기독교 교회
를 믿습니다"라는 사도신경의 조항과 또 교회는 세상 끝 날까지 멸망할 수 없다는
이 신앙의 확신과 모순되지 않는다. 교회가 그럼에도 불구하고 계속 존재한다면, 유
아 세례는 또한 정당한 것이어야 한다. 교회는 참된 복음과 성례를 갖고 있기 때문
이다. 분명하게 입증되고 중단되지 않은 교회의 유아 세례의 관습이 거짓되다면, 그
것은 결정적 내용에서 오류를 범한 것이고 더 이상 "거룩한" 교회일 수 없을 것이
다. 요컨대, 일 천 년 이상 참된 교회는 없었을 것이라는 것이고, 이것은 우리의 신
앙고백과 조화를 이룰 수 없다.[30]

그러나 우리가 이미 말한 대로, 루터는 그의 입장의 무조건적, 궁극적 근거를
설정하기 위해 그러한 주장을 한 것이 아니다. 고대와 보편 교회의 전통은 오직 제
한된 권위를 가질 뿐이다. "우리는 분명한 성서의 권위에 근거하여 버리거나 바꿀

---

28) WA 26, 155, 167 f.; LW 40, 241, 255 f. Cf. WA 27, 52.
29) WA 30ⁱ, 218; BC, 442. Cf. WA 26, 168; LW 40, 256.
30) WA 26, 168; LW 40, 256. Cf. WA 27, 52. WA 30ⁱ, 218; BC, 442 f.

수 없는 것을 버리거나 바꾸어서는 안된다. 하나님은 그의 사역에서 놀라우시다. 그가 의지(意志)하시지 않은 것을 그는 분명히 성서 안에 증거하고 있다. 거기서 증거되지 않은 것을 우리는 그의 역사로 받아들일 수 있다. 우리는 죄책이 없고, 그는 우리를 잘못 인도하지 않을 것이다."[31]

따라서 전통의 일치된 증거는 그것을 넘어 성서의 증거를 가리킨다. 유아 세례에 대한 결단은 성서의 근거 위에서 행해져야 한다. 어떤 종류의 성서적 증거가 필요한가? 루터에 의한 위의 진술은 이 질문에 대답한다. 루터는 청교도적 성서주의자가 아니다. 그는 모든 교리와 관습의 타당성이 성서의 분명한 문자적 명령에 의해 확립될 것을 요구하지 않는다. 교회는 그 역사의 과정에서 성서 안에 표현되지 않은 지식을 받을 수 있다. 그러나 모든 것은 그러한 지식이 성서에 의해 모순되지 않고 성서와 일치되고 조화를 이룬다는 사실에 달려 있다. 이것은 루터가 그의 필요에 맞추기 위해 이 이론을 구성했다는 것을 의미하지 않는다. 마치 그 말의 엄격한 의미에서 유아 세례를 위한 성서적 증거를 댈 수 없는 그의 무능력으로 인해, 그가 그의 성서적 원칙을 변경할 수밖에 없었고, 그래서 단지 유아 세례가 성서에 어긋나지 않는다는 좀더 온건한 요구를 한 것처럼 생각해서는 안된다. 오히려 루터는 단순히 유아 세례뿐 아니라 교회 안에서 가르치고 행한 모든 것이 성서와 부합될 것을 요구했다.

루터는 유아 세례가 성서에서 명백히 명령되거나 언급되지 않았다는 것을 기꺼이 인정한다. 유아 세례를 언급하는 "특별한 구절"은 없다.[32] 그것이 이미 실행되지 않았더라면, 성서의 직접적 증거 그 자체만으로는 유아 세례를 시작하기 위한 적절한 근거를 제공할 만큼 충분히 강력하지 않다. 그러나 다른 한편 성서의 증거는 또한 분명하고 강력하여, "현재 어떤 사람도 선한 양심을 가지고 그렇게 오랜 동안 실행되어 온 유아 세례를 거부하거나 중단시킬 수 없을 것이다." 이것은 특히 하나님이 그것을 명백하게 보전하셨기 때문에 그러하다. 이것이 유아 세례를 지지하는 루터의 개인적 논증의 의미이다.

(1) 마태복음 19장과 누가복음 18장의 아이들의 복음(the gospel of the children)에 의하면, 그리스도는 어린 아이가 그에게 오는 것을 허용하고, 하나님의 나라가 그들에게 속해 있다고 말한다. "누가 이 본문을 지나칠 수 있는가?" 누가 감히 어린 아이가 세례 받으러 오는 것을 금하거나, 그들이 올 때 그리스도가 그들을

---

31) *WA* 26, 167; *LW* 40, 255.
32) *WA* 26, 167, 169; *LW* 40, 255, 258.

축복하는 것을 믿지 않음으로써, 그것에 반대할 수 있는가?"[33] 이러한 아이들에 대한
축복에 덧붙여, 루터는 또한 마태복음 18:10에서 아이들에 관해 말한 것을 언급한
다.

(2) 루터는 또한 세례를 주라는 명령을 인용한다. 물론 어린 아이들은 그 명령
안에 명백히 거론되지 않는다. 그러나 어떤 다른 나이나 성이 지시되어 있지도 않
다. 세례를 주라는 명령은 단순히 전반적으로 "모든 나라"를 가리킬 뿐, "아무도 제
외시키지 않고 있다." 아이들도 포함되어 있다. 따라서 사도행전과 바울 서신은 모
든 "가족"의 세례에 대해 자주 보도한다. 분명히 "그들은 가족의 모든 사람에게 세
례를 주었다." "그러나 아이들은 또한 분명히 가족의 실질적 일원이다." 그들의 편
지에서 다른 문제에 대해 말할 때, 사도들은 보통 그리스도인들 사이에 인격의 차별
대우나 차이가 없다는 것을 강조하고 있기 때문에, 만일 그들이 세례에 관련된 문제
에서 그러한 구분을 받아들였다면, 그들은 그것을 분명히 명백하게 말했을 것이다.[34]
사도적 세례 관습과 명백히 일치하는, 세례를 주라는 명령의 차별 없는 보편성은 오직
복음의 보편성의 표현일 뿐이다. 그리고 이것은 루터에게 있어서 결정적 핵심이다.[35]

루터는 궁극적으로 유아 세례의 정당성과 필요를 복음의 기본적 의미 위에 근거
시킨다. 요한일서 2:12이나 누가복음 1:41 같은 다른 성서 구절들(세례 요한은 이미
그의 어머니의 태 안에서 믿었다) 또한 인용되었으나, 모두 이 복음과 관련하여 이
차적 지위를 차지한다. 대부분 루터는 유아 세례의 적대자들이 성서의 증거를 그들
의 개인적 주장을 논박하는 것으로 받아들이려 하지 않는다는 것을 알았다. 그것은
(성서의 증거로 그들의 주장을 논박하는 것 — 역주) 그의 목적이 아니었다. 성서가
유아 세례에 적대적이지 않다는 것과 성서가 아이들을 명백히 세례에서 제외시키고
있지 않다는 것과 또 오로지 성인들만이 세례받아야 한다고 명령되어 있지 않다는
것을 보여주는 것으로 충분했다.

그 인용된 성서의 증거는 아무튼 유아 세례가 성서에 어긋나는 것이 아니라 성
서에 부합된다는 것을 보여준다. 이것은 재세례파가 유아 세례에 대한 그들의 공격
에서 견고한 토대를 갖고 있지 않다는 것을 의미한다. 성서 자료는 어떤 확실한 대
답도 주고 있지 않다는 것이 분명하다. 그러나 그것은 그 자체로 그들이 부정확하게
행동했다는 것을 의미한다. "신적인 문제에서 우리는 의심스러운 근거가 아니라 확

33) *WA* 17ᴵᴵ, 83, 88. Cf. *WA* 26, 157, 169; *LW* 40, 243, 257.
34) *WA* 26, 157-158; *LW* 40, 243-245.
35) *WA* 26, 169; *LW* 40, 252.
36) *WA* 26, 159, 169; *LW* 40, 246, 252.

실한 근거 위에서 행동해야 하기 때문이다."[36] 재세례파들은 혁신자들이다. 그리고 자기 입장에 대한 입증 책임을 지고 있는 것은 유아 세례 옹호자들이 아니라 재세례 파들이다. 그들은 유아 세례 거부에 대한 분명한 성서적 근거를 필요로 한다. 유아 세례를 주장하는 자들은 성서가 유아 세례에 적대적인 것이 아니라, 유아 세례가 성서에 부합된다는 것을 말하는 것으로 충분하다. 그들은 모든 시대의 교회의 일치된 의견을 그들의 편으로 하고 있다. 그리고 심지어 그들은 성서가 그것에 분명하게 반대하지 않는 한, 하나님이 이 일치를 가지고 그들이 그 관습을 계속 시행하도록 의무를 지웠다는 것을 알고 있다.

우리는 루터가 유아 세례를 위해 주장한 근거를 검토할 때, 이 종교개혁자가 유아 세례의 정당성을 그의 신학의 근본 입장의 관점에서 즉 그의 복음 이해와 그의 교회의 보편적 전통에 대한 높은 가치 평가에 근거하여 논증한 것을 강조해야 한다. 그는 세례를 논의할 때, 그가 다른 문제와 결정을 고려할 때 다른 곳에서 사용하지 않은, 어떤 개념도 사용하지 않는다. 예를 들어, 그는 또한 신령파들의 해석에 반대하여 주의 성찬의 교리를 옹호할 때, 성서의 근거 위에서 공박되지 않는 한, 전 교회의 일치된 입장의 구속력 있는 성격을 주장했다.[37]

유아 세례의 문제: 세례와 신앙

루터의 결정적인 종교개혁의 주제 가운데 하나는 오직 신앙 안에서 받아들일 때만 성례가 구원을 일으킨다는 것이다(p. 382). 자연적으로 이것은 세례에도 타당하다. 마가복음 16장에서 그리스도는 "믿고 세례받는 자는 구원받을 것이다"고 말한

---

37) WA 30[III], 552. 칼 바르트는 그 옹호자들의 마음 속에서 유아 세례의 실제적, 결정적 근거는 그들이 국가의 국민 자격이 실제 교회의 지체됨과 동일시되는 것을 포기하지 않으려는 것이라는 의견을 표현한다. The Teaching of the Church Regarding Baptism, trans. Ernest A. Payne (London: S.C.M., 1948), pp. 52-55. 그것은 아주 분명하게 루터에게 해당되는 사실이 아니다. 그렇지 않으면, 우리는 루터가 「독일 미사」서문에서 진지하게 그리스도인이 되기를 원하는 사람들의 모임의 개념을 사용한 것이 그로 하여금 유아 세례의 교회 관습을 바꿀 가능성을 고려하게 했을 것이라고 기대해야 할 것이다. 그러나 그는 그것에 대해 아무 말도 하지 않았다. 비록 그가 교인 자격을 교회에 자원하여 들어오려는 사람들로 제한할 것, 마태복음 18장을 따라 교회 치리를 진지하게 실행할 것, 교회 의식의 외적인 축소 등을 제안하고 있지만, 그는 세례가 이제 세례받을 사람의 이전의 의식적인 결단과 고백에 근거를 두어야 한다는 결론을 내리기 시작하지 않는다. 그는 단순히 "여기서 세례와 성례를 위한 간결하고 단정한 순서를 구성할 수 있을 것이다"고 말한다. WA 19, 75; LW 53, 64. 그러나 그는 절대 유아 세례를 반대하지 않는다. 그는 바르트가 주장하듯이, 이것을 행하기 위한 "별도의" 어떤 이유도 갖고 있지 않다. 모든 것은 교회의 전통과 성서의 증거에 달려 있다.

다.[38] 그는 신앙을 세례 앞에 둔다. "신앙이 없는 곳에서, 세례는 효력이 없기 때문이다." 이것이 그리스도가 즉각 세례받았어도 "믿지 않는 자는 정죄받을 것이다"하고 덧붙인 이유이다. 구원하는 것은 세례가 아니라 신앙이기 때문이다.[39]

그리스도에 의해 제정된 세례 행위의 가치에 대해 신령파와 재세례파들과 논쟁할 때도, 루터는 신앙이 세례에 필수적이라는 것을 결코 부정하지 않는다.[40] 그러나 이것은 유아 세례에서 문제를 일으킨다. 이성의 나이 아래의 아이들은 세례받을 때 신앙을 가졌는가?

이에 대한 루터의 생각은 항상 일정한 것이 아니라 발전 과정에 있다. 처음에 (1521년까지도) 루터는 아이들은 세례 의식 때 세례받는 아이를 대신하여 그가 믿는지 여부를 질문받는 후원자의 신앙과 고백에 근거하여 세례받는다고 선언한다.[41] 그러나 1522년 루터는 우리가 다른 사람의 신앙이 아니라 오직 자기 자신의 신앙을 통하여 구원받는다는 통찰을 보전하기 위해 이 개념을 포기했다. "세례는 어떤 사람도 돕지 않고, 그가 스스로 믿지 않는다면 누구에게도 베풀 수 없다. 개인적으로 믿지 않는 어떤 사람도 세례받을 수 없다. … 신앙은 세례 이전에 혹은 세례 당시 꼭 있어야 하고, 그렇지 않으면 아이는 악마와 그의 죄로부터 자유롭게 되지 않는다."[42] 이것은 바로 종교개혁의 근본적 통찰을 성례와 신앙 사이의 불가분리적 관계에 일관성 있게 적용한 것이다.

결과적으로, 루터는 유아의 신앙을 가르치기 시작한다. 이성의 나이 아래의 아이들은 그들이 세례받을 때 믿는다는 것이다. 루터의 입장의 특정한 부분을 추적하기 전에, 우리는 그가 결코 유아 세례의 타당성을 아이의 신앙의 존재 위에 근거시키지 않고 있다는 것을 강조해야 한다. 오히려 그는 정반대로 행한다. 그가 아이들이 신앙을 갖고 있다고 주장하는 한에서, 그는 그의 주장의 근거를 유아 세례의 제정과 또 그와 함께 그 타당성에 두고 있다. 아이들은 그들이 믿는 것이 입증될 수

38) WA 6, 533; LW 36, 67.
39) WA 7, 321; LW 32, 14.
40) WA 26, 154; LW 40, 240. Cf. WA 30I, 216; BC, 440 f.
41) WA 7, 321; LW 32, 14.
42) WA 17ᴵᴵ, 19 ff., 81. 루터는 일찍이 1522년 7월 7일 설교에서 이런 말을 한다. WA 10ᴵᴵᴵ, 306 ff. 세례받는 때의 아이들에 관해 말하면서, 그는 다음과 같이 말한다. "우리가 세례를 줄 때, 우리는 아이들의 신앙을 본다. 아이들이 거기에 몸과 영혼이 완전히 벌거벗고 서 있을 때, 그들은 신앙이 없고 행위가 없다. 이제 기독교 교회가 개입하여 하나님이 그들에게 신앙을 부어주시기를 기도한다. 그 의도는 우리 신앙이나 우리 행위가 아이들을 돕는 것이 아니라, 아이들이 그 자신의 신앙을 얻어야 한다는 것이다." WA 10ᴵᴵᴵ, 310.

있기 때문이 아니라 유아 세례가 성서적이고 하나님의 뜻이기 때문에, 세례받을 수 있다. 이런 이유로 루터는 유아의 신앙을 위한 어떤 경험적 증거도 제시하지 않는다. 그리고 그는 특별히 재세례파에 의해 실행되는 형식으로, 성인 어른이 믿고 있는지 여부를 규정하는 시도를 날카롭게 거부한다. 그는 유아 세례가 정당하고 타당하기 때문에 아이들이 믿고 있다고 확신한다. 다른 이유가 있어서가 아니다. 따라서 루터는 그러한 신앙이 실제 존재하는 것을 증명하는 것을 고려하지 않고, 재세례파의 논쟁적 공격에 대항하여 유아 세례가 존재하는 것이 가능하다는 것을 방어한다.

우리는 이제 루터 교리의 자세한 발전을 추적할 것이다. 1525년도 자료는 마태복음 8:1 이하의 사순절 설교이다. [43] 그는 아이들이 교회의 신앙 위에 세례받는다는 로마의 입장을 거부한다. 그는 또한 분명히 그들이 장차 가질 신앙을 보고 아이들에게 세례를 주는, 발도파(Waldensians)의 의견을 거부한다. [44] 아이들은 스스로 믿어야 하고 또 세례 때에 믿어야 한다. 그들이 그렇게 한다는 사실은 의심의 여지가 없다. 그리스도는 하늘 나라를 아이들에게 약속하고 "믿지 않는 자는 정죄받을 것"이라고 말하였기 때문에, 누가 그리스도가 그의 나라로 받아들인 아이들이 믿지 않는다고 말할 수 있겠는가?[45]

교회가 진지하게 유아 세례를 구원의 수단으로 실행한다면, 그것에 의해 교회는 필연적으로 아이들이 믿을 수 있다고 진지하게 고백하는 것이다. 그렇지 않다면 유아 세례는 구원을 이루지 못하고 "하나의 장난과 신성모독"이 될 것이다. [46]

아이들 안에 어떻게 신앙이 존재하게 되는가? 하나님은 "이 아이를 기독교 교회의 신앙 안에서 세례받도록 데려온 후원자의 중보기도를 통하여 신앙을 일으키신다. 이것은 다른 사람의 신앙의 능력이다. 그러한 신앙은 그 중보기도를 통하지 않고는 아이를 구원할 수 없고, 아이가 하나님으로부터 자기 자신의 신앙을 받도록 도와준다."[47] "아이들은 후원자나 교회의 신앙 때문에 세례받는 것이 아니다. 오히려 후원자나 교회의 신앙은 그들을 위해 그들 자신의 신앙을 얻고, 아이들은 바로 이 신앙 안에서 세례받고 스스로 믿는 것이다."[48]

재세례파는 이성을 갖추지 못한 아이들이 그들이 이해하지 못하고 이성이 없기

---

43) *WA* 17^{II}, 78 ff.
44) *WA* 17^{II}, 79, 81.
45) *WA* 17^{II}, 83.
46) *WA* 17^{II}, 82.
47) *WA* 17^{II}, 82.
48) *WA* 17^{II}, 83.

때문에 믿을 수 없다는 것을 반대한다. 루터는 사실은 정반대라고 대답한다. 이성은 항상 "가장 강력하게 신앙과 하나님의 말씀에 반대한다." 아이들은 이성을 갖고 있지 않기 때문에, "그들은 그들의 이성에 걸려 넘어지고 그 큰 머리를 좁은 문에 밀어넣기를 원치 않는, 나이 들고 좀더 합리적인 사람들보다 신앙에 더 적합하다."[49]

어린 아이들이 말씀을 듣지 않는 것은 사실인가? 루터는 다음과 같이 대답한다. "그들이 말씀, 즉 나이 든 사람들이 행하는 동일한 방법으로 신앙이 오는 바 그 말씀을 듣지 못한다 할지라도, 그들은 여전히 그것을 어린 아이들이 하는 대로 듣는다. 나이 든 사람들은 그것을 그들의 귀와 이성으로 포착하나, 흔히 신앙 없이 파악한다. 그러나 아이들은 그들의 귀를 통하여 이성 없이 신앙으로 그것을 듣는다. 그리고 이성이 적으면 적을수록, 신앙은 더 가깝게 되는 것이다."[50] 세례받기 위해 데려온 아이들은 그들이 체험한 세례가 그 자체로 바로 복음이기 때문에 말씀을 듣는다. 그리고 그들은 "그들을 데려오라고 명령하신 그리스도가 그들을 팔에 안고 있기 때문에"[51] 아주 강력한 방법으로 이 복음을 듣는다.

우리는 루터의 이러한 주장들에 대해 많은 반대를 갖고 있다. 루터는 "이성"의 의미를 반대자들의 의도와 다른 의미로 사용한다. 유아 세례 반대자들은 신앙이 인격적 행위라는 것을 말하고자 한다. 루터는 이런 형식적 의미로 이성을 이해하지 않고, 즉각 그것을 우리의 죄된, 반항적, 불신앙의 사고 요약 내용의 관점에서 해석한다. 이런 식으로 루터는 신앙과 이성을 서로 대립되는 관계에 둔다. 그러나 이것은 아직 유아는 믿기 위해 필요한 종류의 "이성" 즉 내가 하나님의 은총에 복종하는 존재로서 그 인격적 성격이 결여되어 있다는 반대 주장에 대답하지 않은 것이다. 확실히 나는 "내 자신의 이성으로" 이것을 행한 것이 아니라, 나의 이성으로 행한 것이다. 그러나 우리가 이 점을 루터와 논쟁할 필요는 없다는 것 또한 사실이다. 왜냐하면 그 자신은 그의 유아의 신앙에 대한 개념을 다음과 같이 선언함으로써 제한하고 있기 때문이다: 우리는 비록 우리가 그들이 진정한 신앙을 갖고 있는지 알지 못한다 하더라도, 단지 그들이 오기 때문에, 선한 양심을 가지고, 단순히 세례받기 위해 오는 성인에게 세례를 준다. 그와 같이 우리는 예수가 그들을 데려오도록 명령했기 때문에, 세례 주어도 좋고 또 세례를 주어야 하는 것이다. 그들의 신앙 내용은 그들을 데려오라고 명령하신 그분의 손에 맡길 수 있다. 혼자서 온 것이 아니라 데려옴을

49) *WA* 17[II], 84 f.
50) *WA* 17[II], 87.
51) *WA* 17[II], 87.

입은 자들의 신앙은 그들을 데려오라고 명령하신 분의 손에 맡길 수 있다. 그리고 그들은 그가 그것을 명령하기 때문에 세례받아야 한다. 우리는 오직 "주여, 당신은 그들을 이리로 데려오셨고, 그들이 세례받게 하라고 명령하셨습니다. 당신은 분명히 그들을 책임지실 것입니다. 나는 당신이 그렇게 하실 것에 의지합니다"하고 말할 수 있다.[52]

이러한 진술과 함께 루터는 유아 세례에 대한 그의 사고를 포기하지 않는다. 마지막 인용된 구절의 맥락은 분명히 이것을 보여준다. 그러나 루터는 마치 그것이 우리의 유아 세례에 대한 태도에서 결정적인 것처럼, 유아 신앙의 가능성과 현존을 주장하지 않는다. 결정적인 것은 주님이 아이들을 받으시고 그들을 그에게로 데려오라고 명령하셨다는 것이다. 우리는 그의 의지와 그의 말씀의 근거 위에서 그들에게 세례를 준다. 그들의 신앙의 성격이 무엇이든지 간에, 우리는 그것을 그에게 맡긴다. 우리가 성인들에게 세례를 줄 때도, 상황은 다르지 않다. 확실히 성인은 스스로 세례에 나아온다. 그러나 이것이 주님이 아이들을 데려오라고 명령하신 것보다 더 기쁘게 선한 양심을 가지고 세례를 줄 이유인가? 유아의 신앙을 강조함에도 불구하고, 루터는 그것에 의존하는 것이 아니라 예수 그리스도에게만 의존한다. 우리는 아이들이나 성인들의 신앙에 대한 우리의 불확실하고 논쟁적인 확신의 근거 위에서 세례를 줄 책임을 떠맡을 필요가 없다. 아이들을 그에게로 데려오라고 명령하신 그분이 책임을 질 것이다.

1528년에 루터는 이 방향으로 한 단계 더 나아간다. 그는 유아 신앙을 전제하는 것을 계속한다. 성서는 아이들이 믿을 수 있다는 것을 논증한다. 예를 들어, 세례 요한은 "그리스도가 그의 어머니의 입을 통하여 와서 말할 때," 그의 어머니의 태 안에서 믿었다.[53] 아이들이 믿을 수 없다는 재세례파의 주장은 성서에 위배된다.[54]

어떤 사람도 이성의 나이 아래의 아이들이 믿을 수 없다는 것을 입증할 수 없다. 또한 어떤 사람도 성서 구절을 가지고 유아 신앙이 현존한다고 입증할 수 없다.[55] 그러나 우리는 아이들이 세례받을 때 믿을 수 있다는 것을 확신한다. 바로 예수 그리스도가 친히 그들에게 말씀하고 세례에서 그들을 다루시기 때문이다. 그들은 그와 함께 있고, 그의 말씀과 행위가 그들 위를 지나간다. 그리고 그것은 효력을 일으

---

52) *WA* 17^{II}, 85 f.
53) *WA* 26, 159; *LW* 40, 245.
54) *WA* 26, 156; *LW* 40, 242.
55) *WA* 26, 156; *LW* 40, 241 f.
56) *WA* 26, 156, 159; *LW* 40, 243, 246.

킬 것임에 틀림없다.[56] 바로 그리스도 자신이 아이들 안에서 그의 말씀과 행위를 통하여 신앙을 일으키신다. 유아 신앙의 사실 혹은 그 가능성은 확고하다. 그 방법은 하나님의 손에 달려 있다.[57] 우리가 그것이 무엇인지 알지 못하지만 말이다. 그러나 어쨌든, 루터는 분명하게 이것을 말하는데, 유아 세례는 세례받은 사람이 믿고 있다는 확신에 근거하지 않고 따라서 유아의 신앙에 근거하지도 않는다. "내가 그들이 믿고 있는 것을 확신하지 못한다고 할지라도, 나의 양심으로 나는 그들이 세례받도록 해야 할 것이다." 유아 세례는 사도들에게서 온 것이기 때문이다. 내가 아이들에게 세례 주는 것을 게을리하고 거부한다면, 나는 그들을 잃는 데 대해 책임을 져야할 것이다. 우리는 확실히 세례가 구원하는 것을 믿을 수 있기 때문이다.[58]

실제, 여기서 루터는 한 단계 더 나아가는데, 세례는 확실히 신앙 안에서 받아야 한다. 그러나 세례는 하나님의 행위로서 그 자체 안에서 그것만으로 타당하다. 믿지 않거나 믿음에서 떨어진 자는 누구나 세례를 오용한 것이다. 그러나 그러한 오용이 세례를 무효화시키지는 않는다. 세례받은 사람이 조만간 신앙에 이르거나 돌아오면, 모든 것이 정상화된다.[59] "만일 신앙이 세례받은 지 10년만에 나타난다면, 세례가 이미 완성되었고 모든 것이 정상이기 때문에, 두번째 세례받을 필요가 무엇인가? 이제 그는 세례가 요구하는 대로 믿고 있기 때문이다."[60] "다음 신앙이 오는 때, 세례는 완성된다." 세례의 타당성과 능력은 변하지 않았기 때문에, 그리스도인이 일천 번이나 신앙에서 떨어지거나 죄를 짓고 그리하여 신앙 없는 세례자가 된다고 할지라도, "그가 진정으로 신앙이 있는 그리스도인이 된다면, 왜 첫번째 세례가 충분하고 적당하지 않아야 하는가?"[61]

따라서 루터는 그리스도인이 유아 세례를 신앙 없는 세례로 생각하는 것이 가능하고, 그것은 오직 이후에 신앙 안에서 포착된다고 생각한다. 1529년의 「대요리문답」에서, 루터는 유아 세례를 더욱 더 제한한다. 여기서도 그는 여전히 아이들이 믿고 있다고 주장한다.[62] 1525년의 진술과 완전히 반대되게, 루터는 이제 세례받은 사람이 믿든 믿지 않든, 그것은 세례에 결정적인 것이 아니라고 한다. 그것은 세례를 부당하게 만들지 못하고, 모든 것은 하나님의 말씀과 명령에 의존한다. "말씀이 물

57) *WA* 26, 157, 169; *LW* 40, 243, 259.
58) *WA* 26, 166; *LW* 40, 254.
59) *WA* 26, 159; *LW* 40, 246.
60) *WA* 26, 160; *LW* 40, 246.
61) *WA* 26, 160 f.; *LW* 40, 246, 248.
62) *WA* 30I, 219; *BC*, 443 f., 55 ff.

을 동반할 때, 세례는 신앙이 부족하다 할지라도 타당하다. 나의 신앙은 세례를 구성하는 것이 아니라 세례를 받아들이는 것이기 때문이다."[63]

세례는 신앙 안에서 붙잡아야 한다. 믿지 않는 사람은 누구든지 그것을 오용한다. 그러나 그것이 세례 자체가 "항상 적당하고 본질적으로 완전하게 남아있다"는 사실을 변경시키지 않는다. 바뀔 필요가 있는 것은 세례가 아니라 우리 자신이다. "만일 당신이 믿지 않는다면, 이제 믿어라." 세례는 우리를 신앙으로 부르고, 그 실재와 타당성은 나의 신앙에 의존하지 않는다. 이것은 또한 성인 세례에도 해당되는 사실이다. 신앙 안에서 세례에 오는 사람들은 그들이 믿고 있다는 사실에 의존하는 것이 아니다. 그러나 "나는 그것이 당신의 말씀과 명령이라는 사실에 의존한다." 유아 세례에서도 동일한 것이 해당된다. "우리는 아이가 믿을 것으로 생각하고 소망하기 때문에, 그리고 하나님이 아이에게 신앙을 주시기를 기도하기 때문에, 아이를 세례받게 하려고 데려온다. 그러나 우리는 이것 때문이 아니라, 오직 하나님이 그것을 명령하셨기 때문에, 아이들에게 세례주는 것이다."[64]

이것이 루터의 최종 입장이다. 이 주제에 관한 그의 모든 후기의 진술에서, 그는 어린 아이들이 세례받고 자신의 신앙으로 믿을 때 성령을 받는다고 주장한다.[65] 그러나 그는 또한 유아 세례의 정당성과 타당성은 그들의 신앙에 의존하지 않는다는 것과 또 유아 세례는 그래서 아이들이 믿지 않는다고 할지라도(그러나 확실히 그렇지는 않다) 유아 세례는 정당하다는 다른 주장을 반복한다.[66]

재세례파에 대한 루터의 반대

루터는 재세례파의 공격에 대항하여 유아 세례의 타당성을 옹호했을 뿐만 아니라, 그들의 세례 관습을 공격했고, 그것이 복음의 근거 위에서 불가능하다는 것을 보여주었다.[67] 루터의 재세례파에 대한 반대는 그의 유아 세례에 대한 적극적 태도의 자명한 결과일 뿐만 아니라, 독자적인 내용과 의미를 갖고 있다. 오직 성인만이

---

63) *WA* 30[i], 218, 220; *BC*, 443 f. and 56 f. *WA* 30I, 220; *BC*, 444.
64) *WA* 30[i], 219; *BC*, 443 f. and 55 f.
65) Cf. the evidence presented by Karl Brinkel, *Die Lehre Luthers von der fides infantum bei der Kindertaufe* (Berlin: Evan. Verlagsanstalt, 1958), pp. 60 ff.
66) See *WA* 37, 281. *WA* 45, 170. *WA* 46, 152.
67) 이 부분의 기초 자료로는 *Concerning Rebaptism*, *WA* 26, 144-174; *LW* 40, 229-262과 1534년 1, 2월의 세례에 관한 설교가 있다. 뢰러의 노트는 *WA* 37, 258 ff.에서 발견되고, 이 설교의 인쇄본은 *WA* 37, 627 ff.에서 발견된다.

세례받아야 한다는 요구에 대한 루터의 반대는 따라서 그의 유아 세례를 받아들이는 것을 보호하고 강화한다. 재세례파는 개인적 신앙에 이를 때에만 세례 주기를 원했다. 루터는 두 가지 주요한 반대를 주장한다.

첫째, 세례를 세례받은 개인의 신앙에 의존시키는 것은 항상 우리를 어떤 특정한 세례에 대해 확신을 갖지 못하게 하고 만다. 우리는 결코 세례 예비자가 진정으로 믿고 있는지를 분명히 알 수 없기 때문이다. 그러한 신앙의 오류 없는 징후는 없고, 그가 세례에 와서 그의 신앙을 고백하는 것도 그 무오한 신앙의 특징은 아니다. 재세례파의 입장은 확실한 근거가 없고, 따라서 확신할 수 없는 행위이다. 그러나 그것은 죄이다.[68]

몇몇 인용을 살펴보자. "그들은 이제 사람들의 마음을 분별하고 그들이 믿는지 여부를 알 정도로 신자들이 되었는가?" "재세례파들은 그들의 재세례가 타당하다는 것을 확실할 수 없다. 그들의 재세례는 세례받는 사람이 신앙을 갖고 있다는 것을 전제하고 있기 때문이다. 그러나 그들은 결코 그러한 신앙을 확신할 수 없고, 따라서 그들의 재세례는 불확신 가운데 행하는 행위이다. 신적 문제에 대해 확신하지 못하고 의심하는 모든 자들은 하나님에 대해 죄를 짓고, 그를 시험하는 것이다." "세례를 세례받는 사람의 신앙 위에 근거시키는 모든 사람은 결코 어떤 사람도 세례 줄 수 없다."[69] 세례받는 사람은 세례 주는 사람과 마찬가지로, 그 세례의 타당성을 그의 신앙 위에 근거시킬 수 없다.[70]

"그는 자기 자신의 신앙을 확신하지 못하기 때문이다."[71] 따라서 그의 세례의 정당성과 타당성은 그가 세례를 그의 신앙 위에 근거시키려 하는 한, 불확실하게 남아있을 것이다. 언제라도 악마는 내가 그 안에서 그 근거 위에서 나 자신이 세례받게 한 신앙이 진정한 신앙인지 의심하게 만들 수 있다. 따라서 그는 나로 하여금 나의 세례를 의심하게 하고, 이런 식으로 나는 끊임없이 나의 구원의 불확실성에 머무는 것이다.

둘째, 신앙의 토대 위에서 세례 주고 세례받는 것은 우리를 불확실성에 빠지게 할 뿐만 아니라 또한 하나의 우상숭배이다.[72] 나는 이런 방식으로 신앙에 의존함으

---

68) *WA* 26, 154, 164, 171 f. ; *LW* 40, 240, 252, 260. Cf. *WA* 17^{II}, 85. *WA* 37, 667.
69) *WA* 26, 154; *LW* 40, 239 f.
70) *WA* 26, 155; *LW* 40, 240.
71) *WA* 26, 154; *LW* 40, 240.
72) *WA* 26, 165; *LW* 40, 252.

로써, 세례를 "행위"로 만든다. 재세례파의 관습은 따라서 새로운 행위의 의 이외의 다른 것이 아니다. 그들은 신앙에 대해 말하나, 실제 인간의 활동과 행위를 강조한다. "그러나 그들 가운데 행위에 대한 확신을 조장하는 악마가 있다. 그는 신앙을 사칭하나, 실제는 행위를 마음에 두고 있다. 그는 신앙의 이름과 외형을 사용하여, 가련한 사람들을 행위에 의지하게 유도한다."[73]

재세례파는 "하나님의 말씀과 제정"인 세례와 성만찬을 "단순히 인간의 행위로 축소시키고자 한다. … 그들은 세례를 통해 거룩해 지려고 하는 것이 아니라, 그 대신 자신의 경건을 통하여 세례를 선하고 거룩하게 만들려고 한다." 그들은 우리를 거룩하게 만드는 바, 그리스도의 은혜의 전달 자체인 세례의 성격을 부정하고, 반대로 세례 이전에 "자신들을 거룩하게 만들기를" 원한다. 따라서 그들은 세례를 그들을 거룩한 사람들로 확인하는 불필요한 표지로 전락시킨다.[74]

루터는 확실히 세례를 세례받는 자의 신앙에 의존하게 만드는 시도에 맞서 논쟁하지 않았는데, 그것은 세례받는 사람의 신앙을 중요하게 여기지 않는 성례전적 객관주의의 토대 위에서 그렇게 한 것이 아니라, 바로 그가 신앙이 무엇인지 알고 있었기 때문이었다. 신앙이 그 자신의 목적이 될 때, 그것은 타락되고 파괴된다. 루터는 믿는 것과 신앙 자체를 믿는 것 사이를 예리하고 분명하게 구분한다. "우리가 세례받을 때, 우리가 믿는 것은 사실이다. 그러나 우리가 믿기 때문에 세례를 받아서는 안된다. 신앙을 갖는 것과 신앙에 의존하고 또 신앙을 갖고 있기 때문에 세례를 받는 것은 완전히 별개의 일이다."[75]

세례에 나아오는 믿는 성인도 그가 믿기 때문이 아니라, 단지 하나님이 그것을 명령했기 때문에, 세례를 받는 것이다. "만일 성인이 세례를 받기 원하여 '목사님, 세례를 받고자 합니다'라고 말하면, 당신은 '당신은 믿습니까?' 하고 묻는다 … 그는 '예, 나는 나의 신앙으로 산을 옮겨보겠습니다'라고 무턱대고 말하지 않을 것이다. 그 대신 그는 '예, 목사님, 나는 믿으나, 나의 신앙 위에 집을 건축할 수 없습니다. 그것은 너무 약하거나 불확실합니다. 나는 내가 세례받아야 하는 것이 하나님의 명령이기 때문에 세례받기를 원합니다. 이 명령의 힘으로 나는 감히 세례받고자 합니다. 시간이 지나, 나의 신앙이 그 본 모습대로 되게 해 주십시오. 내가 그분의 명령 위에 세례받으면, 나는 확실히 내가 세례받은 것을 압니다. 내가 나의 신앙 위에서 세례받았다면, 나는 내일 내 자신이 세례받지 않은 것을 발견할 것입니다. 내가 어

---

73) *WA* 26, 161; *LW* 40, 248.
74) *WA* 31^1, 257; *LW* 14, 39.
75) *WA* 26, 164; *LW* 40, 252.

제 신앙에서 떨어졌거나, 미혹당하여 내가 진정으로 믿지 않았다고 생각하게 되면 그러할 것입니다.'"[76]

그가 성인으로서 세례받을 때 이런 식으로 말해야 한다면, 그는 또한 그가 세례를 유아로서 받는다고 할지라도 그의 세례를 신뢰할 수 있다. "나는 유아로서 세례받은 것을 감사하고 행복해 한다. 그럼으로써 내가 하나님이 명령한 것을 행했기 때문이다. 내가 믿든지 안 믿든지, 나는 하나님의 명령에 따라 세례받았다. 하나님이 오늘 나에게 확실한 신앙을 주든 불확실한 신앙을 주든, 나의 세례는 정확하고 확실하다. 나는 내가 믿고 있고 확신하는 것을 돌보아야 한다. 세례에서는 아무 것도 부족하지 않은 반면, 신앙에서는 항상 어떤 것이 부족하다. 우리가 아무리 오래 산다고 할지라도, 우리는 신앙에 대해 충분히 배울 것을 가지고 있다. 신앙이 실패하는 일이 일어날 수 있고, 그래서 우리는 '보라, 그는 신앙을 가졌으나 이제는 더 이상 가지고 있지 않다'고 말한다. 그러나 우리는 세례에 대해, '보라, 세례가 있었으나 이제 더 이상 있지 않다'고 말할 수 없다. 아니다. 세례는 존속한다. 하나님의 명령이 존속하기 때문이다. 그리고 그의 명령을 따라 행한 것은 지금 존재하고 앞으로도 존속될 것이다."[77]

우리는 루터가 세례받기 원한다고 결단하는 성인이 받은 세례가 분명 예수의 명령과 뜻을 따른 진정한 기독교 세례가 아닐 것이라고 말하지 않은 것을 이해해야 한다. 그는 그러한 사람이 "당신은 믿습니까?"라는 세례 질문에 "예, 주여, 나는 믿습니다" 하고 아주 진지하게 대답할 수 있다는 것을 안다.[78] 그러나 그 단순한 질문이 그가 세례받을 만큼 충분한 신앙을 갖고 있는지 여부에 대한 관심으로 대체될 때, 모든 것이 왜곡되고 전도된다. 유아 세례를 포기하고 성인 세례의 법을 만드는 것은 필연적으로 이러한 결과를 낳는다. 비록 루터가 명백하게 그렇게 말하고 있지 않을지라도, 그의 결단은 교회 내의 상황이 선교 영역과 다르다는 묵시적 전제에 근거해 있기 때문이다. 세상, 이교주의, 유대교로부터 예수 그리스도에게로 돌아선 사람이 그러한 결단의 순간에 그의 신앙에 대해 질문을 받을 때와, 그리고 기독교 회중 안에서 성장하고 어린 시절 이후 줄곧 신앙 안에서 살아온 사람이 그의 신앙이 이제 그가 세례받고 신앙을 고백하는 결단을 하기에 충분히 넉넉하고 성숙하고 의식적인지 질문받을 때 — 그가 자기 자신에게 이 질문을 해야 할 때는 특별히 그러한데 — 완전히 별개의 일이다. 이것은 단순한 신앙 고백을 자기 자신의 신앙으로 변경시킨

---

76) WA 26, 165; LW 40, 253.
77) WA 26, 165; LW 40, 253 f.
78) WA 26, 165; LW 40, 253.

다. 그러나 이것은 정확히 신앙의 반대이다.

그 때, 루터가 말하기를, 사람은 "자기 것" 즉 "하나님이 그에게 주신 선물" 위에서 바라보고, "신뢰하고, 세울 뿐," "오로지 하나님의 말씀 위에서 그렇게 하지는 않기 때문이다." 그러나 그것은 복음에 대한 우상숭배적 부정이다.[79]

유아 세례와 그것이 제공하는 그리스도인의 실존과 의를 부적당한 것으로 거부하기 때문에, 재세례를 받는 것은 신앙의 의로부터 행위의 의로 넘어간 것을 의미한다. 이 모든 것에서 재세례는 결국 "더 나은 의"로 되기 때문이다. 루터는 이것을 갈라디아인들이 신앙의 의로부터 배교를 반복한 것으로 본다. "우리 독일 사람들은 진정한 갈라디아인이고 계속 그러하다." 이것은 악마의 걸작이다. 악마는 독일인들에게 복음을 통해 참으로 그리스도를 시인하는 것, 즉 신앙의 의를 허용할 수 없었다. 이런 이유에서 그는 재세례파를 추방시켰다.[80]

루터의 칭의 신앙의 순수성을 향한 관심은 따라서 그가 재세례를 거부하고 유아세례를 일반적으로 요구된 성인 세례로 대체하는 것을 반대한 궁극적 이유이다. 그의 가장 위대한 구절 중 하나는 그의 신앙 본질의 이해의 깊이를 설명해 준다. 세례를 주는 사람이나 세례를 받는 사람이 신앙을 확신할 수 없기 때문에, 우리는 신앙 위에 세례의 근거를 둘 수 없다. 어떤 경우든 그들은 그들의 불확실성의 위험과 유혹 안에 있다. "실제 이 신앙의 문제에서는, 그가 믿는다고 생각하는 사람은 결국 믿지 않고, 그가 믿지 않는다고 생각하고 절망한 사람은 모든 사람 가운데 가장 잘 믿는 일이, 실제 일어나고 또 일관성 있게 일어나는 듯하다." 참으로 믿는 것과 "사람이 믿는 것을 아는 것"은 전혀 다른 두 가지 일이다. 신앙은 자기 의식이 아니다. 예수는 "그가 믿는 것을 아는 자는 … "이라고 말하지 않고 "믿는 자는 … "이라고 말한다. "사람은 믿어야 하지만, 우리는 그것을 확신있게 알아서도 안되고 알 수도 없다."[81]

루터는 아마 그가 가장 진실되게 믿었을 그 순간에, 그가 믿는지 여부를 더 이상 알지 못하는 영적 시련을 체험했다. 신앙은 이런 식이기 때문에, 우리는 세례를 세례받는 자가 진정으로 믿고 있다는 확신 위에 의존시킬 수 없고 감히 그러지도 않는다. 세례받은 사람도 세례를 주는 사람도 그러한 확신을 가질 필요가 없다.

79) *WA* 26, 165; *LW* 40, 252.
80) *WA* 26, 162; *LW* 40, 249.
81) *WA* 26, 155; *LW* 40, 241.

제27장

성만찬

루터의 성만찬 교리를 논의할 때, 우리는 그것이 최종적 형태에 이르기 전에 발전되었던 다양한 형태들을 구분해야만 한다.[1] 칼슈타트, 스위스 신학자들, 슈벵크펠트 등과 벌인 논쟁으로 인해, 루터는 성만찬에 관한 초기의 가르침을 훨씬 넘어섰다. 이 과정에서, 초기의 강조점들이 뒤로 후퇴했다. 루터는 확실히 그것들을 결코 포기한 것이 아니었다. 그러나 그는 그것들을 반복하지 않았고, 따라서 그것들은 덜 강조되었고, 아마도 그의 전체 성만찬 신학에서 그 위치를 상실했을지도 모른다. 그러나 그 초기의 사상들은 이 성례에 대한 그의 전체적 이해에서 본질적 부분으로 남아있다. 따라서 우리는 그것들을 무시해서도 안되고, 그의 성만찬 신학의 최종적 형태에 억지로 끼워 맞출 수도 없다. 오히려 우리는 성만찬에 대한 그의 위대

---

1) 이 장 전체를 위해서는 다음을 참고하라. Hans Grass, *Die Abendmahlslehre bei Luther und Calvin* (2nd ed.; Gütersloh: Bertelsmann, 1954) and Ernst Sommerlath, *Der Sinn des Abendmahls nach Luthers Gedanken über das Abendmahl 1527-1529* (Leipzig: Dörffling, 1930). 〔영어에 제한된 독자들은 다음 두 책에서 도움을 입을 수 있을 것이다. 다음 두 책은 마르부르크 회담을 재구성하고 있다. Hermann Sasse, *This Is My Body: Luther's Contention for the Real Presence in the Sacrament of the Altar* (Minneapolis: Augsburg, 1959), and Jaroslav Pelikan, *Luther the Expositor: Introduction to the Reformer's Exegetical Writings* (St. Louis: Concordia , 1959), pp. 137-260. Sasse, op. cit., pp. 233-272. — 영역 주〕

한 저술에 전개된 루터의 교리를 그대로 제시하기 전에, 그것들을 개별적으로 논의
해야 한다.

1524년까지의 발전

루터의 성만찬 교리의 전체적 발전을 살펴볼 때, 우리는 두 가지 단계를 구분해
야 한다. 그 분기점은 1524년경 실제적 임재에 대한 논쟁이 시작되었을 때이다. 첫
번째 단계에서, 루터는 로마와 대립되어 있었고, 두번째 단계때는 열광주의자와 스
위스 신학자들에 대립되어 있었다. 첫번째 단계에서, 루터는 미사의 희생 제사 교리
에 반대하여 하나님의 선물로서 성례의 진정한 의미를 보전하기 위해 싸웠다. 두번
째 단계에서, 루터는 상징 이론이 보이는 육체적 임재의 포기에 반대하여, 빵과 포
도주 안에 있는 그리스도의 몸과 피의 육체적 임재를 강조한다.

루터는 이 과정의 첫번째 단계에서 "실제적 임재"를 가르친다. 그것은 그가 고
대 교회로부터 유산으로 상속받은 신학의 일부였고, 그는 의심할 여지 없이 그것을
성서적 진술로 받아들였다. 그가 시도한 유일한 변화는 교회의 화체 교리를 공재 개
념으로 바꾼 것이었다. 그는 「교회의 바벨론 포로」에서 처음 이것을 행한다. 루터는
이 때 유명론 전통을 따랐다. 그는 그리스도의 몸과 피가 변형되지 않은 빵과 포도
주 안에 현존해 있고 주장한다(빵과 포도주가 그대로 있으면서 이것 속에 그리스도
의 몸과 피가 현존하는 공재설: 역자주).[2] 그러나 루터는 이러한 입장의 변화를 특
별히 강조하지 않았다. 1520년 루터는 화체 교리를 주장하기를 원하는 자는 누구나
그렇게 주장할 수 있다고 여전히 말하고 있었다. 얼마 후 그는 어떤 특별한 감정 없
이 화체설을 거부했다. 스위스 신학자들에게 말할 때, 그는 심지어 실제적 임재에
대한 문제에서 그가 로마와 일치한다고 강조할 수 있었다. 그는 명백히 다음과 같이

---

2) 루터는 화체의 교의를 반대했다. 그는 교회가 이 교리에서 실제적 임재의 기적에 관한
   형이상학적 스콜라적 이론을 신앙의 조항과 혼합했다고 생각했다. 더욱이 화체 교리에
   서 형이상학적 이론은 완전히 아리스토텔레스의 철학에 의존되어 있었다. 루터는 이것
   을 성례의 "포로"라고 본다. *WA* 6, 508; *LW* 36, 28 ff. 그러한 것은 실제적 임재
   가 일어나는 방법을 묘사하고자 하는 모든 다른 이론이 하나의 교리가 되는 순간, 이
   교리에도 또한 해당되는 사실이다. 내용 면에서, 화체의 교리는 지상의 실체가 천상의
   실체로 변형된다고 주장하기 때문에, 복음의 교리와 다르다. *WA* 6, 511; *LW* 36,
   34. 실제적 임재는 정확히 기독론과의 유비 안에서 이해되어야 한다. 즉 신성이 온전
   하고 변형되지 않은 인간 본성 안에 거하는 것이다. 우리가 성육신에서 그러한 변형을
   말할 수 없는 것처럼, 우리는 성례 안에서 그러한 변형을 말할 수 없다. "그러므로 그
   리스도에 관하여 사실인 것은 또한 성례에 관하여도 사실이다." *WA* 6, 511; *LW*
   36, 35.

선언한다. "내가 열광주의자들과 함께 단순한 포도주만을 마신다면 그 포도주를 마시기 전에, 나는 오히려 교황과 함께 순전한 피를 마시겠다."[3]

확실히 루터는 실제적 임재에 관해서 그 자신의 내적 투쟁을 겪고 있었다. 그는 1524년 스트라스부르그에 보내는 편지에서, 그의 교황권과 결정적으로 대치한 국면에서 로마의 구조에 아주 큰 타격을 줄 수 있도록, 그 제정의 말씀을 순전히 상징적 의미로 해석하고 빵과 포도주의 성물 안에서 그리스도의 몸과 피의 실제적 임재를 포기하려는 유혹으로 인해, 극심하게 어려움을 당했다고 고백한다. 그러나 그러한 유혹에 직면하여 — 또한 이 어려운 신앙의 조항을 제거하려는 그의 본성적 갈망이 문제거리였던 다른 모든 때와 마찬가지로("나는 불행히도 내가 나의 옛 아담을 느낄 때마다 이렇게 행하도록 이끌리는 경향이 있다.") — 그는 항상 분명한 본문 말씀인 제정의 말씀에 의해 붙들림 받았다.[4]

비록 실제적 임재가 루터의 성만찬 교리의 필수적 요소로 남아 있을지라도, 그는 전체적인 성만찬 이해에서 그것을 특별히 강조하지도 않고 완전히 이용하지도 않는데 바로 이것이 이러한 루터의 사고의 첫 단계의 특징이다.

첫 단계에서, 우리는 이제 서로 분명하게 구분되는 두 개의 국면을 구분해야 한다. 첫번째 국면은 특별히 *The Blessed Sacrament of the Holy and True Body of Christ and the Brotherhoods*(1519)에 의해 특징지워진다. 두번째 국면은 *A Treatise on the New Testament, that is, the Holy Mass*(1520)에 의해 시작된다.[5]

1519년의 성만찬 논문은 성만찬에 관한 루터의 사고 발전에서 독특한 위치를 차지한다. 세례 교리에서처럼, 루터는 외적인 표지(sign) 즉 많은 밀로 만든 빵과 많은 포도주로 만든 포도주를 언급함으로써 시작한다. 우리가 빵을 먹고 포도주를 마실 때, 우리는 우리 내부에서 그것들을 변형시킨다. 루터는 이것을 "교제"의 이중적 표지로 본다. 성례에서, 그리스도인은 그리스도와 모든 성도들이 그를 위하여 중보 기도하고 있을 것이라고 확신을 받는다. 그리고 그는 또한 그리스도와 그의 백성을 위하여 중보 기도할 의무를 부여받는다. 따라서 어거스틴과 토마스에서 그러하듯

---

3) "나는 내가 포도주가 포도주로 남아 있는지 남아 있지 않은지 논쟁하지 않는다고 종종 충분히 주장했다. 나에게는 그리스도의 피가 현존한다는 것으로 충분하다. 포도주를 하나님이 원하시는 대로 맡겨 두어라." WA 26, 462; LW 37, 317. 본문에 있는 인용이 이에 계속된다.

4) WA 15, 394; LW 40, 68.

5) WA 2, 742-758; LW 35, 49-73. WA 6, 353-378; LW 35, 79-111. Cf. Reinhold Seeberg, *Lehrbuch der Dogmengeschichte* (3rd ed.; Leipzig: Deichert, 1917), IV¹, 323 ff.

이, 그것은 "사랑의 성례"이고, 교제(communio)이다. 성도의 교제로서 루터의 교회 개념은 이러한 성례 이해의 기초 위에 발전되었다.[6] 그러나 그리스도의 몸과 피의 임재의 의미는 무엇인가? 첫째, 그것은 "완전한 표지"를 의미한다.[7]

빵과 포도주가 그리스도의 몸과 피로 변형되는 것은 — 빵과 포도주와 또 우리가 그것들을 향유한 것이 이미 그렇게 하였듯이 — 우리가 그리스도의 신령한 몸과 사랑의 교제로 변형되고 합체되었다는 온전한 확신을 준다. 그러므로 빵과 포도주의 임재는 오직 상징적 의미를 갖고 있다. 특별히 중요한 것은 우리가 몸과 피를 받는다는 것이 아니라 단지 그것들이 현존한다고 생각된다는 것이다. 루터는 몸을 먹는 것이 아니라 오직 빵을 먹는 것만을 강조한다. 이것은 상징적으로 우리에게 우리가 그리스도와 모든 성도들과 연합되어 있다는 확신을 준다. 이러한 맥락에서는, 그 의미와 동등한 중요성을 갖는 실제적 임재를 위한 자리가 전혀 없다. 그것에 대한 언급은 부가적 사고로 나타날 뿐이고, 결코 필요한 것 같지 않다. 이런 이유로, 1519년 논문은 루터의 성만찬 교리의 최종적 형태일 수 없다. 루터는 실제적 임재와 성례의 "의미" 혹은 "사역" 사이의 유기적 관계를 발견해야 했다. 그는 또한 제정의 말씀이 논문 전체에서 아무런 의미를 갖고 있지 않기 때문에, 그의 이 교리의 형성을 넘어가야 했다. 그러나 이것에도 불구하고 우리는 "루터가 아마도 이 논문에서 한 것만큼 다시 성만찬의 진정한 의미에 접근한 곳은 없는 것 같다"는 라인홀트 제베르크의 의견에 동의해야 한다. 이후의 발전은 결코 진보가 아니었다. 이 논문의 사고들이 뒤로 물러나는 만큼 — 이 사고들은 1520년대 중반까지 그의 설교에서 계속 나타난다[8] — 이 성례에 대한 그의 이해는 빈약해졌다.

루터는 성례 전반에 대한 그의 개념을 분명히 함으로써, 그의 교리의 첫 단계의 두번째 국면으로 나아갔다. 이 단계는 아직 그의 사고가 성만찬에 대한 논쟁에 의해 규정되지 않던 때이다. 그는 이것을 1519년과 1520년에 이행하였다. 루터는 이제 성례의 본질적 요소는 항상 죄 용서의 약속이었던 바, 분명하게 진술된 신적 약속이라는 것을 강조한다.[9] 이에 따라, 제정의 말씀과 그 말씀 안에 제공된 죄 용서는 루터의 성만찬 사고에서 중심적 위치를 차지한다. *A Treatise on the New Testament, that is, the Holy Mass*에서 — 그 제목이 시사적이다[10] — 루터는

---

6) Cf. pp. 304.
7) *WA* 2, 749, 751; *LW* 35, 59, 62.
8) Cf. the passage cited p. 321.
9) *WA* 6, 513; *LW* 36, 38.
10) *WA* 6, 360; *LW* 35, 88.

성만찬에서 제정의 말씀이 예수의 마지막 뜻이요 마지막 언약이라고 가르친다. "모든 것은 … 이 성례의 말씀에 의존한다. 이들은 그리스도의 말씀이다."[11] 이 언약의 내용은 죄 용서와 영생이다.[12] 따라서 우리 쪽의 모든 것은 언약의 말씀을 붙드는 신앙에 달려 있다. 그의 죽음에 의해, 예수는 "우리에게 하신 이 약속을 취소할 수 없는 것"으로 인치신다. 그는 그의 몸과 피를 이 목적을 위해 주시고, 우리에게 몸과 피를 표지로 남기셨다.[13]

이 표지는 우리의 신앙을 돕는다. 따라서 그리스도의 몸과 피의 실제적 임재의 의미는 그들이 죄 용서의 약속을 확인하는 표지들이라는 사실에 있다. 또한 이 점에서, 몸이 먹어 향유된다는 사실에 강조점이 놓인다. 여기서 우리는 다시 실제적 임재의 개념은 성만찬 교리 안에서 충분한 의미를 받지 못했다고 말해야 한다. 그리스도의 몸과 피를 그의 약속이 사실이라는 표지로 이해하는 것은 분명히 이 두 사고 사이의 인위적이고 부적절한 결합을 구성한다. 루터는 우리가 감각적 존재이기 때문에, 표지가 필요하다고 말한다. 이런 이유로, 그것은 또한 "외적인" 표지여야 한다.[14]

그러나 그리스도의 몸과 피는 진정으로 우리의 감각에 접근할 수 있는 표지인가? 오직 빵과 포도주만이 그러한 종류의 표지이다! 그러나 우리는 실제적 임재를 믿어야 한다. 그러면 우리의 감각을 통해 받아들일 수 있는 것이 어떻게 하여 약속의 진리를 보여주는 표지일 수 있는가? 실제적 임재가 루터의 성만찬 개념에서 유기적, 필연적 위치를 차지하는 제한된 정도는 또한 표지는 우리가 말씀을 갖고 있는 한 없어도 된다는 그의 명백한 선언에서 분명하다. 우리는 성례 없이(따라서 실제적 임재 없이도) 구원받을 수 있으나, 언약이 없이는 구원받을 수 없다. "그리스도는 표지보다 말씀에 관심이 있다."[15]

이후 루터 사고의 발전은 그 공격자들에 맞서 실제적 임재를 옹호할 필요성에 의해 규정되었다. 우리는 이제 이 교리의 두번째 단계에 들어간다. 이제 실제적 임재가 성만찬 교리중 전혀 문제 없이 받아들일 부분으로 인정되지 않았기 때문에, 실제적 임재가 루터의 성만찬 이해 전체에서 더 강하게 강조되고 더 중요한 의미를 띠

11) *WA* 6, 353 ff.; *LW* 35, 79-111.
12) *WA* 6, 358 f., 361; *LW* 35, 85-89.
13) *WA* 6, 358 ff.; *LW* 35, 85 ff. *WA* 6, 515, 518; *LW* 36, 38, 44. Cf. *WA* 10^{III}, 351; *LW* 51, 116.
14) *WA* 6, 359; *LW* 35, 86.
15) *WA* 6, 363, 373 f.; *LW* 35, 91, 106.

는 것은 피할 수 없는 일이었다. 이미 논의한 바대로, 라인홀트 제베르크가 이 교리의 첫번째 국면의 특징적 요소가 "보는 것"인 반면에 두번째 국면은 제정의 말씀을 "듣는 것"이었다고 말할 때, 그의 표현은 세련된 것이었다. 그러나 이제 실제적 임재에 대한 논쟁 때문에, "먹는 것"이 강조되었다. 루터는 실제적 임재에 대한 논쟁의 시작에 의해 촉발된, 그의 성례론 내부의 강조점의 이동을 의식했다. 1526년 루터는 그 때까지 자기가 신앙의 대상, 즉 빵과 포도주 안에 있는 그리스도의 성례전적 임재에 대해서 거의 언급하지 않았다고 말한다. 그의 관심은 주관적 요소, 곧 성례에 대한 올바른 신앙적 사용에 집중되어 있었는데, 이것은 각 성례를 위해 알려져야 할 것이고 "알아야 할 최상의 것"이었다. 그러나 이제 그는 실제적 임재가 공격받고 있기 때문에, 그의 관심을 성례의 객관적 성격에 돌려야 한다.[16]

따라서 이제 제정의 말씀은 새로운 방식으로 다루어졌다. 그들은 더 이상 죄 용서의 약속의 매체로서 여겨지는 것이 아니라, 실제적 임재의 약속으로 이해되었다. 일찍이 1523년에 루터가 말씀은 "그것과 함께 그것이 말하는 것의 모든 것, 즉 그의 몸과 피와 함께 그리스도와 그의 존재와 소유 모든 것을 가져온다"고 말할 때, 그는 이미 새로운 음색으로 말한 것이었다.[17]

그러나 루터는 1527/28년의 입장에 갑자기 도달한 것이 아니었다. 논쟁의 처음 몇 년 동안, 실제적 임재의 특별한 의미와 그것의 복음 말씀과의 관계는 결코 확실하지 않았다. 이것의 증거는 루터의 논문 「천상의 예언자 반박」(Against the Heavenly Prophets)인데, 이것은 실제적 임재를 제정의 말씀의 진정한 의미로 강하게 주장하고 있다. 루터는 탁월한 예화를 사용하여, 거기서 십자가 위에서 획득된 죄 용서가 성만찬에서 "말씀을 통하여 주어지고 분배된다"고 가르친다. 이것은 복음이 설교되는 곳에서 그러한 것과 같다는 것이다. 성례는 단순히 "복음"으로 묘사된다. "나는 성례나 복음 안에서, 십자가 위에서 획득된 죄 용서를 제시하고 제공하고 분배하고 나에게 주는 말씀을 발견한다 … 그의 죄로부터 괴로운 양심을 갖는 자마다 성례에 가서 위로를 받아야 하는데, 이것은 빵과 포도주 때문이 아니라 또한 그리스도의 몸과 피 때문이 아니라, 성례 안에서 당신을 위해 주고 흘린 바 된 그리스도의 몸과 피를 제공하고 제시하여 주는 말씀 때문이다."[18]

이 정식은 특별히 흥미롭다. 그것은 죄 용서가 성례의 특별한 선물로서 루터의

---

16) *WA* 19, 482 f.; *LW* 36, 335.
17) *WA* 11, 433; *LW* 36, 278.
18) *WA* 18, 204 f.; *LW* 40, 214 f.

사고의 중심에 서 있는 것을 보여준다. 둘째, 실제적 임재는 이 사고에 맞게 조정되었다. 중요한 것은 몸과 피 그 자체의 임재가 아니라, 십자가 위에서 나를 위해 주어진 몸과 피가 말씀 안에서 나에게 제공되는 것이다. 따라서 십자가는 논의의 중심에 서 있다. 강조점은 우리를 위해 죽음에 넘겨준 몸 위에 놓였다.

그러나 단지 "당신을 위해"를 포함하여 제정의 말씀이 우리에게 그리스도에 의해 획득된 보화를 열어 제공해 준다는 사실에만 모든 것이 달려있다면,[19] 우리를 위해 죄 용서를 획득한 몸과 피의 실제적 임재는 절대적으로 필요한 것이 아니다. 이것은 특별히 루터의 하나님의 말씀이 지닌 능력으로 보아 사실이다. 루터는 또한 다음과 같은 결론을 이끌어 낸다. "단지 빵과 포도주만이 거기에 현존해 있다 하더라도, 그들이 주장하는 대로, '받아 먹으라. 이것은 너희를 위해 주는 내 몸이니라'는 말씀이 있는 한, 죄 용서는 이 말씀 때문에 여전히 성례 안에 현존해 있을 것이다."[20] 여기서 루터는 명백하게 세례의 유비를 언급한다. 이후에 그의 성만찬의 내용과 효과에 대한 교리는 이 유비를 훨씬 더 넘어선다.

여기서 다시 우리는 성만찬 교리가 아직 완성되지 않은 것을 본다. 실제적 임재에 대한 적절한 강조는 — 루터는 그것에 대한 투쟁 기간 동안 점점 더 이것을 의식하게 되었다 — 아직 죄 용서의 약속으로 정향(定向)된 성례 이해에 진정으로 적합하지 않다. 루터는 성서에 순종하여 실제적 임재를 엄격하게 주장했다. 그러나 이제부터 더 명백하게 더 의식적으로, 실제적 임재 그 자체를 위해 그것에 관심을 기울였다. 그러나 그의 기본적 성례 개념의 영향은 아직도 그로 하여금 실제적 임재를 온전히 이용할 수 없게 했다. 우리는 일반적 성례 개념이 이제 성만찬에서 그의 실제적 임재 이해와 싸우고 있다고 말할 수 있을 것이다. 후자가 일반적 성례 개념을 넘어서고 있다. 1525년 그의 성례 개념은 아직도 더 강한 요소이다. 이전에 인용된 구절이 증명하는 대로이다. 그러나 어떤 방향으로 발전되고 있는가? 실제적 임재의 온전한 의미가 고려된다면, 그것은 루터를 죄 용서의 약속 안에 중심을 둔 성례 이해를 넘어, 그것을 보충하거나 좀더 실제적 이해로 대체해서는 안되는가? 이러한 물음을 가지고, 우리는 이 논쟁에서 온전히 발전된 루터의 성만찬 교리, 곧 마르부르크의 진술뿐만 아니라 특별히 1527년과 1528년의 그의 저술들로 향한다.

발전이 완성된 성만찬 교리의 형태

19) *WA* 18, 203; *LW* 40, 214.
20) *WA* 18, 204; *LW* 40, 214.

제정의 말씀의 권위

무엇이 루터를 그의 성만찬 교리로 이끌고 흔들림 없이 그것을 고수하게 한 결정적 동기였는가? 루터 자신은 모든 결정적 지점에서 분명한 제정의 말씀의 본문을 언급한다. 주의 말씀에 대한 순종은 그로 하여금 그가 가르쳤던 것을 가르치도록 강요하였다. 그가 그것으로 그의 위대한 논쟁적 저술에서 그리스도의 몸의 실제적 임재를 이해할 수 있게 만들려고 노력한 기독론적 개념은 처음에 그의 적대자들의 반대에 응답하여 발전되었다. 마르부르크 회담에서 루터의 반대자들이 부활 승천하신 그리스도가 하늘의 하나님 아버지 우편에 계신것을 언급하고 있지 않기 때문에,[21] 그는 그의 고유한 하나님의 우편 교리를 발전시키지 않고, 끊임없이 그저 단순히 본문 말씀을 언급할 뿐이었다. 그러나 이러한 언급은 성서주의적 완고함으로 해석되지 말아야 한다. 루터는 성서의 축자 영감설에도 문법에 의해서도 매여있지 않았다. 상황에 따라, 그는 다음과 같이 말함으로써 문법적 사항에 대한 칼슈타트의 언급에 대응한다. "신앙의 토대가 문제될 때는, 항상 문법 규칙보다 더 높은 어떤 것이 있어야 한다 … 나의 신앙이 도나투스(라틴 문법책)나 입문서에 의존해야 한다면, 나는 잘못된 길에 서 있는 것이다. 만일 우리가 모든 구절에서 성서를 문법 규칙을 따라 다루어야 한다면, 우리는 얼마나 많은 새로운 조항을 제정해야 할 것인가?"[22] 사실, "우리는 루터가 실제적 임재를 논의하면서 왜 더 자유롭게 성서를 다루지 않았는지 질문해야 한다."[23]

유일하게 가능한 대답은 성서 말씀의 내용이 그로 하여금 그가 택한 입장을 취하도록 강요했다는 것과 그의 모든 그리스도 이해와 복음 이해가 — 여기서 그는 성서에 순종하고 있다고 확신했다 — 그의 주석을 위하여 증거하였다는 것이다. 따라서 우리는 오로지 루터의 주석과 또 그의 복음 이해의 기본적 요소와 연결된 실제적

---

21) Cf. Osiander's report, *WA* 30[III], 148.
22) *WA* 18, 157; *LW* 40, 167.
23) Ernst Sommerlath, *Luthers Lehre von der Realpräsenz in Abendmahl* in *Das Erbe Martin Luthers* (Leibzig: Dörffling, 1928), p. 335. Cf. also Karl Barth, "Ansatz und Absicht in Luthers Abendmahlslehre," *Zwischen den Zeiten* (1923/4), pp. 50 f., also published in *Die Theologie und die Kirche* (Munich: Kaiser, 1928), pp. 26 ff. 바르트는 그가 다음과 같이 말할 때, 루터 사고의 한 측면의 특징을 정확하게 표현했다. "루터가 이 논지를 위한 증거로 제공한 모든 것은 … 오직 '이것은 나의 몸이다'의 해석일 뿐이다. 루터에게 있어서, 이것은 완전히 문제를 해결하는 것이다." 다음 바르트는 계속하여 말하는데, 이것도 또한 옳다. "그렇게 그것은 기록되었고, 그렇게 기록되어야 한다. 루터는 비록 문제의 '이다'를 성서에서 발견하지 못하였다 하더라도, 이것을 츠빙글리와 완전히 다른 방식으로 말하였을 것이다."

관심에 대한 상호 조절에 관하여 말을 할 때, 그 상황을 적절히 묘사하는 것이다. 그의 사고는 본문 말씀이나 주제만으로 규정된 것이 아니라, 이 둘이 서로 맞물리면서 규정된 것이다. 그가 여전히 주제 그 자체를 놓고 또 그 주제와 함께 내적으로 투쟁할 때, 그 본문이 그를 붙들어 주었다. 그는 이것을 1524년 12월 15일의 *Letter to the Christians in Strassburg*와 그밖의 다른 곳에서 고백한다.[24]

그러나 본문의 의미에 대한 논쟁에서, 그의 주석이 옳다고 확신하게 만든 것은 그 주제 자체에 대한 그의 느낌이었다. 따라서 우리는 먼저 루터의 주석을 논의하고, 그 다음 그의 성만찬 교리의 내용과 그것의 루터 신학 전체와의 관계를 논의할 것이다.

제정의 말씀에 대한 루터의 주석을 다룰 때, 우리는 루터가 먼저 바울이 고린도전서 10장과 11장에서 말한 기초 위에서 그 의미를 확신하게 되었다는 것을 지적해야 한다. 제정의 말씀은 전투에서 그의 마지막 요새였다. 그러나 그에게 요새에 대한 열쇠를 제공한 것은 바울이었다.

1525년과 1528년 두 번에 걸쳐서, 루터는 고린도전서 10:16의 바울의 진술이 ("우리가 축복하는 바 축복의 잔은 그리스도의 피에 참예함이 아니며, 우리가 떼는 빵은 그리스도의 몸에 참예함이 아니냐?") 그의 입장을 진정으로 강화하는 것이라고 주장한다. 1525년 그는 분명히 그의 "영적 시련" 곧 실제적 임재의 문제에 대한 그의 내적 투쟁과 그것을 포기하고 싶은 유혹에 대해 언급한다. 이것은 그가 스트라스부르그에 보낸 편지에서 말하고 있다. "그것은 칼슈타트 박사와 그의 전 진영의 머리 위에 떨어진 번개 같은 말씀이다. 이것은 또한 이 성례에 대한 나의 시련에서 내 마음에 생명을 공급하는 약이었다. 우리가 이것 이외의 어떤 다른 말씀을 갖고 있지 않다고 할지라도, 우리는 모든 양심을 충분히 강화하고 모든 대적을 충분히 극복할 수 있을 것이다."[25]

그리고 1528년 그는 다음과 같이 말한다. "이 본문 말씀을 나는 내 마음의 기쁨

---

24) "그러나 나는 포로이고 나 자신을 자유롭게 할 수 없다. 본문은 너무 강력하게 현존하며, 그 자체가 단순히 장황한 말에 의해 그 의미로부터 찢겨져 나오기를 허락하지 않을 것이다." *WA* 15, 394; *LW* 40, 68. Cf. *WA* 18, 166; *LW* 40, 177. 이것은 우리가 칼 바르트의 말, 즉 "제정의 말씀에 대한 루터의 해석은 그의 교리의 근원의 문제를 일으키는 것이 아니라 그의 교리의 후속 증거의 문제만을 일으킨다"는 말에 동의할 수 없다는 것을 의미한다. *Loc cit.* 이것은 루터의 주석과 그의 이 문제의 실체와의 관계, 이 둘 사이의 관계를, 스트라스부르그 신학자들에게 보낸 그의 편지가 허용하지 않는 방식으로, 지나치게 단순화한 것이다.

25) *WA* 18, 166; *LW* 40, 177.

과 왕관으로서 큰 소리로 찬양해 왔고, 지금도 그렇게 하고 있다. 그것은 우리가 성만찬에서 읽는 대로, '이것은 그리스도의 몸이다' 하고 말할 뿐만 아니라 그렇게 떼어진 빵에 대해 언급하며 '빵은 그리스도의 몸이다' 하고 말하고 실제 '우리가 뗀 빵은 그리스도의 몸일 뿐만 아니라 분배된 그리스도의 몸이다' 하고 말하고 있기 때문이다. 이제 여기서 본문은 아주 명료하고 분명하기 때문에, 열광주의자들과 온 세상이 더 이상 어떤 것도 바라거나 요구할 수 없을 것이다."[26]

바울의 진술이 개인적으로 루터에 대해 그리고 그의 교리의 객관적 내용에 대해 가지는 중요성은 이보다 더 분명하게 표현될 수 없다. 당연히 루터는 또한 스위스 신학자들과 슈벵크펠트와의 논쟁에서 이 구절을 놓고 싸워야 했다. 이 구절에 대한 그의 고유한 해석은 다음과 같다. "이제 바울은 이렇게 말한다: '우리가 떼는 빵은 그리스도의 몸에 참여함이다.' 즉 이 떼어진 빵에 참여하는 사람은 누구나 많은 사람들 가운데 분배된 공동 소유로서 그리스도의 몸에 참여하는 것이다. 바울은 그 빵이 이 공동의 그리스도의 몸이라고 말하기 때문이다. 이것은 어떤 사람도 말을 바꾸지 않고는 다르게 이해할 수 없는, 분명하고 뚜렷한 용어로 진술되었다."[27]

반대자들은 바울이 말한 바 "몸에 참여하는 것"을 "영적"으로 해석하기를 원했고 그들의 입장을 다음 구절(17절)에 근거시켰다: "빵이 하나요 많은 우리가 한 몸이니 이는 우리가 다 한 빵에 참예함이라." "그리스도의 몸에 참여하는 것"은 또한 그리스도의 영적인 몸 곧 교회에 속하는 것을 의미하기 때문에, "참여" 그 자체는 영적인 것으로 이해되어야 한다. 따라서 16절에서도, 바울은 그리스도의 몸을 육체적으로 먹는 것에 대해 말하지 않는다. 그러나 루터는 이 주장의 타당성을 인정하지 않았다. 루터에 따르면, 바울은 여기서 그 안에 심지어 유다와 자격 없는 자도 — 그들도 빵을 떼기 때문에 — 참여하는, 그리스도의 몸에 대한 육체적 참여에 대해

---

26) *WA* 26, 487; *LW* 37, 348.

27) *WA* 26, 490; *LW* 37, 1353 f. 루터의 17절 해석은 바울이 우리는 그리스도의 몸이라는 것을 말한 것이 아니라 단순히 우리가 한 몸, 한 무리, 한 공동체라는 것을 말한 것이라고 강조한다. *WA* 26, 491; *LW* 37, 355. 이러한 주장은 근거가 없다. 그러나 루터의 대적자들 또한 옳지 않다. 루터가 17절을 16절과 18절에 근거하여 이해하려고 하는 반면에, 그의 대적자들은 정반대로 16절과 18절을 17절에 근거하여 이해하려고 시도한다. 그러나 그들은 그리스도의 몸에 대한 "육체적" 관계가 사라지는 방식으로 16절과 18절을 해석하는 데 성공하지 못한다. 16절과 18절에 대한 17절의 관계는 아주 어려운 주석의 문제이다.

28) "그래서 이 바울의 말씀은 반석같이 들리고, 이 빵을 떼어 받아 먹는 모든 사람이 그리스도의 몸을 받고 그것에 참여한다는 해석을 강력하게 요구한다. 우리가 말한 대로, 그것은 영적일 리가 없으며 그래서 그것은 육체적 참여임에 틀림없다." *WA* 18, 172; *LW* 40, 181.

말하고 있다고 한다.[28] "몸"과 "피"는 이 곳에서 비유로 이해될 수 없다. 이렇게 시도된 해석에 반대하여, 루터는 특별히 고린도전서 11:27과 29절 곧 "그가 주의 몸을 분변치 못하기 때문에, 주의 몸과 피를 범하는 죄가 있다"를 지적한다.[29]

이 구절에서 비유적 이해는 불가능하다. 바울은 여기서 몸의 상징이 아니라, 오히려 몸 자체에 대해 말하고 있다. "주의 몸이 먹는 것이나 빵 안에 현존해 있지 않다면, 사람이 어떻게 주의 몸에 대해 죄를 짓는가?"[30] 이러한 근거 위에서 루터는 또한 고린도전서 10:16에 대해 결정에 도달하고, 이러한 근거 위에서 주의 성찬을 다루는 모든 말씀에 대해 결정에 도달한다. "이 구절에서 몸과 피가 … 우리의 교리가 주장하는 대로 비유가 아니라 그리스도의 진정한 몸과 피를 가리키는 것이라면, 그 몸과 피는 또한 주의 성찬을 가리키는 다른 구절에서도 비유가 될 수 없다."[31]

따라서 바울의 진술은 제정의 말씀의 명확한 의미를 열어준다. 그들은 제정의 말씀이, 그들이 어떤 비유적 해석 없이 읽는 대로 이해되어야 한다는 것을 보여준다. 루터가 자주 말한 일반 원리는 어떤 경우에도 이 입장으로 인도할 것이다. 명확한 신앙의 조항이 우리에게 다른 해석을 강요하지 않는 한, 모든 성서 구절은 그 단순한 문자적 의미로 이해되어야 한다. "성서 안에서 우리는 말씀이 우리가 읽는 그대로 그 자연적 힘을 유지하도록 해야 하고, 분명한 신앙 조항이 다른 식으로 강요하지 않는 한, 다른 해석을 가해서는 안된다."[32] 그러나 제정의 말씀을 그러한 비문자적 방법으로 해석할 필요는 없다. 더욱이 성만찬에 대한 설명에서 모든 차이점에도 불구하고 — 루터는 이 차이점들을 아주 진지하게 다룬다[33] — "이것은 내 몸이니라" 하는 결정적 말씀이 그들 모두에 공통적으로 속해 있다.[34]

이것은 명확한 말씀이고 그것은 하나님의 말씀이다. 이 본문, 곧 "이것은 내 몸이니라'는 … 인간으로부터 온 것이 아니라 하나님 자신으로부터 온, 곧 하나님

---

29) *WA* 26, 481, 486; *LW* 37, 341, 347, 358.
30) *WA* 18, 173; *LW* 40, 183.
31) *WA* 26, 489; *LW* 37, 351. *WA* 26, 498; *LW* 37, 359 f.은 특별히 중요하다.
32) *WA* 26, 403; *LW* 37, 270. *WA* 18, 147; *LW* 40, 157. "그것이 말하는 것과 다른 방식으로 말씀과 성서를 해석해 대려고 하는 사람들은 누구든지 바로 그 본문 구절로부터나 신앙 조항에 의해 그의 주장을 입증할 의무가 있다." *WA* 23, 93; *LW* 37, 32. 마르부르크에서 루터는 다음과 같이 말했다. "신앙의 궁극적 본성은 우리에게 〔문자적 번역에서 기인하는〕 어떤 불합리성이 신앙이나 신앙 조항에 어긋나게 우리를 강요하지 않는 한, 사랑하는 하나님의 말씀을 편집하지 말 것을 요구한다." *WA* 30ᴵᴵᴵ, 122; cf. Sasse, op. cit., p. 243.
33) *WA* 26, 454 ff.; *LW* 37, 310 ff.
34) *WA* 26, 459; *LW* 37, 314.

자신의 입술로 언급되고 바로 이 편지와 말씀 안에 기록된 말씀이다."[35] "우리의 본문은 확실하고, 그것은 말씀이 말한 대로 유지될 것이고 유지되어야 한다. 왜냐하면 하나님 자신이 그것을 그것이 있는 곳에 두었고, 어느 누구도 단 한 글자도 더하거나 빼어서는 안되기 때문이다.[36]

그러나 여러 반대자들 가운데 나타난 여러 해석의 존재가 보여주듯이, 모든 해석은 인간으로부터 오고 불확실하다.[37] 그러한 주석적 해석은 그 자체로 선한 것일지라도, 그렇게 중대한 신앙의 문제가 위험에 처할 때에는 아무 소용이 없다. "양심은 건전하고 확실한 토대를 갖고 싶어하는데, 과연 나의 양심에 무슨 일이 일어나고 있는가? 그것은 이렇게 배고프고 목마르고 궁핍한 주석 위에 서 있어야 하는가?"[38]

그러한 해석은 하나님의 분명한 말씀에 대한 외경심의 부족을 보여줄 뿐만 아니라, 그 신앙의 확실한 근거를 찾는 양심에 대해 냉담한 행위이다. 인간이 단순히 하나님의 말씀에 있는 그대로 순종할 때, 하나님은 영광을 받고, 양심은 견고하게 확립된다. 이렇게 하여 루터의 경건과 신학의 결정적 요소 중의 하나, 곧 공허한 이성의 모든 사고와 반대되는 하나님의 명확한 말씀에 대한 순종이 그의 성만찬 교리 안으로 들어간다. 루터는 그의 반대자들이 하나님의 명확한 말씀에 대해서 그들의 인간적 사고 및 가능한 것과 불가능한 것, 유용한 것과 쓸데없는 것에 대한 그들의 개념에 비추어서 이해하기를 원하는 합리주의자들이라고 생각했다.[39] 문제는 성만찬 논쟁에서 그의 반대자들에 대한 루터의 평가가 정확한 것인가 하는 것이 아니다. 현재 우리는 적대자들 사이의 논쟁적 상황에 대해 판단을 내리는 것이 아니라, 루터의

35) *WA* 26, 446; *LW* 37, 304.
36) *WA* 26, 446, 448; *LW* 37, 304, 307. "나는 그리스도의 몸과 피가 성례전 안에 있다고 고백하도록 강권하는, 분명하고 명백하고 강력한 하나님의 말씀을 본다." *WA* 18, 166; *LW* 40, 176. Cf. *WA* 23, 83, 87; *LW* 37, 25 f., 28 f. 마르부르크에서 루터는 다음과 같이 말했다. "나의 친애하는 이들이여, 나의 주 예수 그리스도의 이 본문, '이것은 나의 몸이다'가 계속하여 존속하기 때문에, 나는 참으로 그것을 돌아갈 수 없고 그리스도의 몸이 거기에 있다고 고백하고 믿어야 한다." *WA* 30[III], 116, 137; cf. Sasse, op. cit., pp. 237, 257.
37) *WA* 26, 446; *LW* 37, 304.
38) *WA* 26, 483; *LW* 37, 344. "우리가 단순하고 벌거벗은 말씀에 의존해야 한다면, 우리는 인간들에 의해 만들어진 단순하고 벌거벗은 해석보다는 오히려 하나님이 친히 우리에게 말씀하신 단순하고 벌거벗은 본문에 의존하고자 한다." *WA* 36, 497.
39) *WA* 23, 123; *LW* 37, 51. "이것은 자연적 이성의 증오와 혐오인 바, 이것은 이 조항과 아무 관계가 없고, 따라서 그것에 반대하여 침을 뱉고 구토하고, 그리고 나서 그것이 확인되는 것을 피하기 위해 성서 안에 그 자체를 싸려고 한다." *WA* 23, 127; *LW* 37, 53. Cf. *WA* 23, 161; *LW* 37, 137 f.

입장을 이해하는 데 관심을 기울이고 있다.

하나님의 명확한 말씀은 순종되어야 한다. 이 순종은 우리가 그리스도의 몸과 피가 어떻게 빵과 포도주 안에 현존해 있는가 하는 것에 전혀 무관하게 요구되는 것이다. 루터는 이 실제적 임재의 존재 "양식"(how)이 우리 이성으로부터 감추어져 있고 또 그래야 한다는 것을 끊임없이 강하게 강조했다.[40] 하나님은 우리가 이해할 수 있는 것보다 더 크신 분이다. 그리고 그가 행하는 것은 우리의 이해 능력을 초월해 있는 것이 분명하다.[41]

그것은 그것이 하나님의 행동임을 증명한다.[42] 따라서 루터가 성만찬 논쟁에서 사용한 기독론적 사고들은 이성에 대한 걸림돌을 제거하는 데 사용될 수 없고 그렇게 사용될 의도도 가지고 있지 않다. 그것들은 실제적 임재가 일어나는 방식에 대해 이성을 조명해 줄 수 없다. 그들의 목적은 오직 하나님의 임재에 대한 우리의 작고 좁고 인간적인 사고들을 제거하는 것이고, 또 우리에게 하나님의 가능성이 우리의 이해 능력을 초월한다는 것을 깨닫게 하는 것이다. 루터는 오직 그가 우리의 자연적 삶에서 이미 우리를 둘러싸고 있는 경이롭고 불가해한 사건들을 바라보게 하는 한에서만, 이해할 수 없는 것을 인간의 이성에 더욱 가깝게 가져온다. 우리는 그러한 사건이 어떻게 발생하는지 이해하지 못한 채, 그 안에서 그와 함께 살고 있다.[43]

순종하는 사람은 하나님께 그가 "어떻게," "왜" 그가 약속하신 것을 행하는지 묻지 않는다. 따라서 루터는 실제적 임재의 목적에 대한 그의 반대자들의 질문을 하나님께 대한 인간 이성의 오만으로 보고 거부한다. 반대자들은 성만찬에서 그리스도의 몸과 피의 임재가 어떤 도움이 되는지 질문했다. 우리가 보게 되겠지만, 루터는 실제 이 질문에 대답했다. 그러나 그는 하나님의 명확한 말씀을 믿기 전에 유용성을 보기를 요구하는 사람들에게 대답한 것이 아니다. 그는 하나님의 말씀을 존경과 겸손의 태도로 믿는 사람들에게 대답을 준다. 여기서 루터는 가능한 한 강하게 신앙의

---

40) E.g. *WA* 18, 206; *LW* 40, 216. *WA* 23, 87, 145, 209, 265; *LW* 37, 28 f., 64, 103, 139.

41) "그러나 하나님의 말씀과 사역은 우리의 관점에 따라 진전되는 것이 아니라, 모든 이성에게 심지어는 천사들에게도 이해할 수 없는 방식으로 진행된다." *WA* 26, 318; *LW* 37, 207 f. Cf. *WA* 30^{III}, 119; Sasse, op. cit., pp. 239 f.

42) "만일 우리가 그의 길을 안다면, 아주 경이로우신 그분은 더 이상 파악 불가능한 대상이 아닐 것이다." *WA* 30^{III}, 119; Sasse, op. cit., pp. 239 f.

43) "나는 그들이 어떻게 육체적으로 보고 듣고 말하고 사는지 알아야 한다는 사실을 언급하지 않을 것이다. 그러한 모든 것을 우리는 느끼고, 우리는 매일 그 안에 참여하여 있지만, 우리는 그것이 어떻게 발생하는지 모른다. 그러나 그들은 그리스도가 빵 속에 어떻게 현존하는지 알기를 원한다." *WA* 23, 266; *LW* 37, 139.

본성을 강조한다. 모든 것이 여기에서 좌우된다. 믿는 것은 우리 자신의 생각과 소원을 포기하고 하나님의 말씀과 의지에 굴복하는 것을 의미한다. "믿는 마음, 하나님을 경외하는 마음은 이것을 행한다. 그것은 먼저 이것이 하나님의 말씀인지 질문한다. 그것이 그러하다고 들을 때, 그것은 그것이 왜 유용하고 필요한지에 대한 질문을 차단한다. 그것은 두려움과 겸손을 가지고 '하나님이시여, 나는 보지도 못하고, 진정으로 무엇이 나에게 도움이 되고 도움이 안되는지 잘 모르고, 그것을 알고자 하지도 않습니다. 그러나 나는 당신이 당신의 신적인 선하심과 지혜를 따라 나를 위해 최선의 것을 알고 계시고 의도하고 계시다는 것을 믿고 신뢰합니다. 나는 당신의 단순한 말씀을 듣고 당신의 뜻을 알게 되는 것이 행복하고 만족합니다."[44]

여기서 루터는 하나님이 무엇을 행하시는가에 대한 종교적 필연성과 의미에 대한 통찰을 주장하는 모든 인간적 주장에 반대하여, 오직 하나님의 말씀과 뜻의 주권에 관심을 기울인다. 하나님의 말씀이 말하고 주는 것은 무엇이든지 우리에게 유익하다. 그러나 우리는 이 기준을 바꾸지 말아야 하고, 그것이 얼마나 유용한지 질문함으로써 하나님의 말씀을 측정하고 조정하지 말아야 한다. 반대로, 그것은 하나님과 인간의 관계를 뒤바꾼, 인간의 자기 주장으로서 원죄의 표현일 것이다. 만일 인간이 하나님의 말씀에 대한 복종을 하나님의 말씀의 유용성에 대한 그의 통찰에 의존하게 만든다면, 그는 실제 자기 자신을 하나님 위에 두는 것이다. "하나님이 말씀하시고 행하는 그것이 왜 필요한지 질문하는 사람은 확실히 자기 자신을 하나님 위에 올려 놓고 하나님보다 더 현명하고 더 낫고자 노력하는 것이기 때문이다."

루터는 그러한 교만이 무시무시한 것이라고 생각한다. "인간의 마음은 그러한 지옥의 악마와 그의 열광자들의 무례한 수다 앞에서 터지도록 부풀어 오를 것이다." "그러나 그들이 신앙의 이해를 갖고 있고, 신앙의 불씨를 자각했던 사람들이라면, 그들은 신앙의 지고의 유일한 덕목과 자질과 영광이 우리가 믿는 것의 유익이나 필요성을 기꺼이 알려고 하지 않는 것이라는 것을 알 것이다. 그 신앙은 하나님을 규정하는 것을 거부하고, 그가 명령하고 요구한 것의 목적이나 내용을 아는 것을 요구하지 않고, 무지해 있고 하나님에게 영광을 주고 그의 단순한 말씀을 믿는 것에 온전히 행복해 한다."[45] 마르부르크에서 루터는 아주 극적인 형식으로 똑같은 사고를 표현한다. "만일 하나님이 나에게 배설물을 먹으라고 말씀한다면, 나는 그렇게 할 것이고 그것이 나의 건강에 좋다고 확신할 것이다."[46]

44) *WA* 23, 247, 249, 253; *LW* 37, 127 f., 131.
45) *WA* 23, 265; *LW* 37, 139.
46) *WA* 30[III], 116; Sasse, op. cit., p. 237. "좋은 그 주인의 뜻에 대해 묻지 말아야 한다. 그는 그의 눈을 닫아야 한다." Ibid.

이 모든 것에서, 궁극적으로 우리 자신을 무의미하고 독단적인 뜻에 복종시키는 것에 대해서는 언급이 없다. 모든 인용된 구절이 보여주듯이, 루터는 항상 하나님이 행하시는 모든 것이 진정으로 우리에게 유용하고 필요하다고 주장했을 뿐만 아니라, 실제적 임재의 유용성을 논증하기를 시도했다. 그는 오직 한 가지 사항에 관심이 있었다. 즉 우리는 우리의 신앙의 근거를 하나님의 생각에 대한 우리의 이해 위에 두지 말아야 하고, 오직 신앙 안에서 이해를 추구해야 한다는 것이다. 유용성은 하나님의 말씀이 평가되는 기준이 아니고 오히려 하나님의 말씀이 유용성의 근원과 기준이기 때문이다. 하나님은 성령을 통해 그의 의미가 우리에게 알려지기를 의도한다. 그러나 성령은 순종하는 사람에게만 그 자신을 주신다. 순종은 항상 타율적(heteronomous)이다. 하나님의 목적에 대한 신율적(theonomous) 이해를 향해 가는 길은 맹목적이고 타율적인 순종을 통해 인도된다.

만일 우리가 한번 하나님의 말씀에 근거한 신앙의 조항에 대해 합리적 반대를 제기하기 시작한다면, 멈추어 설 자리가 없다. 다음 신앙의 다른 조항들 또한 무너진다. "그것이 이 조항을 부인하면, 그것은 또한 모든 조항을 부인할 것이다." 하나님의 말씀은 항상 이성에 대해 어리석기 때문이다(고전 1:18).[47] 이 교리뿐만 아니라 예를 들어 그리스도가 하나님이며 동시에 인간이라는 교리를 믿는 것은 "어렵고 심지어 불가능하기까지 하다." "유일한 예외는 그것이 쉽다는 것을 발견할 뿐만 아니라 하나님의 모든 말씀과 행위를 믿는 데에 기쁨과 행복과 심지어 생명과 구원을 발견하는 성도들이다."[48]

따라서 문자적인 제정의 말씀에 대한 루터의 열정적이고 흔들림 없는 헌신은 또한 하나님과 인간, 신적 진리와 이성, 말씀과 신앙 사이의 관계에 대한 그의 이해와 아주 깊은 관련이 있다. 1528년의 루터의 「그리스도의 만찬에 관한 신앙고백」에서 가장 아름다운 구절 중의 하나가 우리에게 이것을 알려 준다.

"첫째, 우리가 하나님의 행위와 말씀들을 다룰 때, 이성과 모든 인간의 지혜는, 사도 바울이 고린도후서 10:5에서 가르치듯이, 복종하여 사로잡혀야 한다. 우리가 하나님의 말씀을 판단하는 자리에 앉지 않기 위해서, 이성과 인간의 지혜는 눈을 감고 인도함 받고 방향을 부여받고 가르침 받고 교육 받는 것을 허용해야 한다. 우리가 시편 51:4이 증거하는 대로, 그의 말씀을 판단하려 할 때, 우리는 틀림없이 길을 잃을 것이다. 둘째, 우리가 그에게 복종하고 그의 말씀과 행위를 이해하지 못한다고

47) *WA* 23, 127; *LW* 37, 53.
48) *WA* 23, 161; *LW* 37, 75.

고백한다면, 우리는 만족될 것이다. 그가 우리를 위해 말씀하시고, 우리가 그를 따라 그렇게 말하도록 규정하신 대로, 우리는 그의 사역을 그의 말씀을 사용하여 말해야 한다. 우리는 우리 자신의 말이 하나님의 말씀보다 더 나은 듯이, 감히 우리 자신의 말을 사용해서는 안된다. 우리는 그가·우리를 위해 말씀하신 대로, 어린 아이가 그의 아버지를 따라 신조나 주의 기도를 반복하듯이, 그분을 따라 그분의 말을 단순히 반복하지 않는다면, 우리는 분명히 잘못될 것이다. 여기서 우리는 우리의 눈을 감고 어둠 속을 걸으며 오로지 말씀에 붙어 뒤를 따를 필요가 있다. 우리가 '이것은 내 몸이니라' 하는 하나님의 말씀에 의해 — 성서나 어떤 다른 언어에서도 분명코 비유가 아닌, 선명하고 명확하고 공통적이고 분명한 말씀 — 대면되었기 때문에, 우리는 그것들을 신앙을 가지고 끌어 안아야 하고, 우리 이성이 맹목적으로 되고 사로잡히도록 허용하여야 한다. 그래서 번쇄한 궤변이 말하는 대로가 아니라, 하나님이 우리를 위해 말하는 대로, 우리는 그를 따라 이 말씀들을 반복하고 그 말씀에 붙어 있어야 한다."[49]

한때 루터는 제정의 말씀의 본문과 그 문자적 이해가 불확실하고 모호한 — 그것들이 그에게는 그렇지 않았지만 — 가능성에 부딪히고, 심지어 하나님이 실제 이 말씀이 그밖의 다른 어떤 것을 의미하도록 의도했기 때문에, 제정의 말씀에 근거하여 실제적 임재를 믿은 사람이 착각에 빠질 수도 있다는 가능성에 부딪히게 된다. 그러나 비록 이것이 실제적인 가능성일지라도 — 그에게는 불가능한 것이지만 — 루터는 인간의 해석보다 그 문자적 의미를 따르는 것이 더 낫다고 생각한다. 어쨌든, 하나님은 본문 말씀을 이런 방식으로 주셨다. 그것이 모호하다면, 그것은 하나님이 그렇게 되도록 의도하시기 때문에 모호한 것이다. 그는 그의 수난의 예언을 이해하지 못한 제자들의 실수를 용서했듯이, 우리의 이해하지 못한 실수와 우리의 오해를 용서하신다. "만일 내가 불확실하고 모호한 본문과 해석을 가져야 한다면, 나는 오히려 인간의 말보다는 하나님 자신의 입으로부터 나온 말씀을 가질 것이다. 그리고 만일 내가 속임을 당해야 한다면, 나는 오히려 인간보다는 하나님에 의해 — 그것이 가능하다면 — 속임을 당할 것이다. 만일 하나님이 나를 속이신다면, 그가 책임을 지고 나를 고치실 것이지만, 인간은 그들이 나를 속이고 나를 지옥으로 인도할지라도 나를 교정하지 못할 것이기 때문이다."[50]

---

49) *WA* 26, 439; *LW* 37, 296.
50) *WA* 26, 446; *LW* 37, 305.
51) 내가 루터와 루터교 정통주의의 제정의 말씀 주석을 비판한 것을 참고하라. *CW*, pp. 563-588, §§ 57 f.

주석의 문제가 루터의 저술에서 나타나는 바대로 그렇게 단순하지 않고,[51] 참으로 심지어 그의 제정의 말씀의 이해가 그 성서적 의미를(예를 들어, "몸"과 "피") 드러내지 못하고 있다고 생각하는 사람도 다음과 같은 사실은 인정해야 한다. 즉 루터의 태도는, 그의 말과 삶 곧 오로지 하나님 말씀에 대한 절대적 순종과 의존을 가지고 표현하도록 하나님이 허용한, 가장 위대한 것의 비할 데 없는 역동적 표현이라는 것이다. 이런 이유만으로, 루터의 성만찬 논쟁의 작품은 특별히 귀중한 교회의 유산이다.

실제적 임재에 대한 루터의 객관적 관심

루터가 그 명확한 문자적 의미에 순종하여 제정의 말씀을 해석한 것은 또한 그의 객관적 관심을 표현한다. 우리는 이제 그의 전체 신학에서 그를 실제적 임재의 개념으로 인도하고 그를 그것에 묶어둔 것이 무엇이었는지 질문한다. 예를 들어, 우리는 그의 성만찬 교리가 어떻게 그의 전체적인 복음 이해와 연결되고, 그것에 적합한지, 그리고 그것이 어떻게 루터 신학에서 개별 교리들, 예를 들어 기독론에 영향을 주고 있는지 질문하게 된다.

루터의 주요 관심은 항상 그가 로마에 대항하여 주장했던 것, 곧 성례는 진정으로 하나님의 선물로 이해되어야 한다는 것이다. 선물로서 그것은 실제 신앙을 위해 현존해 있으나, 그것은 또한 신앙과 무관하게 그리고 신앙에 선행하여 존재한다. 인간의 활동은 그것에 아무 것도 더하지 않는다. 그가 열광주의자와 스위스 신학자들에게서 발견한 최초의 잘못은 다음과 같은 것이었다. 그들은 성만찬이 신앙의 기쁨을 얻기 위해 투쟁하고 있는 인간에게 주신 하나님의 선물이라는 것을 인정할 수 없었다는 것이다. 주로 회상의 식사로서 그들의 성례 개념은 그리스도의 명확한 말씀을 무시한 것이었을 뿐만 아니라, 그 실제적 상황 안에 있는 인간에 대한 무자비한 행위였다. 분명히 루터는 그가 성례를 집행할 때, 또한 그리스도의 죽음을 회상했다. 그는 "누가 우리가 알고 있는 것보다 이것에 대해 더 많이 알고 있는가?" 하고 질문할 모든 권리를 갖고 있었다.[52]

그러나 문제는 이보다 더 복잡하다. 회상의 식사로서 성만찬 이해는 궁극적으로 오직 그의 곤경으로부터 인간을 이끌어내지 못하는 행위 의(義)의 교리일 뿐이다. 그 대신, 그것은 그가 자기 자신의 힘으로 창출해야 하는 바, 진정한 회상과 사랑에

---

52) 이 인용은 뢰러의 노트에서 온 것이다. WA 19, 504. 문맥을 위해서 다음을 참고하라. WA 19, 503 f.; LW 36, 347 f.

의해 기어 나오기를 요구하기 때문에, 실제로 인간을 그의 곤경으로 더 깊이 끌고 들어간다. "그러나 비록 당신의 그리스도에 대한 지식과 기억이 순수한 열정과 순수한 마음과 순수한 열심과 순수한 불이라고 … 할지라도, 무엇이 그로부터 올 것인가? 무엇이 얻어지겠는가? 지금까지 민감한 양심들이 성례 앞에 서 있던 것과 같이, (만일 모든 것이 잘 된다면) 위대한 헌신과 진지함을 가지고 빵과 포도주 앞에 서 있을, 새로운 수도사와 위선자들 외에는 아무 것도 없을 것이다." "비록 내가 그러한 열정과 진지함을 가지고 그리스도에 대한 회상과 지식을 실행함으로써, 피땀을 흘리고 열기에 달아올랐다 하더라도, 모든 것은 아무 소용이 없고, 모두 공허하게 사라질 것이다. 왜냐하면 그것은 순수한 행위와 계명이지, 그리스도의 몸과 피 안에서 나에게 제공되고 주어지는 하나님의 선물이나 말씀은 아니기 때문이다."[53]

성례전 의식의 의미는 우리가 우리 자신의 생각으로 우리 자신을 그리스도에게로 올리는 것이 아니라, 그리스도가 우리에게 자신을 낮추는 것이다. 루터는 하나님에 대한 섬김과 예배의 근거를 우리의 헌신이나 그리스도의 고난에 대한 묵상의 열기에 두지 않는다. 그러한 상황에서 어떻게 확신 있고 즐거운 예배가 가능할 수 있겠는가? 그는 오히려 우리의 헌신의 부족을 감내하시고 용서하시는 그리스도의 임재 위에 그 근거를 둔다.

루터의 모든 사고는 이 관심에 의해 지배되었다. 그 안에서, 루터는 이제 전통이 그에게 제공하고, 성서적으로 근거 있는 실제적 임재를 붙잡았다. 실제적 임재는 우리가 여기서 우리를 위해 육체적 형태로 현존해 있고 아주 분명하게 모든 인간적 태도와 모든 "영적인" 능력과 상관없는, 진정한 선물을 다루고 있다는 것을 의미한다. 츠빙글리의 상징적 성례 이해는 명백한 능동성과 연결되어 있었다. "성만찬은 결코 빵이나 그리스도의 몸이 아니라, 감사하는 행위이다."[54] 그러나 루터는 모든 하나님과 인간의 만남의 본질적 요소는 수동적이고, 모든 인간의 활동은 성격상 순전히 수용적이라고 느꼈다. 루터는 이 강조가 성만찬과 실제적 임재에 대한 비상징적 이해의 필연적 부분이라고 생각했다.

그러나 여전히 인간을 구원할 때 하나님의 모든 행동은 여전히 또 다른 방식으로 현존해 있다는 것을 발견했다. 실제적 임재는 그리스도가 육체적으로 현존해 있다는 것을 의미한다. 루터는 또한 주님이 말씀의 구전적 선포에서도 몸소 임재해 있는 것을 알았다. 그러나 성만찬에서 그리스도 자신의 말씀은 그가 육체적으로 현존

---

53) *WA* 18, 195, 203; *LW* 40, 205 f., 213.
54) Zwingli, *Opera*, ed. Schuler and Schulthess (Zurich: Schulthess, 1832) 3, 542.

할 것이라고 약속한다. 루터는 이것을 특별하고 유별난 것으로 보지 않았다. 오히려 이것은 하나님의 구원 활동의 역사에서 항상 어디서나 발생해 온 일이었다.

　　루터에게, 말씀이 육신이 되었다(요 1:14)는 것은 또한 말씀이 몸이 되었다는 것을 의미한다. 이 육체성은 중요하지 않은 것이 아니다. 그것은 진정한 역사성과 동일한 것이다. 역사는 언제나 몸 안에서 일어난다. 그리스도가 몸 안에 있었다는 사실은 그가 인간들에게 가깝고 이해할 수 있는 분이라는 것을 의미한다. 하나님은 육체적, 영적 전체성 안에서 그들을 대하신다. 예수 시대의 사람들은 예수와 영적인 동시에 육체적인 관계에 들어갈 수 있었다. 마리아는 그를 영적으로, 육체적으로 낳았다. 목자들과 시므온은 그를 영적으로, 육체적으로 보도록 허락받았다. 우리도 똑같이 그렇게 할 수 있다. 그는 "그가 그들에게 있었던 바와 같이, 우리에게 육체적으로 가까이 하기"를 원하신다. 그가 오늘날에는 이것을 또 다른 초자연적 방식으로 행함으로써, 그는 온 세상에 그렇게 가까이 계실 수 있다. 만일 그가 가시적으로 나타났다면, 이것은 가능하지 않을 것이다. 이와 같이 그는 육체적으로 현존하시지만 감추어진 방식으로 임재하신다. [55]

　　신앙 안에서 우리는 그의 영과 몸에 따라서 그를 전적으로 이해하도록 허용받는다. 그러한 예수의 육체적 현존은 중요하지 않은 어떤 것이란 말인가? 그것은 그의 지상 생활 동안에 그의 구속 사역에 대해 중요하지 않은 것이었는가? "확실히, 그가 지상에서 거니시고, 그의 육신을 통하여 접촉했던 어떤 사람을 도울 때, 그것은 유익했다. 그의 몸을 통하여 육체의 목소리를 가지고, 그는 나사로를 무덤에서 불러내었다(요 11:43). 그는 문둥병자를 만지시어 그를 깨끗하게 했다(마 8:3). 그는 바다 위를 걸었고 물에 빠져가는 베드로에게 손을 내밀었고 그를 땅으로 끌어내었고(마 14:31), 그의 모든 행위는 기적과 선한 일이었다(루터는 단지 육체적 행위만을 언급한다.) 또한 그가 있는 어느 곳에서나 선한 일을 행하는 것은 그의 성격이요 본성이다. 그것이 동일한 육신, 동일한 말씀, 동일한 본성이고, 단지 선하고 유용한 것임에 틀림없을 때, 왜 그가 빵 속에서 우리를 돕지 말아야 하는가?"[56]

　　그리스도의 몸이 육체적으로 향유될 때, 그것이 무용한 것이라면, 그것은 왜 "그것이 육체적으로 잉태되고 태어나고 구유에 누이고 팔에 싸이고 성찬 때 탁자에 앉히고 십자가에 달릴 때 … 또한 무용하지 않은가? 이 모든 것은 그가 육체적으로 향유되는 때와 마찬가지로 진정으로 그의 육신의 외적인 양태와 사용이다. 그 육신

55) WA 23, 193, 173, 175; LW 37, 81, 94 ff.
56) WA 23, 256; LW 37, 133 f.

이 빵과 입 안에 있을 때보다 그의 어머니의 태 중에 있을 때가 더 나은가? 여기서
아무 유익이 없다면, 거기서도 아무 유익을 줄 수 없다. 거기서 그것이 유익한 것이
라면, 여기서도 유익해야 한다. 이것으로부터는 그리스도의 몸이 향유되었든 잉태되
었든, 태어났든 전달되었든, 보였든 들렸든, 그것이 육체적으로 외적으로 다루어졌
다는 것 이상의 어떤 것도 만들어낼 수 없기 때문이다. 그리고 이 모든 경우에 유익
을 주는 것은 영적인 향유가 아니라 오로지 육체적 사용 혹은 행동이다."[57]

그 말씀이 육신이 되었기 때문에, 그리스도의 육신은 하나님의 말씀으로 가득
차 있다. 그것은 우리의 육신과 피와 전적으로 다른 것이다. "이 육신 안에 있는 분
은 하나님이다. 그것은 하나님의 육신, 영의 육신이다. 그 육신은 하나님 안에 있
고, 하나님은 그 육신 안에 있다." 죽음은 이 육신에 대해 세력을 얻고자 하였으나
실패하였다. 그 폭식가가 이 음식을 먹으려 하였을 때, "이 음식은 너무 강하여 죽
음이 이길 수 없었고, 그 폭식가를 삼켜 소화시켰다.[58]

스위스 신학자들은 루터가 말한 것을 조금도 이해하지 못했다. 그리고 이것은
그들 사이의 대립의 진정한 깊이를 보여준다. 그 차이점은 루터와 스위스 신학자들
이 육신과 영을 이해하는 방식에 있다.[59]

루터의 반대자들은 그들의 입장의 근거를 "육은 아무 소용이 없다"(요 6:63)는
그리스도의 진술 위에 둔다. 그들은 영적인 것에 관심을 기울인다. 영은 오직 영으
로부터 일어난다. 영은 단지 영에게만 영향을 미친다. 실제적 임재는 무엇이고 그리
스도를 육체적으로 향유하는 것은 무슨 의미인가?[60] 그런 개념들은 하나님의 영성과
하나님과의 교제에 합당치 않다. 성례는 단지 신앙이 체험할 수 있는 영적 실재를
설명하는 상징으로서 이해될 수 있을 뿐이다. 이 경우 그것은 그리스도의 희생의 죽
음이다.

루터의 통찰력은 이러한 종류의 사고의 기저에 놓인 육과 영의 개념이 성서적
개념과 다르다는 것을 식별했다. 사실 츠빙글리와 그의 추종자들은 고대 후기의 이
원론과 신령주의를 가르치고 있었다. 그들은 영을 육체성의 의미로서 육과 반대되는
것으로 이해한다. 그러나 루터에게 영은, 죄성의 의미로서 육과 반대되는 것이다.

57) WA 23, 177; LW 37, 85.
58) WA 23, 243; LW 37, 124. Cf. WA 23, 201, 253; LW 37, 98, 130 f. WA 26, 351; LW 37, 236 f.
59) Cf. Erich Seeberg, *Der Gegensatz zwischen Zwingli, Schwenckfeld, und Luther* (Leipzig: Deichert, 1929).
60) WA 23, 173, 199; LW 37, 81, 97.

그러므로 성령의 관심을 주장하기 위해 성례전 안에 있는 육체성을 사소하고 하나님께 합당치 못한 것으로 생각하는 것은 무의미하다. 육체 향유는 그것이 신앙 안에서 일어난다면, 그 자체가 "영적" 향유이다. 신앙 안에서 행해진 모든 것은 영적인 것이기 때문이다. "그것이 아무리 육체적 혹은 물질적이고 외적 혹은 가시적인 것일지라도, 성령으로부터 오는 모든 것은 실제로 영이고 영적이고 성령의 대상이다. 비슷하게, 그것이 아무리 내적이고 비가시적인 것이라도, 성령이 없이 육신의 자연적 능력에서 오는 모든 것은 육이요 육적인 것이다."[61]

따라서 그리스도의 육신은 그것이 성령으로부터 오기 때문에 "영적"인 것이고, 육체적 향유는 그것이 하나님의 말씀에 대한 신앙 안에서 행해지기 때문에 영적이다. "영적으로" 먹는다는 것은 단순히 영적인 어떤 것을 받는다는 것을 의미하지 않는다. 오히려 우리는 성령으로부터 오고 또 영적 방식으로 즉 신앙 안에서 수용되고 향유되어야 하는 실재를 받는다.[62]

여기서 루터는 그의 반대자들보다 훨씬 탁월하다. 그는 성례의 세계와 오직 "영"만이 있는 내재성의 영역을 관념적으로 일치시키는 것을 깨뜨린다. 그는 성령, 하나님과의 친교, 하나님과의 교제 등이 실재(reality)의 총체성과 의미에 대해 가지는 관계를 일생 동안 보전한다. 이 관계들은 모두 본성상 영적일 뿐만 아니라 또한 육체적이다. 우리는 단지 루터의 적대자들이 그에 맞서 어떤 종류의 성서 구절을 인용하고 있는지 고려할 필요가 있을 뿐이다. 이미 언급한 요한복음 6장의 말씀 이외에, 그들은 특별히 "우리는 더 이상 그리스도를 육체대로 알지 아니하노라"는 고린도후서 5:16과 "위엣 것을 찾으라 … 위엣 것을 생각하고 땅엣 것을 생각지 말라"는 골로새서 3:1 이하를 인용한다.[63]

땅에 있는 것을 추구하지 않는 것, 이것은 실제적 임재에 대한 강조에 대한 반

---

61) *WA* 23, 203; *LW* 37, 99. Cf. "하나님의 명령에 의해 지푸라기 하나를 드는 것은 영적인 일이다 … 중요한 것은 무엇이 언급되었나가 아니라 누가 그것을 말하고 있는가이다." *WA* 30^{III}, 115.

62) *WA* 23, 183, 189, 191; *LW* 37, 88, 92, 93 f. 마르부르크 회담의 보고를 참고하라. "하나님이 나에게 먹을 것으로 말 똥을 주었다면, 나는 그것을 영적으로 먹을 것이다. 하나님의 말씀이 현존해 있는 곳마다, 영적인 먹음이 있기 때문이다." *WA* 30^{III}, 116, 118. 영적 먹음과 육적 먹음을 위해서는 다음을 참고하라. *WA*, Br 6, 156.

63) *WA* 26, 306 ff.; *LW* 37, 199-203. 멜랑히톤과 루터는 마르부르크에서 "육체를 따라"에 대한 탁월한 설명을 했다. "멜랑히톤: 그것은 우리의 육체를 따른 것이다. 루터: 그것은 육체적 방식으로 안다는 의미에서 우리의 육체를 따른 것, 즉 성령 없이 그리고 신앙 없이 아는 것이다." *WA* 30^{III}, 132.

증으로 사용될 수 있는가? 루터의 대답은 강력하다. "그러나 내가 왜 그들은 설교를 듣고 복음을 추구하고, 왜 그들은 성만찬을 거행하는가 하고 질문한다고 가정해 보자. 왜 그들은 이웃을 사랑하고 섬기는가? 우리의 아버지, 어머니, 주인, 하인, 이웃들은 모두 땅에 있다. 자, 그들을 추구하지 말고, 어느 누구에게도 존경도 복종도 봉사도 사랑도 하지 말자! 이것이 좋은 일이 아닌가? 그러나 이 모든 것은 땅에 있다. 그리고 바울은 우리가 땅에 있는 것을 추구하지 말아야 한다고 말한다."[64]

일견하면, 루터는 그의 대적자들의 주장을 어리석은 것으로 축소시킨 것 같이 보일 수 있다. 그러나 이 대답은 루터를 스위스 신학자들로부터 가장 깊게 분열시켰던 것이 무엇인지 아주 명확하게 나타내 준다. 루터에서, 하나님의 영은 단지 역사의 온전한 구체성, 외면성, 육체성과 다른 방식으로는 인간과 대면하지 않으신다. 육체성을 경시하는 것은 하나님의 계시의 진정한 역사성을 진지하게 여기지 않는다는 것을 보여준다. "당신은 전 성서 안에서 물질적이고 외면적인 것이 포함되고 현존해 있지 않은 하나님의 말씀이나 계명을 발견할 수 없다." 모든 성서의 역사가 이것을 증거한다.[65] "성령은 말씀과 물 같은 물질적이고 육체적인 것, 그리스도의 몸, 이러한 지상의 것들 안에서가 아니고는 우리와 함께 할 수 없다."[66]

"영"은 모든 지상의 역사 너머에 있는 초월적 영역이 아니라, 바로 하나님의 말씀 안에 있는 이 세상의 역사이다. 그리고 이런 의미에서, 땅에 머무는 것은 참으로 중요하다. 우리가 위에 있는 것을 찾을 바로 그 때, 우리는 아주 온전히 지상에 머물러 있기 때문이다. 그리스도의 육체적 임재에 대한 루터의 관심은 이러한 역사의 신학에 대한 참으로 본질적인 맥락을 위해 그가 기울이는 그의 관심의 일부분이다. 그는 그의 반대자들이 "그저 영을 갖고자 한다"고 말하고 이 점에서 그들을 열광주의자들로 분류할 충분한 근거를 갖고 있었다. 적대자들의 반대는, 루터가 아주 정확하게 비성서적인 것으로, "우리가 갖고 있는 것과 다른 영"으로 느꼈던, 영과 역사

---

64) *WA* 26, 306; *LW* 37, 199.
65) *WA* 23, 261; *LW* 37, 135 f.
66) *WA* 23, 193; *LW* 37, 95.
67) "아브라함에게 그는 그것과 함께 그의 아들을 포함하여 말씀을 주었고, 사울에게 아말렉 족속을 죽이는 것을 포함하여 말씀을 주었다(삼상 15:2 f.). 노아에게 그는 그것과 함께 무지개를 포함하여 말씀을 주었다(창 9:8 ff.) 기타 등등. 당신은 성서 전체에서 그 안에 물질적이고 외적인 어떤 것이 포함되어 있지 아니한, 하나님의 말씀을 발견할 수 없다 … 이와 같이 성만찬에서도, 우리를 위해서 십자가에 못 박힌 그리스도의 몸과 함께, 우리는 육체적으로 먹임을 당하기 위하여 현존한 말씀을 받는다." *WA* 23, 261; *LW* 37, 135 f. *WA*, Br, 5, 340; cf. Sasse, op. cit., p. 265.

에 대한 전체적 이해 안에 그 근거를 갖고 있다. [67]

루터는 또한 양측의 하나님의 영광에 대한 상이한 개념 안에서 이 온전한 반대를 표현할 수 있었다. 반대자들은 제단 위에 있는 빵과 포도주 안에서 실제적으로 임재하는 것이 하나님께 합당치 않다고 생각했다. "그것은 적당하지 않아," "그것은 걸맞지 않아"는 루터가 그들의 사상을 표현하기 위해 사용한 표현들이다. [68]

루터는 이것을 하나님의 영광에 대한 "세상적이고 육적인" 개념으로 — 이것은 그것을 그의 초월에 의해 구성된 것으로 보는 바 — 본다. 그러나 사실은 하나님의 영광은 그의 비하, 즉 세상 안으로, 세상의 곤경과 수치 안으로 들어오심 속에 있다. "우리 하나님의 영광은 바로 우리를 위하여 바로 그 아래 심연으로, 인간의 육신 안으로, 빵 안으로, 우리의 입과 우리의 마음과 우리의 몸 안으로 내려오시는 것이고, 더욱이 우리를 위하여 그가 자기 자신을 십자가 위와 제단 위에서 치욕적으로 다루어지도록 허용하시는 것이다." [69]

그러나 루터는 실제적 임재가 필요하고 하나님께 합당하고 의미가 있는 것인지 하는 질문뿐만 아니라, 또한 도대체 그것이 가능하고 불합리한 것은 아닌지 여부에 대한 다른 질문과 씨름했다. 그리스도의 몸과 피는 정말로 제단 위에 있는 빵과 포도주 안에 존재해 있는가? 그리스도는 하늘로 올라가지 않았는가? 거기서 그는 그의 인성에 따라 하나님과 함께 있다. 그는 하늘에 있고, 제단 위에 있지 않다. [70]

루터는 실제적 임재를 그의 기독론의 큰 맥락 안에 둠으로써 오직 이 질문에 대답할 수 있었다. 실제 임재에 대한 갈등은 그의 기독론에 그 최종적 형태를 주었고, 그 이후 루터교 신학을 지배해 왔다. [71] 기독론과 성만찬 교리는 서로서로를 규정하였다.

우리의 논의의 서두에, 루터의 근본적 기독론적 사고가 진술되어야 한다. "그리스도를 떠나서는 하나님은 없다." 하나님은 그리스도의 인성 안에서만 우리를 위해 현존하신다. "그리스도가 현존해 있는 곳마다, 신성이 온전하고 완전하게 현존해 있

---

68) WA 19, 486; LW 36, 338.
69) WA 23, 155, 157; LW 37, 71 f.
70) WA 23, 116, 119; LW 37, 46 f., 49.
71) P. W. Gennrich는 다음과 같이 말한다. "루터의 기독론은 성만찬에 대한 논쟁의 산물이 아니다. 반대로, 성만찬 논쟁에서 루터의 입장은 그의 근본적인 기독론적 입장의 필연적 결과이다. 그러나 성만찬 논쟁은 확실히 루터가 그의 기독론의 어떤 힘을 확장하고 특별히 강조하도록 자극했다. 그러나 그가 여기서 발전시킨 것은 그의 신학의 토대인 그의 그리스도 이해의 전체 맥락 안에 이미 포함되어 있었다." *Die Christologie Luthers im Abendmahlsstreit* (1929), p. 129.

다." 그 반대도 또한 사실이다.[72]

그러나 하나님은 무소부재하시고 모든 것 안에서 행하신다. 그가 있는 곳마다, 그리스도도 또한 있다. 그리스도가 하나님 우편에 앉아 계시다면, 그 때 하나님의 우편은 바로 하늘에 있는 특정한 장소라기보다는 오히려 모든 것 안에서 초월적이고 내재적인 그의 현존임에 틀림없다. 그리고 그리스도는 또한 그의 인성을 따라 무소부재함에 틀림없다. 그러나 그리스도의 인성은 그 자체로 우리가 포착할 수 없고 이해할 수 없는 어떤 것이다.[73]

하나님이 현존해 있는지 하는 것과 그가 나를 위하여 현존해 계신지 하는 것은 전혀 별개의 것이기 때문이다. 하나님의 우편은 도처에 있으나, 내가 어디서나 그것을 포착할 수 있는 것이 아니다. 도리어 하나님은 "당신을 위해 자기 자신을 스스로 제한하시고 어떤 구체적 장소에서 당신을 만나셔야 한다. 하나님의 우편은 그것이 그리스도의 인성 안으로 들어오고 거기에 거할 때, 이것을 행한다. 거기서 당신은 확실히 그것을 발견한다." 이제 또한 그리스도의 무소부재한 인성도 마찬가지이다. 그 인성은 "하나님의 우편의 본성이 그러하듯이, 모든 것 안에 그리고 모든 것 위에 현존해 있다." 우리는 그것을 파악할 수 없다. 그러나 그리스도는 자기 자신을 "이것은 내 몸이니라" 하는 말씀과 함께 빵에 제한시키시고, 거기서 그를 붙잡으라고 우리에게 명하신다. 파악할 수 없고 무소부재하신 하나님이 예수 그리스도의 인성 안에서 인간에게 접근해 오신 것처럼, 파악할 수 없고 무소부재하신 그리스도의 인성이 다시 성만찬 안에서 인간에게 접근하고 인간에 의해 포착될 수 있다. 그리스도가 자신을 그렇게 구체적 형태로 계시하도록 하신 것은 바로 하나님의 사랑이다. 그리고 그리스도는 그가 구체적으로 현존할 형태를 선택하기에 여전히 자유롭다. 하나님의 계시는 그 구체성 안에서 항상 우발적이요 추론할 수 없고, 그것은 오직 그것을 절대적 선물로 받아들이는 신앙에 의해서만 수용될 수 있다.[74]

실제적 임재와 성만찬의 은사

실제적 임재 즉 빵과 포도주 안에서 그리스도의 진정한 몸과 피가 육체적으로 임재하는 것은 공동체의 성만찬 의식에서 "우리 모두의 입"으로서 행하는 목사가 그

72) *WA* 23, 131 ff. ; *LW* 37, 55 ff. *WA* 30[III], 132 f. ; Sasse, op. cit., pp. 250 f.
73) *WA* 23, 151; *LW* 37, 68 f.
74) *WA* 23, 267; *LW* 37, 140.
75) *WA* 38, 247.

리스도에 의해 제정된 규정을 수행하고 말할 (혹은 찬송할) 때 일어난다.[75] 이 "그리스도의 규정" 안에서, 결정적인 것은 "이것은 내 몸이니라"와 "이것은 내 피니라" 하는 말씀이다. 지금처럼, 목사가 공동체 안에서 그 말씀을 할 때, 이 말씀은 그것이 표현하는 것을 일으킨다. 그리스도의 몸과 피는 이 그리스도의 말씀의 능력을 통하여 임재한다.[76]

빵과 포도주 안에 있는 그리스도의 육체적 임재는 무엇을 일으키는가? 믿는 자들뿐만 아니라 모든 사람들이 그것을 받는데,[77] 이것은 모든 사람들에게 동일한 선물을 가져온다. 그러나 그것은 오직 그리스도의 말씀에 대한 신앙 안에서 그것을 받는 자들에게만 구원을 일으킨다.[78] 믿지 않고 따라서 합당치 못한 자들 그리고 영적으로 즉 신앙 안에서 받는 것이 아니라, 단지 육체적으로만 받는 다른 사람들에게 그것은 독으로 작용하고, 심판 아래 죽음을 초래한다.[79] 그러므로 루터는 합당치 못한 자들이 또한 그리스도의 몸과 피를 입으로 받는 것을 가르친다. 그는 그의 입장의 근거를 바울의 고린도전서 11장의 진술 위에 둔다. 실제적 임재와 그 수용의 실재성은 그리스도의 말씀을 통하여 규정되었고, 따라서 받는 자의 내적 태도 즉 그가 믿든지 안 믿든지 상관없는 것이다.[80] 우리는 이 진술을 루터의 기본 입장과 조화되지 않는, 물질주의적 성례전주의의 복귀나 잔재로 파악할 수 없다. 루터는 바울과 함께 그가 성례에 돌리는 그 동일한 이중 효과를 또한 말씀에도 돌리고, 이 점에서 말씀과 성례 사이의 상호 대응 관계를 강조하기 때문이다.[81] 두 경우 모두 은총의 임재는 사람을 생명이나 죽음을 결정하는 상황에 둔다.

실제적 임재의 구원 효과는 무엇이며, 어떠한 방식으로 복음의 본질적 선물인 죄 용서와 관련되는가? 이렇게 물어봄으로써, 우리는 다시 한번 우리가 루터의 성만

---

76) "우리는 우리의 눈과 마음을 단순히 그리스도의 제정과 이것에만 돌리고, 그리스도가 성례를 제정하고 그것을 완전케 하고 우리에게 맡기신 바, 그의 바로 그 말씀 외에는 아무 것도 우리 앞에 두지 말아야 한다. 그 말씀 안에, 단 하나 그 말씀 안에, 성만찬의 능력, 본성, 모든 실체가 있기 때문이다." *WA* 6, 512; *LW* 36, 36. "당신은 여기서 빵과 포도주와 함께 결합된 이 말씀에 의해 그리스도의 몸과 피를 갖는다." *WA* 30I, 224; *BC*, 448. 루터의 실제적 임재의 이해에 대한 좀더 자세한 설명을 위해서는 다음을 참고하라. Hans Grass, op. cit.

77) *WA* 26, 490 f. ; *LW* 37, 352 f.

78) *WA* 26, 353; *LW* 37, 238.

79) *WA* 23, 179 ff. ; *LW* 37, 85 f.

80) *WA* 30¹, 224; *BC*, 448.

81) 마르부르크에서, 그는 명백하게 고린도후서 2:16에 대한 상응 구절을 인용한다. *WA* 30ᴵᴵᴵ, 119; cf. Sasse, op. cit., p. 239.

찬 교리의 첫번째 국면을 고려하면서 관심을 쏟았던 문제에 도달한다.

루터가 실제적 임재를 아주 강하게 강조할 때에도, 성례의 진정한 실제적 선물은 계속 죄 용서였다. 죄 용서는 성례 안에 새 언약이 있다는 사실에 달려 있고, 이 새 언약은 그리스도의 몸과 피의 임재에 달려 있다. 루터는 그 관계를 이렇게 보고 있다. "이 말씀들은 빵과 잔을 성례로 구성하고(fassen), 몸과 피는 새 언약을 포함하며(fassen), 새 언약은 죄 용서를 전해주고(fassen), 죄 용서는 영원한 생명과 구원을 가져온다(fassen)."[82]

그리스도의 말씀의 능력에 의해, 몸과 피는 "우리가 그것을 통하여 그 안에서 죄 용서를 받는 보화이다.""그리스도는 성례가 나의 것이 되고, 확실한 보증과 표지로서, 실제 그가 나의 죄와 죽음과 모든 불행에 맞서 제공했던 바로 그 선물로서 나에게 축복의 원천이 되도록, 먹고 마시라고 나에게 명하신다."[83] 따라서 몸과 피는 우리가 죄를 용서 받는다는 것을 보증한다. 그러나 그들은 처음부터 죄 사함과 서로 내적 관계 안에 있는 보증이다. 참으로 논점이 되는 것은 바로 그가 십자가에서 우리를 위해 감당하셨던 바 예수의 동일한 인간적 생애이다. 우리는 루터가 주님의 영화롭게 변화된 몸을 말할 때, 그것이 죽음에 처해진 몸이라는 것을 결코 잊지 않고 있다는 것을 볼 수 있다. 영화롭게 된 몸은 계속하여 십자가에 달린 몸이다.

성례 전반에서와 마찬가지로, 성만찬의 효과는 신앙이나 이에 상응하는 것 즉 새 생명이 끊임없이 강화되고 증가된다는 것이다.[84] 신앙은 그것이 이 세상의 삶에서 악마와 세상에 의해 끊임없이 공격받고 위태롭게 되기 때문에, "재-창조"와 "강해짐"이 필요하다. 따라서 성만찬은 특별히 그 시련의 때에 도움이 된다.

그러나 실제 임재의 효과에 대한 질문에 대한 답변은 여기서 머물 수 없었다. 예를 들면, 말씀은 죄 고백과 사면에서 동일한 것을 주지 않는가? 성령 충만한 그리스도의 몸의 실제적 임재의 독특한 의미는 단지 그 몸과 피가 죄 용서의 보증이며 특별한 전달자라는 관점으로 이 질문에 대한 답변을 끝내기로는 너무나 큰 것이었다. 이런 이유로, 루터는 이제 그리스도의 몸을 육체적으로 향유하는 것이 갖는 특

---

82) *WA* 20, 478; Cf. *WA* 30[III], 133; cf. Sasse, op. cit., p. 253. 83 *WA* 30[I], 225; *BC*, 449.

83) *WA* 30[I], 225; *BC*, 449.

84) "따라서 그것은 새 사람을 양육하고 강건하게 하기 때문에, 적절하게 영혼의 음식이라고 불린다. 성만찬은 우리의 신앙이 새롭게 되고 강화되고 투쟁에서 약해지는 것이 아니라 계속 더 강건하게 성장하도록 하기 위해, 매일의 음식과 강장제로 주어진다. 새로운 삶은 계속하여 발전하고 진보하는 것이어야 한다. *WA* 30[I], 225; *BC*, 449.

별한 구원 효과가 있다는 것을 논증하고자 한다. "그래서 우리가 그리스도의 육신을
육체적으로 또 영적으로 향유할 때, 그 음식은 우리를 그 자신으로 변형하고 육적이
고 죄 많고 죽을 인간으로부터 영적이고 거룩하고 살아있는 인간을 만들어 낼 정도
로 강력하다. 우리는 비록 신앙과 소망 안에서 감추어진 방식으로 된 것이기는 하지
만, 이미 영적이고 거룩하고 살아 있는 인간이다. 그 사실은 아직 나타나지 않았으
나, 우리는 최후의 심판 때 그것을 볼 것이다."[85]

그러나 루터는 육체가 영으로 변형되는 것을, 그리스도를 우리 안으로 가져오는
그 선포된 설교 말씀의 특징으로 돌린다. 이런 이유로, 루터는 그리스도의 몸과 피
가 몸을 죽지 않게 만드는 음식이라는 이레네우스와 다른 헬라 교부들의 사상을 채
택함으로써, 먼저 성례에 대한 유일무이한 구원 효과를 묘사한다. 그리스도는 우리
에게 그 자신의 몸을 음식으로 주어서, "그러한 보증으로 그는 우리 몸이 또한 영원
히 살 것이라는 약속과 확신을 준다. 바로 이 지상에서 그것이 영원하고 살아있는
음식에 참여하기 때문이다." 이 말이 영혼에게 그리스도의 몸의 육체적 향유가 몸이
일으킴 받을 것이라는 보증이라는 것을 말하는 것같이 보인다면, 다른 구절은 루터
가 부활에 대한 확신뿐만 아니라 부활의 육체적 효과를 생각했다는 사실에 전혀 의
심의 여지를 남기지 않는다. "영혼은 몸이 자신을 무덤 속에서 부패하고 진토로 변
하도록 두지 않을 영원한 음식에 참여해 왔기 때문에, 몸이 영원히 살 것이라는 것
을 보고 명확하게 이해한다."[86]

이와 함께 실제적 임재는 그 특별한 중요성에 상응하는 특별한 효과를 받았다.
이것은 오직 신앙에만 주어지기 때문에, 우리는 그 사고의 특징을 주술적이라고 할
수 없다. 그러나 그것은 분명하게 말씀과 성례전 사이의 관계에 대한 루터의 원칙
저 너머로 이끌었다. 성례는 이제 두 정점을 가진다. 그러나 루터가 그의 논쟁적 저
술 밖에서는 성례의 육체적 효과 개념을 거의 언급하고 있지 않은 것은 아주 특징적
이다. 그것이 요리문답에서 완전히 빠져 있다는 사실은 특별히 중요한 의미가 있다.
「소요리문답」은 성례의 유익을 죄 용서, 생명, 구원이라는 세 용어로 요약하고 있
다. 이 세 용어는 근본적으로 한 가지인데, 곧 죄 용서이다. "죄 용서가 있는 곳에,

---

85) *WA* 23, 205; *LW* 37, 101.
86) *WA* 23, 155, 191, 205, 253 ff.; *LW* 37, 71, 93 f., 100, 130 f. 이레네우스
    에 대하여는 다음을 보라. *WA* 22, 233; *LW* 37, 115-120. *WA* 30^{III}, 126; cf.
    Sasse, op. cit., p. 248. 루터는 세례를 논의할 때, 동일한 진술을 한다. *WA*
    30I, 217; BC, 442.
87) "이 말을 믿는 사람은 그가 말한 것과 선언한 것, 곧 죄의 용서를 갖고 있다." 그밖
    의 어떤 것에 대해서도, 아무 언급이 없다. *WA* 30^{i}, 391; BC, 352.

또한 생명과 구원이 있기 때문이다."[87]

그러나 성만찬의 육체적 효과에 대한 루터의 개념들은 성례의 타당성과 그 독립적 의미가 설교된 말씀과 함께 세워진다는 성례 교리의 요구를 충족시킨다. 그러나 보통 루터는 우리가 이미 본 대로, 성례의 독특성을 다른 용어로 규정하고 있다(참고 p. 381).

제28장

종말론

구원은 믿음으로 인해, 현재적 실재이다. 루터는 이 사실을 강하게 강조한다. "죄의 용서가 있는 곳에 또한 생명과 구원이 있고," 이것은 바로 지금 현재 존재하는 것이다. 구원은 더 이상 미래의 사건만이 아니다. 그러나 이생에서 그리스도인은 구원을 오직 믿음 안에서 가질 뿐이고, 아직 체험상으로, 즉 완전하고 온전하고 중단 없고 끊임 없고 모순 없는 체험으로 가진 것은 아니다. 신앙은 신앙이 보는 현실과, 현존하나 눈에 감추어져 있는 구원, 그 둘 사이의 모순에서 발생하는 유혹에 의해 계속 공격당한다. "우리는 죄 용서와 온갖 은총이 장차 올 내세까지는 받지 못할 것인 양, 그것들을 기다리지 않는다. 오히려 죄 용서와 은총은 지금 우리를 위해 신앙 안에서 현존한다. 비록 그것들이 감추어져 있고 오직 장차 올 내세에서나 드러날 것이지만 말이다."[1]

따라서 그리스도인은 최종적 계시를 기다린다. 우리는 루터 신학의 여러 주제의 종말론적 차원을 — 예를 들어 그리스도의 사역과 이신칭의의 교리에서 — 반복하여 논의하였다. 그리스도인이라는 것은 가진 것이면서 동시에 가지지 않은 것이고, 된 것이면서 동시에 되지 않은 것이다. 우리는 그리스도인이 되어 가는 과정에 있다. 따라서 신앙이 이미 받은 것들은 신앙을 종말로 향하게 한다. 이것은 그리스도인 개인의 삶에만 해당되는 것이 아니라, 세상 안에서 교회의 상황과 역사 안에서 그리스

---

1) *WA* 17^{II}, 229.

도의 주권에도 해당되는 사실이다. 그러나 교회는 세상과 사탄의 압력과 저항이 주는 격렬한 고난을 견뎌야 한다. 신학은 십자가의 신학이고 또한 계속 그래야 하고, 따라서 반드시 종말론이 된다. 신앙은 그리스도의 주권이 드러날 미래를 간절하게 기다리고 소망한다. 루터의 신학은 세상의 종말을 기다리는 엄격한 의미에서, 철저하게 종말론적이다. 그의 종말에 대한 사고는 전통적 방식으로 신학의 부록이 아니라 그의 신학의 한 영역으로서, 그의 신학의 본질의 결정적 부분에 뿌리를 두고 있고 이에 필수적이다. 루터는 단순히 종말론의 근본 질문에 대한 전통적인 옛 대답을 반복하지 않았다. 그는 종말론의 교리에서도, 개혁자이다.

율법과 복음에 비추어 본 죽음

루터의 죽음의 신학은 그의 강력한 시편 90편 주석에서 특별히 분명하게 표현되었다.[2] 자연인이 자기 자신의 힘으로 하나님의 율법의 진정한 본성을 이해할 수 없으면서도 그가 율법의 요구를 성취할 수 있다고 상상하듯이, 그는 또한 죽음의 심각함과 그 고통을 깨닫지 못한다. 사람들은 보통 죽음을 "자연적" 사건으로, 모든 피조물의 무상함의 특별한 예로 이해한다. 그래서 그들은 죽음을 너무 심각하게 생각하지 말라고 충고한다. 여기서 루터는 그의 시대 사람들뿐만 아니라 고대의 고전 작가들을 생각하고 있다.[3]

그러나 성서는 죽을 때 진정으로 발생하는 것에 대해 우리의 눈을 열어 준다. 죽음은 생물학적 현상 그 이상이다. 그것은 인간의 실재이고, 이것이 인간의 실재를 식물과 동물의 삶의 마지막과 구별시켜 준다. 식물과 동물은 하나님의 진노 때문이 아니라 하나님이 세우신 "자연 질서"에 따라 마지막에 이른다. "그러나 인간의 죽음은 무한하고 영원한 고통이요 진노이다." 인간은 하나님과 영원한 교제 속에서 살고 죽지 않는, 하나님의 형상으로 창조된 피조물이기 때문이다. 그의 죽음은 하나님에 의해 창조된 자연적 과정의 결과가 아니다. 죽음은 오히려 "하나님의 진노를 통해 그에게 부과되고 시행된" 것이다.[4] 이것이 바로 인간이 죽음에 부딪혀 기겁을 하고 물러서고, 다른 생물이 경험하지 못하는 종류의 공포를 체험하는 이유이다.[5] 우리는

---

2) *WA* 40^{III}, 485 ff. ; *LW* 13, 75-141. 루터는 1534년 10월과 1535년 5월 사이에 이 강의를 했다. 다른 이유도 있지만 병으로 인해 강의가 오랜 동안 중단되었다. 뢰러 (Rörer)가 노트를 하여 강의를 재구성했다. 파이트 디트리히(Viet Dietrich)가 편집하여 출판했다. 우리는 인쇄된 본문뿐만 아니라 뢰러의 강의 노트도 갖고 있다.

3) *WA* 40^{III}, 485; cf. *LW* 13, 76.

4) *WA* 39^{II}, 366 f. *WA* 40^{III}, 513; *LW* 13, 94.

우리의 죽을 운명을 하나님과 인간 사이의 관계 안에서 신학적으로 이해해야 한다. 이 관계가 결정적이고 포괄적인 인간의 운명이기 때문이다.

이러한 논의에서 루터는 단순히 육체적 죽음이나 생명 자체의 소멸을 생각하는 것이 아니라, 생명의 인격적 중심과 깊이에 우리의 관심을 고정시킨다.[6] 죽음은 그 자체로 그것만으로도 아이들 놀이가 아니다. 죽음에서 우리는 심연의 끝에 서 있고, "이생의 확실하고 안전한 끝에서 심연으로 뛰어들어야" 한다. 우리는 마치 발을 디딜 수 있는 토대와 터를 보지도 느끼지도 못하는 것처럼, 이렇게 해야 한다. 우리는 하나님 한 분에게 모든 것을 걸고 맡긴다.[7]

따라서 어느 누구도 마치 그가 이교도와 성자들처럼 하나님의 진노를 느끼지 못하는 것처럼, 두려움과 전율이 없이 죽음을 대면할 수 없다.[8] 그러나 그것이 죽음에 관계된 모든 것이라면, 그래도 참아볼 수 있는 일이다.[9] 그러나 그 이상의 것이 있다. "죽음은 항상 죄와 율법과 함께 나타나기" 때문이다.[10] 이것은 다음과 같은 것을 의미한다. 우리의 지상의 삶이 붕괴될 때, 우리 죄인들은 하나님이 진노하시며 우리에게 말씀하시는 "부정"을 체험한다는 것이다.[11]

죽음 속에서 당하는 하나님의 진노의 체험은 영원한 죽음이다. 하나님은 우리의 죄책 때문에 죽음 안에서 우리를 벌하신다. "그러나 죽음이 죄 때문에 당연하게 되고 당하게 되는 곳에서, 하나님의 진노가 임하고 죽음을 참을 수 없게 만들며, 그 결과 우리는 죽음 이외의 다른 어떤 것도 발견하고 느낄 수 없다."[12]

> 죽음 한 가운데서 보라.
> 우리를 향해 지옥의 입이 크게 벌리고 있도다[13]

오직 그리스도인들과 하나님을 경외하는 사람들만이 이러한 죽음의 깊이를 완전히 안다. 루터는 다음과 같이 말할 수 있었다. "우리의 죽음은 다른 생물의 죽음뿐

5) *WA* 39[II], 367.
6) *WA* 40[III], 487; *LW* 13, 78.
7) *WA* 19, 217.
8) *WA* 19, 218.
9) *WA* 19, 217.
10) *WA* 31[I], 146; *LW* 14, 83.
11) *WA* 19, 217. *WA* 40[III], 487; *LW* 13, 78.
12) *WA* 19, 217.
13) *WA* 35, 454; *LW* 53, 276.

만 아니라 다른 사람들의 고통과 죽음보다도 더 무서운 것이다. 에피쿠로스가 죽을 때, 어떻게 되었는가? 그는 하나님이 계신 것을 알지도 못하고, 자기 자신의 곤경을 이해하지도 못하고 그가 체험하고 있는 재난을 인식하지도 못한다. 그러나 그리스도 인과 하나님을 경외하는 사람들은 그들의 죽음을, 이생의 다른 모든 곤경과 함께 하나님의 진노와 동일하게 보아야 한다는 것을 안다. 따라서 그들은 그들의 구원을 유지하기 위하여, 진노하시는 하나님과 싸우지 않을 수 없다는 것을 발견한다."[14] 오직 그리스도인들만이 하나님의 말씀에 의해 깨달음을 받아, 하나님 앞에서 자기 처지를 알고 그의 인간성을 완전히 이해하게 된다. 따라서 그리스도인들만이 하나님의 진노와, 율법 전반에 대한 것뿐만 아니라 죽음의 운명을 완전하게 깨닫게 된다.

이 모든 것은 율법의 빛으로 조명될 때 죽음에도 해당되는 사실이다. 그러나 그리스도인은 하나님의 율법 아래 있을 뿐만 아니라 동시에 복음도 듣는다. 이 복음은 죽음을 포함하여 그의 모든 하나님의 진노의 체험을 변화시킨다. 교만하고 하나님에게 거역하는 사람은 죽음의 파괴적 체험에서 그에게 말씀하시는 하나님의 "부정"을 만난다. 그러나 그가 이 죽음의 체험 아래서 자신을 낮추고 하나님이 복음 안에서 제공하시는 긍휼로 피할 그 때 그는 "부정" 아래서 또한 그리스도 안에서 베푸시는 하나님의 위대한 "긍정"을 받게 된다. 하나님이 거절하시는 정죄의 "부정"은 하나님이 은혜롭게 방문하시는 아버지의 마음의 "부정"으로 전환되는 바, 이것은 죽음을 통해 그에게서 그의 오랜 죄된 본성을 제거하고 그리스도를 통해 새로운 본성을 제공한다. 죽음은 "그의 자식에게 벌을 주기 위해 사용되는 아버지의 채찍"이 된다.[15]

그러므로 죽음은 그리스도인들이 세례받을 때 받은 하나님의 약속, 즉 그들의 죄가 죽음에 처해지는 것을 성취한다.[16] 이것은 이 땅의 삶에서 하나님이 인간에게 부여하신 과제와 고난을 통해 시작되지만, 육체가 죽을 때에야 비로소 "즉시" 완성

---

14) *WA* 40[III], 554; *LW* 13, 112.
15) *WA* 31[I], 160; *LW* 14, 90.
16) Cf. *The Holy and Blessed Sacrament of Baptism*(1519), *WA* 2, 727-737; *LW* 35, 29-43. 루터의 세례 이해를 위해서는 26장을 보라.
17) "그 동안 거룩함이 시작되고 매일 자라기 때문에, 우리는 우리 육체가 죽음에 처하고, 육체의 모든 더러움과 함께 장사되고, 영광스럽게 나와서 일어나 … 새롭고 영원한 삶 안에서 완전한 거룩함을 이룩하게 될 그 때를 기다린다. 그 때 이 모든 것은 이 땅에서 시작하여 매일 거룩함을 증가시키는, 성령의 작용과 사역이고 … 우리가 이생을 떠날 때, 그분은 우리를 즉각 우리의 거룩함을 완성시키고 그 속에서 우리를 영원히 보전하실 것이다." *WA* 30[I], 190; *BC*, 418. "즉각"이란 말을 사용함으로써 루터는 마지막 날 살아있는 그리스도인들에게 일어날 것을 묘사한 바울의 서술에 의존하고 있다[고전 15:52]. 이 두 경우 모두 변화는 "즉각" 일어난다. "우리가 먼지로 변할 때, 결국 죄는 완전히 사라질 것이다." *WA* 39[I], 95; *LW* 34, 164.

된다.[17] 따라서 모든 것은 그리스도인이 기꺼이 죽음으로써 죽음의 은혜로운 의미를 시인하는 사실에 달려 있다. "죽음에서 일어날 수 있는 최선의 것은 우리 의지가 그 것을 받아들이는 것이다."[18]

어떤 사람도 혼자 힘으로 이렇게 할 수 없다. 그는 그리스도가 완전한 순종 가운데서 견디신 죽음의 힘에 의해서만 이것을 할 수 있다. 하나님은 인간을 그 자신과 죽음으로부터 자유롭게 하기 위해 인간의 죽음을 사용하시기 때문에, 그리스도인은 죽음을 갈망한다. 루터는 "죽음을 두려워하는 것이 아니라 간절히 갈망하도록 우리를 도우소서" 하고 기도한다.[19] 그리고 그는 "우리는 죽는 것이 행복하고 죽는 것을 간절히 사모한다"고 고백한다.[20] 그는 그리스도인의 완전을 특별히 죽음을 바라는 소원의 관점에서 이해한다. 그리스도인의 삶에서 성화의 최종적 결과는 "그가 완전해지고 그의 삶을 기꺼이 죽음에 주는 것이고, 바울과 함께(빌 1:23) 그의 모든 죄가 그치고 하나님의 뜻이 완전하게 그 안에서 실현될 수 있도록, 죽기를 소원하는 것이다."[21] 따라서 죽음의 율법은 그리스도인들에게 또한 복음의 한 형식이 된다. "그러므로 이전에 죄의 벌이던 죽음은 이제 죄를 치료하는 수단이다. 따라서 그것은 이제 복된 것이다."[22]

이런 식으로 하나님의 진노에서 해방된 죽음은 이제 진정으로 잠드는 것이다. "죽음은 나의 잠이 된다"는 것은 루터가 시몬의 노래(눅 2:29-32)의 찬송 주석에서 말한 방식이다.[23] 루터가 「죽음을 준비하는 것에 관하여」(Sermon von der Bereitung zum Sterben, 1519)에서 사용한 또 다른 그림으로 설명한다면, 죽음은 다만 어린 아이가 어머니 몸에서 이 세상으로 태어날 때 통과하는 좁은 출구와 같은, "생명으로 들어가는 좁은 문과 작은 길"일 뿐이다. 따라서 사람이 죽을 때, 그는 장차 올 세상으로 태어나는 불안의 협곡을 통과한다. "그러므로 죽는 사람은 이후에 거대한 공간과 큰 기쁨이 있을 것이라는 지식을 가지고 용기 있게 불안 속으로 들어가야 한다."[24]

이것이 신앙이 복음의 빛 안에서 보는 죽음이다. 율법의 소리는 "삶의 한가운데서 우리는 죽음 안에 있다"고 말한다. 복음의 소리는 "죽음의 한가운데서 우리는 삶

18) WA 10[III], 76. 의미가 아주 풍부한 설교 전체를 보라. WA 10[III], 75 ff.
19) WA 6, 14.
20) WA 12, 410. WA 39[I], 512.
21) WA 17[II], 13.
22) WA 10[III], 76.
23) WA 35, 439; LW 53, 248.
24) WA 2, 685.

안에 있다"고 말한다.[25]

그러나 그리스도인은 다만 아직 율법 아래 서 있고 율법의 소리를 듣는 사람으로서만 복음의 소리를 듣는다. 만일 이것이 전반적으로 신앙에 해당되는 사실이라면, 그것은 특별히 죽음에 직면해서 사실이다. 그것은 여기서 또한 신앙이 끊임없이 반복하여 율법 아래에서 죽는 죽음의 실재로부터 오는 유혹을 극복해야 한다는 것을 의미한다.[26]

그리스도인은 죽음을 단번에 복음의 빛 안에서 보지 못한다. 그는 오히려 죄인으로서 끊임없이 율법 아래 서 있고, 그래서 죽음을 율법의 빛으로 바라본다. 이러한 어려움에서 그는 끊임없이 복음과 복음이 죽음에 주는 의미를 거듭 적용해야 한다. 여기서 또한 신앙은 움직이고 피하고 투쟁하고 깨치고 나아간다. 이러한 믿음의 속성을 명심하지 않는 사람은 누구나 반드시 루터가 그리스도인의 죽음에 관해 말한 다양한 것들 사이에서 용납될 수 없는 모순들을 발견한다. 우리가 본 대로, 루터는 그리스도인은 다른 모든 사람들이 체험하지 않는 방식으로, 죽음을 무시무시한 것으로 체험한다고 말할 수 있다. 그리스도인만이 하나님의 진노를 알고, 뚜렷한 의식을 가지고 죽을 때 그것에 직면하기 때문이다. 다른 모든 사람들과 달리, 그들은 완전히 하나님의 율법에 정신이 곤두 서 있다.

그러나 다른 곳에서 루터는 정반대로 말하는 것 같다. "그리스도인은 죽음을 맛보지도 보지도 않는다. 즉 그는 죽음을 느끼지 못하고, 죽음에 의해 겁 먹지도 않고, 다만 그가 잠드는 것처럼 정말로 죽지 않는 것처럼 조용하게 평화롭게 죽음으로 들어간다. 그러나 불경건한 사람은 죽음을 느끼고, 죽음에 의해 영원히 공포에 질린다. 하나님의 말씀이 이렇게 차이나게 한다. 그리스도인은 죽을 때 이 말씀을 갖고서 그것에 강하게 붙어 있다."[27]

루터는 전자와 후자를 모두 말한다. 이것은 신앙이 끊임없이 첫번째 입장에서 나오고, 항상 두번째 입장으로 끝난다는 것을 의미한다. 지상에 있는 동안, 죄인으로서 그리스도인은 하나님과의 이러한 갈등에서 따라서 또한 하나님의 진노와 율법으로부터 나온다. 그는 그것을 피해갈 수도 없고 그래서도 안되고, 오히려 끊임없이 하나님의 용서하시고 구속하는 긍휼의 약속을 통하여 그리스도의 복음으로 부름받고 이끌림 받도록 해야 한다. 따라서 신앙은 비통한 죽음의 즉각적 체험 및 감정과 끊

25) *WA* 40[III], 496; *LW* 13, 83. Cf. *WA* 35, 453 f.; *LW* 53, 275 f.
26) 우리가 진정으로 믿는다면, 우리는 더 이상 두려워 하지 않고, 죽음을 거역하지도 않을 것이다. *WA* 39[II], 276.
27) *WA* 17[II], 234.

임없이 갈등 속에 있다. 그는 이 느낌 위에 일어선다.[28]

따라서 그리스도인은 "비통한 죽음의 고통"에서 생기는 불안한 질문과 기도를 표현하는, "생명의 한가운데 우리는 있도다"라는 찬송을 계속하여 부른다.[29] "생명의 한 가운데 우리는 있도다"라는 찬송의 모든 구절의 우울한 첫 행은 기독교 이전의 것이 아니라 기독교적인 것이다. 루터는 "생명의 한가운데 우리는 있도다"를 "평화와 기쁨으로 나는 이제 떠나도다"로 바꾸고자 하지 않았고,[30] 오히려 그리스도인을 위해 둘 다 작곡했고, 둘 다 부르기를 원한다.

> 우리는 어느 곳으로 피해 가는가
> 안식은 어디서 기다리고 있는가
> 당신 주 그리스도께, 오직 당신께만 있도다

이것은 신앙이 죽음에서 하나님과 대면할 때 느끼는 불안으로부터 피해가는 곳이다. 그리고 그 때 신앙이 다음과 같이 노래할 수 있게 하는 것은 바로 이러한 피난처를 찾아 가는 운동이다.

> 평화와 기쁨으로 나는 이제 떠나도다
> 하나님이 나를 원할 때
> 마음과 가슴으로 만족하고 고요하게
> 그는 나를 구원한다
> 나의 하나님이 내게 약속했듯이
> 죽음은 이제 나의 잠이 되도다

죽음의 잠과 부활

루터는 그리스도인이 소망하는 미래를 주로 죽음 안에서 죽음을 넘어 개인에게 일어나는 것으로 생각한다. 죽음에서 발생하는 새로운 삶이 있을 것이라는 루터의 확신은 하나님이 그리스도 안에서 구속하는 전체적인 사역 위에 근거해 있다. 따라서 우리는 끊임없이 우리의 이전 논의에서 이 점을 지적했다. 이 전체적 입장의 중심과 핵심은 그리스도 예수의 부활이고, 그리스도가 그 안에서 쟁취한 죽음에 대한

---

28) "그는 죽음을 느끼지만, 그것을 느끼거나 그것을 죽음으로 부르기를 거절하고, 오히려 은혜로운 하나님의 오른 손에 붙어 있는다." *WA* 31^I, 160; *LW* 14, 90.

29) *WA* 35, 453; *LW* 53, 275 f.

30) *WA* 35, 438; *LW* 53, 248.

승리이다. 이것은 반드시 죽어야 하는 우리 모두를 위한 유일한 진정한 위로이다. 루터는 고린도전서 15장 설교와 그밖의 다른 곳에서 바울의 진술을 지적함으로써 이것을 강력하게 증거한다.[31] 그리스도는 "첫 열매"로서 일으킴을 받았다. 그의 부활은 세례와 신앙을 통해 그의 소유가 된 모든 사람들의 몸의 부활을 약속한다.[32] 머리이신 그리스도의 부활을 통하여, 보편적 부활의 가장 큰 부분이 실제 이미 일어났다.[33]

루터는 비록 그가 빈번하게 명시적으로 그것을 지적하지 않더라도, 항상 그의 죽음 너머의 삶에 대한 기대의 근거를 그리스도의 부활 위에 둔다. 그러한 경우, 그는 십계명의 첫 계명이나 "나는 너희의 주 하나님이다"라는 그 서문이나 하나님이 유사하게 인간에게 하신 말씀에서 시작한다.[34]

그는 마태복음 22장에서 예수가 사두개인에게 대답하신 "하나님은 죽은 자의 하나님이 아니라 산 자의 하나님이다"와 같은 구절을 해석한다. (이것은 이 특별한 부활에 대한 접근에서 그리스도가 루터에게 중요하지 않았다는 것을 의미하지 않는다. 루터에게 있어서, 첫 계명의 서문과 그가 인용한 다른 하나님의 진술은 바로 예수 그리스도의 복음의 요약이다. 본질적으로 언급된 것은 "나는 너희의 주 하나님이다"라는 말씀이다. "나의 하나님" 곧 나를 구원하기를 원하시는 하나님은 결코 "그리스도 안에 있는 하나님"과 다른 하나님이 아니다. 따라서 루터는 자명하게 그리스도가 그러한 하나님의 말씀 안에 암시적으로 포함되어 있다고 생각한다.) 루터는 그가 다음과 같이 말할 때 이러한 추론을 적용한다. 하나님이 당신에게 그분 자신을 당신의 하나님으로 소개한다면, 당신은 죽을 때에도 하나님께 살아있는 것이다.[35]

하나님이 당신에게 말한다면, 당신은 불멸의 관계에 들어가는 것이다. 하나님은 살아있는 사람들에게만 말하기 때문이다. 이에 따라 하나님이 죽은 자를 살리는 것은 당연하다. 이것은 그들을 "불멸"로 만든다. 하나님이 진노 속에서 말하든 은총 속에서 말하든, 하나님이 말을 건넨 사람은 누구든지 죽지 않는 것이 확실하다. 말

31) *WA* 36, 478-696.
32) "비록 내가 죽는다 해도, 그래서 어떻다는 것인가? 나는 여전히 찬양하고 있다. 그리스도가 부활하시고 첫 열매가 되셨기 때문이다. 나는 그를 갖고 있고, 그를 믿고 있고, 그 안에서 세례받았다. 그는 그가 나를 그에게로 데려가겠다고 약속하셨다." *WA* 36, 543. Cf. *WA* 37, 67 ff. 또한 「소요리 문답」의 제2항의 설명을 보라. 거기서 루터는 "그가 죽은 자 가운데서 부활하신 것과 같이"라고 말하고 있다. *WA* 30^1, 297; *BC*, 345.
33) *WA* 36, 547. *WA* 37, 68.
34) *WA* 43, 479, 481. Cf. *WA* 31^1, 154; *LW* 14, 87.
35) "따라서 그들이 영원히 살 것이고, 그렇지 않다면 그는 그들의 하나님이 아닐 것이다." *WA* 31^1, 155; *LW* 14, 87.

쓸하시는 하나님의 인격과 그의 말씀이 우리가 그러한 피조물, 곧 하나님이 영원 속에서 불멸의 방법으로 말하기를 원하고 싶어하시는 종류의 피조물이라는 것을 증명한다.[36] 따라서 하나님이 우리의 하나님으로 자신을 알리신 모든 진술과 하나님이 우리에게 이미 하신 모든 말씀은 죽은 자의 부활을 증거한다.[37]

루터에 의하면, 이것은 모든 사람에게 해당되는 사실이다. 비록 하나님이 은혜가 아니라 진노 속에서 인간과 말씀하여도 그러하다. 인간이 육체의 죽음을 통한 하나님과의 관계에서 도피하거나 달아날 그 어떤 근거도 없다. 하나님이 그에게 말씀하셨다는 사실은 그의 불가피한 운명으로 남아 있다. 그러나 신자에게는, 죽음을 통해 그를 보전하는, 그에게 하신 하나님의 말씀은 그리스도의 말씀과 동일하다. 그리스도인은 그가 죽을 때 그 말씀을 꼭 붙들고, 그것은 그에게 그가 죽음에서 깨어날 것이라는 확신을 준다.

그러므로 죽음 너머의 상황에 대한 모든 확신은 하나님과 그리스도의 말씀에 의존한다.[38] 이런 이유로 루터는 하나님과 그리스도의 말씀에 의지하여 그가 죽을 때 어디 있을까 하는 질문에 대답할 수 있다. 그리스도인은 "그리스도의 품" 안에서 안식하고 있다.[39] 그러나 이것은 바로 그리스도의 말씀이다. 예를 들면 "나를 믿는 자는 누구든지 결코 죽지 않을 것이다"(요 10:26)나 몇몇 유사한 말씀이 있다. 이것은 인간이 죽을 때 붙들어야 하는 것이다. 이것 안에서 그는 평화롭게 안식할 자리를 발견한다. 그 때 그는 "마지막 날까지 그리스도의 품 안에서 유지되고 보존되기" 때문이다.[40]

이러한 깊은 통찰은 종말론에 대한 루터의 종교개혁의 의미를 증명해 준다. 전통적 교리는 죽은 자의 영혼이 있는 여러 장소에 대해 많은 말을 했다. 중간 상태(Zwischenzustand)의 공간적 지도가 사용되었다.[41]

---

36) *WA* 43, 481.
37) *WA* 43, 479.
38) "나의 말은 영원하고, 이 말 안에서 너희도 영원하다." *WA* 31¹, 456; *LW* 14, 134 f.
39) *WA* 43, 361; *LW* 4, 313.
40) "인간의 영혼은 … 마지막 날 하나님을 온전히 볼 때까지는, 하나님의 말씀이 아니고는 머물 만한 안식의 장소가 없다. 우리는 죽을 때, 용기를 내어 강한 믿음으로 '나를 믿는 자는 누구든지 결코 죽지 않을 것이다'(요 11:26) 하는 그리스도의 말씀이나 몇몇 이 같은 말씀에 우리 자신을 던지고, 죽어 그 말씀 위에서 잠이 들고, 그래서 마지막 날까지 그리스도의 팔 안에서 보전되어야 한다." *WA* 10ᴵᴵᴵ, 191. Cf. *WA* 43, 361; *LW* 4, 314.

루터는 그 지도를 아주 예리하게 비판하고, 지리적 논의에서 신학적 논의 즉 신앙 안에서 죽는 모든 사람이 하나님의 말씀과 그리스도의 약속 안에서 그들의 "자리"를 갖고 있다는 확신에 대한 신학적 토론으로 나아간다.[42] 그들은 그리스도의 품 안에서 "안식을 얻고 잠을 잔다." 이것이 죽은 자의 상태에 대한 루터의 분명한 진술이다. 그 의미를 완전히 이해하기 위하여, 우리는 신약성서 이래 종말론의 발전을 배경으로 하여 그것을 보아야 한다.

초대 교회의 소망은 마지막 날의 부활에 중심을 두고 있었다. 바로 이것이 최초로 죽은 자를 영생으로 부른다(고전 15; 빌 3:20 이하). 이 부활은 전적인 사람 즉 전인에게 일어나고, 몸에만 일어나는 것이 아니다. 바울은 "몸"의 부활이 아니라 "죽은 자"의 부활에 대해 말한다. 이러한 부활 이해는 함축적으로 죽음이 또한 전인에게 영향을 주는 것으로 이해한다. 마지막 날의 부활에 대한 이러한 소망과 함께, 우리는 바울에게서 또 다른 사고를 발견한다. 죽는 것은 즉각 그리스도와의 충만한 교제와 그와 함께하는 삶으로 인도한다(고후 5:6 이하; 빌 1:23). 사도는 분명히 이 두 생각 사이에 모순이 없다고 느꼈다. 빌립보서에서 그는 처음에는 그가 즉각 그리스도와 연합될 것을 기대한다고 말하고, 다음에는 그리스도인은 주님이 다시 오실 때 주님으로부터 새로운 육체적 존재와 또 죽음으로부터 생명을 받을 것을 기대한다고 말한다. 바울은 이 두 생각을 조정하려고 시도하지 않았다. 아무튼 죽을 때와 세상 마지막 때, 우리를 기다리는 분은 그리스도이시다. 이 확신과 비교하면, 다른 문제는 별로 중요하지 않다.

그러나 교회의 종말론 교리는 이 두 가지 소망의 기대를 시간적 관계로 조정하려고 시도했다.[43] 이것은 개인의 죽음과 그가 새로운 육체적 존재를 받게 될 마지막 날 사이의 "중간 상태"라는 개념을 통하여 이루어졌다. 몸과 영혼은 이원론적으로 생각되어야 했다. 죽음에서 영혼은 몸에서 분리되고, 구원받은 사람들을 위한 장소와 멸망한 사람들을 위한 장소에서 살거나 일종의 그 중간에 있는 집에서 몸 없는 상태로 계속하여 산다(어거스틴을 포함하여 그 때까지 신학자들은 일반적으로 이렇

---

42) 구약의 조상들은 아브라함의 품 안에서 안식하고 있다. 그것은 아브라함에게 주어진 약속의 말씀이다. "그러므로 그리스도의 탄생 이전에 살았던 모든 조상들은 아브라함의 품으로 갔다. 즉 그들은 하나님의 이 말씀(창 22:18)을 굳게 믿고 죽었고, 그들은 모두 잠들어 있고, 이 말씀 안에서 보전되고 보호받고 있고, 마지막 날까지 이 말씀이 가슴인 것처럼 그 안에서 잠을 잔다." *WA* 10^{III}, 191.

43) Cf. P. Althaus, *Die Letzten Dinge* (4th ed.; Gütersloh: Bertelsmann, 1933), pp. 144 ff.

게 가르쳤다). 다른 사람들, 곧 연옥으로 가지 않은 사람들은 죽은 후 즉각 하늘이
나 지옥으로 들어간다고 주장했다. 이것은 축복받은 영혼들이 이미 그리스도와 함께
있고 이미 복을 받아 하나님을 보고 즐거워하고 있고 그의 영생에 참여하고 있다는
것을 의미한다. 마지막 날은 몸의 부활을 통하여 그들의 상태를 강화할 뿐이다. 영
혼은 다시 영화롭게 된 상태로 그들의 몸을 받을 것이고, 이것이 그들의 구원을 완
전하게 만든다.

　　그러나 이 두번째 요인은 아무 강조도 하지 않았고, 오직 첫번째 요인 즉 영혼
이 진정으로 살아있어 이미 부활 이전에 복을 받았다는 것만 강조하였다. 그리하여
본래의 성서 개념이 헬레니즘의 이원론에 의해 대체된다. 전인에게 영향을 미치는
신약성서의 부활 개념은 영혼의 불멸에 길을 내어준다. 마지막 날 역시 그 의미를
상실하는데, 영혼이 이미 마지막 날 오래 전에 결정적으로 중요한 모든 것을 받았기
때문이다. 종말론적 긴장은 더 이상 예수의 재림을 향해 있지 않는다. 이것과 신약
성서의 소망 사이에는 아주 큰 차이가 있다.

　　이것을 배경으로 하여, 우리는 종말론에서 루터의 종교개혁의 의미를 측정할 수
있다. 루터는 분명히 영혼과 몸의 분리라는 죽음의 이원론적 규정을 받아들인다. 따
라서 루터도 영혼이 마지막 날까지 몸 없는 존재를 누린다고 가르친다.[44] 이런 이유
로 결정적인 신약성서의 통찰이 루터에서 다시 등장하고 그의 신학에서 주도적 요소
가 된다는 것이 더 중요하다. 루터는 대개 죽음과 부활 사이의 상태를 의식과 느낌
이 없는 깊은 잠으로 이해한다. 마지막 날 죽은 자가 깨어날 때, 그들은 아침에 일
어나는 사람처럼 그들이 어디 있었는지, 얼마나 오랫동안 쉬고 있었는지 모를 것이
다.[45] "아침까지 깊이 잠 들어 있던 사람이 일어날 때 그에게 무슨 일이 일어났는지
모르듯이, 우리는 마지막 날 갑자기 일어날 것이다. 우리는 죽음이 무엇과 같은지
우리가 어떻게 죽음을 통과했는지 모를 것이다." 따라서 루터는 부활 이전에 참된

----

44) "오직 인간의 일부분이 죽는다." *WA* 36, 241, cf. *LW* 51, 234. "그러므로 영은
　　몸이 그러하듯이, 동일한 씨로부터 나오지만 그것은 몸에서 분리될 수 있다. 그러나
　　후에 그들은 다시 재연합될 것이다." *WA* 39[II], 386. Cf. *WA* 39[II], 354. Cf. P.
　　Althaus, *Unsterblichkeit und ewiges Sterben bei Luther* (Gütersloh:
　　Bertelsmann, 1930), pp. 36 f.
45) *WA* 17[II], 235.
46) "그 때 그것은 틀림없이 멈추게 하고, 우리로 하여금 그가 와서 기쁨으로 우리를 깨
　　울 때까지 그리스도의 평화 안에서 잠자게 할 것이다." *WA*, Br 5, 240. "의심할
　　것 없이, 그는 반드시 그리스도의 영원한 평화 속에서 달콤하고 부드럽게 잠자고 있
　　을 것이다." *WA*, Br 5, 213.

생명과 복을 누리는, 몸 없는 영혼에 대하여 아무 말도 하지 않는다. 그들은 "그리스도의 평화" 안에서 잠들어 있다.[46]

몇몇 성경 말씀은 루터에게, 죽은 자들이 잠을 자고 있다고 하는 규칙에 분명한 예외를 두게 강요한다. 하나님은 또한 잠시 그들을 깨울 수 있다. 마치 하나님이 여기 지상의 우리에게 깨어 있는 것과 잠 자는 것 사이를 바꾸게 허용하듯이 말이다. 그들이 잠들어 있다는 사실은 영혼이 하나님을 뵙는 것을 체험하는 것과 또 하나님과 천사들이 말하는 것을 듣는 것을 방해하지 않는다.[47]

그러나 이러한 모든 것은 루터의 사상에서 부활의 성서적 의미의 온전한 의미가 나타난다는 결정적 요인에 아무 변화를 주지 않는다. 마지막 날은 개인에게 또한 결정적 의미를 갖고 있다. 그리스도는 인간을 — 그의 몸만이 아니라 — 죽음의 잠으로부터 깨우고 그 후에야 그에게 지복을 준다. 그리스도인은 그리스도와 함께 그의 품 안에서 "달콤하게" 잠을 자기 때문에, 이미 죽음의 잠에서 잘 돌봄을 받은 것이다. 그러나 그리스도와 함께 하는 생명의 지복 상태는 달콤한 잠과 아주 다른 것이다. 그것은 오직 마지막 날 부활과 함께 일어나는, 저 깨어 있는 상태와 연결되어 있다. "우리는 그가 오셔서 무덤에서 노크하고 '마틴 박사, 일어나게' 하실 때까지 잠들어 있을 것이다. 그 때 나는 즉시 일어나 영원히 그와 함께 행복을 누릴 것이다."[48]

동시에 루터는 사도 바울이 한 대로, 그리스도와 영생이 죽음을 넘어 즉시 우리를 기다리고 있다는 사실을 강조할 수 있었다. 우르바누스 레기우스(뤼네부르크의 개혁자)에 대해 말할 때, 루터는 다음과 같이 말한다. "우리는 그가 축복 받은 것과 그가 하늘의 교회에서 영생과 영원한 기쁨과 그리스도와의 교제를 갖고 있다는 것을 알아야 한다. 이제 그는 그가 이곳 지상의 교회에서 하나님의 말씀을 따라 설명하던 것들을 배우고 직접 보고 듣고 있는 것이다."[49]

이 두 가지 입장을 루터는 아무 어려움 없이 나란히 붙잡는다. 그는 우리 지상의 시간 개념과 측정 단위는 더 이상 죽음 이후에는 타당하지 않다는 것을 알고 있다. 이런 이유로 우리가 여기서 체험하는 것과 같은 시간의 경과는 무시된다. "여기

---

47) *WA* 43, 360; *LW* 4, 313. *WA* 43, 480 f. *WA* 10ᴵᴵᴵ, 194. Cf. Julius Köstlin, *Theology of Luther*, trans. Charles E. Hay (Philadelphia: Lutheran Publication Society, 1897), II, 577.

48) *WA* 37, 151.

49) *WA* 53, 400. 죽은 또 다른 사람에 대해, 루터는 다음과 같이 말한다. "병이 그를 하늘로 우리 주 예수 그리스도에게 데려다 주었다." *WA*, Br 6, 301; *LCC* 18, 64.

서 당신은 시간을 염두에 두지 말고, 저 세상에는 시간이나 시간의 측정이 없고 다
만 모든 것이 하나의 영원한 순간이라는 것을 알아야 한다."[50] 따라서 "중간 상태"는
아주 짧은 기간으로 압축된다. 죽은 사람들에게는 마지막 날이 그의 죽음 후에 아주
빨리 심지어 죽자마자 "곧장" 오기 때문이다. "우리 각자는 죽을 때가 자기의 마지
막 날이다."[51] 따라서 우리는 우리가 죽는 순간에 세상의 마지막과 마지막 날에 도착
한다. 그러나 세상의 마지막 시간까지, 그 마지막 날은 우리와 우리 이후의 모든 세
대에게 오는 것보다 죽은 자들에게 더 빨리 오는 것은 아니다.[52]

우리의 시대 구분은 더 이상 하나님의 영원 속에서 타당하지 않기 때문에, 마지
막 날은 태양이 섬을 둘러싸듯이 우리의 삶을 둘러싼다. 우리가 이생의 경계에 도달
하는 곳마다 — 죽는 것이 어제든 오늘이든 다른 때이든 아니면 세상 마지막 때이든
— 모든 곳에서 마지막 날은 위대한 영원의 동시성 속에서 동이 튼다. 이렇게 마지
막 날에 대한 이해를, 죽을 때 항상 가까운 것으로 심지어 현존하는 것으로 이해하
는 것은, 우리가 전에 바울에서 발견한 바, 저 두 가지 기대의 흐름이 서로를 배제
하지 않고 함께 흘러가며 일치를 이루는 것이다.

후에 루터교 신학은 이 점에서 루터를 따르지 않았다.[53] 오히려 그것은 다시 한

---

50) *WA* 10III, 194. "하나님이 보기에는 시간을 측정하는 것이 없기 때문에, 그의 앞의
천 년은 하루와 같이 보인다. 이런 이유로 첫 사람 아담은 마지막 날 바로 전에 태어
날 마지막 사람만큼이나 하나님에게 가깝다. 하나님은 수평적 차원이 아니라 수직적
차원에서 시간을 보기 때문이다." *WA* 14, 70.
51) *WA* 14, 71.
52) "저 세상의 삶에서는 천 년은 하나님 앞에서 하루도 안된다. 우리가 부활했을 때, 아
담과 족장들에게는 그들이 반 시간 전에 살아 있던 것처럼 보일 것이다. 거기에는 시
간이 없다 … 하나님이 보기에 모든 것은 한 순간에 일어난다. '전'과 '후'가 없다.
그리고 족장들은 우리가 도착하기 전에는 마지막 날에 도착하지 않을 것이다." *WA*
12, 496. "당신의 눈이 감기자마자 당신은 깨어날 것이다. 천 년은 당신이 반 시간
잠잔 것처럼 보일 것이다. 우리가 밤에 시계 소리를 듣지 못한다면 우리가 얼마나 오
래 잠자고 있는지 알지 못하는 것처럼, 죽음에서 천 년은 훨씬 더 빨리 지나갈 것이
다. 우리가 주위를 둘러보기 전에, 우리는 아름다운 천사가 될 것이다." *WA* 36,
349. "인간의 창조의 시작 이래 존재하는 모든 시간은 아담이 그가 죽음에서 일어날
때 그에게는, 단 한 시간 잠들었던 것처럼 보일 것이다." *WA* 40III, 525; *LW* 13,
101. 루터가 시간을 생각할 때, 시간이 잠자는 사람을 위해 주관적으로 무시되는 것
으로 생각할 뿐만 아니라 하나님의 영원 속에서 객관적으로 무시되는 것으로 생각한
것에 주의하라.
53) 루터교 정통주의의 종말론에 대해서는 다음을 보라. Hans Emil Weber,
Reformation, Orthodoxie, und Rationalismus (Gütersloh: Bertelsmann,
1940) I2, 241 ff.

번 중세의 전통을 채택하여, 그것을 계승했다. 부활 이전에 영혼들은 몸이 없는 상태이긴 하지만, 그리스도와 함께 복된 상태 속에서 산다. 그러나 그렇다면 그들은 어떻게 부활과 마지막 날을 기다릴 수 있는가? "이미 영혼이 하늘에 있다면, 그 몸의 회복을 기다리는 것은 어리석은 영혼 아닌가!" 루터는 한때 그것을 이렇게 표현했다. [54]

부활은 다시 초대 교회가 갖고 있던 그 전체적 의미를 상실했다. 영혼에 대한 이원론적 이해가 다시 승리했다. 17세기 루터교는 영혼이 죽을 때 잠잔다는 루터의 개념에서 이탈했다. 루터의 사고는 그들을 불안하게 만들었고, 그들은 그들 자신의 교리의 관점에서 그것을 재해석함으로써 그 의미를 축소하려고 했다. [55]

오직 몸만이 잠자고, 영혼은 깨어 있다. 영혼에게는 죽음의 상태가 없다. 그리하여 한편으로는 죽음의 의미가 다른 한편으로는 부활의 의미가 아주 약해졌다. 루터가 기대했던 죽음 너머의 모든 삶은 온전히 완전하게 하나님이 인간을 깨우시는 것에서 온다. 이후의 경건과 신학은 더 이상 하나님이 죽음에서 우리를 부르실 수 있고 부르고자 하신다는 희망에 온전히 의존하지 않는다. 오히려 그것은 성서 말씀에 기초하여 증명된, 영혼에 대한 형이상학적 교리를 이용한다. 하나님의 부활은 죽음 이후의 삶에 대해 더 이상 전체적 의미를 갖지 않고, 다만 부분적인 의미만을 가질 뿐이다. [56]

신약성서와 함께, 루터는 모든 죽은 자의 부활을 가르치고, 신자들만의 부활을 가르치지 않는다. [57] 모든 사람은 심판으로 들어간다. 신자들은 그리스도와 함께 영생으로 들어가고, 악한 사람들은 사탄과 그의 천사들과 함께 영원한 죽음으로 들어간다. 루터는 사탄 역시 최종적으로는 구원받을 것이라는 생각을 명백하게 거부한다. [58]

역사와 창조의 목적

마지막 날에 대한 기독교의 기대는 개인이 제한적 미래를 갖고 있다는 사실뿐만

---

54) *WA*, TR 5, 5534.
55) 좀더 명백한 설명을 위해서는 다음을 참고하라. cf. *Die Letzten Dinge*, p. 150.
56) 17세기 루터교 찬송에서 이러한 변화가 반영된 방식을 설명한 것으로는 다음을 보라. P. Althaus, "Luthers Gedankenüber die letzten Dinge", *Luther-Jahrbuch*, XXIII (1941), 18 ff.
57) 「소요리 문답」 제3항의 설명을 참고하라. "그는 나와 모든 죽은 자를 일으키고, 나와 그리스도를 믿는 모든 사람을 일으킬 것이다." *WA* 26, 509; *LW* 37, 372.
58) *WA* 26, 509; *LW* 37, 372.

아니라 역사와 세상이 마지막에 이르고 있다는 사실에도 관계한다. 루터는 이 두 가지를 다 강조한다. 그가 그리스도인을 죽음과 부활을 향해 나아가는 사람으로 보고 그들에게 그것을 간절히 바라라고 권면한 것처럼, 그는 또한 그들에게 이 세상의 현재 형태의 종말과 예수 그리스도의 날의 도래를 생각나게 하고 그들에게 그것을 간절히 바라라고 가르친다. 이것은 신약성서와의 관계에서 새로운 것이 아니다. 그러나 중세 교회의 종말론적 전통과 비교해 볼 때, 그것은 새로운 것이다.[59]

4세기의 교회의 승리 이래, 하나님 나라의 도래에 대한 교회의 기대는 점점 더 약해졌다. 티코니우스와 어거스틴 이래, 계시록 20장의 천년왕국은 더 이상 역사의 종말의 관점이 아니라 교회의 역사의 관점으로 이해되었다. 그리스도는 승리했고, 이제 그의 교회를 통하여 묵시론자가 말한 그의 주권을 행사한다.[60] 미래에 대한 전통적 그림들은 항상 교의학에서 보전되었다. 그러나 그것들은 한때 강조되다가 더 이상 강조되지 않는다. 초대 기독교 교회와 콘스탄티누스 이전의 교회와 비교할 때, 역사 의식은 근본적으로 변화되었다. 종말론적 관심은 이제 거의 전적으로 개인의 미래와 관계된 것이다. 이것은 종말론의 신학적 교리가 발전을 계속한 유일한 내용이다. 그러나 그것은 역사의 마지막과 목적에 대한 질문에 아무 효력을 비치지 못했다.

그러나 하나님 나라의 도래에 대한 강한 기대는 교회의 주류 외부에 있는 사람들 사이에서 보존되었다. 플로라의 요아킴에서 시작하여, 천년왕국의 억압된 흐름은 다시 한번 바깥으로 표출된다. 그것은 이제 이 세상과 일치된 교회에 대한 새롭고 과격한 비판과 결합되어 나타난다. 우리는 더 이상 그리스도의 진정한 주권을 그러한 교회에 돌릴 수 없다. 따라서 우리는 새 시대에서 그의 주권의 도래를 기다려야 한다. 이러한 교회 역사 이해는 중세 후기 동안 교회의 모든 비평가와 급진적 인물들에게 영향을 주었다. 그들을 통하여 그것은 후스파와 재세례파에 영향을 주었다. 적그리스도의 도래에 대한 전통적 기대는 사악한 방식으로 현실과 연결되었다.

교권제도는 적그리스도의 영역이고, 세계 교회는 계시록이 말한 바벨론이다.[61] 그런데 루터는 천년왕국론을 거부하는 점에서 가톨릭 교회와 일치한다. 그도 역시

---

59) 더 자세한 설명을 위해서는 다음을 참조하라. P. Althaus, *Die Letzten Dinge*, pp. 299 ff. "세상의 종말(Eschaton)이 … 순화되어 힘을 잃었고, 교회 안에 흡수되어 버렸다."

60) T. F. Torrance, "Die Eschatologie der Reformation," *Evangelische Theologie*, XIV (1954), 60.

61) WA 41¹, 121; LW 13, 263 f. [Cruciger's reconstruction of sermon notes].

계시록 20장을 역사의 마지막의 관점으로 해석하는 것이 아니라, 교회에 대한 묘사로 본다. 천년왕국은 과거에 놓여 있고, 터키의 침입을 통하여 또는 교황이 적그리스도가 됨으로써 마지막에 이르고 있다.[62] 그러나 루터의 신학은 교회의 공식적 가르침과 달리, 다시 한 번 초대 기독교 교회에 일반적이던 예수 재림에 대한 열렬한 기대를 회복시킨다. 로마가 교회를 영화롭게 하는 것과 대조적으로, 루터는 하나님의 교회의 은폐성, 그리스도의 주권이 나타나는 종의 형체, 그리고 지상과 특별히 교회에서 드러나는 사탄의 힘을 아주 분명하게 강조한다. 따라서 그는 그리스도가 최종적으로 사탄을 극복할 마지막 날을 아주 열렬하게 기다린다.

중세 교회 역시 마지막 날에 대해 말을 했다. 그러나 그것은 완전히 심판의 날로서 개인을 위한 의미에 강조점을 두었다. 우리는 오직 "오 진노의 날이여, 오 슬픔의 날이여"라는 찬송을 생각할 필요가 있다.[63] 확실히 그리스도가 적그리스도를 파멸시키기 위하여 돌아올 것이라는 신약성서의 가르침은 보전되었다. 적그리스도의 개념은 중세의 대중적 의식에서 아주 중요한 것이었다.[64]

그러나 중세 교회는 과격한 비평가는 예외로 하고, 적그리스도가 개인적 인격일 것이라고 생각했다. 곧 미래 어떤 시간에 오고, 역사에서 현존해 왔고 그것을 최고의 힘으로 끌어 올리는 그리스도에 대한 모든 적대성을 자신 안에 형성할 개인적 인격 말이다. 전설의 비유적 언어들은 그의 삶과 그의 악업을 상세하게 묘사한다. 사람들은 그가 가까운 미래에 올 것이라고 걱정했고, 그들은 따라서 그가 올 시간을 계산하려 했다. 그러나 이 모든 것에도 불구하고 그 개념은 실재와 관계가 없다. 그러나 루터는 교황직 안에서 적그리스도를 발견한다. 교황직은 그것 자체를 하나님 말씀 위에 두고 그리하여 복음의 위로를 폐기하고 복음 대신에 행위의 의라는 인간적 교리를 둠으로써 하나님과 그리스도 위에 둔다. 그리고 다니엘 11:36과 데살로니가후서 2:4의 바울의 예언에 의하면, 이것들은 적그리스도의 결정적 특징이다.[65]

62) *WA*, DB 7, 409; *LW* 35, 405. Cf. *WA*, DB 7, 469 (the marginal note to Revelation 20). *WA* 53, 152, 154. Cf. Emanuel Hirsch, *Hilfsbuch zum Studium der Dogmatik* (1937), p. 264.
63) William J. Irons에 의한 번역은 *The Lutheran Hymnal*(St. Louis: Concordia, 1951), No. 607에서 찾아 볼 수 있다.
64) Cf. Hans Preuss, *Die Vorstellungen vom Antichrist*(Leibzig: Hinrichs, 1906) and P. Steigleder, "Das Spiel vom Antichrist"(Dissertation, University of Bonn, 1938).
65) *WA* 39[II], 381. *WA* 51, 509. *WA* 7, 741 f. Cf. Preuss, op. cit., pp. 149 ff, 156, 177; 거기서 더 많은 참고 자료를 찾아볼 수 있을 것이다.

따라서 초대 교회의 사고가 다시 드러나 사용되었다. 환상적 전설들은 단번에 파괴되었고, 교황청 안에서 모든 사람이 볼 수 있는 비통한 현실로 바뀌었다. 루터는 실제 교황직을 적그리스도로 본 유일한 사람은 아니었다. 다른 개혁자들과 혁명가들이 — 우리는 주로 보헤미아인들을 생각한다 — 또한 이렇게 했다. 그러나 루터는 단순히 후스파의 주장을 반복하지는 않았다. 그의 토대는 완전히 새로웠다. 보헤미아인들은 교황의 비기독교적 생활 때문에, 교황을 적그리스도라고 불렀다. "그러나 루터는 생활이 아니라 교리에, 행위가 아니라 신앙에 관심을 기울였다. 이것이 가지와 열매가 자라는 뿌리이기 때문이다 … 그리하여 바로 종교개혁 신학이 종교개혁 이전 신학과 구별되듯이, 루터의 적그리스도는 중세의 교황 대적자들의 적그리스도와 구별된다."[66]

루터에게 있어서, 종말론적 사건은 현재의 중심에서 발생하고 있다. 적그리스도가 이미 현존해 있기 때문에, 루터는 마지막이 가까운 미래에 올 것이라고 기대하고 소망하고 그것을 갈망한다. 중세는 진노의 날을 두려워했으나, 루터는 예수의 재림을 간절히 바란다. 재림 예수께서 적그리스도를 끝장낼 것이고 구속을 가져올 것이기 때문이다. 루터는 그것을 "가장 행복한 마지막 날"이라고 부를 수 있었다.[67] 그와 함께 마지막 날에 대한 초대 기독교의 태도는 갱신되고, 생명을 얻게 되었다.

루터는 적그리스도의 문제에 대한 그의 입장이 시간에 따라 다양하지만, 최종적으로 적그리스도가 오직 교황직, 즉 교회 자체 내부의 권력에서 발견될 수 있다고 결론을 내린다. 근본적으로 그는 적그리스도를 기독교 세계의 외적인 억압자로 보지 않는다. 그의 시대에는 이것은 주로 터키였다. 「소요리문답」에서 그는 다음과 같이 말한다. "교황은 자기 자신을 그리스도 위로 올리고 그리스도에 대적하여 세운, 진정한 적그리스도이다. 교황은 자기 자신의 힘에 의한 것이 아니면 구원을 허용하지 않기 때문이다. 그의 권세는 하나님에 의해 세워진 것도 요청된 것도 아니기 때문에, 아무 것도 아니다. 이것은 실제로 사도 바울이 하나님 위에 뛰어나 자존하여 하나님께 대적하는 자로 부른 것이다. 터키인이나 타르타르인은 그리스도인에 대한 적대감이 아무리 크다 할지라도, 이렇게 하지 않는다 … "[68]

또 다른 곳에서 루터는 다음과 같이 선언한다. "나는 모하메드가 적그리스도라

---

66) Preuss, op. cit., pp. 153, 177.
67) *WA* 53, 401. *WA*, Br 2, 567; S-J 2, 130; *WA*, Br 9, 175 〔a letter to his wife in 1540〕. 1543년에서 1544년에 쓰여진 편지를 참고하려면 다음을 보라. *WA*, Br. 10, 275, 277, 284, 287, 398.
68) *WA* 50, 217; *BC*, 300.

고 생각하지 않는다. 그는 너무 명백하게 일을 한다. 검은 사탄은 신앙이나 이성이 기만당할 수 없을 만큼, 아주 쉽게 식별된다. 그는 로마인들과 다른 이교도들이 그랬듯이, 교회 외부에서 교회를 박해하는 이교도와 같다. 그러나 우리 시대의 교황은 진짜 적그리스도이다. 그는 교회 안에 앉아 있는, 아주 교활하고 아름다우며 영광스런 사탄이다."[69] 확실히 그리스도의 교회는 정치적 세력이 기독교 교회에 맞서 대치될 것이라는 사실을 인정하고 준비해야 한다. 루터는 이런 의미에서 전 세계에 걸친 교회의 박해가 피할 수 없는 것이고 심지어 정상적 상황이라고 반복하여 강조한다.[70]

신약성서는 기독교에 대적하는 황제 숭배의 형식으로(계 13) 정치적 종교에 대한 무시무시한 싸움을 증거하고 있다.[71] 그러나 가장 심각한 위험은 계속 남아있다. 그리스도를 왜곡시키고 또 거짓 그리스도들의 오도하는 힘의 기초가 되는 교회 내의 세력(막 13:6, 21), 그리스도의 왕국을 세상 권력으로 만드는 기만적 왜곡, 복음을 율법으로 만드는 복음의 왜곡(대 종교재판관!), 그리고 십자가를 잊어버린 영광스런 신정 통치 체제의 교회 등이 바로 그것이다. "적그리스도"와 "적그리스도적"이란 말은 우리 자신의 시대에 너무 느슨하게 사용되므로 그 본래의 개념이 회복될 필요가 있다. 그것들은 교회와 기독교에 대적하여 싸우고 억압하는 모든 세력을 표현하는 것이 되지 못하고 있다. 그 용어의 원래 성서적 의미는 그리스도와 유사하고 그리스도를 대변한다고 주장하는 것 같은 기만자들이 그리스도를 대적하는 것을 표현하고 있기 때문이다. 적그리스도는 교회 자체 안에서 나타난다. 이것은 그것 자체로 사탄이 취할 수 있는 가장 위험한 형태이다.

루터의 마지막 날에 대한 관점과 그 왕국의 도래에 대한 간절한 기대는 그의 학생과 친구들 사이에서 잘 보전되었다. 우리는 다음 에라스무스 알버에 의해 쓰여진 찬송 속에서 그것을 발견한다.

---

69) *WA* 53, 394. *WA* 26, 507; *LW* 37, 367.
70) *WA* 51, 217; *LW* 13, 167 f.
71) 계시록 13장에 대한 해석에서, 루터는 첫번째 짐승은 로마 제국, 두번째 짐승은 교황의 제국을 가리키는 것으로 해석한다. 그는 첫번째 것은 오직 과거의 것으로 본다. 루터는 계시록 13:6 이하를 적용할 수 있는, 그의 당대의 정치적 세계 열강을 확인하지 못했다. 고대의 제국은 무너졌으나, 교황은 그것을 다시 세웠다. "교황은 무너진 로마 제국을 회복했고, 그것을 그리스어로부터 독일어로 옮겼다. 비록 그것이 로마 제국의 몸이라기보다는(한때는 제국의 몸이었다) 로마 제국의 형상이라고 하더라도 말이다." 그것은 "제국적 교황," 즉 "또한 세상의 왕국이 된" 교황이다. 따라서 루터는 계시록 13장의 내용을 간간히 "세속적 삶에 빠진 교황에 대한 혐오"라고 요약할 수 있었다. 그에게 이 장의 예언들은 진짜 교황에 대한 묘사인 듯했다. *WA*, *DB* 7, 413 ff. Cf. *WA*, *DB* 7, 451 ff.

당신의 사랑스런 자녀들은 모두 기다리고 있습니다
이 세상이 무너져 내리고
사탄의 권세가 사라져 버리고
그가 저주받아 지옥에 떨어질 것을 기다리고 있습니다.[72]

니콜라우스 헤르만도 동일한 방식으로 다음과 같이 표현했다.

주여 당신이 오시는 것을 우리는 모두 기다리고 있습니다
또 나팔 소리가 울려퍼지겠지요
주여 오시옵소서 지체하지 마옵소서
당신의 교회를 도와 주시옵소서 우리는 떨고 있습니다[73]

종교개혁 때의 그리스도인들은 그들의 상황을 잘 의식하고 있었고, 그들이 세계 역사 가운데 어디에 있는지 알았고 그리스도의 날의 도래를 간절히 사모했다.

그러나 17세기에 이르러 이러한 강조는 뒤로 물러난다. 대부분 경건은 사적인 문제가 된다. 그리스도인들은 그들의 인격적 개인적 구원에 관심을 기울인다. 그 결과는 우선 요한 헤르만 이외에는 교회에 대한 찬송을 쓴 사람들이 거의 없다는 것이다. 그리스도의 최종적 승리와 그의 왕국의 도래에 대한 소망을 표현하는 찬송 역시 점점 없어졌다. 종말론적 찬양의 기본적 형태는 마지막의 축복과 그리스도와 함께하는 영생의 확신에 대한 죽는 자의 기도와 더불어, 죽는 자를 위한 찬송이다. 사람들은 하늘과 하늘의 구원을 사모하지만, 그것은 실제 예수와의 교제 안에서 체험된 것으로 생각될 뿐, 마지막 날 오는 그리스도의 도래라는 관점으로 생각되지 않는다. 우리는 파울 게르하르트의 찬송에서도 이것을 관찰할 수 있는데, 그렇지 않았더라면 그의 작품은 기독교 신앙의 모든 핵심을 거의 포함했을 것이다. 그의 강림절 찬송인

---

72) Dein lieben Kinder warten all,
wann doch einmal die Welt zerfall
und wann des Teufels Reich vergeh
und er in ewigen Schanden steh.
Reprinted in P. Wackernagel, *Das deutsche Kirchenlied von den ltesten Zeiten bis zu Anfang des 17. Jahrhunderts*, 3 (1870), 879.

73) Dein Zukunft, Herr, wir warten all,
Horchen auf der Posauen Schall,
Komm, lieber Herr Christ, machs nicht lang,
Hilf deiner Kirch, denn ihr ist bang.
Reprinted in Wackernagel, op. cit., p. 1217.

"오 주여 나는 어떻게 당신을 만날까요?"는 실제 마지막 날에 관한 한 시구(詩句)를 포함하고 있다.

> 대적들이 소동을 떤다 해도
> 그들의 책략과 악의에 관심을 두지 말라
> 당신의 주가 싸움이 맹렬할 때
> 그들의 모든 힘을 흩을 것이다
> 그는 가장 영광스런 왕으로 오시고
> 그의 지상의 대적들은
> 승리하는 그분의 길을 헛되이
> 대적하려고 애쓰는구나[74]

그러나 그는 다만 이것을 강조하고 "마지막 날에 관하여"(Vom Jüngsten Tage)라는 그의 다음과 같은 찬송은,

> 때가 가까워 오고 있도다
> 주 예수 당신이 여기에 계시도다.[75]

개인이 예수를 체험하고 그와 함께 영원한 기쁨을 맛보는 복된 상태만을 묘사하고 있다. 하나님과 기독교 공동체의 싸움과 승리에 대해서, 또 하나님의 나라가 영광 중에 임하는 것에 대한 기대에 대해서는 한 마디도 없다. 경건주의가 이러한 상황을 변화시켰는데, 특별히 그 뷔르템베르크의 경건주의가 하나님 나라의 역사에 대한 신학을 가지고 이러한 변화를 가져왔다. 먼저 필립 프리드리히 힐러(Phillipp Friedrich Hiller)가 언급되어야 하지만, 크리스토프 고트리프 블룸하르트(Christoph Gottlieb Blumhardt)와 요한 크리스토프 블룸하르트(Johann Christoph Blumhardt)를 기억해야 한다. 그들은 천년왕국론에도 불구하고, 17세기 루터교 정통주의보다도 루터에 더 가깝다. 그들은 다시 한 번 우리에게 루터가 교회에 회복시켰던 신약성서의 희망의 본질적 부분을 깨우쳐 주었다.

루터는 신약성서에 있는 그대로, 개인이 죽음 너머 미래에 계속 존재할 것과 역사가 마지막에 이르고 하나님의 궁극적 왕국 안에서 완성될 것이라는 것을 기대할 뿐만 아니라, 전 세계의 미래적 갱신과 그것이 하나님의 피조물로서의 전세계의 완

---

74) *The Lutheran Hymnal*, No. 58 (vs. 8).
75) Die Zeit ist nunmehr nah,
    Herr Jesum, du bist da.

성을 기다린다. 그리스도의 부활은 그리스도인의 육체적 부활뿐만 아니라 로마서 8:21에 있는 대로 "우리와 함께 모든 피조물"의 구속과 완성을 보장한다.[76]

하나님의 인간에 대한 종말론적 다루심과 모든 피조물에 대한 다루심은 인간과 모든 피조물이 둘 다 하나님의 창조적 행위를 통하여 그들의 현재 형태로부터 미래의 최종적 형태로 변화될 것이라는 사실을 볼 때 이 양자는 서로 상응한다. 지상에 사는 인간이 하나님이 미래의 인간의 삶을 위해 의도하신 형태로 다시 조형하고자 하신, "단순한 물질"인 것과 마찬가지로, 모든 피조물은 무상함에 종속되어 있고 또 하나님이 그 미래의 영광스런 형태를 창조할 때 사용하실 물질이다.[77]

따라서 하나님은 그의 피조물과 그의 세계를 포기하는 것이 아니라, 그들을 변화시키고 갱신하고 영광스럽게 만든다. 그것이 그의 선한 피조물이고, 그는 그 안에서 기뻐한다. 하나님은 그렇게 인간과 모든 세계를 영원한 목적으로 인도한다. 루터의 종말론은 17세기 종말론과 달리 세상이 없는 종말론이 아니라, 모든 피조물을 포함하고 있다.[78]

인간과 피조물의 일치는 이것뿐만이 아니다. 모든 인간이 사망의 심판과 그들의 몸의 부패를 통과해야 하고 이런 방법으로만 영생의 영광으로 들어갈 수 있듯이, 이 세상의 현재의 형태는 새롭고 최종적인 세상이 창조되기 이전에 불을 통해 파괴되어야 한다.[79] 루터는 이 모든 것을 로마서 8:20 이하; 베드로후서 3:10, 13; 사 65:17 등과 같은 성서 말씀 위에 근거를 두고 있다. 그가 피조물의 영광스런 형태에 대한 소망을 그 현재의 상태와 구별되는 것으로 표현할 수 있었던 바, 그 감정과 현실주의(realism)는 잘 알려져 있다. 그러나 영생과 새 피조물을 자세히 묘사하려는 모든 시도에는 다음과 같은 조건이 있다. "우리가 영생에 대해 알지 못하는 것은 어머니의 태 속의 아기가 그들이 나올 세상에 대해 알지 못하는 것과 같다."[80]

---

76) *WA* 37, 68.
77) *WA* 39^i, 177; *LW* 34, 139.
78) Cf. *Die letzten Dinge*, pp. 351 ff.
79) *WA* 39^i, 95; *LW* 34, 164. Cf. *WA* 10^i, 2, 116 f. *WA* 41, 307 ff. *WA* 45, 229 ff.; *LW* 12, 118-121. *WA* 49, 503 ff. *WA* 14, 72.
80) *WA*, TR 3, No. 3339.

부록 1

"내가 모든 믿음이 있을지라도"

고린도전서 13:2에 대한 루터의 해석

베르너 엘러트는 「기독교적 정신풍조」에서[1] "이웃, 원수, 형제 사랑"을 논할 때, 고린도전서 13:2의 바울의 진술이 오직 신앙을 통한 칭의와 갱신이라는 복음주의 교리에 대해 일으킬 것 같은 문제를 언급함으로써 시작한다. 그는 이로써 루터가 거듭 논의했던 문제를 제기하고 있다. 로마 가톨릭 논증가들은 일반적으로 "오직 신앙으로"가 성서에 위배된다는 것을 입증하기 위하여 루터와 루터교에 대해 이 구절을 인용한다.[2]

일견 바울의 이 진술은 루터에게 여러 가지 난점을 초래하는 것 같다. (1) 개혁자 루터는 사랑이 신앙에서 탄생되도록 촉발하는, 내용적 필요성을 반복하여 강조했

1) Werner Elert, *The Christian Ethos*, trans. Carl Schindler (Philadelphia: Muhlenberg Press, 1957), p. 269.
2) Cf. Calvin's interpretation of this passage in *Commentary on the Epistle of Paul the Apostle to the Corinthians*, trans. John Pringle (Grand Rapids: Eerdman, 1948), I, 419 f. and *Institutes of the Christian Religion*, ed. John T. McNeil and trans. Ford L. Battles (Philadelphia: Westminster, 1960), I, 553 f. Also the *Apology of the Augsburg Confession*, BC, 127, 218.

다. 신앙과 사랑은 불가분리하게 결합되어 있다. 즉각 "사랑을 통하여 행동"하지 않게 되는 신앙은 없고, 신앙에서 기원하지 않는 참된 사랑도 없다. 신앙은 우리를 의롭고 순전하게 만든다. 신앙이 어떻게 사랑 없이 존재할 수 있는가? "참된 신앙이 있는 곳마다, 성령 또한 현존해 있다. 그리고 성령이 현존해 있는 곳에, 사랑과 그 밖의 모든 것이 거기에 있다. 그렇다면 그는 어떻게 어떤 사람이 사랑 없이 신앙을 가진 것처럼 말할 수 있는가?"[3]

그러므로 바울이 여기서 산을 옮길 수 있으나 사랑이 없는 그러한 신앙에 대해 말한 것은 놀라운 일이다. (2) 신앙이 사랑 없이 존재할 수 있고, 또 사도가 명백하게 사랑이 없는 사람은 누구나 "아무 것도 아니라"고 진술하고 있다면, 신앙은 혼자서 자기를 정당화하지 못하는 것이 분명하다. 그리고 바로 이런 의미에서, 로마 가톨릭 신학은 고린도전서 13장을 루터의 칭의 교리에 반대하는 논거로 주장했다. "여기서 교황주의자들은 신앙만으로 의롭게 하는 것이 아니라 사랑 또한 필요하다고 말한다." 그리고 고린도전서 13장이 "오직 신앙에 의해 의롭게 된다고 가르치는 우리에게 아주 강력하게 대항하는 것"이 사실인 것처럼 보인다.[4]

그리하여 루터는 여러 기회에 걸쳐 — 이 말씀이 "에스토미키를 위한 서신"(the Epistle for Estomihi (Quinquagesima Sunday; 재의 수요일 직전 주일))이라는 사실을 제외하고라도 — 이 구절을 주석할 것을 요청받았고, 따라서 그것은 그의 설교에서 거듭 반복하여 해석되어야 했다. 루터는 이 구절이 바울의 전체 교리와 특별히 고린도전서 전체를 보는 관점에서 해석되어야 한다는 해석학적 원칙을 따른다. "이 구절은 바울이 신앙에 대해 말한 다른 모든 진술과 충돌하지도, 뒤엎지도 말아야 한다. 다른 모든 진술들은 신앙만이 칭의를 준다고 주장하고 있다."[5] 고린도전서 13장에 근거하여 사랑이 "의롭게 한다"고 결론내리는 것은 이 서신 전체를 통해 다른 곳에서 표현된 바울의 선포와 해석에 어긋날 것이다.[6]

먼저 루터는 이 구절의 해석에 대해 완전히 확신하지 못했고, 1530년에 이르러서야 해석을 마무리하였고, 이후 남은 여생 동안 그것을 고수했다. 그의 해석이 발전된 과정을 추적하는 것은 수고할 만한 가치가 있다. 1525년과 1535년 사이 10년 어간에, 우리의 자료는 루터의 두 설교와 루터의 원고들이다. 그 이후 우리의 자료

3) *WA* 17[II], 164.
4) *WA* 49, 351.
5) *WA* 17[II], 164.
6) *WA* 39[II], 193; *LW* 34, 309.

는 논쟁에서 취한 것이다. 1525년 사순절 설교집에서, "에스토미키 주일을 위한 서신"에 대한 루터의 설교는 본문이 제공하는, 세 가지 문제 해결 가능성을 보여주고 있다.[7]

(1) 우리는 고린도전서 13:2을, 바울이 그 자체의 능력으로 그것과 함께 사랑을 가져오는 기독교의 신앙이 아니라, "하나님과 그의 능력을 믿는 일반적 신앙"에 대해 말하고 있었다는 의미로 이해할 수 있다. 이런 의미에서 이해된다면, 고린도전서 13:2의 신앙은 방언, 예언, 지식, "등"과 같이, 본 장에서 바울이 논의하고 있는 다른 은사들 중에서 이들과 비슷한 하나의 은사이다. 이 신앙은 그것이 "기독교적 신앙"이 아닐지라도, 기적을 일으킬 수 있다. 루터는 배반자 유다가 기적적인 표적을 일으켰다고 주장한다.[8] "기독교의 신앙"은 우리를 의롭고 순전하게 만들고 따라서 그것과 함께 사랑을 가져온다. 그러나 고린도전서 13:2의 기적을 만드는 신앙은 완전히 다른 종류의 신앙이다. 그것은 마음을 변화시키는 것이 아니라, 단순히 다른 은사와 마찬가지로 개인의 인격적 삶에 영향을 거의 주지 않는 "은사"이다. 루터는 이런 것으로서 이성, 건강, 웅변, 부 등을 거론한다. 이 모든 것은 개인 밖에 머물러 있고, 인격에 감동을 주지 못하고 변화를 일으키지도 못한다.

(2) 그러나 우리는 이 구절을 바울이 하나님에 대한 일반적 신앙이 아니라, 진정한 기독교 신앙에 대해 말하고 있다는 의미로 해석할 수 있다. 그러면 그는 이 기독교 신앙의 능력을 통해 기적을 행하는 사람에 대하여 말하고 있는 것이다. 그러나 그 때 그것은 바로 인간을 교만하게 만드는 기적을 행하는 신앙의 능력이고, 그 결과 그는 교만의 유혹에 굴복하게 된다. 이와 함께 그는 사랑과 신앙으로부터 떨어져 버린다. 따라서 루터는 이 구절을 기독교 신앙과 다른 어떤 종류의 신앙으로 이해하는 것이 아니라, 기독교 신앙의 두 단계를 구분함으로써 문제 해결을 시도한다. 처음에 사랑을 같이 갖고 있는 이 신앙은 참된 신앙이다. 그러나 그 다음 그것은 교만 때문에 참된 신앙의 본성을 상실한다.

(3) 세번째 가능한 해석은 바울이 사랑의 절대적 필요성을 가능한 한 강하게 논증하기 위해 불가능한 예를 사용한다는 것이다. 사실 산을 옮기는 저 신앙이 사랑이 없을 수 있다는 것은 불가능하다. 그러나 바울은 그렇게 영광스럽게 강한 신앙도 사랑이 없으면 "아무 것도 아니라"는 그의 주장을 강화하기 위해, 이 불가능한 상황을 주장한다는 것이다. 루터는 바울이 그가 1절("내가 사람의 방언과 천사의 말을 할지

---

7) *WA* 17[II], 164 f.
8) 칼빈은 이 구절을 동일한 방식으로 처리하고 있다(cf. 각주 2). 이 해석을 위한 근거는 분명히 마가복음 6:13이다.

라도 … ")에서 말한 것처럼, 여기서 비실제적 가능성에 대해 말하고 있다고 생각한다. 이 두 경우 모두 그는 "가능하지 않은" 어떤 것에 대해 말하고 있다. 인간이 천사의 말을 하는 것은 절대 불가능하다. 따라서 2절은 1절과 비슷하게 이해되어야 한다. 2a절("내가 모든 비밀을 알지라도") 또한 불가능한 상황을 묘사하고 있다. 사실상 어떤 사람이 모든 비밀, 즉 성서 전체를 안다는 것은 불가능하기 때문이다. "성서는 그 누구도 영원히 측량할 수 없는 심연이다."

루터는 비록 처음 두 해석을 거부하지 않지만, 세번째 해석이 가장 좋다고 생각한다. 요한 게르하르트는 이 점에서 그를 따른다.[9] 그러나 루터 자신은 결코 그가 1525년에 택했던 구절의 해석으로 돌아가지 않았다. 그는 아마 그것이 바울의 본문에 충실하지 않다고 느꼈던 것 같다. 불가능한 상황을 묘사하는 것으로 판단된 것으로서, 1절과 2a절의 유비 관계에 대한 언급은 설득력이 없다. 본문의 유비 관계는 오직 천사의 말을 하는 것과 모든 비밀을 아는 것은 산을 옮길 수 있는 신앙을 갖는 것만큼이나 동일하게 불가능하다고 주장할 수 있을 것이기 때문이다. 그러나 그것은 루터가 논증하고자 한 것이 아니다. 그는 사랑 없는 신앙이 불가능함을 보여주기를 원한다. 2b절의 "불가능한 예"는 "사랑이 없는"이라는 조건에 놓여 있다. 그러나 1절과(천사의 말) 2a절에서(모든 비밀을 앎), 이 불가능한 예는 가설적 조건으로 진술되었고, 이것은 1절과 2a절와 2b절 사이의 유비 관계를 파괴하고 있다.

사도가 13장 첫 절에서 과장되게 말하고 있는 것은 사실이다. 그는 그리스도인에게 주어진 최고의 궁극적 가능성을 묘사한다. 바울은 마가복음 11:23에 있는 예수의 진술을("… 누구든지 이 산더러 들리어 바다에 던지우라 하며 그 말하는 것이 이룰 줄 믿고 마음에 의심치 아니하면 그대로 되리라") 알고 있었을 것이다. 따라서 그는 그것을 가능한 것으로 생각했지 불가능한 것으로 생각하지 않았을 것이고, 기독교 공동체 안에서 산을 옮길 수 있는 신앙을 발견하는 것이 불가능하다고 생각하지 않았을 것이다. 아마 바울은 천사의 말을 하고 모든 비밀을 아는 것을 오직 종말론적 가능성으로 생각했을 것이다.[10]

그러나 그러한 경우에도 그것은 여전히 하나의 가능성이다. 그러나 마지막 날 이전에 천사의 말을 하고 모든 비밀을 아는 것이 모든 역사적 인간의 가능성을 초월한 것이라 할지라도, 마가복음 11:23은 여전히 인간이 산을 옮길 수 있는 그 신앙을 가질 수 있다고 주장한다. 바울은 사실 신앙의 궁극적 능력을 묘사하기 위하여, 예

---

9) *Loci Theologici*, ed. Preuss (Berlin: Gust. Schlawitz, 1865), III, 472a.
10) A. Schlatter, *Paulus, der Bote Jesu* (Stuttgart: Calwer, 1934), p. 354.

수가 한 것처럼 하나의 비유를 사용하고 있다. 그러나 그 때도 바울은 그렇게 강력한 신앙이 사랑이 없을 수 있는 가능성을 생각하고 있다. 그러나 이것은 절대 루터가 여기서 처음 발견하고자 한 것 같은, 불가능성을 묘사하려고 한 것이 아니다. 고린도에서 바울은 사랑이 결여된 영지주의자와 대면해 있었다. 이에 대한 반응으로, 그는 또한 사랑이 없는 강한 신앙의 가능성을 생각하고 있다. 그것을 부정하는 것은 이 구절에서 모든 믿는 사람을 위한 그 깊이와 그 자극을 탈취하는 것일 것이다. 다른 곳에서 바울은 또한 신앙과 사랑 없음의 결합을 알고 있다. 로마서 11:17 이하에서, 그는 "믿기는 하지만" 그럼에도 불구하고 사랑 없는 교만에 빠질 위험과 또 믿지 않는 이스라엘을 거만하게 경멸할 위험에 처한, 이방 그리스도인을 다루고 있다. 이로써 그들은 신앙에서 안전으로 떨어질 위험에 처해 있었다. 그러나 이것은 루터가 1525년에 생각하고 선호했던 고린도전서 13:2의 세번째 해석이 비바울적이라는 것을 증명한다. 그리고 루터는 그것을 주장하지 않았다. 5년 후, 우리는 그가 1525년에 생각했던 처음 두 가지 해석을 가르치고 있는 것을 발견한다.

루터가 1530년 그의 신약에 기록해 두었던 여백 주(marginal notes) 안에서, 우리는 이에 대한 최초의 증거를 발견한다.[11] 처음 루터는 고린도전서 12:9("다른 이에게는 같은 성령으로 믿음을")에서 바울이 의롭게 하는 신앙이 아니라, 그 고백을 통하여 자신을 알리는 신앙에 대해 말하고 있다고 단언한다. 이 문맥에서, 바울은 기독교 공동체 안에 드러난 성령의 은사들을 논의하고 있다. 그리고 심지어 발람과 이단과 불경건한 자들도 그러한 신앙을 가진 바 있다. 불경한 자들의 신앙은 마태복음 7:22에 의해 논증되었다. 불경건한 자들 역시 고린도전서 12장에 언급된 카리스마적 은사들을 갖고 있고, 따라서 고린도전서 13:2의 "산을 옮기는" 신앙도 갖고 있다. (이것은 루터가 고린도전서 12:9의 신앙과 고린도전서 13:2의 신앙을 동일한 의미로 이해하고 있는 것을 의미한다.) 발람이 바울이 한 것처럼, 그의 예언과 축복을 통하여 기적을 일으켰다는 것은 문제가 될 것이 없다. 이 기적은 신자와 불신자의 공동의 자산이다. 따라서 1525년, 바울이 고린도전서 13장에서 가설적 조건을 비현실성 혹은 가능성의 의미로 이해했는지 여부에 대해, 루터의 관심을 끌었던 질문은 그 의미를 상실해 버렸다. 아무튼 그것은 최종적으로 결정될 수 없다. 모든 것을 고려해 볼 때, 고린도전서 13:2의 구절은 그리스도인들뿐만 아니라 기독교 바깥의 사람들에게도 허용된, 기적 행사에 관한 것이다.

---

11) *WA*, DB 4, 479 f. 그 자료의 진정성에 대한 논의를 위해서는 다음을 참고하라. *WA*, DB 4, 439 ff.

그러나 루터는 그 문제를 이러한 해석에 멈추지 않았다. 이것은 같은 해(1530)
의 원고에서 드러났는데, 이 원고는 아마도 다른 많은 원고와 함께 루터가 계획은
했으나 저술하지 않은 칭의에 관한 글의 초고였을 것이다. 이것을 전해 준 사람은
파이트 디트리히(Veit Dietrich)였다.[12]

하나의 난점이 루터의 여백 주에서 보여지는 해석 안에 남아있다. 주님이 그렇
게 높게 평가하는, 기적을 행하는 믿음이 단순히 "경건치 못한 자들"의 부정할 수
없는 기적과 같은 범주에 놓일 수 있는가? 고린도전서 12:9에 따르면, 그것은 성령
의 은사이고 그것은 명백하게 진정한 신앙이다. 더욱이 우리는 그 위대한 행위와 기
적에 의해 그 진정성을 논증하는 그러한 신앙을 가진 사람을 "아무 것도 아닌 것"으
로 부를 수 있는가? 이런 신앙을 가진 사람에게는 절대로 진정한 신앙이 확인될 수
있는 "열매"가 없지 않다. 주님은 친히 마가복음 9:39에서 "내 이름을 의탁하여 능
한 일을 행하고 즉시로 나를 비방할 자가 없느니라"고 말씀하고 있다. 여기서 다시
우리는 루터 신학이 어떻게 성서에 의해 제한되었는지 보게 된다. 그리고 성서는 마
태복음 7:22뿐만 아니라 마가복음 9:39도 포함하고 있다. 이 두 구절이 모두 발견되
고 있다는 사실은 큰 긴장과 심지어 명백한 모순을 보여준다. 하나의 경우, 주의 이
름으로 행해진 기적은 그가 주와 살아있는 관계 안에 있고 따라서 그에게 속해 있다
는 것을 보여준다. 다른 하나의 경우, 그의 이름으로 행해진 그러한 행위들은 예수
가 그들의 행위자들을 거부하는 것을 방해하지 않는다. "나는 결코 너희를 알지 못
한다." 이 긴장과 이 모순은 어떻게 해결되어야 하는가? 루터는 신학적으로 감당할
수 없는, 기적을 행하는 믿음과 사랑 없음의 동시성을 이제는 시간적 연속 관계로
바꿈으로써 ― 그가 1525년에 고려한 두번째 해결 방안과 마찬가지로 ― 하나의 길
을 발견한다. 그는 기적을 일으키는 신앙은 실제 진정한 신앙이라고 단언한다. 그러
나 이 신앙을 가진 사람이 사랑을 생산하지 않으면, 그는 또한 신앙에서 떨어지게
되고, 사실 이 신앙은 "아무 것도 아닌 것"이 되고 만다는 것이다.[13]

---

12) *WA* 30[II], 674; Cf. *WA*, DB 4, 480, n. 1 and *WA*, TR 1, No. 1063. 본문
말씀의 역사를 위해서는 다음을 참고하라. *WA* 30[II], 652 ff.
13) 이것은 그것에 의해 참된 신앙이 사랑으로 인도하는 ― 본성으로부터의 설명에도 불
구하고 ― 본질적 필연성에 대한 루터의 이해가 자동적인 심리적 과정으로 이해되어
서는 안된다는 것을 분명히 한다. 신자는 그가 믿고 있음에도 불구하고 신앙의 본질
적 본성이 요구하는 사랑을 결여하고 있기 때문에, 신앙의 온전한 본성을 실현하도록
촉구되어야 하고 또 그렇게 될 수 있다. 나의 다음 책을 참고하라. Cf. *The
Divine Command*, trans. Franklin Sherman ("Facet Books ― Social
Ethics Series," 9; Philadelphia: Fortress Press, 1966), pp. 38 ff.

그러므로 사랑을 성취하지 않는 신앙은 더 이상 신앙 자체가 아니라, 무례하고 거만한 것이고 말씀도 형제도 다 무시하게 된다. 루터는 반복하여 그의 시대에서 이러한 일을 보았다. 처음에 인간은 열정적으로 복음을 받아들였으나, 그 다음 그들은 신앙 안에서 인내하지 못했다. 말씀에 대한 의존이 변질되어 신앙의 근거에 대한 종교적 주장으로 대체되었다. 그러한 신앙의 왜곡은 — 그것이 신앙인 것처럼 가장해도 — 자연적으로 사랑으로 인도하지 않는다. 루터는 바울이 고린도 공동체 안에서 이러한 상황에 직면해 있었다고 설명한다. 그는 이것을, 신자인 척하고, 신앙 안에서 좋은 출발을 했으나, 이제는 — 그것이 더 이상 진정으로 신앙이 아님에도 불구하고 — 그들의 신앙에 대하여 너무 자랑하는 사람들을 향해 말하고 있다. 따라서 사랑 없는 신앙은 진정한 신앙이 아니라 자기 주장과 교만으로 왜곡된 신앙이다. 루터는 이러한 신앙이 와해되고 또 진정한 신앙이 자기 주장으로 왜곡된 예로서 발람, 사울, 아나니아, 삽비라, 뮌처 등을 예로 든다. 이 사람들은 모두 한때 진정으로 믿었고, 그들이 그 신앙 안에서 행한 것은 선한 것이었다. 이것은 주님이 마태복음 7:22에서 말한 사람들에게도 해당된다. 그러나 그들은 다른 사람이 되었다.

이러한 사고의 기본적 요소들은 1531년 2월 19일 에스토미키 주일에 설교한 고린도전서 1장 설교에서 다시 나타난다.[14] 그는 사람이 산을 옮기는 신앙을 갖는 것과 사랑이 없거나 악한 것이 동시에 있을 수 없다는 것을 지적함으로써 시작한다. "우리 주 하나님은 그의 기적을 행하기 위해 악당을 사용하지 않는다."[15]

신앙과 사랑 없음이 동시에 발생할 수 있는 것은 불가능하다. 오히려 신앙과 사랑 없음은 서로 연속되는 것이다. 루터는 어떤 사람이 처음에 신앙을 가졌다가 나중에 신앙을 상실했던 것에 대해 말한다. 그는 아직도 신앙에 대해 떠벌이나 더 이상 신앙이 없다. 그러나 이제 1531년 설교는 루터의 이전 해석을 넘어서는 새로운 사고를 도입하고 있다. 아무튼, 루터는 1525년과 1530년 두번째 해석 가능성에 대한 논의에서 — 비록 당연히 그것을 생각했을 것이지만 — 그것을 표현하지 않았다. 인간이 신앙을 상실한다고 할지라도, 그는 여전히 그러한 신앙에 주어진 기적을 행하는 은사를 갖고 있다. 따라서 신앙과 신앙의 은사는 구별되어야 한다. 발람이 다시 한 예로 사용되었다. 그러나 이제 루터는 발람이 예언자였고, 신앙을 가졌으나 신앙에서 떨어졌고, 그럼에도 예언의 은사는 남아있었다고 말한다. 이것은 신앙에서 떨어진 세례받은 그리스도인에게도 일어날 수 있다. 그럼에도 불구하고, 그는 세례의 은

---

14) *WA* 34¹, 162 ff.
15) *WA* 34¹, 167.
16) *WA* 34¹, 167.

사와 죄의 용서를 보유하고 있다.[16] 따라서 루터는 사랑이 없이 기적을 행하는 믿음에 대해 다음과 같은 말을 할 수 있었다. "한때 신앙을 가졌다가 이제 사랑이 없는 사람은 누구나, 비록 그가 신앙을 통해 기적을 행한다 하더라도, 더 이상 그 신앙이 없고 오히려 그 신앙을 상실한 것이다. 그러므로 그러한 신앙은 참되고 진정한 신앙이 아니고, 신앙이 있는 것이 아니다."[17] 남은 모든 것은 망상으로서 신앙의 "외형"이나 "메아리"에 불과하다.[18]

루터는 1540년 2월 8일 에스토미키 설교에서 이러한 문제 해결 방법을 계속 주장한다.[19] "무엇이 상실되어 있는가?" 사랑이다. 사랑이 없어진 곳에서, 참된 신앙이 ― 이전에는 그러했을지라도 ― 존재하는 것은 불가능하다. 한때 참으로 존재했던 것이 후에 교만으로 인해 제거되는 일이 일어날 수 있다. 그러므로 여기서도 루터는 바울이 고린도전서 13:2에서 생각한 사람들이 아마도 참된 신앙을 가진 바 있고 또 기적을 행하는 능력을 잃지 않은 채 신앙을 상실했을 것이라는 생각을 표현한다.

루터는 그의 설교에서 이 바울의 구절만 다룬 것이 아니다. 그가 이신칭의에 대한 로마 신학자들과의 논쟁에서 거듭 이 구절의 신학적 의미에 관심을 기울였던 것은 당연한 일이었다. 칭의에 대한 논문을 준비하기 위한 기초적 연구는 이것을 잘 보여준다(우리는 이것을 p. 462, 463에서 논의한 바 있다). 루터의 지도 아래 행해진 논박서들도 그렇게 하고 있다. 여기서, 그는 고린도전서 13:2에 관해 생각해야 했다. 이것은 신학적 통찰력의 발견과 표현을 가져왔는데, 우리가 이것이 기독교 공동체에 대한 설교 안에 표현되어 있는 것을 발견하지 못한 것은 아주 이해할 만한 일이다.

고린도전서 13:2은 1535년과 1544년 사이의 루터의 여러 논박서에서 빈번하게 논의되었다.[20] 그것은 보통 논쟁의 참여자들이 이신칭의에 반대하여 그것을 인용하기 때문에 도입되었고, 루터는 대답했다. 그러나 때때로 루터는 먼저 주도권을 쥐고, 그가 쓴 논문에서 이 구절을 논의하고 그 다음 논쟁 과정에서 그의 사고를 확장

---

17) *WA* 34^I, 168.
18) *WA* 34^I, 168. 본문은 어렵다. 한편으로 신앙이 상실된 후 남아있는 기적을 행하는 그 능력은 하나님의 은사로 보인다. 그러나 동시에 뢰러의 노트는 루터가 "만일 거짓 신앙이 기적을 행할 수 있다면, 그것은 악마에 의해 주동되고 하나님에 의해 허용된 것이기 때문에 그렇게 한 것이다" 라고 말했다는 것을 보여 준다. 루터는 하나님에 의해 주어진, 기적을 행하는 능력의 소유와 악마에 의해 작동된 이 은사의 적용 사이를 구분하고 있는가?
19) *WA* 49, 27.
20) *WA* 39^I, 74, 77, 279. *WA* 39^I, 114; *LW* 34, 183. *WA* 39^{II}, 190, 193, 198; *LW* 34, 307 ff., 316. *WA* 39^{II}, 235 f., 241 f., 247 f., 310.

한다. 루터가 칭의 교리의 순수성을 위해 얼마나 많이 이 말씀의 의미에 대해 관심을 기울였는가 하는 것은 1535년 그가 이 구절에 관해 특별한 논쟁을 이끌 것을 계획하고 이 주제에 대해 짧은 원고를 저술하였던 사실에서 명백히 드러난다.[21]

그 주제에 대한 그의 모든 진술 중 가장 중요한 것은 이 두 논박서에 대한 그의 일부 해석뿐만 아니라 1542년 7월 7일 논박서의 마지막 주제와[22] 특별히 1543년 4월 24일 논박서를 위한 주제들이다.[23] 이 마지막 주제는 전적으로 고린도전서 13:2이 일으킨 문제에 관한 것이었다. 그들은 그 주제에 대한 루터의 마지막 광범위한 진술이었다. 그 이후, 우리는 오직 1544년 12월 12일 논박서의 아주 간단한 의견만을 갖고 있다.[24] 동시에 그들은 가장 분명하고 가장 유익하고 신학적으로 아주 중요하다. 여기에는 루터가 1530년대에 이미 표현한 사고들이 그 모든 국면에서 요약되고 논의되어 있다. 우리는 이 논박서에서 제시된 사고들을 모았고 그들을 그 기본적 내용에 따라 분류하였다.

(1) 루터는 예를 들어 그가 신약성서 여백 주에서 이전에 그렇게 한 대로(cf. p. 461), 고린도전서 13:2은 "오직 신앙"에 반대하는 논거로 인용될 수 없다고 강조한다. 여기서 바울은 의롭게 하는 그리스도에 대한 진정한 신앙에 대해 고려하는 것이 아니라 "여전히 선한 일을 행하는 불경건한 자의 신앙"에 대해 고려하고 있기 때문이다.[25]

참된 신앙을 말하는 것이 아닌 것은 참된 신앙은 그 결과 사랑을 가져오기 때문이다. 그러나 바울이 교정하고자 하는 사람들의 특징은 그들이 사랑에 어긋나게 죄를 짓고 있다는 사실이다.[26] 따라서 루터는 고린도전서 13:4-6에 있는 사랑의 본질에 대한 묘사를, 바울이 고린도 공동체 안에서 발견한 것과 반대로 이해한다. 루터는 이 결론의 근거를, 고린도전서 전체와 아마도 특별히 이 구절의 거의 모두 부정적인 정식 위에 둔다. 사도가 사랑을 묘사하기 위해 사용한 15개의 짧은 문장 중 적어도 8개가 부정문의 형식이다. 이것은 고린도전서 13:2이 자칭 그리스도인이라고 하고 그들의 신앙으로 위대한 일을 행하지만 사랑이 없는 ― 이것은 그들의 신앙이 거짓되고 의미 없는 것임을 증명한다 ― 사람들에게 말하고 있는 것으로 이해되어야

---

21) *WA* 39^I, 76 f.
22) *WA* 39^{II}, 190; *LW* 34, 306 f.
23) *WA* 39^{II}, 235 f.
24) *WA* 39^{II}, 310.
25) *WA* 39^I, 74.
26) *WA* 39^{II}, 235.
27) *WA* 39^I, 279 f.

한다는 것을 의미한다.[27]

루터는 다음과 같은 기본 원칙을 확립한다.[28] 즉 단순한 신앙에서 사랑으로 나아가라고 호소하는 바울, 야고보, 요한의 모든 상응 구절은 그들의 신앙과 카리스마적 은사를 자랑하지만, 동시에 자기를 추구하고 사랑이 없고 거만하고 잔인하고 야만적인 그러한 사람들에게 말한 것으로 이해되어야 한다는 것이다.[29]

(2) 고린도전서 13:2이 보여주듯이, 그러한 사람은 "신앙"을 갖고 있고 이로써 기적을 행할 수 있다. 루터는 보통 이 신앙을 거짓되고 공허하고 망상에 불과하고 위선적이고 죽은 신앙이라고 부른다. 그것은 그리스도를 의지하지 않고 사랑 안에서 역사하지 않기 때문에 "죽어 있다." 그것은 불경건한 자의 신앙이다. 그러나 동시에 고린도전서 13:2의 문맥은 루터로 하여금 이 신앙을 성령의 은사로 이해하도록 이끈다.[30] 그리고 1535년 10월 16일 논박서에서, 루터는 이 "신앙"을 그리스도와 아무 관계가 없는 불경건한 자의 신앙을 가리키는 것으로 해석할 가능성뿐만 아니라, 바울이 여기서 참된 신앙 안에서 시작했으나 그 안에서 인내하지 못한 사람에 대해 말했을 가능성도 고려한다.[31]

이와 함께 루터는 한때 그가 1530년 그의 원고와 1531년 그의 설교뿐만 아니라, 1525년에 고려한 두번째 가능성을 다시 택한다. 우리는 1535년에도 루터가 바울이 어떤 신앙을 생각하고 있는지에 대해 완전히 확신하지 못하고 있는 것을 볼 수 있다. 그러나 그의 후기 논의에서 그는 더 이상 두번째 가능성을 언급하지 않는다. 동시에 마태복음 7:22("우리가 당신의 이름으로 기적을 행하지 아니하였나이까?")에서 주님 말씀에 대한 루터의 의식은 항상 그에게 고린도전서 13장이 한때 참된 신앙을 가졌던 사람들의 신앙으로부터 타락한 것을 묘사할 가능성에 대해 생각나게 했을 것임에 틀림없다. 그것이 무엇이든, 루터는 고린도전서 13:2에 대한 그의 근본적 이해에 일치하여, 왜곡되고 거짓되고 망상의 소산이고 죽은 신앙도 위대한 일과 기적을 행하고, 심지어 "산을 옮길" 수도 있다고 결론내린다.

그러나 죽은 신앙이 어떻게 산을 옮기고 병자를 치유하는 그러한 살아있는 일을 할 수 있는가? 그러한 신앙은 죽은 것이 아니라 완전히 살아서 역사하고 있다. 1542년 7월 7일의 논박에서, 부겐하겐은 원인은 결과와 상응해야 하고, 특별히 원인은

28) *WA* 39[I], 279.
29) *WA* 39[I], 280.
30) *WA* 39[I], 77. *WA* 39[II], 236.
31) *WA* 39[I], 74.
32) *WA* 39[II], 198; *LW* 34, 315.

결과만큼 살아있는 것이어야 한다는 주장을 제시한다.[32]

　　루터는 그가 이미 1535년 10월 16일의 논박과[33] 1542년 7월 7일의 주장과 심지어 부겐하겐이 이 반대를 제기하기 전에도[34] 그 논박 자체 안에서 표현한 사고로 대답한다. "그러나 죽은 신앙이 행하는 모든 생생한 일은 하나님이 주신 바 공적인 교역의 직무의 수행에 의해 행해지는 것이다."[35] 이것은 교회의 직무를 담당한 사람뿐만 아니라 정치적 직무를 담당한 사람들에게도 해당된다. 경건치 못한 권세자들은 그들이 몸 담고 있는 공적인 직무 때문에, 선행과 기적을 행한다.[36] "우리는 기적이 죽은 신앙을 가진 불경건한 자들에 의해 ― 특별히 그들이 공무나 기독교 공동체 안에 있을 때 ― 행해질 수 있다는 것을 부정할 수 없다."[37] "죽은 신앙은 공동체와 신적 말씀의 교역으로 말미암아 효력을 발하기 때문이다."[38]

　　하나님은 "발람과 불경건한 예언자와 독재자들을 통하여 많은 선한 일을 하셨고, 지금도 그렇게 하고 있다. 바로 교역이 갖고 있는 모든 것은 그 자체에 속한 것이 아니라 하나님께 속한 것이기 때문이다. 그런 이유로, 그것은 심지어 불경건한 사람 안에서도 성령의 능력을 통해 효력을 일으킨다."[39] 위에서 거론된 구절 안에서 루터에 의해 인용된 다른 예들은 가야바, 알렉산더 대제, 유다, 교황, 그리고 당연하게 바울이 편지를 쓴 고린도의 거짓 교사들 등이다.

　　이 모든 것은 하나님은 위대한 일과 기적(따라서 또한 필연적인 "기적을 행하는 신앙")을[40] 행하는 권위를, 정부에서든 교회 안에서든 공직을 행하는 사람들에게 그들의 공직 때문에 그 직무를 위해 주신다는 것을 의미한다. 교회 교역자들은 그 직무나 기독교 회중 안에 있는 한, "사적인 신자들"보다 더 큰 일과 기적을 행한다.[41] 이 일을 수행할 수 있는 권위는 그들의 인격 때문이 아니라 그들의 직무 때문에 주

---

33) *WA* 39[I], 74.
34) *WA* 39[II], 198; *LW* 34, 315.
35) *WA* 39[II], 190, 193; *LW* 34, 306, 309.
36) *WA* 39[I], 74.
37) *WA* 39[II], 190; *LW* 34, 306.
38) *WA* 39[II], 193; *LW* 34, 309.
39) *WA* 39[II], 198; *LW* 34, 315 f.
40) 루터는 이 고린도 교사들이 위대한 기적을 믿고 있다(credebant magna miracula)고 말한다. *WA* 39[II], 193; *LW* 34, 309 f. 그는 교황에 대해 동일하게 말한다. "따라서 우리는 또한 로마 교황이 … 그의 직무로 말미암아 전적으로 기적을 신뢰할(miracula credere) 수 있다는 것을 인정한다." *WA* 39[II], 193; *LW* 34, 309. 이 표현은 우리가 기적을 행할 수 있는 신뢰와 이 신뢰에서 나오는 기적적인 능력을 모두 암시한다.
41) *WA* 39[II], 236.

어진다. 이 직무는 그들이 마음대로 처분할 수 있는 어떤 것이 아니라 하나님이 이들을 사용하는 것과 마찬가지로, 그의 일을 수행하기 위해 사용하는 도구이다. 하나님은 그들을 통해 일하신다. 그러나 이 일은 인격으로서 그들을 완전히 무시한다. 공직과 인격은 엄격하게 구분되어야 한다. 인격은 불경건할 수 있으나 하나님은 그 직무 때문에 그를 통해 일하신다. 긴장은 거의 지탱할 수 없을 것 같아 보인다. 고린도 교사들은 "악마의 종"이었고(루터는 아마 고린도후서 11:15을 생각한 듯하다), 그러나 그들은 그들의 거짓 신앙을 가지고 기적을 행한다! 로마의 교황은 악마의 도구이지만 우리는 그가 그의 공직의 힘으로 기적을 행할 수 있다는 것을 인정해야 한다.[42]

불경건한 직분자에 의해, 그들의 직무의 능력에 의해 행해진 일은 위대한 역사적 의미가 있을 수 있다. 그러나 그러한 행위를 행한 신앙은 죽은 것이고, 따라서 그 행위 역시 죽은 것이다. 비록 부겐하겐처럼, 사람들이 그들이 아주 "살아있고 활력있다"고 말한다 할지라도,[43] 신학적 의미에서 그것들은 죽어 있는 것이다.[44] 그 사람이 사랑으로 인도하는 진정한 신앙에 의해 살지 않기 때문이다. 하나님의 기적이 불경건한 사람을 통해 행해진 것이다. 루터는 불경건한 사람도 또한 교회 안에서 다스리고 있다는 사실을 언급한다. 그리고 그들이 집행하는 말씀과 성례는 이것이 영생을 전달하기 때문에, 모든 기적들보다 더 크다. 심지어 말씀과 성례는 유다에 의해서도 베풀어질 수 있다![45] 불경건한 사람들도 참된 교리를 가르치고 성례를 집행하고 거룩한 교회를 다스릴 수 있다.[46] 루터는 여기서 어거스틴이 도나투스파에 반대하여 발전시킨 교리를, 루터의 은총의 수단의 이해의 관점에 비추어 적용한다.

루터는 1532년 산상수훈에 대한 설교에서 사람과 직무 사이의 구분을 특별히 강조한다.[47] "이 근거 위에서 당신은 기독교 세계 안에서 직무를 담당하고 있는 모든 사람을 판단해도 좋다. 직무를 맡고 있는 사람, 설교하는 모든 사람이 다 그리스도인이나 경건한 사람인 것은 아니다. 하나님은 그것에 대해 묻지 않는다. 사람은 하나님이 의도하시는 어떤 것도 될 수 있다. 그러나 직무는 그럼에도 불구하고 그것이 인간이 아니라 하나님 자신에게 속한 것이기 때문에, 정당하고 선한 것이다."[48] 다음

---

42) *WA* 39^{II}, 193; *LW* 34, 309.
43) *WA* 39^{I}, 74.
44) *WA* 39^{II}, 190; *LW* 34, 306.
45) *WA* 39^{II}, 190; *LW* 34, 306.
46) *WA* 39^{II}, 236.
47) *WA* 32, 528; *LW* 21, 276-280.
48) *WA* 32, 529; *LW* 21, 277.

루터는 동일한 것이 세상 안의 공직자들에게도 해당되는 사실이라고 선언한다. 그가 그의 논박서에서 기적에 대해 말한 것에 온전히 일치하여, 그는 여기서 다음과 같이 진술한다. "내가 말한 대로, 하나님은 그들의 인격 때문이 아니라 그들의 직무 때문에 표적을 주시기 때문에, 그들이 공직에 있지 아니하면, 하나님은 악한 사람을 통해 어떤 표적도 일어나는 것을 허용하지 않으신다는 것이 사실이다."[49]

(3) 루터는 그리스도에 대한 구원의 신앙과 기적을 행하는 신앙 사이를 구별한다. 후자를 가지고 위대한 기적을 행하기 위해 그의 힘에 의존하는(credere magna miracula) 사람은 그리스도에 대한 신앙의 기준에 의하면 불신앙인이고, 그의 모든 위대한 업적에도 불구하고 버림받을 수 있다. 루터는 유다를 그 예로 인용한다.[50] 그 인간적 역동성과 그 역사적 효과 때문에 "살아있는" 일들이 신학적으로 볼 때는 "죽은" 것일 수 있는 것처럼, 그 말이 어떤 의미에서 신앙인 것은 또 다른 의미에서는 불신앙일 수 있다(각주 2를 보라).

(4) 루터는 불신자의 위대한 일도 성령의 능력에 의해 행해진 것이라고 단언한다.[51] 그러므로 성령과 성령의 사역에 대한 루터의 개념은 구약성서와 마찬가지로 아주 넓은 것이다.[52] 성령의 역사는 예수 그리스도에 대한 신앙에 제한되어 있는 것이 아니라, 그러한 신앙과 별도로 우리의 위대한 역사적 행위를 수행하는 권위를 포함한다. 성령은 구원사뿐만 아니라 세상의 정치사에서도 역사한다. 그는 교회의 영역뿐만 아니라 세속적이고 불경건한 세상에서도 역사하신다. "성령이나 그의 은사는 — 루터는 고린도전서 12장을 생각하고 있다 — 그리스도에 대한 신앙과 사랑 없이도 주어지고 현존할 수 있다."[53] 즉 명목상 그리스도인인 불경건한 사람에게도 가능한 것이다. 그들은 신자의 공동체에 제한되어 있지 않다.

(5) 그리스도에 대한 신앙과 기적을 행하는 신앙의 은사는 교회 안에서 세상에

49) *WA* 32, 531; *LW* 21, 279.
50) "그들은 위대한 기적을 의존하고 있다. 그러나 반면 그들은 불신앙인으로 남아있다." *WA* 39[II], 198; *LW* 34, 316.
51) *WA* 39[II], 198; *LW* 34, 316.
52) *WA* 39[II], 239를 보라.
53) *WA* 39[II], 236.
54) *WA*(*LW*)의 본문은 다음과 같다. "그러한 사람이 이 행위에 의해 자신들을 위해 어떤 유익을 받는 것이 아니라 자신들을 해칠 뿐임에도 불구하고, 그들이 하나님과 사람 앞에서 행하는 것은 타당하다." 나는 콤마가 라틴어 본문 faciunt 뒤에 와야 한다고 생각한다. 그러면 이 주장은 다음과 같이 읽을 수 있을 것이다. " … 그럼에도 불구하고 그들이 행한 것은 하나님과 인간 앞에서 타당하다." *WA* 39[II], 190; *LW* 34, 307.

서와 전혀 다른 의미를 갖고 있다. "산을 옮기는" 신앙의 역사는 하나님과 사람 앞에서 모두 타당하다.[54] 바울이 고린도전서 12:7에서 말하듯이, 그들은 "공동의 유익"을 위하여 주어지고 의도되었다. 루터는 "공동의 유익"(gemeinen Nutzen)을 "교회의 유익"을 위한 것으로 번역한다.[55] 이것은 고린도전서 12:4 이하에 언급된 모든 범주의 은사, 직무, 행위들에 해당되는 사실이다.[56]

하나님은 그들을 교회와 국가의 유익을 위하여 사용하신다. 그러나 어떤 사람이 개인의 신앙 없이, 그리스도에 대한 신앙이 없이, 사랑 없이 직무를 맡고 또 그의 직무로 인해 고린도전서 12장에 언급된 다른 카리스마적 은사뿐만 아니라 기적을 행하는 믿음을 받을 수 있듯이,[57] 직무를 담당하고 이와 함께 수여된 카리스마적 은사와 행위를 소유한 사람은 이것으로부터 개인적 유익을 갖는 것이 아니라, 그것에 의해 해를 입는다. 따라서 이런 종류의 은사를 소유한 사람들은 그들 자신의 개인적 구원을 위하여 그들의 직무와 산을 옮기는 믿음과 위대한 행위로부터 유익을 얻는 것이 아니라,[58] 그들의 위대한 은사와 행위가 그들을 교만하게 만들기 때문에, 이로 인해 그들의 영혼에 상처를 입는다.

그리스도에 대한 신앙은 완전히 다르다. 직무 때문에 받은 바 그 기적을 행하는 믿음과 달리, 그리스도에 대한 신앙은 전혀 공적 의미와 효과가 없다. 우선, 그것은 하나님과 신자 사이의 사적인 일이다. 그것은 자신이 믿고 이로써 의롭게 된 사람을 위해서만 구원의 의미를 갖고 있다. 반면 교회의 직무는 다른 사람의 구원을 위해서 주어지고, 직무 담당자 자신은 버림을 받는다.[59]

신앙은 먼저 한 사람이 그의 신앙 안에서 의롭게 된 후, 적극적으로 역사하게 된다. 따라서 직무에 주어진 카리스마적 은사로서 그러한 종류의 신앙은 우선 적극적으로 움직이는 반면, 그리스도에 대한 구원의 신앙은 오직 이차적 의미에서만 적극적으로 움직인다. 그러나 사랑을 통해 역사하는 이 신앙에 의해 이루어진 기적은 "산을 옮기는 것"과 이와 유사한 행위보다 못한 것이 아니다. 반대로 사랑을 통해

---

55) *WA* 39^{II}, 236.
56) *WA* 39^{II}, 237.
57) *WA* 39^{II}, 236.
58) "그러한 사람들이 이 행위에 의해 자신들을 위해 아무 유익을 받지 못한다 할지라도 … " *WA* 39^{II}, 190; *LW* 34, 307. "그 직무는 그 소유자들에게 아무 도움이 되지 않는다." *WA* 39^{II}, 236. 루터는 여기서 바울의 "내게 아무 유익이 없느니라"는 고린도전서 13:3의 말을 반복하고 있다.
59) "그리스도에 대한 신앙은 오직 그러한 신앙을 소유한 사람의 칭의를 가져온다." *WA* 39^{II}, 236.

역사하는 예수 그리스도에 대한 신앙은 고린도전서 13:4 이하에서 말한 그 신앙으로도 할 수 없는 것들을 행할 수 있다. 그리스도에 대한 신앙은 바울이 고린도전서 13:4 이하에서 열거한 사랑 없음의 죄를 극복하고 "의에 순종하여 죄에 대해 승리를 거둔다." 따라서 그것은 죄와 세상과 악마를 극복하고, 이것은 산을 옮기는 것보다 훨씬 더 큰 것이다. 하나님과 이웃에게 보상을 구하지 않고 자발적으로 끊임없이 사랑을 행하는 것은 아주 적절하게 "죽은 자를 일으키는 것"으로 불릴 수 있다.[60]

루터가 비범하게 카리스마적 은사의 가치와 효과가 신앙이 사랑 안에서 역사하면서 행하는 것보다 훨씬 더 열등하다고 강하게 주장할 때, 그는 사도의 사고를 표현하고 있는 것이다. (바울은 사랑이 행하는 것과 비교하고, 루터는 신앙의 두 종류를 비교하고 있다. 본질상 그들은 모두 동일한 것에 대해 생각하고 있다.) 바울과 마찬가지로, 루터는 그리스도인에게 고린도전서 12장에 언급된 종류의 은사들이, 비록 성령이 주신 것이라 할지라도, 거기에 너무 높은 가치를 두지 말라고 가르친다. 그 은사들은 단순한, 결코 특별하지 않은, 그리스도에 대한 신앙이 사랑 안에서 행하는 위대한 기적들보다 훨씬 덜 중요하다.

(6) 루터가 기적을 행하는 신앙과 그리스도에 대한 구원의 신앙 사이를 구분한 정도는 1543년 4월 24일에 행한 그의 주장으로부터 명백하다. 이것은 기적을 행하는 신앙을 세계 역사의 위대한 영웅적 인물들의 내적 역동성에 비유한다. 그는 이 둘이 "비슷"한 것을 발견한다. "영웅적 인물들"이 위대하거나 기념될 만한 어떤 일을 행해야 한다면, 그들은 탁월한 신뢰에 의해 동기부여를 받아야 한다. 힘과 능력만으로는 충분치 않다. 이와 같이 힘과 능력이 아니라 내적 역동성과 신뢰가 부족하여 아무 것도 성취하지 못하는 많은 사람들이 있다. 이러한 역동성은 하나님으로부터 온다. 예레미야 51:11에 의하면, 하나님은 바벨론에 대항하여 메대의 왕들의 영혼을 분발시켰다. 하나님은 시리아의 유익을 위해 아직 우상 숭배자인 나아만을 일으켰고 그에게 은혜를 베풀었다(왕하). 우리는 하나님이 항상 감사를 모르는 이교도들에게 영광스럽고 기적적인 은사를 분배하신 것을 볼 수 있다. 그는 불경건한 사람들뿐만 아니라 신앙의 사람들을 통해서, 그의 백성에게 위대한 것들을 제공할 수 있고, 그들을 위하여 위대한 일을 행하실 수 있다.[61]

논박서의 주장의 짧은 형식 안에서, 루터는 여기서 그의 역사 신학 이해의 일부분이고 그가 1534/35년에 시편 101편 해석에서 좀더 광범위하게 제시한 "기적의 사

60) *WA* 39[II], 236.
61) *WA* 39[II], 237.

람"이나 "건장한 영웅들"의 개념을 택하고 있다. 그는 세상의 역사를 하나님이 그의
백성과 그의 교회를 다루시는 것으로부터 분명하게 구별한다. 그러나 루터의 하나님
은 또한 열방의 역사를 다스리신다. 구약 성서 예언자들이 인정하고 선포했듯이 말
이다. 하나님은 영웅, 위대한 군주, 정치인들을 "일깨우신다." 그는 그들을 "가르치
고" "그들의 마음에 생각을 두신다." 그는 "그들의 사고와 용기를 북돋우고," 그는
"그들의 손에 일들을 주신다."[62]

　　이교도들은 "특별하게 하나님에 의해 영감받지 않은(sine afflatu) 위대한 업적
의 사람이나 탁월한 사람은 결코 없다는 것을 체험으로 알고 있다."[63] 루터는 여기서
키케로를 인용한다. 그리고 1535년의 글에서 그는 의심의 여지 없이 하나님에 의한
영감의 의미로 이해되어야 하는 afflatus라는 표현을 사용한다. 우리가 전에 언급한
바 있듯이, 루터는 하나님의 성령이 세상의 역사와 영웅들의 역사에서 작용하고 있
다고 말하는 것을 피하지 않는다. 확실히 이것은 하나님이 예수 그리스도를 믿도록
마음을 움직이는 것과 다른 역사이다. 그러나 성령은 ― 고린도전서 12장에서 묘사
된 대로 ― 교회뿐만 아니라 세상에서도 다양한 은사를 주신다. 그리고 만일 루터가
이 기적의 영웅들의 행위가 하나님의 역사하심에 그 근원을 두고 있다는 것을 발견
하고 있다면,[64] 하나님이 역사의 영웅들의 비범한 담대함과 신앙을 가지고 동일한
것을 ― 비록 그것이 그리스도에 대한 신앙과 아무 관계가 없다고 할지라도 ― 행하
고 있다는 것은 아주 분명하다.[65] 우리의 논의의 끝 부분에서, 우리는 아직도 고린도
전서 13:2에 대한 루터의 마지막 해석이 사도의 생각을 온전하게 표현한 것인지 질

---

62) WA 51, 207; LW 13, 154 f.
63) WA 51, 222; LW 13, 174.
64) Cf. WA 39[II], 198; LW 34, 316. "왕이 잘 다스린다면, 그것은 그가 달란트를 가
　　지고 태어났거나, 그가 그것을 책에서 배웠기 때문이 아니라, 그가 성령의 영감에 의
　　해 가르침을 받았기 때문이다." WA 40[III], 209.
65) 따라서 나는 더 이상 내가 나의 글, "Luther und die politische Welt,"
　　Schriftenreihe der Luthergesellschaft (1937) No. 9, p.11에서 취한 입장을
　　지탱할 수 없다. 거기서 나는 루터는 결코 그가 "기적의 사람"에 대해 말할 때 성령
　　에 대해 말하지 않고 있다고 주장했다. 그 때 나는 "영감"의 개념과 "성령의 은사를
　　받음" 사이를 차별화하려고 시도했다. 또한 나는 "정치적 지도자의 영감"과 "성령이
　　하나님의 백성 안에서만 현존한다"는 사실 사이를 구별했다(Ibid., p.4). 그러나 이
　　러한 구분은 루터에게 타당하지 않다. 이것은 또한 내가 나의 다음 글에서 내가
　　Siegfried Leffler에게 반대하여 말한 진술을 철회해야 한다는 것을 의미한다.
　　"Politisches Christentum," Theologia militans (Leipzig: Deichert, 1935),
　　No. 5, p. 11. 루터는 현대 신학자들이 하는 것보다 훨씬 더 광범위한 의미로 하나
　　님의 성령의 역사에 대해 말한다. 그는 구약성경의 영향 아래 이렇게 하는 것 같다.

문해야 한다.

루터가 이 구절에 언급된 "신앙"을 모든 그리스도인에게 공통되고 그것을 통해 인간이 의롭게 되는 신앙과 같은 것으로 보지 않을 때, 그는 의심의 여지 없이 바울의 의도를 표현한 것이다. 그가 그것을, 고린도전서 12:9에 언급된 은사들에 비교할 만한, 모든 그리스도인에게 주어지지 않는 특별한 카리스마적 은사로 이해할 때, 그는 옳다. [66] (우리는 또한 특별하게 강한 신앙에 대해 생각할 수 있다. 바울은 다른 곳에서 분명하게 다양한 수준의 신앙을 구분한다, 롬 12:6). [67]

그러나 루터가 기적을 행하는 신앙을 단순히 거짓되고 망상의 산물이고 독단적이고 인간 자신에 의해 만들어진 "영웅적" 신앙으로 간주할 때, 우리는 아직도 그가 바울을 정당하게 해석했는지 질문해야 한다. 루터는 그러한 신앙은 "만일 그것이 사실이라면, 나는 믿을 것이다. 그것이 사실이게 하라."라고 말한다고 생각한다. [68] 그러한 신앙은 인간을 명목상의 그리스도인으로 만들 뿐이며 실제로는 그렇게 하지 못할 것이다. 실제 그는 불신앙인으로 남아있을 것이다. 실제로 바울이 기적을 행하는 신앙에 대해 이런 식으로 생각했을까? 바울은 분명히 "죄의 인간," "신성모독자"가 출현해서 강력한 일과 위대한 표적과 기적을 행할 것이라는 것을 알고 있었다(살후 2:9). 따라서 그리스도, 사도, 그리스도인들의 기적에는 사탄적, 악마적인 유사한 것이 있다. 그 일들 자체 안에 있는 기적에 대해서는 특별히 메시야적이고 사도적이고 기독교적인 것이 전혀 없다. 그러나 이것은 바울이 기독교 공동체 안에서 사도들과 다른 카리스마적 인물에 의해 행해지는 기적이 그리스도의 능력에 의해 이루어진 것으로 이해하는 사실을 절대로 변경시키지 않는다(롬 15:18).

---

66) Hans Lietzmann, ⋯ *An die Korinther* I, II, *Handbuch zum Neuen Testament* 8 (4th ed.; Tübingen: Mohr, 1941), p. 57. Calvin, *Corinthians* I, 401 f. and *Institutes* III, 2, 9; *LCC* 1, 553 f. 칼빈은 "신앙"이란 말이 많은 의미를 갖고 있다는 사실을 지적한다. 각각의 경우 우리는 그 특별한 의미에 대해 질문해야 한다. 로마 신학자들은 이렇게 하는 데 실패했고, 따라서 신앙이 구원에 대해 갖는 의미에 대해 반대할 때 이 구절을 부적절하게 사용한다. 이 특별한 구절에서, 신앙은 고린도전서 12장의 특별한 은사 중의 하나, 즉 부분적인 신앙이다. 칼빈은 "그것이 온전한 그리스도를 붙잡는 것이 아니라 오직 기적을 행하는 능력만을 붙들기 때문에," 그것을 부분적 신앙으로 본다. 이런 이유로 그것은 당분간 성결의 영을 소유하지 않은 사람, 곧 악한 사람의 소유일 수가 있고, 그것은 그에 의해 잘못 쓰일 수 있는 것이다. "그것이 사랑에서 분리되어 있다 해도 조금도 놀라운 일이 아니다."

67) Cf. H. D. Wendland, *Die Briefe an die Korinther, Das Neue Testament Deutsch* (6th ed.; Göttingen: Vandenhoeck Ruprecht, 1954), p. 94.

68) *WA* 39[II], 247.

이것은 바울 역시 기적들이 행해지는 신앙을 인정했다는 것을 의미한다. 그러나 바울에게서, 그리스도의 영을 제외하고는 어떤 성령도 없다. 고린도전서 12:4-6의 세 진술은 이것이 고린도전서 12:14의 맥락이라는 것을 보여준다. 기적을 행하는 신앙을 포함하여 카리스마적 은사는 한 성령, 한 주님, 한 하나님에 의해 주어진다. 주님과 성령의 상응성, 좀더 정확하게는, 하나님과 성령의 일치는 바울이 루터가 말한 대로, "성령 또는 성령이 수여한 은사들이 그리스도에 대한 신앙 없이도 현존할 수 있다."고 말할 가능성을 배제한다.[69] 루터가 이렇게 주장한것은 그의 신앙 이해가 사랑이 없는, 그리스도에 대한 신앙의 가능성을 제거하기 때문이다. 하나님은 확실히 그러한 신앙을 일으킬 수 있다. 그러나 그것은 아마도 그리스도에 대한 구원의 신앙과 동일한 것일 수 없을 것이다. 따라서 루터는 고린도전서 13:2의 신앙과 그리스도에 대한 구원의 신앙 사이를 구분해야 했다. 그는 전자를 "위선적," "기만적", "거짓된" 것으로 부름으로써 그 전자의 신앙의 의미를 최소화한다.[70]

루터의 사고에서, (사랑 없이) 그러한 기적을 행하는 신앙을 가진 사람은 그리스도에 대한 신앙의 기준에 의해 판단해 볼 때 불신자이다.[71] 문제는 바울이 이것과 일치하는지 여부이다. 사랑을 통해 역사하는 진정한 신앙과 "거짓되고" "위선적이고" "기만적인" 신앙 사이의 루터의 양자 선택은 바울이 고린도전서 13:2에서 말한 신앙에 대하여 적절한 것인가? 바울은 그 신앙을 오직 사랑과의 관계에서 상대적으로 낮게 평가하고 있지만(고전 13:13), 신앙 그 자체에 대해서 낮게 평가하지는 않고 있다. 루터는 사랑을 낳지 않는 신앙은 전혀 신앙이 아니라고 단언한다.[72]

반면에 바울은 사랑이 없는 채 이 신앙만을 가진 사람이 "아무 것도 아니"라고 한다. 그는 그러한 신앙이 전혀 신앙이 아니라고 말하지는 않는다. 바울과 루터는 참된 신앙은 그 본성상 필연적으로 사랑으로 인도한다는 사실에 대하여 의견이 다르지 않다. 알버트 슈바이처의 표현을 사용하면, 바울에서 사랑은 "신앙의 본질"에 속해 있다.[73]

본질적으로 함께 속해 있는 것들은 심리학적으로 경험적으로 서로에게서 분리될 수 있다. 우리는 바울이 다른 사람을 위한 것이 아니라 오직 자신을 위해 믿고 따라

---

69) WA 39[II, 236].
70) 루터가 어떻게 이 신앙을 동시에 성령에 의해 역사된 것으로 생각할 수 있었는지 이해하기 힘들다. WA 39[II], 236.
71) WA 39[II], 193; LW 34, 310.
72) WA 39[II], 236.
73) The Mysticism of Paul the Apostle, trans. William Montgomery (New York: Holt, 1931), p. 307.

서 다른 사람에 대한 태도에서 사랑을 깨뜨리는 사람이 갖고 있는, 구원에 이르는 신앙에 직면해 있는 로마서 11:17 이하에 대해 언급했다. 그 사람은 그가 믿는 은혜를 받았다는 이유로, 그들에 대해 거만한 태도를 취하고 있다. 그러므로 — 바울이 아주 진지하게 강조하듯이 — 그러한 신앙이 신앙에서 교만으로 변질될 치명적 위험 안에 있게 될 가능성이 존재하는 것이다. 루터 역시 그 상황을 이런 식으로 보고 있다. 어떤 사람이 사랑에서 떨어진다면, 그는 또한 신앙에서 떨어지지 않을 수 없다.[74]

루터는 그가 1525년에 고려하고 다음 1530/31년에 계속 주장한 두번째 해석에서 바울과 아주 가깝다. 그러나 바울은 그리스도에 의해 촉발되었으나 사랑이 부족한 진정한 신앙이 존재하는 바로 이 비판적 상황에 처한 고린도 공동체에 대해 말하고 있는 것이다. 그는 참으로 그리스도의 능력을 신뢰하고 이 신뢰 안에서 기적을 행하고 "산을 옮길" 수 있는 신앙에 직면해 있었다. "그러나 그가 자신을 하나님 위에 두고 그의 설교와 지식과 신앙과 희생에서도 이기적으로 남아있을 가능성이 존재한다."[75]

그러나 그 본성에 의하면 신앙은 모든 것을 포괄하는 그리스도에 대한 사랑으로부터 사는 것이고 그 사랑을 향해 정향되어 있다. 만일 사람이 마음이 좁아지고 그리스도로부터 나오는 역동적 사랑을 아직도 모든 사람 안에 살아 있는 이기심과 대립시킴으로써 그 사랑을 방해한다면, 신앙은 그 토대를 부정하고 이로써 그 본질적 본성을 상실하게 된다. 그것은 신앙이고 심지어 강한 신앙이고, 구원의 확신이고 위대한 일을 행하고 기적을 행하는 능력이지만, 그러나 이것은 이기적으로 제한된 신앙이다. 그러므로 그것은 교만으로 가는 도중에 있고 따라서 기만적 구원의 확신과 구원의 상실로 가는 도중에 있다. 고린도전서 13장의 사도는 이 죽음의 내리막으로 내려가는 그 움직임을 멈추게 하려고 시도하고 있는 것이다.

---

74) *WA* 17^{II}. *WA* 34^I, 168.
75) A. Schlatter, op. cit., p. 358.

부록 2

사랑과 "구원의 확신"

요한일서 4:17a에 대한 루터의 해석

루터의 신학은 우리가 오직 신앙을 통해서 칭의와 구원을 받는다는 주장을 축으로 하여 돌고 있다. 하나님의 약속은 우리 쪽의 모든 조건에 상관 없이 우리에게 적용된다. 우리는 하나님의 약속을 신뢰하기만 하면 된다. 이것이 루터가 신앙이라고 부르는 것이다. 이 모든 것은 그리스도인의 삶의 시작뿐만 아니라 마지막 날까지 계속되는 과정과 또한 마지막 심판에도 해당된다. 그런데 신약성서에서 구원의 확신은 종종 순수하게 받아들이는 것으로서 신앙에 관련되어 있을 뿐만 아니라 사랑과도 관련되어 있다는 것을 부인할 수 없다. 사도들은 그것이 사랑이 없기 때문에 파멸로부터 인간을 구출할 수 없는 신앙에 대해 알고 있다(고전 13:2, 약 2). 그러한 신약성서의 진술은 루터 신학의 중심 주제에 대해 문제를 일으킨다. 그리고 루터는 끊임없이 이 구절들을 그의 기본적 통찰과 조화시키려는 참된 이해에 도달하기 위해 새로운 시도를 했다. 이 구절에 대한 그의 해석이 그의 삶의 과정에서 변경되었다는 것은 중요한 의미가 있다. 이것은 그가 이 구절들로 인해 곤란을 겪었다는 것을 드러낸다. 이것은 고린도전서 13:2("내가 모든 믿음이 있을지라도 … 사랑이

---

1) 부록1을 보라.

없으면 내가 아무 것도 아니요")의 예에도 해당된다.[1] 요한일서 4:17a도 마찬가지이다. 이 요한의 구절에 대한 루터의 해석을 더욱 자세하게 고려하는 것은 수고할 만한 가치가 있다.

그 구절은 다음과 같다. "이로써 사랑이 우리에게 온전하게 이루어졌으니, 이는 우리가 심판 날에 담대함을 가지게 하려 함이니라."[2] 우리는 이 해석에서 그 문맥을 ─ 특별히 16절과 18절 ─ 고려해야 한다. 사랑의 온전한 실재는 심판 날에 대한 그리스도인의 기쁨에 찬 기대 속에서 드러난다는 것이 그 의미인 듯하다. 주석가들은 거듭 그러한 사랑이 그리스도인이 경험하는 것으로서 인간에 대한 하나님의 사랑인지, 아니면 그것이 적어도 그리스도인의 사랑을 포함하고 있는지 여부에 대해 질문한다.

1527년 요한일서 강의에서, 루터는 이 사랑을 특별히 우리를 향한 하나님의 사랑으로 이해한다.[3] 하나님이 우리를 사랑한다는 확신은 우리에게 마지막 날에 담대함과 신뢰를 준다. 칼빈은 그 구절을 이런 식으로 이해한다. "우리가 담대함을 갖는다"는 진술은 "우리를 향한 하나님의 사랑의 열매"를 묘사하고 있다. "사랑이 우리 안에서 온전하다"고 하는 것은 하나님의 사랑이 온전한 정도로 우리에게 주어진다는 것을 의미한다. 신자들은 그들이 마지막 심판에 대해 들을 때 겁에 질리지 않는다. 오히려 그들은 그들이 그의 아버지의 사랑을 절대적으로 확신하기 때문에, 확신과 용기를 갖고서 하나님의 심판의 보좌 앞에 나온다. 따라서 신앙 안에서 그리스도인의 진보는 그들이 심판 날을 기다리는 선한 용기에 의해 측정될 수 있다.[4]

이 해석은 어려움 없이 개혁자들의 신학에 들어맞는다. 그러나 그것은 유지될 수 없다. 요한일서 4:17을 해석할 때, 우리는 감히 하나님의 사랑을, 그 사랑이 불붙이는 인간의 사랑으로부터 분리시키지 않는다. 우리는 16절을("사랑 안에 거하는

---

2) 헬라어 본문은 다음과 같다: Ἐν τουτω τετελειωται ἡ ἀγαπη μεθ᾽ ἡμων, ἱνα παρρησιαν ἐχωμεν ἐν τη ἡμερα της κρισεως. 불가타는 다음과 같다: in hoc perfecta est charistas Dei nobiscum (1529년 개정 이래 in nobis), ut fiduciam habeamus in die judicii.

3) 이러한 하나님의 사랑은 너무 커서 우리는 마지막 날 전 세계가 떨 때, 담대할 수 있다. 따라서 우리는 그러한 사랑을 통한 지식과 신앙을 많이 갖고 있기 때문에, 우리는 심판 때 서 있을 수 있다(Jakob Prost의 노트에 의한 것). 뢰러의 노트에서, 우리는 " … 우리가 하나님의 사랑을 알고, 우리가 그를 사랑하는 한, 우리는 또한 마지막 심판 날에 그 안에서 담대함을 가질 것이다 … ."라고 되어 있는 것을 읽는다. 뢰러에 의하면, 루터는 하나님에 대한 우리의 사랑을 하나님의 사랑에 대한 우리의 확신과 연결시켰다. WA 20, 757.

4) Calvin, *Catholic Epistles*, trans. John Owen (Grand Rapids: Eerdmans, 1948), p. 244.

자마다") 고려할 때 하나님의 사랑을 인간의 사랑에서 분리할 수 없는 만큼, 17절을 고려할 때도 이 양자를 분리시킬 수 없다. "18절은 인간의 사랑에 대한 언급을 부인할 수 없게 노출시킨다. 우리는 오직 우리가 사랑하는 한에서 또 사랑하기 때문에, 하나님이 우리에 대해서 베푸시는 사랑에 대하여 담대한 태도를 가질 권리를 갖는다."[5]

루터는 계속하여 17절의 "온전한 사랑"을 우리를 향한 하나님의 사랑으로 해석하지 않았다. 오히려 그는 17절을 선행과 십계명의 성취에서 보이는 그리스도인의 사랑의 관점에서 이해한다. 따라서 루터의 "오직 신앙으로"의 신학이 어떻게 이 본문, 즉 구원의 확신과 마지막 심판에 대한 담대함을 사랑의 온전함에 그렇게 분명하게 연결시키고 있는 본문과 조화될 수 있는지 하는 문제가 제기된다. 이것은 분명하게 개혁자들의 칭의 교리에 대해 질문을 유발시킨다. 그리스도인 자신의 사랑이 그의 구원의 확신을 위해 어떠한 의미를 갖고 있다면, 그리스도인은 그의 하나님에 대한 관계를 그의 인격이나 성취의 관점에서 고려해야 할 듯하다. 그러나 루터는 이미 스콜라주의 신학과 그것의 '사랑에 의해 형성된 신앙'(fides caritate formata) 개념에 반대할 때, 이것을 예리하게 반대했다.[6]

그의 생각에, 이 스콜라주의 신학은 사랑에 의해 "형성된"(혹은 유효하게 된) 것이기 때문에 의롭게 한다는 것을 주장한 것이었다. 그러나 그것은 바울과 복음에 어긋난 것이었다. 신앙은 먼저 사랑을 통해 의롭게 되지 않는다. "신앙은 그 자체에 의해 이미 완전한 의이다. 불완전한 것은 사랑이다. 그러나 우리는 완전한 의가 필요하다. 우리의 사랑이 불완전하다면, 우리는 어떻게 그것을 가질 수 있는가? 그 대답은 그의 의가 절대적으로 완전한 그리스도를 통해 가질 수 있다는 것이다. 우리는 이 의를 신앙을 통해 우리 자신에게 적용한다."[7] 그러나 신앙은 그리스도의 의를 그 자체를 위해 적용하는, 순전한 의존성과 수용 태도 이외의 아무 것도 아니다.[*8]

그 자체로서 신앙은 우리의 의, 곧 우리에게 전가된 그리스도의 의를 이룬다. 신앙은 단독으로 우리를 인간적 자질로서 의롭게 하는 것이 아니라 우리가 그리스도의 "밖으로부터 온"(alien) 의를 받아들일 수 있는 유일하게 가능한 유일한 태도로서 우리를 의롭게 한다. 따라서 칭의 논의에서는 사랑에 의해 형성된 신앙에 대해

---

5) F. Büchsel, *Die Johannesbriefe, Theologischer Handkommentar zum Neuten Testament* (Leibzig: Deichert, 1933), XVIX, 37 f.
6) Cf. e.g., *WA* 39[I], 318. *WA* 39[II], 207, 213, 214.
7) *WA* 39[II], 214.
8) *WA* 39[I], 45; *LW* 34, 110.

아무 언급이 있을 수 없다. 사랑은 신앙으로부터 나오고, 그 열매이다. 그러나 그것은 하나님 앞에서 신앙에 어떤 자질을 주는 것이 아니다. 우리는 인간적 자질로서 신앙이 아니라 순전한 수용의 태도로서 신앙에 관심을 기울이고 있다.

이 모든 것에도 불구하고, 사랑은 루터의 칭의 교리의 맥락에서 중요한 요소이다. 아주 분명하게, 모든 것은 신앙, 오직 신앙에만 달려 있다. 그러나 신앙이라고 주장하고 신앙인 듯이 보이는 모든 것이 진정으로 신앙인가? 거짓되고 공허하고 죽은 신앙이 또한 신앙인 것처럼 보인다. 루터는 그것을 자기 자신의 눈으로 보았다. 따라서 그는 필연적으로 진정한 신앙의 표지에 대해 질문해야 했다. 그리고 여기서 신앙과 사랑, 신앙과 신앙의 열매로서 그 품위(ethos) 사이의 관계가 중요하게 된다. 그의 「로마서」 서문에서 루터는 신앙을 다음과 같이 정의한다. "신앙은 우리 안에서 우리를 변화시키고 우리를 하나님에게서 새롭게 태어나게 하는(요 1:12,13) 신적인 역사이다. 그것은 옛 아담을 죽이고 우리를 마음과 영과 지성과 능력에서 전혀 다른 사람으로 만든다. 그것은 그것과 함께 성령을 가져온다. 오, 그것은 살아있고 바쁘고 적극적이고 강력한 것으로서 이러한 신앙이다. 그것이 부단히 선행을 행하지 않는 것은 불가능하다 … . 그러나 그러한 일을 행하지 않는 모든 사람은 불신앙인이다."[9]

여기서 루터는 "사랑을 통해 역사하는 신앙"(갈 5:6)에 대한 바울의 진술의 인도와 "공동" 서신, 특별히 요한일서의 인도를 따른다. 1545년 요한일서 4:16 이하 설교에서,[10] 루터는 그의 청중에게 질문한다. "당신이 진정으로 믿는다는 것을 보여주는 열매는 어디에 있는가?"[11]

이것은 삶의 열매가 신앙이 진정한지 여부를 보여준다는 것을 의미한다. 이런 이유로, 설교자는 그의 회중에게 권면한다. "그리스도는 당신이 그러한 죄인으로 남아 있을 수 있도록 죽은 것이 아니었다. 오히려 그는 죄가 죽음과 파멸에 처해지고 당신이 이제 하나님과 당신의 이웃 사랑을 시작할 수 있도록 죽었다. 신앙은 당신이 죄가 아니라 의 안에서 살도록, 죄를 제거하고 죄를 죽음에 처하게 한다. 따라서 당신의 선행과 열매에 의해 당신이 신앙을 갖고 있다는 것을 증명하라. 당신이 고리대금업자, 불순종하는 자, 당신의 소명에 태만한 자라면, 당신이 믿고 있는지 아닌지를 살펴보라. 신앙은 세상을 극복하는 승리자요 정복자이기 때문이다 … . 믿는 자마다 그의 행위로 그것을 말할 것이다. 그렇지 않으면 신자라는 평판을 갖고 있는

9) *WA*, DB 7, 11; *LW* 35, 370.
10) *WA* 49, 780 ff.
11) *WA* 49, 783.

것을 잊어버리라 … . 우리는 신앙이 공허한 껍데기가 아니라 참되고 진정한 것이
될 수 있도록, 선한 모든 것을 행해야 한다"[12] 사랑과 그 드러남은 따라서 진정한 신
앙을 위한 기준이다.

베드로후서 1:10은 끊임없이 루터에게 신앙과 신앙의 품위(에토스) 사이의 필
연적 관계와 구원의 확신을 위한 행위의 의미에 대해 생각나게 했다. "형제들아, 더
욱 힘써 (너희 선행을 통하여) 너희 부르심과 택하심을 굳게 하라." 주의 기도(마
6:14 이하)의 다섯번째 간구의 두번째 부분도 마찬가지였다.[13] 이 구절은 하나님의
용서에 대한 나의 확신을 내가 나의 이웃에 대한 용서와 연결시킨다. 1543년 논박서
에서, 루터는 베드로후서 1:10을 요한일서 4:17과 함께 언급한다. 사랑은 신앙의 증
거이다. 그것은 우리에게 하나님의 긍휼을 신뢰하고 확신하게 한다. 그래서 우리는
우리의 소명이 선행을 통해 더 확실하게 되게 하라고 명령받는다. 따라서 우리가 신
앙을 갖고 있다는 사실은 선행이 뒤따를 때 드러난다. 선행이 없으면, 신앙은 완전
히 상실되고 만다. 열매는 나무에 대한 증거를 담고 있기 때문이다.[14]

루터는 요한일서 강의에서 이런 의미로 요한일서 3:18 이하를 해석한다. ("자녀
들아 우리가 말과 혀로만 사랑하지 말고 오직 행함과 진실함으로 하자 이로써 우리
가 진리에 속한 줄 알고 또 우리 마음을 주 앞에서 굳세게 하리로다 … ")[15] 여기서
베드로에서와 마찬가지로, 형제 사랑은 우리의 부르심에 대한 외적인 증거로 나타난
다. 즉 우리는 우리의 진정으로 있는 인격 그대로 확립한다. 우리는 형제와 연약한
자들을 진지하게 진실하게 사랑하기 때문이다 … . 그의 확신을 통해, 우리는 우리
의 마음에 우리가 신앙을 갖고 있다는 것을 확신시킬 수 있다. 이것은 위대한 위로
이다.

사랑이 신앙에게 그 진정성과 진리를 확신시켜 준다는 사고와 함께, 루터는 또
한 신앙이 강해지기 위해 훈련이 필요하다는 것을 지적한다. 신앙은 그 행위와 열매
안에서 연단받는다. 신앙은 항상 괴로운 양심과 싸우고 또 하나님 앞에서 죄책감과
싸운다. 신앙은 사랑 안에서 형제를 섬길 때, 이 죄책감을 보다 쉽게 극복한다.[16] 따

---

12) *WA* 49, 783.
13) 나의 *Christliche Wahrheit*, pp. 644 ff를 참고하라. 특별히 *WA* 32, 423; *LW*
    21, 149 f를 보라. 비록 마태복음 5-7장 설교가 다른 사람에 의해 편집되었을 것이
    지만(*WA* 32, LXXVI), 그들의 내용의 진정성은 분명하게 진정성이 있는 다른 루
    터의 구절에 의해 강화되었다.
14) *WA* 39[II], 248.
15) *WA* 20, 715 ff.
16) *WA* 20, 716. Cf. *WA* 36, 467.

라서 요한일서 3:18에 의하면, 마음은 하나님 앞에서 위로받고 강화되고, 또 하나님
과의 관계에서 담대함을 얻게 된다. 개혁자들의 전형적 유보 조건은 아주 분명하게
남아있다. 행위는 의를 일으키지 않는다! 하지만 행위는 신앙의 장애가 아니다. 반
대로 그들은 신앙을 촉진한다. [17]

우리는 행위도 사랑도 하나님 앞에 인정받는 우리의 칭의에 있어서 고려될 수
없다는 것을 알고 있다. 그러나 그 행위와 사랑은 우리에게 우리가 강력한 신앙을
갖고 있다는 것을 확신시키는 한에서, 의롭게 하는 신앙에 중요하다. 루터에 따르
면, 사랑은 불완전하게 남아있고 우리는 하나님 앞에서 완전한 의가 필요하기 때문
에, 우리는 하나님 앞에 우리의 사랑을 가져올 수 없다. 우리는 우리가 어떤 것이
되거나 어떤 것을 성취하기라도 한 듯이, 하나님에게 어떤 것도 가져올 수 없고 가
져와서도 안된다. 우리는 오직 우리가 순전하게 수용적 태도를 취할 때만 하나님에
대한 관계에서 의롭다. 사랑의 신앙에 대한 관계는 신앙에 그 단순한 수용성 위에
그것을 넘어 윤리적 자질을 주입하지 않는다. 신앙은 하나님의 약속과 역사를 받아
들이는 준비 이외의 그 어떤 것도 아니고, 계속 그러한 준비 상태로 남아있다. 그러
나 문제는 신앙이 진정으로, 그것이 그렇다고 생각하는 대로, 받고 있는지, 아니면
그것이 그렇다고 생각하는 것뿐이고 그래서 자신과 다른 사람을 속이고 있는 것인지
하는 것이다. 우리가 하나님의 사랑을 받는 것은 우리가 지금 사랑 안에서 사는 것
안에서 그 자신이 드러나야 한다. 루터가 말한 대로, 우리의 행위는 이제 우리가 믿
고 구원을 받았다는 것을 선포하는 것이다. 따라서 루터는 그가 무엇이 인간을 하나
님 앞에서 의롭게 만드는가 질문할 때마다, 신앙과 사랑을 분리시킨다. 그러나 그는
사람이 신앙으로 칭의를 받기를 원하는 바 그 신앙이 그의 특별한 경우에 진정한 신
앙인지, 즉 그것이 진정으로 하나님의 사랑을 받은 것인지 질문할 때, 신앙과 사랑
을 함께 연결시킨다. 5년 후 1532년에 루터는 다시 요한일서 4:16 이하 연속 설교
에서 요한일서 4:17을 해석한다. [18]

이 후기의 해석은 1527년의 것과 아주 다르다. 그것은 또한 상응 구절인 요한
일서 3:19 이하 해석과도 다르다. 그는 이제 온전한 사랑이 그리스도인이 갖고 있는
사랑을 포함하고 있다고 인정한다. 이것은 강의에서 요한일서 3:19 이하 주석과 상
응한다. 그러나 사랑이 주는 담대함이나 기쁨은 더 이상 인간의 하나님에 대한 관계
의 입장에서 이해되지 않는다. 루터는 오히려 이중의 기쁨과(혹은 "용기"나 "자랑")

---

17) *WA* 20, 716.
18) *WA* 36, 416 ff.
19) *WA* 36, 454.

[19] 이에 상응하여 그리스도인의 기쁨에 의해 극복되는 이중의 두려움을 구별한다. [20] 이 승리는 상응하는 기쁨의 증가로 열매맺는다. 한편 그리스도인은 심판 날에 그의 심판자로서 주 하나님 앞에 서고 그의 진노를 두려워해야 한다. 이것은 "위로부터 내려오는 두려움"이다. [21]

하나님 앞에서 모든 사람은 하나님의 계명의 높은 기준에 의해 판단될 때, 죄책을 느끼기 때문에 모든 사람은 버림을 받는다. "나는 당신의 눈에 죄인입니다."[22] 그러나 다른 한편 죽음과 심판의 날이 왔을 때 — 물론 이에 앞서, 살아있는 중에도 — 내가 그들에게 아주 강한 죄책감을 갖고 있는 사탄과 죽음과 세상과 이웃은 일어나 나를 고발할 것이다. [23] 그들은 선행의 부족과 하나님의 계명의 위반으로 나를 고소한다. 그리고 이것을 나도 두려워 해야 한다. 이것은 아래로부터 즉 세상에서 오는 두려움이다. [24]

첫번째 "하나님 앞에서 근본적 두려움"은[25] 어떤 다른 방법으로도 극복될 수 없다. 하나님 앞에서 나의 기쁨과 나의 담대함은 그리스도와 그 안에 있는 하나님의 구원 역사 곧 그리스도에 대한 신앙에 의한 것과 다른 방식으로는 확립될 수 없다. 우리가 우리 죄 때문에 하나님을 향해 느끼는 두려움은 "오직 신앙을 통해서만 극복된다." 신앙은 "가장 중요한 기쁨"과[26] 우리의 "주요한 영광"을[27] 일으킨다. "위로부터 내려오는" 두려움은 "세례와 복음을 통하지 않고는" 극복될 수 없다. 이것은 우리가 우리 자신이 아니라 오직 그리스도 안에서 발견할 수 있는 위대한 용기를 준다. [28]

그러나 내가 사탄과 죽음과 세상과 나의 이웃이 나를 고발하기 때문에 느끼는 두려움은 다른 방식으로 극복되어야 한다. 그것에 부딪혀 나의 기쁨은 또 다른 근거를 가져야 한다. 이것은 선행과 사랑에 의해 주어진다. 하나님 앞에서 우리는 항상 괴로운 양심을 갖고 있다. 그러나 사탄의 세력과 사람들에 대한 관계에서, 우리는 바울처럼(고전 4:4; 고후 1:12; 딤후 4:7) 선한 양심을 가져야 하는데,[29] 이는 우리

---

20) *WA* 36, 464.
21) *WA* 36, 462.
22) *WA* 36, 46.
23) *WA* 36, 445, 466, 474.
24) *WA* 36, 472.
25) *WA* 36, 463.
26) *WA* 36, 448.
27) *WA* 36, 455.
28) *WA* 36, 472.
29) *WA* 36, 455, 449.

가 이웃을 향해 우리의 소명 안에서 십계명을 성취하는 바 그 이웃을 위한 분명한 사랑 때문에 그러하다.[30] 이 사랑은 분명하게 하나님 앞에서 온전하지 않다.[31] 그리고 사도 요한은 그가 사랑이 완전하다고 말할 때, 이 사랑이 하나님 앞에서 온전한 것이라고 말하려 한 것이 아니다. 사랑은 그것이 내용을 갖고 있고, 단순히 공허한 껍데기가 아니고 거짓된 것이 아니고 "그 뒤에 아무 것"도 없는 "오직 우리의 입술의 소리"가 아닐 때, 온전하다.[32]

바울의 진술에 비추어, 루터는 그리스도인이 이런 의미에서 온전한 사랑을 갖는 것, 즉 그리스도인은 그의 이웃에 대한 의무를 성취하는 것이 가능하다고 주장한다. 따라서 "견고하게 선행을 붙잡음으로써" 사랑은 다른 사람의 고소를 잠잠케 하고 더 이상 두려워할 필요가 없게 된다.[33] 나는 나의 소명을 질서 있는 양식으로 온전히 신실하게 성취할 수 있다. 모든 경우에 이것은 사랑의 봉사이다. 루터는 개인적으로 그가 교역의 직무를 이런 식으로 성취한다고 주장한다.[34] 이런 이유로, 선한 양심의 기쁨과 용기는 자기의 위치를 갖는다.[35]

그러나 어떤 상황에서도 그것은 하나님 앞에서의 적절성을 의미하지 않는다. 하나님 앞에 서 있는, 하나님의 눈 아래 있는 그리스도인은 사탄적 세력과 인간에 의해 제기된 고발에 직면하여, 사랑 안에서 그의 소명을 신실하게 성취한 것을 자랑할 만한 이유가 있다. 그러나 그는 결코 하나님과의 관계를 세우기 위해서 이렇게 해서는 안된다.[36] 어떤 사람도 하나님 자신이 그것들을 해석하는 대로의 십계명 아래 설 수 없기 때문이다.[37]

따라서 루터는 예리하게 하나님의 계명 안에 있는 이중적 당위를 구별한다. 한편으로는 하나님이 나에게 기대하는 것이 있고, 다른 한편으로 나의 이웃과 세상이 나에 대해 기대할 수 있는 것이 있다는 것이다. 주 하나님은 나의 이웃과 세상이 요구할 수 있는 것보다 더 많은 것을 요구한다. 하나님께 응답해야 하는 것과 나의 이

---

30) "따라서 당신은 오직 당신의 입 안에만 있는 종류의 사랑을 가지지 말아야 한다. 그것은 무의미한 사랑이기 때문이다. 오히려 당신은 당신의 마음을 기쁘게 하는 충만한 사랑을 가져서, 심지어 죽음과 심판이 올 때에도 '이것에도 불구하고 나는 나의 이웃을 위해 이러 이러한 것을 행했다' 하고 말할 수 있을 것이다." *WA* 36, 444.
31) *WA* 36, 445.
32) *WA* 36, 444 f.
33) *WA* 36, 455, 466.
34) *WA* 36, 470, 474.
35) *WA* 36, 45.
36) *WA* 36, 466, 455, 463.
37) *WA* 36, 451.

웃과 사람들과 나를 고소하는 세력들에게 응답하는 것 사이에 엄청난 차이가 있다. "나는 그리스도를 통하지 않고 다른 방식으로는 하나님과 관계를 맺지 못할 것이다."[38] "나는 하나님과 다르게 ─ 즉 인간과 악한 세력들과 다르게 ─ 말해야 한다."[39] 나는 내가 그리스도를 향하고 그에게 붙어있는 방식으로 하나님께 말할 수 있을 뿐이다.[40]

따라서 나는 오직 내가 사람들과 사탄의 세력과 함께 말할 때 사랑 안에서 행동한다고 주장할 수 있으나, 내가 하나님과 함께 말할 때는 결코 그렇게 할 수 없다. 나는 내가 사랑 안에서 행함으로써 구원받거나 나 자신의 구원을 창조하는 것을 생각할 수도 생각해서도 안된다. 루터는 결코 이것을 강조하는 데 지치지 않는다. 두 개의 완전히 다른 차원이 결합되어 있다. 그리고 루터는 그의 대적자들이 끊임없이 이 둘을 혼동한다고 말한다.[41] 시편 6편(여호와여 주의 분으로 나를 견책하지 마옵시며 주의 진노로 나를 징계하지 마옵소서)을 만든 두려움은 우리의 사랑에 의한 것이 아니라 오직 그리스도에 의해, 그에 대한 신앙에 의해 조성된 것이다.[42]

그러나 다른 한편 사랑 안에서 사는 것과 일하는 것과 그리고 그것이 심판 날 주는 기쁨은 그가 그의 고소자들에게 직면해 있을 때 그리스도인에게 아주 중요한 것이다. 비록 그것이 그의 구원을 확립하지 못한다 하더라도 그 의미는 중대하다. 그 날에 사랑의 행위 없이 나타나야 하는 것은 두려워해야 하는 것을 의미할 것이고, 요한일서 4:18에 의하면 두려움은 심판과 관련이 있다. 인간과 다른 권세자의 고발은 우리의 양심을 치기 때문이다. "겁에 질린 사람마다 큰 고뇌를 느끼는데, 이는 우리의 양심이 지상에서 가장 큰 십자가이기 때문이다."[43]

우리가 행위를 갖고 있지 않다면, 우리의 마음은 사탄과 사람들의 고소 앞에서 두렵고 떨게 된다. "그것은 '나는 옳은 일을 하지 않았다. 나는 권위를 경멸하고 나의 스승과 나의 배우자를 존경하지 않았다'라고 인정해야 하도록 고통을 준다."[44] "그것이 상처를 준다"는 것은 요한의 "두려움은 심판과 관계있다"(RSV)에 대한 루

38) *WA* 36, 453.
39) *WA* 36, 470.
40) *WA* 36, 448, 450, 455, 463.
41) *WA* 36, 466.
42) *WA* 36, 477.
43) *WA* 36, 477.
44) *WA* 36, 471. Cf. "이 선행의 의식이 죽음이 올 때 현존해 있다면, 마치 소금이 물 속에서 녹듯이, 마음이 몸 안에서 녹아들기 시작한다." *WA* 36, 466.
45) *WA* 36, 475, 477.

터의 번역이다.[45]

그리고 이것은 모든 사람이 가져야 하는 바 하나님의 진노에 대한 두려움에 덧붙여진 것이다. 인간은 어떻게 이 이중적 부담을 제거할 수 있는가? "만일 당신이 당신의 이웃과 사탄이 말하는 것에서 그리고 하나님의 진노에서 그 가시를 제거하기를 원한다면, 당신은 이중으로 어려운 과제를 갖고 있다. 그렇다. 사랑하는 친구여, 그것은 당신이 할 수 있는 그 이상의 것이다."[46] 루터는 "내가 또한 나와 함께〔사랑의 행위에서 나오는〕그 영광을 가져와야 한다. 그렇지 않으면 하나님은 나를 우호적 방법으로 다루지 않을 것이다"고 말할 수 있었다.[47] 그는 또한 행위를 갖지 않는 것은 신앙을 "해친다"고 말할 수도 있다.[48] 그리스도인이 어떤 체험이나 신앙의 표적이 없다면, 죽음의 시간에 믿기는 어려운 일이다. "그저 하나님의 은총에 의존하는 것만으로는 힘들다."[49] 이것이 바로 루터가 신앙이 사랑과 그 행위 안에서 역사되기를 촉구하는 방식이다. 신앙이 삶에서 증거되지 않을 때, 그러한 증거가 만들어 내는 "표적"이 없을 때, 신앙은 곤란을 겪는다.

이것은 또한 적극적으로 표현될 수 있다. 사랑의 행위로 심판에 들어가는 것은 어떤 사람에게 구원을 가져오지 않는다. 구원은 오직 하나님의 용서하시는 은혜로부터 온다. 그러나 이러한 사랑의 행위는 사도 바울이 디모데후서 4:8에서 "이제 후로는 나를 위하여 의의 면류관이 예비되었으므로 주 곧 의로우신 재판장이 그 날에 내

46) *WA* 36, 471.
47) *WA* 36, 446.
48) *WA* 36, 467.
49) *WA* 36, 446.
50) *WA* 36, 462. Cruciger에 의해 준비된 판을 참고하라. 루터는 또한 모든 사람에게 동일한 축복과 그리스도를 위하여 당하는 고난의 양을 따라 다양한 정도로 주어지는 명예와 영광 사이를 구별한다. 다음 본문이 루터가 말한 것을 정확히 반영한다고 인정할 때, 루터는 하나님으로부터 "공로와 상급"을 받는 그리스도인에 대해서도 말할 수 있었다. "이 의미에서 우리는 그리스도인들이 하나님에게서 공로와 상급을 갖고 있다는 것을 인정한다. 그러나 이것은 그들을 하나님의 아들과 영생의 상속인으로 만들기 위한 것은 아니다. 오히려 그것은 이미 이것을 갖고 있는 신자를 위로하고, 그들로 하여금 그분이 그들이 그리스도를 위해 여기서 당한 것을 보상받지 않은 채 남겨두지 않을 것이라는 것을 알게 하기 위하여 의도된 것이다. 그러나 만일 그들이 많이 고난당하고 많이 수고한다면, 그분은 마지막 날 그들을 특별하게 아름답게 장식해 줄 것이고, 다른 별들보다 더 큰 별처럼, 다른 사람들보다 훨씬 더 영광스럽게 치장해 줄 것이다. 그래서 사도 바울은 다른 사람들보다 더 빛나고, 더 밝고 뚜렷할 것이다. 이것은 죄의 용서에 대한 것이나 하늘 나라에 갈 자격에 대한 것이 아니라, 더 위대한 고난을 위한 더 큰 영광의 보상을 가리키는 것이다." *WA* 32, 543; *LW* 21, 292 f. Cf. *WA* 36, 635.

게 주실 것이니"라고 말한 "면류관"이다. 비록 그리스도인은 하나님 앞에서 죄인이
고 죄인으로 남아있지만, 하나님은 그가 지치지 않고 그 감사치 않음에도 불구하고
지치지 않고 계속하여 세상을 섬겼기 때문에, 그에게 면류관을 줄 것이다.[50] 따라서
루터는 한편으로 축복과 구원과 다른 한편으로 면류관 혹은 칭찬과 명예와 영광 사
이에 구별을 짓는다.

사람의 사랑의 행위의 입장에서 이 영광은 당연히, 그리스도로 인한 신앙의 영
광과 비교해 볼 때, 아주 사소한 종류의 영광이다. 그것이 가져오는 담대함은 낮은
수준의 것이지만, 우리는 세상이 우리를 하나님 앞에서 고소할 수 없게 그것을 가져
야 한다.[51] 한편 그것은 아직 최종적 말이 아니다. 루터의 목회 신학은 또한 그들의
행위의 부족 때문에 사람들과 권세자들의 고소에 의해 겁에 질려서 절망 가운데 빠
진 사람들에게 한 가지 말을 해야 한다. 하나님은 그것이 일어나기를 원하지 않는
다. 우리의 삶에서 사랑의 부족으로부터 일어나는 두려움은 당연히 고뇌를 일으킨
다. 그러나 루터는 끊임없이 그리스도인은 여전히 절망 가운데 무너지지 말아야 한
다고 강조한다. 하나님이 우리에게 그를 믿고 그 안에서 기뻐하라고 명하셨기 때문
이다. "신앙과 두려워하지 않음은 조절되어야 한다." 우리가 이미 들은 바대로, 비
록 신앙이 사랑 안에서 증거되지 못할 때 그리고 계명을 위반하는 죄를 통해 "연약"
해지더라도 말이다. 그러나 루터의 언급은 인간이 그러한 연약함 때문에 저주받을
것이라는 의미는 아니다.[52]

행위를 갖지 않는 사람마다 진정으로 절망해서는 안된다. 그는 역시 하나님의
은총에 대한 신앙을 통해 구원받을 수 있다. 루터는 1527년 요한일서 3:19 이하 강
의에서 우리는 확실히 사랑 안에서 사는 것에서 오는 선한 양심을 갖도록 관심을 기
울여야 한다고 말했다. 그러나 우리가 행위를 갖고 있지 않거나 사랑에 반대되는 우
리의 행위가 우리를 고소할지라도, 즉 우리가 "하나님 앞에서 우리의 마음을 다시
강화하는" 19절에 묘사된 살아있는 사랑을 성취할 수 없다 할지라도, 우리는 여전히
위로 없이 방치되지 않는다. 오히려 우리는 하나님이 우리에게 그를 소망하라고 권
면할 뿐만 아니라 명백하게 명령한다는 것을 상기해야 한다. 따라서 무슨 일이 일어
나든, 우리는 절망하지 말아야 한다. 최고의 계명 곧 복음의 총 요약은 우리가 신앙
안에서 우리에게 제공된 은총을 붙잡아야 한다는 것이고, 이것은 우리를 하나님 앞

51) *WA* 36, 456 ff., 477.
52) *WA* 36, 470.
53) *WA* 20, 716. Propst의 "non desperabis"가 더 좋은 독본이다. 뢰러의 "non
sperabis"는 오류이다.

에서 가치 있게 한다.[53]

따라서 신앙과 사랑의 변증법적 관계가 모든 측면에서 적절하게 취급되었다. 우리는 오직 복음 안에서 우리에게 제공된 은총에 대한 신앙을 통하여 구원받는 것이지, 그밖의 다른 어떤 것을 통해서도 구원받지 않는다. 그러나 참된 신앙은 그 자신을 사랑 안에서 증명한다. 그것이 상실되어 있다면, 신앙이 신앙이 되기 어렵고, 또 신앙이 기쁨에 찬 구원의 확신으로 나쁜 양심의 고소를 극복하기 어렵다. 그러나 우리는 그런 처지에 있는 어떤 사람에게도 믿으라는 것 이외의 어떤 것을 하라고 말할 수 없다. 당신이 행위가 없다면, 신앙이 없는 채로 있지 말라.[54]

루터의 해석은 본문에 충실한가? 그것은 요한일서의 신학과 일치하는가?

루터는 요한일서가 어떤 곳에서는 구원을 예수 그리스도에 대한 신앙에 묶고, 다른 곳에서는 사랑에 묶어 두고 있다는 사실을 언급한다. 요한일서 4:15은 "누구든지 예수를 하나님의 아들이라 시인하면 하나님이 저 안에 거하시고 저도 하나님 안에 거하느니라"고 말한다. 한편 16절은 " … 사랑 안에 거하는 자는 하나님 안에 거하고, 하나님도 그 안에 거하시느니라"하고 한다. 루터는 "둘 다 참되고 … 둘 다 기록되어 있다"고 말한다.[55]

그러나 우리는 이런 식으로 그 둘 사이를 구별해야 한다. 신앙은 우리가 하나님과의 관계에서 "가장 중요한 기쁨"을 갖도록 돕는다. 반면 사랑은 우리가 기독교 공동체와 세상에 대한 관계에서 우리를 기쁘게 한다. "신앙을 통해, 나는 내가 하나님께 속해 있는 것을 아주 기뻐한다. 나의 행위와 사랑을 통해, 나는 어떤 사람도 나를 반대하는 어떤 것도 갖고 있지 않다는 사실을 기뻐한다."[56] 그러나 본문에서는 이러한 구별을 발견하기 힘들다. 요한은 의심의 여지 없이 17절에서 "담대함"이나 "심판 날의 기쁨"을, 사람과 다른 고소자뿐만 아니라 하나님에 대한 관계에서 갖는 담대함을 나타내기 위해 사용하고 있다. 본문의 의미는 구원과 "하나님 안에 거함"이 동일한 방식으로 사법적 법정 안에서 어떤 구분도 없이 신앙과 사랑에 ─ 이 사법적 법정 앞에서 사랑과 신앙은 각각 효력이 있다 ─ 관련되어 있다는 것이다.

요한일서는 신앙과 사랑을 불가분리한 단일체로 이해한다. 따라서 구원은 후자뿐만 아니라 전자와도 연결될 수 있다.[57] 루터가 시도한 차별화는 본문에 낯선 것이

---

54) *WA* 20, 716.

55) *WA* 36, 447.

56) *WA* 36, 454.

57) Walter von Löwenich, *Luther und das johanneische Christentum* (1935), pp. 28 f.

다. 두 경우 모두 관련되어 있는 것은 하나님의 심판이고 하나님의 법정이다. 우리
에게 대항하고 우리를 고소하는 사람과 사탄적 세력에 대해서는 아무 언급이 없다.
그리고 이 점에서 루터는 이 때보다 1527년 강의에서 요한일서 3:19 이해에 더 접
근하고 있다. 그 때 그는 아마 요한이 하나님 앞에서 우리의 구원의 확신을 사랑에
연결시킨 것을 인정했을 것이기 때문이다. 그러나 또 다른 점에서, 루터는 그 때에
도 요한에서 벗어나 있었다. 요한은 사랑의 삶을, 그 고발하는 마음을 진정시키는
것으로 생각하고 있기 때문이다. "하나님이 우리 마음보다 크시고" 모든 것을 알고
있다는 사실에 대한 부가적 언급은 이 사실을 넘어 인도하지도 않고 이 사실에서 벗
어나게 인도하지도 않는다. 바로 이 확신이 사랑 안에서 그리스도인이 사는 것에 묶
여 있기 때문이다. [58]

　　그러나 루터는 본문이 하는 대로, 사랑 안에서 사는 우리가 우리의 마음을 진정
시킬 수 있다는 것을 주장할 뿐만 아니라 마음을 잔잔케 할 수 있는 그러한 사랑이
없을 부가적 가능성을 고려하고 있다. 이 경우 루터는 절망하는 것이 아니라 이 의
미에서 하나님이 우리 마음보다 더 크시다는 20절의 진술을 믿고 명백하게 이해하도
록, 우리에게 하나님의 계명을 보게 한다. "양심은 한 방울의 물방울이고 반면에 우
리와 화해되신 하나님은 위로의 바다이다."[59] 그러므로 루터에 의하면, 20절은 우리
가 사랑이 결여될 가능성을 가리킨다. 본문은 관계의 변화를 위한 어떤 근거도 제공
하지 않는다. 반대로 마음의 고발은 다음과 같은 확신, 곧 우리를 온전히 감찰하시
는 하나님이 이 모든 것에도 불구하고 그렇지 않으면 우리를 정죄할 것임에 틀림없
는 그의 은사로서 현존하는 우리 안에 있는 사랑을 보신다는 확신에 직면한다. [60]

　　요한에서, 하나님이 "모든 것을 알고 있다"는 (20절) 사실은 그가 우리보다 우리
마음의 깊이를 더 잘 알고 있고 또 우리가 그의 사랑에 의해 동기를 부여받고 있다
는 것을 알고 있다는 것을 의미한다. 그러나 루터는 이것을 나의 마음의 혼돈과 수
치가 나를 정죄하고 그 결과 "내가 내 자신에게 무엇을 말해야 할지 알지 못하게 되
는 것"을 의미하는 것으로 이해한다. 그러나 하나님은 "내가 어디서 온 것인지" 알
고 있고, "비록 내가 그 결과를 모른다 할지라도 그분 자신은" 나의 죄가 용서받을

58) F. Büchsel의 요한일서 3:19에 대한 해석을 참고하라, op. cit.
59) *WA* 20, 716.
60) Büchsel은 "하나님은 우리의 죄 때문에 우리 안에 있는 사랑을 잊지는 않는다"고 말
　　한다. Op. cit., p. 58.
61) *WA* 36, 717 f. 그러나 루터는 그 구절의 난점을 알고 있고, 명백히 자신의 해석의
　　난점도 알고 있다. *WA* 36, 716 f. 루터는 요한이 왜 "모든 것을 안다"가 아니라
　　"모든 것을 할 수 있다"고 말하지 않았는지 질문한다.

때 나에게서 없어졌다는 것을 "알고 있다."[61] 요한에서, 사랑은 이 전체적 부분에서 결정적 요소이다. 20절에서도 19절에서도 우리에게 담대함을 주고 또 20절에 언급된 신앙을 강하게 하고 가능하게 하는 것은 바로 사랑이다. (뷔첼은 "우리는 진정으로 사랑 안에서 믿을 수 있기 위해 진정으로 사랑을 연습해야 한다"고 말한다.) 그러나 루터는 20절을 사랑에서 신앙으로 넘어가는 것을 보여주는 것으로 본다.[62]

따라서 사람들과 권세자들과의 관계에서 선한 양심과 하나님과의 관계에서 괴로운 양심 사이를 구분하는, 루터의 이중적 두려움과 이중적 기쁨의 구분은 요한일서의 본문에 그 근거가 없다. 그러나 루터는 그의 입장을 지지하기 위해 바울을 가리키고, 요한일서 4:17의 해석에서 거듭 그를 인용한다.[63] 그는 그의 입장의 근거를, 불경건한 자를 의롭다고 선언하는 그 은총을 증거하는 바울이 동시에 어떤 사람도 그에게서 빼앗을 수 없는 "영광"을 갈망하면서, 사람과 교회와 세상 앞에서 가지는 선한 양심을 추구하고 그것을 성취했다고 선언한다는 사실 위에 두고 있다.[64]

그에 대한 하나님의 판단과 그에 대한 인간의 판단은 두 개의 서로 다른 것이다. 인간의, 심지어 그리스도인의 비판과 고소에 부딪칠 때, 바울은 그가 선한 양심을 갖고 있다고 고백한다(고전 4:4; 고후 1:12). 그는 그들의 비판을 거부한다. 그러나 하나님의 판단은 전혀 다른 문제이다. 사람 앞에서 갖는 그의 선한 양심도 하나님 앞에서 그를 의롭게 하지 못한다(고전 4:4b). 하나님의 종말론적 진노에 직면하여, 그는 모든 그리스도인과 마찬가지로, 사람 앞에서 선한 양심에 의해 구원받는 것이 아니라 오히려 십자가에 못박힌 그리스도를 통하여 구원받을 것이다(롬 5:9). 이것이 루터가 생각하는 이중적 차원의 형태이다. 바울 또한 이중적 법정을 알고 있다.

우리는 또한 고린도전서 13:12 이하를 언급할 수 있다. 여기서 바울은 그리스도인의 행위가 — 그는 우선 복음의 메신저들을 생각하고 있다 — 아무 것도 아닌 것으로 드러나고 심판의 불 속에서 타버릴 가능성을 고려한다. 이로써 그는 해를 입는데, 우리는 우리의 해석의 근거를 바울의 다른 진술 위에 둘 수도 있다. 그러면 그는 신실하게 일한 그리스도의 종으로서 영광을 갖지 않는다. 그러나 그는 그럼에도 불구하고 은총을 통하여 "그러나 불을 통과하여 지나가는 사람으로서" 구원받을 것이다. 이것은 인간이 "불의 증거"가 있는 행위 없이 심판에 나타난다면, 그가 처

62) *WA* 36, 717.
63) *WA* 449 f,, 455, 465, 471에서, 루터는 고린도전서 4:4이나 고린도후서 1:12을 참고한다.
64) *WA* 36, 453.

하게 될 곤경과 동시에 그것에도 불구하고 그를 구출할 은총을 묘사한다. 이것이 루터가 사랑의 행위가 우리에게 주는 영광과 화해시키는 그리스도를 믿는 믿음 안에서 우리의 소유가 되는 영광 사이를 구분하는 성서적 근거이다. 사도 바울은 그리스도를 믿는 모든 사람에게 주어지는 축복과 우리 평생의 행위에 의해 주어지는 영광 사이를 구별한다. 분명히 이 영광은 사람들과 악한 세력뿐만 아니라 하나님 앞에서도 인정된다. 그리스도의 봉사 안에서 일한 사람은 각각 그의 행위를 따라 상급을 받을 것이기 때문이다(고전 3:8). 이 상급은 하나님이 주시는 것이고, 그것은 구출과 구원 이외의 다른 어떤 것이다. 사도는 모든 사람에게 동일한 축복과 정도로 오는 명예나 영광 사이에서 루터가 행한 것과 동일한 구분을 한다.

우리가 본 대로, 루터는 디모데후서 4:7 이하를 이러한 구분의 관점에서 이해하였다. 여기서 신앙은 그 주님이신 그리스도 때문에 하나님 앞에서 기뻐하는 것이 아니라, 사랑이 그것이 행한 행위 안에서 기뻐한다.[65] 루터에 의하면, 사도가 기대하는 의의 면류관은 축복으로 이해되는 것이 아니라 선행과 고난에서 그의 신실함과 애씀의 정도에 따라 참된 일꾼과 군사에게 수여될 영광과 명예로 이해되어야 한다.[66] 루터는 이 구절을 전체적인 바울 신학의 유비에 따라 해석하나, 디모데후서 4장에서 말한 바울 이후의 저자는 확실히 그것을 다른 방식으로 이해했다. 그에게 면류관은 구원이었다.

우리가 본 대로, 루터의 요한일서 4:17 해석은 일정하지 않고 변화되었다. 그는 그의 삶의 마지막에 이 구절을 어떻게 이해했는가? 만일 내가 정확하게 상황을 이해했다면, 그는 그가 1532년에 설교했던 두 종류의 담대함 사이에 대한 구분을 다시는 반복하지 않았다. 그는 끊임없이 사랑이 다른 사람뿐만 아니라 신자 자신을 위해서 진정한 신앙의 표지라고 강조했다. 이것은 자기 자신의 신앙의 진정성에 대한 확신은 사랑 없이 성취될 수 없다는 것을 의미한다. 그러나 이로써 구원의 확신과 하나님의 긍휼에 대한 확신에 대해서도 동일한 것이 적용되어야 한다. 사랑이 주는 담대함은 고발자에 대해서뿐만 아니라 하나님 자신과의 관계에서도 타당하다. 이 담대함을 갖고 있는 사람은 그가 자기 자신의 복음에 대한 자신의 신앙이 진정한 것이라는 것을 확신하기 때문에, 하나님이 긍휼을 베푸신다는 것을 확신한다. 바로 이것이 요한일서 4:17에 대한 루터의 마지막 해석이 이해될 수 있는 방식이다. 이것은 우리가 이미 언급한 바 있는(p. 479) 1543년 논박서에서 나온 구절에도 해당된다. "사랑은

---

65) *WA* 36, 453.
66) *WA* 36, 462.

신앙의 증거이고 우리에게 하나님의 자비를 신뢰하고 확신하게 한다."[67] 그 후 루터는 요한일서 4:17을 반복하고 그것을 1532년과 다르게 해석한다.

1545년 6월 7일, 이 본문에 대한 루터의 마지막 설교는 — 우리는 여기서 이미 p.478의 어떤 부분을 인용한 바 있다 — 이것과 다른 것을 의미하는 것으로 이해될 수 없다. 설교자는 우리의 신앙을 우리 삶에 의해 증거하도록 강력하게 촉구하고 이 점에 대해 자기 자신의 담대함을 표현한 후, 다음과 같이 말한다. "만일 내가 마지막 심판 때 하나님 앞에서 그리고 당신들 앞에서 이 신뢰를 갖고 있지 않다면 … 〔뢰러의 노트는 여기서 중단되었고, 빈 공간 후에 계속된다〕 그 때 나는 나의 신앙이 공허한 것이 아니라는 것을 안다."[68]

그 의미는 분명하다. 만일 내가 나의 신앙이 진정한 것이라는 것을 — 내가 나의 행위로 그것을 증명했기 때문에 — 확신하지 못하고, 하나님과 당신들과 나의 이웃에 대한 관계에서 확신을 갖고 있지 않다면, 나는 버림받을 것이라는 것이다. 여기서도 1532년과 같이, 하나님과 이웃은 서로 나란히 위치해 있다. 그러나 이것은 마치 사랑에 의해 입증된 신앙에서 흘러나오는 담대함이 오직 이웃과의 관계에서만 의미가 있는 것처럼 그런 것은 아니다. 아니, 하나님에 대한 관계에 대해 갖는 담대함도 역시 사랑에 의존해 있다. 1532년에 구분된 것은 이후 다시 등장하지 않는다. 루터의 마지막 해석은 본문의 진정한 의미를 제공하고 있다.

67) *WA* 39[II], 248.
68) *WA* 49, 784.

역자 후기

　본 역자는 크리스챤 다이제스트사를 통하여 로제(Bernhard Lohse)의 「루터 연구 입문」(1993), 딜렌버거(John Dillenberger)의 「루터 저작선」(1994)에 이어 알트하우스(Paul Althaus)의 「루터의 신학」을 출판할 수 있게 된 것을 매우 기쁘게 생각한다. 루터의 신학 사상을 깊게 그리고 넓게 이해하기 위해서 이 세 역서는 그 중 어느 하나만을 읽어서는 아직도 부족한 필수 불가결한 책들이다. 이 셋의 각각은 다른 둘에 의해서 완전해진다.

　우선 루터의 신학 사상을 생생하게 그리고 원천적으로 이해하려는 독자들의 공통된 심정은 루터의 원 저서들에 접하는 것일 것이다. 이런 독자들은 딜렌버거의 「루터 저작선」을 꼭 읽어야 한다. 그 이유는 이 역서는 루터의 주요 작품들을 거의 다 망라한 영문으로 600여쪽에 달하는 편저로서, 그 중 몇몇은 발췌이고 나머지는 전문(全文)으로 실려 있기 때문이다. 대체로 우리나라 독자들은 루터 신학에 대하여 제2차 자료들을 통해서만 알고 있는 상황에서 이같은 루터 자신의 글들은 매우 귀하고 값진 것이 아닐 수 없다.

　그러나 루터를 16세기 당시의 역사적 맥락과 신학논쟁적 이슈들에 비추어 이해하고, 지금까지의 루터신학 연구사에 조명하여 루터 신학을 이해하려는 독자들에게는 로제의 「루터 연구 입문」이 필독서가 된다. 그도 그럴 것이 이 역서는 루터의 역사적·사상적 배경, 그의 생애와 저작활동, 그의 신학사상의 발전과정, 루터 신학의 연구사 및 루터 신학 연구를 위한 원자료들과 제2차 자료들을 매우 친절하게 소개해 주고 있기 때문이다.

　그러면 알트하우스의 「루터의 신학」은 왜 읽을 필요가 있는가? 이 책은 전통적인 조직신학의 틀과 그 주제들에 상응시키면서 루터 신학의 거의 모든 주제들을 총망라하여 다루었기 때문이다. 따라서 루터의 신학적인 주제들이 배경으로 하고 있는 그 복잡한 역사적인 발전 과정과 여러 신학적인 복선들을 추적하지 않고, 루터신학의 전모를 명쾌하고 일목요연하게 파악하려는 독자들에게 본 역서야말로 없어서는

494

안될 동반자가 될 것이다. 흔히 사람들은 루터신학중 그 어떤 특정 주제를 그 당시의 역사적, 신학논쟁적 맥락에서 논구하다가 나무는 보지만 숲을 보지 못하는 경우가 많다. 우리는 나무 하나하나도 보아야 하고 숲 전체도 보아야 한다. 알트하우스는 그의 오랜 교수생활을 통해서 나무 하나하나를 보는 작업을 수없이 거듭한 다음, 숲 전체를 보았던 것이 확실하다.

특히 알트하우스는 그의 각 주제들에 대한 서술들을 루터 자신의 본문들에 근거시키기 위해서 각주난을 최대한도로 사용하고 있다. 그는 그의 각주난에서 루터신학에 대한 제2차 자료 뿐만이 아니라 더 많은 부분에 있어서 루터 자신의 작품들(WA)을 직접 인용하고 있다. 따라서 본 역서의 독자들은 이 각주난에 실린 루터 자신의 본문에 크게 유의해야 할 것이다. 본 역서는 이 각주난에 실린 루터 자신의 본문들과 더불어 설교자들에게 유익한 자료가 될 것으로 기대된다.

끝으로 기독교의 많은 고전들, 그 중 특히 루터의 신학을 심도있게 연구할 수 있게 하는 루터의 세 작품을 우리 말로 옮기는 일에 크게 힘씀으로써 한국 교회와 한국 신학 공동체에게 크나큰 공헌을 한 크리스챤 다이제스트사에 심심한 감사를 드린다.

1994년 8월
이형기

🌑 **독자 여러분들께 알립니다!**
'**CH북스**'는 기존 '**크리스천다이제스트**'의 영문명 앞 2글자와
도서를 의미하는 '**북스**'를 결합한 출판사의 새로운 이름입니다.

루터의 조직 신학

마르틴 루터의 신학

1판 1쇄 발행 1994년 9월 25일
2판 1쇄 발행 2017년 5월 10일
2판 2쇄 발행 2025년 6월 1일

지은이 파울 알트하우스
옮긴이 이형기
발행인 박명곤 **CEO** 박지성 **CFO** 김영은
기획편집1팀 채대광, 백환희, 이상지
기획편집2팀 박일귀, 이은빈, 강민형, 박고은
기획편집3팀 이승미, 김윤아, 이지은
디자인팀 구경표, 유채민, 윤신혜, 임지선
마케팅팀 임우열, 김은지, 전상미, 이호, 최고은

펴낸곳 CH북스
출판등록 제406-1999-000038호
전화 070-4917-2074 **팩스** 0303-3444-2136
주소 서울시 강서구 마곡중앙6로 40, 장흥빌딩 10층
홈페이지 www.hdjisung.com **이메일** support@hdjisung.com
제작처 영신사

Ⓒ CH북스 2017